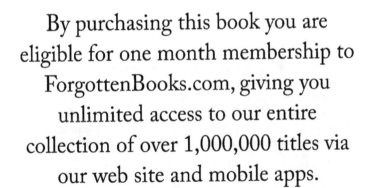

ISBN 978-0-260-72475-5
PIBN 10966579

Johann Amos Comenius.

Sein Leben und seine Schriften

von

Dr. Johann Kvacsala,
Professor am ev. Lyceum in Preßburg.

Kvačala, Jan

Berlin. Leipzig. Wien.
Verlag von Julius Klinkhardt.
1892.

Vorwort.

Dass es bisher eine Biographie Comenius' im Sinne der als Motto angeführten Worte nicht gab, daran ist gewiß nicht Mangel an Interesse für seine Person und seine Thätigkeit Schuld. Man erkennt in neuerer Zeit die Größe seines Charakters und seiner Leistungen, und man würdigt dieselben, soweit sie bekannt sind. Es sind aber die Quellen für eine gründliche und eingehende Schilderung einer, fast mit allen culturellen Bewegungen seiner Zeit so sehr verwachsenen Persönlichkeit, wie er ist, dessen Bildung und Arbeiten sich fast auf alle Gebiete des geistigen Schaffens des Menschen, und dessen Wirksamkeit sich fast auf alle Länder unseres Welttheils ausdehnten, zum Theile gar nicht eröffnet, zum Theile schwer zugänglich, so dass man bisher mit einer monographischen Behandlung vorlieb nahm.

Indem der Verfasser eine solche Biographie unternimmt, will er die bisherigen biographischen Versuche, besonders jenen Zoubers, nicht unterschätzen; erklärte jedoch Letzterer, dass er seine Arbeit nur für eine Skizze zu einer größeren, zu der er allerdings nicht mehr kam, betrachte. Ich wünsche in meiner Arbeit zunächst eine Zusammenfassung der Ergebnisse der bisherigen Forschung zu bieten, indem ich, soweit es möglich war, alle Schriften und Abhandlungen, die mit meiner Aufgabe in Verbindung stehen, gesammelt und benützt habe. Es kamen hier ältere und neuere Arbeiten in lateinischer, deutscher, böhmischer, englischer, französischer, ungarischer, ja einige auch in schwedischer, holländischer und polnischer Sprache in Betracht, die zu den Punkten, auf welche sie sich beziehen, gewissenhaft angeführt werden.

Was mich ferner zu einer solchen Arbeit zu berechtigen schien, ist theils, dass es mir gelang, neue, unbenützte Quellen zu eröffnen, theils dafs im Lichte des Studiums eine Gestalt des Comenius vor meinen Augen auflebte, die mir getreuer, vollständiger, für seine Zeit, und überhaupt für alle Zeiten lehrreicher, als diejenige, die allgemein bekannt ist, erschien. Man nannte den Comenius einen frommen Dulder, man behauptete, der Grundsatz seiner Ethik sei der Quietismus, Ergebung in Gottes Willen; dies fand ich nur insoferne richtig, als er im Dulden fromm war, und wo menschliche Hilfe nicht ausreichte, sich in Gottes Willen ergab. — Aber eine rastlose, fast über Menschenkräfte hinausgehende Thätigkeit, unermüdeter, wenn auch mit dem Endziele des Friedens geführter Kampf für die hehren Ideale des Glaubens, des Vaterlandes und des Humanismus auf allen Gebieten, sogar am politischen, dies erschien die richtige Kennzeichnung seiner Lebensbahn. Und seine überraschend weitgehende, stets frische Thatkraft schien sich mir aus einer, seit der Kindheit (mit den vornehmsten Geistern seiner Zeit gemeinsam) genährten Hoffnung an eine große Wendung im Laufe der Zeit, unerschöpflich zu quellen, aus der Hoffnung auf eine Katastrophe, die das Wiedererscheinen Christi auf Erden vorbereiten soll. Wie dieß, statt ihn in Sorglosigkeit einzuwiegen, seine Werke nicht nur dictiert, sondern auch gefärbt, besonders nachdem er vom 33. Lebensjahre an die Möglichkeit weiterer göttlicher Offenbarungen anerkannte, ja theoretisch zu begründen suchte, hielt ich für umso nöthiger zu beleuchten, als die Verehrer des Comenius hierüber mit einer unhistorischen Verlegenheit sprachen, und sich mit einzelnen Details begnügend, den Kern der Sache gar nicht untersuchten, folglich die logische und psychologische Nothwendigkeit, unter deren Zwang Comenius glaubte und handelte, gar nicht zu erfassen scheinen. Ich hielt ferner für nöthig, einigen minder bekannten Vorläufern seiner Pädagogik, solchen, welche völlig vergessen waren, Aufmerksamkeit und Studium zu widmen; seine Weltanschauung nach der Physik eingehender zu prüfen, seine kirchlichen Arbeiten im Zusammenhange mit der Geschichte seiner Kirchengemeinde, die bis zum Ende seines Lebens sein größter Schatz, aber auch seine größte

Sorge war, wie schließlich auch seine pansophischen Pläne und Werke getreu und eingehend darzustellen.

Allerdings mußte ich hiebei die ersten Werke des Comenius, die uns nicht erhalten sind, schmerzlich vermissen; dafür gelang es mir aber fast alle späteren Werke zu erhalten; ja die Zahl der bekannten um einige Nummern zu vermehren. Was dies anbelangt, so möge es genügen, hier an den Schriftencatalog zu verweisen; hingegen erscheint es mir nöthig, das ungedruckte Material, das mir zur Verfügung stand, kurz anzugeben.

Die Sammlungen des Mus. Boh. in Prag (Handschriften und Briefe) sind schon mehrfach benützt worden (Gindely—Zoubek); es gelang mir doch auch Manches, was bisher der Aufmerksamkeit entgangen war, festzustellen. Von vielen Briefen des ung. Landesarchivs (Budapest), die früher als anonym herausgegeben worden sind, wurde, nachdem ich sie als Briefe des Comenius erkannt und erklärt, constatiert, daß sie ihm gehören; diese und auch andere bisher nicht veröffentlichte Briefe (nicht von Comenius), sind hier mit benützt worden. Hingegen war eine Anzahl Briefe, Berichte, Aufsätze des Comenius, ferner eine weite wissenschaftliche Correspondenz über ihn in MS des British Museums in London bisher unbemerkt geblieben, und ist in diesem Werke zum ersten Male verarbeitet worden. Von den handschriftlichen Sammlungen in Lissa, Herrnhut und Zittau habe ich durch die Güte des eifrigen Forschers der Brüdergeschichte, Herrn Dr. J. Müller in Herrnhut, ergänzende Daten; Ergänzungen von kleinerem Belang habe ich ferner aus der Lycealbibliothek in Preßburg (besitzt auch manche gedruckte Unica), Univ. Bibliothek in Budapest, k. Hofbibliothek in Wien und Dresden, k. Bibliothek in Hannover. Wenn ich diesmal von der Veröffentlichung all' dieses Materials absehe, so erachte ich es für meine Pflicht, so bald es mir ermöglicht sein wird, Alles, was Andere nicht herausgeben (es ist nämlich eine Publikation der Briefe des Comenius in Prag in Vorbereitung) der Lesewelt zur Rechtfertigung meiner Arbeit vorzulegen.

Ich fand, daß sich das Leben des Comenius naturgemäß in zwei Hälften theilt; ist er ja seit seiner Londoner Reise kaum mehr zum ausschließlichen Dienst seiner Kirche gekommen; wogegen der zweite und der dritte Aufenthalt in Lissa, kurz und vorübergehend wie sie waren, kaum geltend gemacht werden können. Schließlich ist es ja immer schwer, meistens unmöglich, das Leben nach streng logischen Kategorien einzutheilen.

Was die Form anbelangt, so war ich bestrebt, ein historisches Werk zu bieten, das die Theologie, Philosophie und Pädagogik des Comenius verstehen und verständlich machen, würdigen, aber nicht in Details ausführen und erklären will. Das bleibt speciellen Monographien vorbehalten, für die Stoff reichhaltig vorhanden ist. Von den Zeitgenossen widmete ich Unbekannten, wenn sie auch minder wichtig, größere Aufmerksamkeit, als solchen, die genügend bekannt und gehörig gewürdigt worden sind, ohne deshalb zu überschätzen. Die Scheidung des kritischen Materials sollte das Werk zu einem allgemein verständlichen gestalten, wobei ich selbst bekennen muß, daß sie nicht mit aller Strenge durchgeführt worden ist, da manches nicht belanglose Material, das mir während des Druckes bekannt wurde, in den Anmerkungen zur Verarbeitung gelangte. Die Entfernung von der Druckerei wird wohl die Zahl der sprachlichen Unebenheiten, die einem Nichtdeutschen kaum zu vermeiden sind, nur vermehren: der gütige Leser möge dies verzeihen. Die wenigen lateinischen und griechischen Wörter sollen zum Schluß deutsch wiedergegeben werden.

Ich halte es für meine Pflicht, dem Herrn Dr. Dittes in Wien für sein Interesse für das Werk, H. Al. Szilágyi in Budapest, H. Dr. J. Müller in Herrnhut, H. A. Patera in Prag für werthvolle Mittheilungen und Unterstützung bei der Arbeit, ferner den Verwaltungen der bereits erwähnten Sammlungen meinen Dank hiemit öffentlich auszusprechen.

Preßburg, den 10. Februar 1892.

Der Verfasser.

I. Theil.

Geburtsort. Kindheit.

Der Mangel an direkten und verläßlichen Nachrichten ließ schon seit zwei Jahrhunderten die Meinungen über den Geburtsort des Comenius sehr auseinandergehen. Einige schrieben Niwnitz, [1] ohne die Quelle dafür anzugeben. Andere waren nach dem Laute des Namens der Ansicht, der Geburtsort sei Comna. [2] Aber auch über den Familiennamen tauchten Zweifel auf. Schon Pescheck erwähnt, daß nicht Comenius, sondern „Töpfer" der wahre Name gewesen sei [3] und Dudik berichtet über eine Tradition, daß der ursprüngliche Name Milička gelautet habe. [4] In neuerer Zeit sind die beiden Fragen in Zusammenhang gebracht, mit mehr oder minder wertvollen Belegen aus dem Nebel einer, der Kritik kaum zugänglichen Tradition herausgezogen und in Form einer Hypothese hingestellt wurden, ohne daß unter den Forschern eine Einmüthigkeit über die Frage herrschte. Das entscheidende Moment scheint dem Verfasser noch immer nicht vorhanden zu sein. Direkte Beweise liegen nur für Niwnitz vor. Comenius nennt sich in den frühesten Aufzeichnungen Jan Amos Nimniceus, [5] Johannes Amos Niwanus, [6] auf der Dissertation des J. Litomil Johan Amos e Marcomannis Nivvnicenus, was kaum anderes, als den Geburtsort anzeigen kann. [7] Dem gegenüber berufen sich, die für Comna eintreten, auf einen mährischen Geschichtsschreiber mit Namen Stredovsky, der als Geburtsort Comna angibt. [8] Stredovsky hat Ende des XVII. Jahrhunderts gelebt, allein die Quelle für seine Behauptung gibt er nicht an; und es ist auch sehr schwer zu ersehen, woher er eine gründliche Ansicht über die Frage sich hätte bilden können. Die Eltern und Geschwister des Comenius waren ja längst verstorben, die Glaubensgenossen, mit denen er in Beziehung gestanden war, wanderten aus und auch sonst merkte man sich den Geburtsort eines bescheidenen Müllerknaben nicht so genau, wie man ihn merken würde, nachdem er eine Berühmtheit geworden. Gegen Comna spricht übrigens auch der Name Comenius und Komensky (dem Sinne nach „von Comna"). Man bedient sich bekanntlich ähnlicher Namen, so daß sie nicht auf den Geburtsort, sondern auf die fernere Abstammung hindeuten.

Für Ungarisch-Brod wurde neuerer Zeit geltend gemacht, daß sich Comenius einmal Hunnobrodensis nennt.[9]) Dies ist wohl wahr, allein dies war in einer ungarischen Stadt (Sáros-patak), wo der Klang des Ortes der Abstammung den Redner auch den Schülern näher brachte, und welcher Name auch darum, weil er einem größeren Städtchen eigen ist, statt des unbedeutenden Niwnitz gewählt worden sein mag. Die übrigen Argumente beweisen auch nichts. Darum, weil die Eltern des Comenius in Ungarisch-Brod begraben sind,[10]) weil sein Vater schon im Jahre 1592 in Ungarisch-Brod ansässig war,[11]) kann man nicht mit Bestimmtheit sagen, daß auch sein Sohn daselbst geboren wurde, besonders da das Städtchen Niwnitz sehr nahe bei Ungarisch-Brod liegt und verschiedene Gründe einen Aufenthalt seiner Mutter in Niwnitz denkbar machen. Im letzten Moment fand ich ein sehr wichtiges Zeugnis für Brod; in einer Abschrift des Epitaphiums des Comenius, das ich dem ganzen Wortlaut nach veröffentliche, steht ausdrücklich: geboren in Ungarisch-Brod 1592 den 28. März.[12])

Hrazdera[13]) hat mit großem Fleiß nach Daten über den Vater des Comenius geforscht. Laut der von ihm aufgefundenen Aufzeichnungen war ein Martin Komniansky bereits seit 1572 in Ungarisch-Brod ansässig, in 1602 erhielt er nach seiner Gattin 1/4 Acker von Šumickem poli 1603 hat derselbe sich von Paul Makovec einen Hof in Neradice gekauft.[14]) (Neradice ist eine Vorstadt von Ungarisch-Brod.) Wir wollen nicht die Identität dieses Martin Komniansky mit dem Vater des Comenius für unmöglich, aber auch nicht für erwiesen erklären. Comenius nennt seinen Vater, wie auch sich, immer Komensky;[15]) er sagt, sein Vater wäre 1602 gestorben, und da er auch die Jahre seines Straßnitzer Aufenthaltes präcise mit 1604, 5 bezeichnet, so ist es mindestens kühn, demselben betreffs des Sterbejahres seines Vaters einen Irrthum zuzuschreiben;[16] und somit ist das ganze, auch sonst schwache Gebäude der Hrazdera'schen Beweise wankend. Wenn auch daraus, dass sein Vater in Ungarisch-Brod ansässig war, nicht gefolgert werden muss, dass er daselbst geboren worden sei, — so sieht man, dass nicht einmal das erstere ohne Zweifel bewiesen ist.

Unter aller Kritik sind aber die Folgerungen aus den Unterschriften des Comenius. Hrazdera meint, Comenius habe die Unterschriften Nivanus oder Niwnicenus, Comenius und Hunnobrodensis in coordiniertem Sinne, d. h. einmal die eine, ein anderesmal die andere Unterschrift gebraucht.[17] Dies ist ein großer Irrthum. Die einzige Unterschrift, wo Hunnobrodensis vorkommt, lautet: a Johanne Amoso Comenio, Hunnobrodensi Moravo; Niwnicenus und Niwanus kommen nur in den früheren Jahren vor (nach unserer Kenntnis 5mal),[18] sonst nennt er sich immer Comenius und Komensky. Will man diesen letzteren Namen mit der Herkunft der Vorfahren erklären, so hat man viele Analogien dafür.[19] Da ferner auch sein Vater bereits Komensky hieß, erscheint die Richtigkeit der Folgerung aus dem Laute des Namens, dass er in Comna geboren wäre, ganz ausgeschlossen; und andere Beweise liegen für Comna nicht vor. Die Erklärung der einmaligen Unterschrift Hunnobrodensis gaben wir oben. Die Matrikeln in Herborn und Heidelberg, in welche man den Geburtsort der Schüler einträgt, wie auch die Unterschrift des 20jährigen Jünglings „Niwnicenus" geben ein beredtes Zeugniß für Niwnitz. Wessen Zeugnis könnte diesem als vom gleichen Werte an die Seite gestellt werden? Und was für einen Sinn hätte die Unterschrift, falls sie nicht den Geburtsort angäbe? Die Annahmen, Comenius hätte sich Niwnicenus wegen der zahlreichen Brudergemeinde zu Niwnitz genannt und die ausländischen Academien hätten es mit den Angaben des Geburtsortes nicht so genau genommen,[20] verdienen keine weitere Beachtung. Wenn das erwähnte Epitaphium nicht Ung.-Brod angäbe, würden wir nach diesen Zeugnissen für Niwnitz nicht zögern, dasselbe für den Geburtsort zu erklären. So bleibt nun allerdings das Räthsel: ist er nicht in Niwnitz geboren, was sollen die ersten Unterschriften Niwnicenus ꝛc.? Oder ist er dort geboren, wie konnte sein Sohn, der ihn überlebt hat, darüber in Zweifel belassen worden sein, und auf das Epitaphium Hunnobrod schreiben? Vielleicht aus demselben Grunde, aus dem sich der Vater einmal Hunnobrodensis geschrieben hatte? Zur Auflösung dieses Räthsels reicht das bekannte Material heute noch nicht aus.

Diese ersten Unterschriften, die den Namen Comenius ver= missen lassen, scheinen dafür zu zeugen, daß der Name Amos nicht jener prophetische Name sei, vielmehr das lateinische Wort, eine Uebersetzung des böhmischen Namens, wie solche viele vor= kommen. [21]) Es ist wohl möglich, daß dieser ursprüngliche Name Milič gewesen sei, obwohl wir diesen bei Comenius nirgends vor= finden und auch die Lesung eines Monogramms in „Lux etenebris“ für Milič ganz gewiß verfehlt ist. [22]) Allein größere Bedeutung und weiteren Gebrauch dieses Namens können wir auch nicht nach= weisen. Seinen Vater nennt Comenius Martin Komensky (Amos bleibt völlig aus), [23]) in seinem Checontrakt 1624 heißt er auch einfach Jan Komensky, [24]) es kommen auch später öfters Unter= schriften ohne den Amos vor [25]) so daß, wenn auch seine Vor= fahren einst Milič geheißen haben, was man nicht einmal als wahr= scheinlich bezeichnen kann, er außer diesen jugendlichen Unterschriften „Amos“ und dem Pseudonym Huldrich Neufeld in einer polemischen Schrift diesem Namen keinen weiteren Spielraum läßt. [26])

Wir wissen, daß seine Eltern [27]) der Unität der böhmischen Brüder angehört haben, einer Kirchengemeinschaft, bi die Geistes= richtung ihrer Angehörigen von der frühesten Kindheit auf tief beeinflußte, ja fast für das ganze Leben bestimmte. Diesen Einfluß könnte man mit einem theologischen Fachausdruck asketisch und pietistisch nennen. Im ersten Lebensjahre des Comenius erschien ein Tractat, der nachzuweisen sucht, die Brüder seien evangelische Mönche, und wir haben nur dessen Ausführungen, die später Comenius selbst für getreu anerkannt, zu folgen, um über den Geist, in dem das Kind aufwuchs, völlige Kenntnis zu erhalten. [28])

Wie die Mönche den Papst, so unterstützen die Brüder die Evangelischen. Wie die Mönche nur durch gewisse Satzungen von den übrigen Katholischen gesondert werden, so die Brüder von den übrigen Evangelischen. Wie diese besonderen Satzungen der Mönche die Sitten und Zucht regeln, so bezwecken auch die brüderlichen eine strengere Zucht. Wie die Mönche, haben auch die Brüder manche Irrthümer in das Leben eingeführt, so das betrügerische Jungferleben, den Limbum der heiligen Väter. Wie die Mönche, haben die Brüder durch äußerliche Frömmigkeit viel an sich gezogen, besonders vornehme Matronen! Wie die Mönche, führen auch die Brüder durch die Zehenten ein ruhiges und bequemes Leben. Beide rühmen sich, ihren Vorgesetzten gehorsam zu sein und von der Welt geschieden, weniger Anlaß zum Sündigen zu haben. Wie die Mönche, verachten auch die Brüder die Sprachen und Literatur, deshalb sei ihre Rede hart und unschön. Beide wollen, dass man ihre Lehren und Institutionen aus der heiligen Schrift prüse, und verlangen, dass man ihnen einfach glaube. Infolge ihrer Zucht, ihres Gehorsams und jungfräulichen Keuschheit erheben sich die Brüder und Mönche über andere; trotz manchen Unrechtes, das sie ihren Glaubensgenossen hiedurch anthun, werden sie doch gerne geduldet und geliebt.

Dieser im Ganzen gerechten Darstellung ist nach einer brüderlichen Apologie[29] folgendes hinzuzufügen. Die Brüder hatten wohl anfangs nicht alle Irrthümer der Vergangenheit abgestreift; sie sind es aber bestrebt, stets zu thun, keineswegs aber neue zuzuführen. Das jungfräuliche Leben, das sie hochschätzten, hat ja Christus und der Apostel Paulus auch hochgeschätzt; indem die Brüder diesem Beispiele folgen, erlauben sie doch einem jeden, der es mit gutem Gewissen nicht befolgen könnte, dass er heirathe. Ihr Leben ist weniger bequem und wohlhabend, als geduldig und bescheiden. Die Wissenschaft verachten gewiss nicht alle, immer und überall; vielleicht geschieht jenes oft aus Noth, hingegen legen sie Werth darauf zu zeigen, dass es der Kirche und dem Heile nicht hauptsächlich an Kenntnissen liege. Sie gründen ihre Lehren und ihr Leben nicht auf die Satzungen der Alten, sondern auf die Schrift, und trachten darnach, diese völlig zu verstehen; aber dass jemand mehr klügeln und disputieren, als handeln sollte, das dulden sie nicht. Die Brüder erheben sich wohl über jene, die ohne Zucht und Gehorsam leben, aber dass sie sich über andere Glaubensgenossenschaften erhöben, ihnen gar Leid und Unrecht thäten — ist nichts, als eine Verleumbung. Dieses fromme, innige Christenthum mit seinen theils irrthümlichen, theils wahren, aber immerhin ehrenwerthen Idealen pflanzte sich zunächst gewiß durch das Familienleben und deren Eindrücke in den Kindergemüthern fort und — so mag es auch bei Comenius gewesen sein. Die Lecture der Schrift und anderer erbaulichen Schriften, der die Brüder eben nach seinem Zeugniß so viele herausgegeben haben, fleißige Hausandacht, Gebete und Gesänge haben seinem Geiste schon in der Kindheit den Zug zu Gott und die Lust an ihm eingeprägt, ihm somit einen Schatz geboten, mehr als alle Erbschaft und Reichthümer werth

Wir müssen nach dem Obengesagten annehmen, daß er die Anfänge des Unterrichtes in Ung.-Brod gemacht Inwiefern die Schulen seine Geistesgaben gereift, entfaltet und bereichert haben, darüber wissen wir, wie überhaupt über die Erziehung der Brüder, nicht viel. Nach dem allgemeinen Geiste in der Unität zu schließen, war der Mittelpunct, ja beinahe die Summe des Unterrichtes, der Glaube. Ihn den Kindern zu lehren und einzuimpfen, war ja der Zweck der Schulen, folglich war alles hierauf concentriert. Zireček unterscheidet [30]) drei Arten der Lehrbücher in diesen Schulen: die Katechismen, Sittenlehren und Gesangbücher. Die Gesang-bücher waren eigentlich für den Gottesdienst bestimmt, daß man aber auch in den Schulen sang, ist keines Beweises dürftig. Gewiß haben sich in diesem Puncte Schule und Familie ergänzt. — Die Sittenbücher enthielten in Versen geschriebene Regeln für das Benehmen zu Hause und in der Schule. Am wichtigsten waren die Katechismen. Es gab einen kleineren und einen größeren Katechismus. Wenn wir den kleineren für die Broder Schuljahre des Comenius annehmen, so werden wir für das Straßnitzer Schul-jahr den größeren als Lehrbuch betrachten müssen. Nach dem Tode seiner Eltern hat er nämlich im Jahre 1604 und 1605 anderthalb Jahre die Schule in Straßnitz, bei einer Tante sich aufhaltend, besucht. [31]) Der Umstand, daß hier der schon 17jährige Drabik sein Mitschüler war, wie auch, daß die Straßnitzer Schule in der Stiftungsurkunde des später an ihrer Stelle erbauten Piaristen-

Klosters „pestifera diaboli cathedra“ genannt wird, läßt vermuthen, daß diese Schule mehr als eine Elementarschule war;[32] der Schluß aber, daß der junge Waisenknabe hier sogar das Latein gelernt hätte, ist unrichtig.[33] Wir müssen annehmen, daß er, wenn auch Mitschüler Drabik's, eine untere Klasse besuchte. Oftmal, wenn er mit seinen Genossen im Garten herumsprang, wandte sich die Aufmerksamkeit der Spieler auf die Verschiedenheit der Farben. Diese erklärte der junge Comenius seinen Genossen so, daß Gott eigentlich nur einige Farben geschaffen habe, die bisher von einer Blume auf die andere übergehen. Diese kindische Philosophie gefiel auch dem gereisten Mann so sehr, daß er sie noch nach 65 Jahren mit Lächeln anführt.[34] Des Comenius Worte im Labyrinth schildern das Unterrichtsverfahren folgendermaßen: „Sie (nämlich die Schüler) mußten nicht nur die Börse, sondern noch öfter die Haut herhalten: der Rücken, Kopf und Sitz wurde vom Stock, von der Faust und Ruthe so oft heimgesucht und gebläut, daß viele von den Ankömmlingen, wenn sie nur in's Thor sahen, zurückbebten. Die wenigsten hielten so lange aus, bis sie auf's freiere Feld der Wissenschaften kamen. Unter diesen war auch meine Wenigkeit, ich hielt aus, ob's mir gleich auch ziemlich sauer gemacht wurde.“[35]

Er klagt auch später, wie fruchtlos man in seinen Kinderjahren die Schulzeit zugebracht habe.[36] In zwei Richtungen hat dennoch schon diese Schule seinen Geist erfaßt und entscheidend befruchtet: sie hauchte ihm die Liebe für seine Muttersprache in der Art eines nationalen Bewußtseins ein, — und sie gab seiner evangelischen, gläubigen Frömmigkeit eine entschiedene kalvinische Färbung. Die Brüder waren nämlich entschieden der Ansicht, daß in der Geschichte der Glaubensverbesserung der Ruhm des Anfanges ihnen gebühre; Luther hat nur das, — allerdings mit größerer Kraft gelehrt und gefordert, was bereits Hus und seine Nachfolger gelehrt und in's Leben geführt hatten; er billigte und gab sogar selbst ihre Confession heraus, und beneidete sie um ihre Kirchenzucht. Die Augsburger Confession ist mit den Glaubenssätzen der Unität identisch.[37] — Dieses Bewußtsein zieht sich durch alle Glaubensäußerungen der böhmischen Reformation, und es findet eine würdige und fruchtbare Verkörperung in einer zweiten bemerkenswerthen Erscheinung — in der hohen Werthschätzung und sorgfältigen Pflege der Muttersprache, durch welche der Glaube in innigstem Contact mit dem Leben verbleiben konnte. Das Lehrbuch, das ein Schüler in dem Alter, das Comenius in Straßnitz bei seiner Tante zugebracht, zum Erlernen bekam,³⁸) ruft gleich bei der Etymologie des Wortes „Kirche“ die Autorität des Meisters Hus an, wohl nur das einzigemal in dem ganzen Buche, aber er ist auch die einzige menschliche Autorität darin; so wird man sich, wenn noch kirchengeschichtliche Reminiscenzen zum Unterrichte beigezogen wurden, nicht wundern, daß die Zöglinge ihre Muttersprache so liebgewonnen haben. Wir erwähnen gar nicht die lieblichen, klaren Kirchengesänge der Brüder, deren hoher textlicher und melodischer Werth auch einen Beitrag zum Verständniß der Innigkeit ihrer Religiösität liefert.³⁹) Eines förderte das andere. Durch die Pflege beider (Religion und Kirchengesang) gewann auch die Muttersprache selbst — und sie gewann auch die Herzen der Gläubigen. Auch der Umstand konnte im Allgemeinen fördernd wirken, daß die Brüder die Gelehrsamkeit nicht hoch achteten, somit zu einer lateinischen Literatur eigentlich recht wenig beitrugen.

Das protestantisch-antikatholische Bewußtsein der Brüder rechtfertigen und erklären ihre Schicksale zur genüge. Aber auch ihre anfängliche Freundschaft mit der lutherischen Bewegung schwand und gab mit der Zeit einer Spannung Platz, deren Schilderung, wie interessant sie auch sein könnte, doch eine selbstständige Behandlung erheischt. Die Bemerkung, die der Mann Comenius fallen ließ: die Brüder lehnten sich an jene an, die sie gern aufnahmen, — giebt den Schlüssel zur Erklärung dieser Thatsache.¹⁰) So war denn auch der oberwähnte Katechismus ganz im calvinischen Fahrwasser. Auf die Frage, ob sich der Mensch selbst zu Gott zu kehren vermag, erfolgt darin eine verneinende Antwort. „Aber, Gott erbarmt sich deren, derer er's will, und wen er will, den kehrt er zu sich aus Gnade zu Christo durch seinen Geist, vermittelst seines Wortes.“ Es wird wohl der Universalismus dieses göttlichen Willens betont — allein der logische Widerspruch — nur

durch Anführung von Stellen aus der Schrift, ganz dem Charakter
der brüderlichen Theologie angemessen, gelöst.[41]) Im heiligen
Abendmahl genießen die Gläubigen „geistig" und „mit wahrem
Glauben" Christi Leib und sein wahres Blut, wobei jede Veränderung der Substanz ausgeschlossen bleibt, da die äußeren Zeichen
nur „posvátné" (geheiligt) zu Leib und Blut des Herrn werden.[42])
Besonders ausführlich wird die Kirchenzucht behandelt, die leichte
und die schwerere Art, die Bestandtheile, die Gründe, die Ziele
derselben u. s. w.[43]) Die anderthalb Jahre in Straßnitz ver-
flossen in Aneignung dieses Lehrstoffes, und zwar nicht ohne
Mühe und Bitterkeit; diese hemmte aber den freien Geist in seinem
originellen Fluge nicht, wie auch die erzählte Gartenscene zeigt.

Über die darauf folgenden Jahre (1605—1608) fehlen die
Daten. Im Jahre 1605 war Comenius noch in Straßnitz, im
folgenden Jahre aber bereits nicht mehr, — die Anfänge des Lateins
hat er im 16. Jahre, also 1608 gelernt;[44]) — was that er diese
drei Jahre? Wäre er weiter in die Schule gegangen, hätte er das
Lateinische gewiß früher gelernt. Er klagt über die Nachlässigkeit
seiner Vormünder, die seine Erziehung vernachläßigt hatten,[45])
und dies können wir im Zusammenhange mit dem Vorhergehenden
nicht anders erklären, als daß er zum Handwerk gegangen war.
— An sich bedeutet dies selbst nicht so viel, als heute, besonders
bei den Brüdern nicht, bei denen es Sitte war, daß die Candidaten (Akoluthen) — also gewiß in einer späteren Zeit, als in
der Comenius damals war — auch Handwerk lernten; und so
konnten es auch die Vormünder denken, daß dies dem Knaben
nicht schaden könne. Die Worte aus dem Labyrinth klingen ganz
für diese Auffassung:[46]) „Und sie führten mich quer durch dieselben (die Handwerke) und ich durchsah alles; und ich faßte auch
dies und jenes Erfahrung halber an, obwohl ich alles an dieser
Stelle beschreiben, weder kann, noch will." Diese Proben kann
man im Leben des Jünglings am besten in diese Jahre versetzen,
nicht nur, weil man für sie kaum eine bessere Zeit, sondern weil
man für diese Zeit kaum eine mehr entsprechende Beschäftigung
findet. Daß aber sein Geist auch dabei thätig war und besonders
die reiche, religiöse Literatur der Brüder beherrschte, wird uns aus

dem Nachfolgenden wahrscheinlich. Unterdessen schritt die Calvini-
sation in dem Lehrbegriff der Unität unaufhaltsam vorwärts.
Die Synode zu Zerawic 1606 hat die Schrift des Turnovius
(1598), welche die Abendmahlslehre in einem vermittelnden Geiste
behandelt hatte, verworfen und sich für die reformierte Auffassung
ausgesprochen und die Anlehnung an die reformierte Kirche wurde
auch dadurch stärker. [47])

Unter solchen Verhältnissen bezog Comenius 1608 die
Schule zu Prerau. Wie diese Schule beschaffen war, wissen
wir nicht. Der Name seines Lehrers war hier Thomas Dubinus. [48]) Schon in diesen Jahren, die dem Zweifel so zugänglich sind, begann der Kampf seines Geistes mit dem Socinianismus in Folge einer Begebenheit, die er selbst folgendermaßen erzählt: Eines Tags zogen durch Prerau polnische Ritter,
die sich für Reformierte ausgaben, mit einem Italiener, namens
Potasari, nach Österreich. Als Reformierte wurden sie von Dubinus
zwei Tage bewirthet; sie gaben ihm beim Abschied ein neu-
erschienenes Buch, des Moscorovius Catechesis. Als der Lehrer
aus diesem Buche ersah, was für Gäste er gehabt, zeigte er die
Sache dem Superattendenten, Lanetius, an, der das Buch, damit
es nicht jemanden vergifte, in's Feuer warf. — Der Zweck jener
Gesandtschaft stellte sich bald heraus. Es waren dies Gesandte
der Socinianer an die „Fratres Moravicos", eigentlich Anabaptisten, die Gütergemeinschaft pflegten und mit denen die polnischen Socinianer in nähere Verbindung treten wollten. Comenius
sagt über sie, „sie nannten sich „mährische Brüder", obwohl sie
Deutsche waren aus Helvetien und Schweden angesammelt. Über
diese Gesandtschaft ist nichts mehr zu ermitteln. Über eine frühere,
von Philopovius und Schoman unternommene, berichtet Lubieniecky.
Der Erfolg soll aber nach Comenius diesmal derselbe gewesen
sein, wie früher. Lubieniecky erzählt, [49]) daß sich die Brüder streng
an die Trinität hielten und die Socinianer Heiden nannten, mit
ihnen keine Gemeinschaft haben wollten. Es ist nur zu bemerken,
daß Comenius diese (1608 erfolgte) Gesandtschaft für die
erste hält, über jene bereits vor 30—40 Jahren erfolgte hingegen
gar nichts weiß. Die Worte: „Sie (nämlich die Gesandten der

Socinianer) trugen eine Zurückweisung davon, wie auch später öfters",[30] müssen übrigens nicht auf die mährischen Brüder bezogen werden, da die Socinianer auch von anderen christlichen Genossenschaften zurückgewiesen wurden.

Der Umstand, daß Comenius später oft bezüglich der Jahreszahl sich geirrt hat, bewegt uns noch den leisen, übrigens auch nicht besonders wichtigen Zweifel auszusprechen, ob denn diese Begebenheit nicht 1609 vorgefallen sei. Bekanntlich ist die erwähnte socinianische Schrift des Moscorovius, die „Catechesis Racoviensis", polnisch wohl 1605, lateinisch aber mit der berühmten Dedication an den König von England 1609 erschienen.[31] Nun nennt die Erzählung das von den Rittern geschenkte Buch „ein neu erschienenes", — was sich gewiß auf eine lateinische Ausgabe zu beziehen hat. Am wichtigsten und zweifellos ist dabei, daß Comenius seit 1608 in Prerau studirt hat.

Diesen Studien muß man — alles Spätere in's Auge fassend — einen praktisch theologischen Charakter zuerkennen, wenn auch Jos. Müller behauptet, daß ein eigentliches Institut zur Ausbildung der Geistlichen die Brüder nicht besessen haben.[32] Da bekommt der Zögling in den Jahren, wo sich die jugendliche Opposition gegen alle Autorität am lebhaftesten regt, ein Buch zur Sicht, auf dessen Titelblatt es steht, daß außer dem Vater unseres Herrn Jesu Christi sonst niemand, der eine Gott Israels sei; aber jener Nazarether Mensch, der von einer Jungfrau geboren ist, der einzig geborene — und kein anderer neben und nach ihm — Gottessohn."[33] Der gestrenge Bischof vernichtet das Buch, ein Schritt, der geeignet ist, das Interesse für das Werk zu steigern. Ob nun Comenius mit seinem Lehrer das Buch gelesen hatte, oder nicht — ich glaube es geschah das Letztere — der Wirkung konnte er sich nicht verschließen. In seinem Innern entstand schon damals ein Kampf, der dem Gläubigen recht lästig war, der ihm einige Jahre Mühe und Noth verschafft hat, bis er die „Chimaere" bewältigte.[34]

Es sind gewiß diese Prerauer Jahre zu verstehen, wenn er selbst erzählt, daß er die lateinischen Elemente hier gekostet, dieses Kosten den natürlichen Durst des Strebens so in ihm wachgerufen habe, daß er seit dieser Zeit alle seine Kraft daran gewendet, um nur die Schäden der verlorenen Zeit gutzumachen. [55]) Und dies galt gewiß nicht nur der Sprachkenntniß. War auch die Schule keine eigentliche theologische Anstalt, so war es gewiß ihr Zweck, Männer für den Dienst der Unität heranzubilden, und das eifrige Streben, das er erwähnt, mag schon in dem 16jährigen Jüngling den Vorsatz bestimmt haben, daß er sich dem Prediger-amte widmen werde.

Die Schüler dieser höheren Schulen wurden nämlich ihren Fähig-keiten nach in Kategorien getheilt. [56]) Diejenigen, welche zum Prediger-amt begabt sind, bilden sich zum Pfarramt aus; diejenigen, die solcher Gaben entbehren und dennoch im Dienste der Unität bleiben wollen, können sich in Ökonomie, Handwerk, Fuhrmannschaft und körperlichen Arbeiten und Diensten ausbilden, durch welche sie auch ihren Älteren dienen können, ohne welche die Prediger und Diener Christi gar nicht sein können. Demnach ist auch die Instruction zur Ausbildung dieser Jugend zweigliedrig; eine all-gemeine, für die beiden Theile bestimmte, und eine besondere, nur für jene, die Prediger werden sollen.

Es verdienen einige Puncte auch von dem ersten Theile hervorgehoben zu werden. Die Instruction fordert, daß, die im Dienste der Kirche stehen wollen, körperlich und geistig arbeiten sollen und stets eine Beschäftigung haben, denn ihr Schicksal ist nicht leicht. „Wir leiden bis zu dieser Zeit Hunger und Durst, Nacktheit und Schläge, und haben keine Ruhestelle; wir arbeiten Werke unserer Hände; beschimpft lobpreisen wir, Gegnerschaft leidend, dulden wir gerne für die, die uns verleumden, verrichten wir Gebete: wir sind zu Mist dieser Welt gemacht und wie Auswurf bei allen bisher." [57]) Für die Geistesbeschäftigung wird verlangt, man soll bei einem standhaften Studium nicht immer lesen, man soll öfters innehalten, um zu urtheilen: zeitweise die Arbeit und Übung ändern; dann etwas lesen und nachsinnen oder forschen, entweder in dem Gewissen und dem Glauben, oder in der heiligen Schrift; manchmal etwas auswendig lernen aus der heiligen Schrift oder Psalmen, auch aus den Kirchenliedern. Öfters möge man etwas nöthiges für sich oder andere aufsetzen; — hin-

wieder kann bei dieser Beschäftigung leibliche Arbeit, Ökonomie,
Besorgung der privaten und öffentlichen Angelegenheiten eine
nützliche Ablösung gewähren. Den Glauben möge man fleißig
aus dem Katechismus lernen; dabei die Würde beobachten, der
auch das modenhafte, nicht genug zu tadelnde Vorziehen fremder
Kleider Abbruch thun müsse.[58]) Man soll ferner den Vorgesetzten
froh und willig gehorchen; Aufrichtigkeit und Einfalt bewahren
und sich der heiligen Schrift widmend, dieses Studium mit den
Episteln Jacobi, Petri, Johannis und Judae, dann des Paulus
an Timotheus und Titus beginnen, und nachher die übrigen
lesen.[59]) Gewiß hat man schon in früherer Zeit bei Comenius
besondere Gaben für das Predigeramt entdeckt, und so bezog sich
auch der zweite Theil der Instruction, welcher über das Benehmen
der bereits reiferen (Diakonen ꝛc.) unterrichtet, und im ersten
Abschnitt über die Art des theologischen Studiums Aufschluß
giebt, auf ihn. Darnach ist die heilige Schrift auch ferner zu
studieren; es soll der Inhalt und der Zweck eines jeden Buches
genau gelernt werden, bei den Theilen selbst der eigentliche und
wahre Sinn derselben. Um zu diesem Verständniß der Schrift zu
gelangen, bedarf es folgender Vorbedingungen: Gebete, daß Gott
unseren Sinn erleuchte; der Auslegungen älterer Erklärer, so des
Augustinus, Lyranus, Luther; dazu trägt auch das Studium der
Brüder Werke bei: des Prokop, Lukáš, Beneš und Anderer.
Man studiere ferner die Confession der Unität, den Katechismus
und die Apologie gegen Sturm. Es wird noch eine kurze Anweisung für die Behandlung der Gesänge und Psalmen beigefügt,
dann Rathschläge für das Predigen selbst, die das Studium des
Anfängers kaum beeinflußt haben.

Der wissensdurstige Jüngling wurde so in die theologische
Wissenschaft eingeführt und sehr viele von diesen Rathschlägen
blieben maßgebend für sein Leben und Wirken. Aus dem Aus-
wendigwissen der Bibel müssen wir schließen, daß er selbe bereits
als Kind erlernt hatte, — das Festhalten an ihr wurzelt in diesen
Jahren; das Studium der heimischen Theologie nährte die Liebe
zum Vaterlande und zur Muttersprache und die Forderung einer
ununterbrochenen Arbeit, zeitweise einer schriftstellerischen Thätigkeit

entfaltete in ihm, der nicht mit Unrecht ein geborener Schriftsteller
genannt wird,[60]) schon sehr früh literarische Neigungen, die sich,
um die Mächtigkeit all' dieser Eindrücke zu beweisen, auch in fremdem
Gebiete und beim Anhören einer anderen Sprache auf das Wohl
seines Volkes richteten. Nach all' dem müssen eben diese zwei Jahre
zu Prerau von ungemeiner Wichtigkeit gewesen sein.

Diese Eindrücke mußten auch durch die Ereignisse in Böhmen
gestärkt werden, wo nach dem festen Auftreten der Stände im Jahre
1609 der Majestätsbrief errungen wurde. Den Evangelischen sollte
jetzt eine Daseinsberechtigung zuerkannt werden, und darein wurden,
nach mancher, auch von den Evangelischen erhobenen Einwendung,
auch die Brüder einbegriffen.[61]) So gelangte denn endlich auch
diese so viel verfolgte Glaubensgenossenschaft in den Hafen der
Ruhe. Die Brüder konnten mit dem Erfolge dieser Tage umso-
eher zufrieden sein, als auch noch eine besondere Vereinbarung
zwischen den Evangelischen untereinander geschlossen wurde. Dieser
Vereinbarung nach sollte nur eine evangelische Kirche gelten; zum
Ausdrucke der Einheit wurde ein Consistorium in Prag errichtet,
dessen Haupt, der Administrator, ein Evangelischer, dessen Stellvertreter aber, der Senior einer von den Brüdern sein sollte.
Da die Brüder nicht gern auf ihre Kirchenordnung verzichten
wollten, — eine neue einheitliche aber nicht leicht zu schaffen war
und noch schwerer verwirklicht werden und in's Leben hätte treten
können, so beließ man den Brüdern vorläufig ihre Eigenart, ihre
Kirchenordnungen, ja auch ihre Obrigkeit und Synoden.[62])

Dies hatte für Mähren, wo Comenius lebte, nicht directe
Wirksamkeit, weil dies Land 1609 unter die Verwaltung des
Mathias, Königs von Ungarn, der erst 1612 König von
Böhmen wurde, abgetreten wurde. Hier behielten die Brüder
ihre Eigenart völlig; sie hielten Synoden auch für die Brüder,
die außer Mähren lebten; nur haben wir von den Synoden sehr
wenig Kenntniß. Nach der zu Žeravic (1606) folgte eine in
Trebič (1607), wo der spätere College des Comenius, Václav
Lochar zum Diakon ordiniert wurde.[63]) — Von 1607 bis 1611
ist kaum die Spur einer Synode aufzufinden, in dem letzteren
Jahre war ein Slavkovo abgehalten worden[64]) — aber zu dieser

Zeit war schon der junge Theolog außer den Grenzen seines Vaterlandes. Es sei nur noch nebensächlich erwähnt, daß die Union der 3 evangelischen Stände (21. Juni 1609) noch im selben und folgenden Jahre Quelle von Unruhen für die böhmisch-evangelische Kirche ward. Die luth. Pfarrer Borowsky und Prochazka fühlten sich mit derselben nicht zufrieden, letzterer wurde wohl seiner Stelle enthoben, aber bekam doch eine andere; und die folgenden Jahre war das Verhältniß zwischen den Brüdern und den Evangelischen gespannt. [65]) Der Grund war, daß sich die Brüder den Lutheranern nicht völlig anschlossen, besser gesagt, in diese nicht aufgehen wollten, ihre Eigenart eifrig wahrend. Dazu trat noch die Vorliebe für die calvinischen Lehrbegriffe, die Verbindung mit Herborn, Heidelberg und Genf und wir werden es erklärlich finden, daß die Union dennoch zu keiner wahren Vereinigung führte. Als eine Folge der letzthin genannten Verbindungen mit dem Auslande sind die Studienreisen der jungen brüderlichen Candidaten zu betrachten. Eine solche führte auch den jungen Comenius nach Deutschland.

II.

Die Lehrjahre in Deutschland.

Waren die Brüder mit Herborn von jeher in reger Verbindung, so scheint zu dieser Zeit auch die Persönlichkeit des jungen Gelehrten, Alsted, der an der dortigen Schule wirkte, Schüler aus Mähren hingezogen zu haben. Dieser junge Mann (1588 geboren, also nur 4 Jahre älter als Comenius) hatte während seiner Peregrination (Studienreisen) in der Schweiz unter anderen A. Polanus zum Lehrer, der bei den Brüdern in hohem Ansehen stand und besonders mit K. v. Zerotin öfters Briefe gewechselt hat.[1] Polanus bot nun dem jungen Alsted Mittheilungen über die Huld Zerotius, und sie wurde auch diesem selbst zu Theil, so daß er sich bewogen fühlte, eines seiner ersten Werke, die Panacea Philosophica dem mächtigen Grafen von Mähren zu widmen. Dies geschah 1609, also während Comenius in Prerau, dem Sitze Zerotin's, studierte. Ein jedes neue Jahr brachte neue Werke von dem jungen Professor, und verbreitete zugleich den Ruhm der Schule zu Herborn. 1611 erschien auch Comenius mit dem jungen Grafen von Kunowitz[2] daselbst und wurde den 30. März unter dem Rectorate des Wolfgang Ficinus immatriculiert,[3] und in Mitten einer größeren Anzahl landsmännischer Studiengenossen widmete er sich bald dem eifrigsten Lernen.

Die Schule zu Herborn, seit 27 Jahren bestehend, erfreute sich einer heitern Blüthe; die Gunst ihres Patrons behielt daselbst den bald anderswo gerufenen Alsted; aus allen Ländern, „wo die reformierte Kirche festen Fuß gefaßt hatte", stürmten die Schüler her, so daß die Zahl derselben sich auf 300.400 belief. Die Schule bestand aus einem Pädagogium und einer Hochschule. Das Pädagogium hatte 5 Classen; die unterste bediente sich wohl noch der Muttersprache, sonst war aber in den höheren Classen das übliche philologisch-logische Unterrichtsmaterial vertheilt, in der höchsten Classe fanden bereits Disputationen über logische, ethische und theologische Fragen statt, und diese dienten zugleich als Übergang zu der Hochschule. Diesen bot auch die Person des Pädagogarchen, der in der höchsten Classe des Pädagogiums und auch in der philosophischen Facultät wirkte.[4]

Schon im Jahre 1610 wurde Alsted außerordentlicher Professor an der philosophischen Facultät.[5] Wenn man die Schulpläne Alsted's[6] einigermaßen auf die Herborner Schule anzuwenden versucht, so sollte der philosophische Curs eine Einleitung für die weiteren Fachstudien bieten, gewiß auch für das theologische, und so wurde Comenius auch durch die nächsten Aufgaben seiner akademischen Bahn an die Person Alsted's hingewiesen.

Alsted war ein Mann von großem Wissen, ernstem Streben und treuer Gläubigkeit. Ein keineswegs origineller Geist und selbstständiger Forscher, verzichtet er auf diesen Vorzug selbst von vorneherein. Vielseitig, ja wir möchten sagen, allseitig, war er in seinem Innersten, seiner ganzen Geistesanlage nach, dennoch ein Theologe und die encyclopädische Wirksamkeit, der er sich geopfert, stammt auch aus dem Streben, zum Verständniß der Quelle des Christenthums, nämlich der h. Schrift, alle Mittel in Bereitschaft zu stellen und zu haben.[7] Das erste Werk von ihm[8] stammt aus 1609 und beschäftigt sich mit der Ars Magna des Lullus. Er findet viel Gefallen an den logischen Spielereien dieses mittelalterlichen Philosophen, erläutert und erweitert sie auch später in seinen Werken. Dies und das folgende Werk[9] erschien in Straßburg, die folgenden Schriften aber bereits in Herborn. Sein folgendes Werk, Panacea Philosophica, ist dem bedeutenden Aristokraten der Brüdergemeinde, Karl v. Žerotin, zum Zeichen der Dankbarkeit für die empfangenen Wohlthaten und der ergebensten Verehrung gewidmet. Noch im selben Jahre erschien ein Schriftlein über die Harmonie der Aristotelischen, Lullischen und Ramischen Philosophie. Eine Betrachtung dieser Schriften läßt uns in Alsted einen Anhänger der Aristotelischen Philosophie erkennen. Die Richtung ist jene der mittelalterlichen Scholastik. Über

2

alle Philosophen ist ihm Keckermann; von ihm habe er, was er
über die Lexica, Praecognita, Systemata und Gymnasia schreibe;
von Thymler lernte er die Disciplinen, durch Theoremata und
Problemata zu geben; von Lullus das, was er über die Ars
Magna schrieb, und aus diesen Elementen ist seine Methodus
mixta zusammengestellt. [10]) Denn wie auch aus dem Büchlein zu
ersehen ist, erörtern selbe eigentlich mehr formale Fragen, als den
Inhalt eines philosophischen Systems. Sie geben Anleitung zu
der Kunst, über die ganze Encyclopädie zu disputieren; drei Erfordernisse werden an diese Kunst gestellt: die Übung des Gedächtnisses, der Urtheilskraft und der Redegewandtheit. [11]) All' dies hier
theoretisch dargelegt, gelangte dann practisch in den akademischen
Disputationen zur Geltung.

Aus diesen Jahren 1611, 12, 13, wo Comenius in Herborn
war, wollen wir einige Disputationen, die unter Alsted's Vorsitz
abgehalten worden, zur Beleuchtung des Vorganges erwähnen:
über die Hexilogia von dem Sigener, Pithan; über einige nothwendige und nützliche Fragen in der Schule von Tornomann
aus Frankfurt; ein Abriß der Oratoria von Nic. Hermann,
ein kurzer Abriß der Metaphysik von Johann Litomil aus
Leitomischl, sämmtlich aus dem ersten Jahre. Aus dem folgenden
Jahre erwähnen wir nur die politischen Disputationen über den
status rerum publicarum generalis. [12])

Gewiß sind die Abhandlungen, wenn auch das Werk einzelner
Schüler, doch im Geiste des Lehrers verfaßt, und so sehen wir
denn die Geistesrichtung Alsted's, wie wir sie uns übrigens schon
aus der Vorliebe für Lullus vorstellen konnten, als eine encyclo-
pädisch-dialektische. Die Hexilogia beschäftigt sich mit dem Zustande
des erkennenden Subjects: de habitibus intellectualibus; sie stützt
sich dem Scaliger gegenüber auf Keckermann und Turnovius [13])
und behandelt die 14 Puncte: intelligentia, sapientia, scientia,
synteresis, prudentia, intellectus organicus, mechanicus, ars,
fides divina, lumen gloriæ, error opinionis, fides humana, dubitatio, suspicio. Der Behandlung der einzelnen Theile geht eine
kleine Betrachtung voran, worauf einzelne Sätze als Theoremata
aufgestellt werden. In der Disputation über Quaestiones non-

nullæ finden wir ein Quodlibet allerlei philosophischen Fragen, von denen wir einige erwähnen wollen: z. B. ob man das Seiende nicht seiend nennen könne; ob es mehr Dinge, als Wörter gebe, ob man mit Recht sagt, daß die Pflanzen leben; ob das Leben durch Emittieren oder durch Recipieren geschehe; ob das Nichtwissen das Vergehen entschuldige, ob man dem Weib die Geheimnisse des Staates zu offenbaren habe, ob man die Mutter mehr, als den Vater lieben solle; ob man den Kindern das Spiel erlauben solle, ob man gegen den Feind List gebrauchen dürfe. Bei den Beweisen wird die zeitgenössische philosophische Literatur reichlich benutzt; aber auch die Kirchenväter und auch die Philosophen des Alterthums. Aus diesen beiden Beispielen erhellt, wie vielfach die Analyse in den Übungen angewendet wurde, wie sich dieselben neben allgemeinen Fragen, auch mit minutiösen Details beschäftigten, und wir können uns nur zu lebhaft vorstellen, daß die Erörterung von Fragen, wie die letzterwähnten in den jugendlichen Gemüthern eine lebhafte Lust zu derartigen Übungen zu wecken und zu erhalten geeignet waren. Nun kam der erwähnte Fall, daß ein Landsmann und Freund des jungen fremden Theologen eine Disputation hielt. [13a]) In einem lateinischen Gedicht, das mit anderen der Disputation beigedruckt ist, feiert Comenius den Disputanten. Er rühmt die Macht der Übung, die zu einem Athleten des Geistes heraufzuziehen geeignet sei; und speciell die Wichtigkeit der Metaphysik, die doctrinæ clavis et ingenii sei, und verspricht dem Gefeierten alle möglichen Ehren eines Kämpfers des Geistes. Als ein Zeugniß des großen Fortschrittes im Latein und der klaren Ausdrucksweise des Verfassers, wird der Vers, das erste, was wir von Comenius besitzen, in seinem ganzen Umfange abgedruckt werden.

Wie hieraus ersichtlich, fand auch der junge Comenius ein Gefallen an diesen Subtilitäten, [14]) um so mehr, als sich mit der Zeit ein inniges Verhältniß zwischen ihm und seinem Lehrer gebildet hat. [15]) — Alsted scheint überhaupt den jungen Männern, die seine Schüler wurden, ziemlich herablassend und in echt freundschaftlicher Weise entgegengekommen zu sein. Die Gedichte, bei den unter seinem Vorsitze abgehaltenen Disputationen, zeigen eine

Schätzung und Verehrung seiner Schüler, die auf ein Verhältniß, wie es beinahe nur unter Gleichen vorkommt, schließen läßt. So preist er den einen als große Hoffnungen weckenden Juristen (im Triumphus ad Röwenstruck), da er Virtutem, Ingenium, Sacra und Deum liebe. Den Tornmann nennt er einen, der mit Recht einen Anspruch auf den Gelehrten Titel erhebe, da er Artes, Linguas, Sophiæ penetralia Morte Labore Prece pflege.

Die Mängel, die durch die Versäumnisse der Vergangenheit verursacht worden, holte Comenius auch auf den anderen Gebieten des Wissens ebenso, wie nach dem Zeugniß des obenangeführten Verses, in der lateinischen Sprache ein. Die theologischen Disciplinen fanden einen schon von Haus aus vorbereiteten Boden vor, ebenso die encyclopädische Forschungsrichtung Alsted's. Nur mit einer Wissenschaft scheint er sich nicht näher befreundet zu haben, mit der Mathematik. Wir fühlen dies durch alle seine didactischen Werke. Während Alsted und Andreae diesen Wissenschaften viel Vergnügen abzugewinnen im Stande waren, erzählt Comenius in seinem Labyrinth der Welt, dass, als man ihn in die Algebra oder Cossa einführen wollte, er daselbst eine Menge solcher wundersamen Striche (klikū a hákū, — Kriz-Kraz) erblickte, dass er beinahe in Ohnmacht fiel. Die Augen schließend, bat der Pilger im Labyrinth, man möge ihn von dort wegführen. [16]) Aber sonst eilte sein Geist der Zeit gewaltig voran. Während die deutschen Jünger über die lateinische Beredsamkeit disputierten und wie Nic. Ged. Hermann in der Oratoria, [17]) über die copia verborum, adornatio orationis, elegantia orationis, mit Bezug auf die lateinische Sprache Gesetze suchten und aufstellten, riß sich der Geist des fremden Schülers davon und flog in seine heimatlichen „sbory" (Gemeinden), deren einfacher, heimischer Klang ihm mehr Reiz, als die schmuckvollen Perioden der älteren und neueren Römer gewährte. Die Liebe für die Muttersprache, das nationale Selbstgefühl, beides aus dem Brüderleben geschöpfte Seelenschätze, verbanden sich mit den Erfordernissen seines eigenen Lebenszweckes, und führten ihn schon in Herborn zu einem Vorsatz, in dem er seiner Zeit beinahe so gewaltig vorangieng, wie später in seinen Theorien der Erziehung.

Nie war es ihm, schrieb er 50 Jahre später, eingefallen, etwas lateinisch zu schreiben, noch herauszugeben. Nur seinem Volke wollte er nützen durch Bücher in der Muttersprache und dies schon seit den Jahren der Jugend. [18]) Und das schönste ist, daß die Anfänge dieses böhmischen Schriftstellerns eben in Deutschland gleich im zweiten Jahre seines dortigen Aufenthaltes mitten unter fremden Klängen und im Drang anderweitiger Beschäftigungen gelegt worden sind.

Um nämlich zur genauen Kenntniß seiner Muttersprache zu gelangen, setzt er ein Ziel vor sich, das eines fertigen Philologen würdig wäre, einen Thesaurus der böhmischen Sprache zu schreiben; nämlich ein vollständiges Lexicon, eine accurate Grammatik, die elegantias und emphases der Idiotismen und die Adagia. Er verfaßt dies alles mit fortwährender Berücksichtigung der lateinischen Sprache; damit alles mit dem lateinischen parallel gehe, die Wörter, Phrasen, Idiotismen, Sprichwörter und die sententiösen dicta mit der nämlichen Eleganz, Emphase (die im eigentlichen Sinne ebenso; ferner die tropenartig archaisch, scherzhaft und sprichwortartig gesagten in entsprechender Weise) aus dem Grunde, damit wenn auch der lateinischeste Autor zu übersetzen wäre, man ihn mit gleicher Eleganz ins Böhmische übersetzen könnte und umgekehrt. [19])

Allerdings war dazu in Herborn nur der Anfang gelegt, wie auch zu dem zweiten Werke, das er Amphitheatrum Universitatis Rerum benannte. Der Zweck ist auch hier eminent patriotisch-praktisch, in der Hoffnung die Muttersprache zu Ehren bringen zu können, beginnt er ein „principale opus", das den Landsleuten zu Hause eine ganze Bibliothek ersetzen sollte. Nach dem Entwurf war es in 28 Bücher eingetheilt. [20]) So deutete schon der Anfang seiner schriftstellerischen Thätigkeit, deren spätere Principien, die Verbindung des sprachlichen Forschens mit dem realen an und die Mittheilung der Ergebnisse desselben in der Muttersprache zu Frommen des Volkes, aber — und dies ist hoch anzuschlagen — auch zu Frommen der Sprache zugleich. Über das erste Werk sagte er selber, der wohl Lobsprüche anderer über sich erwähnt, sich selbst aber nie lobt, er habe in dem Sammeln des Materials so viel geleistet, wie wohl kaum ein anderer für eine der neueren Sprachen. [21])

Überhaupt war das zweite Jahr (1612) reich an mannigfaltigen Anregungen. Aus den Nachbaruniversitäten Jena und Gießen kam die Nachricht von Ratich's Methobus [22]) und der Jüngling, der bereits seit dem 16. Jahre auf eine Erleichterung des Unterrichtsverfahrens dachte, schloß sich, wie er später erzählte, den neuen Principien mit ganzer Seele an. Nach der vielfachen Würdigung, der Ratich neuerer Zeit begegnet, erscheint es nicht nöthig, hier über sein Auftreten und seine Principien umständlich zu berichten, worüber jedes pädagogisch-geschichtliche Handbuch ohnehin Auskunft giebt. Es möge nur daran erinnert werden, daß Ratich 1612 den 7. Mai ein Memorial den in Frankfurt versammelten Ständen übergeben und daß die auch dem Comenius angekommene Schrift über Ratich, wahrscheinlich das: Kurzer Bericht von der Didaction, oder Lehrkunst Wolfgangi Ratichii etc. von Helvig und Jung war. [23])

Das Memorial selbst lautet: „Wolfgangus Ratichius weiß mit Göttlicher Hulf zu Dienst und wolfahrt der ganzen Christenheit anleitung zu geben:

1. Wie die Ebreische, Griechische, lateinische und der sprachen mehr in gar kurzer Zeit, so wol alten als Jungen leichtlich zu lernen und fortzupflanzen sein.

2. Wie nicht allein in Hochdeutscher, sondern auch in allen andern sprachen eine Schule anzurichten, darinnen alle Kunste und Faculteten ausführlichen können gelernet und fortgepflanzet werden.

3. Wie im ganzen Reich eine eintrechtige sprach, eine eintrechtige Regierung und endlich auch eine eintrechtige Religion bequemlich einzuführen und friedlich zu erhalten sei. Solches desto besser an beweisen, kan er auch ein specimen in Ebreische, Chaldeischer, Syrischer, Arabischer, Grichischer, lateinischer und hochdeutscher sprach schriftlich zeigen, woraus vom ganzen werk gründlichen kan geuhrteilet werden." [24])

Die Männer, die über Ratich's Memorial zu urtheilen hatten, Helvig und Jung, waren ihrer Befähigung nach dazu besonders berufen. Helvig nennt Comenius selbst noch später als

einen jener Gelehrten, denen er in seiner Didactica manche Anregung zu verdanken hat. Mit Jung werden wir noch im späteren
Lebenslaufe des damals jungen Candidaten öfters zusammentreffen.
Das Gutachten Beider war sehr günstig, und so entstand denn
in Weimar, wo man einen Versuch machte, die Principien in's
Leben zu führen, ein gesundes Schulleben. „Die jugend wurde nicht
mehr mit lectionen überbürdet ... mit den lehrstunden wechselten
erholungsstunden, ... auch dem grundsatze der anschaulichkeit
huldigte man ... nicht von der grammatik aus wurde in die
sprache, sondern aus der sprache als lebendigem ganzen in die
grammatik geführt. der muttersprache vor allem wurde ihr recht
zu theil." [25])

Die Nachrichten, die Comenius hierüber vernahm, waren
geeignet, einen Vergleich zwischen der heimatlichen Methode und
der neueingeführten anzustellen, und man wird sich über die
Entschlossenheit, mit welcher er volle 20 Jahre dem Ratich die
höchste Werthschätzung, auch nach wiederholter Zurückweisung bot,
nicht wundern können: es handelte sich eben um einen intensiven
Jugendeindruck. Aber diese Erscheinung war nicht vereinzelt.

In diesem Jahre erschien auch lateinisch und deutsch die
berühmte Schrift: Fama fraternitatis, die über die Verdorbenheit
der menschlichen Dinge, besonders der Wissenschaften in Verbindung mit geheimnißvollen Versprechungen über die Verbesserung,
langathmige Schilderungen enthielt. [26])

Ferner müssen wir schon für diese Jahre die chiliastischen
Lehren Alsted's und Piscator's erwähnen. Wohl erschien Piscator's [27]) berühmter Commentar über die Apokalypse erst 1613,
allein möglich, daß derselbe in akademischen Vorträgen seine
Quelle hatte; jedenfalls erwähnt Comenius, daß er in den
Jahren 1611, 12, 13, diese Lehre von Piscator und Alsted
hörte. [28]) Piscator erklärt zum Capitel 20 der Apokalypse „Das
besondere Glück der Märtyrer Christi, die vor jenen tausend
Jahren (die nämlich Christus auf der Erde herrschen wird) das
Leben einbüßten, ist ihre Auferstehung vor der allgemeinen, und
ihr Herrschen mit Christo im Himmel durch tausend Jahre. [29])
Er unterscheidet also genau die erste und die zweite Auferstehung

und begründet die Ansicht noch mit der Stelle 2, 8. Daselbst bezeugt Johannes, daß die Körper jener Seelen, welche Seelen er im Himmel gesehen, mit ihren Körpern vereinigt auferstanden seien und mit Christo volle 1000 Jahre regierten. Und dies ist die Prärogative dieser Gläubigerschaar vor den übrigen Gläubigen.[30])

Alsted hat in den ersten Jahren diese Lehre literarisch kaum ausgebildet (nach unserem Wissen zuerst 1620); dennoch steht es außer Zweifel, daß er dieselbe Richtung befolgte. Und wenn wir mit hinzunehmen, daß im Geiste des jungen Comenius auch die socinianischen Versuchungen noch andauerten, denen gegenüber Alsted und Piscator die streng reformierte Lehre vertraten — so werden wir uns die Gährung des jugendlichen, nach so vielen Seiten bewegten Geistes als die lebhafteste zu denken haben. Aber weitere Andeutungen hierüber fehlen. So viel bemerkt Comenius später: die chiliastischen Lehren des frommen Theologen Piscator, und des großen aber christlichen Philosophen Alsted, deren Schüler er zwei volle Jahre war, hörte er als einen Trost der Kirche (daß nämlich dem Volke Gottes noch ein „Sabatismus“ übrig bleibe. Heb. 3, 9.) und anders konnte er es sein ganzes späteres Leben lang nicht lernen.[31])

Wurde dieser Trost bereits auch bei den begonnenen Werken, die oben erwähnt, fruchtbar? Wer könnte es beweisen, — wer aber auch leugnen? Wie er sich aber in dem Schaffen der meisten späteren Werke hindurchzieht, soll die Aufgabe einer eingehenden, aber unbefangenen Analyse werden.

Daß er die Jahre mit fleißigem Studium zubrachte, können wir nur aus den oben erwähnten Worten schließen. Sein Lieblingslehrer entwickelte in diesen zwei Jahren auch eine äußerst rege literarische Thätigkeit, indem er außer den bereits erwähnten, noch viele Schriften größeren und kleineren Umfangs veröffentlichte. Es würde uns zu weit führen, diese Werke zu analysieren; die Richtung mag aber kurz gekennzeichnet werden. Es sind theils Werke über das theologische Studium und Pastoralleben, theils der Lullischen Ars gewidmete selbstständige Erläuterungen und Editionen der Werke anderer; theils grammatisch-oratorische Lehrbücher, theils mathematische Compendien. Das Werk Methodus admirandorum

Mathematicorum (1613) hat Alfted für lange Zeit Ruhm ge-
fichert und wurde auch noch nach 50 Jahren herausgegeben.[31a] Im
letzten Jahre des Herborner Aufenthalts erschien der Piscator'sche
Commentar der Apokalypse in Druck. Der Schüler unternahm auch
eine Disputation, von der uns nur der Titel: Sylloge quæstio-
num controversarum. Philosophiæ viridario depremptarum Resp.
Joh. Amos e Marcomannis Mimnicenus Herbornæ 1613 bekannt
ift.[31b] Außer diesen Einzelheiten erwähnen wir nur aus der Herborner Zeit neben dem Landsmann Litomil noch den Mitschüler
Abraham Mencel[32]); mit beiden werden wir uns noch, wenn auch
auf kurze Zeit, zu beschäftigen haben.

Es war wahrscheinlich im Frühjahr 1613, als er von
Herborn schied. Die Reise, die er in diesem Jahre unternahm,
erfolgte wohl unmittelbar nach seinem Abgange von Herborn. —
Damit hörte aber Herborn nicht auf, für seine Laufbahn bestimmend zu sein, wenn sich auch das Verhältniß zwischen ihm
und Alfted im Briefwechsel kaum erhalten hat. Die erwähnte
Reise führte über Deutschland nach Amsterdam und wahrscheinlich
hat er sich auch auf das Meer begeben[33]); krank kam er nach Heidelberg. Im Juni ließ er sich daselbst inscribieren[34]) und blieb dort
ein Jahr lang. Hatten wir über Herborn mindestens indirecte
Nachrichten, so ist uns über den Aufenthalt zu Heidelberg nur die
eine positive Begebenheit bekannt, daß er daselbst im Januar 1614
das Manuscript des Hauptwerkes des Copernicus angekauft hat.[35])
Dennoch müssen wir diesem Aufenthalt auch eine mächtige Anregung zuschreiben: er weckte, oder stärkte mindestens in ihm das
irenische Streben, das ihn dann nicht mehr verließ.

Ich knüpfe diese Behauptung an die Thätigkeit des David
Pareus. Dieser Lehrer war eine von den Herbornern ganz abweichende Natur; sein Gesichtskreis war viel weiter; seine geschichtliche Auffassung klar, und seine Gläubigkeit, wenn auch nicht
weniger treu — aber freier. Wir müssen eine Charakteristik seiner
Individualität und seiner Wirkung auf Comenius mit seinem, zur
Zeit des Aufenthaltes Comenius in Heidelberg erschienenen Werke
in Zusammenhang bringen, das in einer späteren Polemik des
Comenius diesem entgegengehalten wurde, da dieses Werk, obwohl

es weder selber, noch dessen Verfasser von Comenius erwähnt
werden, thatsächlich in den Grundzügen seiner Irenik unverkennbare
Spuren merken läßt. Dies Werk ist das Irenicum. [36])

Der geschichtliche Hintergrund der Schrift dürfte allgemein
bekannt sein. Seit dem Marburger Gespräch wurden die Streitfragen, die der Vereinigung der beiden evangelischen Confessionen
im Wege standen, besonders aber die Abendmahlsfrage, so oft erörtert, bis sie zu den heftigsten literarischen Fehden und Feindseligkeiten und zum Hervorsuchen alles dessen führten, was die
Trennung vergrößern konnte.

So wurden in Verbindung mit der Abendmahlsfrage erörtert: ob Christum auch die Ungläubigen, oder nur die Gläubigen
essen; ob die Einheit in den zwei Naturen Christi eine abstracte
sei, d. h. in einandergehend — oder concret, nur in der Person
begründet; das letztere war die Ansicht der Calviner. Nach 1586
traten noch Streitfragen über die Taufe hinzu, ob selbe ihre Kraft
in dem geheiligten Wasser habe, ob alle, die mit Wasser berührt,
auch innerlich durch den heiligen Geist geweckt werden, ob die
Laien taufen dürfen. — Verschiedenen Standpunkt nahmen die
Anhänger der beiden Bekenntnisse auch in Frage der Bilder in den
Kirchen ein; in der Frage des Brechens des Brodes bei dem heiligen
Abendmahl; und natürlich — eigentlich auch schon früher in der
Frage der Prädestination. [37])

Und dieser ganze unselige Streit fand überall ein Echo,
wo die Confessionen beisammen wohnten und in Berührung
kamen — wie man darauf zahllose Beispiele erbringen könnte.
Ein polnischer katholischer Geistlicher nahm sich das Vergnügen,
welches ihm nicht gering war — in den Ausartungen dieser
Polemik eine Auslese zu halten und brachte folgendes heraus:
Westphal nannte Calvin und Calvin den Westphal einen Häretiker,
also sind sie es beide. Schlüsselberg nennt die Calvinisten Häretiker,
Sacramentarier, Atheisten, folglich sind sie es. Anderseits nennen
die Calvinianer Schlüsselberg einen groben Flacianer, Ubiquitarier,
Häretiker, Lügner, Sycophanten und Infamen. Er ist es also.
Die Evangelischen sind somit alle Häretiker." [38]) — Männer, die
wie Pareus, für die Geschichte und das Wesen der Reformation

mehr Sinn hatten, mußte der gemeinsame Schade, den dieser Zwist verursachte und die Schadenfreude der Gegner mit Schmerz erfüllen. Insbesondere war Pareus, wohl ein guter Reformierter, für eine versöhnliche Auffassung des heiligen Abendmahls, was ihn 1603 zu einem Streit führte, der mit höherer Gewalt unterdrückt wurde.[39] — Allmählich reifte in ihm die Idee, daß zur Schlichtung all' der verderblichen Streitigkeiten und zur Wiedererlangung der Einheit eine Synode nöthig wäre, und deren Zusammenstellung und Aufgabe schildert das Irenicum.

Vier Fragen denkt Pareus der Synode vorzulegen (p. 16): 1. Welche sind die Grundartikel des Glaubens? 2. Ob in diesen die Evangelischen übereinstimmen? 3. Wie weit geht die Trennung und der Unterschied zwischen den beiden? 4. Ist es nothwendig, daß diese Dissension der Theologen die evangelische Kirche zerreiße und die Einheit hindere?

Die Verhandlungen über diese Fragen werden zuerst schriftlich dann mündlich gepflegt; für die mündlichen bestehen 8 allgemein gehaltene Regeln, nennenswerth besonders die sechste; man müsse das Gespräch zu Ende führen und nicht abbrechen (p. 18); der Collocutoren mögen von jeder Seite 2—3, nach ihren Kenntnissen der controversen Fragen, aber auch nach ihrem milden, offenen, frommen Charakter gewählt werden; für den Ort wird eine Reichsstadt vorgeschlagen, wo beide Theile Kirchen haben — er nennt eine Stadt: N. (wohl Nürnberg) (p. 21). Die vielen evangelischen Akademien, Städte, Fürsten sollten sich vereinigt an die Könige von England und Dänemark mit der Bitte wenden, daß diese das Zustandekommen solch' einer Synode ermöglichen.

Von den vielen Details erwähnen wir noch folgende: Beide Theile sollen zusammenkommen; die Delegirten werden nicht von Einzelnen, sondern von ihren Kirchengemeinden und Magistraten entsendet; neben Geistlichen auch Schulmänner und Politiker (p. 40, 41); selbe werden zuvor auf irgendwelche Weise verpflichtet, alles nach der heiligen Schrift, ohne andere Rücksichten, als jene der evangelischen Kirche zu verhandeln und zu beschließen (p. 42—51). Der 34. Punkt des IX. Capitels schildert den äußeren Gang dieser Verhandlungen. —

Die schwierigste Frage ist aber gewiß, — wie in den Verhandlungen entschieden werden soll? (p. 51). Die erste Antwort: durch die heilige Schrift, ist leicht erbracht; aber die praktische Werthlosigkeit dieser Antwort ist aus der Geschichte des ganzen Streites, der sich überall auf die Schrift berief, recht leicht zu ersehen. Nun formuliert Pareus drei Normen für die Entscheidung: 1.) Der Glaubenssatz der aus der heiligen Schrift mit denselben Worten, oder mit richtigen Folgerungen abgeleitet worden ist, ist richtig; 2.) das Gegentheil ist unrichtig; 3.) was aus der Schrift nicht abgeleitet ist, ihr aber nicht widerspricht, ist Abiaphoron (p. 55).

Die Nothwendigkeit und die Möglichkeit einer solchen Synode beweist der Verfasser auch mit Beispielen aus der neueren Geschichte; so mit jenem der polnischen Protestanten, die bekanntlich 1570 in Sendomir den berühmten Consensus geschaffen haben, der ihre Einheit zur allgemeinen Zufriedenheit wahrte; so führt er auch das Beispiel der böhmischen Protestanten auf. Die böhmischen Evangelischen haben schon 1575 eine gemeinsame Confession dem Kaiser überreicht; 1609 von neuem, — bei deren Betrachtung sollten sich die Theologen Deutschlands schämen. Es bewahrheite sich das Wort Luthers: Theologus gloriæ dicit, malum bonum et bonum malum; Theologus crucis dicit id quod res est," (p. 86). Auch schließt ja diese Confession die Brüder nicht aus; der Text des 15. Artikels über das heilige Abendmahl stehe den Brüdern näher, als der Augsburger Confession (p. 87). — Daß die Confession nicht mit der Augsburger identificiert werden wolle, erhelle daraus, daß sich in der Vorrede die Stände auf Hus beriefen, dessen eigentliche Nachfolger ja die Brüder seien; für welche dieselbe Vorrede auch noch ausdrücklich gleiche Rechte und gleichen Schutz biete. — Und es sei ja auch nicht nur bei den Worten geblieben; die Einheit sei bereits auch in das Leben eingeführt worden, was der Verfasser den evangelischen Ständen und Theologen empfiehlt: und dann werde geschehen: „redibit pax, ruet Papatus, regnabit Christus, conficietur Antichristus. (p. 88.)

Wir verzichten darauf, weil es zu weit führen müßte, den reichhaltigen geschichtlichen Inhalt des Buches, das die Versöhnungs-

verſuche und thatſächlichen Vereinigungen der Evangeliſchen mit
Hilfe von Documenten ſchildert, genauer zu ſkizzieren. — Den
Katholiſchen, die die Uneinigkeit der Evangeliſchen gegen dieſe
ausbeuten wollen, weiſt er die Meinungsverſchiedenheiten in den
Lehren ihrer verſchiedenen Theologen, Päpſte, Synoden und zwar
recht reichhaltig nach, ein Capitel rechtfertigt die Reformierten den
ihnen falſch zugemutheten Lehrſätzen gegenüber (p. 242—282),
und in einem Schlußcapitel widerlegt der Verfaſſer eine anonyme
Schrift („Motive: warum man mit den Calvinern nicht gegen
die Papiſten ſtehen kann") (p. 283) mit der würdigen Betonung,
daß er die neueren Sätze der Lutheraner, die wohl die Grundlage des Heiles näher berühren könnten, durchaus nicht in
einem ähnlichen Tone beurtheilen wolle, dieſe Widerlegung alſo
nur als Abwehr betrachtet werden möge. Ein herzlicher Aufruf
an alle evangeliſchen Männer, beſonders die Theologen, Könige,
Fürſten, Stände, ſich dem großen Werke zu widmen, ſchließt die
Schrift. Wir führen nur noch die prophetiſchen Worte an: „Fax
enim, qua conflagrabit tandem Europa, erunt profecto irreligiosa
tum hæc, tum alia certamina." (p. 345).

Es iſt recht gut möglich, daß zu dem die Böhmen betreffenden Capitel auch Comenius Informationen geliefert habe. War
er ſchon in Herborn ſo reif und eifrig, ſich die Liebe eines Lehrers
wie Alſted zu erringen, — ſo werden die fortgeſetzten Studien
ihn noch mehr dazu befähigt haben, die Zuneigung und die Achtung
ſeiner Lehrer auch weiter zu verdienen. Wohl war Comenius nicht
das einzige Bindeglied zwiſchen Heidelberg und Böhmen. Vor
2 Jahren war bereits ein illuſtrer Schüler aus Mähren hingezogen, Jetkich von Zerotin[40]); und es fehlte dem Pareus an
Nachrichten auch ſonſt nicht; daß ihm aber auch der junge begabte
mähriſche Theologe, deſſen friedliebender Geiſt in einer ſo lebhaften
Übereinſtimmung mit ſeinen ireniſchen Beſtrebungen war, kaum
entgehen konnte, iſt ſchwer zu bezweifeln.

Soll man aus dem Ankaufe der Copernik'ſchen Handſchrift
auf eine Beſchäftigung mit der Mathematik ſchließen?[41]) Nichts
ſpricht dafür, Comenius war dem Copernikus ebenſo[42]) wie der
höheren Mathematik[43]) abgeneigt, und durch die Bedeutung des

Copernik'schen Werkes wird der Ankauf ohnehin erklärt. — Im selben Jahre noch, nach einem dreijährigen Aufenthalte in der Fremde, zog er in seine Heimath zurück. Die Reise that er zu Fuß über Prag und zu Hause angelangt, bekam er noch im selben Jahre eine Anstellung in der Schule, wo er zuletzt gelernt hatte, in Prerau.[14]) Zog er auch von Heidelberg arm nach Hause, so haben doch die drei Studienjahre seinen reich ausgestatteten Geist gereift, seine Kenntnisse erweitert, seinen Glauben gestärkt. Unter dem mächtigen Einflusse von Männern mit tiefem Glauben verschwanden die socinianischen Versuchungen, dem natürlichen, fast unstillbaren Drang folgend, versenkte sich seine Seele in ein Meer der Wissenschaften. Die Aristotelisch-Ramische Dialektik in Verbindung mit der Lullisch-Alsted'schen Ars verlieh ihm eine Gewandtheit in positiver und polemischer Behandlung jeder beliebigen Materie; und welche war die Materie, deren Studium ihm vom Hause aus am nächsten liegen mußte, wenn nicht die Theologie? Die christliche Philosophie Alsteds diente ja auch nur dieser. — Nun hörte er die streng calvinische Lehre, aber derart vorgetragen, daß die Quelle der Wahrheit dennoch die h. Schrift sei. Die Schrift sei über alles, und in ihr auch diejenigen Bücher, die der bedrängten Kirche einen Trost versprechen, man denke demnach beim Leiden für Christum auf seine baldige Zurückkunft und ruhmreiche Herrschaft, für diese Herrschaft sorge man aber auch durch die eifrige Erziehung der Jugend vor.

Eine neue Art des Lernens hat Ratichius erfunden, man hat diese anzuwenden. So werden die traurigen Zustände, die die Fama fraternitatis so grell geschildert, bei der nächsten Generation auf natürliche Weise behoben. Für die Erwachsenen ist aber auch zu sorgen, insbesondere für die Nächststehenden, die Landsleute; für sie bringt er die Anfänge seiner beiden erwähnten Arbeiten in der Muttersprache mit; für sich aber die Handschrift des Astronomen, die ihm — wenn auch widrig — als ein Werk eines großen Geistes, werthvoll war. Vielleicht von niemanden erwartet, zog er aus der Fremde nach Hause, aber dem ganzen Vaterlande und insbesondere seiner Kirche vieles bringend. Er brachte vor allem sich, zum hingebenden Dienste, viel Eifer für seine

Kirchengemeinschaft, Friedensliebe und das Bewusstsein, daß es nachtheilig sei, durch die Liebe zum Eigenen seine Nächsten und Genossen von sich zu stoßen, ja, wenn man auch von ihnen zurückgewiesen war, sich ihnen nicht zu nähern. Im Gegentheil — für den Kampf gegen den Antichrist sollen sich die Evangelischen vereinigen und für die Wiederkunft Christi alle Christen verbrüdert werden. — Der 22jährige Candidat brachte große Anfänge, noch größere Vorsätze, dabei gereifte Kraft und voll entfaltete Fähigkeiten von seinen Lehr- und Wanderjahren nach Hause, ein Grund, weshalb er mit Dank an diese seine Schuljahre dachte, wir aber ihren bestimmenden Einfluß bei der Betrachtung der ferneren Entwickelung nicht aus den Augen verlieren dürfen.

III.

Stille Amtswirksamkeit und Selbstbildung.

Die Verhältnisse der Evangelischen gestalteten sich unterdessen wohl günstiger, aber zu den äußeren Angriffen gesellten sich
nach der Vereinigung vom 21. Juni 1609 innere Zwistigkeiten.
denn der Vertrag von 1609 war gut gemeint, aber schlecht formuliert. — Die rechtliche Grundlage für denselben war die böhmische
Confession, anders Augsburg'sche genannt; es wurde ausdrücklich
erklärt, daß die Brüder auch mit inbegriffen seien, die aber ihre
Confessionen auch ferner, und zwar nicht im Geiste der Augsburg'-
schen erweiterten. — Es wurde ferner eine einheitliche Organisation
und Administration der Evangelischen ausgesprochen, dabei aber
den Brüdern ihre Kirchenordnung belassen, die eine besondere
Organisation und besondere Synoden anordnet; ferner wurde die
Nothwendigkeit einer einzuführenden Kirchenzucht erwähnt, es kam
aber nicht einmal zu dem Versuch, diese, die bei den Brüdern
bereits vorhanden war, auch bei den Lutherischen in's Leben treten
zu lassen. Und nicht einmal in der Lehre konnte die Einheit mehr
hergestellt werden.

Die Lutherischen drangen seit jeher in die Brüder, sie möchten
sich ihnen anschließen, dadurch erweckten sie nur das Selbstbewußtsein der Brüder, die sich theils auch deshalb den Calvinisten
näherten. Allmählich wurde die Theologie der Brüder die Calvinische, und die vielversprechende Vereinigung konnte daran nichts
ändern. Die Vereinigung mit der Schweiz (Genf und Basel) und
Heidelberg und Herborn nährte diese Richtung, und so wurde die
Anomalie unleugbar, daß die calvinisch-gesinnten Brüder auf
Grund der böhmischen oder augsburgischen Confession ihren recht-
lichen Bestand fristeten, und wiewohl einer einheitlichen evange-

lischen Organisation und Administration einverleibt selbständige
Synoden hielten, ihre Priester selbständig in's Amt setzten. —
Daß dies zu Zwistigkeiten führen mußte — ist offenbar. Und wir
müssen sagen, daß beide Theile Recht hatten und beide Theile
Unrecht. Die Brüder hielten Synoden ab und benahmen sich als
eine, wie bisher, selbständige Kirche. Nun ist es wohl wahr, daß
der Vergleich ausschließlich unter den Ständen des Königreichs
Böhmen geschlossen wurde, und daß unterdessen Mähren unter
die Herrschaft des ungarischen Königs Mathias gelangte, folglich
der Vergleich rechtlich auf Mähren nicht ausgedehnt wurde; aber
galt dasselbe nicht auch vom Majestätsbrief? Und dennoch beriefen
sich die Brüder, von den Katholischen angegriffen, auf diese
Urkunde, als eine auch für sie rechtskräftige.[1])

Darum sagte schon 1613 Schlick, daß die Einheit keine vollständige sei, und bezeichnete directe die Brüder als Störenfriede.[2])
Speciell in Mähren benahmen sich dieselben sonst ganz so, als ob
sie von einem Vertrag nichts wüßten. Die Vorrede zur Folio-
ausgabe der Bibel 1613 ist einfach den Predigern und Verwaltern
der Unität gewidmet, von den Senioren der Brüderunität unterzeichnet; bei der Anweisung zum Gebrauche des Registers wird
erwähnt, dieselbe habe die Bestimmung, die Leser aufmerksam zu
machen, was sie „nach der in unserer Unität üblichen Ordnung
des Kirchendienstes und der Kirchenordnung zu lesen haben." —

War dies nur eine einfache Währung ihrer Individualität,
so enthielt eine Vertheidigungsschrift der Brüder gegen katholischen
Angriff eine förmliche Unterscheidung und beinahe eine Abweisung
jeder Gemeinschaft mit der Augsburger Confession.

Diese Vertheidigung war eine erneuerte Abwehr gegen die
neue und erweiterte Ausgabe der bereits oben erwähnten Sturm's-
schen[3]) polemischen Schrift gegen die Unität. Der ganze Streit
kann hier nicht ausführlich beschrieben werden; die erwähnte
Schmähschrift von Sturm will beweisen, daß die Brüder nicht
von Gott seien; der neue Abdruck dieser Schrift erschien mit
einigen, bereits theilweise veröffentlichten Ergänzungen; am Ende
mit einer metrischen Recapitulation. Die Brüder erachteten es
für nöthig, eine Antwort hierauf zu geben, trotzdem schon früher

3

eine Abwehr gegen Sturm erschienen war und die Abfassung dieser Vertheidigung: „Die triumphierende Wahrheit 1614" wird dem Senior Konečný zugeschrieben. [4])

Wir wissen nicht, ob Comenius bereits zu Hause war, als die Schrift erschien. Neben ihrem allgemeinen Interesse ist sie auch ein Spiegel der geistigen Lage der Unität zur damaligen Zeit; deshalb wollen wir einige charakteristische Daten kurz erwähnen. Die Eintheilung folgt der gegnerischen Schrift, und so werden zuerst die Beweise, dass die Unität nicht von Gott sei, widerlegt, dann, dass dieselbe von Gott sei, bewiesen, zum Schluss die übrigen Zuthaten und Anschuldigungen zurückgewiesen. — Auf den Angriff auf die brüderliche Abendmahlslehre erwiedert die Schrift: die Brüder glauben, dass Christus kraft seiner göttlichen Natur dabei anwesend sei; leiblich allerdings nicht, denn der Leib Christi sei im Himmel. (p. 14.) — Die zeitweise Erweiterung und Veränderung der brüderlichen Schriften, so auch der Confessionen wird theils mit der Nothwendigkeit der Verbesserung, die mit der Zeit überall eintrete, theils auch mit dem Beispiele anderer Kirchen gerechtfertigt. (p. 51).

Auf die Beschuldigung des Calvinismus antworten sie, bevor Calvin auf der Welt gewesen sei, haben die Brüder ihre Glaubenssätze verfochten, womit sie allerdings nicht behaupten wollen, Calvin hätte sie von den Brüdern genommen. (p. 56). Den Vorwurf der Unverträglichkeit weisen die Brüder einfach zurück: sie stehen mit den übrigen Utraquisten auf Grund derselben Confession, sie verrichten nach derselben ihren Gottesdienst, wobei sie in ihrer eigenen Ordnung und ihren Ceremonien belassen wurden (p. 60). Eine vollständigere Einheit werde folgen. — Ihr Daseinsrecht gründen sie auf den Majestätsbrief, an den sie fest halten und auf den sie auch andere hinweisen (p. 87). Den göttlichen Ursprung der Unität beweisen auch die vielen Verfolgungen, denen sie fortwährend ausgesetzt ist (p. 125); während die dritte Reihe der Päpste von Bonifacius an entschieden antichristliche Tendenzen verfolgte (p. 190). Und bei einem wiederholten Vorwurf, dass die Brüder zu keiner Partei, welche Glaubensfreiheit habe, gehören, antworten sie, sie halten unentwegt an dem Majestätsbrief feſt, der den der böhmiſchen Confeſſion zugehörigen Freiheit ſichert, der ſie in ihrem innerſten Herzen zugethan ſeien (p. 216).

Werfen wir nun auf dieſe Erörterungen ein kritiſches Licht, ſo werden wir es natürlich finden, daß die Schrift ſchon an und für ſich, beſonders aber die Erklärung: die die Augsburger Confeſſion betreffenden Stellen mögen von den Lutheranern ſelbſt beantwortet werden, die Anhänger der Augsburger Confeſſion unliebſam berührt hat. Charakteriſtiſch iſt es für die dogmatiſche Unklarheit, daß ſich die Brüder zu einer Confeſſion bekennen, die mit der Augsburgiſchen identiſch genannt wird, — in einem entſcheidenden Punkte (der Abendmahlsfrage) aber der dieſer entgegengeſetzten Lehre folgen. Trotzdem ſie einer Confeſſion ihren Schutz verdankten, erklärten ſie, daß ſie mit derſelben identiſche augsburgiſche Confeſſion ſie nichts angehe. Daß auf dieſe Weiſe keine wahre Einheit erfolgen konnte, iſt wohl ſonnenklar. Unter ſolchen Verhältniſſen kam der junge Comenius nach Hauſe und wurde, wie dies oft vorkam, einer Schule an die Spitze geſtellt; — es war dies, wie oben erwähnt, an eben jener Schule, deren Schüler er geweſen war. Leider iſt es ſehr wenig, was wir über dieſe Schulthätigkeit wiſſen. Die Lehrmethode Ratichs, deſſen Schriften er mit größtem Eifer las, begann er in die ihm anvertraute Schule einzuführen⁵); verbannte alſo die vielen Quälereien mit den Regeln und der Grammatik und ſetzte wahrſcheinlich eine Lecture zur Grundlage des Unterrichts. — Hierüber könnte uns die leider verlorene Schrift: „Grammaticæ facilioris præcepta" Auskunft geben, die er als Leitfaden für ſeinen Unterricht ſchrieb, die aber nicht aufgefunden worden iſt.⁶)

Daß er aber dabei nicht aufhörte, ſich mit theologiſchen Fragen zu beſchäftigen, lag theils in den Verhältniſſen, theils in ſeiner Natur. Die Controverſen über das Bekenntnis dauerten fort. Wrbensky, ein böhmiſcher Lutheraner, verfaßte eine Schrift zum Beweis, daß die böhmiſche Confeſſion mit der Augsburger identiſch ſei; worauf ihm Borbonius, ein berühmter Arzt, eine recht leidenſchaftliche Antwort gab, auf welche Wrbensky wieder antwortete, worauf die Brüder von Neuem eine Erwiederung verfaßten.[7]) Dies war allerdings in Böhmen, aber daraus darf man nicht folgern, daß die Mährer dadurch nicht in Mitleidenschaft gezogen worden wären. Wir haben keine Kenntniß davon, daß sich Comenius an dieser Polemik bereits zu diesen Zeiten betheiligt hätte.

Was bewog aber den jungen Lehrer zur Abfassung einer Schrift über die Engel? War es nur das Bedürfniß des Arbeitens, oder hatte er dazu äußeren Beweggrund? Wir wissen von dieser Arbeit nur, was er selbst später über dieselbe schreibt.[8]) Er habe darin mit Gründen nachgewiesen, daß es für's Fernere keine göttliche Offenbarungen mehr gebe, und wenn etwas für Engelerscheinung ausgegeben werde, so sei das entweder für menschliche Erdichtung oder für teuflische Illusionen zu halten. — Sind vielleicht bereits damals irreführende Prophezeiungen zu seinen Händen gekommen? Wir finden in einem Werke die Prophezeiungen Kampfs[9]) erwähnt, die wahrscheinlich vor dem 30jährigen Kriege veröffentlicht worden, sich auf böhmische Ereignisse beziehen, zum Schluss aber in Ankündigung allgemeiner Veränderungen ausgehen. Soll man dem Werke des Comenius vielleicht eine polemische Intention gegen dieselbe zumuthen?

Das Jahr 1616, in welchem Comenius majorenn wurde, ist in seinem Leben hochwichtig. In diesem erscheint das erste gedruckte Werk von ihm in Prag, die oben erwähnten „Grammaticæ præcepta.[10]) Insbesondere aber ist es wichtig durch die Priesterweihe, die er mit sammt seinem Schulfreunde Drabik auf der Synode zu Zeravice erhielt. Diese Synode war eine generale, wobei die Brüder aus Polen und Böhmen auch theilnahmen. Das wichtigste Ereigniß derselben war die Revision der Kirchenordnung. Selbe wurde der gesammten Priesterschaft zum Durchlesen und zur Erwägung hinausgegeben, von allen Anwesenden angenommen, von den Senioren und Consenioren aus Böhmen, Mähren und Polen unterfertigt und bestätigt — nicht nur der Wechselseitigkeit halber, sondern daß man sich auch zur treuen Beobachtung derselben verpflichtet halte.[11]) Wo der daselbst ordinirte Comenius angestellt wurde, finden wir ausdrücklich nirgends erwähnt. Uns scheint nur soviel gewiß zu sein, daß er an der

Seite des Seniors Lanecius die folgenden zwei Jahre zugebracht habe.[12]) Von Lanecius habe ich wohl nirgends ermitteln können, wo er zu dieser Zeit gewirkt hat. 1601 war dieser nach Meseritsch angestellt worden;[13]) nach der oben angeführten Erzählung von den socinianischen Wandermännern hat es ganz den Anschein, als ob er 1608 bereits in Prerau gewesen wäre. Daß er später dort war, erhellt aus einer Stelle bei Felinus.[14]) — An diesen Aufenthalt knüpft sich eine poetische Reminiscenz, die Comenius später als Familienvater erzählt. Der alte Lanecius bewies dem jungen Candidaten eine väterliche Liebe, und wollte ihn zum Sohn haben und ihm seine Tochter Johanna zur Frau geben. In dieser gegenseitigen Hoffnung verblieben sie einige Jahre. — Diese Hoffnung hatte nichts anderes vernichtet, als daß das Mädchen, als Comenius in die Lage kam, heirathen zu können, noch nicht reif war, so daß ihm ihr Vater selbst anrieth, er möge sich mit einer anderen verheirathen. — Wir nehmen auf Grund dieser Erzählung an, Comenius habe die Jahre 1614—1618 in Prerau zugebracht. —

Seit 1616 hat er aber die Schulagenden völlig bei Seite gelassen und lebte nur den priesterlichen Pflichten.[15]) In dieser Stellung wurde er gezwungen, über das Gewissen zu schreiben, und so entstanden seine „Pauperum oppressorum clamores in coelum etc.", die 1617 in Olmütz erschienen, über die wir aber auch nichts weiteres wissen.[16]) Waren die Jahre durch die Liebe, der er sich in der Familie Lanecius erfreute und die er seinem Berufe, seiner Gemeinde entgegenbrachte, zu einem schönen Frühling seines Lebens geworden, so entbehrten sie auch des Ernstes des Mannesalters nicht. Während dieser Zeit hat sich Comenius nachweislich besonders mit zwei Männern beschäftigt: Diese zwei Männer sind Alsted und Andreä. Alsteds weiterhin veröffentlichte Schriften wird sich der dankbare Schüler gewiß verschafft haben. Der Geist, der aus ihnen wehte, blieb der alte. Der Philosophie, als der Dienerin der Religion, wendet er sein Hauptaugenmerk zu, und bei seiner rastlosen Productivität legt er auf Selbständigkeit keinen Werth und gibt oft fremde Ideen und Lehren, ohne die Quelle zu nennen, meistens aber doch mit Angabe der Quelle.[17])

Aber er wendet auch allen Disciplinen der Theologie seine Aufmerksamkeit zu; streng calvinisch und schriftgläubig, sogar polemisch
gegen die Lutheraner erwies er sich auch ferner als „christlichen
Philosophen", wie ihn später sein Schüler nennt.

Eine ganz andere Natur war Joh. Val. Andreä, dessen
Schriften Comenius von 1617 an bekannt wurden.[18]) Die Grund-
richtung seines Geistes ist: die Flucht des Christen aus der Welt
zu Gott, und mit dessen Hilfe die Erneuerung der Welt. Alle
Schriften, die Comenius von ihm in dem angeführten Briefe erwähnt, waren der Geistesrichtung des jungen Seelsorgers verwandt.
Wir berühren ihren Inhalt kurz[19]) nach der von Comenius an gegebenen Reihenfolge. Turbo betitelt[20]) sich eine Comödie, deren
gleichnamiger junger Held alle Bildungsgebiete seiner Zeit durch-
wandert, ohne irgendwo Beruhigung zu finden. Er verläßt nacheinander die Rhetorik, Logik, Mathematik, Geschichte, Politik,
Philologie, wird Schauspieler, Liebhaber, überall findet er theils
grobe Verirrungen, theils Lug und Trug — seine Sehnsucht bleibt
ungestillt, bis er zur höchsten Weisheit, zu Gott, gelangt. Allein
wie lebensvoll ist dieses Gemälde! Wie werden Lehrer, ihre
Methoden und Erfolge verhöhnt! Einzelne Charaktere der Menschen
in ihrer Hohlheit und Lächerlichkeit vor die Augen gestellt. Die
Schattenseiten der verhängnißvollen Liebe zum weiblichen Geschlecht
(p. 104), der Bibliotheken und Schriftsteller (p. 58), der Advokaten
(p. 67), der Panurgi (p. 89—91), der Philosophen (p. 170)
treten lebhaft hervor; dem erheiternden Eindruck ihrer Irrungen
hält nur der ernste Schluß das Gleichgewicht, wo der Turbo zum
Serenus wird und von der göttlichen Weisheit sein Lebensziel
das Glück erreicht.

Die beiden folgenden Schriften Péregrini in Patria Errores
Utopiæ 1618 und Civis Christianus, Sive Peregrini quondam
errantis Restitutiones 1619 behandeln dasselbe Thema, nur daß
sie nicht nur das Gebiet des Lernens, sondern das weite Gebiet
des Lebens, besonders auch des Gemüthslebens, zum Gegenstande
haben. Die 100 Capitel der ersteren Schrift sind aphoristisch bearbeitet. Der Pilger, der, um die Welt kennen zu lernen, sich auf
die Reise begibt, findet überall, wo er sich hinwendet, nur Zustände,

die ihn abschrecken und entmuthigen, mit Sehnsucht nach Wahrheit
erfüllen. Nur werden die Theile bei der losen Anordnung zusammen-
hanglos und im Einzelnen abgehackt und bieten eine ermüdende
Lektüre; bald wird eine sittliche Eigenschaft, bald ein Zustand der
Gesellschaft oder Kirche, wohl mit kurzen, aber kräftigen Strichen
gezeichnet, die genußreich geschaffenen Partien bieten keinen anderen
Gesammteindruck, als daß es Errores sind, was wir lesen. Dem
gegenüber ist die Schilderung der Restitutiones im Schooße des
Erlösers voll christlicher Innigkeit und Andacht; Mystik und Asketik
verbinden sich mit der poesievollen Phantasie des Verfassers, mit
denen nur die sprachliche Darstellung nicht gleichen Schritt hält:
Andreäs Latein ist nicht nur ungenießbar, sondern auch dunkel,
unrein und hart.

Die Christianopolis [21]) entwirft das Bild einer Idealstadt,
und zwar einer, die sowohl ihrer natürlichen Lage als ihrer
menschlichen Einrichtungen und Religion nach so genannt zu werden
verdient. Der Reisende gelangt durch einen Schiffbruch auf die
Insel, wo die Stadt liegt und schildert nacheinander in 100 Capiteln
alles, was in einem Staate merkenswerth erscheint. Von dem
überaus reichen Inhalt der Schrift verweisen wir nur auf die
Capitel 51—78, die sich mit den Schulen beschäftigen; die Beschreibung der Lehrsäle, als lichtvoller geräumiger Örtlichkeiten,
der Lehrer, als der ausgewähltesten Mitglieder der Gesellschaft,
der Schüler, die seit dem 6. Lebensjahre in einer Art Internat
wohnen und ihren Körper besonders pflegen, der Forma insti-
tutionis: alles offenbart einen ernsten religiösen Charakter. Hervorzuheben ist auch die Einrichtung, daß Vormittag die Knaben,
Nachmittag die Mädchen Unterricht erhalten, welche letztere
sonst ohne Grund von dem Unterricht ausgeschlossen werden,
da sie doch dasselbe Vermögen zum Lernen wie die Knaben besitzen.
(Cap. LIV.) — Nachher folgt die Schilderung der 8 Lehrsäle,
die sich an das mittelalterliche Schema hält: es gibt da der Reihe
nach ein grammatisches, dialektisches, arithmetisches, musisches,
astronomisches, physisches, ethisches und ein theologisches Auditorium.
Alles können wir hier nicht anführen: wir beschränken uns auf
die Erwähnung, daß das grammatische Auditorium Andreäs den

Unterricht, trotzdem es der Verfasser anderswo anders wünscht, in lateinischer Sprache ertheilt, aber darauf, daß die Kinder das, was sie lernen auch verstehen, großen Werth legt (Cap. LV.). Wichtig ist auch die Betonung der Solidität; man möge die Kinder nicht überbürden, sondern ihnen Erholung gewähren, wodurch das Gedächtniß gestärkt, Urtheilskraft gefördert, Adel der Gesinnung genährt wird, die Arbeit aber sich den Kräften anpaßt. Außer den pädagogischen Schilderungen erwähnen wir nur 2 Theile noch: über die Prophetien (Cap. LXXVIII.), wonach die Bürger die Prophetien nicht blindlings zurückweisen, sondern die Geister erforschen, aber doch in der Voraussetzung, daß man den neueren Prophetien kaum Glauben zu schenken habe, ja sogar die alten, insoferne sie sich auf die Zukunft beziehen, noch nicht begreife. Über die Theosophie (Cap. LX.) handelnd, rügt er die philosophische Richtung seiner Zeit, welche den Menschen Aristoteles höher stelle als das göttliche Wort.

Die Schrift Turris Babel [22]) ist ein gehaltreiches Urtheil über die Rosenkreuzer. In 25 Capiteln, ebensoviel Trialogen treten die verschiedensten Personen auf, gewöhnlich zwei gegensätzliche [23]) und eine vermittelnde, und in lebhaftem geistreichem Dialoge, fällen sie ihr Urtheil über die neue Sekte, das sich wohl dahin zusammenfassen läßt, daß Andreä das Vorhandensein einer solchen nicht geglaubt hat. Menippus [24]) enthält 100, in Dialogen entwickelte Satyren; die aphoristisch einzelne Erscheinungen des Lebens besprechen. In dem über die lateinische Sprache (p. 26) wird die Herrschaft dieser Sprache getadelt. In dem Dialog über die Apokalypse (p. 50) (Com.) fordert er, man möge, was man nicht begreife, Gott überlassen. Wunderbar ist aber die Zusammenfassung des Christlichen in dem Uranopolita (p. 89), auf den wir die Leser insbesondere aufmerksam machen.

Zu diesen Werken kommt noch Mythologiæ Christianæ Centuriæ, Incendium und „andere mehrere". Natürlich können wir hier nicht auf eine ausführliche Darstellung von Andreäs Anschauungen eingehen. Zur Veranschaulichung des Ideenkreises, der den jungen Comenius so unwiderstehlich erfaßte, daß er ohne ihn nicht bleiben konnte, würden im Ganzen auch die erwähnten

Einzelheiten genügen. Zu diesen möge sich noch die Schrift gesellen, die die bisher erwähnten Gedanken systematisiert und von Comenius besonders hochgeschätzt wurde: Veri christianismi solidæque philosophiæ libertas.[25])

Der Anfang gebietet dem Menschen, er möge vor allem sich befreien und zwar von der Sünde, der Welt und dem Satan. Im zweiten Theile wird die Philosophie mit dem Christenthum verglichen, und die Vortheile dieses gegenüber jener, die allmählich eine Pseudophilosophie wird, aufgewiesen (p. 90), und ferner werden die Eltern ermahnt, ihre Kinder besser zu erziehen. Im letzten Theil wird die Welt geschildert, und mit 38 Epitheten charakterisiert, deren jedes das Elend derselben beweist. Die beigefügte Schrift: Bonæ Causæ fiduciæ ist gegen den Papst gerichtet, die demselben das Vergebliche seiner Thaten, Bestrebungen, Hoffnungen und Versuche nachweist, die Herrschaft der Türken für besser als die seine ist, erklärt und den Sieg der Evangelischen unvermeidlich nennt: die Anstrengungen des Papstes seien eben die letzten (p. 272—274).

Ist diese Schrift in ursächlichem Zusammenhange mit den böhmischen Vorgängen? Wenn vielleicht auch früher verfaßt, so dürfte sie anläßlich der Defenestration der kaiserlichen Beamten und der Organisation des Wiederstandes unter dem aufgehißten Banner der Evangelischen ihre ermuthigende Wirkung nicht verfehlt haben. Dessen waren übrigens die Evangelischen und mit ihnen Comenius über alle Zweifel gewiß, daß die evangelische Sache endgiltig siegen müsse, war ja dem Antichrist sein Ende bereits längst prophezeit worden, auch daß der Sieg nicht lange ausbleiben könne. Anläßlich des herangebrochenen Sturmes verstummten wenigstens auf eine Zeit die Plänkeleien zwischen den Evangelischen; und die Vorgänge, bestimmt große Veränderungen in dem Leben der böhmischen Länder herbeizuführen, hielten alle Bewohner in großer Spannung.

In demselben Jahre 1618 wurde Comenius nach Fulnek, in eine der blühendsten Gemeinden der Brüder zum Seelsorgeramte berufen, mit dem die Aufsicht über die Schulanstalt verbunden war.

Die Tradition erwähnt von ihm charakteristische Kleinigkeiten. Er soll der Lampelhirt genannt worden sein, weil die Brüder ihre Wohnungen mit dem Bilde des Lammes geschmückt haben; er soll Bienenstöcke aus Ungarn bestellt und die Bienenpflege gelehrt haben. [26]) Mehrere Briefe von ihm aus dieser Zeit, die ersten, die erhalten worden sind, sind an Carl Joseph Weldemann, Canonicus regularis im Augustinerstift zu Fulnek gerichtet und behandeln Streitgegenstände der katholischen und evangelischen Kirche. Aus den Briefen geht hervor, daß früher eine mündliche Erörterung dieser Themata stattgefunden hatte. Comenius polemisiert darin gegen den Hexenglauben, gegen den bei den Katholischen üblichen Handkuß, der die Verbreitung ansteckender Krankheiten fördere; er schreibt, daß man die Nächstenliebe nicht nur den eigenen Glaubensgenossen, sondern auch den Andersgläubigen gegenüber schuldig sei, und eifert gegen die Kirchenmusik in der katholischen Kirche besonders zu Weihnachten. [27]) Zu dieser Tradition ist ergänzend beizufügen, daß er die methodischen Ausführungen, die er für Prerau verfaßt, hier erweitert und auch andere Pläne, die auf Schulsachen Rücksicht nahmen, auf's Papier geworfen hat. [28])

Hat er hier vielleicht auch mit Andreä'schen Gedanken operiert? Wer vermag es zu sagen. — Hier verlebte er auch die Tage seiner ersten Ehe, die nach einem späteren Briefe zu schließen, eine sehr glückliche genannt werden muß; doch fehlen uns alle näheren Anhaltspunkte über die Familie und Heimath seiner ersten Frau.

Aus dem glücklichen Familien- und Wirkungskreise riß ihn nun der Sturm, der über das ganze Vaterland und die benachbarten Länder zog, störend hervor. Hoffnung und Angst beherrschten alle Gemüther und schob allen anderen das gemeinsame Interesse des Vaterlandes und des Glaubens vor. Der Siegestaumel scheint aber bei den Evangelischen die Oberhand gewonnen zu haben. Dies bewiesen nicht nur alle die Ereignisse, die zur Einleitung des 30jährigen Krieges dienten, und deren Aufzählung hier unmotiviert wäre; auch das Auftreten der 6 mährischen jungen Prediger ist nur so zu verstehen, die, nachdem 1619 eine Conföderation zwischen den böhmischen und mährischen Ständen stattgefunden hat, in der

Vorahnung, daß auch in den religiösen Verhältnissen ein Umschwung in Vorbereitung sei, ihr Wort gegen die Ausdehnung des
böhmischen kirchlichen Vertrags zwischen den Lutheranern und den
Brüdern auf Mähren, erhoben. War Comenius unter den sechsen,
die diese Schrift herausgaben?

Aus derselben erhellt, [29]) daß die Unität eigentlich auch
in Mähren im steten Niedergange begriffen war. Es scheint, daß
materielle Verpflichtungen auch dazu beigetragen haben, die Mit-
gliedschaft der Unität gegen eine der lutherischen oder helvetischen
Confession in Schatten zu stellen; und man erkannte nur zu gut,
daß der Unterschied zwischen den evangelischen Kirchen kein wesentlicher ist. Deshalb traten die jungen Seelsorger mit dem Vor-
schlage auf, die Eigenart der Brüder sei zu wahren und dieselben
sollen sich mit den übrigen Evangelischen nicht vereinigen. Es mögen
dabei auch das nationale Bewußtsein und die dasselbe belebenden
Erinnerungen an die erhebende Vergangenheit des böhmischen
Evangeliums auf die begeisterte Jugend mit eingewirkt haben:
um den leider in stetiger Abnahme begriffenen Bestand des nationalen Glaubens möglichst zu erhalten. Comenius sagt später:
„Die Jungen meinen auch dort 12 zu treffen, wo nur 9 sitzen,"
bezeichnet also diesen Schritt der sechs Prediger auch als einen
aus Übereifer stammenden und die Älteren der Unität, wenn sie
vielleicht die Anhänglichkeit an die Unität auch hochschätzten, sahen
es ein, daß die Jungen unrichtig und unpassend auftraten und
stimmten der Schrift nicht bei.[30])

IV.

Die Flucht. Verstecke. Asketische Schriften.

Bald zeigten es auch die politischen Ereignisse, daß es für die Evangelischen nicht am Platze sei, wegen Kleinigkeiten unter einander zu zanken, während ihr gemeinsamer Feind ihr Dasein und Leben bedrohe. Das Auftreten der ligistischen Heere brachte einen Umschwung in den Gang der bis dahin für die Evangelischen doch nicht ungünstigen Ereignisse. Als Maximilian von Bayern Oberösterreich eroberte, und dessen Stände mit ihren Verhandlungs-versuchen an den Kaiser wies,[1]) erkannten scharf blickende Leute in Böhmen die Gefahr, die ihnen drohte. Als sich dann das Vorrücken gegen Prag beinahe ohne Hinderniß vollzog, erfaßte ein Schrecken das ganze Land. — „Der Blitz leuchtet bevor er einschlägt", erzählt später Comenius, „und bei seinem Lichte waren die sich sammelnden düsteren Wolken der Verfolgung zu sehen.[2]) Da ergriff den jungen Seelsorger eine Angst um das Heil seiner näheren und weiteren Heerde, die er in seinem Geiste von Gewalt und Versuchungen in gleicher Weise bedroht sah. Um sie auf diese Gefahr aufmerksam zu machen, schrieb er im Jahre 1620 eine Schrift, die sie vor den Verführungsversuchen der Katholischen warnte.[3]) Die Schrift wurde der Kirchenordnung gemäß den Älteren zur Censur unterbreitet. Nun haben sich dieselben die Frage so lange überlegt, und den Beschluß verschoben, bis die Katastrophe selbst erfolgte, sonach auch die Schrift nicht gedruckt wurde, sondern nur in Abschriften in Umlauf kam, welche natürlich mit dem Original willkürlich verfuhren.[4])

So haben wir mehrfache Abschriften von dieser Schrift, ja wir wissen von einer, die gedruckt wurde,[5]) aber wir können nach den Worten des Comenius keine für dasselbe Werk halten, das

Comenius den Älteren unterbreitete. Deshalb werden wir uns auch über eine in der Prager Universitäts-Bibliothek befindliche Handschrift, die den Titel des Werkes führt, nur kurz äußern.⁶)

Die Schrift führt ihren Gegenstand von den natürlich gegebenen 2 Gesichtspunkten aus, sie handelt über das Festhalten an der evangelischen Religion und über das Meiden der katholischen. Im ersten Theile entwickelt Comenius mittelst sechs Gründen, daß die Evangelischen glücklich zu preisen seien und zu Gott beten sollten, daß er sie in ihrem Glauben bewahre. — Hingegen wie Vieles spricht gegen den katholischen Glauben! Welch' Befremden müssen die Gedanken an die Heiligenbilder, Processionen, Reliquien, Dispensationen wachrufen! Wie unüberbrückbar ist die Kluft zwischen den zwei Kirchen in Betreff der Lehre über den Papst, die heilige Schrift, hier als Glaubensnorm und Lektüre, dort von untergeordnetem Werth; über die Heiligen, das heilige Abendmahl! Und so entsteht in den erregten Zeiten, die Leib und Seele des Menschen gefährden, eine Definition des katholischen Glaubens, die gar nicht dem gerechten Sinne des Comenius entspricht, und die dennoch als ein Zeugniß für die Leidenschaftlichkeit jener Zeiten ganz gut für die seinige betrachtet werden kann. Wir lesen in der Schrift nach einer Definition des evangelischen Glaubens, welche die Evangelischen glücklich pries: „Die päpstliche Religion ist eine von verschiedenen Leuten zu verschiedenen Zeiten erdichtete menschliche Institution, die von der Lehre der Propheten, Christi und der Apostel entzieht, ja derselben widerspricht, von dem Gehorsam zu Christo entführt nnd denselben entwürdigt, den wahren Gottgefälligen, durch jene heilige Lehre erklärten und befohlenen Gottesdienst mißachtet, beschimpft und verwirft, das Vertrauen und die Liebe zu Christo, seiner Erlösung, Vermittlung in den menschlichen Herzen vernichtet, sie zu geschaffenen Werken, Elementen, menschlichen Veranstaltungen und Thaten hinwendet und somit göttliche Ehre an bloße Creaturen zu übertragen lehrt."

Niemand wird sich über die Sprache wundern können, der an die Anfänge jenes Kampfes denkt. Schrecken und Gräuelthaten begleiteten die siegreichen ligistischen Heere — schon bis Weißenberg — und der Siegestaumel nach der entscheidenden Schlacht riß dieselben zur Verfolgung und Vernichtung alldessen, was evangelisch war. Und auch hierin hatten es die Brüder am schlimmsten; schon bei dem Einzug in Prag merkte man, daß die Leidenschaft der Sieger gegen die Brüder am zügellosesten anstürme, während sich die Lutheraner aus Rücksicht für den sächsischen Kurfürsten [7]) mindestens vorläufig einiger Schonung erfreuten.

Comenius erzählt, daß er unter den ersten war, die der Sturm der Verfolgung von seiner Stätte vertrieb. Die spanischen Soldaten, die seine Gemeinde angriffen und verwüsteten, nahmen ihm nicht nur das Gebiet, wo zu wirken sein göttlicher Beruf war, nicht nur die Zukunft auch vieles aus der Vergangenheit: seine Bibliothek, seine Manuscripte. Dem Brande fielen auch seine didaktischen Arbeiten zum Opfer und er wurde gezwungen seine Gemeinde, und — ob schon dort, ob anderswo, auch seine innig geliebte Gemahlin zu verlassen. [8])

Zu dieser Zeit war Karl v. Zerotin, Freiherr von Prerau u. s. w., die Zuflucht der Evangelischen. Er, der dem Kaiser und seinem Glauben treu geblieben war, wagte es den Verfolgten Schutz zu bieten. Vor Allem nahm er den Lanecius zu sich, für den er am meisten fürchtete, dazu gesellten sich aber recht bald zahlreiche Seelsorger der Brüder, unter ihnen Comenius. [9])

Die Grausamkeiten der Sieger verbreiteten überall Schmerz und Trauer. Nicht nur auf das Eigenthum und das Leben hatten sie es abgesehen, mit List und mit Gewalt wollten sie die Seelen gewinnen und jeder Abtrünnige war für die Getreuen wie ein Gestorbener, den sie im Stillen beweinten. Es wäre wohl unrichtig, diesem Schmerze, dieser Niedergebeugtheit eine übermäßige Intensivität zuzuschreiben. Gegen dies waren die Gemüther der Evangelischen, insbesondere der Brüder durch ihren Glauben genügend gewappnet. Und dieser zeigte ihnen Beispiele aus der heiligen Schrift, wie Gott seine Lieben prüfe; dieser wendete ihre Aufmerksamkeit von neuem den Offenbarungen Johannis zu, die das Wüthen des Antichrists als ein Vorspiel für das Glück der wahren Christen schildern, [10]) daß aber unter dem Antichrist der Papst zu verstehen sei, darüber waren die Evangelischen seit einem

Jahrhunderte einig. — Und waren die Gemüther der Verfolgten, verklärt in ihrem Heilsbewußtsein, den menschlichen Empfindungen nicht ganz fremd gewesen; so stärkte sie insbesondere die Erwartung einer baldigen Besserung ihrer Lage, welche Hoffnung, Zuversicht durch allerlei wunderbare Vorgänge genährt wurde. Man fand in dem eroberten Prag eine angeblich von Hus stammende Prophezeiung, die für die Jahre 1621 — 1625 großes Unglück, für 1626 aber Sieg für das evangelische Christenthum verkündete. [11]) Ihr schlossen sich bald andere von Plaustarius [12]) und Felgenhawer [13]) an, die phantastischen Weissagungen fanden in den erregten Gemüthern gläubigen Wiederhall. Auffallende Vorgänge im Naturleben, Unglücksfälle der Verfolger und der Abtrünnigen wurden mit Gottes wachender und strafender Gerechtigkeit in Verbindung gebracht, steigerten die vom Unglück erweckte Erregung zur Schwärmerei, die wohl im Stillen blieb, weil sie es mußte, sich aber dafür um so intensiver und standhafter bewährte. [14])

Der gesunde Sinn des Comenius blieb dieser Schwärmerei fern [15]) und fand eine Erholung in der Arbeit, die für ihn seit Jahren zur anderen Natur geworden für seine kranke Seele, die auch durch die Trennung von seiner jugendlichen Gattin leiden mußte, Linderung bot. Wir wissen zunächst von einer metrischen Umdichtung der Psalmen, die wir zum Theil an diese Zeit versetzen müssen. Der junge Theologe vernahm mit Bedauern, daß bei der Einnahme von Prag die poetische Übersetzung der Psalmen, die nach dem Muster Buchanans von dem gelehrten Brüderpastor [16]) L. Benedictus Nudožersky gedichtet, nach dessen Tode aber seit 1616 einer Veröffentlichung harrte, durch den Aufschub des mit der Veröffentlichung Betrauten verloren gegangen sei. Im Schmerze um den Verlust eines so großen Schatzes, faßte er den Entschluß, ihn möglichst zu ersetzen und so griff er selbst zur Arbeit. [17]) Das Werk blieb unvollendet, er erwähnt als übersetzt 26 Psalmen und die Metra derselben; inmitten der Arbeit wurde er zu anderer Beschäftigung berufen. Die Übersetzung wurde bald darnach gedruckt und lange nicht beachtet, erst Mitte dieses Jahrhunderts ans Licht gezogen. [18]) Alle Beurtheiler sind und dies mit vollstem Rechte, von den Schönheiten der Sprache und der Übersetzung entzückt. Wohl gab es in der böhmischen Literatur seit dem XVI. Jahrhundert Versuche, das altclassische Metrum besonders in die religiöse Dichtung einzuführen, allein es sind in der alten Blüthezeit der Literatur insbesondere drei, deren Streben ein Erfolg begleitete: neben Blahoslav die beiden bereits erwähnten Psalmübersetzer. Blahoslav hat in der Vorrede zu seiner Musica die erste Anweisung zum metrischen Gebrauch der böhmischen Sprache gegeben, sich aber selbst in seinen Versuchen nicht pünktlich daran gehalten. [19] Ein großer Fortschritt zeigt sich in den Übersetzungen des bereits erwähnten Benedictus Nudožersky, dessen vollständig übersetzter Psalter, wie bereits erwähnt, bei der Einnahme von Prag verloren gegangen sei. Er hatte aber bereits vorher ungefähr 12 Psalmen in verschiedenen classischen Metren herausgegeben, der Übersetzung von 10 Psalmen 1606 fügte er eine lateinische Vorrede bei, in der er die Grundzüge seiner Prosodie darlegte. Seine Übersetzung ist fließend und correct, und es ist ein großer Verlust, daß sich die spätere Umarbeitung nicht erhalten hat. [20]

Gewiß wird Comenius diese Übersetzungen gekannt haben; seine Umdichtung bedeutet sowohl in formaler, wie in sachlicher Beziehung einen Fortschritt. Er hat die prosodischen Principien des Benedictus gekannt, sich aber durch dieselben nicht gebunden gehalten, sondern dieselben kühn weitergeführt. Manche seiner Grundsätze, die des Dichters Freiheit der Sprache gegenüber bis zur Willkür übertreiben, können wir kaum billigen, allein das Verwenden der Sprache zu poetischen Zwecken führt auch zu gebotenen Erweiterungen der dichterischen Freiheit. [21]

Aber auch sonst ist der Fortschritt, die Selbstständigkeit der Comenianischen Übersetzung hervorzuheben. Die erhaltenen Psalmen des Benedictus lehnen sich im Metrum an Buchanans Übersetzung, von den 12 erhaltenen Psalmen sind nur 2, deren Maß von dem der Buchanan'schen Übersetzung abweicht. [22] Allerdings kann man dies vom Texte selbst kaum sagen, aber da ist eine große Selbstständigkeit gegenüber dem gegebenen Original kaum zu suchen. Die Bearbeitung des Comenius weist auf den Gebrauch der berühmten böhmischen Bibelübersetzung (im vorigen Jahrhundert zu Kralitz

vollendet), deren Wortlaut, wo es angieng, im Verse belassen
worden ist. Das Metrum ist im größten Theile das elegische, nur
bei einigen das heroische und jambische; diejenigen mit trochäischen
sind verloren gegangen. [23])

Über das Ganze ergießt sich ein Hauch wahren Gefühls;
durch die Erhabenheit der Sprache steigert sich die Wirkung der
Innigkeit und Poesie zu einer hymnischen. Wahrlich, diese kleine
Sammlung von Psalmen ist trotz einiger durch den allzu kühnen
Gebrauch der Sprache verursachten Schwerfälligkeiten ein, wenn
auch nicht von allen als solcher anerkannter [24]) Schatz der böhmischen Literatur, wie ihn aus jener Zeit, aber auch aus späteren,
wenige andere aufweisen können.

Das innere Motiv bei dieser Dichtung ist nicht schwer auf-
zuweisen. Was der Psalmist sang, kann auch dem Übersetzer vom
Herzen, dessen Erfahrungen waren die seinigen, dessen Betrachtungen
paßten zu seiner Lage. Die Gottlosen frohlockten wohl, aber ohne
Grund, denn ihr Glück wird kurz; der Fromme leidet, aber sein
Gott wird ihn nicht verlassen; sein Leiden ist schmerzlich, aber
nur, weil es verdient ist. Das beredteste Zeugnis für den sittlichen
Ernst der Unität ist dies letzte Bekenntnis. Öfters erzählten ihre
Männer später, daß die ursprüngliche Zucht allmählich minder
streng gewahrt wurde, einige Freiheiten, die wir doch höchstens
für gewöhnliche Schwächen halten müssen (sonst hätte man sie den
Brüdern vorgeworfen) durchbrachen die isolierenden Schranken der
Askesis: als Strafe dafür verhängte Gott, zugleich zur Mahnung,
das Unheil über Kirche und Land. Allein er bleibt doch der Hort,
die feste Burg, die Zuflucht des Frommen, der dies von ihm innig
und beständig erfleht. Wie groß auch die Gewalt der Feinde sein
mag, die Wunder des Herrn sind noch in fester Erinnerung seines
Volkes, das der Rettung harret.

Über den objectiven Werth der Schrift lautet das Urtheil
des competentesten Kenners Šafářiks folgendermaßen: „Die Sprache
trägt an sich Zeichen der besten Zeit des Böhmischen. Der Dichter
beherrscht sie kühn, stellenweise verwegen (odvážně), dabei aber
immer kunstvoll und mit jener meisterhaften Gewandtheit, die in

jener Zeit nur ein in der antiken Sprache und der antiken Poesie bewanderter Mann erreichen konnte."[25] „Die Erhabenheit der Dichtung und Mustergiltigkeit des Werkes sind für einen jeden ins Auge fallend."[26]

Der unfreiwilligen Wanderschaft suchte er daneben auch eine gute Seite abzugewinnen. Der Übelstand, daß die vielen Landkarten von Mähren von Fehlern voll waren, bewog ihn ein präciseres Werk zu schaffen. Wir haben allerdings, eigentlich nur von der Arbeit des Fabricius Kenntnis, der der Leibarzt und Hofmathematiker Ferdinands I. war, welche um 1570 herausgegeben worden ist; jetzt ist nur ein Abdruck aus dem Jahre 1575 bekannt.[27] Diese Landkarte wurde dem Abraham Ortel nach Antwerpen geschickt, der sie seinem großen Werke, Theatrum Orbis terrarum einreihte, aber derart, daß sie mit Weglassung und incorrecter Wiedergabe der Namen bis zur Unbrauchbarkeit verunstaltet wurde.

Nun können wir es kaum glauben, daß Comenius blos während der Zeit seines „otiums"[28] sich mit diesem Werke beschäftigt hätte und wir führen die Anfänge in frühere Zeiten zurück. Die meisten Ortschaften hatte er selbst besucht; über Orte, wo er nicht hinkam, suchte er sich durch verläßliche Menschen zu informieren, und auf diese Weise ward es ihm möglich, ein vorzügliches Werk zu schaffen. Seine Karte enthält alle großen und kleinen Städte, die vornehmsten Dörfer, alle Burgen und Schlösser, Berge und Flüsse, Thermen, Glashütten u. s. w. und wurde dieselbe für ein kartographisches Meisterwerk betrachtet, wofür auch die zahlreichen Ausgaben (noch im XVII. Jahrhundert 12) ein beredtes Zeugniß abgeben.[29]

Von einem verwandten patriotischen Streben zeugten auch die beiden geschichtlichen Arbeiten über Mährens Alterthümer und über das Geschlecht der Žerotin, von denen wir nur die Titel kennen. Beide beschäftigten ihren Verfasser gewiß schon in dieser Zeit, aber nähere Daten über die Umstände ihrer Abfassung haben wir nicht.[30] Überhaupt wissen wir über das Jahr 1621 nichts anderes, als daß es den jungen Seelsorger von seiner Gemeinde und Ehegattin trennte.

So ist der Ort wohl, nicht aber die Zeit der Verfassung der ersten asketischen Schrift des Comenius der „Betrachtungen über die christliche Vollkommenheit" unbekannt. In der unfreiwilligen Wanderschaft fand er auf eine Zeit lang Ruhe und benützte sie zur Abfassung einer Trostschrift für seine Gattin, welcher er selbe in der Begleitung eines Schreibens zusendete; welches als Vorwort der Schrift dienend, zugleich der einzige Brief, der uns über die erste Ehe des Comenius etwas sagt, hier infolge seiner besonderen ergreifenden Schönheiten vollständig getreu übersetzt stehen möge. Es lautet: „Meine liebe Gattin, Mein Kleinod, mir nach Gott am liebsten! Nachdem ich aus Gottes Willen und Zulassung, der menschlichen Wuth weichend, mich von dir entfernen mußte, und dir leiblich nicht anwesend sein kann, infolge dessen, ich weiß, daß Trauer und Angst, der ich auch nicht ledig bin, in deinem Herzen oft einkehren, so sende ich dir dieses Buch zum Trost. Denn auf den traurigen Wegen schreitend, versank ich in manches Nachdenken über die wunderbare göttliche Regierung, über uns Erwählte, wie dieselbe nicht immer angenehm, aber immer heilsam sei und durch manche unter dieser Bitterkeit verborgene Süßigkeiten zu dieser Erkenntniß gelangt, nahm ich vor, bevor ich weiter von dir gienge, auf diesem Ort, wo ich Schatten finden konnte, mich einige Tage aufhaltend, mir und dir zum Trost in unserer Trennung, oder mindestens zur Verringerung der Sorgen etwas davon zu schreiben und dir ein Exemplar zu senden, ein Zweites aber statt eines Genossen mit mir zu nehmen. Und so entstand diese, in Worten kurze, im Sinn reichhaltige Schrift von der christlichen Vollkommenheit; worin sie bestehe und auf welchen wunderbaren Wegen Gott zu ihr führe, den er will. Aus diesem Tractat wirst du es verstehen können, daß es umsonst sei, auf der Erden sich zu wählen, wie man von Gott geführt werden möchte, daß es hingegen am besten sei, willig, wenns auch unter Thränen wäre, Gott nachzugehen und alles Glück und Unglück, Freude und Leid, Lachen und Weinen aus seinen Händen mit Dank entgegenzunehmen. Manches wirst du darin finden, woraus du ermahnt oder belehrt, oder zur Erduldung des weiteren Kreuzes gestärkt werden, oder schließlich den frommen Gebrauch

4*

des Trostes lernen wirst, zu dem uns Gott, wie wir glauben, nachdem wir durch die Züchtigung überstanden haben werden, zurückführen wird. Lies also fleißig dieses Büchlein, lies es nicht nur, sondern erwäge es auch sorgfältig und übe dich in heiligen Betrachtungen, dabei an mich, besonders mit heiligen Gebeten, wie es sich ziemt, liebevoll denkend, aber mehr an Gott, der dir und mir der größte Trost sein möge. Lebe wohl und Gott helfe dir auch das nachfolgende Kreuz zu tragen, damit es uns gemeinsam zum Troste gereiche. Gegeben an einem Orte, den Gott kennt, der unsere Flucht zählt und unsere Thränen in seinen Sack faßt und unsere Qualen in seine Bücher einschreibet. (Psalm 56 v. q.) Dein bis zum Tode getreuer Gatte J. A. Im Jahre 1622, 18. Februar."[31])

Das Buch selbst findet die christliche Vollkommenheit in der vollen Liebe zu Gott, im willigen Sichergeben an den Allmächtigen und in beständiger Beschäftigung mit ihm. (I.) Die Liebe zu Gott wird durch den Glauben vorbereitet, daß diese Vollkommenheit glücklich mache; derselbe säubert das Herz und schafft Ruhe darin von unnützen Gedanken und unordentlichen Leidenschaften; er ist aber, wie auch die Vollkommenheit, ein Geschenk Gottes, das niemandem versagt wird, der ihn darum anfleht. (p. 15.) (II.) Und wie sollte die Seele Gott nicht lieben, wo sie an und in ihm „eine unerforschliche Reinheit, Schönheit, Adel, Ruhm und Freude findet", wie nirgends auf der Welt; und über all' das seine Gnade (p. 18). (III.) Aus vollem Herzen soll man Gott lieben, bereit sein, alles seinethalber zu verlassen. Die wahre und volle Liebe zu Gott ändert sich nicht mit den Zeiten an den Veränderungen (IV.) und bringt auch die Liebe zu den Nächsten mit sich. Man hat diesen mit dem Herzen und mit Thaten zu lieben; die thätige Liebe offenbart sich in Gerechtigkeit und Barmherzigkeit, die Barmherzigkeit aber in Versöhnlichkeit und Thätigkeit. „Und das ist die vollkommene Liebe zu Gott mit ihrer Frucht, welche ist eine ganze und wirklich Liebe zu den Nächsten. (V.) (p. 30.)

Von dieser Liebe zu Gott gelangt man zu der zweiten Stufe der Vollkommenheit: der Mensch gibt sich ganz Gott hin; er nimmt die genehmen Sachen wohl an, aber nur nach der

jeweiligen Noth, zu äußerem Gebrauch, ohne dadurch sein Herz
gefangen nehmen zu lassen; (p. 33) in Trauer und Versuchung
und Schicksalsschlägen beugt er sich vor Gott und hat in ihm
beständige Wonne. Diese Traurigkeiten lassen sich in vier zusammenfassen: Krankheiten, Armuth, Verluste an Freunden und Waisen-
stand (Verwaistsein), Verfolgungen durch Feinde der Wahrheit.
(Cap. VII.—X.)

Durch all' diese Schmerzen gelangt man zur dritten Stufe der
Vollkommenheit, welche fortwährendes und frohes Sichbeschäftigen
mit Gott ist. — „Denn wo dein Schatz, dort ist auch dein Herz,"
sagt Christus (p. 49). Und diese Beschäftigung besteht in dem
Nachdenken über Gott (hier besonders über die Thaten des Erlösers (p. 51.), was fortwährend geschehen kann, „denn dem
Menschen ist von Gott ein Herz gegeben worden, das sich in einem
Augenblicke vom Himmel zur Erde und von der Erde zum Himmel
erheben kann." Die andere Art der Beschäftigung mit Gott sind
die Gebete, die nicht nur zu bestimmter Zeit, sondern überall zu
jeder Zeit bei jedem Vorhaben an Gott gesendet werden; nicht
mit viel Worten, sondern mit inbrünstigem Gefühle (p. 53).

Das Glück dieses Lebens geht gewiß über alles auf Erden
(p. 52). Die Gebete sind wie Wachposten, die dafür sorgen, daß
nie jemand außer dem Allmächtigen in das Haus des Herzens
eintrete. Und die Kennzeichen eines solchen Herzens sind: 1. Man
redet wenig, besonders weil man im Innern mit Gott beschäftigt
ist; 2. man kümmert sich wenig um irdische Güter und Nachrichten aus der Welt; 3. man sucht die Einsamkeit, damit man
geräuschlose Ruhe habe; 4. man hört den frommen Gesprächen
gerne zu; 5. besonders in den heiligen Versammlungen; 6. denkt
gerne an Gott auch sonst und 7. singt gerne Psalmen und fromme
Lieder (p. 55—57).

Ein kleines Schlußwort wiederholt kurz den Inhalt der Schrift
und dann folgt noch ein aus Davids Psalmen zusammengetragenes
Gebet eines im Kreuze Stehenden; gewiß zur Übung in der Vollkommenheit für seine Frau bestimmt, daß sie, wenn auch getrennt,
mindestens in ihrem Gebete eins seien.

Diese weltverachtende Auffassung des menschlichen Zieles und Glückes stimmt mit der Anfangs geschilderten Charakteristik der Brüder als Mönche überein. Ist somit inhaltlich auch nichts Überraschendes und Neues in dem — übrigens tief andächtigen Traktat, so verleiht ihm die in der Widmung ausgesprochene Bestimmung, die aus einer gleichsam verklärten Zärtlichkeit entspringt, einen diese Schrift vor den übrigen auszeichnenden Werth. Und wie sinnreich ist diese Zärtlichkeit! Nach der durch die Trennung gestörten Einheit strebend, erleichtert sie die Last der gebeugten Seele durch die ideellste Gemeinschaft: die Gemeinschaft in Gott.

So verging dem Comenius das Jahr in stetem Herumirren — aber noch immer in der engeren Heimath — in Mähren. Wenn wir nicht irren, verließ er Mähren im October. Vom 10. October 1622 ist eine Schrift datiert, betitelt: „Eine uneinnehmbare Burg — der Name Gottes" einem Freunde gewidmet, der ihm ein zweiter Vater war.[32]) Die Schrift trägt den nämlichen frommen Charakter, wie die vorhin erwähnte, sie beschäftigt sich mehr mit Gott und in ihrem Endzwecke soll sie eine Art Theodicæe sein, möglicherweise durch ein thatsächliches Bedürfniß hervorgerufen, wie es in Verfolgungszeiten gewöhnlich eintritt.

Bekanntlich stand es um die Evangelischen in Mähren immer schlechter. Ihren damaligen Zuständen ist der Eingang des Werkes angemessen (p. 3—6), der die Gefahren schildert, denen der ohnehin kurzlebige Mensch ausgesetzt ist. Von oben Gott mit seinen Strahlen und Schlägen, von Unten die Versucher, die Teufel, um uns die feindlichen Elemente und die schlechten Menschen, schließlich in uns wir selbst bringen unser Wohl und Leben in stete Unsicherheit (p. 5), und wer nicht eine sichere Zuflucht und ein sicheres Versteck hat, ist ein elender Mensch, was viele Beispiele aus der heiligen Schrift beweisen (I).

Und wie unsinnig verfahren die Menschen! Gegen alles wollen sie sich sichern und dies Vorhaben hat gewöhnlich einen so kläglichen Erfolg! Gegen Hunger reichen die Vorräthe, gegen Armuth das angesammelte Geld nicht aus; die Befestigungen werden im Kriege eingenommen, gegen den Tod nützt keine Apotheke; die Flucht vor den Feinden ist auch unnütz, man wird ausgeforscht, ereilt (p. 9); in fremdes Land zu fliehen ist unnütz, man wechselt nur das Gebiet der Gefahr; mit Geld und Bestechungen Hilfe zu suchen ist Selbsttäuschung, denn es gibt keine Treue unter den Menschenkindern (p. 10); Unvorsichtigkeit und Bosheit läßt oft die, denen man Vertrauen geschenkt, zu Verräthern werden; auf den Schutz sogenannter Gönner zu rechnen, ist ein eitel Ding. „Insbesondere ist es das Schicksal der frommen Diener der Kirche, daß sich um sie, wenn sie in Bedrängniß gerathen, niemand kümmert und niemand schützt, ich sage nicht, offen, aber auch heimlich nicht, wenn es auch möglich wäre" (p. 11, Cap. II).

Die einzige sichere und vollkommene Zuflucht ist Gott. Er hat viererlei Wohnorte: das Herz des treuen Menschen, die Kirche, den Himmel und sich selbst, nämlich seine Ewigkeit und Unendlichkeit (p. 13). Zu welchem der vier Orte sich auch der Getreue wendet, überall findet er, wie David, den allmächtigen Gott als Schutzherrn (p. 15). Er ist die uneinnehmbare Burg, — denn um das Gleichnis der Festung beizubehalten — er ist umgeben von Wässern ohne Ufer und Grund, hohen Schanzen, tiefen Gräben und Feuermauern (p. 16). — Das erste ist Gottes Unsichtbarkeit, das zweite seine Allmacht, das dritte seine Regierung, das vierte (p. 17) Gottes flammender Zorn, wobei als Wache Engelscharen dienen, seine Waffe verschiedene heftige Strahlen, mit denen er die Feinde beschießt (III.. p. 18).

Wie gelangt man in diese Burg und wann? Auf diese Burg sich zu flüchten, heißt dem Schutze Gottes, seinem Schöpfer allein Leib und Seele und alles überall zu empfehlen und zu übergeben, damit er alles nach seinem Wohlgefallen beschirme und bewahre (p. 19). Den Flüchtenden nimmt Gott unter die Fittiche seiner Allmacht, und bedeckt ihn ringsum mit Schatten. Aber einen jeden? Kann Gott jemanden auch überhören? (p. 20). Auf die Beispiele, die dies beweisen sollen, muß man erwiedern: „wer auf diesen Schutz rechnet, muß mit Gott in fortwährender Übereinstimmung stehen und immer trachten, seine Gunst nicht zu verscherzen." Er muß: 1. Gott mit ganzem Herzen lieben; 2. in ihn sein Vertrauen setzen; 3. zu ihm beten und sich ihm empfehlen 4. ihm zu Liebe alles thun und lassen.

Wer also thut, in dessen Herzen wohnt Gott mit seiner Gnade als in einem Zelte; und da in ihm Gottes Gnade wohnt, so umgibt und bedeckt ihn die Allmacht; und da ihn Gottes Allmacht deckt, erfüllt ihn die Erhabenheit Gottes, und wo die Erhabenheit, dort Friede, dort Sicherheit, dort Ruhm, dort Engelschaaren, — wenn auch alles dem Körper unsichtbar" (p. 21, IV). Zahlreiche Beispiele aus dem alten und neuen Testamente beweisen es, was bereits Sirach sagt, daß Niemand, der Gott getraut, beschämt wurde, und was der Psalmist singt, daß Gott in seinen Thaten um die Menschen wunderbar ist (V., p. 32).

Ist es denn aber auch möglich, daß auf dieser Burg etwa Widriges geschehe? Es ist eine andere Sache, wenn Menschen und andere, wenn Gott darüber urtheilt. Die Sicherheit besteht darin, daß wir uns wohl nicht wählen können, was auf uns zu kommen und nicht auf uns zu kommen habe, aber vom Herrn Erbarmen erwarten dürfen, wenn es auch über unseren Verstand wäre (p. 35). Und wenn der Verstand, noch immer nicht ruhend, fragt, warum denn auch die Frommen dem Unglücke und Tod ausgesetzt sind, so muß man erwidern, daß sie öfters die Burg verlassen. Aber auch außerdem ist diese Heimsuchung sowohl den Frommen, wie Gott von Nutzen. Für die Frommen, denn dadurch wird, wie das Gold im Feuer, ihr Glaube, ihre Liebe, Geduld und Eifer geläutert; für Gott, daß wir von den Übeln verschont, ihn um so mehr lieben und verehren (p. 36); das Einzige, was er von uns hat. Für die Gottlosen ist es hingegen ein Wink, woraus sie schließen mögen, wie ihr Ende beschaffen sein wird.

Daß aber Gott auch den Tod eintreten läßt, ist auch nicht zu verwundern. Einmal hat man ohnehin zu sterben; und wenn Gott den Tod durch die Feinde erfolgen läßt, so ehrt er diejenigen, die ihn verehren, dadurch, daß sie für ihn leidend, eine umso rühmlichere Belohnung im Himmel erhalten." Ein kleines Schlußwort faßt das Ganze zusammen und schließt mit einer kurzen Doxologie (p. 87).

Die Schilderungen des Lebens der Verfolgten lassen auf recht trübe Erlebnisse des Verfassers schließen. In keinen Menschen ist Vertrauen zu setzen, die Vertrauten werden Verräther, auf die

Schußherrn ist nicht zu bauen, besonders sind es die Geistlichen, die das Meiste dulden müssen. Ist dies alles selbsterlebt? Es klingt so und es hinge auch mit diesen bösen Erfahrungen zusammen, daß er · aus Mähren nach Böhmen zog. Er klagt später, man hätte in Mähren besonders nach seinem Leben getrachtet [33]) und deshalb suchte er die in seiner Heimat vermißte Sicherheit sammt vielen anderen Brudergenossen auf den Gütern des K. Zierotin im Nachbarlande.

Und die Erregung, die in Folge der Flucht herrschte, wurde weiterhin nur genährt. Neben Berichten über die Schrecken der Evangelischen traten solche von übernatürlichen Erscheinungen auf. Felgenhauer verkündete schon 1621 im Appendix zu dem Speculum Temporis: „Forthin will ich bald durch Gottes Gnade, wie ich verheißen, die „Tubam veritatis" publicieren, die Posaune der Wahrheit wider den Bapst und ihn zuerst als den Obersten und das Kindt des Verderbens und die Hure und die Mutter aller Grewel auff Erden fürnehmen, viel anders als zuvor; nicht Theologice, sondern auf dem Grund der Geheimen Weißheit. Anno 1621 P. T. „Considerate tenebras et agnoscite jam mox lumen orietur.[34]) So erschienen denn von ihm noch: „Spiegel der Wahrheit und Weisheit," „Monarchenspiegel," „Sendbrief an die Hirten und die Schafe," „Munsteri chiliasmus," alle voll des feurigsten Fanatismus und größter Zuversicht. [35])

Er war aber lange nicht der alleinige. Philipp Ziegler verkündete in seinem „Beweis, daß es ein tertium Seculum oder Testamentum spiritus gebe" 1622 die Botschaft, ein Mann werde aus der Mitte der Juden erstehen den Antichrist abzuschaffen, das Christenthum zu reformieren. Pfalzgraf Friedrich werde 1627 Herr von 13 Reichen werden.[36]) Johann Plaustrarius von Kaiserslautern gab schon 1621 eine Erläuterung der 1620 in Prag gefundenen, angeblich Hus'schen Prophezeinungen mit einigen Zusätzen heraus. Nach seinen Erläuterungen werde bereits 1626 auf der Erde „ein Hirt, eine Heerde und ein Schafstall werden und die vier Monarchien vorher ganz und gar unter dem Himmel ausgerottet und vertilgt werden, wie Daniel geweissagt und Esras im 4. Buche verkündiget hat."

Auf den Untergang der Weltreiche wird der Anfang des Reiches Christi folgen. Dies wird alles geschehen, wenn die Märtyrer, unter ihnen Hus, auferstehen werden und dann wird der Triumph des Evangeliums ein seliger und ein ewiger.[37])

Zu alldem kamen noch bei Comenius persönliche — sehr herbe Verluste. Die Trennung von der Gemahlin wurde recht bald, noch im selben Jahre eine ewige. Eine Epidemie, die in Mähren 1622 große Verheerungen angerichtet hatte, raffte sie mit dem erstgeborenen Sohn hinweg[38]) und bald folgte auch das zweite Kind.[39]) Nun stand er wieder vereinsamt, wie vor 8 Jahren, als er von Heidelberg kam, in der Welt, aber der Unterschied zwischen den beiden Lebenslagen war so betrübend, dass es ihm beinahe nicht gelang, Trost zu finden. Wie sehr half ihm jetzt seine schriftstellerische Neigung. Er vertiefte sich in seine äußere und innere Lage, und so entstand ein dritter Tractat. „Über das Waisenthum," das ist: über das Verlieren lieber Freunde, Beschützer und Wohlthäter. Was für eine und welch' traurige Begebenheit es sei? Woher und weshalb es komme? Was man da zu thun und womit man sich zu trösten, und sich den Traurigen und Verwaisten gegenüber zu benehmen habe.[40]) Die 18 Capitel der Schrift zeugen von einem reichen und erfinderischen Geist, auf ein betrübtes Gemüth und rühren durch den unmittelbaren, wir möchten sagen klagenden Ton zu klagender Theilnahme. Und bei alldem schwebt über dem Schmerze doch die Ruhe, über der Niederlage, die ihn in allen Dingen getroffen, die Ergebenheit in Gott: der Glaube ist fest und ungeschwächt. — Die stilistischen und sprachlichen Vollkommenheiten der Schrift berechnend, zählt sie zu den wirksamsten Werken des fruchtbaren Verfassers.

Nach allgemeinen Erörterungen über das Waisenthum und dessen Last (Cap. I.) wird als dessen gewöhnlichste Ursache der Tod, mittelbar dennoch Gott erklärt (II.). Was kann Gott zum Schaffen dieses elenden Zustandes bewegen? — Manche will er an die Sterblichkeit erinnern, manchmal nimmt uns Gott die Freunde weg, weil wir sie nicht genug schätzen; manchmal, weil wir sie mehr lieben als Gott; oft um zu erproben, was der Mensch thue, wenn ihm in's Herz gegriffen wird; oft auch um

ihn als Beispiel seines gerechten Urtheils hinzustellen (p. 13— 18, III.)
Gibt es für die Menschen Trost in dieser Lage? Geduld, Demuth,
Andächtigkeit und Vertrauen. (IV.) Für die Nichtbetroffenen besteht
aber die Pflicht,. sich den Verwaisten gegenüber edel zu benehmen
(p. 33), im Gefühl Theilnahme, im Worte Trost, in Thaten
Hilfe zu spenden, was in vielen Beispielen anziehend dargelegt
wird. (V.)

Der Verlust des Verwaisten kann ein sichtbarer und ein
unsichtbarer sein (p. 37, VI.) und so wendet sich die Betrachtung
zunächst denen, die einen sichtbaren Verlust erlitten, zu. (VII.)
Nacheinander wird nun die Lage der Witwer und Witwen (VIII.),
der verwaisten Eltern (IX.) und Kinder erörtert (X). Hiezu gehört
aber auch der Verlust einer frommen Obrigkeit. Man hat sich
der neuen Obrigkeit geduldig, fromm und unterthänig zu erweisen
(XI.). Der Zustand trifft auch die Obrigkeit, die ihre Unterthanen verliert (p. 74, XII); auch die Gläubigen, die ihre Hirten
(XIII) wie auch die geistlichen Hirten, die ihre Zuhörer verlieren
(XIV). Der Eifer dieser möge nicht gelähmt werden; ein leuchtendes
Beispiel steht vor ihnen, das des Paulus, der im Gefängniß die
meisten und die begeistertsten Epistel geschrieben hat (p. 91).

Es gibt aber auch, die nur zur Hälfte verwaisen, die noch
im Leben ihrer Freunde, die Liebe und das Zutrauen zu denselben
verlieren (p. 95, XV.). Nach Darstellung der Gründe und Weisungen,
was hier zu thun sei, folgt der schwerste. Fall, wenn der Mensch
von Gott verlassen wird. „Der traurigste Fall ist, wenn jemand
Gott verliert. Denn er verliert mit ihm allen Segen, Frieden,
Freude und das zeitliche und ewige Leben. Es verlassen ihn auch
zugleich die Engel und alle Creaturen" (p. 101). — Dies geschieht
wohl nur auf eine Zeit, und es hat seinen Grund und seinen
dem entsprechenden Trost (XVI). Die zwei letzten Capitel (XVII.
XVIII) handeln von den Menschen, die von Gott verworfen worden
sind zeitlich und ewig, und von ihrem Elend, dem gegenüber die
übrigen Arten des Waisenthums, ihre Last und Trübsal verlieren;
und den Menschen um die Erhaltung Gottes sorgen lassen; die
Sorge Gott sich zu erhalten, ist wohl die schwerste (p. 117).
Insbesondere ist das Schicksal des von Gott ewig vertriebenen

Menschen (XVIII) das düsterste (p. 124) und mit diesem schließt das Werk.

Zeigt ihn aber auch diese Schrift als einen gefaßten, sich selbst beherrschenden Mann, so erzählt er später, wie viel Wehklagen ihm sein damaliges Leben erzwang. „Als die Finsterniß des Unglückes wuchs (im J. 1623), als es schien, daß keine Hoffnung auf menschliche Hilfe und Rath übrig sei, durch unerklärliche Angst und Versuchungen bewegt, mitten in Nacht (die ich mit einigen früheren traumlos zugebracht hatte) mit außergewöhnlichem Eifer zu Gott hinaufschreiend, und vom Bette aufspringend und die Schrift ergreifend — betete ich, daß wenn schon kein menschlicher Trost genügt, uns Gott mit seinem inneren nicht verlassen möge. Und als ich so zuerst auf Jesaias fiel und bei dessen mit Schluchzen verbundener Lecture die Betrübniß (discuti) schwinden sah, griff ich zur Feder und ich fing meine vorhergegangenen Qualen und die ihnen entgegenzusetzenden göttlichen Gegenmittel, jene erwachenden göttlichen Sonnenstrahlen zur Zerstreuung der Nebel (entweder mir selbst, wenn die Trübsale zurückkehrten, oder anderen Frommen zu Nutzen) auf's Papier zu setzen. Zu den übrigen Propheten vorwärtsschreitend und zu den übrigen Büchern des göttlichen Buches (ich hatte in meinem Leben keine süßere Speise, als jene Sammlung göttlichen Trostes) erblickte ich reichlichen Stoff, der zur Stillung der Seele in Gott diene und fing an, denselben in Zwiegespräche auszuführen. Zuerst ein Gespräch der betrübten Seele mit ihrem eigenen Verstand, der sich mit verschiedenem Trost zu erheben sucht (dies am meisten aus des Lipsius vergebens wiederholt gelesenen Büchlein „de constantia.") Dann kam der Glaube, die Umschläge der Schrift anwendend, aber auch diese mit wenig Wirkung. Zum Schluß kam Christus, die Geheimnisse seines Kreuzes erklärend und darlegend, wie heilvoll es dem Menschen sei, in Gottes Angesicht mit Schlägen erniedrigt zu werden, wodurch er erst schließlich der Seele Ruhe, Trost, Freude verlieh." [41]) Dies der kurze Inhalt des Werkes „Truchlivý."

Die Erwähnung des Lipsius'schen Werkes veranlaßt uns zur Erwähnung, daß sich der Verbannte von Neuem eine Bibliothek anzuschaffen im Stande war. Wir haben kein klares Bild von

diesem unfreiwilligen Aufenthalt in Brandeis, wohin er sich aus
Mähren geflüchtet hatte, können auch nicht wissen, wie er zu den
Mitteln kam, sich eine erwähnenswerthe lateinische Bibliothek zu
erwerben. Wir können aber aus späteren Andeutungen schließen,
daß neben den Andreäschen, Lipsiusschen Werken besonders die
Werke Alsteds, ferner die Classiker des heidnischen wie des christlichen Alterthums seine liebste Lecture bildeten. Bereits 1620
erschienen die beiden Encyclopädien Alsteds, eine philosophische und
eine, die unter dem Titel „Triumphus bibliorum" die Grund-
lagen aller Wissenschaften aus der heiligen Schrift nachweist. War
schon die Grundanschauung dieser Schrift so ganz nach seinem
Sinn, so verlieh ihm die darin von neuem vernommene Lehre
von der baldigen Wiederkehr des Herrn Kraft und Muth, wovon
auch seine eben angeführten Dialoge zeugen; zum Mindesten deren
1628 in Preßburg erschienene deutsche Übersetzung unter den Titel
„Trawern über Trawern und Trost über Trost." [42])

Einen tiefen Einfluß all dieser, besonders der Andreäschen
Lecture zeugt seine in diesem Jahre dem Schutzherrn Karl v. Zerotin
übergebene und gewidmete Schrift Labyrinth der Welt. In
den Sommer- und Herbstmonaten des Jahres begann er über die
Eitelkeit der Welt nachzudenken. Er nahm den Stoff, wo er sich
nur bot, und so entstand unter seinen Händen das Drama, das
er sich nicht wagte dem edlen Herrn zu widmen, wäre seine Bestimmung nicht eben die Bernhigung des Gemüthes, dessen wohl
auch der Herr bedürfe. Der Stoff ist so fruchtbar, daß das
Gebotene gewiß nicht vollständig ist, denn man könnte ihn ins
Unendliche finden, allein, was bereits fertig ist, das bringe er
jenem dar, der die Wogen des Weltmeeres erprobt und jetzt im
Hafen seiner Seele ruhe. [43])

Wir wagen es zu behaupten, daß es weder Zufall, noch
bloß äußere Anregung war, die ihn dazu bewog, über die Welt
nachzudenken, der Gegenstand bot sich nach den bisherigen Betrachtungen von selbst. War der Mittelpunkt der ersten frommen
Betrachtung der Mensch, derjenige der zweiten Gott, so kam er
jetzt consequenter Weise zum dritten, zur Welt. Allerdings war ja
auch in den früheren Schriften manches von der Welt, wie auch

diese Schrift auch vom Lebensziele des Menschen handelt; allein der Mittelpunkt, das Hauptthema, derselben ist doch ebenso die Welt, wie in den früheren Gott und Mensch.

Daß unter den Quellen, die er benützte, Andreä an erster Stelle zu nennen ist, ist unzweifelhaft; die Idee, die Form für die Behandlung des Stoffes finden wir in dessen zwei, oben behandelten Schriften. Wir zählen nur noch die Attribute, die Andreä in einer anderen Schrift der Welt gibt, in folgendem: die Welt ist satanae progenus, fortunae mancipium, Mamonis servus, gloriae appetens, voluptati subjectus, vanus, stultus, ignorans, sine conscientia, sine iudicio affectibus editus, sui amans, amans vilitatis, confidens inanitati, stultis gaudens, infeliciter felix, molis favens, iracundus, invidus, osor, calumniator, injuriosus, sceleratus, securus, ebrius, libidinosus, ambitiosus, simia, curiosus, avarus, discors, hypocrita, dolosus, ingratus, onerosus, periculosus, indocilis — und darauf erwähnt noch der unerschöpfliche Verfasser . . . „Und wer könnte all das Schlechte aufzählen". [44])

Aber wenn wir die Wirkung dieser Schriften nicht leugnen wollen, so liegt der Grund für das Labyrinth doch gewiß tiefer und weiter: in seines Verfassers Glauben und in dessen Lebensgeschichte. Er selbst sagt, es ist keine Fabel, was der Leser hier lesen wird, aber wahre Dinge; er habe hier größtentheils seine eigene Erlebnisse geschildert, wenn auch nicht alle; oder solche, die er bei anderen selbst gesehen, oder über die ihm berichtet wurde. [45]) Gab ihm sein Leben reichhaltigen Stoff zur Erkenntniß und Schilderung der Uebelstände der Welt, so bewies es nur die Richtigkeit der Brüderlehre, die wir oben nach der Aurbek'schen Schrift „die Brüder sind die Mönche der Evangelisten" zusammengefaßt. An nichts Äußerlichem mit Herzen haften — sagt er, als er von seiner Gemahlin scheidet und ihr ein Trostbüchlein sendet: eine sinn- und geistreiche Ausführung dieses Satzes ist das Labyrinth, wie dies folgende kurze Inhaltangabe beweisen möge.

Sich behufs Orientierung bei der Berufswahl Erfahrungen zu sammeln, geht der Jüngling in die Welt (I). Bald gesellen sich ihm zwei Bedienstete der Welt, die sich Weisheit nennt, aber

von den Klügelnden Eitelkeit genannt wird und bieten sich als
Führer an, die Frechheit und die Lüge (II., III.). Der eine versieht
ihn mit Zügel, damit er ihn sich fügsam mache, der andere mit
Brillen, damit er alles anders sehe, wie es ist (IV.). So führen
sie ihn auf einen hohen Thurm, von dem er die ganze Welt über-
schaut. Ein großer Platz öffnet sich ihm da, mit einem Thor,
wodurch man in die Welt kommt, mit einem zweiten — durch
welches man je nach dem Berufe geht. Sechs Straßen theilen
diese von einander, je die Familien, die Gewerbetreibenden, Lehrer,
Geistlichen, Obrigkeiten und die Soldaten in sich beherbergend.
„Wie schön das alles ist! Jene erzeugen alle, diese ernähren alle,
diese unterrichten alle, diese beten für alle: und so dienen sich alle
und stets im gleichen." Zu Westen lag eine Burg der Fortuna,
in der Mitte ein gemeinsamer Platz — in dessen Centrum die
Residenz der Königin der Weisheit. (V.) Von dem Thurm herab-
gekommen, geht er zu dem Thor des Eintrittes, wo ein Greis,
Namens Schicksal, aus einem Topfe die verschiedenen Berufe
austheilte, der dem Jüngling auf seine Bitte erlaubte, sich vorläufig alles nur anzuschauen. (VI.) Er wird zuerst auf den, Allen
gemeinsamen Platz geführt. Verstellung und Verbergung der mannigfaltigsten Mängel sieht er überall; Mißverständnisse, Beschäftigung
mit unnützen Dingen, schreckliche Unordnung, Ärgerniß und schlechte
Beispiele, Unbeständigkeit, Stolz und Selbstüberhebung. Selbstliebe
und der alles wegfegende Tod traten alle in lebender Gestalt vor
ihn und von dem Anschauen der Todten führt ihn diese Lüge weiter
zu den Lebenden. (VII.) Nun geht er nacheinander durch die sechs
großen Straßen der verschiedenen Berufe ab und besichtigt sie auch
durch die Brille, aber doch auch unterhalb der Brille; überall
findet er viel Unordnung und Unheil. Bei den Eheleuten (VIII.) die
Unsicherheit bei der Wahl, das Unschöne bei dem Lieben, die
Sorgen der Eltern, die Freudlosigkeit der Kinderlosen, die Tragödien
bei dem Mißlingen der Ehe, die freiwillige Knechtschaft überhaupt:
sie vertrieben ihn von dort, und als ihn seine Begleiter bewogen,
den Stand selbst zu versuchen und nachdem er durch einen Sturm
seine Angehörigen verloren, weiß er doch nicht, ob es darin mehr
Trost, als Leid gebe; nur so viel weiß er, es sei sowohl in ihm,

als ohne ihn ängstlich, und auch wenn er am besten gelingt, mischt sich das Süße mit dem Bittern. (VIII.) Viele Gefahren, Mühseligkeiten, Neid, Lug, überflüssige Anstrengung, auch für die Thiere, Gefahren des Seelebens, Schiffbruch treten vor seine Augen bei den Gewerbetreibenden, daß er ausruft: „Wenn das, was in ihren Arbeiten unnöthig, überflüssig und sündhaft ist, weggenommen und abgeschafft würde — müßte der größere Theil der menschlichen Händel sinken. (IX.) Recht lang ist der Aufenthalt bei den Gelehrten, deren Endzweck sei, allwissend zu werden. Nach einer allgemeinen Ansicht der Übelstände — oft auch Armuth, Nachlässigkeit — Bücherstehlen u. s. w. (X.) kommt er der Reihe nach zu den Philosophen, alle Fächer die zur philosophischen Facultät gehören durchmusternd (XII.) u. zw.: die Grammatiker, Rhetoriker, Poeten, Dialektiker, Physiker, Metaphysiker, Arithmetiker, Geometer, Geodeter, Musiker, Astronomen, Astrologen, Historiker, Ethiker und Politiker (XI.), als zum Gipfel des menschlichen Scharfsinnes wird er zu den Alchymisten geführt, die nichts vermögen und die Schuld ihrer Mißerfolge in Allem, nur nicht in sich suchen. (XII.) Da wird eine Trompetenstimme vernehmbar und darauf verkündet ein Reiter wunderbare Verheißungen über die Reformation aller menschlichen Dinge, welche von manchen mit Freude, von anderen mit Zweifeln begrüßt wurden, schließlich ohne Resultat blieben. (Die Rosenkreutzer) (XIII.). Bald besichtigt er das Vorgehen der Mediciner (XIV.), der Juristen (XV.), die Promotion der Magister und der Doctores — wobei das Geld viel bewirkte, da oft solche den Gradus erhielten, die weder lesen noch schreiben konnten. (XVI.) So gelangt er unter die Religiösen, zuerst zu den Heiden, dann Juden, Mohamedaner und deren Sorten (XVII.), dann zu den Christen. Hier ist auch manches Betrübende zu sehen: die Zügellosigkeit des Lebens — die Fruchtlosigkeit der Prediger, die Leiblichkeit der Geistlichen, die Unordentlichkeit der Bischöfe, Glauben ohne Werke, Streit um den Glauben, um die Schrift, Zerissenheit in Sekten, die Gewaltthätigkeit der Katholischen, die vergeblichen Versöhnungs-Bestrebungen der Evangelischen, nur einige wahre Christen, die alles duldeten, giengen gegen Himmel schauend, stumm unter ihnen herum. Da wurde der Pilger überredet, selbst

Prediger zu werden, aber mit schlechtem Erfolg, da er wegen seines gerechten Benehmens, das sich nicht den Schlechten anpassen konnte, von allen verlassen und verstoßen wurde (XVIII.).

Er kam nun in die Straße der Obrigkeit, die so schlecht ist, daß sie nur der Umstand rechtfertigt, daß es ohne sie noch schlechter wäre; er selbst hat sich einmal eingemengt in diese Angelegenheiten, es ist ihm aber sehr theuer vergolten worden (XIX.). Nach der Ansicht des vielen Elendes des Soldatenlebens, besonders nach der Schlacht (XX.) und des müßigen, unfruchtbaren Ritterlebens (XXI.), der Berichterstatter oder Zeitungsschreiber, wie wohl diese schwer zu entbehren seien (XXII.) gelangt er auf die Burg der Fortuna (XXII.), sieht die Fesseln und Sorgen der Reichen (XXIV.), das Elend der Wüstlinge, Spieler, Feinschmecker (XXIV.), die Gefahren der Hochgestellten (XXIV.), die Eitelkeit des Ruhmes, des historischen Namens und den vielen Trug dabei (XXVII.). Nun beginnt der Pilger zu verzweifeln. Nicht einmal auf dieser Burg sah er mehr Trost, immer denselben Jammer, wie unten. Er findet nach der vielen Mühseligkeit nichts, als in sich selbst einen Schmerz, und bei anderen Haß gegen sich. Da wirft ihm sein Begleiter Lüge vor, warum er nicht dessen Rath befolge: nichts beschauen, alles glauben, nichts versuchen, alles annehmen, nichts rügen, alles lieben, — allein dagegen lehnt er sich auf, und indem man nichts anderes zu beginnen weiß, beschließt man, ihn auf die Burg der Königin der Welt zu führen (XXVIII.). Auf der Burg angelangt (XXIX.) wird er von seinen Führern angeklagt, daß er mit allen unzufrieden sei, worauf die milde Königin seinen Schrecken durch die Aufforderung mildert, ihrer Burg anzugehören, damit er die Regierung der Welt besser verstehe. Da werden die zwölf Räthinnen der Königin gezeugt, und zwei Regentinnen: Eifer und Glück, und die Unterregentinnen. Die schönen Namen hörend staunt er, daß all' das Regiment die Weiber bilden, die Königin, die Räthinnen, die Regentinnen. „Wer soll das Regiment fürchten!" (XXX.) Da wird der Pilger zum Zeugen eines imposanten Auftrittes. Salomon der Weise tritt auf, die Königin der Welt zu freien, in seinem großen Gefolge sind neben Juden und Christen, Sokrates,

Platon, Epictet Seneca (XXXI.). Nun geht vor ihnen die geheime Regierung der Welt wirklich, wie sie der Pilger erzählt, vor sich (XXXII):

„Man handelte hier blos allgemeine Sachen ab, die alle Stände der Welt überhaupt betrafen. Die Besondern wurden jede an ihr partikuläres Gericht verwiesen.

„Das erste was ich sahe, war Industria und Fortuna, die darüber Klage führten, daß sich in allen Ständen Untreue, Übervortheilung, Übersetzung eines des andern eingeschlichen; und um Abschaffung dieser Mißbräuche baten. Gottlob dachte ich, nun fangen sie doch selbst an, einzusehen woran es fehlt. Der Ausleger sagte auch: da siehst du, daß andere auch sehen, du dachtest, es hätte niemand Augen im Kopf wie du. Ist mir sehr lieb, der Himmel fördere ihr Vorhaben.

„Nach gepflogenem Rath, wurde der Kanzlerin Klugheit Ordre zugestellt, auszukundschaften, wer an den angeblichen Zerrüttungen Schuld hat. Es ward eine strenge Untersuchung angestellt, und erforscht; daß sich einige Fremdlinge eingeschlichen, die solche Unordnungen ausstreuten. Namentlich, Soff, Luxus, Wucher, Wollust, Stolz, Faulheit, Grausamkeit und andere.

„Es ward daher beschlossen, durch Patente im ganzen Lande öffentlich und an allen Orten folgendes zu publiziren: Daß, nachdem Ihro Majestät in Erfahrung gebracht, wie durch gewisse verkappte Ausländer allerlei Unordnungen in dero Reich verbreitet worden, dieselben solchem Unfug zu steuern, Jene hiemit des Landes zu verweisen sich genöthigt sehen. Wornach sie sich a dato publicationis zu achten hätten, bei Leib- und Lebensstrafe. Diese wären Luxus, Wucher, Faulheit, Stolz, Wollust, Grausamkeit ꝛc. Dieses Edikt verursachte allgemeine Freude und jeder hoffte goldene Zeiten.

„Da aber alles beim Alten blieb, kamen Klagen von allen Orten ein, daß kein Ernst in der Vollstreckung des Urtheils Ihro Majestät gebraucht würde. Die Königin schickte Commissarien aus: die Herren Nachlässig und Überseher nebst dem Geheimrath Herrn Mäßig mit dem Befehl, genau zu inquirieren, ob einige von den verwiesenen Ausländern sich über die Zeit aufgehalten, oder zurück gewagt haben? Diese zogen aus, und kamen nach einiger Zeit wieder, mit der Nachricht, daß sie nichts als einige den Verurtheilten ähnliche gefunden, die aber zu jenen nicht gehörten und auch andere Namen führten. Einer ähnelte dem Soff, hieße aber Rausch. Einer dem Wucher, hieße aber Zins. Einer dem Stolz, hieße aber Großmuth. Man war zufrieden, befahl die Ordre auf diese nicht auszudehnen, und das Volk machte sich mit ihnen bekannt nach wie vor. Salomo und seine Leute schüttelten mit den Köpfen. Und ich dachte: Die Namen sind weg, die Verräther sind geblieben. Das wird schlecht ablaufen.

„Nach einiger Zeit kamen Deputirte aus allen Ständen, baten um Audienz. Man ließ sie vor. Sie baten mit vielen Verbeugungen und Scharrfüßen, im Namen aller Unterthanen, Ihro Majestät möchte geruhen, in Betracht der bisher treulichen Verfolgung Dero Gesetze, ihnen zur Belohnung sothaner Treue und zur Aufmunterung, ihre Freiheiten und Privilegien zu erweitern. Sie unterwürfen alles Ihro Majestät höchster Erkenntniß, und würden als treue Vasallen, solche Gnade, lebenslang mit unterthänigstem Dank erkennen. Wie dachte ich, habt ihr noch nicht genug Freiheiten? Zaum, Gebiß und ein Joch auf dem Nacken, das thäte euch wohl nöthiger.

„Die Königin ließ sie ins Vorzimmer treten, und hielt Rath mit ihren Räthen. Hierauf gieng sie hinaus, und redete die Abgesandten also an: Gleichwie ich allezeit auf die Verherrlichung meines Reichs, und die Glückseligkeit meiner Unterthanen, ein wachsames Auge gehabt; also nehme auch itzt eure Bitte in Gnade an, verbessere hiemit eure Tituln, befehle und ordne, daß, von nun an die Handwerker, Großachtbare; die Studenten, Hochedle; Doctores und Professores, Hochedelgeborne; Pastores, Hochehrwürdige; die Reichen, Edle; die Adlichen, Hochwohlgeborne; die Herren, zweimal Herren; die Grafen, Hochgeborne; die Fürsten, Durchlauchte; und die Könige, Allerdurchlauchtigste, heißen sollen. Und damit über diese meine Wissensmeynung gehalten werde, so ordne ich, daß niemand verbunden seyn soll, auch nur einen Brief anzunehmen, worin ihm sein gebührender Titul nicht gegeben wird. Die Deputirten bedankten sich und reisten fröhlich ihren Weg. Ich aber dachte, schlechter Gewinnst, ein paar Striche mehr oder weniger. ——"

„Hinter ihnen kamen die Armen aus allen Ständen, und klagten über die ungleiche Vertheilung der Güter, und daß sie bei anderer Überfluß, Noth leiden müßten: mit Bitte, um eine proportionirte Eintheilung. Ihnen wurde zur Resolution ertheilt: daß Ihro Maiestät, zwar allen ihren Unterthanen die Lebens- bequemlichkeiten gönne, die sie sich wünschen; daß aber ihre Reichs- verfassung und Zierde solchen Unterschied und Rang erfordere. So wie es die Reichsgrundsätze schon mit sich brächten, daß Fortuna ihr Schloß und Industria ihre Werkstätte habe. Übrigens sey es jedem unverwehrt, alle Wege zu versuchen, durch welche er sich aus der Armuth herausreißen zu können glaubte.

„Die Betriebsamen trugen sogleich darauf an, daß demnach die Verfügung getroffen werde, daß Jeder, wornach er strebe, erreiche und nicht alles dem blinden Glück überlassen sey. Das war ein kitzlicher Antrag, der zu vielen Sitzungen Anlaß gab. Endlich aber ward bekannt gemacht, daß zwar der Regentin Fortuna und ihrer Dienerin Ohngefähr, die ihnen ertheilten Rechte nicht geschmälert werden könnten; dennoch aber würde man ihr auf die Betriebsamsten vor andern Rücksicht zu nehmen befehlen.

„Gleich nach diesen, stunden da zween Abgesandte aus der Zunft der berühmtesten Männer: Theophrast und Aristoteles, welche baten: 1. daß sie nicht solchen Unglücksfällen, wie andere Menschen, ausgesetzt, und 2. vor dem Tode geschützt werden möchten, weil es Schade wäre, daß so brauchbare mit so vielen Einsichten be- gabte Menschen Staub werden sollten. Ihre erste Bitte ward gebilligt und ihnen die Erlaubniß ertheilt, sich vor Unglücksfällen best möglichst zu verwahren; die Gelehrten durch ihre Gelehrsamkeit, die Mächtigen durch ihre Macht, und die Reichen durch ihr Geld. Wegen des fernern Antrags, rief die Königin alle Alchimisten zusammen, daß sie ein Mittel für die Unsterblichkeit angeben möchten; allein, da sie zu lange ausblieben und die Legaten auf Bescheid drungen, ward vor der Hand ihnen versichert, daß es die Königin sehr ungern sähe, wenn Leute wie sie des Todes Raub würden; daß aber voritzt kein Mittel dawider sich fände. Indes sollten sie das Privilegium haben, sich so lange wie möglich nach ihrem Absterben unter den Lebenden aufzuhalten, und statt daß andere Leute unter grünem Rasen liegen, sich mit einem Stein zudecken. Auch überhaupt alles thun zu dürfen, was sie vom Pöbel in dem Fall auszeichnen mag.

„Hierauf erschienen Abgeordnete von den Unterobrigkeiten, und baten um Erleichterung, indem sie die Mühseligkeiten ihres Standes mit lebhaften Farben schilderten. Sie bekamen die Erlaubniß, künftig durch Verwalter und Vicarien ihr Amt verwalten zu lassen, und giengen vergnügt zu den Ihrigen.

„Auch von den Unterthanen kamen Deputirte, und führten über die Blutsaugerey ihrer Herren, und daß deren Sachwalter, weil sie auch etwas für sich behalten wollten, jener Ordres doppelt exequirten. Zum Beweis schüttelten sie gleich hier vor dem Geheimrath, einen Sack voll frischer und blutender Wunden und Unterdrückungen aus und flehten um Beystand und Schutz. Was zu thun? Beweise waren da, und doch war einmal den Herrschaften nachgegeben, durch ihre Kreaturen zu regieren. Man mußte also die Schuld der Bedrückungen diesen auf den Hals schieben. Man schickte an alle Herrschaftliche Sachwalter Estafetten, sich sogleich zu stellen. Sie erschienen und stellten gegen eine Klage der Unterthanen zehn andere auf, beschuldigten sie der Faulheit, des Ungehorsams, Stolzes, Störrigkeit und Frechheit, sobald man die geringste Nachsicht mit ihnen hätte. Alles überlegt, ward jenen gesagt, daß, weil sie von der Gnade ihrer Obern keinen guten Gebrauch zu machen wüßten, sie der Strenge gewohnt werden müßten. Weil es einmal in der Welt nicht anders sein könne, als daß einige gehorchen, andere befehlen. Übrigens sey es ihnen vergönnt, ihrer Obern Gunst durch Fleiß und Treue zu verdienen.

„Nach ihrem Abzug blieben die Politici, Räthe, Rechtsgelehrte, Richter und Advokaten und redeten viel von der Unvollständigkeit ihrer Gesetze, daß nach hundert tausend entschiedenen Rechtsfällen doch noch viele vorkämen, deren Entscheidung sie da nicht fänden. Daher sie oft in die Verlegenheit gesetzt würden, eigne Gutachten zu unterschieben, welches sie aber bey dem Volk immer verhaßter machte, und ihnen als Verdrehung der Gesetze angerechnet würde. Sie bäten um Schutz wider solche Beschuldigungen.

Der Königin wollte es nicht in Kopf, ein ganz neues Gesetz-
buch zu geben, das vollkommener wäre; daher resolvirte sie, das
alte zu behalten und gab zugleich den Juristen einen Hauptschlüssel,
welcher alle verwickelte Rechtsfälle ausschließen sollte. Dieser sollte
ihr Schild seyn, hinter dem sie sich für allen Verläumdungen
verkriechen und nur das Volk allemal bedeuten sollten, daß das
so oder so der gegenwärtige Zustand erfordere. Da diesen niemand
verstünde, würden sie sich beruhigen müssen. Sie nahmen den
Schlüssel und giengen vergnügt davon.

„Nun erschienen auch die Weiber und klagten, daß sie dem
schweren Joch der Männer unterliegen müßten, wenn ihnen nicht
geholfen würde. Hinterdrein kamen auch die Männer und be-
schwerten sich über den Ungehorsam der Weiber. Nach verschiedenen
Conferenzen, die die Königin mit ihren Räthen darüber hielt, ward
beiden durch die Canzlerin der Bescheid ertheilt: Daß, da die Natur
selbst den Männern den Vorzug eingeräumt, es dabey sein Be-
wenden haben müsse, doch unter folgenden Einschränkungen:
1) daß die Männer nichts vornehmen, sie zögen denn ihre Weiber
zu Rath, weil diese die Hälfte des menschlichen Geschlechts ausmachen, 2) daß, wenn wie oft geschieht, das Weib klüger als
der Mann ist, sie sich ihres Mannes bemeistern und Männin
heißen solle.

„Mit dieser Entscheidung waren beide Theile unzufrieden.
Die Weiber verlangten, daß die Männer wenigstens das Regiment
mit ihnen theilen. Einige meynten gar, es wäre Zeit, daß es
ihnen ganz überlassen würde, da es so lange bey den Männern
gestanden, zumal sie viel klüger und schlauer wären. Man habe
dessen ein löblich Exempel in Engelland gesehen, da alle Männer
der weisen Elisabeth zu Ehren, den Weibern die rechte Seite überlassen hätten. Und das um so viel mehr, da die Königin der
Welt und alle ihre Räthe ihres Geschlechtes wären, sey es billig,
das Regio ad exemplum, nach der Welt Weise, auch die Weise
im Hause eingeführt würde. Die Männer aber schützten vor, daß,
obgleich Gott das Regiment der Königin anvertraut habe, Er es
doch zuförderst in Händen hielte, und zwar ganz und zu aller
Zeit, daher wollen sie es auch.

„Die Sache war schwer und forderte viel Nachdenken. Alle warteten begierig auf Antwort, es kam aber keine. Sondern die Freundlichkeit und Klugheit bekamen den Antrag, mit jedem Theil in Unterhandlung zu treten und gütlichen Vergleich zu versuchen. Diese ermahnten die Männer, um des Hausfriedens den Weibern im Hause die Herrschaft einzuräumen, und ihren Rath zu folgen; die Weiber aber sollten sich daran begnügen, und außer dem Hause Gehorsam vorgeben. So würde es beim Herkommen bleiben und ihr Hauswesen dabey nicht übel stehen. Widrigenfalls würde das Geheimniß, daß Männer die Gemeine, die Weiber wieder die Männer regieren, verrathen werden und dazu bäte Ihro Maiestät, möchten sie's nicht kommen lassen. Beide Theile ließen sich sagen, als Einer aus Salomons Gefolge das hörte, sprach er: „Ein Weib, das ihren Mann ehrt, wird für weise gehalten. Und ein Anderer setzte hinzu: „Der Mann ist des Weibes Haupt wie Christus das der Kirche." Allein es blieb bei dem Vergleich. [15])

„Da wird Salomon böse. Er nimmt der Königin die Larve ab und es erscheint ein häßlicher Körper mit stinkendem Athem; die Räthinnen das Gegentheil dessen, was ihr Name besagt, und voll des Zornes stürzt er hinaus und verkündet überall: „Eitelkeit über Eitelkeit". Die Königin und die Räthinnen beschlossen ihn durch List zu bändigen und es giengen ihm die Freundlichkeit mit der List, denen sich die Wollust zugesellt, gleich nach (XXXIII.); sie nahmen ihn zuerst durch Schmeichelei, dann durch die Ehe gefangen, bis er auch im Glauben sank (XXXIV.), seine Genossenschaft wurde zu Grunde gerichtet (XXXV.). Der Pilger kann all dem nicht zusehen, er entwindet sich seinen Begleitern um noch die Sterbenden, Todten und das Grab zu sehen, was alles ihn zum tiefsten Seufzer bewegt — und zum demüthigen Anrufen der Barmherzigkeit Gottes (XXXVII.). Noch ganz am Leibe zitternd vernimmt er den Ruf „Kehre zurück" — und als er auf den wiederholten Ruf die Frage „Wohin" stellte, und die Antwort bekam: „Kehre zurück, woher du hinausgetreten bist in das Haus deines Herzens und schließe das Thor nach dir", faßte er sich und trat da hinein, wo es tiefe Finsterniß war, die allmählich einige schöne Inschriften und allerlei anderes durchschimmern ließ. Trotz der Räthselhaftigkeit des Sichtbaren, gefiel ihm das Zimmer, weil es nicht stank und still war (XXXVIII.). Nun erscheint ihm Licht von oben und darin eine Gestalt, Christus selbst, der ihn freundlich anredet, willkommen heißt und sich ihm zum Mitbewohner anbietet, was der Pilger freudvoll annimmt. Nun erfolgt die Verständigung zwischen beiden. Christus theilt dem Zurückgekehrten mit, daß er es war, der ihn überall begleitet, und ihm half, daß er sich nicht verirre, er wird ihn jetzt alles lehren, ihn bereichern, sättigen; er lehrt ihn alles weltliche Streben auf Gott überzutragen; mit ihm wie mit einem ewigen Gatten sich vereinigen, ihn selbst zum Vortheil nehmen, ihn selbst zu erkennen, ihn für den besten Arzt, Rath und Vertheidiger haben, seine Religion halten, Obrigkeit und Kampf nach seinem Willen zu führen, in ihm Überfluß, Gesellschaft, Wonne und Ruhm zu haben — sich ihm zu überlassen sei das seligste (XXXIX). Diese Erneuerung und Umkehrung aller vorhergegangener Erlebnisse verändert den Pilger (XL.). Er kommt in die unsichtbare Kirche, er bekommt zweierlei neue Brillen, das Wort Gottes und den heiligen Geist, tritt in das wahre Christenthum ein, das Verachtung der Welt und die Liebe zu Christo lehrt, und neugeboren erblickt er, wie die wahre Kirche ein wahres Gegenbild der Welt sei (XIL.). Doppeltes Licht führt ihn, das der Vernunft und das des Glaubens (XLII.); durch dieselben gelangt er zur wahren Freiheit, die zugleich die tiefste Knechtschaft ist (XLIII.), die innere Ordnung ihres Lebens enthält der ungeschriebene Dekalog, in den zwei christlichen Geboten der Liebe kurz zusammengefaßt, welche andere Gesetze entbehrlich machen, so daß die wahren Christen eins denken, eins fühlen, sich gegenseitig mittheilen (XLIV.). Es wird ihnen leicht, Gott zu gehorchen, für Christum leiden (XLV.), sie haben Überfluß an allem, da sie mit dessen Besitz zufrieden sind (XLVI.), sie sind sicher, da sie die Engel bewachen (XLVII.), haben von allen Seiten Ruhe, weil sie den Hohn der Welt für nichts halten, die Verfolgung der Kirche für zeitweilig erachten; ihre Trübsale schwinden theils durch die Aussichten auf die Zukunft, theils durch die köstliche Gesellschaft (XLVIII.), das gute Gewissen bietet ihnen ewiges Mahl (XLIX.). Und nun schildert er ganz kurz ihr Leben, das zu schauen er begierig war, und das er auch zu sehen bekam:

ihre Obrigkeit, Gelehrte, Geistliche und Theologen (L.). Der Tod
verursacht ihnen Freude, Engel übernehmen den Verstorbenen (LI.).
Durch seine Brillen, Perspicillen, kann er sie auch hieher begleiten
und er erblickt den Ruhm Gottes (LII.). Vor dem Throne Gottes
mit demüthiger Bitte um Gnade flehend wird er von Christo er-
hört, der von ihm nur seine Seele bittet, seinen Körper freigebend
mit dem Versprechen des ewigen Glückes (LIII.). Darauf verschwand
das alles und der Pilger dankt inbrünstig seinem Erbarmer und
schließt mit einer lateinischen Dokologie.

Diese kurze Skizze kann wohl von dem Inhalt des Werkes
einen kleinen Begriff machen, aber erschöpfen den reichen Gehalt
desselben will sie von Weitem nicht. Die Grundanschauung und
die Richtung des Werkes vorläufig außer Acht lassend, muß man
das Werk für ein Meisterwerk ersten Ranges halten, wie es auch
als solches fast einstimmig gewürdigt wird. Die Handlung, die
die Grundidee, daß der innige Glaube das höchste Gut sei, veranschaulicht, tritt vom Anfang an bis zum Schluß lebendig vor
die Augen des Lesers, nirgends bleibt etwas dunkles, nirgends
ein Sprung — äußerlich plangemäß und fein, innerlich geist-
und lebensvoll weist die ganze Schrift vielleicht kein überflüssiges
und nicht treffliches Wort auf. Die Andreäschen Reminiscenzen,
die oft zu scharf herantreten, kann man nicht leugnen, der ursprüngliche Zweck der Schrift, die erst nach acht Jahren gedruckt
wurde, nämlich, eine persönliche Erleichterung für den Verfasser, mag
sie entschuldigen und erklärlich machen, — allein die abgehackten,
ermüdenden 100 Stücke aus den „Errores Peregrini“ kann man
mit dem runden, zusammenhängenden Ganzen des Labyrinth nicht
vergleichen. Viel verwandter ist in dieser Hinsicht der Turbo, doch
mit dem Unterschied, daß dieser nur das Leben und die Bekehrung
eines jungen Studierenden und die Schilderungen der Schulwelt
bietet. Die feine Anwendung der zwei Begleiter, die bis zum
Schluß ihrem Namen und ihrer Bestimmung treu bleibend, die
Erzählungen des Pilgers beleben — ist ein Beweis der künstlerisch
schöpferischen Begabung des Verfassers. Der letzte Theil geht wohl
ins Sentimentale über, ist aber gehaltvoll und sinnreich, durch
das Dunkle der Gefühle geht das Licht des Verstandes. Was nun

den Plan anbelangt, so möchte ich beinahe den Aufenthalt bei der Königin der Weisheit als selbständigen Theil auffassen, wenn gleich ihn der Verfasser nicht als solchen nimmt. Den Humor des Verfassers bewundere ich in diesem Theile am meisten. Die sechstheilige Gruppierung der verschiedenen Berufe ist logisch uncorrect, da die erste Reihe den übrigen gar nicht angeschlossen ist, allein dies sagt der Verfasser bei der Schilderung der Straßen selber, theils gibt es auch Fälle, daß das Eheleben als Beruf aufgefaßt werden muß. Allerdings wird in dem Werke das ganze Leben nicht erschöpft, aber das Geschilderte wird in seinem Werthe durch den Umstand, daß es Selbsterlebtes umfasse, erhöht, in dem Tone gehoben, und daß er sein Erlebtes in den Grenzen der Anwendbarkeit mittheilt, erhält das Werk auch eine innere liebliche Abrundung.

Auch sonst hat es vielen Anspruch auf besondere Beachtung. Neben den Psalmen ist es das einzige, das den Verfasser als Dichter zeigt; als Satyriker (stellenweise als Humorist) tritt er aus dem milden ernsten Hintergrunde seiner Lebensauffassung nur hier hervor. Dies hängt übrigens theilweise auch mit der Sprache zusammen, deren Ausbildung dem Verfasser mit am Herzen lag: oft liegt wohlthuender Humor in einer Redewendung, bald eine beißende Satyre: im ganzen aber ziert die Diction Klarheit, Einfachheit und Eleganz. Und dabei fließend, nirgends ermüdend — stellenweise lebhaft, ja dramatisch — oft warm und gefühlvoll, verdient es das Werk, eine Perle nicht nur der böhmischen, sondern überhaupt der erbaulichen Literatur genannt zu werden.

Auf die sich hier aufwerfende Frage: ist das Werk somit ein poetisches? müßte hier eigentlich keine Antwort erfolgen, denn sie hängt mit der allgemeinen Frage, ob überhaupt die erbaulichen Schriften so zu nennen sind, zusammen. Wir möchten dies Werk ein Gedicht nennen. Der Verfasser hat das in ihm aufgetauchte Bild einer Weltschau, wie sie zur Weltabscheu und zum Hinwenden zu Gott führe, schön wiedergegeben, daß die Harmonie des Inhalts mit der Form ergötze. Daß das Werk hiebei auch belehren soll, sagt der Verfasser nur in der Vorrede; wenn es thatsächlich neben Ergötzen auch belehrt, erbaut, so hat es dies mit den schönsten Künstlerwerken gemeinsam, wiewohl es sich über die Kunst nicht sehr gerecht ausspricht. Über die geschichtliche Grundlage der hier geschilderten Weltverachtung habe ich das Nöthige gesagt. Wenn man hier über ihre philosophische Berechtigung im allgemeinen — ihren Werth in der Askesis des Christenthums, in der Auffassung der Brüder, in der Weltanschauung des Comenius einige kritische Worte erwartet, so werden hierüber später andere Schriften des Verfassers mit in Betrachtung gezogen werden.

Den Trost, den er mit dem Werke für seinen Schutzherrn bereitete, brauchte er bald für sich. Das Jahr, dessen Endstimmung das Labyrinth zeichnet, wurde von einem abgelöst, das noch schwerere Schläge brachte. Die Truchlivy werden fortgesetzt: neuer Kampf mit der Verzweiflung — aber neue Siege durch Christum.

Die evangelischen Prediger verließen unterdessen bereits das Vaterland, dem sie ihren Glauben nicht opfern wollten und suchten in nahen und fernen Ländern Gastfreundschaft, die ihnen auch nicht verwehrt wurde. Sie suchten Theilnahme zu wecken durch rührende Klageschriften und geschichtliche Erörterungen ihrer Bestrebungen und Leiden. Und das gleiche Schicksal[45a]) bedrohte auch die Brüder. Im August 1624 wurde das kaiserliche Diplom erlassen, wodurch alle evangelischen Prediger und jeder einzelne proscribiert werden.[46]) Die Vollstrecker gebrauchten List, sie verheimlichten das Diplom in vielen Fällen oft das ganze Monat und erst als der Termin da war, oder bereits vergieng, kamen sie mit dem Befehle der Verbannung, welchen also mehrere erst dann erhielten, als sie schon weg mußten.[47]) Wir glauben nicht, daß in Böhmen diesem Gebote so seine Folge gegeben worden wäre, wie später in Mähren.[45b]) Es widerspricht dieser Annahme ein hochwichtiges Ereigniß im Leben des Comenius: seine zweite Heirath.

Gewiß greifen die Vorgänge dieses Ereignisses, das den 3. September (1624) vollzogen wurde, schon in frühere Zeit hinein, da doch eine Eheschließung nicht aufs Gerathewohl geschieht; daß aber Comenius in diesen trübseligen Verhältnissen Muth hatte diesen Schritt zu thun, beweist seinen festen Glauben nicht weniger, als alle seine Schriften. Seine Braut, Maria Dorothea Cyrill hielt sich in Brandeis auf. Wahrscheinlich war es der Schutz Zerotins, der ihre Mutter Dorothea Cyrill, die Gemahlin des Brüderprediger Johann

Cyrillus nach Brandeis brachte. Dieser letztere mit einer zu bewegten Vergangenheit hinter sich, wagte gar nicht bei dem Trauacte zu erscheinen. Derselbe war nämlich 1618 zum Prediger an der Bethlehemskapelle und zum Bischof der Brüder, ein Jahr darauf zum Senior in dem evangelischen Consistorium geworden, mit welcher Stelle die Oberaufsicht über die Brüdergeistlichen verbunden war; mit dem Administrator des Consistoriums G. Dikast vollzog er die Krönung Friedrichs von der Pfalz; nach der traurigen Wendung der evangelischen Sache wurde er aus dem Lande gewiesen, hielt sich aber doch im Lande, wahrscheinlich beim Freiherr Sadowsky, zu welchem später auch sein Schwiegersohn kam, auf. [50])

Der Trauung gieng der Abschluß eines Ehekontraktes voran, der zeigt, wie doch die Augen des frommen Priesters, wenn auch zum Himmel gerichtet, die Erde nicht völlig außer Acht ließen. Seine Braut bringe ihm — so heißt es in der Schrift — ohne damit auf ihre Ansprüche auf das Vermögen und die Erbschaft von ihren Eltern zu verzichten, 50 Meißner, welches der Bräutigam mit Dank entgegengenommen. Er hingegen nimmt seine Braut als Miteigenthümerin alles dessen, was er besitze und besitzen werde. Sollte er früher, ohne mit ihr gezeugte Kinder am Leben zu lassen, sterben, so werde sie die Erbin seines ganzen Vermögens; im Falle sie Kinder haben würden, so solle die Hälfte den Kindern, die andere Hälfte der Frau zufallen. Der Bräutigam nimmt aber von diesem Vertrage seinen Weingarten „na blatnicku w hore jenž slowe plachta" liegend, 50 Meißner Thaler und seine lateinischen Bücher ausdrücklich heraus, so daß er berechtigt sei, mit diesen nach seinem Gutdünken zu verfügen. Wenn er aber nicht eine besondere Verfügung treffen sollte, so falle dies auch seiner Frau zu.

Aus diesem erhellt, daß die Verbannten doch Manches von ihren Habseligkeiten retten konnten. Wir wissen, daß Comenius das Kopernik'sche Manuscript aus der Fulnecker Katastrophe gerettet hat, denn er hat es später verkauft. [51]) Auch mit den lateinischen Büchern wird es wohl so sein, denn es ist kaum zu denken, daß er sich auf seiner Zufluchtsstätte so eine ansehnliche Bibliothek hätte verschaffen können, daß er über deren Verfügung freie Hand be-

halten will. Die Verfügung für mit seiner nächsten Frau zu erzeugende
Kinder ist wohl als eine, eventuellen Adoptivkindern entgegengesetzte
zu nehmen, da nichts dafür spricht, als ob ihm aus der früheren
Ehe Kinder geblieben wären, dagegen erwähnt wird, daß er solche
verloren. Nichts deutet noch in der Schrift an die bevorstehende
Trennung von dem Vaterlande. Die so präcise Detaillierung der
Erbansprüche gleich am Tage der Hochzeit ist wohl praktisch, mag
eine Sitte gewesen sein. Von den Zeugen des Comenius nennen
wir nur die Prediger J. Hermon und P. Nemčansky, von denen
der Braut, den den Trauakt vollziehenden J. Svatoš. Unter
den Zeugen findet sich auch Samuel Bresina, ein Amtsrath der
Stadt Brandeis; dies und die Versammlung von so viel Geistlichen bewegt uns zu der Annahme, daß Žerotin in Böhmen auch
dem August-Diplom Trotz bieten konnte. Wie lange? Wer könnte
es sagen. Über seine mährischen Schützlinge verhieng eine raschere
Lösung das Dezember-Diplom desselben Jahres (1624).

Zur Vollstreckung desselben wurden Kommissäre verordnet,
die überall die evangelischen Geistlichen ihrer Stellen enthoben und
ins Exil schickten. Als solche erschienen beim Karl v. Žerotin
Jakob Magno und Johann Plateis (ersterer ein akklimatisierter
Italiener, letzterer Canonicus von Olmütz) und ersuchten ihn,
dem kaiserlichen Willen Genüge zu leisten. Er wies die Aufforderung zurück, das Diplom könne sich auf ihn nicht beziehen,
da er nie ein Rebell gegen den Kaiser war, folglich auch von
seinen Freiheiten nichts verlieren könnte. Sie beriefen sich hierauf
auf einen speziellen Befehl vom Kardinal Dietrichstein, dem
Gubernator der Markgraffschaft Mähren; der Freiherr leugnete
die Berechtigung des Befehls und appellierte an den Kaiser. Die
Exekutionen wurden auf 14 Tage wohl verschoben, allein, da der
Appellierende krankheitshalber zum Kaiser nicht gehen konnte,
kehrten sie mit der Forderung, daß der kaiserliche Wille erfüllt
werde, zurück; dem Freiherrn blieb es anheimgestellt, ob er die
Prediger selbst entfernen wolle, oder ob er es den Exequenten zu
thun überlasse. Dem Freiherrn gefiel keines von beiden, allein die
Kommissäre giengen, sich auf den kaiserlichen Willen berufend,
von dem Schloß in das Städchen (Prerau), befahlen durch den

Bürgermeister, alle Prediger, die in der Umgebung wohnten, zusammen zu rufen. Nachdem sie erschienen, wurde es ihnen freigestellt, zum katholischen Glauben überzutreten, hiezu sogar Bedenkzeit gegeben, allein hievon machte keiner von ihnen Gebrauch, und auch einzeln vor die Kommissäre gerufen, blieben sie alle standhaft, worauf ihnen befohlen wurde in acht Tagen das Land zu verlassen. Dies geschah und der Freiherr ließ sie auf seine Kosten durch sein Gefolge bis Skalic nach Ungarn begleiten. [52])

Lange konnte aber der Freiherr auch in Böhmen nicht Trotz bieten und allmählich zerstreuten sich die früher bei ihm Verborgenen, jeder wohin er konnte. Wenn die Ausdrücke [53]) wörtlich zu nehmen sind, so suchten sie Höhlen, Wälder auf was nur deshalb nicht klar genug ist, weil man da nicht versteht, warum sie das Exil nicht vorgezogen haben. War es vielleicht die Hoffnung auf eine baldige Änderung? Das ist möglich; Felinus erwähnt später, [54]) daß sie nach einer Weissagung des Schlesiers Kotter, der für 1624 Schluß der Leiden und Sieg des Evangeliums verkündete, sehr viel auf den Schluß dieses Jahres bauten, und nachdem es vorbei war, zu einer anderen Erklärung der Weissagung griffen, aber doch mit dem Gefühle großer Enttäuschung. Außerdem war ja begreiflicherweise das Scheiden vom Vaterlande, wo sie Gut und noch immer wenn auch heimliche Gemeinden hatten, (die öffentlichen verschwanden allmählich) das letzte, was sie zu thun hatten. Großes Zagen und menschliche Bestürzung überfiel die meisten der sich Versteckenden. „Wo flogst du von uns hin, christliche Tapferkeit?" klagt Comenius. Bei guten Dingen hält man sich wohl zu Christus. Unterdessen wenn das Gefangennehmen, Binden, Bespeien, Kreuzigen beginnt, da verlieren und zerstreuen sich alle; wundern sich über den göttlichen Zorn, sie sagen, daß sie dies nicht erwartet hätten, weinen und schluchzen über Gottes Züchtigung." [55]) „Wir sind wohl bereit auf Gottes Befehl den Menschen entgegen zu treten, aber wenn sie nicht droheten; uns ins Wasser zu senken, aber wenn es nicht tief wäre; durch Feuer zu springen, aber wenn es jemand verbürgte, daß es nicht brennen wird und daß wir dabei bestehen! So lassen wir Gott nichts ohne Vorbehalt." [55a])

Die Brüder von Mähren waren bereits verbannt, ein neues Jahr angebrochen, das nur das unmöglich scheinende verwirklichte, es vermehrte nur die Unsicherheit der Brüder, da es auch die Stütze ihres elenden Daseins nehmen sollte: es verlautete, daß bald auch gegen den evangelischen Adel ein Schlag erfolgen werde. Wo ist nun die Sicherheit zu suchen? Die Frage erläutert der neuvermählte Bruder seinen Glaubensgenossen in dem Tractat: Centrum Securitatis. Derselbe setzt allerdings Leser auf höherer Stufe der Bildung voraus. Die ersten Capitel beschäftigen sich mit philosophischen Erläuterungen über das Verhältnis zwischen Gott, Welt und den Geschöpfen. Alle Dinge hängen von einander ab und die Welt, die Gesammtheit aller Dinge hat ihren Grund in Gott; sie verhält sich zu ihm, wie das Spiegelbild zur wahren Erscheinung, der Schatten zum Körper, der Kreis zu seinem Mittelpunkte, der Baum zu seiner Wurzel. Gott ist das Wesentliche, die Welt das Zufällige. Eine Welt schuf Gott, weil er selbst eine ist, schuf aber unzählige Wesen, damit sich in ihnen seine Schönheit offenbare. Am nächsten zu sich setzte er die Engel, und übergab ihnen die Verwaltung des Himmelsgewölbes, diesem die der Elemente, diesen die der Dinge, die aus ihnen entstehen. Diese einzelnen Dinge entstehen entweder aus einzelnen Elementen oder aus mehreren; zu letzteren zählen besonders die Pflanzen und die Thierwelt. All' dieses fließt aber aus Gott, wie aus einem Brunnen das Wasser durch die Röhren nach mehreren Seiten rinnt.

Jener Vergleich mit dem Baume ist besonders geeignet, das Verhältnis zwischen Gott und Welt zu beleuchten: wie beim Baume steht auch in der Welt das Sichtbare an Unsichtbarem; wie beim Baume, stammt dieses auch hier aus dem Unsichtbaren; aus dem Unsichtbarem hat der Baum Kraft und Stärke, Saft und Nahrung, Natur und Eigenheit: so sind die Wurzeln der Welt und der Geschöpfe: Gottes Macht und Weisheit und Güte. Das Schlechte in der Welt findet auch Analogie beim Baume, der bei guter Wurzel schlechte Frucht produciert. Allein dies bewirkt Gott nicht auf eine wunderbare Weise, sondern durch die Vermittlung der Geschöpfe selbst. Wie das Obst nicht eigentlich von der Wurzel kommt, im Grunde doch davon abhängt, so hängt auch das Menschenleben, sowohl seiner leiblichen als auch geistigen Beschaffenheit nach von ihm ab. „Das Leben hält in mir die Hitze des Feuers, das in mir ist; das Feuer hält sich in mir darum, weil es aus dem Fette des Bluts, das in mir ist, Nahrung erhält; Blut erhalte ich durch Genuß von Speisen und Getränken, diese stammen aus den Elementen und diesen gibt wieder das Firmament, Licht, Wärme, Nässe und ihre geheimen Kräfte, und daß sie das bewirken, dazu hält sie Gott!" (Cap. I.)

Bei einem Kreis ist dreierlei zu beachten: Das Centrum, der Umfang und die Radii (Strahlen). Ist die Welt der, Gott zum Centrum habende Kreisumfang, so sind die einzelnen Geschöpfe die Strahlen. Ein jeder dieser Strahlen hat ein doppeltes Centrum, das allgemeine — Gott — und ein besonderes, das ihm Gott als seine Natur gab. Einem jeden Wesen gab Gott das Ziel und die Grenzen seines Wesens; so daß dies eigene Centrum wieder zweierlei wird: das eine Centrum des Wesens, das andere Centrum des Aufenthaltes. So ist das erstere Centrum des Wassers die Flüssigkeit, des Feuers die Hitze, der Erde die Trockenheit; das zweite Centrum ist die Stellung, oder die Wohnung, die dem Wesen vom Schöpfer angewiesen. So der Erde und Wasser am untersten in der Welt, Wind und Feuer oben. Daraus erhellt, daß ein jedes Wesen sicher, ruhig, lieb und dauerhaft bleibt, wenn es in seinem Centrum steht, sich an seinen Ursprung, woher sein Wesen fließt, haltend, und seine Stellung bewahrend. Dies alles hat besondere Anwendung auf den Menschen. Seine Dependenz ist doppelt, da er ein doppeltes Wesen hat: ein körperliches und leibliches. Sein Körper ist aus den Elementen und dem Firmamente; dieser Theil des Menschen steht also gut, wenn er im Centrum der Elemente und des Firmaments steht und dies ist die Luft. Die Seele steht aber gut, wenn sie sich an Gott hält, was ihr Wesen angeht; ihre Stelle aber zwischen dem Schöpfer und der Schöpfung einnimmt, dem Schöpfer dienend und der Schöpfung sich bedienend. (II.) Ein jedes Wesen, auch die Welt im Ganzen erleidet, wenn es sich aus dem Centrum entfernt, Gewaltthätigkeit, Schmerz und Verderben; die Schlange ohne Gift, die Biene ohne Honig u. s. w. verdirbt, die Engel und der erste Mensch Gott verlassend, fielen und wurden unglücklich. (III.) Und so dreht sich denn das Menschenleben in 7 Kreise: in demjenigen des Firmaments oder der Elemente, der Thiere, der Mitmenschen, der Teufel, der Engel und des Gottes und der siebente Kreis ist der Mensch für sich; alle diese erwähnten Mittelpunkte bereiten den Menschen nach seinen verschiedenen Verhalten, Unsicherheit (unter andern auch Gott durch seine Strafen) (IV.) und der Grund, weshalb wir aus dem Centrum heraustreten, ist der Eigenwille, wenn nämlich der Mensch, Gott und seine Ordnung verabscheuend, sich eigen sein will, sein eigener Rath, Führer, Pfleger, Herr, mit einem Worte, sein eigener Abgott. Dies ist der Anfang alles Bösen. Dieser Eigenwille besteht aus 2 Theilen: aus einer übermäßigen Selbstliebe und aus einer Überschätzung seiner selbst; seine Wirkungen sind: er trennt uns von Gott, von den Engeln, bereitet Mißverständnisse und Zerwürfnisse mit den Menschen, Unruhen und Qualen mit sich selbst. (V.)

Nur erhöht wird das Unheil, wenn der Mensch die Hilfe für das durch Eigensinn verursachte Übel anderswo sucht, was schließlich zum Endverlust und Verzweiflung führt, was verschiedene Beispiele aus dem alten und neuen Testamente darlegen, und auch den Verfasser zur Erörterung führt, warum überhaupt auch die Frommen diesem Unglück ausgesetzt werden (weil nämlich keiner gänzlich in Gott steht) (VI). Die einzige Hilfe gegen dieses Elend ist die Rückkehr in das Centrum, zu Gott (VII), das Centrum der göttlichen Barmherzigkeit ist Christus, zu dem man durch den Glauben an sein Verdienst und durch tugendhaftes Leben als in's Centrum gelangt (VIII). Die Art, wie man zum Centrum zurückkehre, war in dem Austritte aus demselben vorgezeichnet gewesen; der Eigenwille und Übertritt in's fremde Gebiet waren dessen Pforten; man muß diese beiden zurückbetretend — allem, was man selbst liebgewonnen, entsagen, seinen Willen Gott ergeben und übergeben, wie dies viele Heilige gethan. Dies ist wohl dem Körper schwer, allein wie man da nicht zu verzagen hat, beweisen Beispiele und Gründe. Die letzteren warnen uns, uns auf den Verstand zu verlassen; derselbe ist unredlich, unachtsam,

6

schwach — wir selbst unbeständig und unsicher. Hat man so das eine wiedererobert, muß man lernen, der Welt nicht zu vertrauen. Dies Vertrauen bringt nur Gefahren: fremdes Eigenthum, Macht und Kraft ist vergänglich; die Verkehrtheit, Unredlichkeit und Schwäche anderer Menschen ist zu groß, daß nicht einmal die Engel ohne Gott helfen können. So muß man sich denn allen Geschöpfen und sich selbst verlieren — und das Glück dieses Verlustes ist unbeschreiblich (IX). Die so Entsagenden haben Frieden mit Gott, sind der Macht der Welt und der Elemente entzogen, sind frohmüthig der Welt gegenüber und blicken gelassen auf die Verwicklungen der Welt, erschrecken im Unglück nicht, erleiden es gerne, sie wundern sich über göttliche. Mäßigkeit und menschliche Ungeduld, sie fallen nicht mit Schaden, d. h. sie stehen bald auf und sterben fröhlich (X). Der Verstand macht wohl viele Einwendungen gegen das göttliche Regiment, aber der Fromme beantwortet sie alle recht leicht; — und schließlich glaubt er auch gegen den Verstand, Gott und seinen Hoffnungen (XI).

Dieses Ergeben dem göttlichen Willen darf aber kein oberflächliches sein, es folgen Pflichten für die Gott ergebenen Herzen (XII), denen sich noch Rathschläge, wie man sich in der Mitte der göttlichen Barmherzigkeit zu erhalten habe, anschließen. Man muß wachen am Thore des Herzens, Demuth üben, beten und wer dies alles thun will, wird aufgefordert, ein zum Schluß angeführtes Gebet nachzusagen (XIII).

Dies Werk ist das letzte, das Comenius auf heimatlichem Boden vollendet und schließt eine Reihe seiner Wirksamkeit würdig ab. Es ist dies die einfältig-gläubige Frömmigkeit mit den Pflichten der Selbstverläugnung und Ergebung in Gottes Willen und Weisheit, die in dieser asketischen Schrift gepredigt wird. Von den übrigen unterscheidet sich das „Centrum Securitatis" durch die philosophische Grundlage, an der sich ihre Lehren aufbauen. Diese zwei ersten Capitel gehören zu dem Gehaltreichsten, was Comenius auf dem Gebiete der Philosophie geschaffen, und weisen auch so im Großen die Grundzüge seiner Weltanschauung auf.

Die platonische Entgegenstellung der Welt als Scheinbaren, Gott als dem Seienden, die Wechselwirkung aller Wesen, begründet in Gott, dabei die Einzelberechtigung eines jeden Wesens durch seine Natur, die ihm die Essenz und die Stellung anweist, all' dies wird daselbst sinnreich entwickelt. Im Ganzen überrascht die rege Berücksichtigung der Naturwelt: neben dem reichen Beispielmaterial, das die heilige Schrift bietet, dient vielfach als Führer zum Auffinden der Wahrheit die Natur, einzelne Geschöpfe und Erscheinungen werden fein beobachtet und charakterisiert — und als Zeugen für die Wahrheiten einer höheren Welt berufen. So wird die Schrift als Übergang und Mittelglied zwischen den zwei Epochen der geistigen Thätigkeit, der asketischen und der didaktischen, sowie durch die erste Niederlegung der theoretischen Philosophie des Verfassers besonders hochzuachten sein.

Denn die übrigen Theile der Schrift haben neben den bereits beschriebenen Tractaten wenig Unterscheidendes. Die Einwendung des Verstandes gegen die Übergabe an Gott erinnert an die uneinnehmbare Burg, die Schilderung der christlichen Pflichten an die Perfectio christiana, die Grundstimmung des Ganzen, an den Labyrinth. — Ich möchte nur noch an die Verurtheilung des Eremitenlebens und die abfällige Beurtheilung der stoischen Auffassung von dem Schmerz verweisen, sonst weht aus der Schrift, wenn sie auch mit vielen neuen Erfahrungen bereichert, der schon bekannte fromme, sich Gott ergebende Geist entgegen. Den Schluß bildet ein Gebet.

Das Buch wurde, wie auch die vorhin erwähnten vielfach abgeschrieben.[36])

V.

Anknüpfungen an Apokalyptiker. Die letzten Jahre in Böhmen.

Die letzterwähnte Trostschrift mag das Gefühl der Unsicherheit gelindert haben, aber als allmählich die Hoffnungen auf eine bessere Wendung schwanden, vielmehr alles auf eine Verschlechterung deutete, mußten auch die Brüder daran denken, für die Sicherheit des Lebens zu sorgen. Nach den Mandaten von 1624 und deren Vollstreckung in Mähren, war es mehr als wahrscheinlich, daß man in wohl nicht ferner Zeit auch gegen den Adel gewaltthätig vorgehen werde.

Um von diesem zu erwartendem Schlage nicht unvorbereitet getroffen zu werden, versammelten sich die Brüder im März 1625 zu einer gemeinsamen Berathung. Es kamen die Senioren und Superintendenten der Brudergemeinden in Daubrawitz, einer Ortschaft im Erzgebirge, beim Senior Wenzel Cornu, der unter dem Schutze des Herrn Carl Bukowsky stand, zusammen. Der Beschluß lautete: Man müsse sich dem Schicksale fügen und das Vaterland verlassen. Für die einzuschlagende Richtung war die geographische Lage entscheidend und somit sollten die böhmischen Brüder nach Polen, die mährischen nach Ungarn ihr Augenmerk wenden und zu diesem Zwecke jüngere Pastoren in Vorhinein mit Briefen in diese Länder mit dem Ansuchen um Schutz senden um dadurch den Auszug vorzubereiten.

Comenius hatte in Mähren sehr viel Verfolgungen und Nachspürungen zu fürchten, deshalb nahmen ihn die böhmischen Brüder in ihren Kreis und bestimmten ihn zugleich mit Johann Chrysostomus und Mathias Probus zur Orientierungsreise nach Polen. Eine Station hielten die Abgesandten in Görlitz, wo der junge Freiherr von Zerotin unter der Aufsicht des Elsässers, Johann Gsellius aus Straßburg, den Studien oblag. Dieser meldete den Männern, die ob des Verlustes des Vaterlandes betrübt, ein neues zu suchen gingen, die Botschaft von einer baldigen Wendung der Dinge, welche Gott der Welt durch einen Schlesier, Namens Christof Kotter verkünden lasse. Nun wissen wir nicht, ob sie zum erstenmale den Namen Kotters hörten, Prophetien hatten sie aber während der letzten Jahre genug gehört, um den angeblichen göttlichen Offenbarungen, von denen Gsellius gleich einige vorlas, nicht gleich Glauben zu schenken und dieselben für etwas anderes, als menschliche Erfindungen halten zu sollen. Den Rath aber, in Sprottau, der Vaterstadt Kotters, durch die sie ohnehin ihr Weg führte, einen Aufenthalt zu nehmen und so über das Vernommene eigene Erfahrungen zu sammeln, nahmen sie an und suchten am dritten Tag das Haus des Propheten auf.

Derselbe war eben nach Berlin zum Curfürsten von Brandenburg gerufen worden. In seiner Abwesenheit wurden die Fremden von zwei Bürgern von Sprottau: Abraham Beisker und Adam Pohl informiert, letzterer, über Kotter im höchsten Grade entzückt, führte sie auch in die Kirche, wo Comenius einen Bekannten aus den Herborner Zeiten in der Person des Predigers Abraham Menzel wiedersah. Mit Thränen empfing dieser die Brüder: „Von euch in Böhmen ist der Anfang, wir in Schlesien werden folgen." Über Kotter befragt, antwortete er: „Die Welt kümmert sich um diese nicht. Sie lachen, spotten, verläumden, verlachen oder verachten diese. Die besten sind die Admiranten." Er für seine Person wurde durch die Stadt mit dem Verhöre des Sehers und einem Examen des Manuskriptes betraut; er that dies nach langem Rufen und Seufzen zu Gott; habe bisher gar keinen Trug dabei gefunden, es sei vielmehr ein ruhmreiches Werk Gottes. Er hieß sie einige Tage noch warten, bis Kotter aus Berlin zurückkomme; währenddessen lasen sie die Offenbarungen aus dem authentischen Exemplar mit frommem Schauder bis zum Abendessen, da kam unverhofft der Prophet selbst, erzählte über den Erfolg seiner Reise und seines Gespräches mit dem Kurfürsten (über den sonst nichts

verlautet), so dafs sie, nachdem sie noch den folgenden Tag an-
dächtig in Sprottau zugebracht hatten, Montag ihren Weg nach
Polen fortsetzten. [1])

Der Bischof Gratian [2]), den sie in Lissa aufsuchten, war eben
nicht zu Hause und die Visitation der Kirchen, die ihm oblag,
sollte einen ganzen Monat in Anspruch nehmen. Um die Zeit
nicht unnütz zu verlieren, wendete sich Comenius mit seinem jungen
Freunde Mathias Probus nach Schlesien (über Chrysostomus sagte
er nichts), sandte von hier Mathias nach Hause, er aber setzte sich
den 16. Mai an die Arbeit, übersetzte in 16 Tagen die deutschen
Visionen Kotters in's Böhmische und versah sie mit einem Vorwort.

Man braucht gewiß nicht besonders hervorzuheben, dafs
Comenius den Offenbarungen Glauben geschenkt und sich diesem
gehorsam erwiesen habe, indem er diese Ansprachen Gottes
dem menschlichen Geschlechte übergab. Der Prediger Menzel
lud ihn zu Gast, die freie Zeit benutzten sie zu frommem Gespräch, und so verbrachte er die Tage in einer Seligkeit, die er
noch mehr als nach 30 Jahren mit einer Wonne der Unmittelbarkeit beschreibt, dafs ich es mir nicht versagen kann, seine Worte
hier anzuführen.

„Das Frohlocken meines Geistes über diese göttlichen Offenbarungen hatte mich auf Speisen, Getränke und Schlafen fast verzichten lassen, und so oft ich erwachte, fühlte ich mich bald mit
heiligen Gedanken und Gefühlen erfüllt. Weshalb ich auch Gott
fortwährend lobte, dafs er mich, kraft seiner Vorsehung, an diesen
Ort geführt, wo mich so große Gelegenheiten, in theologischen
Mysterien, in Frömmigkeit fortzuschreiten, erwarten. Ich kann es
nämlich zum Lobe Gottes in Wahrheit bezeugen, dafs ich nirgends
in meinem Leben einen süsseren Vorgeschmack des ewigen Lebens,
und welche Freuden jene vollkommene Versammlung der Heiligen
mit sich bringen werde, gefühlt habe, als hier" ... „In seinem
Hause war alles in voller Ordnung. Weib, Kinder, Dienerschaft
in größter Ruhe neben einander wohnend und jedes das Seine still
verrichtend. Er hatte auch seine Schwiegermutter bei sich, die Mutter
seiner Frau und des Georg und David Bechner, eine wahrlich
heilige Frau, ein lebendes Muster aller Tugenden. Wenn bei Tisch

geredet wurde, so war es nur über fromme Gegenstände zur wechsel-
seitigen Erbauung. Die Kost war (pertenuis) so dünn, wie ich sie
kaum anderswo gesehen habe." ... „Eine halbe Stunde vor dem
Frühstück trat er mit Gruß zu mir, und mit der Ermahnung, es
wäre Zeit der Erfrischung, bot er Gelegenheit zu einem guten
Gespräch (entweder unter dem Vordache oder mit mir im Garten
herumgehend). Zum Mittagsessen lud er den Christof oder einen
anderen frommen und ehrbaren Mann,".. „nichts sah und nichts
erfuhr ich dort, was nicht fromm und heilig gewesen wäre." [3])

Diese Lebensweise förderte seine Arbeit, die durch ihre
phantastisch-schwärmerische Richtung die Entzückung des Verfassers
nur steigern konnte. Die Visionen Kotters bewegen sich um den
böhmischen Exkönig, Friedrich von der Pfalz, dem sie durch Vereinigung der verschiedensten Völkerschaften die Wiedergewinnung
der Herrschaft versprechen. Babylon, Bestia: das römische Reich
und der Papst gehen ihrem Untergange entgegen, zwei große Heere
unter dem Befehl von 7 Anführern werden sie vernichten; die
Frist ist das Jahr 1624. [4]) Nach diesem Jahr geht es mit den
Veränderungen so schnell, daß die orientalischen Völker, die zur
Ruin Babylons ihre helfende Hand reichten, nachdem der Papst
mit seinem Gefolge vernichtet worden, sammt den Heiden bis 1630
alle sich zum Christenthum bekehren werden, die evangelische Kirche
aber dadurch den Glanz, die Größe und Erhabenheit des christlich
katholischen Glaubens [5]) erreichen werde.

Diese Weissagungen sind ihrer Form nach in abgeschmackte
und gräßliche Figuren gehüllt, die Terminologie ist wohl, wie aus
dem Angedeuteten ersichtlich, die der Apokalypse, — aber die Bilder
sind originell und kühn. Außer den bereits erwähnten Zahlen
gibt es noch viele Berechnungen der Zeit in den Prophetien, auch
ein Zug, der diese den apokalyptischen Büchern der Bibel näher
bringt. — Ich verweise noch auf die dem Texte allerdings in
späteren Ausgaben beigefügten Abbildungen, [6]) die wahrlich zur
Illustration desselben dienen. Der Text berichtet auch über das
von Abraham Menzel veranstaltete Examen, wie auch über die
auf göttlichen Befehl unternommene Reise des Propheten zu Friedrich
von der Pfalz, [7]) der ihm den Zutritt gestattete und seine allgemein

gehaltenen Mahnungen zu beherzigen versprach. Mit einer sehr langen Engelrede über den dreifachen Titel Christi,[8] die in wiederholten Verheißungen gegen die Getreuen und Drohungen gegen die Feinde ausläuft, schließen die Visionen. In der vorletzten wurde er ermahnt, er möge, wenn ihn jemand zur Erläuterung der Visionen berufen sollte, nicht erschrecken und dieselbe also erklären, wie man ihm sie erklärt hatte;[9] nach der vorher erwähnten Rede über die Namen Christi verabschiedeten sich dieselben von ihm und nachdem sie ihm mitgetheilt, dass sie ihm nicht mehr in menschlicher Gestalt erscheinen werden, ermahnten sie ihn, er möge beständig beten, seinen Geist, der ihn in großen Geheimnissen unterrichten werde, nicht betrüben, nicht stolz werden und Gott beständig loben. (Oktober 6. 1624.) [10]

In diesem Ideenkreise bewegte sich der Geist des Übersetzers. Mit einer Sorgfalt, die einer besseren Sache werth gewesen wäre, übersetzte er die Trostworte für die zu Hause Trauernden und um sie des Zweifels, den er durchzukämpfen hatte, zu entheben, versah er seine Übersetzung mit einem Vorworte,[11] das die Möglichkeit solcher Offenbarungen überhaupt und die Echtheit der vorliegenden darzuthun sucht. Die Wendung von dem vor 10 Jahren[12] vertretenen Standpunkte ist eine gründliche, für das ganze Leben entscheidende. Dies und auch die Begründung derselben nöthigt uns, dieser Vorrede die größte Aufmerksamkeit zu schenken.[13]

Im Eingange warnt der Übersetzer den Leser, nicht voreilig zu urtheilen; denn es sei sehr leicht und sehr gefährlich hierin zu irren; Gott habe von Anfang an, seine Gemeinde auch durch das Vorhersagen der Zukunft (besonders jene der Gemeinden) geschmückt und dies aus Liebe zu den Menschen und infolge deren Noth. Erstere ist wohl unzweifelhaft; kann aber die Noth der Menschen, Gott, der seinen Willen und seine Verheißungen bereits kundgethan, zur Offenbarung seiner Ansichten und Wege bewegen? Dies bewirkt die menschliche Schwäche, die sich der Verzweiflung naht, wenn sie in der Tiefe der Drangsale schmachtet, und die er im Hinblick auf die herannahende Katastrophe zu mahnen pflegt. Der Nutzen davon ist: Der Glaube in die Vorsehung wird gestärkt, die Gottesfurcht

genährt, die Hoffnung auf das Erbarmen Gottes geweckt, der Vereinigung der Guten und der Bösen vorgebeugt, den Gläubigen
Trost gewährt, zugleich wird den Gottlosen die Strafe in vorhinein gesagt.

Eine Frage ist nur, ob man noch solche Prophetien nach den
Worten der heiligen Schrift erwarten könne, besonders nach den
Worten Heb. 1. 1., wo Christus als der letzte genannt wird, durch
den Gott mit den Menschen gesprochen. Nun gibt es 3 Arten,
wie Gott mit den Menschen verkehrt: durch Visionen, im Traum
und von Angesicht zu Angesicht. Die letzte wäre nach Heb. 1. 1.
zu bezweifeln; aber die 2 ersteren müssen darnach nicht aufgehört
haben. Christus hat selbst seinen Jüngern den heiligen Geist gesandt, wovon auch Petrus Beweis liefert und Paulus zählt 5 Grade
der Diener des neuen Testamentes auf, unter ihnen die Propheten.
Daß Gott dies beibehalten, dafür sei der kräftigste Beweis, daß
noch jetzt dieselben Gründe bestehen, welche seinerzeit Gott zur
Sendung solcher Boten bewogen haben, besonders, da sich in der
h. Schrift viele Geheimnisse finden, die durch neuere Offenbarungen
erklärt werden können. Man muß daraus folgern, daß sich Gott
damit das Recht vorbehalte, die älteren Offenbarungen durch neuere
zu eröffnen. Dies beweisen auch Beispiele sowohl aus der heiligen,
als auch aus der kirchlichen Geschichte; Brigitte, Hildegard, Capistran
werden vorgeführt; das schönste ist aber, daß auch der Kaiser
Sigismund in Preßburg eine Vision gehabt haben soll. Da es aber
auch solche gab, die durch Teufel dazu geweckt worden, auch solche,
die aus Überhebung des menschlichen Wissens die Zukunft vorhersagen möchten (Ziegler, Prätorius, Nagelius und andere, was
gewiß Eitelkeit ist): deshalb ist es Thorheit, jeden, der es beansprucht, für einen Propheten anzuerkennen; ebenso ist es aber
auch, alle solche zu verwerfen.

Über die gegenwärtigen Offenbarungen, die er sich entschlossen,
seinen Landsleuten mitzutheilen, will er seine Meinung niemandem
aufdringen. Allein das Außerordentliche derselben wird gewiß sogleich auffallen. Woher stammt dies? Wenn hundert Gelehrte
ihren Verstand zusammentragen, bringen sie so etwas nicht zu

Staube. Es muß entweder vom bösen, oder vom guten Geiste stammen. Zur Unterscheidung dieser haben wir die Regel von Christus. Ein guter Geist ist: 1.) derjenige, der mit der Wahrheit übereinstimmt; 2.) den Ruhm Gottes bezweckt; 3.) eine Fülle von Süßigkeit und Trost reicht. Die Wahrheit der Prophezeiungen wird durch ihren Erfolg erprobt. Nun wird behauptet, daß in den Zahlen manche Fehler enthalten, daß manche genannten Termine bereits vergangen seien. Aber er will nicht urtheilen, daß auch große Ereignisse bereits im vorigen Jahre vorgekommen sind, und der Beginn der Erfüllung aller Weissagungen bereits geschehen, was in den Augen Gottes und in der Sache selbst ebensoviel ist, als ob schon alles geschehen wäre. Viele Beispiele beweisen dies. Soll also der Mensch so verwegen sein, daß man gleich nach der kleinsten Dissonanz die Nase rümpft. Das zweite und das dritte, daß die Offenbarungen Gottes Ruhm bezwecken und Trost reichen, wird der Leser wohl kaum bezweifeln. Zur sichersten Beurtheilung dienen aber gewiß nicht Schlußfolgerungen und Schlüsse, sondern die Erleuchtung und Führung des heiligen Geistes. Diese mag der Leser, der die vom Übersetzer möglichst (auch in Mysterien und Emphasen) getreu wiedergegebene Offenbarung verstehen will, für sich von Gott erbitten und er wird die Prophezeiungen der Schrift klarer verstehen, Gottes schauervolle Urtheile gegen die Welt fröhlicher betrachten und sein Zutrauen in das göttliche Erbarmen ungebrochen erhalten.

Diese Worte kennzeichnen Grundsätze, denen Comenius bis zu seinem Tode treu blieb; sie zeigen aber auch die schiefe Bahn, auf die er sich begab, als er sich ihnen angeschlossen hatte. Bietet denn auch nur eines von diesen Merkmalen Schutz gegen absichtlichen Trug oder Selbsttäuschung? Kann man an die Wahrheit der Vorhersagungen, wenn man die Termine so gedehnt haben will, eine Probe der Erfolge anwenden? Wahrlich, das Wort Labyrinth, das Comenius zur Bezeichnung dieses Standpunktes später gebraucht,[14]) ist das richtigste Urtheil über denselben und erhielt er auch den so gepriesenen Trost daraus, so mußte er doch sehr oft die Sicherheit eines festen und klaren Weges beklagen, wie dies nach den zusammengefaßten theoretischen Erörterungen nicht anders denkbar ist.

In Sprottau selbst tauchte natürlich kein Mißton auf. Neben
der Übersetzung wollte der gewissenhafte Erklärer auch ein Original-
exemplar haben; er ließ die Visionen von einem Studenten abschreiben, die Abschrift mit dem Original vergleichen und die Abschrift von Kotter selbst beglaubigen, der die Worte darauf schrieb:
„Ich Christof Kotter bekenne, daß dis exemplar auß meinem
eigenen abgeschrieben, und in allem gleich lautend ist."

Nun hieß es an das Ziel der Mission zu denken. Er fuhr
mit Kotter nach Polen, theils um mit ihm länger zu verweilen,
theils weil manche den Mann zu sehen wünschten. Während der Reise
theilte Kotter mit, daß ihm auch offenbart wurde, die nächste
Synode werde die päpstliche Würde einstellen, dies sei ihm aber
nicht befohlen worden aufzuschreiben; was den staunenden Hörer
in seinem Glauben in den göttlichen Ursprung der Visionen nur
befestigte. — In Polen hat Comenius mit Chrysostom, der wahrscheinlich dort geblieben war, seinen Auftrag günstig erledigt. Nun
schieden sie von einander. Chrysostom und der mittlerweile angekommene Laurinus giengen nach Hause. Comenius übersandte
durch sie die 2 Exemplare der Visionen an seinen Schwiegervater Cyrill und bat sie über dieselbe zu schweigen. Sie nahmen
Kotter, der nach Sprottau zurückkehrte, mit, Comenius hingegen
machte einen unverhofften Ausflug nach Berlin.[15])

Den Zweck der Reise wissen wir nicht, wahrscheinlich war
dieselbe mit den Interessen der Brüder in Verbindung. Sein Geist
beschäftigte sich aber noch lebhaft mit den Sprottauer Tagen und
ihren Helden; im Vordergrunde seines Interesses standen die Verheißungen über den Sieg des evangelischen Glaubens und er ver-
schlang sie mit liebevollem Zutrauen. — Nun redete er mit den vornehmen Böhmen und Mährern, die hier in größerer Anzahl verbannt
lebten, über diesen Gegenstand seines Herzens; wie leid war es
ihm aber, als neben einigen, die in den Visionen Hoffnungen der
Befreiung versetzten, viele ungünstig und ungerecht über die Person
der Propheten sich aussprachen. Da befiel ihn eine Angst wegen der
zwei Exemplare, die, nach Hause geschickt, daselbst ihm und dem
Adressaten viel Unheil anstiften können.

Zur Beruhigung seines aufgeregten und beängstigten Gemüthes beschloß er einen Appell an die höchste kirchliche Autorität der Mark, den General-Superintendenten Christof Pelargus, zu dem er den Zutritt durch eine Empfehlung des Dr. Füssel, eines Theologen des Curfürsten, erhielt. Die Antwort des Bischofs, der bereits öfter mit einem Examen Kotters betraut worden war, und der ihm sagte, daß ihm auf die Frage, ob noch nach der Entstehung des neuen Testamentes Propheten erstehen können, kein Schriftsteller von allen, die seine große Bibliothek aufbewahren, eine Antwort ertheilen könne, lautete, daß er nach einem Gebete zu der Annahme gelangt sei, daß Gott einen Engel zur Ankündigung derer, die da bald geschehen sollen, gesendet habe. Er tröstete ihn auch über die Arbeit seiner Übersetzung und richtete den Ängstlichen ganz auf.

Wieder zog Comenius über Schlesien, natürlich über Sprottau, nach Hause zurück, wo ihm Menzel seinen bringenden Wunsch mittheilte, in die Unität aufgenommen zu werden; er sei bereit, auch auf der untersten Stufe seine Dienste dieser Gemeinde zu widmen. Nach Hause zurückgekehrt, theilte Comenius auch diesen Wunsch den Brüdern mit, bei denen er freundliche Aufnahme fand, sowohl zu Brandeis in Böhmen als auch zu Kralitz in Mähren. Am letzten Ort verursachte der Tod des Bischofs Lanecius tiefe Trauer und der Einsturz der Kapelle in Kralitz bei dessen Bestattung allgemeinen Schrecken — an der Hand der einleuchtenden Erklärung, es stürze eben alles ein und um.

Die Stellung zu den Weissagungen Kotters, die Cyrillus vervielfältigen und auch nach Mähren und nach Prag schicken ließ, war aber keine durchwegs günstige. Die angesehensten von den Brüdern Prags, Procopius und Poniatovius forderten Cyrill auf, die Schrift zu unterdrücken, Poniatovius begann auch eine Widerlegung der Schrift, unterließ es aber bald, weil er dessen bald überdrüssig ward. Dies hinderte aber die Verbreitung der Schrift nicht. — Als nun die Prager bald zerstreut, größtentheils nach Meißen hinübergiengen und in Pirna eine Druckerei errichteten, wurden — ohne Comenius Wissen — die Visionen

Kotters in der böhmischen Übersetzung gedruckt, geziert mit Lobes-
versen einiger gelehrten Männer, und versehen mit Randbemerkungen
aus einigen Stellen der Schrift.[17])

Eine polemische Fehde, die der lutherische Predigerexulant
Christof Megander, gegen Comenius unternahm, dessen Groll gegen
die Visionen auch aus Haß gegen den Calvinismus zu stammen
schien, wurde insoferne unterdrückt, als sie eine private blieb, da
auf Intervention angesehener Männer nichts veröffentlicht wurde.
Diese beiden Schriften sind verloren gegangen. Comenius sagt,
Megander hätte sich gedemüthigt zurückgezogen; einer von Comenius'
späteren Gegnern sagt aber, Megander hätte seine Abwehr gegen
Comenius' stolzen rücksichtslosen Angriff nur auf das Drängen
angesehener Personen eingestellt.[18])

War dies Alles noch im selben Jahre, so sah das folgende
Jahr (1626) den Comenius wiederum in Berlin, wo er sich
längere Zeit aufhielt. In diese Zeit fällt auch die Übergabe der
Visionen Kotter's an den Exkönig von Böhmen, Friedrich. Nach
der Erzählung des Comenius ließ die Mutter Friedrichs im Namen
dessen bei der Frau des in Berlin verbannt lebenden Ladislaus
Žerotin anfragen, ob die Prophetien des Sprottauer Mannes
geschrieben zu bekommen wären. So besorgte man denn eine Abschrift von den Exemplaren Joachim Menzels, und da der Freiherr v. Žerotin, der sie eigentlich selbst übermitteln wollte, erkrankte, sandte er den Comenius mit dem Auftrage nach Holland.
Dieser besprach vor allem die Angelegenheit mit Alting, einem
vor dem König angesehenen Theologen, der den Stil der Prophetien
beanständete, auch sonst deren Zeit für abgelaufen erklärte,
übrigens gegen deren Übergabe seinerseits keine Einwendung erhob,
wenn auch keine persönliche Übergabe anrieth. Comenius befolgte
den letzten Theil des Rathes nicht; er erhielt eine besondere Audienz,
wo er in Begleitung einer Ansprache, die auf den unbedingten
Glauben in diese Visionen gar nicht drang, das prachtvoll geschriebene Exemplar übergab. Der König besichtigte das in Folio
abgeschriebene, mit Bildern geschmückte Buch; ließ sich einige
Bilder erklären, den Inhalt des Buches erzählen, worauf er den
Übergeber entließ.[19])

Die Gefahren, die seine Rückkehr nach Mähren vor einem Jahre hinderten, scheinen sich vermindert zu haben, denn von Berlin zurückgekehrt, unternahm er einen Ausflug in sein Heimatland. Da führte ihn ein Zufall mit seinem gewesenen Gegner, dem Widerleger der Kotterischen Visionen, Poniatovius zusammen, den er vergebens zu bekehren trachtete. Sie fuhren 6 Stunden lang von Dürnholz nach Namiest im Wagen.[20] Bald darauf aber kehrte er wieder nach Brandeis zurück. Hierher sendete der in seinem oben angedeuteten Vorhaben durch den Stand seiner Kirchengemeinde verhinderte Abraham Menzel statt seiner, den von vielen so ersehnten Kotter, der in Brandeis (wo 14 Geistliche bereits für das Exil sich vorbereiteten) 3 Tage lang (Oktober 1626), von dem Freiherrn und Adeligen auch mancher Rücksicht theilhaftig, in christlichen Gesprächen ermunternd und ermuthigend zubrachte.[21]

Und der Ermuthigung war es je länger, je mehr vonnöthen. Die Siege der Kaiserlichen machten die Lage der Evangelischen immer trauriger; das Auftreten der Gegenreformation immer grausamer und stolzer. So wurden schon in demselben und besonders in folgendem Jahre auch die Adeligen des Landes verwiesen, wenn sie nicht übertreten wollen;[22] und Freiherr v. Zerotin, der wohl die Erlaubnis zu bleiben, erhalten hätte, wollte auf den evangelischen Gottesdienst nicht verzichten und wanderte deshalb freiwillig aus.[23] Hängt das Verlassen seines Schutzes von Seite des Comenius von diesem Entschluß ab? Oder ist schon im August der Entschluß auf Verlassen des Vaterlandes gefaßt worden? Thatsache ist nur, daß er im Sommer 1627 sich auf dem Schlosse des Freiherrn Georg v. Sadovsky[24] aufgehalten hat, nicht weit von Bilčic in der Gegend von Trautenau. Dieser Aufenthalt wurde durch den Anstoß zu didaktischen Beschäftigungen für das ganze Leben überaus wichtig. Die drei Söhne des Freiherrn wurden von einem Bruderpastor J. Stadius erzogen, der von Comenius einige Gesetze zur Richtschnur für seine Thätigkeit erbat und erhielt. Einmal geschah es, daß sie bei einem sommerlichen Spaziergang auf die Nachbarburg Bilčic kamen, und dort, bei der Besichtigung der Bibliothek des Herrn Silvers

ein neues Buch, die Didaktik des Elias Bodnius vorfanden.
Deſſen Lekture bewog den ſchon lange um die Erziehung der
Jugend beſorgten Mann ein ähnliches Werk in der Mutterſprache
zu ſchreiben, welchen Vorſatz auch alle Freunde, beſonders würdigten,
da ſie mit dem Verfaſſer darin, daſs die ſorgfältige Erziehung
alleinig die große Ruine des Vaterlandes und der Kirche neu
aufrichten könne, von Herzen übereinſtimmten. [25])

Und ſeit Langem haben ſchon nicht nur die Werke Andreäs,
die die Frage der Erziehung doch nur aphoriſtiſch und in den
Grundzügen ſchilderten, nicht nur die Arbeiten Ratich's und ſeiner
Nachfolger, die beſonders die Sprachmethodik auf geſündere Grundlage bauten, ſeinem Intereſſe für die Erziehung Nahrung geboten:
es traten auch andere Fachwerke ans Licht, die geeignet waren, dem
Forſcher und Denker Form und Gehalt für ein großes und geſundes
Syſtem theils ſelbſt überzureichen, theils vorzubereiten, theils überhaupt zur Arbeit zu ermuntern. So beriefen ſich Alſted's encyclopä-
diſche Werke, die er ſehr früh gekannt, auf einen Traktat des Bonnäus
über die „ratio discendi" als ihre Quelle bei der Darlegung der
Geſetze der Pädagogik. Dieſer, ein Lehrer an der Akademie zu
Genf, wurde von ſeinen Schülern aufgefordert, ſeine Erfahrungen
und Anſichten, die ſich auf den Unterricht und das Lernverfahren
beziehen, zu ſammeln, er that dies, aber nicht er ſelbſt, ſondern
ſein Schüler, Paſchalis, hat auf Erſuchen gewichtiger Männer
den Traktat veröffentlicht [26]) und ihn den Profeſſoren der
Genfer Schule gewidmet. Der Autor ſelbſt hebt in ſeiner Vorrede hervor, daſs ſein Verſuch bahnbrechend und deshalb ſo
ſchwierig ſei, weil „er niemanden wiſſe, der die ganze Sache
methodiſch behandelt hätte, wenn auch einzeln manche Capitel viele
Autoren berührten". In weiterer Auseinanderſetzung ſeines Vorhabens unterſcheidet er ſein Werk von einer Logik, die viele
Schriftſteller als beſte Unterweiſerin im Lernen prieſen, und gegen
dieſe Auffaſſung ankämpfend, nennt er ſeine Unterſuchung eine
Anwendung der Logik auf das Verfahren beim Lernen, was den
ſcharfſinnigen Denker gleich verräth. Schon aus dem Bisherigen
erhellt, daſs Bonnaeus eigentlich nur den Unterricht im Auge hat,
und dies beweiſt auch ſein Syſtem.

Die Theile seiner Methode bilden die Untersuchungen über das Ziel und über die Mittel des Unterrichtes, besser des Lernens. Das Ziel ist theils wesentlich: das Erlernen der vier Facultäten und sonstiger Künste; theils zufällig: Ehre, Ruhm, Freunde, Ansehen, Vermögen. Die Mittel, die zu diesem Ziele führen, sind theils entfernt, theils nahe; zu jenen zählen Gotteshilfe, Lehrer, Bücher, Ort und Zeit als äußerliche; als innere: das Erkenntnißvermögen und das Gedächtniß. Das erstere wird in ein sensitives und ein intellectuales getheilt; jenes besonders als visus und auditus, dieses als apprehensio, inventio und dijudicatio näher betrachtet. Die zweite Classe der Mittel, die nächsten, beziehen sich theils auf die apprehensio, theils auf die conservatio des Lehrstoffes; bei der Auslegung dieser Classe wird demnach das methodische Vorgehen des Unterrichtes gezeichnet. Das Aneignen (apprehensio) geschieht durch das Hören, Lesen, Autopsie, Vergleichen und Nachdenken; das Aufbewahren des Erlernten (conservatio) durch Wiederholung und durch das Schreiben.[27]

Dies sind die Hauptzüge des Systems. Eine Fülle von Regeln knüpft sich an die einzelnen Theile derselben, von denen wir einzelne bedeutendere hervorheben. Bei Darlegung des Lehrzieles hat er die weitesten Grenzen des Wissenswerthen vor Augen, indem er sagt: „Unbendlich ist die Vielheit der zu wissenden Sachen, der Sachen, die man zu lernen hat (τῶν γνωστῶν), für den, der παντεπιστήμων καὶ πάνσοφος werden will.[28] Bei den entfernteren Mitteln legt er ein großes Gewicht auf das Sehen, weil dasselbe die Imagination mehr bewegt und ihr besser den Stoff einprägt, als die übrigen Sinne. Besonders wichtig ist, was er über die Autopsie sagt, die res sensiles kann man ohne dieselbe gar nicht vollkommen begreifen; ja so oft eine Sache vorkommt, die man durch Sagenhören schwer erlernt, helfen wir uns durch Description oder Delineation. Ein Beweis für den Wert der Autopsie ist die Anatomie, Botanologia und Kosmographia. Und nicht nur der Nutzen: mehr Vergnügen bietet auch dasjenige, woran wir Augenzeugen, als das, dessen Ohrenzeugen wir gewesen.[29] Bei der Lecture ist die Κρίσις, das Beurtheilen des Gelesenen das erste; es folge die ἐκλογή und zum Schluß denke man darüber nach. Die Regeln muß man so gebrauchen, daß sie als Principien der inventio dienen. Sehr ausführlich sind auch die Regeln für den Charakter des zu wählenden Lehrers, wie auch die Wichtigkeit des Schreibens für den Unterricht gehörig dargelegt wird. Zum Schlusse wird, auch der Autopsie halber, die peregrinatio empfohlen, die so vielen großen Männern als Quelle ihrer hervorragenden Kenntnisse gedient.[30])

Was an diesen Anführungen vor allem ins Auge springt, ist der schon im Titel angedeutete Umstand, daß hier die ganze Methodenfrage von Seite des Schülers aus betrachtet wird; es sind Unterweisungen, nicht wie man etwa erziehen und lehren, sondern wie man lernen soll. Dieser Umstand beschränkt dann auch den Umfang, innerhalb dessen die Regeln entwickelt werden; wir haben es hier nebst allgemein giltigen, aber von den übrigen nicht abgesonderten, didaktischen Principien hauptsächlich nur mit solchen zu thun, die sich auf vorgeschrittenere Schüler beziehen, was wohl nirgends ausdrücklich erwähnt, aber aus dem Gesagten dennoch klar wird.

Wenn dies also auch der Vollständigkeit des Systems Abbruch thut, und wenn auch die Eintheilung des Lehrstoffes und dessen Nacheinanderfolge fehlt (daß über die Zucht kein Wort gesagt wird, ist nach dem Titel selbstverständlich), so forderte er doch das Verdienst, viele, ja die meisten Momente und Regeln des Unterrichtes mit einem ausgesprochenen Vorsatz zum erstenmale systematisiert zu haben, mit Recht für sich. Dies ist um so höher anzuschlagen, als er thatsächlich zum Ausgangspunkte einer Entwicklungsreihe wurde, die seinen Beginn ruhmreich weiterführt und abschließt. Aber auch Erörterungen über die Autopsie, peregrinatio, die Ausdehnung des Unterrichtes auf alles Wissenswerthe sind Gedanken und Principien, die der scholastischen Erziehung Abschied sagen und eine neue Zeit anbahnen helfen. Und daß Bonnaeus dies selbstständig anstrebte, beweisen seine Gewährsmänner. Es sind dies fast ausschließlich altklassische Autoren und Kirchenväter, zum Beweis dienend, daß vieles Vortreffliche, was einschlägig ist, bereits im Alterthum ausgestreut war,

zugleich aber auch, daß der bescheidene Verfasser gerne eine
fremde Autorität anrief, nur um vor seinen Schülern, für die er
den Traktat schrieb, seinen Worten mehr Gewicht zu verschaffen.
Von der neueren Bewegung, die auch in dem Gebiete dieser Wissenschaft schon Spuren ließ und von den Männern, die die Bewegung
geschaffen und genährt hatten, finden wir in seinem Werke, das
sich bescheiden Traktat nannte, keine große Aufmerksamkeit zugewendet.

Wie erwähnt nennt sich auch Alsted der Lehrer des Comenius
in den Erziehungsfragen einen Schüler des Bonnäus. Alsted
hat innerhalb seines großen Systems alles Wissenswerthe, auch
die Didactica und Schulwissenschaft bearbeitet und die in diesen
beiden Wissenschaften entwickelten Prinzipien waren wohl auch
für seine praktische Wirksamkeit maßgebend.[31]) Ein Vergleich
überzeugt uns von der Richtigkeit jener Behauptung, da Alsted
überall seinem Vorgänger folgt, oft sehr augenscheinlich, oft mit
Aufopferung der Selbständigkeit, oft aber auch die Ansichten des
Bonnäus erweiternd oder selbe mit Neuem ergänzend und be-
reichernd. Alsteds pädagogische Thätigkeit und Schriften sind nicht
nur als diejenigen des Lehrers des Comenius für die Geschichte der
Pädagogik werthvoll, sie haben mehrfach einen selbständigen Werth.
Eine große Lust zur Zergliederung, die durch seine ganze Encyklopädie hindurch zieht, charakterisiert seine Pädagogik, er behandelt
das Material der Pädagogik, wie wir oben erwähnt, in zwei
Disciplinen, die in der Reihenfolge weit von einander stehen, es
sind dies die Didaktika (Encyklopädia T. I. 84 — 124) und die
Scholastica (Encyklopädia T. III. 273 — 318) deren Unterschied
wohl im Namen liegt, aber in der Ausführung nicht genau beachtet wird, weshalb wir auch der Unterscheidung keine weitere
Bedeutung beimessen und seine Theorie des Unterrichtes in folgendem
skizzieren: Alsted unterscheidet drei Zwecke des Unterrichtes[32]) den
höchsten den Ruhm Gottes, den mittleren die Kenntniß, den
niedrigsten den praktischen Vortheil der Bildung, er behandelt im
ferneren die Hindernisse des Unterrichtes[33]) und die Mittel desselben.[34]) Wir beschränken uns bei der Wiedergabe des geschichtlich
Interessanten auf die wichtigeren Mittel der Didaktik. Unter den-

selben wird auch die Autopsie betont (E. I., p. 97). Der Schüler
soll nicht nur zuhören, sondern auch selbst thätig sein, die durch
Anschauung erworbene Kenntniß ist viel sicherer als die durch
Abstraction; denn das Gesicht ergreift eine Vorstellung viel
sicherer als das Gehör. Ein weiteres wichtiges Mittel ist die
Ordnung, betreffend die Eintheilung der einzelnen Stunden. Eine
solche Eintheilung finden wir sowohl in der Didaktik, als in der
Scholastica. [35])

Alsted unterscheidet drei Schulen: [36]) die Volksschule, Schola
vernacula mit der Muttersprache als Unterrichtssprache, die mittlere
oder classische Schule, deren Hauptaufgabe die Einübung in das
Lateinische und Griechische bildet und die Hochschule. Wenn dies
unseren Schulzuständen im allgemeinen völlig zu entsprechen scheint,
so ist doch bei näherer Betrachtung manches wesentlich verschieden.
Die Schola vernacula ist nur für die, die keine höhere Bildung
erreichen wollen, die Mittelschule ist eine selbständige Anstalt, welche
die Schüler vom Anfang ihrer Bildung aufnimmt, ohne dieselben
nachher sogleich ihren Berufsstudien zu übergeben; letztere werden
mit der Mittelschule durch einen dreijährigen philosophischen Curs
verbunden.

Im einzelnen ist bei der Volksschule [37]) bemerkenswerth, daß
auch Mädchenunterricht, ferner die Absonderung der Geschlechter
streng gefordert wird. Für den Unterricht folgen einige methodische
Winke und als Anfangsjahr wird das angehende fünfte Jahr festgestellt. Die Hauptschule ist die Mittel- oder classische Schule; [38])
selbe wird in sechs Classen eingetheilt, die aber je zwei Jahre
lang dauern, doch nicht ohne Ausnahme, denn die Begabteren
können auch eher fertig werden. Die Aufgabe dieser Schule ist die
Philologie und so ziehen sich durch die sechs Classen die Grammatik,
die Syntax, Oratoria, Rhetorik, Logik und Poetik hindurch. Drei
von diesen Classen sind die unteren, die sich mit der eigentlichen
Aneignung der Sprache zu beschäftigen haben, die drei höheren
behandeln die Disciplinen, die den Geist stärken. Jede Classe erhält noch besondere Weisungen für ihren Unterricht; uns interessiert
hauptsächlich die Stellung, die Alsted gegenüber den verschiedenen
Richtungen der sprachlichen Methodik einnimmt und die sich als

7*

Befolgung der synthetischen Methode bezeichnen läßt. Er geht nicht, wie Ratich will, von einem gegebenen Texte aus, sondern er sendet die Vocabulatur voraus und geht erst nach Erlernung der Paradigmen zu der grammatikalischen Übung über. Mit Ratich aber stimmt er in der Wahl des Autors, Terenz, überein. Die Aufsicht der Schule überläßt er den Pädagogarchen, deffen Agenden wohl mit denen eines heutigen Directors identisch sind. Selbstverständlich bildet die lateinische Sprache nicht den einzigen Gegenstand. Daß die Religionslehre sorgfältig gepflegt werden soll, ist kaum nöthig besonders zu erwähnen. Schon im zweiten Jahre lernt der Schüler das Griechische, die Elemente der Musik und Arithmetik; wir werden also beinahe an das mittelalterliche trivium und quadrivium erinnert; die drei höheren Classen verbinden den Sprachunterricht mit mannigfaltigen Übungen aus dem Gebiete der Rhetorik, Poetik und Logik und zwar sowohl in der lateinischen, als in der griechischen Sprache und bilden dann den Übergang zu der Philosophie. Wenn der Schüler mit dem 15. Jahre aus der Schola media heraustritt, was allerdings nur möglich ist, wenn eine von den sechs Classen in einem Jahre absolvirt wird, steht ihm ein dreijähriger philosophischer Curs bevor, dessen erstes Jahr er hauptsächlich mit der Mathematik, das zweite mit der physischen und metaphysischen, das dritte mit der praktischen Philosophie zu thun hat. Die Aneignung der Philosophie geht Hand in Hand und wird vollendet mit stilistischen und anderen Übungen, die die Wiederholung der philosophischen und humanistischen Kenntnisse voraussetzen und ganz gewappnet und ausgerüstet geht der Geist mit Ende des 18. Jahres zum eigentlichen Berufsstudium über, das wohl auf vier Biennien berechnet wird, gewiß aber nicht unbedingt so lange dauern muß. Es wird darin zuerst die theoretische nachher die praktische Ausbildung in dem Fache des Schülers verlangt [39]) und zum Schlusse die peregrinatio, Studienreise, deren Erörterung er auch eine besondere Schrift, die Epistola ad Josuam Tann de peregrinatione (erschienen nach seinem Tode 1641), gewidmet hat.

Dies die Hauptzüge des in der großen Encyklopädie enthaltenen pädagogischen Systems. Früher entstanden, aber weniger

ausführlich und systematisch ist die Didactica sacra in dem biblisch-
encyklopädischen Werke, dem Triumphus Bibliorum Sacrorum
(p. 15—21), der wir nur einige Aphorismen entnehmen wollen.
Großes Gewicht wird darauf gelegt, daß der Lehrer immer als
Freund dem Schüler gegenüber auftrete, daß man in einer Zeit
nur eins lehre, daß die heiligen Schriften zum Mittelpunkt aller
Erkenntnisse dienen sollen, daß das Nöthigere und Leichtere früher
gelernt werde. Man wende beim Unterrichte häufige Unterbrechungen
an; alles soll von selbst ohne Gewaltsamkeit vorgehen, man soll
zugleich mit Ohr und Auge lernen, man soll nicht weiter gehen,
ehe man etwas gehörig erfasst hat, und bei dem Aneignen einer
Disciplin stelle man Eintheilungen in derselben an. In der
Scholastica sacra (Pr. p. 209—214) entwirft er ein Bild der
Schule des alten und des neuen Testamentes, insofern es für die
gegenwärtigen Schulen maßgebend sein kann, und es ist zu würdigen,
daß er für die Lehrer eine anständige Besoldung verlangt.

Sowohl die Didaktika als die Scholástica beschäftigen sich
einseitig mit dem Unterrichte, das erziehende Moment kommt
kaum in Betracht; denn die nebensächlich erwähnten Religions-
übungen sind wohl nicht geeignet, diese Lücke auszufüllen. Für
die Realien, die in der Encyklopädie bearbeitet werden, finden wir
in seinem Lehrplane keinen Raum. Die ausschließliche übermäßige
Beschäftigung mit Sprache und Grammatik bewirkt eine allzu
formale Gewandtheit, welche die Gefahr der Hohlheit der Kenntnisse mit sich trägt. Man denke nur: zwölf Jahre mit dem
Studium der classischen Sprachen fast ausschließlich zugebracht, und
man wird sich des Gedankens kaum erwehren können, daß sich der
Geist dabei abstumpfen muß. Ebenso ist zu rügen, daß die Muttersprache ganz verdrängt und nur für diejenigen, die auf keine hohe
Bildung Anspruch erheben, als Bildungsmittel zugelassen ist.
Wie bei Bonnäus, baut sich auch bei Alsted die Theorie der
Erziehung (nebst selbstständig erforschten Ergebnissen) wesentlich
auf den Anschauungen der Alten auf. Über den neuen Geist, der
durch Baco, Ratich und ihre Nachfolger sich in der Philosophie
und Pädagogik zu regen begann, besitzt er fast keine Kenntniß.
Sein philosophischer Gewährsmann, Ramus, enthebt ihn wohl

principiell der Autorität des Aristoteles, thatsächlich aber nicht. Weht aber auch aus seinen Schriften keineswegs die Neuzeit: er gab zu dem systematisierenden Zug das Encyklopädische dazu, nicht nur als eine principielle Forderung, sondern auch als thatsächlichen Behelf für seine Schüler, in den beiden oben erwähnten Werken: in der philosophischen und in der biblischen Encyklopädie.

In der Vorrede zu der ersteren nennt Alsted das Werk seinen letzten Versuch in der Philosophie und gibt als dessen Ziel an: „eine volle Reihe jener Kenntnisse zu bieten, die zur Vollständigkeit des philosophischen Kreises dienen",[40] damit aber der Kreis vollkommen sei, gibt er die übrigen drei Fakultäten — Theologie, Jurisprudenz und Medizin dazu. Denselben Inhalt umfaßt auch der Triumphus bibl., den Sieg aller vier Fakultäten, insofern deren Fundamente aus der heiligen Schrift genommen werden. Die Eintheilung der Encyklopädie ist formell nicht vollendet, die Disposition folgt der Ordnung, die ihr Verfasser für das Studium der Wissenschaften in der Scholastika entwirft und die wir oben geschildert haben. Ehe man zu der Kenntniß der Dinge selbst schreite, sind einige Vorkenntnisse nöthig. Diese erörtert die Hexilogia, die sich mit den Anlagen der Lernenden beschäftigt, die Technologia, die den Unterrichtsstoff selbst zertheilt, die Archelogia, welche die Prinzipien und Schlüsse sondert, und die Didaktik, die über die Art und Weise des Unterrichtes belehrt. Dieselben Kenntnisse führt auch der Triumphus nur in einer anderen Reihe auf, was nicht von Wichtigkeit ist. Nach den Vorkenntnissen kommen die Fakultäten. Die Philosophie steht im Dienste aller anderen, folglich ist sie die erste. Ihre Darstellung bildet die Hauptaufgabe der Encyklopädie und nimmt auch beinahe zwei Drittel derselben ein. Vorausgeschickt wird als ein Theil derselben die Philologie, das Wort allerdings nicht in seinem heutigen Sinn genommen. Dieselbe enthält die Lexica, eine kurze Anweisung für Zusammenstellung der Wörterbücher, mitenthaltend die Hauptwurzeln der heiligen und der mit ihr verwandten Sprachen. Neben der hebräischen Sprache ist auch die arabische vertreten. Nun folgt die Grammatik, wiederum auch die Grammatik der hebräischen Sprache enthaltend, nachher die Rhetorica, Logica, Oratoria und

Poetica und mit ihnen wird die Philologie und zugleich der erste Band der Encyklopädie vollendet. Den zweiten Band nimmt die theoretische Philosophie ein. Hieher gehören: die Metaphysik, eigentlich die Ontologie, die Pneumatica, eine Erörterung über die Geister überhaupt, (es wird darin z. B. auch über die Engel gesprochen), die mathematischen Wissenschaften: Arithmetik, Geometrie, Cosmographie, Uranometrie, die Geographie, Optica und die „Musica", die in zehn Punkten die Hauptfragen der Theorie der Musik: vox, clavis, signum, pausa, scala, musica, intervallum, cantus, modus, contrapunctum zusammenfaßt. Nun kommt die praktische Philosophie. Es ist von Interesse, daß zu derselben neben der Ethik und Politik auch die Ökonomie und Scholastik gehört. Die übrigen drei Fakultäten Theologie, Jurisprudenz und Medizin werden verhältnißmäßig kurz behandelt. Es folgen hernach 21 mechanische Künste, deren kurze Auslegung noch in dem dritten Bande enthalten ist. Ein principium dividendi, oder überhaupt logische Anordnung läßt sich hier schwer erkennen. Neben einander nehmen Platz die polemica, venatoria, georgica ꝛc. Daß dem Verfasser der Begriff der Kunst ganz fremd geblieben und er die Malerei neben der Bierbrauerei behandelt, ist auch bemerkenswerth. Recht lehrreich ist aber der vierte Band (Farragines Disciplinarum disciplinæ compositæ) dessen Inhalt 35 wissenswürdige Themata der verschiedensten Art bilden. Nur einiges zur Probe. Es gehört hieher die Mnemonik, die Kunst des Memorierens und die Ars magna des Lullus ebenso, wie die Dipnosophistika (die Kochkunst) und die Tabakologia, deren Name wohl nicht erläutert zu werden braucht. Überhaupt kommt da solch' ein Mangel an Logik vor, daß man staunend nachsieht, ob man denn wirklich etwas von Alsted liest, der doch seine Disciplinen aufs genaueste eintheilt. Da kommt die Mythologia, Physica Mosis, Jobi, Davidis und Copia rerum et verborum, Gegenstände, die eigentlich schon im Vorhergehenden hätten erörtert werden sollen, wiederum zum Vorschein und zerstören den schönen Bau, der sich besonders in den Darstellungen der Philosophie äußert.

So soll es nichts Wissenswürdiges geben, das in dem großen Werke nicht enthalten wäre. Allerdings läßt sich da manches auch von seinem Standpunkte aus einwenden, wir erinnern an Folgendes: die wichtigste vielleicht aller Wissenschaften, die Geschichte, wird im letzten Bande in einer kurzen Abhandlung erledigt, was doch bei dem Umfang und Zweck des Werkes nicht zu entschuldigen ist. Morhofs Vorwurf (Polyhistor. Lubecæ 1714, p. 400) er habe durch die Mengung der Benennungen der einzelnen Wissenschaften statt des angestrebten Lichtes eben Verwirrung in die Darstellung gebracht, haben wir bereits erwähnt. Wir wollen auch das Criterium der Unselbständigkeit, die er selbst betont, und die sich bei dem Umfang seiner Arbeit auch leicht begreifen läßt, hervorheben: bei den meisten Wissenschaften gibt er auch die Quelle an, deren er sich hauptsächlich bedient. Wenn diese Umstände sein Verdienst schmälern, so darf man dasselbe doch nicht gering anschlagen. Der Gedanke, alles Wissenswerthe zusammenzufassen, war wohl nicht zuerst in ihm aufgetreten, allein die Ausführung hat niemand vor ihm mit der Genauigkeit, mit dem Umfang des Stoffes und mit dem unermüdlichen Eifer betrieben. B. Criegern nennt ihn (a. a. O. p. 367) den Bahnbrecher der encyklopädischen Bestrebungen in Deutschland, und Morhof, der am Ende des 17. Jahrhunderts gelebt, berichtet unter „Encyklopädie" nur über jene Alsteds.

Damit wir das Bild der Bestrebungen um die Erziehungswissenschaft, von welchen wir sicher wissen, daß sie ihm bereits damals bekannt waren, uns vergegenwärtigen können; [41]) erübrigt es noch über die, in der Bibliothek des Herrn Silvers gefundene Didaktik des Bodinus einige Worte zu sagen.

Bodins Arbeit enthält eigentlich Rathschläge für den ganzen Unterricht, aber einen festen logischen Plan finden wir hier nicht, umso weniger ein System. Unter den darin enthaltenen Principien finden wir aber viele hochwichtige. So gleich dasjenige, das an der Stirne des Buches steht: Omnia faciliora facit Ratio, Ordo et Modus. Die Einleitung stellt als eine erste Forderung des Unterrichts die Naturmäßigkeit, die dem gegenwärtigen Unterrichte völlig abgeht, hin, die der Verfasser vorerst bei der Fibel darin findet, daß man in einer Tabelle die Silben zusammenstellt, damit das Kind mit dem Syllabieren nicht zuviel Zeit verliere (p. 2). Beim Schreibenlehren sollte man bei einem jeden Buchstaben 3 Fundamentalstriche unterscheiden, es gebe ferner 6 Umwandlungen bei der Schrift, bei deren Berücksichtigung man in 3 Tagen das Schreiben erlernt. (p. 4). Bei dem grammatischen Unterricht möge man darauf achtgeben, daß der Flexion der deutsche Sinn derselben beigegeben werde. Viele technische Winke folgen nun über die Aneignung der Unterscheidung der Redetheile sowie auch die Bildung der Supinums und Präteriten, schließlich auch über einzelne syntaktische Erscheinungen der lateinischen Sprache (p. 8). Aus einem verdeutschten Exempel kann der Knabe besser etwas lernen, als aus deren Regel (p. 22). Die Grammatik ist der Schlüssel des Unterrichts (p. 47), aber man soll diesen Unterricht mit der Lectüre verbinden, was auch ein Ausspruch des Rotterodamus beweist (p. 49). Die Bücher, die gegenwärtig zum Erlernen des Wortschatzes dienen, sind dazu durch ihren großen Umfang ungeeignet; es wäre ein Compendium nothwendig, das die Phrasen und Res zusammen böte; Verfasser hat so eines verlangt, aber niemand hat es geliefert. Cicero vertrete gar nicht den ganzen lateinischen Wortschatz, den die Natur erweitern mag (p. 59). Einheit der Sprache und der Res mögen auch darin zur Geltung gelangen. (p. 65.). Auf die Muttersprache werde auch Werth gelegt (p. 71—72). Bilder und Ordnung verhelfen dem Unterricht in einer reichen Weise zum Erfolg (p. 85).

Einige persönliche Bemerkungen lassen es hervorleuchten, daß der Verfasser vielfach angefeindet würde, da man ihn einen Pseudo-Grammaticus nannte (p. 35), man warf ihm auch vor, daß er ohne Grammatik unterrichte (p. 80), daß er seine Neuerungen aus Brotneid und Gewinnsucht einführen wolle (p. 89 — 90), welche Anfeindungen so weit giengen, daß er sogar auf der Straße angegriffen wurde, worüber aber concretere Berichte nicht gegeben werden (p. 90 — 95). Zum Schluß fordert noch Bodinus, es möge dem Schüler auch der Zweck des Lernens gezeigt werden, der nichts anderes ist, als das ewige Heil. Von dieser Methode können jene Gebrauch machen, die in ihrer Jugend etwas versäumt haben, die 20 bis 30 Jahre alt sind und nichts wissen; die

Kleinen und schließlich die Frauenspersonen, für die der Verfasser auch alle Eigenschaften der Bildung (Grammatica, Logica) (p. 98 und 99) wünscht.

Der Inhalt zeigt, daß die Schrift sich der Hauptsache nach auf die Sprachmethodik beschränkt, und deren Verfasser ein Anhänger der neuen Richtung war. Es sind im Ganzen gesunde Ansichten die er verkündet (einige minder verständliche beziehen sich unter anderem auf die Erlernung der Syntax) von denen wir einige auch im Systeme des Comenius auffinden werden. Die in Böhmen (1627) verfaßte Schrift dürfte davon mehr Spuren aufgewiesen haben, als die spätere Umarbeitung. Das Hauptgewicht aber legen wir darauf, daß sie, in deutscher Sprache abgefaßt, eine That war, gegenüber den vielen Winken, die von Ratich, Andreä, Bonnäus und Alsted ausgegangen waren. Dies mag dem für sein Volk und seine Muttersprache besorgten Leser, besonders zum Herzen gesprochen haben, ihn zur Nachahmung aneifernd, und diese Wirkung behielt diese Schrift auch für die späteren Arbeiten.

Die wahrscheinliche Störung in diese didaktischen Arbeiten brachte die Nothwendigkeit der Auswanderung, und die Schritte, die man zur Vorbereitung derselben thun mußte. Diese führten den von seinem Schwiegervater damit betrauten Comenius wieder in den Ort, wo er den Sommer zugebracht, auf das Schloß des Baron Sadowsky, Tremeßna.[43])

Und sonderbarer Zufall! Wie ihn die erste Gesandtschaft im Interesse der Auswanderung zur Bekanntschaft mit einem Propheten brachte, so wurde er bei Vollbringung der neueren Aufträge in ein zweites ähnliches Labyrinth verwickelt. Wohl hätte das Schicksal Kotters nichts besonders zum Glauben verlocken müssen. Im Laufe des eben zu Ende gehenden Jahres wurden demselben die größten Demüthigungen zu Theil, und nachdem er dem Tode nur mit Mühe entgieng, wurde er schließlich aus seiner Vaterstadt gewiesen. Trotzdem fehlte es dem Interpreten und Bewunderer des schlesischen Propheten eben nicht an Glauben, sobald es galt, neue Prophezeiungen zu vernehmen, wie andererseits Kotters Unglück, das in ihm gesetzte Vertrauen nicht verminderte.[44]) — Waren Comenius schon damals die Drescherischen und Kregelischen Offenbarungen bekannt? Wir meinen ja, — können ihnen aber keine weitere Bedeutung in seinem Lebenslaufe nachweisen.[45])

Hingegen wurde er mit dem Schicksale der Offenbarungen der in der Nähe des Sadowsky'schen Schlosses sich aufhaltenden Christine Poniatovsky auf einige Jahre innig verbunden. Dies Schicksal bereitete dem Comenius nebst manchen Sorgen viele Hoffnungen und manche Genugthuung. Diese letztere bot der Umstand, daß sie die Tochter jenes Poniatovsky war, der die Kotter'schen Visionen angegriffen hatte, und welchen Comenius auch ein Jahr später noch vergebens zum Glauben an dieselben zu bekehren gesucht hatte.[46]) Derselbe war in letzter Zeit aus Prag, wo er sich verborgen aufhielt, von Carl v. Zerotin nach Mähren berufen worden,[47]) und so überließ er denn seine 16jährige Tochter der Baronin Engelburg von Zelking zur Aufsicht, indem er sie Oktober (1627) selbst auf deren Schloß Branna auf der nordöstlichen Grenze Böhmens brachte, er selbst aber dem Rufe des Schutzherrn nach Mähren folgte.

Das Mädchen verfiel im folgendem Monate in Extasen und bald darauf in schwere Krankheit, daß man einen Arzt aus Arnau und aus Tremeßna die Baronin Sadowsky mit dem Seelsorger Stadius, dessen geistlicher Obhut sie anvertraut worden war, rufen ließ. Nun war Stadius abgereist, anstatt seiner erbat sich die Baronin die Begleitung des im Schlosse anwesenden Comenius und so reisten sie beide nach Branna.

Daselbst angelangt (23. November) vernehmen sie, Christine sei vorigen Tag krank geworden, ohne ein Zeichen des Lebens eine viertel Stunde gelegen, daß man sie für todt hielt, später sei sie jedoch zu sich gekommen. „Wir treten hinein ... sieh, da beginnt dieselbe vor uns zuerst über Herzbeklemmungen zu klagen, dann von ungewöhnlichen Schmerzen erdrückt zu werden. Danach erfolgte ein Erstarren der Glieder und Aufhören des Athems, daß wir glaubten, sie sei todt und deshalb auf die Knie fallend, sie Gott empfahlen. Sie hingegen, sich im Bette erhebend, ihre Augen wie auf etwas weit liegendes richtend, mit erröthetem Gesicht, stöhnt:

„Bräutigam, Bräutigam." Nicht lange darauf kommt sie zu sich, nach einem tiefen Athemzug erhebt sie sich wieder und, befragt, wie es ihr gehe, klagt sie blos über Ermattung der Glieder. Nach der Erklärung der sonderbaren Erscheinung forschend, vernahmen dann die Staunenden, Christine hätte sich vorhin die zwei letzten Capitel der Apokalypse vorlesen und Lieder über das ewige Leben vorsingen lassen. — Nach dem Essen wurde Comenius betraut, das Befinden des Mädchens zu prüfen, welches ihm den Inhalt ihrer gestrigen und heutigen Gesichte darlegte; ferner Verheißungen größerer und neuerer Visionen und die Berufung zur himmlischen Hochzeit.

Zu der vorhergesagten Stunde des kommenden Tages (24. November) wiederholten sich die oben geschilderten Erscheinungen. Der berufene Arzt, als er sich vom Stocken des Athems und des Pulsschlages überzeugte und dabei das schöne Roth der Wangen und das innere Leben merkte, erklärte sich für unwissend; die Baronin von Zaruba dankte Gott, daß er ihr in der Sterblichkeit das Bild des ewigen Lebens sehen lasse — und erst nach einer halben Stunde kehrte das Mädchen zum Bewußtsein zurück. Am anderen Morgen erzählte sie alles, was sie sah, und schrieb die drei ersten Visionen eigenhändig nieder.

Comenius wurde wohl bald durch Stadius abgelöst, und reiste mit der Baronin Sadovsky zurück, aber sein Interesse für die Prophetin und deren Gesichte blieb ungeschwächt.[48] Der Vater derselben mahnte zuerst die Tochter von Mähren aus, sie möge mit den Phantasien aufhören, sandte einen Bruder-Seelsorger, der ihm über ihren Zustand Bericht erstatte, kam schließlich selbst zum Besuche seiner Tochter, er bekehrte sich aber selbst zum Glauben an dieselbe. Er kehrte bald nach Mähren zurück und einige Wochen nachher starb er.[49] In seinem Nachlaß fand man eine kurze Abhandlung, wo er die Gründe darlegt, weshalb er den Offenbarungen der Christine Glauben schenkte.[50] Trotzdem hatten diese Visionen viel ähnliches mit den Kotterischen, die er verworfen hatte; besonders das eine: die Verheißung des evangelischen Sieges über den Papst und Österreich. Anfangs war es hauptsächlich ihre Verbindung mit dem himmlischen Bräutigam, Jesus, was sie sah, wobei verschiedene

Nebenumstände: die himmlische Schule, das Geheimniß der Dreifaltigkeit u. s. w. mit betrachtet wurden; [51]) bald aber, schon den 3. Dezember (VI. Vision) wurde ihr verheißen, sie sei für Größeres bestimmt; [52]) und so verkündete sie denn den Fall Österreichs, den Untergang Ferdinands, Wallensteins, die Abschaffung des Papstthums, die Restitution des Pfalzgrafen, und nebenbei auch die Bekehrung der Türken zum Christenthum. Es ist ihr angeordnet worden, Briefe an die verschiedensten Nationen zu schreiben, und einen sogar an den Herzog Wallenstein und ihm persönlich zu übergeben. So bewog sie denn ihre Schutzherrin, deren Gläubigkeit wir aus ihrer ersten oben angeführten Aussage sahen, mit ihr nach Gitschin zum General zu reisen. [53]) (Januar 28. 1628.)

In Abwesenheit des Generals kamen sie wohl, trotz dem der jesuitische Pater der Fürstin rieth, die Ankömmlinge gefangen zu nehmen, unversehrt zurück; auf der Rückreise wurde aber der Christine befohlen, ihren Aufenthaltsort nach Lissa in Polen zu verlegen; Sadovsky möge sie hinführen. [54]) Sadovsky hat sich gläubig und folgsam erklärt, und nachdem sie den 31. Januar bei ihm zugebracht, kehrte sie den 1. Feber nach Branna, um den nächsten Tag die Reise der Verbannug anzutreten; den 4. waren sie in ihrer Gesellschaft in Schatzlir, und nach einer Reise, die eine Woche währte, kamen sie den 8. Februar 1628 in Lissa an, wo die Jungfrau bei Comenius, dem sie von der Baronin Zaruba anvertraut worden, aufgenommen wurde. [55])

VI.

Der apokalyptische Bann in Polen. Janua Linguarum.

In Polen standen in der letzten Zeit die Verhältnisse der Evangelischen recht ungünstig; vor der allgemeinen Bedrückung gab es nur unter dem Schutze des mächtigen Palatins von Belz, Rafael, Grafen von Lissa, Sicherheit; und die Verhandlungen, die Comenius und Chrysostomus mit Gratian vor 3 Jahren geführt hatten und über die uns die laconischen Worte des Comenius, daß sie zu günstigem Ende geführt worden,[1]) eine einzige Auskunft bieten, ergaben gewiß, daß der Schutzherr seine mächtige Hand auch über sie schützend halten werde. So hatten besonders nach dem 1627er-Julipatent recht viele vom geistlichen und weltlichen Stande daselbst Wohnung gemiethet und allmälig begann sich Lissa, früher ein kleines Städtchen, auszubreiten und zu bevölkern.[1a])

Die Baronin von Zaruba erbat für Christine den Schutz des Comenius, der sie als seine Tochter unter seinen Schutz in seine Wohnung bei dem Exsuperintendenten Gratian mitnahm. Hier wurde er nun ein frommer Zeuge der vielversprechenden göttlichen Offenbarungen; mit seinem Schwiegervater und den übrigen verbannten Brüdern lauschten sie einem jeden Worte getreu zu, um beim pünktlichen Aufzeichnen der Begebenheiten mit keinem Buchstaben unwahr zu werden. Nun wurden zu den Östlichen und Nördlichen,[2]) denen die Vernichtung Babylons anvertraut wurde, auch die Westlichen berufen.[3]) Eine bestimmte Zeit wird wohl nicht angegeben, aber um so greller wurden die Schrecken der Vernichtung beschrieben. Mitunter erneuerten sich die glücklichen Träume von der Verbindung mit dem himmlischen Bräutigam, mit Ahnungen vom Tode des entfernten Vaters wechselnd.[4]) — Am 5. März kam Stadius aus Mähren, brachte die Nachricht von dem Tode desselben (15. Februar); Christine, die sie schonen wollten, errieth das Geschehene und verbrachte die folgenden Tage in größter Trauer, manchesmal in einer, den Wahnsinn annähernden Aufregung. So wandelte sie den 13. März, den 12. April erregt durch Feld und Flur, und behielt Comenius, dem sie anvertraut worden war, in steter Unruhe;[5]) 13. April kamen aus Boleslavia 24 Wägen mit Verbannten, unter ihnen auch der von seiner Schwester heiß ersehnte Paul Poniatovsky und so flossen diese ersten Tage des Lissaer Aufenthaltes in steter geistiger Bewegung.[6])

Unter den neuen Bekannten des Verbannten finden wir die Erwähnung J. Jonstons, des später so berühmten Naturforschers. Wir erfahren wohl keine Details von einer engern Freundschaft, der Verkehr mag indeß zwischen den beiden Männern ein sehr reger und für Comenius Geist, durch das Eröffnen der Geheimnisse der Natur ein sehr befruchtender gewesen sein.[7]) Daß Jonston auch die Verehrung der Poniatovsky'schen Visionen theilte, wird ausdrücklich erwähnt im Zusammenhange mit der folgenden Begebenheit.

Nach zwei Monaten kam der Graf Rafael aus Rußland mit großer Begleitung nach Lesna, das er schon seit 12 Jahren nicht gesehen hatte, und dies mag seine Gesinnung charakterisieren, um die neuen Gäste, die aus Böhmen des Evangeliums halber vertrieben wurden, zu empfangen und in ihrem Interesse Anordnungen zu treffen. Er vernahm da von der Christine, und da er eine Verwandtschaft mit ihr gefunden hat, so erachtete er es für seine Pflicht, eine ärztliche Untersuchung anzuordnen. Für den 24. April wurde das Examen bestimmt. Es wurden 3 berühmte Ärzte (unter ihnen Borbonius) berufen, ihnen der Administrator der Lissaer Grafschaft Johann Schlichting und der Theologe Jos. Wolfagius beigegeben. Als Referenten dienten der Arzt Libavius, Comenius und Stadius und der cand. med. Jonston. Während die Ärzte die Erscheinungen physischen Gründen zuschrieben, verfaßten die Referenten eine Begründung der Göttlichkeit dieser Offenbarungen, und leugneten die von Ärzten

betonte schwarze Milz und die Obstruktion der Menstruorum und
so ergab die Prüfung kein Resultat.[8])

Erfüllten auch, die ihrer Zeit nach wohl unbestimmten, aber
doch in Bälde zur Verwirklichung gelangen sollenden Erwartungen
seinen Geist mit einer ermuthigenden Erregung, so waren sie
lange nicht alles, was den verbannten Glaubenshelden bewegte.
Im Mai führte ihn ein Gang mit seinem Schwiegervater in die
Nachbarstadt Gurg. Durch einen Einzug des an der Spitze eines
großen katholischen Heeres einherschreitenden Palatin von Podolin
eingeschüchtert, hielten sie sich verborgen in ihrem Zimmer, und
wurden durch die ermuthigenden Worte eines freundlichen Unbekannten getröstet, der ihnen auch Gelegenheiten, die evangelische
Wahrheit besser zu erkennen, in Aussicht stellte. Nach Namen befragt,
gab er an, dass er Socinianer Stoinius oder Statorius sei,
pries die socinianische Lehre, als eine über die übrigen reine, und
später gesellte er sich noch einmal und lobte seine Kirche und
Glaubenssätze, aber der Eindruck, den er bei den Verbannten hinter-
lassen, war der eines Zudringlichen.[9])

So war Comenius gleich das erste Jahr seines Exils, zum ersten
Male nach zwanzig Jahren, in den Kreis der socinianischen Versuchungen wieder eingezogen und die Kämpfe sollten, wie wir
später sehen werden, recht lange dauern. Erfreuten sich doch die
Socinianer in einigen Ländern, darunter in Polen, der neuen
Heimath der Verbannten, einer wohlwollenden Duldung: und mit
dem Ansehen, das einige ihrer Männer durch ihr Wissen und
Geist sich selbst und dadurch der Confession errungen, wuchs auch
der natürliche Trieb, Proselyten zu werben, besonders aus Männern,
die das Prestige der Confession haben konnten. Des Comenius
Leben giebt für diese Behauptung eine lehrreiche Illustration.

Das traurige und harte Schicksal der Verbannung wies
ihn einem Kreise zu, dessen Interessen ihn bereits seit Jahren
mit Sorge erfüllten; wir meinen die Schulthätigkeit, die ihm
von nun an zur Lebensbahn wurde. Da erneuerte sich die vor
einem Jahre in Wilßic empfangene Anregung zur Verbesserung
des Unterrichtes und bescheiden, vertrauensvoll, ein ähnlich offenes
Gemüth auch bei andern voraussetzend, wandte er sich an die zwei
Männer, deren Gedanken ihm die größten Erwartungen und

Verehrung einflößten, Ratich und Andreä um Rath und um Gemeinsamkeit der Unternehmungen flehend. Dabei gieng er aber
auch selbst zu Werke und neben, oder besser, aus dem Plane einer
Didaktik entwickelte sich von Anfang auch die Idee eines Elementar-
buches, wie es Bodin auch forderte, das die Dinge und die Worte
in einer entsprechenden Ordnung und Parallele zusammenstelle. [10])
Daß die Abfassung einer Didaktik, einer Kunst, Alle in Allem
zu unterrichten, principiell schon weit vorgerückt war, beweist
der Umstand, daß er die Nothwendigkeit eines solchen Elementar-
buches per Fundamenta didactica gefunden hat. [11]) Den innersten
Antrieb zu dieser Arbeit verräth er dennoch selbst folgends:
„Und als die Flamme des Krieges die Nachbarländer, bald
ganz Europa ergriff, und alle Dinge im Christenthum mit Verderben bedrohten, diente mir nichts zum größeren Trost, als die
alten Weissagungen vom letzten Licht, daß es endlich die Finsterniß
besiegen werde, und wenn da eine menschliche Mitwirkung nöthig
wäre, dachte ich, daß die nichts anderes sei, als daß die Jugend,
die aus dem Labyrinthe herausgerissen werden sollte, in allen
Dingen (gleich von den ersten Fundamenten) besser unterrichtet
werden möge." [12])

Diese Erwartungen wurden stets genährt durch seine Pflege-
tochter, die nunmehr ganz verwaiste Christine. An vornehmen Bewunderern und Verehrern fehlte es derselben nicht. Am 26. April
kam der Freiherr v. Sadovsky mit seiner Frau, sie versuchten aber
vergeblich mit der, nicht völlig bei Sinnen seienden zu reden. Auf
das Anrathen der Ärzte ließ sie endlich die Palatina an den Hof
hinübertragen, wo man sie genauer beobachten könne; die Ärzte,
besonders Bonacinna, erklärten ihren Zustand für übernatürlich,
und nachdem der Palatin nach Rußland zurückgekehrt, gieng auch
die Christine zu ihrem Tutor Comenius zurück. [13]) In einer der
folgenden Visionen [14]) finden wir ein Werk erwähnt, das Christine
las, somit gewiß auch dem Comenius bekannt war, und dessen
Einfluß auf seine Geisteswelt nicht unterschätzt werden darf.

Es ist dies die Diatribe de mille annis, [15]) eine Abhandlung
seines gelehrten und geehrten Lehrers Alsted über die tausend

8

Jahre. In diesem Werke schöpft Alsted, wie dies die Chiliasten allgemein gethan, seine Beweise aus der Erklärung der entsprechenden Stellen der hl. Schrift. Nach ihm stellt die Erklärung der Schrift im Allgemeinen eine dreifache Anforderung: der Exeget sei vom heiligen Geiste erleuchtet, er stelle die verschiedenen Prophezeiungen vergleichend zusammen und halte die erfüllten Prophezeiungen, gleichsam als Schlüssel zur Beurtheilung derjenigen, die noch der Erfüllung harren, fortwährend vor Augen. Jede Prophezeiung ist vor ihrer Erfüllung ein Räthsel, so auch die apokalyptischen, wenden wir jedoch bei ihrer Erklärung diesen letzteren Gesichtspunkt an, dann werden sie leicht lösbar sein. In seiner Abhandlung wendet nun Alsted diese Methode an, weil die Zeit günstig ist, wie er es selbst ausdrückt: „da den Glanz des Evangeliums die von Gott vorher verkündeten Katastrophen vieler Dinge heben", und giebt seinem Werke den direkten Zweck zum Geleite, dass es mit seinem frommen Inhalt im Niedergange Deutschlands nach besten Kräften einigen Trost spende. [16])

Der Raum gestattet nicht, uns mit den in diesem Werke enthaltenen Erklärungen der einzelnen Schriftstellen eingehender zu befassen — obwohl dieselben für den Exegeten von großem Interesse wären, — deshalb beschränken wir uns auf die Untersuchung jener Vernunftgründe, welche Alsted und seinen Anhang dem Chiliasmus zuführten. Die Beweisführung ist folgende: Gott hat endlich alle Verfolger der Kirche bestraft, also wird er auch den Antichrist bestrafen. Die Kirche gelangte nach jeder Verfolgung zu einiger Ruhe, ebenso wird es auch nach der Verfolgung des Antichrist sein. Wo die menschliche Hilfe schwindet, dort erscheint die göttliche, so wird es auch jetzt geschehen. [17]) Der Antichrist wird nichts ahnen, wenn Gott auf wunderbare Weise seine Macht auf einmal vernichtet. Nach den Johanneischen Offenbarungen aber ist diese Zeit nahe, dies beweisen allerlei Zeichen: Neue Sterne, Kometen, Erdbeben; nachdem aber die Niederkettung des Satans und der Sturz des Antichrist enge zusammenhängen, scheint der Anfang jener tausend Jahre vor der Thür zu sein. („Verisimile est, initium mille annorum esse prae foribus." Diatribe p. 221.) Die genaue Berechnung führt hier wohl auf das Jahr 1694, als

den Anfang jener Zeit, der Verfasser setzt jedoch hinzu, es sei
möglich, dass sie noch früher hereinbreche. (p. 222.) Der Rechtfertigung seiner Behauptungen widmet er auch einen Abschnitt
von Autoritätsbeweisen: er beruft sich auf das 4. Buch Esra,
im Weiteren auf die Apostolischen und Kirchenväter, welche insgesammt als Zeugen auftreten; es fungieren sogar einige neuere
Namen zur Bekräftigung; so Alphonsus Conradus Mantuanus,
Osiander, Kotterius, Joannes Piscator, Dobricius. Indem er
die Anschauungen derselben bekannt gibt, führt er mit Piscator,
seinem ehemaligen Collegen, der die tausendjährige Herrschaft in
den Himmel verlegt, eine interessante Polemik, und beweist ihm,
dass die Herrschaft auf Erden verwirklicht werden müsse, denn
ein Theil der Seligkeit wird eben die Auferstehung der Blutzeugen
sein. (p. 229.) [18])

Inmitten der traurigen Lage der Verbannten konnten diese
Ausführungen die Wirkung der Offenbarungen der Christine,
welche durch den ganzen Sommer bis in den Spätherbst dauerten,
nur erhöhen. Am 21. Oktober wurde der Seherin im Vorhinein
erklärt, dass nach 8 Tagen selbe feierlichst geschlossen werden.
Es scheint, dass die polnischen Brüder den Glauben der Verbannten doch nicht völlig theilten, denn Gratian, der alte Bischof,
der die letzten Tage seines Lebens von Ostrorog nach Lissa zu
zubringen kam, hat sich bei dem lebhaften Interesse für die Seherin
nach einigem Zaudern doch entschlossen, deren Extase nicht zu-
zuschauen, trotzdem Comenius ihm den dabei zu geschehenden Abschluß der Offenbarungen derselben verkündet hatte. So geschah denn
die letzte Vision in Cyrills Wohnung, die diesem von Gratian erbaut
worden war; in Anwesenheit Comenius und Cyrills und einiger
anderen Pastoren, erschienen der Antiquus, der Herr und die Engel,
und nach einer umständigen Extase entließ sie alle und schrieb den
andern Tag den Schluß dazu, wonach ihr der Herr verbot, die
übrigen 81 Visionen abzuschreiben und ihr als Summe derselben
gebot, Gott zu fürchten und seine Gesetze zu halten, da dies ihr
Gesammtgut sei. [19]) Den Autograph der Visionen hielt Christine
bei ihrem Pflegevater, Comenius, und als Stadius auf Grund
einer, von ihrem Vater erhaltenen Anordnung, die Aufsicht über

8*

die Tochter desselben für sich beanspruchte, entschied man sich, für
ihn eine Abschrift besorgen zu lassen. Als das Mädchen dies
that, merkte man viele Fehler, die im Früheren ursprünglich nicht
waren; Christine behauptete, sie sei jetzt nicht im Stande correct
zu schreiben und Cyrill machte die Bemerkung, nun sehe er, was
es hieße, durch göttliche Inspiration zu schreiben. 20)

War hiermit etwas unmittelbar Aufregendes vorbei, so sorgte
schon die neue Lage, daß ihm solche noch recht zu Theil werde.
Im Herbst kam wieder eine socinianische Versuchung in der Person
des Christian Schlichting, vor dem er schon im Vorhinein gewarnt
worden. Bei einem Besuch zur Verbannung condolierend, kam
er nach langen Erörterungen über mathematische und mechanische
Fragen schließlich an die Religion und wollte dem behutsamen Gastgeber zwei Büchlein zum Geschenke machen, die aber jener zurückwies
und nachdem selbe beim Scheiden am Tische gelassen worden,
sogar durch dessen Diener zurückerstattete, da er fest entschlossen war,
die Gelegenheiten einer Zusammenkunft mit jenem ängstlich zu
meiden. 21). Einen steten Grund zur Aufregung boten die Schicksale
am Schlachtfelde, die eben zu dieser Zeit die trübesten Aussichten
wecken mußten. Im September des Jahres 1628 wurde der
König von Dänemark entscheidend geschlagen, des Kaisers mächtige
Generäle geboten über ganz Deutschland und der Erlaß — „Resti-
tutions=Erlaß" genannt — bedrohte das Reich mit dem jammer-
vollen Schicksal Böhmens. Überall, wohin die Augen der Exulanten
blickten, Trauer und Hoffnungslosigkeit und so passend zu der
Lage klangen die von Alsted citierten Worte: „Ubi auxilium
humanum desinit, incipit divinum." 22)

Und das neue Jahr (1629) — wie trüb es auch begann —
brachte wieder Beweise von Gottes Macht. Christine, deren Zimmer
über dem Gymnasium und zwar direct über dem größeren Auditorium desselben lag, 23) wurde von ihrem nahen Ende verstäubigt;
bald darauf, den 27. Jänner, von Schmerzen, die ihr das Leben
raubten, überfallen. 24) Eine Anzahl von Männern und Weibern
versammelte sich, alle andachtsvoll, den Schluß des heiligsten
Lebens zusehend; die meisten zerstreuten sich wohl, nachdem sie das
Lebensende gesehen, nur zwei vornehme Frauen blieben, des

Begräbnisses wegen Verfügungen zu treffen und bei ihrem Abgange merkten sie bei der scheinbaren Leiche Zeichen des Auf-
lebens. Comenius begleitete sie zum Hofe des Gymnasiums und
in sein Zimmer zurückgekehrt, findet er die sich waschende Seherin,
die verkündet, sie sei vom Herrn zum Leben zurückgesendet. Die
Urtheile über dieses Ereigniß, sowohl die gläubigen, als die spöt-
tischen nährten nur die allgemeine Bewegung. [25]) In Lissa hatte
man in der deutschen und der polnischen Kirche für die Genesung
der Jungfrau gebetet, deshalb erfolgten nun nach der Auferstehung,
da es eben Sonntag wurde, Dankesgebete, während in der böhmischen Kirche, zu welcher die Jungfrau gehörte, der Consenior
P. Pelenovius dies nicht mit gutem Gewissen thun zu können
meinte und so entstanden denn öffentliche Streitigkeiten, die
einige Zeit später ämtlicher Entscheidung vorgelegt wurden. [26])

Die Geister dazu vorzubereiten berief Comenius einen Tractat
über die wahren und falschen Propheten und zwar böhmisch
mit einer Widmung an den Consenior Wenzeslavius Lochár. Dieser
war älter als Comenius, da er schon 1604 auf der Synode zu
Žeravic Akoluth wurde, kam 1614 nach Rychnow, 1617 zu der
Herrschaft Budowa nach Hradiště über Jizera. Nach der großen
Katastrophe versteckte er sich auf verschiedenen Orten, sich den
Pflichten eines Seelsorgers überall gerecht erweisend. Als Poniatowsky nach Mähren berufen worden, nahm ihn die Frau v. Budova
nach Prag in ihr Haus, wo es eine Zeit möglich war, 15 heimlich zusammenkommenden Personen mit Andacht zu dienen. Aber
lange nicht, denn noch in dem Jahre flüchtete er sich nach Mšena
auf die Waldsteinsche Herrschaft und 1628 nach Lissa. Hier erwarb er sich ein Haus, predigte, hörte Predigten an, und schrieb
nach übrigen Geistlichen (denn bei allen achtete er die Gaben des
heiligen Geistes). Da er somit ein Nachfolger Julians (Poniatowsky)
in Prag war, hatten die Offenbarungen für ihn ein besonderes
Interesse, [27]) ohne daß er sich in vorhinein für sie entschieden hätte.
So bat er sich die Argumente des Julians aus, ließ sich über
die Geschichte der Offenbarungen berichten, die Gründe für deren
Echtheit zusammenstellen und behielt sich für die Entscheidung
Freiheit vor. Diesem unmittelbaren Anlaß wollte die Schrift

Genüge leisten, [29)] behandelt aber ihre Fragen im Rahmen prinzipieller Begründung, in den sie dann das Bild der Offenbarungen
einlegt. [29)] Vieles Verwandte, was bereits in dem Vorworte zu
den Kotterischen Visionen zu finden ist, und die allgemeinen
Erörterungen über die Möglichkeit weiterer Offenbarungen nehmen
den Anfang der Schrift ein, dann werden die inneren und äußeren
Zustände der Propheten, sowie ihr Auftreten, reichlich erörtert. Alles
verstanden wohl die Propheten selbst nicht, aber wenn auch Zeit,
Ort und Art der Erfüllung Räthsel bleibe, darf man den Inhalt
und den Zweck der Offenbarung nicht verkennen (p. 139).
Nun kann man einen jeden, der mit Ansprüchen an Erhörung
hervortritt, nicht gleich Glauben schenken, da das Auftreten auch
eine List des Satans oder ein Werk des Menschen sein kann.

Die Merkmale des wahren Propheten sind: 1. Der Zug
zum Monotheismus, 2. Ruf zur Achtung der göttlichen Gesetze
und Reue, 3. Das Verweisen auf Gottes väterliches Herz mit
Versprechungen und Rathschlägen; das wichtige ist aber, was noch
hinzu kommt, die Wahrheit der Geschehnisse (p. 142—143). Hier
sei bemerkt, daß nicht immer alles erfüllt wird, was vorhergesagt
worden, — der Irrthum ist in uns, die wir die Propheten nicht
völlig begreifen (p. 142—143). Die Frage, ob es noch überhaupt
göttliche Offenbarungen geben kann, wird auch kurz berührt,
worauf eine Untersuchung der neuesten Visionen folgt (p. 147
bis 149). Vor allem wird bewiesen, daß sie nicht die Frucht der
Verstellung sind, wogegen Christinens Vernunft und Liebe bürgen
(p. 149), dann, daß sie nicht die Vorstellungen einer Krankheit
seien, was mit acht Unterscheidungen zwischen der Krankheit und
diesem Fall klargelegt wird; dann wird nachgewiesen, daß selbe
nichts vom Satan in sich haben (p. 150—153). und schließlich
wird für die Göttlichkeit der Visionen ihr Inhalt, Stil, Beständigkeit,
Wahrheit der Vorhersagungen und das Zeugniß des Gewissens
geltend gemacht, letzteres in dem dehnbaren Sinne, daß diejenigen,
die die Wahrheit derselben annehmen, dies mit gutem Gewissen thun
können, während dies der andere Theil nicht könne (p. 155). Es werden
noch einige Einwendungen beantwortet, zum Schluß auch die Verheißung
des goldenen Zeitalters besprochen, das der Verfasser ganz bestimmt

auf die heilige Schrift zurückführt (p. 158—160). Das für einen Christen daraus folgende Ergebniß wird in zehn Punkten zusammengefaßt, von denen wir nur erwähnen: die Offenbarungen beweisen die Wahrheit der Bruderkirche, die sonst Gott damit nicht beehrt hätte; ferner daß der Papst der Antichristus sei, dessen Ruin bevorstehe, — daß unter den wechselnden Geschicken des Völkerkampfes das Vertrauen in das Ende nach Gottes Kundgebungen nicht zweifelhaft sein könne und daß Gott das Wohlwollen seinem Volk nicht völlig entzogen habe. — — Nun möge der Freund (Lochár) erwägen, ob diese Anschauungen Fictionen, oder kränkliche Phantasien, oder gar Satans Spiel seien (p. 162—164).

Inzwischen vergrößerten sich die Zwistigkeiten so sehr, daß sie einer partiellen Versammlung der Brüder Anlaß zur öffentlichen Prüfung gaben. Die Versammlung berief der Superintendent, Gratians Nachfolger, Turnovius, aus Anlaß des Todes Gratians, so daß ungefähr 50 Seelsorger beisammen waren. Der Versammlung wurden die zwei Ziele der Zusammenkunft mitgetheilt: die Bestattung des Bischofs und die Schlichtung der Streitfrage über angebliche neue Offenbarungen. — Die Prüfung bestand aus dem Verhör der Augenzeugen: Comenius, Stadius, Chrysostomus, Crococinus, aus Besichtigung des Buches der Visionen, Vernehmen des Mädchens selbst. Nächsten Tag war Sonntag. Montag war das Begräbniß, Dienstag kam erst die Versammlung wieder zusammen; es wurden Theile aus dem oben skizzirten Tractat vorgelesen und da auch auf diese Weise keine Einigkeit zu erzielen war, beschloß man in der Frage ein Stillschweigen zu beobachten und abzuwarten, wie die Ereignisse, die da kommen sollen, für die Echtheit der Visionen zeugen werden. Dies Dekret, von Cyrills Hand geschrieben, weist auf die Schwierigkeit der Entscheidung und will weitere Uneinigkeiten verhütet wissen, bis Gott selbst darüber geurtheilt haben werde. Die Entscheidung wurde den Gemeinden, den polnischen und den böhmischen nächsten Sonntag mitgetheilt.[30]) War dieser Waffenstillstand auch kein vollständiger Sieg, so war er doch ein Erfolg der visionsfreundlichen Auffassung; durch den Beschluß brach im allgemeinen die Anschauung durch, daß göttliche Offenbarungen noch immer möglich

seien. Sollten sich die Prophetien durch vollständige Erfüllung als
göttlich erfüllen, so entspröße daraus für die böhmische Kirche eine
große Ehre und dies erfreute schon im vorhinein solche gottergebene
Seelen, wie auch Comenius eine war. So hat ihn auch die Schande,
die Kotter erlitten, gar nicht schwankend gemacht und als er im
folgenden Monate (April) mit diesem und Menzel in Henners-
dorf zusammenkam, verbrachte er dort zwei Tage im frommen
Gespräche, zum Beweis, daß noch gar nichts geschehen, was seinen
Glauben und sein Zutrauen in des Sehers Person genommen
hätte. [31]

Die Lebensereignisse der Christine wurden übrigens weit
bekannt. Comenius theilte sie vielen namhaften Theologen mit um
ihre Meinung bittend, die der Seherin meistens günstig war. [32]
Die Stimmung zu wecken war bestimmt auch eine Schrift (gewiß
von S. Jonston) über die Comenius sagt, sie sei von einem
Augenzeuge, cand. med. in Holland herausgegeben worden und
enthält einen Theil der Visionen der Christine. [33] Die Vorrede
berief sich auf ein Verlangen nach deren Inhalt, das durch Polen,
Belgien, Deutschland und Gallien gieng, — woran wir nicht
zweifeln können. Der Herausgeber erwähnt wohl, die Urtheile
über dieselben seien verschieden, fügt aber hinzu, daß die
der Theologen in Anerkennung des göttlichen Ursprunges der
Offenbarungen übereinstimmen. Der Seherin stellt er das ehrendste
Zeugniß und überläßt es dem Leser, sich nach dem Durchlesen und
Erwägen der Schrift ein Urtheil darüber zu bilden. Inzwischen
hatte Kotter auch noch zwei Visionen in dem Jahre (Februar und
April) [34] und auch Christine trat im Juni mit der Forderung
auf, er möge sie nach Böhmen lassen, es sei ihr von Gott befohlen
worden, ihre Pflegemutter (Baronin Záruba) dem Lande zu entreißen und zu sich zu nehmen. Die Sorgen einer solchen Reise
entledigte Comenius mit seinem Schwiegervater. Die Reise endigte
mit einem völligen Mißlingen und wiewohl sie den Glauben nicht
wankend machte, bekennt Comenius selbst, daß er nicht wußte.
was er darauf sagen soll. [35]

Daß die Hauptbeschäftigung des Comenius in dieser Zeit
die Schule war, dafür finden sich nur allgemein gehaltene

Äußerungen, aus denen erhellt, daß auch die Briefe, die er an Ratich und Andreä schrieb, eigentlich aus dieser Lage stammten.[36] Leider war der Erfolg dieser Briefe ein unbefriedigender. Von Ratich, an dem er sogar dreimal schrieb, erhielt er keine Antwort, ohne die Ursache zu wissen. Mit welcher Verehrung hieng er an diesem Menschen! Mit welcher Freude meldet er an Jonston:[37] unser Ratich, der Koryphäer, der Didaktiker, bereitet eine Arbeit von 30 Jahren zum Drucke vor. „Wenn wir kleinere Sterne von der Sonne beschattet würden! Wenn nur! Ich schrieb an den Mann unlängst, aber ich erhielt noch keine Antwort." Später berichtet er,[38] er habe den Ratich zum Colloquium eingeladen. Keine Silbe Antwort erfolgte und beinahe dasselbe Resultat hatte sein Brief an Andreä. Noch im Vorjahre (1628) hatte er ihn gebeten, er möge ihm seine Pläne mittheilen und den Schreiber in die Reihe seiner Bewunderer annehmen; die Antwort war die Resignation eines Lebensmüden, der seine Arbeit nicht bereut, aber bereits von grauen Haaren spricht.[39] Nebenbei lernte er die didaktischen Arbeiten des Rhenius, Stephan Ritter, Glaum kennen;[40] welche Alle mit dem Unterrichte und den Schulen ihrer Zeit höchst unzufrieden sind und bei der Lektüre ihrer Werke traten die Mängel der Schulen vor die Augen des unfreiwilligen Schulmannes nur umso lebhafter vor.

Das Monat Juli brachte einige Bewegung in das kirchliche und Schulleben. An die Stelle des Turnovius, der nur 30 Tage lang Superintendent gewesen, wurde Puliurus gesetzt; Lochár erhielt die Stelle eines Conseniors, am 8. Juli wurde der aus Franeker und Gröningen zurückkehrende Wengerski[41] ordinirt — und am 19. d. M. zum polnischen Pastor und Rector des Gymnasiums berufen.[42] Am folgenden Tage schrieb Comenius an Andreä.[43] Ob diesmal, ob schon früher, hatte er ihn gebeten, er möge nicht schon vom Kampfplatze scheiden; sein Alter, womit er die Schreiber überrascht, möge ihn nicht hindern, jüngeren Kämpfern Rath zu ertheilen. Gewiß diesmal bat er auch um nähere Auskunft über die Fraternität, zu der Andreä in einer Schrift, eingeladen hatte. Der Briefwechsel geschah im Namen noch dreier Freunde Ursinus, Stadius und Jonston, und im October erfolgte eine Antwort, die schon nur mehr auf diese Frage Bezug nimmt.

Die Brüderschaft wäre vor ungefähr acht Jahren [14]) zusammen-
gerufen gewesen, allein die Stürme des deutschen Krieges fegten
sie auseinander und nun gab er die Schiffsbruchtafel zum Lesen
denen, die sich ihr anschließen wollen. Ihr Zweck sei gewesen,
Christum an die Stelle der verschiedenen Idole im Glauben und der
Literatur zu setzen; nun würde sich aber jenen selbst zurücksetzen und
verlange vielleicht von uns nicht mehr Mühe, als einst von David
bei dem Tempelbau verlangt worden. Eine gute Sache läßt allen
Nationen die Theilnahme frei, am meisten jener, die das christliche Exil vereinigte. [44]) Ein Gruß an die obenerwähnten Freunde
schließt den Brief, und daß Comenius daraus viel Trost und
Aufmunterung erhalten hätte, wird wohl kaum behauptet werden.

Und welch' Eifer bewegte dennoch sein ganzes Wesen! Vielleicht durch den auf der Synode vollzogenen Personalwechsel veranlaßt, schrieb er einen Brief an den Senior, worin er ihm die
Mängel der Schule vorzählt und als Hülfe die Errichtung einer
Buchdruckerei empfiehlt, deren Plan er dem Surrogator und
Gloskovius übergeben habe. [44]) Daß er nebenbei an der Didactica
und an der Janua fortwährend arbeitete, erwähnt er später öfters.
Besonders die Arbeit an der Janua war so mühevoll, daß er
dabei kaum anderes arbeiten konnte. [45]) Und dennoch, wie vielfach
war seine Beschäftigung auch neben dem. Bei der Spärlichkeit
der Zeitangaben aus diesen ersten Jahren des Exils ist wohl ein
Irrthum nicht ausgeschlossen, wenn ich eine Besprechung der verbannten Pastoren, der Hirten ohne Heerden, an 50 an der Zahl,
in die Zeit dieser Juli-Synode versetze. Benützend die unfreiwillige
Muße beschlossen sie, die Bücher, die schon lange die Brudergemeinden im Vaterlande herausgeben wollten, darin aber immer verhindert waren, jetzt zu verfassen und die Arbeit unter sich zu theilen. [46])
Einem ähnlichen Zwecke diente auch die Veröffentlichung der Schrift
Praxis Pietatis, obgleich dieselbe ein privates Unternehmen des
Übersetzers Comenius war. [47])

Wie wir aus der Vorrede des Anfangs 1630 erschienenen
ersten Theiles der Schrift lesen, ist es eine Umarbeitung des berühmten Werkes Ludwig Bayles „Practice of Piety." Ein Vergleich, der das Verhältniß der Umarbeitung zum Original beleuchten

sollte, wird erschwert, da man Ursache zur Annahme hat, daß der Übersetzer eine deutsche Ausgabe zur Grundlage benützt hat. Er erklärt, daß er sich weder an den Text, noch an die Kapiteleintheilung des Originals gehalten, deshalb müssen wir das Werk blos als eine Publication mit asketischem Ziele ins Auge fassen. Die Schrift ist von einer praktischen Richtung, den dogmatischen Erörterungen nicht ganz ausweichend, aber der ideellen Schilderung eines frommen Lebens gewidmet. Diese Schilderung gründet sich auf eine Darstellung des göttlichen Wesens (I.—II.), zeigt den Menschen, wie er ohne Gottes Gnade sei (III.—VI.) dagegen die Seligkeit der Söhne Gottes (VI.—X.). Nach einigen allgemeinen paränetischen Kapiteln (X. — XIII.) folgt eine Darlegung des christlichen Lebens, den Tages- und Wochenzeiten nach (XIII.—XXVIII), die Würde des heiligen Mahls (XXVIII.—XXXIII.) und zum Schluß des Benehmens in der Krankheit und im Tode. Von dem Reichthum der Schrift will diese Andeutung umsoweniger Auskunft geben, als dabei der Antheil des Comenius schwer festzustellen ist; es ist aber zu betonen, daß sie sich, gegenüber den mannigfaltigen Bearbeitungen Anderer, entschieden auf die reformierte calvinische Seite stellt. Dies sieht man sowohl bei Darstellung des Dekalogs, wo für die erste Hälfte die ersten vier Gebote genommen werden, wie aus der reichhaltigen Erörterung des heiligen Abendmahles, wo das Brot und der Wein als Zeichen des Leibes und des Blutes betrachtet werden, wie auch aus der Betonung der Auswahl Gottes. Besonders die Stellen über das heilige Mahl, vom confessionellen Standpunkte aus die wichtigsten, bewegen sich zum Theil sogar im Zwinglischen Gedankenkreise.

War auch die Schrift keine amtliche Publikation, so konnte man dieser Auffassung eine officiöse Färbung nicht absprechen, besonders wenn man ihre Ausdrücke mit anderen mannigfaltigen Erscheinungen, die später besprochen werden, in Verbindung brachte. Aus den Einzelheiten mögen hier doch einige stehen. So sollte ein jeder Christ ein jedes Jahr die Bibel durchlesen, was, wenn man jeden Morgen, Mittag und Abend ein Capitel (von den kleineren gewiß mehrere) durchnimmt, leicht geschehen kann. Alles Gelesene wende man zur Stärkung des Glaubens und Verbesserung des Lebens an. — Fast für alle Zeiten findet man da Gebete voll Innigkeit, getragen vom Schwung der Diktion. Diese poetische Färbung wird gehoben durch die sinnlichgläubigen, naiven Schilderungen, besonders im XXX. Capitel, über die himmlische Erhabenheit und Seligkeit des Gläubigen. 26 kurze Sätze fassen am Schluß den Glauben der Kirche zusammen, die beweisen, daß die Brüder dasselbe glauben wie die ersten Christen, wenn die ersten Christen viel zu duiden hatten und duldeten, warum sollten sie sich dem entziehen? Sämmtliche Sätze sind aus dem Römerbriefe, wobei zur Bekräftigung noch der Galaterbrief beigezogen wird. Um für diesen Glauben, wenn es Gott fordert, sterben zu können, dazu brauche man Gottesfurcht und Demuth, und mit Anflehung um den heiligen Geist schließt das Buch.

Der oben erwähnte Anschluß an die Lehre der Reformierten mußte die in Verbannung lebenden Lutheraner so empfindlich verletzen, wie dies seinerzeit noch im Vaterlande geschah und so kam unnützer Weise zu den anderen Leiden der Verbannten noch ein Streit der Evangelischen untereinander, der die Gemüther nur verbitterte. Den Anstoß dazu gab der Selbsterhaltungstrieb der Beiden, der einer thatsächlichen Vereinigung im Gottesdienst Sacramenten auch dort im Wege stand, wo sonst die Minorität infolge dieser Hartnäckigkeit auf diese Gnademittel verzichten mußte. Die meisten Lutheraner zogen bekanntlich nach Sachsen, wo sie in Pirna und Zittau Exulanten-Gemeinden gründeten. Nun kamen auch Brüder nach, schlossen sich aber diesen nicht an, sondern sie hielten private, oft nächtliche Zusammenkünfte, die dann behördlich verboten wurden. Dies weckte nun den alten Antagonismus, der auch in einer anonymen, wahrscheinlich Anfangs 1630, ohne Angabe der Zeit, des Ortes und des Verfassers erschienenen Schrift, die 6 Gründe angibt, weshalb die Brüder zu den Lutheranern nicht gehen sollen, einen für diese beleidigenden Ausdruck fand.[48] Nun lehnten die Senioren der Brüder jede Gemeinschaft mit dieser Schrift ab[49] und wiewohl es ihre Kirchenordnung verbietet, eine Schrift ohne Erlaubniß der Vorgesetzten zu veröffentlichen, so könnte man schon der schweren Aufsicht des Exils Rechnung tragen, hätten nicht bald darnach diese selbst einen Aufruf an die Glaubensgenossen erlassen, deren Sinn, wenn auch in ruhiger und würdiger Begründung — auf dasselbe hinausläuft. Dieses Schriftstück, 10. Juni 1630 herausgegeben,[50]) mahnt die Glaubensgenossen, sie mögen, wenn sie an einem Orte sind, wo ein reiner Gottesdienst und die den Brüdern so herzliebe Kirchenordnung besteht, den Gottesdienst fleißig und dankbar besuchen. — Diejenigen aber, die an einem Orte sind, wo der Gottesdienst wohl evangelisch ist, aber die Kirchenordnung nicht besteht, werden gemahnt, sich fromm, still und ruhig zu verhalten, um die weltliche Behörde beten, daß sie ihrem Gewissen nicht Zwang anthue; sollte dennoch etwas widriges vorkommen, so bestehe der Rath des Herrn: Leidet man an einem Ort Unrecht, fliehet man auf den anderen. „Amen, ich sage euch, ihr seht nicht alle Städte Israels, bis des Menschen Sohn kommt."

Da keine eigentlichen Brüder im Reiche oder sonst waren, so müssen unter den an erster Stelle angeführten Evangelischen, die Reformierten, denen an der zweiten die Lutheraner verstanden werden. Den Rathschlag, die Brüder mögen sich lieber von einem Orte entfernen, als den lutherischen Gottesdienst besuchen, finden wir allerdings für die Lage unpassend, den nur die Clausel erklärt, die Ankunft des Herrn sei nahe. Man nehme dazu die Veröffentlichung der Praxis Pietatis, beinahe eine neue theoretische Darlegung des Risses und wir werden uns nicht wundern, wenn diese fromme und schöne Schrift neben vielem Nutzen und großer Beliebtheit, von Vielen, besonders den Lutherischen, mit Ärger und Unlust erwähnt wurde.

Während dessen arbeitete Comenius auch an den anstrengendsten didaktischen Arbeiten. Es kamen ihm stets neue Didaktiker und Lehrkräfte zur Sicht; auf einige müssen wir noch die Aufmerksamkeit des Lesers lenken. — Eilhard Lubin (1565 geboren), hatte sich an den deutschen Schulen besonders zu einem ausgezeichneten Kenner des Griechischen herausgebildet; Bahle erwähnt auch, daß er lateinische Verse schrieb, dabei ein Redner, Mathematiker und Theologe war; im Jahre 1605 wurde er zum Professor der Theologie in Rostock ernannt, als solcher gab er eine griechisch-lateinische Parallelausgabe des neuen Testaments heraus: „Cum præliminari Epistola, in qua Consilium de latina lingua compendiose a pueris addiscenda exponitur." Seine Invectiven gegen den grammatikalischen Unterricht hat Comenius ausführlich wiedergegeben;[51]) statt dessen schlägt Lubin zweierlei vor: entweder ein cœnobium, oder aber ein illustriertes Sprachbuch, wo die Dinge in ihrer Ordnung dem Schüler vor die Augen geführt werden, womit er die Forderung einer Verbindung der beiden Unterrichtszweige und auch die nähere Bestimmung derselben ausgesprochen. Wir erwähnen noch, daß er ein Freund Andreäs und College des Jungius war.

E. Vogel, Conrector des Pädagogiums zu Göttingen, verfaßte wirklich ein Buch, in dem er für's ganze Jahr und zwar für jeden Tag desselben den Lehrstoff in der lateinischen Sprache vorgezeichnet hat.[52]) In der dasselbe einleitenden Didaktik schreitet er, nachdem er die Schwierigkeiten der üblichen (vulgaris) Grammatik gekennzeichnet hat, zur Begründung einer besseren Methode, deren Gang seine Definition beleuchtet. Die Sätze, deren einige für jeden Tag bestimmt werden, sollen inhaltlich, syntaktisch, etymologisch, phraseologisch erklärt werden, daran sollen sich lateinische Aufsätze und lateinische Gespräche anschließen, und nach einem Jahre wird die lateinische Sprache zu einem Eigenthum des Schülers werden. Die Ansicht über die Zweckmäßigkeit der cœnobia hat Cäcilius Frey ausgebildet.[53]) Er hofft auf diese Weise ebenfalls im Laufe eines Jahres das Ziel besser, als wie immer sonst, erreichen zu können. Derselbe fordert auch ausdrücklich: „una cum verborum intellectu Grammatico rerum distributionem philosophicam" und neben Mathematik auch neuere Geschichte und Gymnastik.

Und damit ist das Bild nicht erschöpft. Nicht genug an dem, daß die einzelnen neuen Grundgedanken ausgesprochen wurden, — es herrschte überhaupt ein so reges Leben auf dem Gebiete der Didaktik, insbesondere der Methodik des Sprachunterrichtes, daß wenige Zeitalter ähnliches aufweisen. Jeder eilte heran, um mit seinem Scherflein jenem Gemeingute beizusteuern, wovon die ihre schönste Lebenszeit unglücklich zubringende Jugend Linderung ihrer Geistesqualen erhalten sollte. Morhof führt vor der Palingenesia der Wissenschaften und nach derselben eine große Anzahl Didaktiken auf, die nur über den lateinischen Unterricht handeln, und zählt lange nicht alle auf, wir beschränkten uns auf die hauptsächlichsten Schriften von jenen, die Comenius selbst aufzählt. Sein Plan über die Schulorganisation wird schon 1628 fertig gewesen sein; bekanntlich unterscheidet seine Didaktik 4 Schulen, auf eine jede 6 Jahre berechnend. Die ersten 6 Jahre wird das Kind zu Hause bei der Mutter unterwiesen. Die kaum 20 Zeilen lange Anweisung für diese Zeit, welche die Didaktik gibt, wird durch eine besondere Schrift, Informatorium der Mutterschule, ergänzt. In 12 Capiteln schildert dieses den Werth der Kinder, deren Bedürfniß nach der Erziehung, weist nach, wie man alle ihre Gaben in den ersten 6 Jahren zu einer ganz detaillirt dargelegten Stufe entwickeln soll. Es werden darunter die Kategorien der Kenntnisse und Fähigkeiten, Sitten, Religion, alle geistigen Anlagen des Menschen, u. zw. meistens in ihrem Fortschritte von Jahr zu Jahr berücksichtigt. Allein das Buch sorgt nicht nur für das; es betrachtet das Kind gleich vom Anfang, von seiner Empfängniß an, gibt auch werthvolle Rathschläge für die Leibespflege. Da auf eine eingehendere Analyse hier verzichtet werden muß, verweise ich auf zwei Punkte: es sei die Pflicht der Mutter, daß sie ihr Kind selbst säuge, was der Verfasser mit vielen Gründen belegt, und die Erweckung des poetischen und musikalischen Gefühls sei durch viele liebliche Beispiele an's Herz gelegt. Sein eigener Sinn und seine Gabe zur Dichtung kömmt auch hier zum Vorschein, wo es sich darum handelt, fremde Verse ins Böhmische zu übertragen, und auch sonst zeigt die Schrift dieselbe elegante Sprache, den lebhaften Stil, der alle böhmisch geschriebenen Werke des Verfassers kennzeichnet. Nach den drei ersten einleitenden Capiteln gibt das vierte das allgemeine Ziel der Mutterschule, das fünfte Rathschläge für die leibliche Gesundheit, das sechste für die Pflege der Intelligenz, das siebente für das thätige Leben, das achte für die Eloquenz, das neunte für die Sittlichkeit, das zehnte für die Frömmigkeit. Das vorletzte Capitel betont, daß die Aneignung dieses Lehrstoffes die Hauptsache bleibe, auch wenn die Zeit der Aneignung mit dem sechsten Jahre nicht übereinstimme. Nach dem letzten Capitel sollen die Eltern den Kindern die Schule nicht als einen Schrecken, sondern als etwas Angenehmes und Vielverheißendes hinstellen.[5])

Dem Plane weiterfolgend wollte der Verfasser des „Informatoriums der Muttersprache" auch für die Volksschulen sorgen und so verfaßte er auch für die 6 Classen dieser zweiten Schule die nöthigen Lehrbücher. Leider kennen wir nur die Titel derselben mit ganz kurzer Inhaltsangabe, auch dies nur dem aus der Müttersprache übertragenen Laute nach.[55]) Nach dem Violarium (I. Cl.) folgt ein Rosarium (II), beide mit ganz allgemeiner Inhaltsbestimmung; für die dritte Classe ist das Viridarium bestimmt, das alles wissenswerthe vom Himmel, Erde und Künsten angenehm beschreibt; der für die vierte Classe bestimmte Labyrinthus Sapientiæ gibt nützliche Fragen zur Schärfung des Verstandes und des Gedächtnisses; das Spirituale Balsamentum, für die fünfte Classe, zeugt eine Nutzanwendung aller menschlichen Künste und Wissenschaften, überhaupt von allem, was zu sehen und zu thun ist; die letzte Classe (VI) bekommt ein religiöses Buch, Paradisus Animæ, mit dem Inhalt der ganzen heiligen Schrift, den hauptsächlichsten Kirchenliedern und Gebeten.

Da wir nicht durch Anwendung der Principien der lateinischen Didaktik, als einer von späterem Ursprunge, auf diese Bücher einen Anachronismus begehen wollen,[56]) so bleiben uns nur die spärlichen directen Andeutungen des Verfassers über ihren Inhalt übrig. Aus diesen läßt sich für die Nacheinanderfolge der Lehrbücher diese Ordnung bestimmen; nach den ersten zwei Jahren, die hauptsächlich der Aneignung der Elementarien gewidmet, kommt in dem dritten die Mittheilung alles Wissenswerthen, um Stoff für die Bildung zu reichen. Dieser Stoff wird in dem folgenden hauptsächlich zur Stärkung des Verstandes und Gedächtnisses verarbeitet. Die fünfte Classe lehrt die Prax im Menschenleben, während die letzte hauptsächlich die religiöse Bildung im Auge hat. Sollte der Inhalt dieser Lehrbücher eigentlich stets derselbe und nur die, dem besonderen Zweck angepaßte Behandlung verschieden sein, (wie wir dies etwa bei den lateinischen Schulbüchern finden), dabei aber allen Forderungen, die die Gesammtentwickelung des Geistes stellt, Genüge leisten: so muß man für diese Schulbücher das höchste Interesse empfinden und ihren Verlust besonders beklagen.

Eigentlich sollen diese Bücher bereits im ersten Lissaer Jahre verfaßt worden sein, nur eine stete Verbesserung, wie wir sie bei allen Schulbüchern des Comenius finden, veranlaßt uns deren endgiltige Abfassung in dieses Jahr (1630) zu setzen. Während der Abfassung dieser Bücher — also bevor er mit diesen fertig geworden,[57] verfiel er auf die Idee, ein Buch zu schreiben, das die ganze Sprache und die Gesammtheit der Dinge enthalten und Seminarium Linguarum et Scientiarum omnium genannt werden sollte. — Alle die Versuche einer Methodik der lateinischen Sprache, die für diesen Gedanken vorgearbeitet haben, waren ihm noch als er die Idee erfaßt hatte, unbekannt gewesen,[58] ausgenommen bleibt natürlich Elias Bodinus, dessen Didaktik er vor einem Jahre in Böhmen gelesen hatte. Diesem hat allerdings etwas ähnliches vorgeschwebt. Er fordert, daß man die 1700 gebräuchlichsten Worte in einige Sätze mit Hilfe von subsidia mnemonica so zertheile, daß sie der Schüler gar nicht vergessen könne[59] und fährt nach einer langen Begründung dieses Letzteren fort: „Aber ein Compendium mußt haben, wie man alle die phrases und res ordne zu einer solchen kleinen Zahl dictionum latinarum: auch wenn auf ein verbum offte viel phrases und res gebracht, wie sie als in einer sententia an einander hangen! Darauf gehören sonderlich præcepta pro docente... etc."[60] Später klagt Bodinus, daß Niemand so eine Arbeit unternehme. Wohl drückt Comenius die Idee und die Bestimmung dieses Buches viel klarer aus; aber wir glaubten dem sonst vergessenen Bodinus diesen Hinweis schuldig zu sein. — So machte sich Comenius während der Verfassung der Schulbücher für die Volksschulen an die Ausarbeitung eines „Seminarium Linguarum et scientiarum Omnium." — Wie klein auch der Umfang des Werkes geplant wurde, so kostete es doch eine überaus große Mühe. Als einige Freunde bei ihrem Interesse für die Arbeiten des Comenius von dessen neuesten Vorsatz Kenntniß erhielten, machten sie ihn auf ein Werk aufmerksam, das von Spanien stammend, unter dem Titel Janua Linguarum den ganzen Wortschatz in einige hundert Sätze so vertheilt, daß jedes Wort nur einmal vorkomme und das seitdem mehreremal von Neuem herausgegeben, das Erlernen der deutschen

Sprache besonders erleichtere. Aber das mit großer Freude und
Erwartung in die Hand genommene Buch rechtfertigte diese Freude
nach dem Durchlesen nicht, und so arbeitete er das Jahr 1630
mit unverändertem Eifer an seiner Schrift fort.[61])

Die beiden Jahre (1629 und 1630) war er mit der Janua
so sehr beschäftigt, daß er kaum etwas anderes zu thun vermochte.[62])
Sein Verfahren war folgendes: um einen Parallelismus der
Worte mit den Dingen zur Geltung zu bringen, ordnete er die
Dinge nach der Fassungskraft der Kinder in gewisse Classen ein,
und so entstanden 100 gewöhnlichste Categorien der Dinge. Nun
wählte er die gebräuchlichsten Wörter aus, und suchte für jedes
Wort das Ding, zu dessen Bezeichnung es ursprünglich und
nachträglich angewendet wurde; aus den 8000 Wörtern bildete
er 1000 Perioden und diese ordnete er auch stufenartig an, erst
kamen kurze, dann längere, mehr und mehrgliedrige; jedes Capitel
enthielt dann 10 Punkte. Die Wörter wählte er nach ihrer ursprünglichen Bedeutung und eigenen Sinn, ausgenommen nur jene Wenigen,
welche denselben verloren haben oder in der Muttersprache (auf
welche er fortwährend Rücksicht hatte) nicht nach jenem gebraucht
werden konnten. Die Homonymen hat er an vielen verschiedenen
Stellen angewendet, die Synonymen meistens neben einander
gestellt; die Wortfügungen ordnete er nicht nur mit Rücksicht auf
die Syntax, sondern auch etymologische und grammatische Umstände
beachtend. Und unter fortwährender Berücksichtigung der Muttersprache stellte er dem lateinischen Text dieselben Themata, Derivata,
Composita, nicht nur in ursprünglichem Sinne bei (nativo sensu),
sondern so, daß auch die daraus gebildeten Tropen, wie bei
einem Licht, in sich selbst verständlich werden.[63]) Und während der
Arbeit bekam er immer neue und neue Schriften über die Schul-
fragen, deren einige wir oben (p. 125, 126) angeführt, zur Hand,
die ihn einerseits veranlaßten an seiner Didaktik fortwährend etwas
zu vervollkommen und die andererseits mit dem reichen gesunden
Inhalt, den bescheidenen Schulmann von Lissa in seiner wunderbar
gehobenen, fast möchten wir sagen, schwärmerischen Stimmung erhielten und nährten. In dem Brief, den er bei Gelegenheit einer Reise
Lochars an Menzel schrieb, berichtet er: „Es ereignen sich Wunder-

dinge, die ein neues Paradies versprechen, und das von unsern Sehern versprochene Jahrhundert sehe ich schon in unsern Händen."[64]) Und wie dies eben die Lectüre der neueren Bücher bewirkte, darüber schreibt er an den Palatin von Belz: Ratich's Ideen habe er schon früher in Mähren angewendet; 1627 sei er auf mehrere ähnliche Schriften, die er in der Vorrede zur Didaktik und Physik erwähnt, verfallen. „Da begann ich viel zu hoffen über das angehende neue Jahrhundert und wurde gewaltig gestärkt darin, daß das Daniel'sche: „Viele werden da forschen und die Wissenschaft wird vermehrt" von diesen letzten Zeiten zu verstehen sei."[65])

Und dazu kamen noch äußere Umstände. Die Berichte vom Auftreten des Schwedenkönigs verbreiteten sich wie der elektrische Funke durch die ganze evangelische Welt — und wer hoffte mehr von demselben, als die Verbannten? Je tiefer er in das Reich drang, desto fester wurde die Überzeugung, er sei jener verkündigte Löwe des Nordens, den Gott in diesen letzten glorreichen Tagen zu seinem Werkzeug auserwählt. Und in dieser allgemeinen — bis zum Rausch gesteigerten Stimmung fühlte Comenius seine Geisteskräfte verdoppelt, und so brachte er denn Anfangs des Jahres 1631 seine Janua linguarum zum Erscheinen.[66]) Eine vom 4. März datirte Vorrede schildert die Mangelhaftigkeit der Erfolge des Lateinunterrichtes, der außerdem noch die Zeit des Erlernens der Realien absorbire; eine Abhilfe durch das, die beiden Unterrichtskreise verbindende Buch zu schaffen, entspreche vielseitigen Bestrebungen, von denen besonders jene der spanischen Janua erwähnenswerth sei.[67]) Gegen diese hat er drei Einwendungen: es fehlen da viele Worte, die man oft zu gebrauchen hat, die Homonyma seien nicht darin enthalten und auf die ursprüngliche Bedeutung des Wortes lege das Buch kein Gewicht; dazu nehme man noch, daß sehr viele Sätze keinen pädagogischen Werth haben. Diesen Übelständen will seine Schrift abhelfen; wohl sieht der Verfasser selbst viele Mängel in der Schrift, aber da sie die Frucht einer dreijährigen Arbeit sei und er zu einer neuen Umarbeitung keine Muße habe, so übergebe er sie der Öffentlichkeit in der Hoffnung, daß in dieser, durch das Interesse für die Didaktik so fruchtbaren Zeit seine unvollkommene Arbeit bald durch eine bessere verdrängt werden möge.

9*

Trotzdem die Arbeit mit Rücksicht auf die Muttersprache ausgearbeitet worden, veröffentlichte er diesmal nur den lateinischen
Theil, besonders, weil es ihm um das Urtheil Vieler zu thun sei,
die den böhmischen Text nicht verstünden; — statt des, von der
spanischen Janua angewendeten Index verspricht er ein etymologisches Lexicon, mit den Stämmen und Ableitungen einzelner
Wörter „nova, succincta facili ratione". Statt der Benennung
Janua Linguarum gefällt ihm aber die Benennung Seminarium
Linguæ et Artium besser, weil hier den Dingen ebensolche Sorgfalt
zugewendet wird, wie der Sprache, wodurch die ersten Begriffe
der Erziehung, Sitte und Frömmigkeit Grund und Gestalt erhalten
sollen. Die hundert Kapitel der Janua bieten wohl kein strenges
System, eine gewisse Abstufung nach dem Werthe des Gegenstandes ist doch im allgemeinen festzustellen. Nach einer kurzen
Einleitung (1) werden die Naturreiche (2.—20.), dann der Mensch
(20.—30.), seine Thätigkeiten (30.—48.) und bürgerliche Verhältnisse (4[.]—68.), dann nach einander die Erziehung (68.—82),
die Sitten (82.—96.) und ganz kurz der Glaube (97.—99.) erörtert,
worauf ein kurzer Schluß folgt, der mit Gottes Lob endet. Die
wahrhaft erzieherische Art der Behandlung und den Reichthum des
Inhaltes mag das folgende Kapitel zeigen: (93.) De amicitia et
humanitate.

XCIII. Von der Freundschaft und Freundlichkeit (Leutseligkeit).

901. Wenn du willst, daß deine Gesellschaft (dein Umgang)
angenehm sei, so sei gegen die Geringeren leutselig und freundlich, gegen deinesgleichen dienstfertig, gegen die Höheren ehrerbietig, gehorsam, so wirst du Gunst erlangen (gewinnen).

902. Wovon du weg gehest (scheidest) sollst du nicht unwerth
halten zu segnen, den du heimsuchst, oder bei dem du vorüber-
gehst, freundlich (liebreich) zu grüßen, den, der dich grüßt, wieder
zu grüßen (zu danken), den, der von dir weggehet, bis etwa wohin
zu begleiten.

903. Antworte sanftmüthig dem, der da fraget, zum wenigsten
mit Zuwinken, oder Abwinken mit Einwilligen oder Abschlagen.

904. Falle dem Redenden nicht in die Rede, doch hilf dem ein, welcher etwas nicht weiß, wenn es dir einfällt; du sollst den nicht aufhalten, der deiner wartet.

905. Wenn du in irgend einer Sache willfahren (einen Gefallen erzeigen) kannst, dem sollst es nicht versagen (abschlagen, verweigern) weder sei es dir lästig (beschwerlich), auch wohl umsonst.

906. Brauchet jemand einen Rath, rathe ihm, bedarf er des Trosts, so tröste ihn; Hilfe, so komme ihm zu Hilfe und stehe ihm bei; Beipflichtung, stimme ihm bei, besuche die Kranken, so wirst du dir bei allen Gewogenheit und Gunst erwerben (gewinnen).

907. Hat dich jemand verletzet (beleidiget) übersehe es ihm (sehe durch die Finger) du wirst ihn zu Schanden machen (beschämen), gereut es ihn (bedauert ers), daß er es gethan hat, halte es ihm zu gut (verzeihe es ihm), so wirst du ihn dir sehr verpflichtet und verbunden machen (verbinden).

908. Bist du selbst einem zuwider gewesen, so schäme dich nicht ihn anzusprechen, (zuzureden), zufrieden zu stellen, zu versöhnen, abzubitten und ausgesöhnt zu werden: nicht zum Schein sondern ernstlich.

909. Den Groll (die heimliche Feindschaft) laß nicht alt werden (verjähren), damit er sich nicht in Haß verwandle.

910. Stubengesellen und Tischgesellen geziemet die Einmüthigkeit, besonders in der gemeinen Stube und im Eßsaale.

911. Es ist zwar nicht möglich, daß nicht Mißverstand und Uneinigkeit dazwischen kommen (einschleichen) sollten.

Aber die Einträchtigkeit soll durch die Gegengeduld erneuert (von neuem ergänzet) und die, so uneins sind, durch von beiden Theilen zusammen gehende und ins Mittel tretende (sich schlagende) Unterhändler versöhnet werden.

912. Hat (macht) jemand glücklichen Fortgang, sehe nicht scheel, sondern gönne es ihm, hat er Unglück, habe Mitleiden mit ihm. Ein Barmherziger soll sich der Elenden erbarmen.

913. Vor allen Dingen befleiße dich der Wahrhaftigkeit, nichts ist abscheulicher (scheußlicher) als Lügen, der etwas erdenket, daß er lüge, ist verhaßt.

914. Ift dir etwas Heimliches kund worden, fprenge es nicht aus, laß es auch keinen andern von dir erfahren, ob er fchon darnach fraget: fchweige ftill, fage ich, verfchweige (verbeiße) es, deine Verfchwiegenheit wird keinem Schaden, Ungelegenheit machen, dich wird fie überaus lieb und werth (beliebt) machen (empfehlen).

915. Unter den Luftigen fei nicht fauertöpfifch, auch nicht ausgelaffen fröhlich.

916. Gegen andere fei nicht fchwaßhaft und wo du was Artiges im Reden einmifcheft, laß es Scherz reden, nicht Gefpötte fein: deute (fpiele) auf etwas an, aber zwacke nicht, damit du nicht einen aus den Gegenwärtigen aufbringeft, oder einen aus den Abwefenden verläumdeft.

917. Denn zanken, hadern und fich katzbalgen ift bäurifcher Leute Sache, der Ohrenbläfer und falfchen Angeber Art ift, fchmähen und fälfchlich angeben.

Der unnützen Wäfcher (Schufte) und Spaßvögel necken und fpotten (aushöhnen), der Böfewichte (der Schelme) läftern, mit ehrenrührigen Worten angreifen und Schmach anthun. [68])

Unter der ftrengen Durchführung des Grundgedankens hatte dann allerdings fowohl die Sprache, als auch der Inhalt zu leiden. Um Alles zu geben, gab der Verfaffer in den Kapiteln 55—85. über Geburt der Kinder und über die Keufchheit manches, was der kindlichen Phantafie nicht nützen kann und in mehreren Kapiteln kommen Benennungen unäfthetifcher Gegenftände und Vorgänge, auf die man ganz gut hätte verzichten können. Andererfeits mußte er bei vielen Benennungen, wo die claffifche Sprache mit ihrem Wortfchatz nicht zu Gebote fteht, zu Wortbildungen greifen, die wohl auch Bodinus anempfohlen, die aber die Freunde der reinen Latinität zu feinen Feinden machten. [69]) Daß der Grundton, der durch das Werk geht, ein fittlich ernfter und tief chriftlicher fei, braucht wohl kaum hinzugefügt werden. Der Erfolg des Werkes war, wie er nach 25 Jahren erzählt, [70]) einer, wie er fich ihn nicht habe vorftellen können; es gefchah, daß das Werk mit einem Beifall der ganzen gebildeten Welt aufgenommen wurde. Es beweifen dies viele fehr gebildete Männer der verfchiedenften Völker, theils durch an den Verfasser gerichtete Briefe, theils dadurch, daß sie Übersetzungen (wie wetteifernd) in die Muttersprachen unternahmen. So dehnte sich der Kreis seiner Bekannten über die ganze gebildete Welt aus und Lobsprüche dienten ihm zum Sporn und zur Freude zugleich. In demselben Jahre erfolgte noch die Herausgabe von „Labyrinth der Welt und Paradies des Herzens.[71]) Die Vorrede zum Leser, die kurze Andeutungen über das höchste Gut, über das Verhältniß der beiden Begleiter des Pilgers zu einander gibt, stammt wahrscheinlich auch aus der Zeit der Veröffentlichung. In diesem selben Jahre wurde ferner der II. Theil der Praxis Pietatis veröffentlicht. Dieser Theil beschäftigt sich mit der Kunst der christlichen Betrachtung, schildert ihren Nutzen (I.), Ort und Zeit und andere bestimmende Umstände (II.—XII.) ihre Gegenstände, die hauptsächlich fromme Fragen bilden sollen: Gottes Wege muthwillig zu prüfen, sei nicht gerathen, hingegen wohl theologische Materien (XIII—XVIII.). Betrachtung werde durch ein Gebet eingeleitet. Ihr psychologischer Gang ist (XX.) von den Sinnen in die Vernunft, von der Vernunft ins Herz, vom Herzen in den Willen und es werden dabei 11 Punkte vor Augen zu halten sein.[72]) Eine nähere Ausführung dieser Punkte enthalten die folgenden Kapitel nebst der Mahnung, die Betrachtung möge in eine Ergebung in Gottes Willen endigen. Zwei Beispiele einer ähnlichen Betrachtung über den Tod und über die Ewigkeit dienen zur Veranschaulichung der gebotenen frommen Regeln.

Das Buch wurde von einem Gedichte M. Georg Colsinius eingeleitet, in dem derselbe theils das Buch selbst preist, theils den Übersetzer. Über das Buch selbst sagt er: „Crede mihi sanctos, praeter sacra Dogmata, Libros Huic peperere Libro tempora rara parem" und dem Übersetzer ruft er zu:

„I præ Comeni, Pietati juncte Deoque.
I duce te pulsos nos juvat esse pios.
Perge pios vulgare Libros prodesseque perge
Namque hodie multi sunt „quasi Posca Libri."

Wir führten diese, nicht gerade classischen Verse nur auf, um das Ansehen, das Comenius bei seinen Glaubensgenossen hatte, zu illustrieren. — Die Siege der schwedischen Waffen, denen sich noch im selben Jahre die Sächsischen angeschlossen und die Ermahnungen vieler gelehrter Männer beschleunigten die zwei parallel laufenden Strömungen der Thätigkeit des Comenius. Nach einem Briefe an Mochinger, der die deutsche Übersetzung der Janua auf sich genommen hat, hätte er die polnische und böhmische Bearbeitung selbst zu besorgen die Absicht gehegt, dagegen wissen wir, daß die polnische Übersetzung vom Rector der Schule Wengersky stammt. Überhaupt wurde er von allen um Exemplare der Janua gebeten;[73] trotzdem er am Schluß der Vorrede zu derselben die Buchdrucker ersucht, das Buch ohne sein Wissen ja nicht nachzudrucken, geschah dies dennoch an sehr vielen Orten. Man verlangte ferner von ihm das in derselben Vorrede versprochene Lexicon und auch die Abfassung allerlei anderer Werke, so daß er schon aus diesen Gründen keine Ruhe genießen konnte. Das Thor der Sprache wurde für seinen Verfasser ein Thor des Ruhmes, aber stets angepocht und von Neuem geöffnet, ließ es den Verfasser durchaus nicht auf den Lorbeeren ruhen.

VII.

Aussichten auf Heimkehr. Die Didaktika.

Aber noch mächtiger als die durch die literarischen Verbindungen geweckte Unruhe war jene, die der Gedanke an die nahe
Heimkehr verursachte. Als sich den Kriegsscharen des Kurfürsten
von Sachsen das Vaterland der Exulanten öffnete und das goldene
Prag nach kurzem Widerstande seine Pforten aufthat, da dachten
die Vertriebenen eben auf eine dauernde Rückkehr, wie sie das Exil
immer nur für zeitweilig betrachtet hatten. Da entstammte des
Comenius Feder eine kurze Schrift: „Einige Fragen über
die Unität der böhmischen Brüder," [1] die, mit einem für
die Vergangenheit offenen Blick Anweisungen für die baldige
glückliche Zukunft gibt. Die Frage des Seins oder Nichtseins
wird hier aufgeworfen und ein entschiedenes Ja ist die Antwort
des edlen und hingebungsvollen Repräsentanten seiner Kirche. Die
Fragen sind die folgenden: Was ist die Unität? Ob es nöthig
sei, um deren Aufrechterhaltung zu sorgen? Ob es sich zieme,
auch an deren Ausbreitung zu denken? Auf welche Weise dies
geschehen könnte? I. „Die Unität ist der Zusammenschluß von
Kirchengemeinden und deren Diener von einer gewissen Anzahl
und die gegenseitige Verbindung zur gemeinsamen und einmüthigen
Wahrung der Reinheit in der Lehre und der Frömmigkeit im
Leben, und der Ordnung und des Gehorsams in beiden: so daß
alle von einander wissend, auf sich acht gebend, sich gegenseitig
liebend und dem Bedürfnis nach belehrend, tröstend, mahnend und
verschiedenartig rettend, dadurch dem Selbstaufgeben, Verirrungen
und Ärgernissen vorbeugen und bei sich gegenseitig alles Gute ausbilden." Um bei der menschlichen Schwäche diesen Zweck erreichen
zu können, dazu nimmt man die heilige Zucht zu Hilfe. Eigentlich

sollte die ganze Christenheit eine solche Unität sein, wie sie es anfangs war: der Antichrist hat aber alles unter seine tyrannische Gewalt gestellt, gegen den wohl Luther auftrat, jedoch mehr gegen die Irrthümer, als gegen die Unordnungen ankämpfend, weshalb es bei seinen Nachfolgern keine Ordnung gebe. Die Vorgänger der Brüder nun haben der Reinheit der Lehre und des Lebens durch die Zucht einen Schutzwall Schranken gesetzt und so geschah es, daß die Brüder jetzt Reinheit in der Lehre ohne Zerwürfnisse, Einheit in den Ceremonien ohne Unterschiede, Frömmigkeit im Leben ohne schwere Ärgernisse ihr eigen nennen, und daß trotz verschiedene Feinde die Unität noch immer ohne Risse, wie keine zweite Kirche bestehe. II. Um die Unität, einen so theuern Schatz, ist gewiß Sorge zu tragen, wie dies die Väter gethan und um so ernstere Sorge, als die Unität sehr gesichtet, mit andern vermischt sei, so daß man den Untergang der Unität befürchten muß. III. Aber nicht nur erhalten, auch ausbreiten muß man die Unität nicht nur, weil alle Naturerscheinungen und Beispiele Christi und der Apostel dazu anspornen, sondern weil jede Sache, die nicht wächst, untergeht, wie dies auch das Beispiel der Ahnen beweise. IV. Diese Erhaltung und Ausbreitung könnte auf zweierlei Weise geschehen, entweder durch eine Vereinigung mit anderen Gemeinschaften, oder durch wahre Erneuerung der Eigenheit der Unität, durch deren Abgrenzung und Befestigung darin. Eine Vereinigung mit anderen Brüdern, die dieselbe reine Lehre bekennen, und sich nur durch die Kirchenordnung von uns unterscheiden, hätte 3 Vorzüge mit sich: so käme das unter dem Antichrist stöhnende Volk leichter zur Wahrheit Gottes; damit wäre den anderen Brüdern, den Orthodoxen, geholfen, daß sie auch zu einer Ordnung gelangen, und schließlich wäre dann auch die Kirchenordnung leichter einzuhalten, wenn sie allgemein wäre und es nirgendshin eine Zuflucht vor ihr gebe.

Zu dieser Vereinigung müßten die Stände verhelfen, da, wer immer auch der König werde, man wahrscheinlich zu Rudolfs Majestätsbrief zurückkehren werde, welcher an die Stände gerichtet sei. Wenn die Stände vermitteln werden, so werden sich die beiden Gemeinschaften ihre Kirchenordnungen gegenseitig mittheilen, sich über deren etwaige Ergänzungen aussprechen; es wird sich gleich ergeben, was man auszugleichen habe, und so ist Hoffnung, daß nicht vieles, vielleicht nichts, stören werde, besonders falls die Conformität aller Agenden und Ordnungen in Polen und Litthauen vorher beendet sein und das Beispiel der dortigen Evangelischen den Böhmischen die Größe der damit verbundenen Wohlthaten zum Bewußtsein bringen wird. Aber auch der Mißerfolg der Verhandlungen wäre ersprießlich, da dann die Unität gemeinsam mit Anderen ihre Freiheit befestigen, sich umso kräftiger ausbilden und den Anderen Männer und Bücher liefern könnte. Für diesen Fall ist also noch besonders zu erwägen, wie man die Unität kräftigen solle. Ihre Kraft war in der Vergangenheit eine innere und eine äußere; die innere lag in dem Fleiß beim Volksunterrichte, wahrer christlicher Frömmigkeit, gemeinsamer Ordnung und Gehorsam und Zucht. Die äußere bot das ruhige Betragen gegenüber Andern: die Publication nützlicher Bücher, und die Beschützer und die Patrone aus dem Herren- und Ritterstande. Zu ihrer Schwächung gereichte der Mangel an literarischer Bildung und Schulen, das Entstehen anderer Lichter, der lutherischen und orthodoxen Reformation, und die große Armuth. Daß sie nicht einmal in ihrem Umfange aufrecht geblieben ist, davon war die Hintansetzung des Hauptsächlichen, nämlich der Frömmigkeit, Ordnung und Zucht die Ursache. Die Kraft anderer Gemeinschaften weist auf den Werth der Schulen und des Schutzes der Obrigkeit hin, hieraus folgt, daß die Unität alle hier aufgezählten äußeren und inneren Vortheile, die hiemit ihre Stärke in der Vergangenheit waren, in der Zukunft noch mehr sich zu eigen mache, besonders aber, habe man für Errichtung von Schulen zu sorgen und zwar, sowohl böhmischer als lateinischer Schulen. Ein jeder dieser Punkte erheische besondere Beachtung und Darlegung, vor allem solle man von Gott im Gebet Rath holen und vielleicht ein solches auch unter der Geistlichkeit anordnen.

Von allen diesen acht Punkten legte der Verfasser seit langem die größte Wichtigkeit dem letzten, der Errichtung von Schulen, bei, und aus dieser Anschauung war bereits in Böhmen 1627 eine Schrift über den Unterricht entstanden und in Lissa umgearbeitet worden. Die indessen veröffentlichten didaktischen Schriften gaben wie erwähnt neue Anregung, und die Hoffnung auf die Wiederkehr

ins Vaterland neue Luft und Kraft. So werden wir denn
die Abfassung der Did_aktik in diese Zeiten freudiger Erregung
setzen, ohne den Zeitpunkt genau bestimmen zu können,[2]) wie
denn bei der Betrachtung des Inhalts der Didaktik des Autors
chiliastische Erwartungen sogleich ins Auge fallen. So sagt
schon der Titel, die Schrift gebe Anweisung zur Erlernung
alles dessen, was für das gegenwärtige und zukünftige Leben gehört,
damit der Mensch für beide Leben ausgerüstet sei. Dies spricht
ausdrücklich auch die an die böhmische Nation gerichtete Vorrede aus.

Diese erzählt die Wohlthaten, die Gott dem menschlichen
Geschlecht, sowohl durch das Versetzen ins Paradies, als auch durch
die Sendung Christi erwiesen hat, und wie doch das menschliche
Geschlecht alles verkehrt habe. Die Klugheit, Vorsicht, Wahrheit,
Aufrichtigkeit, Gunst, Zutraulichkeit, Eintracht, Gerechtigkeit, Keuschheit, Wahrhaftigkeit, Demuth, sie machten in der menschlichen Seele
entgegengesetzten Eigenschaften Platz, und was gutes auch da sei, ist
nicht geordnet, nicht fest, nicht vollendet, wie dies jene, die nicht
durch die Brillen der Meinung, sondern mit einem hellen Blick
der Verständigkeit die eigenen und fremden Verhältnisse betrachten,
klar sehen. Da hat man zweierlei Trost: das Versprechen, dass
Gott für seine Auserwählten wieder ein Paradies bereite und die
Erfahrung, dass er auch auf Erden zuweilen aus der Wüste eine
fruchtbare Pflanzstätte zu schaffen pflege, wie nach der Sündfluth,
nach Überführung seines Volkes nach Egypten, und in vielen anderen,
ausdrücklich genannten Fällen. „Die berühmteste Erneuerung versprach
er uns jedoch nach dem Verderben des geistigen Babylons, der Herrschaft des˙ Antichrists. Worüber wir viele reiche Verheißungen
besitzen, wie alle Reiche unter dem Himmel Christus übernehmen
werde, alle Völker ihm zu dienen anfangen, alle Könige ihre Kronen
vor ihm ablegen und der Satan, gefesselt, die Völker durch
tausend Jahre nicht verletzen werde, wie das Evangelium allen
Völkern gepredigt, Friede auf der ganzen Erde herrschen, dass ein
Volk gegen das andere nicht aufstehen und die ganze Erde mit
Gottes Kenntniß erfüllt werde, wie mit den Wässern; wie alle
von Gott unterrichtet werden — und wie es mehrere ruhm-
volle göttliche Versprechen gebe, welche auf diese Zeit fallen

deren Erfüllung wir bereits mit seligen Augen zu schauen anfangen." Es liegt an uns, Gott in diesem Vorhaben entgegenzukommen, und davon lehrt die heilige Schrift, daß es unter dem Himmel keinen besseren Weg zur Verbesserung unserer Verirrungen gebe, als die gute Erziehung der Jugend, wofür noch andere Beweise und Sprüche aus der h. Schrift zum Zeugniß angeführt werden. Nun ist es eines jeden Pflicht mit Rathschlägen hervorzutreten, wie man dies beginne, und so legt der Verfasser, durch Gottes Geist geweckt, seine Anleitung zur Beurtheilung vor.

Er theilt seine Anleitung in zwei Theile; der erste Theil, Didactica generalis, zeigt, worin die Seligkeit der Menschen bestehe und wie man sie erreiche; der zweite Theil zerfällt in zwei Abtheilungen, deren erste die bis zum achtzehnten Lebensjahre nöthigen Bücher enthält, die zweite aber für die Eltern und Lehrer den Gebrauch jener Bücher erklärt. Nach der Vorrede folgt in einem besonderen Abschnitt der Nachweis, wie diese Anleitung den Eltern, den Kindern, der Schule, den Gemeinden, der Kirche, der ganzen Nation, dem Himmel zum Nutzen komme. Wie man diesen Abschnitt für eine Arbeit Andreäs[3]) hat halten können, ist mir nicht klar. Daß der Verfasser Comenius ist, das zeigt die klare Hinweisung auf das böhmische Volk, und daß es nicht eine Arbeit Andreäs ist, beweist der Umstand, daß sie in der späteren Umarbeitung vielfach verändert erscheint.

Eine darauf folgende kurze Vorrede an den Leser nennt die Quellen. Die erste ist Ratich, dann Rhenius, Helvicus, Elias Bodinus und St. Ritterus, Glaumius, Johann Vogel und besonders Andreä, J. C. Frey. Das Bewußtsein des eigenen Werthes hat der Verfasser inne, indem er sagt, ein Vergleich mit diesen werde ergeben, alle „fundamenta e naturæ abdito eruta nostra sunt", wie auch „specialissima omnium dispositio". — „Alii præscribendis tantum regulis et prodendis particularibus observationibus occupati fuere." In der Muttersprache schreibe er das Werk, weil er es für seine Nation schreibe, andere haben ohnehin Leute, die sie erwecken, ermahnen und bilden. Der Umfang soll der Wichtigkeit des Gegenstandes angemessen sein, und wenn der Verfasser so viel Jahre, Tag und Nacht, auf die

Arbeit angewandt, möge auch der Leser die einigen Stunden zum Durchlesen derselben nicht bereuen.

Bei den nun folgenden Titeln der dreißig Kapitel, fehlt die Eintheilung einer allgemeinen und einer speciellen Didaktik; es wäre auch schwer dieselben nach den obigen Definitionen durchzuführen; denn soll die allgemeine Didaktika nur die Grundzüge der Seligkeit enthalten, so dürfte man dazu nur die sechs ersten Kapitel rechnen, während der zweite, specielle Theil, die letzten zehn Kapitel enthielte. So muß denn der Begriff des allgemeinen Theiles auf den heutigen Sinn des Wortes ausgedehnt werden; dann sind die 20 ersten Kapitel demselben zuzurechnen. Die detaillierte Beschreibung und Würdigung des Inhalts der Didaktik muß speciellen Schriften überlassen werden; eine Durchsicht der Grundprinzipien und eine kurze geschichtliche Charakteristik derselben, soll den Leser zum Studium der Schrift anregen.

I—VII. Der Mensch, das vollkommenste Geschöpf, hat ewige Seligkeit mit Gott zum Zwecke, so ist denn dieses irdische Leben nur eine Vorbereitung für das ewige, welche dadurch, daß man sich selbst (und dabei alles andere) erkenne, sich regiere und zu Gott richte, geschehen soll; so soll der Mensch ein vernünftiges Geschöpf, der Herr der Geschöpfe und Gottes Ebenbild werden. Die Grundlage für diese Bestimmung hat der Mensch in sich von der Natur, es muß aber die Übung dazu kommen, welche am besten, ja eigentlich nur in der Jugend erfolgen kann.

VIII.—XV. Nun empfiehlt sich aus vielen Gründen ein gemeinsamer Unterricht der Kinder, was zur Nothwendigkeit von Schulen führt, die allen Kindern ohne Unterschied des Standes, Vermögens und Geschlechtes (also auch dem weiblichen Geschlechte!) eröffnet werden sollen; darin werden den Schülern alle Wissenschaften, Tugenden, Frömmigkeit dazu die Eloquenz mitgetheilt. Solche Schulen gab es bisher nicht, die gegenwärtigen haben viele Mängel, besonders infolge der schlechten Methode. Dieselben sollen aber verbessert werden, wenn sie die Naturmäßigkeit zu ihrem Prinzip erheben. An einer guten Ordnung liegt eben das meiste, und dieselbe muß natürlich sein.

XV. Zum Faden für eine allgemeine Darlegung dieser Ordnung dient ein Ausspruch des Hippokrates, nach diesem entwickelt der Verfasser die Grundsätze der Lebensverlängerung, wobei auch die Diät und köperliche Übung zu ihrem Rechte kommen, dann in überaus reichhaltigen vier Kapiteln die Regeln der Sicherheit, der Leichtigkeit, der Ersprießlichkeit, der Kürze und der Schnelligkeit des Lernens; ein jedes Kapitel begründet seine Hauptwahrheit mit mehreren Abtheilungen, welche aus bestimmten Vorgängen in dem Naturleben allgemeine Prinzipien, die bisher im Unterricht vernachlässigt worden, ableiten.

XX—XXV. Sind so im allgemeinen die Regeln für das Unterrichtsverfahren festgestellt worden, erübrigt jetzt Erörterungen über die Methode der Wissenschaften, der Künste, der Sprachen, der Sittlichkeit, der Frömmigkeit zu geben; hier stellt der Verfasser auch die Forderung, daß man die heidnischen Schriftsteller aus den christlichen Schulen verbannen soll (XXVI). Gesetze der Zucht und (XXVII.) die Eintheilung der Schulen nach den vier Altern in Mutter-, Volks-, Latein- und Hochschulen schließen den eigentlichen theoretischen Theil. Mit XXVIII. Kapitel folgen praktische Erwägungen, die an die Schrift: „Fragen" ꝛc. anknüpfen. Die Schwierigkeiten der Errichtung solcher Schulen sind folgende: Wer soll sich der Sache annehmen, woher soll man die Mittel für die Schulen und Schulmeister nehmen, woher die Lehrer, die methodisch richtigen Bücher und wie soll man die ganze Jugend zur Schule halten, woher die Scholarchen? Was soll man mit den bereits Erwachsenen anfangen und wie soll man dem allen Festigkeit verleihen? Die Beantwortung gibt die Pflicht der Initiative der weltlichen und geistlichen Obrigkeit, die auch für die Kosten zu sorgen hat, die bei den Volksschulen ohnedem nicht allzugroß sein werden, denn stellenweise können auch Gewerbetreibende, Schreiber, Glöckner, die andere Bezüge haben, sich damit abgeben (p. 188), die lateinischen und Hochschulen erheischen allerdings mehr Aufwand, aber hier gibt es auch eine Erleichterung, denn die Schulen bestehen bereits größten Theils; dieselben haben auch ihre Einkünfte und diejenigen der Klöster mögen auch dazu genommen werden. Der Mangel an Lehrern, anfangs recht fühlbar, wird sich

mit der Zeit auch geben, jenem an Schulbüchern will der Verfasser selbst steuern. Daß man die Kinder alle zur Schule an-
halte, ist leicht zu erreichen, denn für die Mutterschule sorgt
das Informatorium, bis zum 12. Jahre kann das Kind zu Anderem
ohnehin kaum verwendet werden; die armen Kinder solle man theils
privatim, wo dies nicht ausreicht, öffentlich unterstützen, an den
Hochschulen besonders die Theologen und die Mediciner. An der Aufsicht
über die Schulen betheiligen sich die politischen und geistlichen
Behörden, ihre Wirkung erstreckt sich auf alle äußeren und inneren
Verhältnisse der Schulen. Die Bernachlässigten werden den Umständen nach zu den Anfängern genommen, denn es sei besser später,
als nie. Über die ganze Schulangelegenheit wird ein oberster
Bisitator der Schulen gestellt (entweder der Rektor der Prager
Akademie oder besser eine besondere Person), der alle Schulangelegenheiten zu beobachten, zu pflegen und zu entwickeln habe.

Diese Vorschläge dürfen keinen Aufschub erleiden, man darf
nicht sagen: „die Franzosen, Engländer oder Deutschen sollen anfangen: Seien wir nicht, seien wir nicht so träge, daß wir
immer nur nach Anderen schauen und Anderen von weitem nach-
kriechen. Andere sollen uns einmal vor sich sehen (p. 196).“ Denn
Mangel an Bildung war der Grund, weshalb fremde Nationen
die Böhmen unterdrückt haben; dem muß die Erziehung der Jugend
abhelfen, denn der Ruhm von Nationen und Geschlechtern, Städte
und Dörfern, Gemeinden und Kirchen hängt nur von gescheidten
und verständigen Männern ab (p. 197). Dies gebietet der Dank
gegen Gott, dem wir bei der wunderbaren Errettung nicht widrig
werden wollen, — ferner eilige Noth, denn die Jesuitenschulen
haben wieder Gift in die Herzen der Jugend eingepflanzt (p. 198)
und ein Aufblühen des Staatswesens und der Kirche ist ohne
wohlerzogene Generation undenkbar. Schließlich gebietet dies uns
auch die gute Gelegenheit, da des Antichrist' Nester, die Jesuiten-
Schulen und Klöster, ausgeleert und die Gebäude und Örter, die
Einkünfte, die man als Aufwand werde benützen können, wohl
bewahrt sind, so daß das ganze Land mit gelehrten und nützlichen
Menschen bevölkert werden könne. — Es sage niemand, es sei
für das Bolk überflüssig, zu lernen und zu philosophieren, dies wird

eben das Paradies der Wonnen bieten, wie es nur eins unterm Himmel geben kann.

Einer Ermahnung an die Eltern, die Lehrer, die Gelehrten überhaupt, den allen die Sorge für die Schulen obliegt, schließt sich jene an die Seelsorger und die Obrigkeiten an, die gebeten werden nicht auf den Aufwand zu schauen, vielmehr zu bedenken, welcher Tyrannei sie Gott entrissen habe, wie er nicht den zehnten Theil dessen fordere, was jene gefordert hat. Bei einer Rückkehr auf ihre Güter mögen die Herren Jenen, die zu den Gütern Gottes zurückkehren, das gönnen und dazu helfen, dass sich in denselben Gottes Jugend, wie die Blüthen vermehre. Eine Conclusion erbittet darauf den Segen Gottes.

Man sieht, die großangelegte Schrift entstammt unmittelbar einer patriotischen Gesinnung, die bei der Aussicht auf Wiedergewinnen des Vaterlandes in heller Freude entbrannt war. Diese war es, die ihren Verfasser Tag und Nacht nicht ruhen ließ, und zum Entwurf für die Wiederherstellung des veröbeten Landes antrieb. Dies Vaterland sollte allerdings ein evangelisches werden, mit einem Oberhaupte dieser Religion, die vaterländische Sprache eine hohe Blüthe, und mit ihr das Volk eine Stufe in Kenntnissen, Sitten und Frömmigkeit erreichen, die das von Gott vorbereitete Paradies in diesem Lande verwirklichen helfen wird. Denn dass dies bevorstehe, ist nach Gottes Zeugnissen sicher. Die Erziehung (deren Gesetze hiemit zur Wissenschaft organisiert werden) soll demnach theils dem Werke Gottes, theils dem Wohle der Nation helfen, und wer würde leugnen, dass der Verfasser hier als Patriot und als Pädagog mit der Innigkeit und Gewalt seiner Gesinnung und mit seinem sittlichen Charakter fast ohne Gleichen da steht? Denn wo war ein Patriot vor ihm, der so den Werth der Schulen gewürdigt und sich in ihre Aufgaben so vertieft hätte? Und wo einer von den vielen Didaktikern, dem es in dieser Weise, wie ihm, um sein Volksthum und dessen Aufblühen zu thun war? Die Ankündigung einer einheitlichen nationalen Schulverwaltung, die die Unterrichtsverhältnisse planmäßig immer einer höheren Entwickelung zuzuführen habe, auf dass das Volk der Herrschaft der Fremdlinge loswerde, ist ein moderner Gedanke, in seinem Zielbegriffe, wie auch seinem Inhalte nach, und zeigt den großen Mann auch als einen Vorkämpfer der Nationalitäten-Idee, fast zwei Jahrhunderte vor ihrem Aufblühen. Dieser patriotische Zug des Autors war, wenn auch weniger bewußt, als ein Merkmal seiner Kirchengemeinschaft, wie das bereits dargelegt worden, mit seinem Glauben im Innern völlig verwachsen, doch tritt dieser letztere in der Entwickelung der Gesetze der Erziehung auch sonst überall deutlich hervor. Wir müssen hier allerdings einen Unter= schied machen. Das evangelische Bewußtsein verbunden mit der patriotischen Gesinnung erscheint als die persönliche Quelle des Werkes; die Frömmigkeit, ohne confessionelle Färbung, bestimmt ihn, dem Werke selbst, den theoretischen Ausführungen, also auch dort, wo schon das persönliche Moment des Verfassers völlig verstummt, eine wahrhaft religiöse Grundlage zu geben.

Waren die vorausgeschickten Bemerkungen bestimmt, den sittlichen Hintergrund der Abfassung der Schrift zu würdigen, so fordert der Inhalt des Werkes eine sachliche Würdigung. Hier möchten wir die beiden Gesichtspunkte, auf welche die Vorrede hindeutet, in Betracht ziehen, sowohl die Gesammtheit der Grund= principien, als auch die specielle Darlegung und Anwendung der= selben. — Das erstere führt zu der Bemerkung, daß diese Schrift zum ersten Male das eigentliche System der Erziehung entwickelte. Didaktische Systeme gab es wohl seit Bonnäus, aber dasjenige der Didactica Magna ist ein pädagogisches System, mit seinen ersten Capiteln dem Gebiet der Ethik angehörig. Und das Ziel, die Mittel, das Verfahren des Unterrichtes, wie die Detail= lierung der allgemeinen Gedanken verbinden sich alle zu einem einheitlichen großen System."

Um zunächst den Gedanken des Autors über das Ziel des Menschen richtig zu verstehen, muß man bedenken, daß ihm jene Seligkeit mit Gott, nicht so ferne, überirdisch wie uns erschien: war doch das Wiedererscheinen Christi nur eine Frage der Zeit. Die Auf= gabe dieses Lebens, eine Vorbereitung für das ewige zu sein, wird gelöst, wenn man laut den Worten Gottes, die er an den erschaffenen Menschen richtete, (daß er Gottes Werke erkennen und benennen, deren Vortheile mit Maß genießen und sich als sein Ebenbild zu

Gott wenden solle), Kenntnisse, Sitte und Frömmigkeit ausbilde und pflege. Wozu Gott ein Wesen erschuf, dazu impfte er in dessen Natur eine Fähigkeit ein, daß keines mit Gewalt und ungerne das sei, was es ist, sondern gerne; weil aus den in dasselbe gelegten Wurzeln alles wächst, was herauszuwachsen hat (p. 29.). So sind denn auch in den Menschen die Wurzeln zur Erreichung jenes Zweckes gelegt, und es ist nur nöthig, die Wurzeln vom Verderben zu bewahren, um die Aufnahme und das entsprechende Heraustreiben der Zweige, sowie eine kraftvolle Ausbreitung und erfolgreiches Aufblühen der Früchte zu fördern. Diese Allegorie ist beinahe die einzige Umschreibung des Verhältnisses, in welchem die Erziehung zu den Fähigkeiten und zu dem Endziele steht; eine eigentliche Definition der erzieherischen Thätigkeit finden wir gar nicht, und auch die ferneren gehaltreichen Erörterungen klingen, um einen grammatischen Terminus zu gebrauchen, wie die Themen nicht eines aktiven und nicht eines passiven, sondern eines medialen Zustandes.

Diese Übung des Menschen, die die Gaben zur Reife entfaltet, geschieht am besten in der Jugend, gemeinsam, in den Schulen, alle Jugend soll darin ausgebildet werden, auch das weibliche Geschlecht. Alles soll darin unterrichtet werden, folglich die Eintheilung der Disziplinen geschieht nach den 3 Haupterfordernissen der menschlichen Bestimmung. Das wissenschaftliche System ist das folgende:

I. Zu den Kenntnissen oder zur Erleuchtung ist nöthig:

A.) Zu kennen den Unterschied der Dinge, die wesentlich sind, diese sind:

    a) geistig — darüber die Theologie;

    b) körperlich — die Physik;

zufällig, hieher gehört:

    1.) Die Zahl: Arithmetik;

    2.) die Größe: Geometrie;

    3.) die Gestalt: Optik;

    4.) der Ton: Musik;

    5.) allerlei Werke: Mechanik;

    6.) Ort: α) höherer: Astronomie, β) niederer: Geographie;

7.) die Zeit der Welt: *α*) Der Zeitlauf selbst: Chro-
nologie; *β*) deffen verschiedene Ereignisse: Geschichte.

B.) Die Art darüber zu denken: Didaktik.

II. Zur Kenntniß der **Tugenden** ist nöthig die Kenntniß:

1.) Sich selbst tugendhaft zu benehmen, die Ethik;

2.) in der Gesellschaft: *a*) häuslich — Ökonomie,
b) öffentlich — Politik.

III. Worin die **Frömmigkeit** bestehe, darüber lehrt die
Praxis Theologiae.

———

Daneben ist die Eloquenz zu pflegen:

A. *a*) Mit der Zunge, das heißt: sprechen; *b*) mit der
Feder: schreiben.

B. *a*) Eigentlich: Grammatik; *b*) zierlich: Rhetorik,
Poetik; *c*) kraftvoll: Oratoria.

C. Mehrere Sprachen: *a*) Muttersprache; *b*) fremde Sprachen,
der Gesellschaft der Völker halber: Wegen der Nachbarschaft
deutsch; wegen des Verkehres mit anderen Völkern lateinisch;
wegen der göttlichen Bücher hebräisch und griechisch.

Daß es solche Schulen bisher nicht gab, beweist ein Blick
auf die vielen Schattenseiten der Schulen; Wenn es vielleicht in
dem ersten Augenblick undenkbar scheine, dieselben reformieren zu
können, so bedenke man, welche Erfindungen bisher schon gemacht
seien, und man habe vor den Augen, daß es sich hier nur um
etwas Natürliches handle. Dagegen wird wohl die Verschiedenheit
der Anlagen betont, welche die Gemeinsamkeit des Unterrichtes
unmöglich mache; allein man bedenke, daß alle Leute dennoch eine
menschliche Natur haben, daß alle zu einem Ziele erzogen werden
sollen, daß die eigentlichen Abweichungen von der Einheit nichts
seien, als Abnormitäten des Gehirns.

Für diesen Unterricht gibt den richtigen Weg, die Ordnung
an, deren Wichtigkeit an 12 Beispielen nachgewiesen wird. Man
habe die Zeit, die Dinge und die Art und Weise des Vortrages
gut und entsprechend zu ermessen, und wir werden dieselbe Wirkung

der Ordnung auch an dem Unterrichte wahrnehmen, die in der Druckerei, oder bei der Uhr so schöne Resultate hervorbringe.

Für dieses Vorgehen gilt die Regel, daß die Kunst die Natur nachzuahmen habe, weil wir eben die Natur verbessern wollen. Für die Beleuchtung dieser Vorgänge ist die Vergleichung der Vernunft mit dem Auge sehr ersprießlich (p. 78.) und aus diesem einen Vergleich folgen bereits einige wichtige Regeln, allein es ist nöthig, dieselben feiner und ausführlicher darzulegen. Einen Stützpunkt für dieselben gibt die Aphorisme des Hippokrates, nach der man im allgemeinen 5 Hindernisse der Bildung schmerzlich empfinden müsse: die Kürze des Lebens, die Länge der Kunst, die Raschheit des Augenblicks, die Unsicherheit der Erfahrung, die Schwierigkeit der Beurtheilung; nach diesen Gedanken geben die fünf folgenden Kapitel, Rathschläge, die dem, gegenwärtig allgemeinen Unglück bei der Erziehung, speciell Unterricht, vorzubeugen lehren. Wir heben vor allem die Betonung der Körperpflege, welche im Dienste der Lebensverlängerung steht, hervor; die Fülle von didaktischen, methodischen Ideen, welche die folgenden vier Kapitel entwickeln, könnte nur durch eine Aufzählung aller der Gesetze gezeigt werden. Es werden hier die Anschaulichkeit, die Stufenfolge, Spontaneität, als die drei großen Unterrichts-Principien in vielfacher Detaillierung gefordert; die Darstellung geht immer von einem natürlichen Vorgang auf das Schulleben über, zuerst das Verkehrte der bisherigen Praxis und darauf das Richtige zeigend. — Der Reichthum der Beobachtungen und die pädagogische Begabung des Verfassers strahlt aus diesen vier Capiteln am glänzendsten hervor. — Es sei hier nur die Begründung der Natürlichkeit, als der Norm des Lehrverfahrens, mit einem Theile der Anwendung mitgetheilt, das Übrige möge der freundliche Leser selbst nachschlagen.

Das Lernen ist dem Menschen natürlich, leicht und lieb, weil Gott dazu nicht nur die Mittel, sondern auch die Lust gegeben hat. Denn das Lernen der Kenntnisse ist nichts als an- und durchschauen; das Lernen der Thaten ist nichts als sich angewöhnen, das Lernen des Sprechens ist nichts als sich einem Anderen mittheilen. Nun ist dem Menschen natürlich, seine Sinne an angenehmen

Dingen zu weiden; dem, was er sieht, Ähnliches zu versuchen und sich im gemeinsamen Verkehr mitzutheilen. Da das Lernen sonach ein natürlicher Vorgang ist, muß man prüfen, wie die Natur verfährt, wenn sie etwas schafft.

Es mögen hier nur die allgemeinen Erfordernisse des Lehrens und Lernens zusammengestellt werden, d. h. wie man mit Zuverlässigkeit lehren und lernen könne, damit der Erfolg nicht ausbleibe. Man halte sich an die folgenden Grundsätze der Natur:

1. Die Natur achtet auf die passende Zeit.

2. Die Natur bereitet sich den Stoff, bevor sie beginnt ihm Form zu geben.

3. Die Natur wählt sich für ihre Thätigkeit ein geeignetes Subjekt, oder richtet es doch vorerst in passender Weise zu, um es hiezu geeignet zu machen.

4. Die Natur verwirrt sich nicht in ihren Werken; sie geht, das Einzelne wohl unterscheidend, vorwärts.

5. Die Natur beginnt jede ihrer Verrichtungen von innen heraus.

6. Die Natur beginnt ihre Bildungen mit den allgemeinsten Umrissen und hört bei den Einzelheiten auf.

7. Die Natur macht keinen Sprung, sie geht stufenweise vor.

8. Wenn die Natur anfängt, so hört sie nicht auf, bis die Sache vollendet ist.

9. Die Natur vermeidet sorgfältig Gegensätze und Schäden.

So gibt das XVII. Capitel 10 Grundsätze der Leichtigkeit des Lehrens und Lernens, das XVIII. Capitel ebenfalls 10 Grundsätze der Gediegenheit und das XIX. Capitel 8 der abkürzenden Schnelligkeit beim Unterrichte.

Die specielle Didaktik hebt mit einer Methode der Wissenschaften an (XX.). Dem Jüngling, der in die verschlossenen Tiefen der Wissenschaften eindringen will, hat sie viererlei zu leisten: er soll ein reines geistiges Auge haben, es sollen ihm Gegenstände des Wissens zugeführt werden; es soll Aufmerksamkeit vorhanden sein; eines soll ihm nach dem anderen passend zur Anschauung vorgelegt werden. Dabei ist der Verstand zu erleuchten und das Gedächtniß zu schärfen. Zu letzterem Zwecke ist das Zeichnen,

Notieren und Repetieren dienlich, u. zw. das Repetieren sowohl zu Hause als auch in der Schule. Nach einer kurzen Anleitung für die Künste folgt eine besonders wichtige für den Sprachunterricht.

Wie wir bereits gesehen, gehört zu den Kenntnissen, Tugenden und der Frömmigkeit noch als Zierde und Krone die Eloquenz, die dazu dient, dass der Mensch über alles das, was er weiß, zu seinen Lieben ergreifend sprechen, und sie damit bilden könne. Nun gehört es zur Eloquenz, dass man die Gedanken ausdrücken könne: a) mit der Zunge, b) mit der Schrift, wie dies oben auch detailliert wurde.

Das Hauptprincip für das Lehrverfahren in den Sprachen finden wir Capitel XIX., 6, wo gesagt wird, man müsse die Dinge und die Sprache zusammenführen, wie den Wein mit dem Faß, das Holz mit der Rinde, das Obst mit seiner Schale. Was die Schüler hören oder lernen, müssen sie sogleich verstehen, und was sie sehen, wahrnehmen, sollen sie sogleich benennen, mit Wörtern bezeichnen, damit der Verstand und die Zunge auf einmal geübt werden.

Nun wäre das ganze Verfahren sehr einfach, wenn man die Erkenntniß der Dinge mit dem Sprachunterrichte verbinden könnte oder wenigstens die Sprachen auf einmal lernte. Es geschieht aber gewöhnlich, dass man die Dinge schon kennt, wenn man zum Erlernen einer Sprache schreitet; und so ist es nöthig, bei einem jeden Sprachunterricht vier Zeitalter zu unterscheiden:

1.) Das Säuglingsalter, in dem man überhaupt;

2.) das Kindesalter, in dem man im eigentlichen Sinne (proprie);

3.) das Jünglingsalter, in dem man schmuckvoll;

4) das Mannesalter, in dem man kraftvoll und ergreifend schreiben und sprechen soll.

Eine Anwendung dieses Princips sieht man am besten an dem Unterricht in der lateinischen Sprache. Derselbe geht durch die vier Stufen, indem er beginnt:

1.) Mit dem „Rudimenta" oder „Tirocinium." Es enthält einige Hunderte der gewöhnlichen Phrasen (überall mit mutter-

sprachlichem Text) eine kleine, in der Muttersprache verfaßte Unter=
weisung über das Lesen, die Aussprache, dann die Declination
und Conjugation lateinischer Wörter. Man liest den Text dreimal
durch, um sich an das Lesen und die Aussprache zu gewöhnen,
dann übt man, stückweise memorierend, die Declinationen und
Conjugationen ein, zum Schluß das ganze auswendig sprechend,
wobei die Zunge im Lateinischen schon geläufig wird.

2.) Nach zwei Monaten kommt man zum seminarium
linguæ latinæ. Dasselbe soll alle Wörter der lateinischen Sprache
(im zusammenhängenden Text) mit einer Übersetzung, einer aus=
führlichen Grammatik und einem Lexikon enthalten. Der Text wird
gelernt und mit Hilfe der Grammatik und des Lexikons aus dem
Lateinischen in die Muttersprache und umgekehrt übersetzt, und nach
neun Monaten sieht man, daß sich die Kinder die Sprache an=
geeignet haben.

3.) Zum zierlichen Latein führt das Viridarium (oder Flo=
rilegium) enthaltend Dialoge über alles, was im Seminarium
vorkam, aber in erweiterter Form, mit mannigfaltigeren gram=
matischen Redeweisen und rhetorischen Figuren. Man fügt statt
der Regel eine Erörterung über lexikalische, grammatische, historische
und poetische Schönheiten der Sprache bei, d. h. über die Idiotismen,
grammatische Figuren, Adagia und den Rhythmus mit dem Metrum.

4.) Zum Schluß soll der Thesaurus oder das Viridarium
universale neue Gesetze über den Reichthum und die Vorzüge der
Sprache enthalten, zugleich werden die lateinischen Autoren zur
Hand genommen, aus denen man die Kraft und Vollkommenheit
der Sprache erlernt.

Auf diese Weise hat man auch die deutsche und böhmische
Sprache zu lehren. Für die anderen Sprachen wird man an die
methodischen Versuche Anderer gewiesen; in allen Methoden muß
aber das Üben des Gedächtnisses, das besonders in der Jugend
geschehen soll, eine sehr wesentliche Forderung bilden. Für das
Erlernen einzelner Wörter, Ausdrücke und Phrasen ist der beste
Weg, daß man aus dem Lateinischen in die Muttersprache, bald
nachher, den Autor beiseite gelegt, aus der Muttersprache ins

Lateinische übersetze, im letzteren Falle die Übersetzung aus dem
Autor corrigiere.

Der gesammte Unterricht ist daselbst auf vier Schulen vertheilt: Mutterschule, Volksschule, Lateinschule und Hochschule. Von
diesen beschäftigt sich nur die Lateinschule mit der lateinischen Sprache,
das im Vorigen geschilderte Lehrverfahren wird also nur in dieser
Schule angewendet. Nun werden unter den Gegenständen der Lateinschule außer den Disciplinen des mittelalterlichen triviums und qua-
driviums noch Physik, Geographie und andere aufgezählt. Wie man
mit Behandlung dieser den Unterricht in der lateinischen Sprache
verbinden soll, besonders auch der Zeitfolge nach, darüber wird nichts
gesagt; soviel nur steht fest, daß die Rudimenta mit dem Seminarium das erste Jahr ausfüllen sollen. Zu einem ausführlichen
und festen Plan über diese Einzelheiten ist Comenius auf dem
Wege der Praxis gekommen, den er betreten hat, um seine
Principien ins Leben zu führen, und auf dem wir ihm im Ferneren
Schritt für Schritt folgen werden.

Die folgenden Capitel handeln über die Erziehung zur
Sittlichkeit, wo zugleich die Zucht mitangeführt wird. Die zu
lehrenden Tugenden sind äußere und innere. Die Frömmigkeit, die
vom Anbeginne an die Führerin der Erziehung ist, und die Haupt-
aufmerksamkeit verdient, besteht in Gedanken, Willen und Thaten,
wird durch Schrift, durch uns selbst und durch die Welt gelehrt, und
in Betrachtung, Gebet und Versuchung geübt. Hieher ist wohl auch
das folgende Capitel (XXV.) zu rechnen, das die heidnischen Schriftsteller aus den Schulen verbannt, statt ihrer die heilige Schrift
einführen will, Seneca und Epictet werden nur ausgenommen.
Ein kurzes Capitel über die Zucht weist die Bedeutung derselben
innerhalb der sittlichen Erziehung nach, gibt als ihr Ziel nicht die
Strafe, sondern die Verbesserung und fordert, der Lehrer sei
das lebendige Bild seiner Principien, widrigenfalls alles vergebens
sei. Schließlich folgt die vierfache Eintheilung der Schulen, über
die wir bereits oben gesprochen. Als Begleitung zu der Didaktik
ist ein kleiner, aus 17 Punkten bestehender Aufsatz über die
Frage: Wie man solche Schulen im ganzen Königreich
Böhmen zu errichten habe, aufzufassen. — Der Inhalt dieses

Entwurfes berührt sich vielfach mit jenem der letzten drei Capiteln der Didaktik.⁴)

Erwägt man den großartigen Umfang der Didactica Magna, die mühe- und qualvolle Arbeit an der Janua, die Bearbeitung der Praxis Pietatis, die sorgfältige Theilnahme an dem Leben der Christine, ferner die Arbeiten an der Concordanz, etwa auch an dem Martyrologium, so werden wir glauben, daß die Zeit des gewissenhaften Lehrers völlig mit ernster Thätigkeit ausgefüllt war, die ihm insbesondere ein neues Eingehen in das Schaffen der Janua nicht erlaubte. Man nehme dazu mannigfaltige Studien. Sehr bald muß ihm Vives bekannt geworden sein, denn die Didactica Magna weist viele Berufungen auf ihn auf; bald nachher Campanella und schließlich, aber erst jetzt, Baco. Vives' pädagogische Bedeutung wird neuerer Zeit genügend gewürdigt. Comenius hebt besonders sein Werk: „De tradendis disciplinis" hervor, schreibt ihm selbst aber mehr ein negatives Verdienst: die gediegene Aufdeckung der Übel der Schulen zu. — Die Didactica M. nennt ihn auch bei einzelnen Details der Methodik öfters. Andere theologische Anknüpfungspunkte werden an betreffenden Orten miterwähnt werden. Aber einen ausnehmend starken Einfluß des Vives beweisen diese Einzelheiten nicht, wie auch jene nicht, die wir einer späteren Streitschrift entnehmen, daß auch die Vives'sche Interpretation der vier Ekloge Birgils (über das goldene Zeitalter) die Erwartungen und Anschauungen des Comenius (des Pflegevaters der Christine) stärkte.⁵)

Intensiver und reichhaltiger war die Wirkung Campanellas. Sowohl die naturphilosophischen, als die chiliastischen Anschauungen desselben kamen seinen Wünschen entgegen. Wir können uns im allgemeinen, das Interesse des Comenius für die Physik aus dem Gesagten ohnehin erklären. Nun kam er noch durch die direkte Aufgabe, seinen Schülern die Physik vorzutragen, mit dieser Wissenschaft in nähere Berührung. Und zu diesem Zwecke bot ihm Campanella willkommene Gedanken, sowohl allgemeine, erkenntnißtheoretische, wie in dem Prodromus Philosophiæ Restaurandæ, als systematisch-philosophische, wie in seiner Ratio philosophiæ epilogistica, als auch phyfikalische in seinem Buche: „De rerum sensu," wenn auch seine Zuneigung zum Copernicanischen System nach dessen Apologia pro Galileo dem Comenius anstößig war. Aber auch seine chiliastisch gefärbte Theologie, wie er sie im Atheismus triumphatus fand, ferner seine Weltverbesserungs-ideen erfüllten den begierigen Leser, der „von der höchsten Hoffnung neues Licht brannte" mit größter Freude.[6])

Erst nachher kam die Bekanntschaft mit Baco. Auf diesen Umstand möchte ich besonders Gewicht legen, da mir die fortwährende Betonung des Bacoschen Einflusses auf Comenius um so incorrecter erscheint, je entschiedener sie auftritt und je weniger sie sich um wirkliche und thatsächliche Beweise dafür kümmert. Comenius' große Begeisterung für Baco, ich muß dies am nachdrücklichsten betonen, blieb von akademischer Art. Wenn wir von zwei kleineren Schriftchen philosophischen Inhalts absehen, so finden wir wohl recht viel Lobsprüche auf Baco und seine Methode, aber keinen Gebrauch von seinen Anschauungen, am allerwenigsten von der so hochgepriesenen Methode. Den Grund hievon gibt er auch selbst an: es mißfiel ihm, daß, indem Baco den Schlüssel zur Natur biete, er damit deren Geheimnisse doch nicht eröffne, vielmehr nach einigen von ihm aufgewiesenen Beispielen eine vollständige Eröffnung derselben für viele Jahrhunderte vorbehalte; was sowohl die ganze Geistes-richtung, des Comenius als besonders seine Auffassung von nahem Weltende nicht zuließ.[7])

Vielmehr erfüllte ihn die Überzeugung, diese große Bewegung der Geister beweise, daß den Menschen auch die volle Wahrheit zu schauen bevorstehe, und daß er sich hierin mehr zuschrieb, als wir jetzt zulassen können, dafür mögen ihn zum großen Theil die Erwartungen seiner Zeitgenossen entschuldigen. Der Beifall, mit dem die Janua durch die ganze Welt zog, brachte ihm Briefe und Ermunterungen aus der ganzen gebildeten Welt, besonders aus Deutschland. Er klagt, daß alle die Janua von ihm verlangen; die Janua mit manchen unersprießlichen Ergänzungen herausgeben, oder ganz willkürlich umarbeiten; aber daß ihn der Beifall hob und kräftigte, bekennt er selbst: boten ihm ja die Männer, die fein Werk überfetzten, reichen Anlaß zum Selbftgefühl, ja Stolz. In einem Briefe fagt er, die polnifche Überfetzung fei fein Werk, allein dies wird wohl nicht ausgeführt worden fein, denn Wengersky, der bekannte Hiftoriograph erwähnt, daß diefe Überfetzung von ihm herrühre. Wengersky war ein polnifcher Edelmann, aus fehr vornehmen Gefchlechte, das aber verarmte. 1600 geboren, befuchte er zunächft die Liffaer und Beuthner Schulen, wurde dann Lehrer und Diacon zu Kvilcz, gieng nachher auf die Univerfitäten Leyden, Francker und Gröningen, und wie wir fahen, wurde er 1629 Rektor der Schule zu Liffa. Sein hiftorifches Werk beweift, daß er ein fleißiger und gewiffenhafter Mann war, die Überfetzung der Comenianifchen Schriften, daß er die pädagogifchen Beftrebungen desfelben förderte.[8]) Die Bekanntfchaft mit Decemius rührt wahrfcheinlich fchon von früher her; der Brief, in dem er ihm über die Einladung, die er an Ratich wegen eines Colloquiums erlaffen, berichtet, wird[9]) wahrfcheinlich vor dem Erfcheinen der Janua gefchrieben fein, und wenn ich nicht irre, fo war die Ver- mittelung der Bekanntfchaft die oben erwähnte Schrift des Bodinus, der ihn erwähnt. Von befonderer Wichtigkeit wurde aber die Bekanntfchaft mit Hartlib.

Über das thatenreiche, fich dem Gemeinwohl aufopfernde Leben des Letzteren berichten Maffon, Stern und Althaus recht ausführ- lich,[10]) wenn auch noch immer nicht erfchöpfend; es fehlt aber bei allen eine Feftftellung der Zeit und Art, wie die Bekanntfchaft zwifchen den beiden Männern, die gleiches Streben bewegte, gefchloffen wurde. Die Zeit läßt fich genau nicht feftftellen, aber es mag Ende 1631 oder Anfangs 1632 gewefen fein, daß Hartlib durch feinen Bruder den Verfaffer der Janua grüßen ließ und ihm die Arbeit Strefo's „De rationis usu et abusu" überfandte. Er ftellte ihm auch eine ftaatliche Unterftützung von 1000 Pfund jährlich in Ausficht. Darauf hin fchildert Comenius in einer Antwort die große Freude, die ihm diefe Botfchaft verurfacht; die Unterftützung nehme er ein für allemal an; jetzt unterftütze ihn der Palatin von Belz; da diefer weggereift ift, fo fließen die Gaben fehr fpärlich. Er beeile fich übrigens mit den didaktifchen Arbeiten, denn, wenn fie in die Heimath zurückkehrten, werde es viel zu thun geben.[11])

Die fröhlichen Hoffnungen wurden in der Folge vielfach gestört. Vor allem bereitete Comenius der Tod seines Schwiegervaters Cyrill, der 1632, (30. Mai) während einer Rede vom Schlage getroffen wurde, [12]) einen großen Schmerz. So wurde eine Vorbesprechung wegen der Besetzung der von Cyrill innegehabten Seniorsstelle nöthig. Der Statthalter des Palatins, Schlichting, wendete dagegen, daß diese in Lissa abgehalten werde, gar nichts ein, nur erbat er sich auf die Wahl des „pána země“ Rücksicht nehmend, die Versammlung mit möglichst wenig Aufsehen abzuhalten.[12a]) So beschloß man denn, die engere Vorbesprechung für 1. August, die Synode für 7. October einzuberufen.

Unterdessen that Comenius die letzten Federzüge an seiner Physik. Eine neue socinianische Versuchung, die des Racauer Rectors Stegmann suchte er mit einem Vergleich abzuwehren, der die tiefste Abneigung gegen das Copernikanische System beweist. Als der genannte Rector in Lissa auch ihn als den berühmten Verfasser der Janua besuchend, die Rede auf die religiösen Zwistigkeiten brachte, und frug, ob er etwas socinianisches gelesen, gab Comenius die Catechesis Racoviensis und Smalcii: „De divinitate Christi“ an; auf die Frage, was er darüber denke, antwortete er, ihm scheine die socinianische Theologie der Copernikanischen Astronomie völlig gleich, wie Copernikus, da ihm die Ptolomäische Hypothese nicht ganz entsprach, dieselbe gänzlich umdrehte, so habe Socinus, da ihm das christliche Leben den Hypothesen der Theologie nicht entsprechend schien, diese ebenso umgeändert, und damit jenes neue Kräftigung erhalte, Christum, damit man ihm leichter nachahme, zum bloßen Menschen gemacht. Stegmann mißfiel das Gleichniß nicht, mit vielem Schmeicheln suchte er den Gastgeber zur Nachahmung seines Beispiels (er hatte sich vor sechs Jahren vom lutherischen Glauben losgesagt) zu bewegen, Comenius wies die Zumuthung etwas schärfer zurück, worauf der Scheidende ihn bei Christo beschwor, daß er die ihm einzusendenden Bücher lese. Comenius las das ihm geliehene Buch: „Ostorodii Institutiones“ und die Stegmannische Ausgabe des neuen Testaments — nach dem er Gottes Hilfe angerufen hatte — nicht ohne mancherlei Angriffe der Versuchung, und nicht ohne Schwanken des Gewissens, aber doch mit dem Siege des Glaubens, und trat dem wiedererscheinenden Sender in seinem Glauben neu gestärkt entgegen, worauf dieser nicht mehr wiederkehrte. [13])

Inzwischen vollendete er ungefähr im Laufe eines Jahres seine Physik, und stattete sie Ende September mit einem Vorwort aus, das für die Beurtheilung der Philosophie seines Verfassers beinahe die Bedeutung hat, die von theologischem Standpunkte aus die oben skizzirte Vorrede zu Kotters Visionen. Im Großen finden wir hier die Geschichte und die Prinzipien des Comenianischen Philosophierens. Die Philosophie interessirte ihn zunächst durch die Verbindung des Real- und Sprachunterrichts, so dass ihn inmitten seiner ausgedehntesten Beschäftigung Campanellas und Bacos Schriften wunderbar erfreuten und anregten. Gegen Campanellas Grundanschauung führt er hauptsächlich die Zweiheit der Prinzipen desselben an, er sei überzeugt, die Zweiheit errege überall nur Kampf. Von der Wirkung Bacos auf ihn geschah oben Erwähnung. Er merkte, wie ihm bei dem Lichte all' dieser Männer sowohl einige Geheimnisse der Natur, als einige Stellen der heiligen Schrift plötzlich klarer geworden seien, und so fand er denn seine Beruhigung in den drei Hauptprinzipien: a) die wahre Philosophie habe alles aus der Sinneswahrnehmung, Vernunft und der Schrift zu schöpfen; b) die peripatetische Philosophie sei unvollständig, irrthümlich, dem Christen nicht nur nutzlos, sondern sogar schädlich; c) eine Reform der Philosophie ergebe sich, wenn man alles das, was ist und wird, aus Sinn, Vernunft und Offenbarung und zwar mit einer Evidenz und Gewißheit ableite, dass ein jeder Sterbliche die Wahrheit der Ergebnisse einsehen müsse.

Diese drei Prinzipien erheischen noch nähere Erörterung. Die von Campanella und dessen Interpreten Tobias Adami übernommenen Erkenntnißquellen bieten folgendes: die Offenbarung bietet den Glauben, die Vernunft, die Intelligenz und die Sinne die Gewißheit; die Sinne geben den Anfang der Erkenntniß, die mit der Offenbarung abschließe, denn nichts gebe es im Glauben, was nicht früher im Intellect gewesen sei. Die Gewißheit der Vernunft ist um so größer, je näher diese den Sinnen kommt (leere Speculationen haben geringen Werth), die Offen-

barung hat um so mehr Kraft, je näher sie den Zeugnissen der
Erfahrung gebracht werden könne, der Widerspruch der Offenbarung
mit der Vernunft ist ein scheinbarer. Deshalb ist auch die Aus-
schließung der Schrift von der Philosophie nicht motiviert, denn
in diesem Buche ist die gediegenste Kenntniß alles dessen enthalten, was man mit Hilfe der Sinne und der Vernunft nicht
erfaßt und doch zu wissen wünscht. Denn wo die Sinne verlassen,
da verläßt uns eigentlich auch die Vernunft, die nichts anderes sei,
als eine aus den Sinnes-Erfahrungen gesammelte Kenntniß, welche
Erfahrungen bei den Fragen der Ewigkeit im Stiche lassen. Die
Philosophie bleibt also ohne die Offenbarung verstümmelt, was
die heilige Schrift selbst beweist. Warum sollte es also verboten
sein, die Harmonie zwischen der Schrift, der Vernunft und den
Sinnen darzulegen? Man muß folglich der Aristotelischen Herrschaft
in der Philosophie und in den Schulen ein Ende bereiten; was
Aristoteles auch geleistet habe, ist er doch nicht die Norm der
Wahrheit, wofür ihn Heiden, leider auch viele Christen gehalten
haben. Zu seiner Zeit war noch die Philosophie in den Kinderjahren und seitdem ist sie, besonders in unserem Jahrhunderte,
also gewachsen, daß die so lange angesehenen Lehren des heidni-
schen Weisen bereits der Ungewißheit und Unklarheit, ja auch
Falschheit überwiesen seien. Besonders sind Campanella und
Verulamius jene Herakles', die jene Ungeheuer besiegt und den
Augiasstall gereinigt haben und dies mit glücklicher Hand.

Auf diesem Pfade fortschreitend, habe die Forschung besonders
um die sichere Methode zu sorgen, wie eine solche die mathematische
sei. Die Evidenz der Mathematik könne man wohl in anderen
Wissenszweigen, besonders in der Philosophie nicht erreichen, aber
die Sicherheit doch ja, da alles wie nach einem ewigen Gesetze
geschehe; statt der Aufeinanderfolge der Mathematik steht der
Philosophie das Princip der Causalität zu Gebote. Wenn
Comenius sich verleiten läßt, neue physische Hypothesen nach neuen
Methoden zu bilden, so thue er dies nicht, um Verulam zu widersprechen, sondern versuchshalber. Es werde wohl manches hier
noch nicht zu jener Norm der Evidenz erhoben sein, allein durch
die Wiederholung der Meditationen könne dies vervollständigt

werden. Für neu erachtet Comenius in der Schrift die Trias der Principien; die siebenfache Stufe in den Substanzen, die genauere Lehre von den Geistern, Bewegungen und die Qualitäten. [14])

Zu den oben erwähnten Gelehrtenstimmen, die die pädagogische Thätigkeit des Comenius hoch anschlagen, gesellte sich jene eines Theologen und Pfarrers, Georg Winklers aus Schlesien, der bei der höchsten Anerkennung der Janua und der Grammatik, gegenüber der Ratich'schen Geheimnißkrämerei, den Comenius'schen Edelsinn, daß er alles, was er erforscht, zum Besten der Menschheit opfere, rühmlich hervorhebt. Den Grund, weshalb von Ratich keine Antwort kommt, sollen auch die Worte aus dessen Brief: „Ratichius latet et latebit" dem Comenius offenbart haben. Zwei Briefe an ihn und einer an den Lehrer, in dessen Gemeinde Goldberg, gewiß zu dieser Zeit geschrieben, beschäftigten sich mit der Janua und der Grammatik und zeigen, wie er neben anderen höheren Sorgen diejenige des Sprachunterrichtes nicht auf einen Moment aus den Augen verlieren konnte. [15])

Unterbrochen wurde er darin durch das Herannahen der für die Synode bestimmten Zeit. Schon früher berichtet er an einen Freund, die kirchlichen Arbeiten seien nach dem Tode seines Schwiegervaters auf seine Schultern gewälzt. [16]) Den 6. Oktober erfolgte die Zusammenkunft vieler Brüder aus Polen und Schlesien. [17]) Hauptzweck war die Besetzung der erledigten Stellen. An die Stelle Cyrills und anderer schon früher verstorbener Väter wurden Justin, Prokop, Comenius und Fabricius ordiniert. Zwei Tage nachher wurde unter andern die Notarswürde [17a]) und die Sorge für die Schuljugend dem Comenius anvertraut; [18]) er habe für den Nachwuchs der Unität zu sorgen, er habe für die Jünglinge die Promotion bei den Senioren anzutragen, Namens dieser Empfehlungen auszustellen, ihre Studien und Aufenthalt zu überwachen, sie nach Hause zu berufen, nur die Bestimmung der Studienfächer der Jünglinge fällt Andern zu.

Die Synode faßte auch betreffs einiger Werke Beschlüsse, die zeigen, daß des Comenius Thätigkeit nicht auf die philosophischen und pädagogischen Arbeiten beschränkt war. Nach der oben erwähnten Besprechung hatte er auch Manches, was für die Kirche nöthig war zur Ausarbeitung übernommen; so hatte er neben dem Antheil, den er an der Concordanz hatte, eine Schrift, Haggeus redivivus, verfaßt. Der Titel besagt schon, daß dieselbe Mahnungen enthält, welche bei der Rückkehr aus der Verbannung zu beherzigen seien: Man möge nicht vor allem zu den Häusern, Burgen, Gütern und Weingärten eilen, sondern den Geist auf die Wiederherstellung des heiligen Gottesdienstes mit Eifer richten.

Die Schrift fordert in näherer Ausführung des Grund= gedankens, zu einer Reform der Kirche auf. Irrthümer, Streitig= keiten und gottloser Lebenswandel zerstörten die Vollkommenheit, die Gott der Kirche geschenkt und dafür erfolgte die Strafe. Was hat nun Gottes Volk nach der Strafe zu thun? Gewiß sich zu bessern. Gott hat an solchen Reformvorsätzen immer seinen Gefallen, den er mit Segen bekundet. Zunächst ist eine Erneuerung des Lebens am nöthigsten. — Was die Lehre anbelangt, so hat man dieselbe, wenn sie rein und heilsam sein soll, allein aus der h. Schrift zu nehmen, man hat diese allen in der Kirche bekannt zu machen. — Zur Schlichtung der Streitigkeiten gibt es 4 Wege: 1.) die Liebe zur wahren Frömmigkeit; 2.) Entfernung der mensch= lichen Namen aus denselben; 3.) das gegenseitige Verständniß im Streite; 4.) die einträchtige Regelung der Kirchenordnung und der Ceremonien. Die letzten 5 Capitel enthalten specielle Mahnungen: zu= nächst solche, die an die Behörden und an die Geistlichen gemeinsam gerichtet sind, dann einzeln an die Behörden, an die Geistlichkeit, an das christliche Volk, und das Schlußcapitel wendet sich an die Reformatoren selbst.

Die Synode genehmigte principiell die Schrift, ließ aber die Veröffentlichung verschieben, bis sie ganz zeitgemäß werde und behielt sich noch eine Durchsicht vor, auf daß nichts als Erbauendes darin enthalten sei.[19]) Unter den Schriften wird ferner als bereits halbgedruckt, die Kirchenordnung der Unität erwähnt, die auch noch in diesem Jahre fertig und ganz gedruckt wurde;[19*]) ferner eine Geschichte von dem Ursprung der Unität; Comenius wurde auf= gefordert, eine Geschichte der jüngsten Ereignisse in der Unität der= selben beizugeben. Wann Comenius diesen Auftrag ausführte, darüber haben wir keine sicheren Daten, es scheint aber, daß die später erschienenen, gleichen Zwecken gewidmeten Schriften als die Lösung dieser Aufgabe zu betrachten seien.

Am werthvollsten von den, auf dieser Synode approbierten Schriften ist die, im Synodaldekrete und auch im eigenen Vorworte selbst den Verfasser nicht angebende Schrift Historia persecutionum, zu der sich Comenius aber selbst bekennt. Wenn er vielleicht auch nicht der einzige Verfasser derselben ist, so ist damit doch sein Löwenantheil an dem Werke bewiesen. Eine äußere Veranlassung zur Abfassung der Schrift bot die Aufforderung der Männer, die des Fox Martyrologium herausgeben wollten, gerichtet an die in den Niederlanden ansäßigen Böhmen, die reichhaltigen Daten ihrer Kirchengeschichte mitzutheilen.[20] Wenn auch nichts Neues in der Schrift vorkomme, so bietet doch, so sagt das Vorwort, diese Geschichte reiche Belege dafür, wie man in dem Wechsel aller menschlichen Zustände die Ruhe und die Seligkeit in den himmlischen Regionen zu suchen habe. — Deshalb haben die Verfasser auch die Erzählung früher angefangen, gleich von dem Anfange des böhmischen Christenthums, alles aus den Monumenten der Annalen schöpfend, die Ferdinand'sche Verfolgung, wenn sie gleich aus politischen Motiven entsprungen, beigebend; wenn all' das nicht reichhaltig genug geschildert sei, so sei der Grund davon die wiederholte Ermahnung zu deren baldiger Einsendung, welcher Mahnung sie unmöglich ausweichen konnten.[21]

Die Schrift schildert die mannigfaltigen Schicksale des böhmischen Christenthums und besonders — dies ist der Grundgedanke — deren Kämpfe um die Freiheit und Selbstständigkeit des Glaubens gegen die römische Hierarchie. Den Grundzug des brüderischen Protestantismus, den nationalen Stolz, finden wir in diesen traurigen Schilderungen wieder, und die Capitel, wo die Zeiten der vorhussitischen und hussitischen Bewegungen geschildert werden, sind als Dokumente eines reifen und männlichen Besitzes des freien Christenthums zur Zeit der größten Knechtschaft derselben zu würdigen (Cap. I. — XVII.). Die folgenden Capitel berühren sich mit einer späteren Schrift des Comenius[22] und geben eine kurze, übersichtliche Skizze der böhmischen Reformation, während die eigentliche Verfolgungsgeschichte sich wohl sehr zersplittert, aber durch den Werth ihrer Daten für diese Zeit einzig dasteht.

Eine noch eingehendere, vielseitigere Schilderung des Schicksals ihrer Kirche versprachen, die Verbannten nach der sich als sehr nahe erhofften Rückkehr in ihre Heimath. Den Schluß der Synode bildete eine Vermählung von hohem Interesse. Christine Poniatovsky entsprach den Werbungen eines jungen, an der Synode zum Priester ordinierten Bruder, Georg Vetter, der beim Pfalzgrafen als Informator der böhmischen Sprache angestellt war, und nach des erwähnten Fürsten Unglück entlassen, jetzt nach Lissa kam. Nun fanden es die an der Synode Betheiligten für gut, Christine als den Augenstern (Pupilla) der Kirche, zur größeren Ehre vor dem Angesicht Aller ihrem Bräutigam zu übergeben. Vor dem letzten gemeinsamen Mahle vollzog der neugewählte Bischof Laurentius Justinus die Trauung und das Schlußmahl der Synode bestättigte das Bündniß mit den besten Wünschen.[23] Die schönsten Aussichten blühten noch in dem Monate um mit dem nächsten noch größeren Enttäuschungen Platz zu machen, als jene waren, welche die, im vorigen Jahre nach Prag zurückgekehrten Exulanten in ihre Verbannung wieder begleiteten. Hatten sich auch die Brüder an jener kurzlebigen Restitution nicht betheiligt, waren sie doch theils geistig auch zugegen, theils hatte dieselbe später auch für sie mittelbare Bedeutung.

Wie nämlich bereits oben erwähnt worden, hatte das Vordringen des mit Gustav Adolf verbündeten sächsischen Heeres auch viele, besonders sächsische Exulanten in ihre Heimath zurückgelockt. An der Spitze der sich restituierenden Exulanten stand Samuel Martinius aus Dražov,[24] ein Mann voll Thatkraft und Ambition, die aber von vielen unedlen Eigenschaften umwoben, weder seinem Charakter, noch seinen Thaten ein ehrendes Andenken zu sichern vermögen. In der Hoffnung, die der heldenmüthige Schwedenkönig, wie überall, auch im Kreise der Zurückgekehrten weckte, bemächtigten sich die Exulanten, sich auf die sächsischen Truppen stützend, der Teinkirche in Prag[25], constituirten sich nach der Organisation, die vor der Weißenberger Schlacht in Geltung war, indem sie ein Consistorium

wählten, zu dessen Hauptadministrator sich Martinius durch allerlei
Ränke emporzuschwingen wußte. Nach einem Halbjahr bereits
mußten die Evangelischen von Prag wieder weichen und bald
Böhmen von neuem verlassen. Allein der Sieg auf dem Schlachtfelde
blieb dennoch auf der evangelischen Seite, und nicht die Rückkehr
in die Heimath, sondern der Rückzug in die Verbannung erschien nur
als eine Episode in den Wechseln der zum Siege führen sollenden
Schicksale. Der Mittelpunkt der Hoffnungen, der Schwedenkönig,
behauptete siegreich das Kampffeld, und er war es, der auch die
sonst der ganzen kurzen Restitution fern gestandenen Brüder in
ihrer polnischen Zuflucht in steter aufregender Erwartung erhielt.

Das Mißlingen der Restitution und die provocatorische Art
des Martiniusschen Auftretens hatte aber schon zu dieser Zeit
einen offenen Antagonismus zwischen die Brüder und die Lutheraner
gebracht. Auf Martinius wurde eine Schmähschrift: „Dialog des
Simplicius und Prachlicius“ verfaßt, eine andere Schrift: „contra
ubiquitatem“ bekämpfte die bekannte Begründung der lutherischen
Lehre vom heiligen Abendmahl.[26]) Litomil, dessen Dissertation vor
21 Jahren die ersten Verse des Comenius zierten, gab mit Streyc
eine Umarbeitung der Habermannschen Gebete mit stark reformierten
Gepräge heraus. Natürlich blieb Martinius den Brüdern zu Pirna
nichts schuldig, wie wohl sein Verhalten auch nicht ganz tadellos war.[27])
Nachdem er gleich 1628 einen Angriff der Obrigkeit auf die
Brüder, die in Pirna verbannt lebten, mit der Bemerkung, man
werde schon sehen, wer zur Glaubensübung nicht kommen werde,
zurückgewiesen hatte, hat er dann später, als er vom Dresdner
Consistorium beauftragt worden, die Communicanten wöchentlich
zu schreiben, nicht nur diese, sondern auch jene notiert, die nicht
zur Communion kamen, da sie eine andere Ordnung des Sakra-
ments gewohnt, die lutherische verschmähen. Auf diese Weise
wurde die landeskirchliche Obrigkeit auf die Sonderstellung dieser
Exulanten aufmerksam gemacht und in Folge dessen die Brüder aus
Pirna verdrängt.[28]) Die Brüder warfen es dem Martinius allerdings mit Unrecht vor, daß er auf Grund der böhmischen Über-
einkunft sie vor der Anklage des Calvinismus nicht geschützt hatte;
denn waren sie auch einst mit den Lutheranern alliirt gewesen,

thatsächlich waren sie immer mehr und mehr Calviner geworden, und der Zwiespalt wurde in Verbindung mit einer bald nachher brennend gewordenen Geldfrage nur noch offener und breiter.

Neben den anstrengenden Arbeiten der Kirche, lag Comenius die Verbesserung der Lateinmethode ob, und er arbeitete in den letzten Tagen des Jahres 1632 an seinem Vestibulum. In der Vorrede (1633 januar 4.) gibt er kurz an, die Janua sei für die Anfänger zu schwer, wie sie ursprünglich auch nicht für den Beginn des Unterrichts geplant worden; dieser Umstand wie auch der Erfolg der Janua regten ihn an, einem methodischen System zur Erlernung der lateinischen Sprache den nöthigen einführenden Theil voraus zuschicken. Ehe man die Kinder in einen solchen Wald (sylva) eintreten lasse, wie die Janua ist, sei es nöthig, zum mindesten die Dinge und die Wörter zusammenzustellen, und dies thue das Vestibulum. Der Verfasser schwankte zwischen einer dialogischen und einer erzählenden Ausarbeitung: erstere fand er der Auffassung der Schüler, letztere der Einführung in die Janua mehr angemessen, dieser letzte Gedanke gab für die Dialoge den Ausschlag. Etwa 1000 Wörter brachte das Büchlein in 427 Sätzlein; die meisten zweigliedrig, zusammengesetzt, den gewöhnlichen Wortschatz, durchwegs in eigentlichem Sinne, dem Grundsatze der Janua gemäß, (die allgemeinsten Kategorien der Dinge in steter Parallele mit dem grammatischen Ausbau) reichend. Die Schrift diene zuerst zur Leseübung; nachher zur Erlernung der Vokabeln, dann zum Memorieren, zur Einübung der Declination und Conjugation; all dies soll stufenartig vorgehen. Wenn man das Vestibulum einmal durchgenommen, wird es wiederholt, dabei ganze Seiten oder Blätter auswendig aufgesagt und so gelangt man zur Janua.[29]) Das Vestibulum beträgt im Ganzen 7 Folioblätter und ist in 7 Capitel eingetheilt. Den religiösen Charakter der Schrift, der auch sonst, wo nur möglich, (siehe z. B. die Numeralia,) zum Vorschein tritt, möge der kurze Schluß zeigen.

413. Ist noch vieles übrig? Ich denke sehr wenig.

414. Siehe, die letzte Inschrift.

415. Denn dieses Vestibulum ist nur der Anfang; dem es nicht gebührt, lang zu sein.

416. Kommen wir also zum Schluß? Ja.

417. So vergeht das Leben, wie ein Traum.

418. Was geboren ist, stirbt.

419. Alles in der Welt ist eitel.

420. O Sünder! der Tod wird dich verschlingen.

421. Zuletzt gehst du in's Grab: aus dem Lichte in die Finsterniß.

422. Deshalb, wer du auch sein magst, fürchte die Hölle! Begehre den Himmel! Sündige nicht, damit du nicht verderbest! (ne pereas).

423. Hier bleiben wir stehen, mehr kommt nicht dazu.

424. Beruhige dich, Leser, das Übrige findest du der Reihe nach, wenn du in die Janua eingetreten bist.

425. Bevor du weggehst, bete mit mir.

426. Erbarme dich unser, Gütiger Erlöser, Jesu Christ.

427. Gib Weisheit, gib Frömmigkeit, gib Seligkeit, Du Gesegneter, in alle Ewigkeit. Amen

Bald darauf, im März erschien die rein böhmische Ausgabe der Janua, mit einer besonderen Vorrede ihres Verfassers, laut welcher dieser wohl mit der Arbeit nicht ganz zufrieden ist, da er einen vollkommenen Lehrgang zur Erlernung der lateinischen Sprache wisse, sich aber, auf die Bitte vieler Landsleute doch zur Herausgabe des Werkes bewegen ließ, denn dieses hat sich auch so schon nützlich erwiesen. Es diene zugleich als Vorläufer des Lexicon Latino-Bohemicum, zu dem er das böhmische Material bereits seit 20 Jahren gesammelt, und das in der Weltliteratur ohne Gleichen da stehen wird. In dieser böhmischen Janua sind nicht alle böhmischen Wörter enthalten: sie nimmt Bezug auf die in 2 Jahren erschienene lateinische, doch werden die hauptsächlichsten wohl darin sein.[30])

Aber noch bevor diese beiden Arbeiten erschienen waren, im November 1632, fiel bei Lützen Gustav Adolf, und es starb auch der Exkönig Friedrich, und die Aussichten auf eine Rückkehr sanken augenscheinlich umso tiefer, je näher sie schon der Verwirklichung zu stehen schienen.

VIII.

Kirchliche und pansophische Arbeiten bis zum Tode Raphaels.

Durch die vielen Entbehrungen und Nöthe der Exulanten war die Veranstaltung einer Collecte in den evangelischen Ländern hervorgerufen worden. Nach der Rückkehr aus der zum zweiten Male verlorenen Heimath wurde nämlich die Noth nur noch größer, und so beschlossen die Pirnaer Lutheraner Almosensammler in das evangelische Reich hinauszusenden. [1])

Der Monat November brachte neben dem Tode Gustav Adolfs und Friedrichs auch jenen des Seniors Palturus (27. November). [2]) Der Tod der zwei Fürsten erweckte nicht nur Trauer, sondern auch Schrecken und gegen die Vertheidiger der Christine und ihrer Offenbarungen traten jetzt schon offenkundige Anfeindungen hervor. Im April (1633) stellten die Gegner die entschiedene Forderung, man möge, um die Kirche vor aller möglichen Schande zu sichern, die Visionen verdammen; auf das Entgegenhalten des früheren Beschlusses, daß man so lange stillschweige, bis Gott die Wahrheit offenbare, antworteten sie, diese sei schon durch den Tod der beiden Fürsten offenbar; auf die Einwendung, daß die Visionen noch von keiner Akademie verworfen worden, antwortete man, Andere berühre die Frage nicht so nahe, wie die Brüderkirche. Sie wünschten sogar, es möge in den Monumenten erklärt werden, daß die Veröffentlichung derselben nicht die Billigung der ganzen Kirche fand.

Diese Controverse geschah in dem Synedrium, das ist dem, aus den Vorgesetzten der Kirche bestehenden Ausschuß oder Senat, der die von ihm der Vollversammlung vorzulegenden Anträge

von der Pastorenconferenz, die in dem Kirchengebäude berieth, abgesondert verhandelte; und da im Senat die Freunde der Visionen,
zu denen auch Comenius zählte, in der Minorität waren, appellierten
sie an die Synode. Dieser Appell wurde aber durch einen vermittelnden Beschluß, wo nach man in den Synodalakten, ohne die
Veröffentlichung zu verurtheilen, nur erwähnte, daß dieselbe nicht
von der ganzen Kirche gebilligt worden, unnöthig, und die Synode
endigte ohne Riß.³) Unter anderem wurden auf derselben Ribi-
nius und Orminius zu Senioren ordiniert.⁴) Und wahrscheinlich
wurde von derselben auch die Aussendung von zwei Collekten-
sammlern in die evangelischen Länder beschlossen. Die Brüder
erhielten schon vor drei Jahren (1630) von England eine Unterstützung mit der Anfrage, warum sie wohl auf das Sammeln von
Unterstützungen, wie die anderen evangelischen Exulanten aus der
Pfalz und Böhmen thun, nicht denken. Als die Hoffnungen an
die baldige Rückkehr immer schwächer wurden, mußten sie sich mit
dem Gedanken immer mehr versöhnen, und sandten im Jahre
1633 im Juni Boten nach der Schweiz, in die Niederlande und
England, mit der Instruktion, sich bei den Lutheranern nicht aufzuhalten, was sie jedoch nicht immer berücksichtigen konnten.⁵)

Bald erfolgte auch die Veröffentlichung der Physik.
Nach dem bereits oben kurz skizzierten Vorwort folgt in XII. Capiteln
die Beschreibung der Naturwelt.⁵ᵃ) Wir widmen der Schrift eine
etwas eingehendere Betrachtung, theils weil sie das philosophische
Bekenntniß, wir könnten sagen, Weltanschauung des Comenius
enthält, theils weil in seiner Pädagogik die Natur und Naturmäßigkeit so eine vornehme Rolle hat, theils damit uns das Verhältniß des Comenius zu Baco um so deutlicher werde.⁶)

Die Physik soll zunächst wohl dem direkten Ziele, ferner
aber auch den allgemeinen Ideen des Verfassers dienen. Solche
sind: die Harmonie des Glaubens und des Wissens, die Gewißheit
und Unfehlbarkeit der Erkenntniß und die Beseitigung der Streitigkeiten. Alle Autoren müsse man befragen, und da werde man sehen, daß
sogar von dem viel angegriffenen Aristoteles zu lernen sei und

ebenso gut auch von Andern.[6]) Wenn Comenius für die Einzel-
ausführung den Grundsatz des Eklekticismus ausspricht, verzichtet
er damit doch bei Weitem nicht auf die Selbstständigkeit eines
Systematikers. Jene Durchmusterung der bisherigen Ergebnisse,
die er für nöthig hält, ist eben nur derjenigen zu vergleichen, die
Einer, der z. B. heute ein Werk größeren Umfangs schreiben will,
mit den Specialforschungen vornehmen muß. Über die Art dieses
Verhörs, das der Autor mit den verschiedenen Meinungen vor-
nimmt, können wir uns nur belehren, wenn wir einen Blick auf
den damaligen Stand der physischen Forschung werfen.

Die nach dem Verfall der Scholastik von der Eitelkeit der
abstrakten Speculationen überzeugte Philosophie wandte sich theils
der Mystik, theils der Naturforschung zu, und so entstehen zwei
Reihen der Entwickelung[7]) mit den mannigfaltigsten Schattirungen
innerhalb ihres Kreises, die bis in die Neuzeit hineinreichen. Was
speziell die Naturforschung anbelangt, so hält sie fest an der
Hypostasirung der Naturkräfte: alle Geschöpfe und auch die Welt
als Ganzes seien belebt, bei der centralen Stellung der Erde ist
auch der Himmel etwas Körperliches, das mit der Erde die zwei
Prinzipien der Gesammtheit bilde; geheimnißvolle Kräfte äußern
sich in der Natur, wie auch in dem völlig zu ihr gehörenden
Geistesleben; Aristoteles wird durchweg angegriffen, Parmenides
dagegen, Plato und die Schrift werden als Autoritäten anerkannt.[8])
Daß auf diesem Wege eine, in vieler Hinsicht mythologische
Welt entstehen mußte, ist klar, doch entwickelte sich die Lehre so,
daß sie bei Telesius und Campanella eine abgerundete, systematische
Weltanschauung bot, zu der auch Baco wenig Neues hinzuzugeben
vermochte. Von Baco rührte jedoch etwas her, was mehr als
einzelne neue Daten werth war, nämlich die Anleitung zu einer
besseren Methode der Naturforschung, wie er nebenbei auch die
Philosophie und Theologie ganz von einander schied, indem er die
Theologie zwar ebenfalls zur „scientia“ rechnete, aber aus dem
Untersuchungskreise der menschlichen Vernunft ausschloß.[9]) So
gelangte die Naturphilosophie in Baco zu einer ausgesprochenen
Scheidung der zwei Wissensgebiete: der Theologie und der
Philosophie.

Andererseits entwickelte sich die Mystik durch die Reformation hindurch zu einer neuen Scholastik. Man denke daran, wie in diesem Entwicklungsgange die Taulersche Mystik zu dem Neo=Aristotelismus Melanchthons führte. Diese Richtung wurde auf den meisten Hochschulen die herrschende. Die heilige Schrift wurde zur alleinberechtigten Quelle nicht nur der Theologie, sondern auch der übrigen Lehrfächer. Die Form der Bearbeitung näherte sich immer wieder der scholastischen; feinste Dispositionen, die oft ganze Bogen einnahmen, gingen voran; als Beweisquelle benützte man wieder neben Aristoteles die Schrift. Die große Bewegung, die durch das Auftreten des Ramus verursacht worden, änderte hieran wenig, da er sich wohl gegen die Autorität des Aristoteles ausgesprochen, aber im Ganzen dessen Weltanschauung beibehalten hatte. Dies weist eben auch Alsted, der Lehrer des Comenius, in einem oben erwähnten Werke nach, [10]) und über die Autorität des Lehrers auf den Schüler haben wir oben gesprochen, um hier nicht dasselbe wiederholen zu müssen. Was nun speziell die Physik Alsteds anbelangt, so ist sie in den Hauptzügen aristotelisch. Die Form betrachtet er als etwas zum Wesen gehörendes, weiterhin wird auch die Lehre über die Elemente ꝛc. einfach nachgesprochen, die Dispositionen und Definitionen des Aristoteles dienen immer als Ausgangspunkt, sehr oft auch als Grundlage, im Ganzen wird der aristotelische Dualismus der Materie und der Form aufrecht erhalten. Dabei finden sich allerdings auch Zuthaten und Begründungen aus der Bibel über Himmel, Engel ꝛc.[11])

Diesen beiden Richtungen verdankte Comenius seine Bildung, und sein Gemüth erscheint gleichsam zwischen beiden getheilt. Einerseits war der Bacosche Sinn für das Praktische und die scharfe Betonung der Erfahrung, der Induktion seiner innersten Geistesrichtung auf das engste verwandt, ein Umstand, welcher vielleicht für die Wahl seiner Wege umso mehr zu bedeuten hatte, als er sich die Überzeugung, von der Berechtigung dieses Verfahrens auch im Unterrichte gewonnen, wo er die Autopsie mit so viel Nachdruck und Erfolg gefordert hat. Andrerseits hatte er mit Alsted und anderen christlichen Bearbeitern der Philosophie

die hohe Achtung vor der heiligen Schrift gemeinsam; die unbedingte Anerkennung der göttlichen Wahrheit, den normativen
Charakter derselben verkündigt er überall. Indem wir auf eine
Detaillierung des ganzen Inhaltes der Physik verzichten, möchten
wir doch zeigen, wie sich die Verschmelzung der beiden Richtungen in
seiner Physik so vollzieht, dass des Verfassers Ideen doch ein einheit-
liches System bilden. Einen Ausgangspunkt gibt uns die bereits
erwähnte Stelle, wo er selbst darüber Auskunft gibt, was in der
Physik sein eigenes Resultat sei. Als neu betrachtet er in der
Physicæ syn.: a) die Trias der Prinzipien; b) die siebenfache
Gradation der Substanzen; c) die genaue Lehre über die spiritus;
d) über die Bewegungen; e) über die Qualitäten.

a) Dass Gott die Prinzipien hervorbringe, war eine gemeinsame These beider Hauptrichtungen der Zeit, nur gingen darüber
was man als Prinzipien der Natur betrachten solle, die Meinungen
sehr auseinander. Paracelsus nahm noch die drei mythischen: Sal,
Sulphur, Mercurius an,[12]) während Telesius und Campanella
sich zu einer Zweitheilung neigten, und zwar waren diese zwei
Prinzipien: die Kälte und die Wärme. Wärme und Kälte sind
nach Telesius Sonne und Erde;[13]) die Wärme ist die Quelle der
Bewegung, die Bewegung aber ist die Quelle des Lichts.[14]) Nach
Campanella, der gegen die oben erwähnte mythische Annahme des
Paracelsus auftritt, gibt es zwei Substanzen: der Raum oder
die erste Substanz, und die Materie, die zweite Substanz, welche
letztere in den ersteren hineingeschaffen wurde.[15]) Auf diese wirken
nun die zwei aktiven Prinzipien, die Kälte und die Wärme, und
bringen alles, was da ist, hervor.[16]) Alsted und die meisten übrigen
christlichen Philosophen hatten aber nach Gen. 1, 1 auch zwei
Prinzipien, Himmel und Erde, jenes aktiv, dieses passiv. Dem
gegenüber spricht nun Comenius ausdrücklich seine Überzeugung
aus, dass aus zwei Elementen nichts Geordnetes entstehen könne.[17])
Wo zwei entgegengesetzte Prinzipien sind, da ist ja immer Kampf,
und bei den großen Kämpfen seiner Zeit hätte Comenius, auch
wenn er nicht schon von Natur so friedlich und harmonisch beanlagt
gewesen wäre, allen Grund gehabt, den Kampf als etwas dem
Sein Widersprechendes zu betrachten. So wandte er sich einer

neuen Betrachtung der Schrift zu und fand in derselben eigentlich eine
Dreiheit der weltbildenden Prinzipien ausgesprochen. (Hier haben
sowohl Storch, als auch Květ mit ihrer Behauptung Recht, dass
er aus der Schrift nur das mit seiner Spekulation überein-
stimmende auswählte). Alsted hatte übrigens an einer Stelle [13])
auch drei Faktoren aufgezählt und zwar diese: Dünste, Licht
und Geist (vapores, lux, spiritus), allein dies bezieht sich nur auf
die Gestaltung der Erde, während seine Physik, im Ganzen, wie
schon oben erwähnt, auf den Prinzipien: dem Himmel und der
Erde aufgebaut wird.

Comenius nennt die drei Prinzipien wie wir gesehen haben:
Materie, Licht, Geist (materia, lux, spiritus). Blicken wir mit
prüfendem Auge auf diese drei Prinzipien, so finden wir unter ihnen
die zwei Prinzipien Alsteds und Campanellas wieder. Campanellas
Kälte und Wärme als die aktiven Prinzipien sind hier einfach in dem
ignis inbegriffen, und die terra des Campanella ist bei Comenius
die materia. Alsted hatte, wie oben gesagt wurde, die zwei: Himmel
und Erde (coelum und terra). Der Himmel wurde bei den Geocen-
trikern immer als etwas Ätherartiges Warmes gedacht, es ist also
mit dem Comenianischen ignis ebenso zu verbinden, als die passive
Erde mit der Comenianischen Materie. Was Comenius hinzugab,
ist der Geist der Welt. Dieser ist theils aktiv, theils passiv, vermittelt
also die Gegensätze, die durch den Kampf der anderen zwei Prinzipien
entstanden sind. Von Gott selbst unmittelbar stammend, trägt dieser
Geist die Ordnung der Natur so, wie sie von Gott geschaffen ist,
gemäß den ihm eingehauchten Ideen: er ist das wahre Prinzip des
Friedens, der Ordnung und des Lebens. Dass dieses vielen seiner
Zeitgenossen, die minder friedlich als er gesinnt waren, wenig ein-
leuchtete, führt Comenius später in der II. Auflage selber aus, [14])
indem er alle Kraft aufwendet, das Prinzip zu vertheidigen. Zwar
war es nicht das Beseeltsein aller Wesen, woran die Zeitgenossen
Anstand nahmen — wir haben es ja schon oben erwähnt, dass
dies in der Naturphilosophie eine allgemein anerkannte und betonte
Thatsache war — wohl aber war es die Annahme des spiritus
als Lebensprinzip, was Widerspruch finden mußte. Für Campanella
einerseits war eine derartige Annahme deshalb überflüssig, weil

er den Elementen selbst Sinn und Empfindung zuschrieb, (wie dies
die Schrift: „de sensu rerum" besonders im I. Theile nachzuweisen sucht)[20]) während hingegen Alsted, da er wie Aristoteles,
die Reiche der beseelten Wesen bei den Pflanzen anfing,[21]) ein-
leuchtender Weise einen solchen spiritus leugnen mußte, (wenn er
auch in allgemeiner Weise und bloß aphoristisch, wie es auch
bei Aristoteles vorkommt, in der Physica sagt: „Mundus habet
animam" vergl. Encyclopædia 785). Für Comenius nun war bei
besagter Stellung in seiner Naturphilosophie nur ein einziger Schritt
noch nöthig, um jenem allgemeinen Belebtsein auch eine Substanz
zu Grunde zu legen, die zugleich als ein Prinzip der Welt walte und
wirke und zu dieser weiteren Annahme war in dem Gegebenen um
so mehr Anlaß, als bei Campanella selbst die Welt als ein
sterbliches Thier (animal mortale) vorkommt.[22]) Wenn nun
Comenius, diese Ansichten erweiternd, sich in der schönsten Übereinstimmung mit der Schrift fand, ja seine Annahme direkt durch
die Trinität unterstützen zu können glaubte, wenn er außerdem
scholastisch-logische Argumente über die Nothwendigkeit der Dreiheit
reichlich zur Verfügung hatte, so werden wir uns über seine
sanguinischen Hoffnungen betreffs der Physik gar nicht wundern.

Der also gefaßte Geist nun erhält bei Comenius außer der
Aufgabe der Zusammenfassung des Lebens auch noch die Bedeutung des Fortbildners, Erzeugers. Gott hat ihm, und in ihm
seine, die Gestaltung der Dinge ergebenden Ideen, der Welt eingehaucht und so ist er der hypostasierte Zusammenhang zwischen der
Dialektik und Physik. Anklänge an den Platonischen Demiurgos
sind dabei nicht schwer zu erkennen.

Diese drei Prinzipien sind nun einzeln und getrennt für
sich nicht da: sie sind so verbunden, daß sie von einander nicht
lassen können und die Substanz eines jeden Geschöpfes ausmachen.
Dies ist gewiß eine Naturalisierung der Geisterwelt, wie sie eben
bei der Anschauung, daß Alles belebt sei, nicht anders ausfallen
konnte, dies bringt aber den Vorzug eines vollendeten Monismus
in der Physik mit. Allein bis zum Schluß consequent und correkt
ist Comenius doch in seiner Lehre von den Prinzipien nicht. Es

ist dies besonders bei dem Begriff der „Natur" ersichtlich. Die Natur, sagt er, sei eine Kraft, oder ein Gesetz der Selbsterhaltung. Als solche sollte sie eigentlich mit dem Geist, der doch die Aufgabe hat, Gottes Ideen zu bewahren, sich berühren, oder besser, mit ihm eins sein. Comenius würde sie nun auch wirklich mit dem Geist identifiziert haben, wenn nicht — und dies ist zu beachten — das Licht und die Materie ebenfalls eine Natur hätten, welche doch, wie es sich · von · selbst versteht, in diesem Falle mit dem spiritus nicht identisch sein darf. Hieraus erhellt zweierlei: a) daß das Licht und die Materie doch auch ihre selbstständige Existenz haben; b) daß eigentlich zu den drei Prinzipien noch etwas viertes, die Natur, zwar nicht als Substanz, wie jene, aber doch als eine Kraft, zur Erklärung des Lebens erforderlich sei; ein Umstand, der die von ihm so gepriesene Einheit der Naturwelt doch unvollkommen erscheinen läßt.

Wir hielten es für nöthig, diese Prinzipien in ihrem Verhältnisse zu einander etwas eingehender zu analysieren, denn einerseits sind sie der Stolz des Comenius, andererseits geben sie den verschiedenartigsten Combinationen, auf die damals die Naturwissenschaft angewiesen zu sein glaubte, einen gewissen Abschluß. Dieser Umstand war denn auch für die langdauernden Erfolge, die wir aufzählen werden, in erster Reihe bestimmend.

b) Das zweite, was Comenius als seinen Gedanken anführt, die siebenfache Gliederung der Naturdinge, hat allerdings weniger Bedeutung. Daß man die Engel wissenschaftlich, ja naturwissenschaftlich behandeln zu können glaubte, darüber dürfen wir uns nicht wundern, da auch Baco in der Schrift (de augm. scient.) die Erforschung des Wesens der Engel, wie auch der Teufel für möglich hält, nur aber das ausdrücklich betont, daß man sie nicht anbeten dürfe und abergläubische Meinungen, die sie über das Los der Geschöpfe ergeben verbietet (lib. III. cap. 2, p. 78).

c) Die übrigen vortheilhaften Züge, die seine Physik in der Darstellung der Bewegungen, der Geister und der Qualitäten zu haben vorgibt, werden sich ebenfalls als minder bedeutend ergeben. In der Beschreibung der Schöpfung entwickelt Comenius einen scharfen exegetischen Blick und verbindet ihn mit seiner

Beobachtung des Naturlebens. In der Lehre von den Atomen entscheidet er sich für die Demokritsche Annahme, daß die Atome ungleich sind, denn — meint er — wo käme sonst die Verschiedenheit der Dinge her? Nun, an sich wäre diese Ansicht mindestens verständlich, aber widersprechend verhält sie sich doch zu der Annahme selbstständiger Qualitäten. Diese Lehre von den Qualitäten, als solche, ist schon ziemlich alt, aber Comenius kann sie doch auch nicht umgehen; die Chemiker beweisen es ja, daß selbstständige Qualitäten da sind, man kann sie also nicht wegleugnen. Die Dreiheit stimmte mit seinen sonstigen Annahmen sehr gut überein, darum konnte er dem großen Baco, dem er sonst so gerne folgt, hier nicht beistimmen, weil derselbe den „Sal" ausschließt, und so nur zwei Qualitäten behält. Die Benennungen aber, die Baco den zweien gibt [23]) benutzt Comenius gerne. Wenn nun selbstständige, unsichtbare Qualitäten da sind, dann ist es doch nicht nöthig, den Atomen selbst Qualitäten zuzuschreiben? Daß man die Töne, Farben, Wärme, Schwere noch unter den Qualitäten findet, darf uns nicht befremden. Die Schwere, die nach den Alten, besonders nach Plato, auch Campanella aus Neigung erklärt, betrachtet Comenius als eine sympathische Bewegung. Mit Aristoteles lehrt er dagegen, was wir schon berührten, die Unendlichkeit der Welt.

Obgleich schon die kurze Zusammenstellung dieser Einzelheiten den harmonischen Eklekticismus unseres Philosophen genügend beweist, wollen wir doch aus Interesse für den Pädagogen noch kurz auch seine anthropologischen Ansichten betrachten.

d) Wenn wir schon bisher neben Partien, wo die beiden Quellen (Naturphilosophie und Schrift) sehr glücklich verbunden sind, öfters auch Schwanken und Unbestimmtheit bemerken mußten, so wird dieser Mangel vollends und hauptsächlich bei Betrachtung der Anthropologie offenbar. Wenn Comenius den Menschen seinem Körper nach den Thieren coordinirt, so bringt er auch weiter die abergläubigsten Ansichten über die Assimilation der Speisen, über die Bildung der vier Lebenssäfte u. s. w. zum Ausdruck; kurz, er denkt so naturalistisch, ist in der Erklärung der Spracherscheinungen so wenig scrupulös, daß sich mit diesen Erklärungen, die übrigens die Naturphilosophie theilte, auch die heutigen Materialiften zufrieden geben könnten. Klingt diese somato-physiologische Seite, wie gesagt, ganz naturalistisch, so wird nun dagegen bei der speziellen Anthropologie jenes oft bemerkte Schwanken recht bemerkbar. Die Seele ist zwar unsterblich, dennoch aber von der der übrigen Geschöpfe nur stufenweise verschieden. Die Erklärung der einzelnen psychologischen Thatsachen ist meistens nur Worterklärung. Beachtenswerth ist im einzelnen die Erklärung der Erinnerung, durch einen Wiederschein (resplendentia), während z. B. Campanella die verschiedensten Grade des Gedächtnisses viel materialistischer durch Dichtheit oder Dünnheit des Geistes (crassitudo tenuitas spiritus) begreiflich machen will. [24]) Sonst aber und im Übrigen sagt Comenius über den Ursprung der psychologischen Erscheinungen und über die Art, wie dieselben hervorgebracht werden, beinahe wörtlich dasselbe, was wir im Prodromus Phil. Instr. Thom. Campanella's lesen. [25])

Bei der Frage nach dem Ursprung der Seele sagt Comenius, sie komme unmittelbar von Gott, aber weder durch eine Schöpfung aus Nichts, noch infolge einer Emanation aus Gottes Wesen, sondern nur weil ihr Gott einen Grad von Vollkommenheit ertheilt hat. Dies letztere geschieht aber auch nicht auf übernatürliche Weise, sondern einfach „weil es Gott so geordnet hat". Dabei pflanzen sich die Wurzeln der Seelen „per traducem" fort, so dass sie eigentlich zu demselben Weltgeist (spiritus mundi) gehören, wie auch der spiritus animalis, vitalis etc. Aus diesem Grunde kann Comenius behaupten, der Mensch bestehe aus blos zwei Theilen, Leib und Seele. Und trotzdem soll der Geist von Gottes Hauche sein und dem Menschen eine centrale Stellung zwischen Gott und der Welt geben. Nirgends gelang es ihm weniger, die zwei Elemente und Quellen seiner Philosophie in Einklang zu bringen, als in diesem Abschnitt. [26])

Wenig bestimmt ist auch das Verhältniß des Weltgeistes zu Gott aufgefaßt. Obwohl der Geist die Ideen Gottes enthält, obwohl er zur Regelung seiner Produktion die Natur da hat, die jedes in seinem Wesen zu erhalten sucht, macht er selbst es doch andererseits möglich, dass die Mineralien in Pflanzen, die Pflanzen in Thiere übergehen. Die Unterschiede nicht nur der species, sondern auch der genera sind demnach nicht unüberschreitbar! Wem fiele da nicht die Descendenztheorie ein? Des Comenius Anschauung will jedoch mit ihr nicht identificiert werden. Hat ja doch Gott dem spiritus seine Ideen eingehaucht und der spiritus kann sich von diesen gar nicht emancipieren, folglich wäre die direkte Consequenz seiner Lehre eigentlich vielmehr die Unveränderlichkeit der Arten. Wenn Comenius dennoch Berichte über Experimente, die den Übergang der genera beweisen sollten, bekam, so ließ er sie nur als einen Beweis dafür gelten, daß es einen spiritus geben müsse, ohne zu erklären, wie dieser spiritus gegenüber Gott und der Natur, die doch nach seiner Ansicht Jedes in dem ihm einmal gegebenen Stande zu erhalten strebt, dergleichen bewirken könne. Trotzdem verdient jene Notiz als eine ahnungsvolle Behauptung erwähnt und gemerkt zu werden; denn eine so positive Betonung dieses Überganges liegt aus dieser Zeit unseres Wissens nicht vor. [27]) Eine Analyse der übrigen Einzelheiten, wie eine Reflexion über sein Krankheitssystem scheint uns unnöthig. Aber in dem wir somit am Schluß angelangt, auf das, was wir betrachtet und erläutert haben, zurückblicken, können wir nicht umhin, die tiefste Absicht des Verfassers hervorzuheben. Wie Comenius in seiner ganzen Philosophie nach der Einheit und Übereinstimmung des Wissens strebt, will er auch in der Physik die Widersprüche der Vorgänger versöhnen, versöhnen durch seinen Friedensboten, den Weltgeist, als das ordnende Prinzip der Natur. Wir lernen ihn auch in dieser Schrift als einen Theologen kennen, der mit Scharfsinn und ausgedehnten philosophischen Kenntnissen die Offenbarung mit der Naturwissenschaft in Einklang zu bringen und zu versöhnen trachtet. Daß er mit der Schrift vielfachen Beifall erregt, wird sich aus dem späteren noch ergeben. [28])

Dabei hat Graf Rafael den Reformen des Comenius die größte Aufmerksamkeit und Billigung gewidmet. Nach der natürlichen Stufenfolge gehend, ließ letzterer 1633 das Informatorium deutsch erscheinen, das dem Grafen gewidmet, zuerst in Lissa, bald nachher in Leipzig und in Thorn polnisch gedruckt wurde.[29]) Das Verhältniß zwischen dem Grafen Rafael und Comenius ist nicht völlig klar. Daß der Graf seine Provinzialschule zu Besserem reformieren wollte, das Vorhaben ist uns nur in dieser allgemeinen Form bekannt;[30]) daß er aber ein lebhaftes Interesse den Werken des berühmt gewordenen Seniors und Lehrers zuwendete, das wissen wir aus mehreren Berichten des Comenius.[31]) Zu den Schularbeiten gehörte auch die reichhaltige Sprichwörtersammlung „Weisheit der Ahnen" (Moudrost předků); die wahrscheinlich aus dieser Zeit stammte.[32])

Dabei widmete er seine Aufmerksamkeit unaufhörlich den kirchlichpraktischen Aufgaben zu. Vielleicht von Anfang dieses Jahres oder auch schon von früher stammt die Schrift: Rada k obnoveni kancionálu (Rathschläge zu einer Reform des Cancionals). Für den Fall, daß Gott die Freiheit zurückgebe und die Kirche wieder in der heimathlichen Sprache gebildet werden sollte, empfehle er eine Erneuerung des Cancionals, damit nicht das jetzige neugedruckt werde. Die sechs Gründe sind: a) es enthalte zu viel, b) aber doch zu wenig Lieder, da manche überflüssig und andere fehlende wieder erwünscht seien; c) die vorräthigen habe man zu verbessern; vor allem inhaltlich; d) sprachlich; e) rhytmisch; f) der Quantität nach. — Es folgen noch Antworten auf die möglichen Einwendungen und andere Detail-Anmerkungen.[33]) All' dies wird bei Besprechung der Amsterdamer Cancional-Ausgabe näher dargelegt werden.

In diese Reihe ist auch die Ausgabe des Centrum Securitatis zu stellen, dessen allgemein gehaltene Vorrede an den Leser vom 16. August datiert, einige sprachliche Schwierigkeiten entschuldigt; die Dedication dem Grafen Rafael vom 24. Oktober 1633 widmet neben einigen Bemerkungen, die sich auf den Inhalt beziehen, die Schrift als Dankeszeichen dem mächtigen Beschützer der Verbannten, der als πολύγλωττος ἥρως auch an böhmischen Schriften sein Gefallen habe, mit dem Versprechen, ihm bald auch jenes andere, größere Pfand darzubieten, womit er des Grafen und Lissas Ehre zu heben gedenke; was dem Grafen, der mehr Gottes Ruhm als den seinigen (dadurch aber auch den seinigen)

suche nicht unbekannt sei, da er sich des Vorhabens bereits
angenommen habe. Eine Anspielung gewiß auf die mit den pansophischen Plänen verbundene Schulreform.

Bald darauf wechselte die Schule ihren Rektor, indem der
mit Comenius innig befreundete Wengersky, nachdem er 4 Jahre
und 3 Monate der Schule vorgestanden, von dem Palatin nach
Wlodau berufen, den 5. November 1633 von der Schule schied.
Comenius verlor einen wahren Freund, Verehrer und Anhänger
seiner didaktischen Pläne; neben der Janua übersetzte dieser auch
das Vestibulum ins Polnische [34]) (wahrscheinlich noch in Lissa) und
zu der Vorrede der Physik fügte er ein Gedicht an Comenius,
worin der Vers: „Omnia lucescunt Te declarante, Comeni!"
die oben angedeutete Gesinnung recht deutlich an den Tag legt.
Sein Nachfolger Michael Henrici war wohl weniger berühmt, gab
aber den Bestrebungen des Comenius womöglich noch mehr Freiheit.

Mit den weitfliegenden Plänen einer Pansophie beschäftigt,
harrte er mit Ungeduld der Urtheile über seine philosophische
Erstlingsschrift: die Physik. Es ist bezeichnend, wie sehr ihn die
Copernikanische Theorie befremdete. An Mochinger schreibt er[35])
über die Physik, daß dieselbe eine echte (genuina) Art des
Philosophirens über die Natur enthalte. Eine Nachricht beweist, daß er sich auch mit der Astronomie beschäftigt, ein Werk
über diese Wissenschaft bereits fast fertig sei und gegen die
monströse Bewegung der Erde, wie sie Copernicus annimmt,
Stellung nehme. Der Zusendung eines Exemplars an den
lieben Lehrer Alsted verdanken wir einen schönen Begleitbrief,
der, ein Gelegenheitsbrief, auch von dem Interesse des Lehrers für
seinen Schüler Beweise birgt, da der Schreiber des Briefes für
öftere Grüße dankt; er versichert die Liebe des Schülers sei dieselbe
geblieben. Mit der Physik schicke er ihm auch ein Exemplar der
Janua und schreibe den Grundgedanken der Physik, daß die Schrift
der Führer in der Philosophie sei, ihm zu.[36]) Die Aufnahme der
Physik selbst, war, wie zahlreiche Beweise darlegen, von vielen
Seiten eine sehr gute, was auch deren Nachdrücke beweisen; recht
erfreut hat ihn ein Brief von S. Georg Czedlitz, den er im Vorwort
zu der zweiten Ausgabe mit veröffentlicht hat. (25. April 1634).

Inzwischen wurde das kirchliche Leben Liſſas durch eine aus
Schleſien und den Nachbarländern flüchtig gewordene Schaar
Lutheraner bewegt. Der großmüthige Graf, obwohl der brüderiſchen
Confeſſion zugethan, bereitete deren Anſiedlung keine Schwierigkeiten,
im Gegentheil das größte Entgegenkommen. [37]) Die Brüder waren
geneigt, mit ihnen Kirche, Schule und Friedhof zu theilen, nur mit
der Bedingung, daß ſie auf einige in Liſſa ungewohnte Ceremonien,
das Tragen der Alba, den Exorcismus verzichteten. Als ſie aber eine
beſondere Kirche haben wollten, ſo erlaubte dies der Graf auch,
laut eines am 7. November 1633 ausgeſtellten Diploms, das das
ſchönſte Licht von Duldſamkeit und Edelſinn auf die Brüder wirft.
Nach den einzelnen Punkten [38]) — ſie beleuchten die kirchlichen
Zuſtände Liſſas — ſoll die zu erbauende Kirche „neue Kirche"
genannt werden, der böhmiſchen nicht entgegengeſetzt, ſondern
coordiniert, die beiden Confeſſionen ſollen einander ein ehrendes,
die Eintracht förderndes Benehmen entgegenbringen, was durch
einzelne Winke für Eheſchließungen, Taufen, Begräbniſſe dargelegt
wird; die Kirchenzeit auch dieſelbe und wird durch die nämlichen
Glockenſchläge angezeigt; was das übrige anbelangt, ſo mögen die
Paſtoren unter einander beſchließen, was zur Erbauung dienlich
ſei, wobei der Paſtor der alten Kirche eine ohne Nachtheil des
anderen Theiles zu gebrauchende Prärogative hat. Dogmatiſche
Auseinanderſetzungen, die das eigene Gewiſſen beruhigen können,
ohne das des anderen Theiles zu beunruhigen, mögen geſchehen.
Von Ceremonien ſollen ſie behalten, was ſie gebrauchen, außer
den Bildern und Büſten; über den Exorcismus und den Gebrauch
der Alba, beſonders bei Begräbniſſen, wird der Graf ein Gutachten von der Wittenberger Akademie ausbitten und demnach eine
endgiltige Verfügung treffen.

Beſonderes Gewicht falle aber auf die Wahrung der kirchlichen Disciplin. Jede Kirche habe 6 Presbytere zu wählen, die
dem Seelſorger zur Seite ſtehen, alle drei Monate halten die
vereinigten Presbyterien eine ordentliche Sitzung (im Nothfalle
eine außerordentliche wann immer), wo ſie die Kirchenangelegenheiten beſprechen, und wenn auch nichts vorliegt, conſtatieren,
daß alles in Ordnung ſei. Die Schule iſt gemeinſam; die

katechetischen und die musikalischen Übungen werden aber die Augsburgischen C. Kinder abgesondert, mit einem von der lutherischen
Kirche zu erwählenden Lehrer zu verrichten haben. Wenn in diesen
Freiheiten einer der Theile verletzt werden sollte, so steht eine Berufung an den Grafen frei.

Auf die Anfrage des Grafen antwortete die Wittenberger
theologische Facultät, [39]) der Exorcismus und die Alba seien
Adiaphoren, in einzelnen lutherischen Kreisen im Gebrauch, in
anderen nicht; deshalb kann es der Graf von den Flüchtlingen,
wenn er ihnen die reine Lehre und die nach Christi Wort zu ge-
brauchenden Sakramente gestatte, mit Recht erwarten, dass sie in
den erwähnten Punkten nachgeben.

Muthet schon das ganze Diplom als eine im Geiste und
Stil des Comenius geschriebene Arbeit an, was sie auch ist, so
erkennt man seinen Geist und Einfluß auch darin, dass man auch,
nachdem die Lutheraner sich weigerten, diesen Wünschen des Grafen
nachzukommen, mit ihnen Nachsicht übte, und um nicht wichtigere
Interessen, die der Andacht und Erbauung zu stören, ihnen den
Gebrauch dieser Adiaphora beließ. [40]) Zeigt dieser Vorgang einerseits, wie Comenius nicht nur in den Worten, sondern auch in
Thaten mild und friedlich war, so ist er andererseits ein Beweis
des Ansehens und der Würdigung, die er bei seinem edlen Schutzherrn
fand, umsomehr, als diesmal nicht eine Schulfrage, sondern eine
kirchliche Angelegenheit zu ordnen war. — In diese Zeit fällt die
Herausgabe des vor zehn Jahren verfaßten Traktats vom Waisen-
stand, wozu ihm eine Seuche Gelegenheit bot, über die wir nur
wissen, dass sie das Volk zu abenteuerlichen Annahmen veranlaßte
und deshalb auch auf der Synode (27. Februar 1635) einen
Gegenstand der Berathung bildete. [41]) Eine eigentliche Beschäftigung
bot ihm aber die Pansophie. — Der Vorsatz, nach der Janua
ling. eine Janua rerum zu schaffen, schritt einer raschen Erfüllung
entgegen, und nur die Einsicht, dass daran noch manches zu verbessern sei, hielt den Verfasser von der Veröffentlichung zurück,
nicht aber von einer Anzeige im Leipziger Bücherkatalog. [42])
Diese Anzeige wurde wohl später eingestellt, aber dass die
Arbeit unaufhörlich vorwärts gieng, beweisen die fortwährenden

Berichte darüber. [43]) So haben wir denn die Aufforderung Hartlibs, ihm einen Entwurf der Arbeit einsenden zu wollen, schon in dies Jahr zu setzen. Diese Aufforderung wurde die Veranlassung zur Abfassung des Prodromus Pansophiæ; die Idee der Schrift war aber schon früher reif, denn der Verfasser hatte im Sinn, eine solche in der Form eines Vorwortes dem Werke vorauszuschicken.

Die Ansichten der Freunde, denen über den Plan eine Mittheilung zukam, waren übrigens getheilt, und der Zweifel einiger über die Möglichkeit der Ausführung der Idee spornte nur den, von einer allgemeinen Harmonie fest überzeugten Geist des Verfassers zur Arbeit. Sein Gedankengang war der: wenn der Umfang der Sprache beschränkt und bestimmt ist, so werden es auch die Begriffe unseres Geistes, den die Dinge beschränken. Nun gebe es wohl viele Dinge, aber die Welt besteht doch nur aus wenigen Bestandtheilen, nämlich Elementen- und Formunterschieden, und auch die Erfindungen der Kunst lassen sich in einige Arten zusammen fassen. Da nun die Sprache mit den Dingen und den Begriffen derselben paralell laufe, so dachte er, man könne, wie die Sprache aus einigen Wurzeln, auch die Erkenntniß der Dinge aus einigen Principien entwickeln, und so beschloß er sein universales Seminarium der Bildung zu schaffen. — Und so wandte er auch die Grundsätze der Janua linguarum in der Ausführung der Arbeit an: alle Dinge hat er zusammengestellt, jedes nur einmal erwähnt, und einem jeden seinen natürlichsten Platz angewiesen. [44])

Wie viel Mühe dies gekostet haben mag, wird man leicht übersehen. Ein Blick auf die Alsted'sche Encyklopädie zeigt uns die Masse des Materials, die die Zeit bereits aufgehäuft hatte. Nun handelt es sich nicht nur um ein, nach äußerlichen Schemen zu ordnendes Zusammentragen des Stoffes, sondern um ein Entwickeln desselben auf die Art der sprachlichen Analyse; um ein Ordnen nach den oben erwähnten Principien der Janua-Abfassung. — Was Wunder, wenn er, besonders durch andere Beschäftigungen fortwährend gestört, nie zu einer Vollendung des Werkes kam? Solche waren wieder die Kirchlichen. Es handelte sich um eine

engere Einheit zwischen den Brüdern aus Groß-Polen und Klein-
Polen. Die in Groß-Polen weilenden Exulanten, in ihren Hoff-
nungen auf die Heimkehr immer getäuscht, wollten sich den polnischen
Glaubensgenossen anschließen. Es wurde deshalb von den Ver-
bannten im Sommer 1634 eine Synode abgehalten, die eine
Instruction für ihre Vertreter auf der in Wlodan stattfindenden
allgemeinen Zusammenkunft ausarbeitete und zu derselben den
Comenius und Adam Hartmann entsendete.

Auf der am 22. September 1634 abgehaltenen privaten Zusammenkunft der Theologen entwickelte nun Comenius[45]) die Gründe,
weshalb die Brüder aus Böhmen und Mähren mit in die Conformität aufgenommen zu werden wünschen und bat die Versammlung um Zulassung zu den Verhandlungen, was die Superattendenten von Vilna und Kleinpolen warm befürworteten und
die Versammlung bereitwillig gewährte, dieselben ihrem kirchlichen
Range nach mit den übrigen für gleichberechtigt erklärend. Sie
sollten im allgemeinen nur durch das Princip gebunden werden,
daß, was zwei Theile von den dreien (Kleinpolen, Großpolen,
Lithauen) angenommen, als allgemein giltig zu betrachten sei.
In der Reihe der Verhandlungstage wurden Gottesdienste abgehalten und das Präsidium beobachtete in der Ordnung der
Gottesdienste das Princip: die Wahrung der Einheit der verschiedenen Theile. So wurde vor der Communion am XVII. Sonntag
Comenius mit dem Abhalten der Rede betraut und der Grund
angegeben, daß man in seiner Person die böhmische Unität ehren
wolle; später kam auch an Hartmann die Reihe.

Im Verlaufe der Verhandlungen selbst verdient das hart-
näckige Festhalten der böhmischen Unität an ihrer Kirchenordnung
Beachtung. Sie wünschten vor allem, daß dieselbe öffentlich vorgelesen und empfohlen werde. Ein solches Vorrecht konnte dem
einen Theile nicht eingeräumt werden, aber die Superattendenten
von Kleinpolen und Lithauen legten ihnen nahe, sich mit einem
ordnungsgemäßen Berathen der fraglichen Punkte zufrieden zu
stellen, wobei doch die Vorzüge ihrer Kirchenordnung beachtet
werden sollten; und so wurde auch zum größten Theile dieselbe
als gemeinsame angenommen.[46]) Einige Freiheiten wurden den

einzelnen Theilen auch fernerhin belaſſen, beſonders bei den
inneren Fragen, z. B. der Abendmahlsfrage; [47]) nur wurde noch
beſtimmt, daß einer von den Senioren der Senior primarius
werde, und daß ſich die drei Primarier alle drei Jahre einmal
zu treffen haben, um die Einheit der Kirche nach den Beſprechungen
zu wahren. [48]) Der Anfang ſoll 1637 in Thorn geſchehen; und
nach zweiwöchentlicher Berathung ging die Verſammlung mit dem
beſten Erfolge auseinander.

Im nächſten Februar (1635, 27) kamen die großpolniſchen
Brüder zu einer Synode, welche zunächſt den Bericht der Delegirten zur vorjährigen Verſammlung in Wloban zur Kenntniß
nahm. Von den Arbeiten dieſer Synode erwähnen wir vor allem
den Beſchluß: es wird für die böhmiſche Jugend das Vestibulum
und die Janua lateiniſch und böhmiſch gedruckt, was bis dahin
nicht geſchehen zu ſein ſcheint. Comenius meldete an, daß er für
die erwachſene Jugend die Panſophia und David Vechner Viridarium linguæ latinæ verfaſſe, wozu die Synode ihre guten
Wünſche gab. [49]) Das Conſiſtorium mit den Lutheranern wollte
wegen der Hartnäckigkeit von dieſer Seite noch immer nicht ins
Leben treten, deshalb beſchloß die Synode, an den Schutzherrn
die Bitte zu richten, er möge durch ſeinen Stellvertreter die
Ausführung vollziehen laſſen, damit einmal die Kirchenordnung
ins Leben trete. [50])

Beſonders intereſſant ſind die Anordnungen für die immer
mehr aufblühende Schule zu Liſſa. Die Schule werde in vier
Claſſen getheilt, von denen je zwei in einem Auditorium unterzubringen ſeien; ein jeder Präceptor ſoll mit ſeiner Schule den
ganzen Tag fünf Stunden arbeiten, ſo daß keine Privatſchulen
mehr nöthig ſeien. Sie haben die nun eingereichten Geſetze zu beobachten, und wenn ihnen etwas daran nicht recht wäre, dies den
Scholarchen mitzutheilen, und daran nicht anders, als nach gemein-
ſamer Übereinſtimmung zu ändern; in die erſte Claſſe wird des
Scultetus Ethik aufgenommen; das zehnmalige Durchnehmen der
Janua wird ſtreng angeordnet, wie auch die vorgeſchriebene Behandlung des Vestibulum in der III. Claſſe; auf das Latein-
ſprechen müſſe auch Gewicht gelegt werden; Singen von Pſalmen

und Lesen der heiligen Schrift solle täglich vor der Schule geschehen; auf die Zucht müsse man auch besser als bisher Acht geben; Stilübungen sollen täglich, oratorische und praktische zweiwöchentlich und oratorische oder praktische Actus (d. h. Schuldramen dargestellt) vierteljährlich stattfinden. Schulferien werden zweimal wöchentlich Nachmittag, und zur Jahrmarktzeit gegeben. Die Inspection der Schule wurde von den Senioren dem Bruder Jac. Memorat übergeben. An Gehalt bekommen der Rector 300, Conrector 200, Cantor 150, sein Collége 150, der Inspector 50 fl., Reparaturen betrugen auch 50 fl. [51])

Die in dem Beschluß erwähnte „Leges" werde wohl mit den „Leges illustris Gymnasii Lesnensis" [52]) identisch sein, wofür allerdings nur das eine spricht, dass uns keine anderen Gesetze bekannt sind und auch keine anderen erwähnt werden, dagegen aber nichts eingewendet werden kann. Diese Gesetze enthalten unter vier Aufschriften die Normen eines frommen, sittlichen und anständigen Betragens. Besonders ausführlich sind die ersten Gesetze, der Frömmigkeit im Allgemeinen (größtentheils dem Dekalog folgend) und besonders über das Benehmen in der Kirche, wo z. B. unter andern das eventuelle Nachschreiben der Predigt empfohlen wird. (p. 7.) Die folgenden Capitel: das sittliche Benehmen in der Schule, auf der Straße, zu Hause (die Besuche werden untersagt) haben nicht viel eigenthümliches; das Spielen in der Schule und auf der Straße wird verboten, hingegen außerhalb der Stadt mit der Anempfehlung, sich einen Leiter des Spiels zu wählen, gerne gestattet. Unter den Punkten, die die Art des Studiums betreffen, heben wir hervor: alle mechanischen und höfischen Beschäftigungen werden verwiesen, das Frühaufstehen anempfohlen, so auch das Führen eines Diariums, wo alle guten neuerworbenen Lehren aufgezeichnet werden. Neben dem Meiden des öffentlichen Treibens, der Spiele u. s. w. wird besonders das Enthalten vom Tanze mit der asketischen Begründung: „Chorea est circulus, cuius centrum est Diabolus" den Schülern ans Herz gelegt. Es war ein echt ernster und frommer Geist, der die Schule beherrschte. Die Erfolge, die man mit der vernünftigen Methode der Janua, und der allmäligen Einführung der Realien darin errang, ver-

Inzwischen wurde das kirchliche Leben Lissas durch eine aus
Schlesien und den Nachbarländern flüchtig gewordene Schaar
Lutheraner bewegt. Der großmüthige Graf, obwohl der brüderischen
Confession zugethan, bereitete deren Ansiedlung keine Schwierigkeiten,
im Gegentheil das größte Entgegenkommen. [37] Die Brüder waren
geneigt, mit ihnen Kirche, Schule und Friedhof zu theilen, nur mit
der Bedingung, daß sie auf einige in Lissa ungewohnte Ceremonien,
das Tragen der Alba, den Exorcismus verzichteten. Als sie aber eine
besondere Kirche haben wollten, so erlaubte dies der Graf auch,
laut eines am 7. November 1633 ausgestellten Diploms, das das
schönste Licht von Duldsamkeit und Edelsinn auf die Brüder wirft.
Nach den einzelnen Punkten [38]) — sie beleuchten die kirchlichen
Zustände Lissas — soll die zu erbauende Kirche „neue Kirche"
genannt werden, der böhmischen nicht entgegengesetzt, sondern
coordiniert, die beiden Confessionen sollen einander ein ehrendes,
die Eintracht förderndes Benehmen entgegenbringen, was durch
einzelne Winke für Eheschließungen, Taufen, Begräbnisse dargelegt
wird; die Kirchenzeit auch dieselbe und wird durch die nämlichen
Glockenschläge angezeigt; was das übrige anbelangt, so mögen die
Pastoren unter einander beschließen, was zur Erbauung dienlich
sei, wobei der Pastor der alten Kirche eine ohne Nachtheil des
anderen Theiles zu gebrauchende Prärogative hat. Dogmatische
Auseinandersetzungen, die das eigene Gewissen beruhigen können,
ohne das des anderen Theiles zu beunruhigen, mögen geschehen.
Von Ceremonien sollen sie behalten, was sie gebrauchen, außer
den Bildern und Büsten; über den Exorcismus und den Gebrauch
der Alba, besonders bei Begräbnissen, wird der Graf ein Gutachten von der Wittenberger Akademie ausbitten und demnach eine
endgiltige Verfügung treffen.

Besonderes Gewicht falle aber auf die Wahrung der kirchlichen Disciplin. Jede Kirche habe 6 Presbytere zu wählen, die
dem Seelsorger zur Seite stehen, alle drei Monate halten die
vereinigten Presbyterien eine ordentliche Sitzung (im Nothfalle
eine außerordentliche wann immer), wo sie die Kirchenangelegenheiten besprechen, und wenn auch nichts vorliegt, constatieren,
daß alles in Ordnung sei. Die Schule ist gemeinsam; die

einzelnen Theilen auch fernerhin belassen, besonders bei den inneren Fragen, z. B. der Abendmahlsfrage;[47]) nur wurde noch bestimmt, daß einer von den Senioren der Senior primarius werde, und daß sich die drei Primarier alle drei Jahre einmal zu treffen haben, um die Einheit der Kirche nach den Besprechungen zu wahren.[45]) Der Anfang soll 1637 in Thorn geschehen; und nach zweiwöchentlicher Berathung ging die Versammlung mit dem besten Erfolge auseinander.

Im nächsten Februar (1635, 27) kamen die großpolnischen Brüder zu einer Synode, welche zunächst den Bericht der Delegirten zur vorjährigen Versammlung in Wlodan zur Kenntniß nahm. Von den Arbeiten dieser Synode erwähnen wir vor allem den Beschluß: es wird für die böhmische Jugend das Vestibulum und die Janua lateinisch und böhmisch gedruckt, was bis dahin nicht geschehen zu sein scheint. Comenius meldete an, daß er für die erwachsene Jugend die Pansophia und David Vechner Viridarium linguæ latinæ verfasse, wozu die Synode ihre guten Wünsche gab.[49]) Das Consistorium mit den Lutheranern wollte wegen der Hartnäckigkeit von dieser Seite noch immer nicht ins Leben treten, deshalb beschloß die Synode, an den Schutzherrn die Bitte zu richten, er möge durch seinen Stellvertreter die Ausführung vollziehen lassen, damit einmal die Kirchenordnung ins Leben trete.[50])

Besonders interessant sind die Anordnungen für die immer mehr aufblühende Schule zu Lissa. Die Schule werde in vier Classen getheilt, von denen je zwei in einem Auditorium unterzubringen seien; ein jeder Präceptor soll mit seiner Schule den ganzen Tag fünf Stunden arbeiten, so daß keine Privatschulen mehr nöthig seien. Sie haben die nun eingereichten Gesetze zu beobachten, und wenn ihnen etwas daran nicht recht wäre, dies den Scholarchen mitzutheilen, und daran nicht anders, als nach gemeinsamer Uebereinstimmung zu ändern; in die erste Classe wird des Scultetus Ethik aufgenommen; das zehnmalige Durchnehmen der Janua wird streng angeordnet, wie auch die vorgeschriebene Behandlung des Vestibulum in der III. Classe; auf das Lateinsprechen müsse auch Gewicht gelegt werden; Singen von Psalmen

halfen ihr mit Recht bald zur Berühmtheit. Zur Fortsetzung ihrer
Studien giengen dann die Absolventen noch nach irgend welcher
reformierten Fakultät in die Schweiz, in die Niederlande oder
auch nach England.

Die ins letztgenannte Land gehenden knüpften die Bekanntschaft zwischen Comenius und Hartlib immer fester und solcher
Vermittlung ist die Übersendung der Vorrede zu der beabsichtigten
Pansophie zuzuschreiben. Leider fehlen uns da die Namen und
auch die positiven Zeitangaben. Daß dies im Jahre 1634 — 35
geschah, ist gewiß. Sonst kommt aber auch der Name Hartlib
in Zusammenhang mit jener Collecte vor, deren Anlaß wir
oben besprochen haben, die aber später Ursache zu weit-
gehenden Streitigkeiten bot. Den Gesandten der Brüder, deren
je zwei nach England, nach Holland und in die Schweiz
giengen, glückte es besser, als den Pirnenser Boten, wovon ein
Grund theils darin lag, daß ihr Gang früher war und sie auf
einem Gebiete sammelten, dessen Bewohner den Brüdern zugeneigt
waren, theils darin, daß die lutherischen Boten sich manche Un-
gebührlichkeiten erlaubten.[53] Die Mißerfolge Letzterer waren so
groß, daß sie an das belgische Consistorium eine Apologie richteten,
die eigentlich ein Angriff auf die Brüder war, worin sie betheuerten,
die Brüder hätten in Deutschland und Holland im Namen sämmt-
licher Exulanten Collecten veranstaltet, dadurch einen dem Sacri-
legium gleichen Diebstahl begangen.[54] Sie verbreiteten die Schrift
in Deutschland, Holland und Ungarn, was schon gewiß im
Jahre 1634 geschah; im November (24.) desselben Jahres schrieben
sie nach Pirna, daß die Professoren der Academie in Leyden sie
ermahnten, die Lissaer aufzufordern, das erhaltene Almosen unter
alle zu vertheilen, da es für alle ausgebeten wurde.[55] Ein ähnlicher Brief erfolgte 1635, 20. Mai, worin Regius die Beschuldigung
gegen die Brüder wiederholt und den Rathschlag ertheilt, die Pirnenser
mögen an die Academie zu Leyden schreiben und Beweise dar-
bringen, daß sie von der Collecte nichts erhalten, worauf die
Brüder bewogen werden könnten, einen Theil davon ihnen zu
übergeben.

Gewiß vernahmen auch die Brüder von der ihnen zu-
geschriebenen Schuld und einer Aufregung konnte sich eben Comenius
umso weniger entziehen, als er, wenn nicht der Verfasser, so
doch einer der Unterzeichner der Bittschrift war. Die folgenden
Ereignisse gaben der Aufregung neue Nahrung. Nach den öfteren
Ermahnungen des sächsischen Kurfürsten, diejenigen, die nicht zum
lutherischen Abendmahl treten wollen, mögen ihm angemeldet
werden, da er nicht geneigt sei, geheime Zusammenkünfte zu dulden,
wurden im folgenden Monat (Juni) die brüderischen Exulanten
in Pirna aufs Rathhaus gerufen und davon verständigt, daß
wenn sie nicht zum Augsburger Bekenntniß übertreten, sie in drei
Wochen aus Pirna auszuwandern haben. Dies war allerdings
nicht nach dem versöhnlichen Muster der Lissaer Obrigkeit; ob die
Collecte auf diese Vorladung Einfluß übte, wissen wir nicht; es
wurde dem Martinius allerdings vorgeworfen, daß er diesen Befehl
hervorgerufen habe. [56]) Die vielen Anschuldigungen, Drohungen,
Schimpfworte veranlaßten ihn über die Frage nachzudenken und
sich, das heißt, seine Idee der Einigkeit aller evangelischen Böhmen
öffentlich zu vertheidigen. So verfaßte er eine Schrift, die in
einigen Monaten, wahrscheinlich im September erschien und einen
unheilvollen Zwist zwischen Pirna und Lissa einführte. Die Schrift
führt den Titel: „XXXV. Gründe, warum alle böhmischen
Evangelischen einig sein und besonders, die sich zur Unität
bekennen, in evangelischen Gemeinden zur Communion gehen
sollten.“ In einem, vom größten Wohlwollen getragenem Tone
trifft sie die Brüder mit drei großen Vorwürfen [57]): sie haben
ihr, dem evangelischen Theile gegebenes Wort gebrochen, somit
seien sie von der Vereinbarung (1609) zurückgetreten; 2. sie
haben die Lehren der böhmischen Confession verlassen und dafür
calvinische und arianische Irrthümer in die Unität aufgenommen;
3. sie haben eine Falschheit begangen, indem sie im Namen des
ganzen exulierenden, böhmischen Volkes um Almosen baten, und
das Gesammelte unter sich behielten. Dieser Inhalt wird aber
weder logisch, noch geschichtlich geordnet, auch ist nicht ein jeder
Grund ein wirklicher Beweis für das Thema; es ist ein buntes
Durcheinander von geschichtlichen Daten dogmatischen Erörterungen,

Abbrücken lutherischer und brüderischer Streitschriften, voll Eifer für die lutherische Sache und voll Haß gegen den Calvinismus, der sich — wie es scheine — der Brüder völlig bemächtigt habe. Und zum Schluß steigert sich der Unwille über das Mißlingen der Pirnaer Collecte zum directen Erheben eines wohl nur abstracten Anspruches auf das Ergebniß der Sammlung der Lissaer Boten.

Zur Zeit, als diese Schrift nach Lissa kam, herrschte bei den Brüdern auch eine Verstimmung gegen die Lutheraner. In der am 28. August daselbst abgehaltenen Synode wurde fest-gestellt, daß die Lutheraner in Lissa sich an das Privilegium des Grafen nicht halten, wodurch viele Streitigkeiten entstehen und das friedliche Zusammenleben mit der Unität sehr erschwert werde. Es ist nicht bekannt, ob im Zusammenhang damit oder nicht Comenius bei den Senioren um die Erlaubniß bat, von Lissa nach Skok oder Ostrorog ziehen zu dürfen, wo er leichter leben und freier arbeiten könne, was mit Segenswünschen bewilligt wurde. Diese Bitte ist gewiß sehr auffallend und die Vorzüge, die Skok oder Ostrorog vor Lissa haben sollen, sind ganz unklar; überhaupt haben wir nur noch ein Zeugniß dafür, daß Comenius von Lissa weg wollte, sich — wie in der Eingabe — auf seine Arbeiten berufend. [58]) Sollte diese Zeit eine und dieselbe sein, so hatte Comenius eine groß angelegte Publication von pädagogischen Arbeiten im Sinn. Die Collection der herauszugebenden Arbeiten sollte durch die Didactica Magna, die er in 4° erscheinen lassen wollte, eröffnet werden. Darauf sollten die Schulbücher kommen, dann ein Lexicon Latino-Polonico-Germanicum, schließlich die Pansophie. Der Palatin von Belz unterstützte ihn, und er habe zwei Genossen, die an der Arbeit feilen werden. Der Gönner möchte diese Arbeit gerne in Lissa zu Ende führen lassen, er aber wolle sein Wort, das er dem Hunnefeld gegeben, einlösen. [59])

Sollten diese Pläne mit dem erwähnten Wegziehen aus Lissa in Verbindung stehen, was nicht bestimmt behauptet werden kann, so mußte ihn die Martiniussche Schrift völlig umstimmen. Es galt die harten Angriffe auf seine Kirche zurück zu weisen und wer hätte dies sowohl seiner historischen, als dogmatischen Bildung, wie auch schriftstellerischen Fertigkeit nach erfolgreicher thun können, als er? So galt es wieder, sich eifrig an die Arbeit zu machen; die 35 Argumente nach einander zu prüfen und zu widerlegen und somit die Ehre der Unität zu retten.[60]) Dabei wandten sich die Brüder an die Meißner Lutheraner, dieselben um eine Beilegung des Streites ersuchend, indem sie zugleich mittheilten, daß die Brüder auf die bereits veröffentlichte Schrift eine böhmische, und wenn es nöthig sein würde, auch in einer anderen Sprache eine Erwiderung geben würden. Damals war also die Arbeit bereits im Zuge. Des Martinius Antwort lautete,[61]) daß er sich die die Hände durchaus nicht werde binden lassen. So arbeiteten Comenius, der selbst erwähnt, daß er seine Schriften meistens in einem Zuge fertig[62]) mache, die Erwiderung, in Gemeinschaft mit Fabricius ununterbrochen und rasch, so daß sie noch in demselben Jahre erschien. Der sehr charakteristische Titel lautet: **Auf des Samuel Martinius gegen die Brüder-Unität verfaßte, und zur Ausrottung des Zutrauens in frommen Leuten, zu deren Ordnung in 35 Gründen (wie sie sich nennt) öffentlich herausgegebene Schrift .... nöthige, mäßige, christliche Erwiderung der, zur Zeit in Lissa im Exil wohnenden Ältesten Priester derselben Brüder-Unität.**[63]) Die Schrift geht nach kurzer Hervorhebung der schmerzlichen Thatsache der Uneinigkeit jener, die auf Eintracht über alles angewiesen wären, und nach kurzer Zusammenfassung der Angriffe der Martiniusschen Schrift in den drei oben angeführten Punkten, die sie gleich im allgemeinen zurückweist, den Ausführungen der Angriffsschrift Punkt für Punkt nach, nur daß sie diese letzteren, wo sie ein und dasselbe sagen, in Eines zusammengefaßt beantwortet.

Die Einheit in der Ceremonie (Abendmahl), die Martinius fordert, ist eine rein äußerliche (p. 6), dem Verfasser liegt eine wahre, sich auf der Identität des Glaubens, der Liebe und Hoffnung aufbauende im Sinne (p. 10). Nun ist es wahr, daß die Brüder seiner Zeit eifrig Luthers Freundschaft suchten, ihn sehr verehrten, wenn sie auch in der Vernachlässigung der Zucht von seiner Seite die Zukunft seines Werkes gefährdet sahen; — aber daß sie deshalb ihre Confession verlassen sollten, wie Martinius wünscht, hat nicht

einmal Luther von ihnen verlangt, ebenso wenig, daß sie ihre Gemeinschaft mit den übrigen Reformirten aufgeben sollten, da dieselbe
auch Luther pflegte, zu welcher Gemeinschaft die Brüder die Wahrnehmung, daß in der Schweiz und Frankreich die Zucht besser bewahrt
werde, bewog. In der Lehre sind sie mit den übrigen evangelischen
einig, und ihre Kirchenordnung hat ihnen selbst Luther gegönnt.
Zu der böhmischen Confession, die sie 1575 angenommen und
1608 drucken ließen, bekennen sie sich jetzt noch (p. 30—34),
woraus Martinius etwas schief ableitet, daß die Brüder mit
der Augsburger Confession übereinstimmen sollten, während ihm
die Erwiederung viel weiter gehend zugibt, daß die Brüder
mit der Augsburger Confession wirklich übereinstimmen (was
nämlich die Lehre anbelangt), und wenn sie nicht mit jenen gehen,
die aus derselben die Ubiquität und manches andere, darin nicht
Enthaltene herausdeuten wollen, so glauben sie, wie ihre Vorfahren,
daß im heiligen Abendmahl Christus' Leib und Blut anwesend
sei, und zwar sakramentlich, weil es nicht mehr bloßes Brod und
Wein ist, „geistig, weil hier des Herrn Leib und Blut nicht als
körperliche und im materiellen Wesen, den Sinnen des Körpers begreiflich, aber einem mit Glauben beschenkten Geiste wahrnehmbar sei;
kraftvoll und wahrhaftig, dies letztere, weil dies nicht irgendwelche
Meinung, sondern so wahr geschehen, wie Christus Christus
ist. (p. 35—37) Es ist auch nicht wahr, daß die Brüder zu den
Evangelischen übergetreten wären, denn sie waren früher da, als
diese; (p. 40) den Calvinern sind sie wohl freundlich, wie es
früher auch Martinius war, billigen aber einige Auswüchse des
Glaubens (Mißachten der Maria und der Sacramente, die Zu-
schreibung der Sünde Gott) die Calvin selbst gerügt hätte, nicht
(p. 41) Sacramentarier sind Leute, die entweder eine mechanische
Wirkung (ex opere operato) den Sacramenten zuschreiben (ältere
Sacram.): dies sind die Papisten (in excessu); oder (in defectu),
die sie, wie die Anabaptisten, nur als Angedenken und Zeichen
betrachten. Beiden stehen die Brüder fern. (p. 42) Daß die Unität
mit der Vereinbarung von 1609 ihre selbstständige Existenz verloren habe, bestreitet die Erwiderung und sagt: „Warum erhielten
sie dann einen besonderen Platz in dem Consistorium, warum

wurde ihnen selbstständige Ordination von Geistlichen gestattet, warum wurde einigemal, deutlich, ausdrücklich, namentlich hinzugefügt, daß sie bei ihrer Kirchenordnung belassen werden? warum wurde im Consistorium ein besonderer Senior mit Assessoren derselben Ordnung aufgestellt? Warum demselben eine besondere Kirche in Prag, eine deutsche und eine böhmische überlassen? Warum wurde dem Administrator angeordnet, daß der Senior seine Geistlichkeit regieren, verwalten, in die Pfarreien nach dem Wunsche der Herren Collatoren ohne Hinderniß einsetzen könne, wie auch dem Senior angeordnet, daß dies der Administrator mit seiner Geistlichkeit ebenso thun könne?" (p. 51). Eine werthvolle Schilderung der Vereinbarung, wie sie anderswo unseres Wissens kaum vorhanden, rechtfertigt diese Auffassung, daß die Unität in der Vereinbarung ebenso nicht aufgegangen, wie die lutherische Kirche nicht aufgehört hat zu sein (p. 62).

Die unklare Anwendung der Reichsgesetze auf die böhmischen Verhältnisse, wie auch die ungeschickte Einmischung des sächsischen Kurfürsten in die Polemik, weist die Erwiederung mit reicher Begründung zurück (p. 67). Als Vorwürfe für die Vergangenheit wurden die Vorreden zur Bibelübersetzung 1614 und zur „Triumphirenden Wahrheit" 1614 angeführt; diese werden aber für ihre, sich von den Lutherischen isolierenden Erklärungen dadurch entschuldigt, daß sie in Mähren erschienen, auf welche sich die Vereinbarung nicht erstreckte (p. 71); überhaupt sei die böhmische Confession nicht die augsburgische und diejenigen waren die Urheber der vielen unheilvollen Zwistigkeiten, die den Böhmen statt ihrer böhmischen Confession die Augsburger aufdrängen wollten, wodurch sie nur eine Reaction gegen die letztere veranlaßten. Denn es ist nicht zu leugnen, daß es sich dabei um zwei geschichtliche und symbolische Dokumente handle; alle böhmischen Stände haben auch erklärt, daß die böhmische Confession mit der Augsburgischen nicht identisch sei, in ihrer Supplication zugleich angebend, daß ihr Bekenntniß nicht aus irgend einem fremden, sondern aus den Schriften des Johann Hus aus Huslnec genommen sei, und sie nichts neues bekennen, als was ihre Vorgänger bekannt haben (p. 76). Eine höchst lehrreiche Auseinandersetzung beleuchtet die

Verhältniffe der beiden Bekenntnißschriften in ihrer böhmischen Geschichte; besonders die im Majestätsbrief enthaltene Angabe, daß die böhmische Confession von Manchen Augsburgische genannt werde (p. 81); die die Augsburgische einseitig betonen, sind gar nicht gute Patrioten, da sie der Ehre ihres Vaterlandes, das ihnen Gott geschenkt, so wenig gönnen, sie sollten im Gegentheil behaupten, daß die Augsburger Confession die wahre böhmische sei (p. 83). Auf die Vorwürfe, daß die Brüder an der lutherischen Communion nicht theilnehmen wollten, wird geantwortet, daß daran gewiß auch die Person des Martinius die Schuld trage, der nicht einmal bei seinen Glaubensgenossen genug Vertrauen erwecke, im Übrigen thuen die Lutheraner viel schlechteres, da sie sich mit der größten Liberalität nicht zufrieden stellen (p. 87, 88).

Nun gelangt die Antwort zu einer Selbstvertheidigung; nämlich des Vorgehens der Vorgesetzten, die den Brüdern den evangelischen Gottesdienst verboten haben, welches die Erwiederung leugnet; und erklärt jene Sendschrift von 1630, daß die Brüder sich an die Gottesdienste Derer, die ihre Kirchenordnung besitzen, anschließen, mit der großen Werthschätzung dieser Ordnung. Wenn im Reich das Vertrauen zu den Reformierten größer sei, als zu den Lutheranern, so ist dies ein Zustand, der die Brüder durchaus nicht freut. „Wenn wir uns dem einen Theile näher und häuslicher anschmiegen als dem anderen, so bewirkt das eine nähere Vereinigung der Kirchenordnungen und des christlichen Geistes. Es ist einmal nicht möglich (die Welt möge es nun beurtheilen) jenem, der uns für Brüder in Christo anerkennt, die christliche Liebe nicht zu erwiedern und wieder jenem, der uns beschimpft, verringert, widerlegen will, ein anderes als mißtrauisches Herz entgegenzubringen" (p. 94, 95).

Auf den Vorwurf, daß die Brüder der innigen Einheit im Wege stehen, ist die Antwort: Die Bedeutung der Unität liegt in ihrer Ordnung und Zucht, die besonders den deutsch-evangelischen Gemeinden fehle und die sie um keinen Preis aufgeben will, wenn die evangelische Kirche noch so vieles aufweisen könnte, was diese Ordnung zu ersetzen geeignet wäre (p. 100—108). — Gegen die Austheilung des Abendmahls bei den Brüdern wendet Martinius, bei der Belobung dafür, daß sie vor Herrn Jesu Christus niederknien, daß sie diesen, an der Rechten Gottes sitzenden, von dem Sakramente ungerecht löſten, worauf die Brüder, mit Berufung auf die Schrift jeder weiteren Erörterung dieser geheimnißvollen Frage auswichen (p. 114—116); das Niederknieen hat übrigens nicht aus Aberglauben, sondern zur selbstbewußten Erregung der Frömmigkeit, als auch wegen der Eintracht mit den vaterländischen Kirchen zu geschehen. — Und daß die Angriffsschrift den Gehorsam aus der Kirche schaffen will, (vorgebend, die Ordnung paſse nur zum Handwerk) beweise, daß er den Geist des Christenthums, des Ergebens in Gottes Willen gar nicht kenne (p. 116). Und wieder gelangen Einzelheiten aus der vaterländischen Kirchengeschichte zur Besprechung; wieder betont die Antwort auf den Vorwurf, daß die Unität durch ihren Widerstand eigentlich von der allgemeinen christlichen Kirche zurücktrete, die Unität sei bereits 1457 entstanden, und die reformierten Lutheraner 60 Jahre später. Der Gebrauch des Namens fratres orthodoxi sollte zur Unterscheidung von den Anabaptisten, die sich ebenfalls Brüder nennen, dienen (p. 124); und auf die entgegengehaltene Schrift Auerberks, daß die Brüder evangeliſche Mönche seien, erfolgt die meiſtens billigende Antwort (p. 129—133) mit dem Schluſse: warum vergönnen dies die Evangeliſchen den Brüdern nicht, da doch die Katholiſchen ihre Mönche nicht nur dulden, sondern gar hochachten?

Nun folgt nach dem vagen Gange der XXXV. Gründe die wiederholte Betonung, daß die Brüder ihre Lehren direct von Hus haben, und auch die Abendmahlslehre nicht von Calvin, sondern von ihm stamme (p. 135). Nach kurzer Auseinandersetzung über die Habermann'ſchen Gebete, die ohne Wiſſen der Senioren in den Niederlanden erſchienen sind, und über die Geringſchätzung der Praxis Pietatis, welche ein ehrendes lutheriſches Zeugniß aufweisen kann (p. 137), wird das von Regius in seiner Eingabe an die Leydener Academie erhobene falsche Gerücht, daß die Brüder die Beuthner Schule, die Socins Irrlehre pflege, besuchen, die Orthodoxen geringſchätzen, die Socinianer, Bechner, besonders ehren, ja für dieselben sogar von Hartlib in England 100 Sterling sammeln ließen, dahin berichtigt, daß die Beuthner Schule den

lutherischen Katechismus lehre; daß aber bei und neben den
Brüdern auch die Lutheraner ganz gut leben können, widerlege das
Übrige. (p. 134—141.) Die Brüder wissen auch nicht von den
die Lutheraner beschimpfenden Flugschriften: in den, von ihnen
verfaßten officiellen Schriften an die Glaubenden, die ihnen
Martinius vorwirft, findet sich gewiß nichts Beleidigendes (p. 153);
und daß sich somit Martinius zum Censor der Bücher aufwirft,
beweist, daß er zu Hause nichts zu thun habe und deshalb in
die Nachbarschaft gehe. (p. 156.) Wenn Martinius sagt, die
Brüder seien, wenn sie sich dem Worte der Obrigkeit nicht
fügen wollen, selbst Schuld, daß sie von Meißen ziehen müssen,
so predige er das Princip compelle intrare. (p. 159.) Die Vorwürfe aus der 1619 erschienenen Schrift der sechs jungen Geistlichen werden theils durch Berichtigungen entkräftet, theils durch
die Erklärung, daß die Älteren mit der Schrift ohnehin unzufrieden
waren. (p. 164.)

Der vorletzte Grund beschäftigt sich mit der Almosenfrage.
Es wird hier weit und gründlich nachgewiesen, daß eine Täuschung
weder beabsichtigt war, noch auch erfolgte. Die Unterschrift der Bitten-
den lautet: Seniores Unitatis Fratrum e Bohemia et Moravia
dispersorum N. N. N. N. Ecclesiastici et Politici; den Gesandten
wurde außerdem ein Exempel der Kirchenordnung und ein Katalog
der Geistlichen beigegeben, und schließlich auch die Instruction, sie
mögen überall erklären, für wen die Sammlung geschehe. (p. 182.)
Die kleinlichen Argumente aus der Unterschrift Seniores Bohemiæ
und aus den Zahlangaben der brüderlichen Exulanten werden
auf ihren wahren Werth gebracht. Die Behauptung aus des Regius
und Hanslinius Briefen, daß Hartlib, obwohl eine Collecte in
England auch für die brüderlichen Gesandten nicht bewilligt wurde,
für die Brüder gesammelt habe, wird bestritten: „Wir wissen bis
zum Augenblick über kein Sammeln Hartlibs für die Exulanten."
(p. 192.)

So schließt die Schrift mit einer Wiederholung der Aus-
gangsbehauptung, daß die Brüder in allen drei Punkten, die
ihnen als Beschuldigung entgegengehalten werden, unschuldig sind;

den Riß unter den verbannten Landsleuten beklagen, umso mehr, als sie in den vergangenen Jahren 1633—34 mit den klein-polnischen und lithauischen Evangelischen in eine Einheit getreten seien; den Riß haben aber nicht sie gethan, sondern Martinius. (p. 211.) Mit einer Apostrophe an Regius und Hanslinius und auf Martinius endigt die Schrift mit Anflehung um Gottes Segen und mit dem Spruch Filem 2, 1—4. Wie man sieht, mußte nach der Natur der Angriffsschrift auch die Erwiderung der logischen Ordnung entbehren, aber nichts destoweniger zeichnet sich dieselbe durch eine scharfsinnige, immer zur Sache blickende Beweisführung aus; eine vornehm edle, wenn auch nicht immer schonungsvolle Sprache wiederspiegelt den Geist der Brüder, aber auch die Erbitterung über die ungerechte Beschuldigung. Die großen Umrisse der Brüdergeschichte, die patriotische Begeisterung für die Unität, besonders für deren Ordnung, d. h. für das speciell Confessionelle ihrer Kirche, verleihen der Schrift einen besonderen Werth und versetzen sie unter die größten Arbeiten des Comenius; die Anmuth des Stils, die Klarheit der Gedanken lohnt aber reichlich die auf die Lektüre verwendete Zeit und Mühe.

Wenn die Arbeit wirklich noch in 1635 erschien, so war es gewiß in den letzten Tagen desselben; in die Hände des Martinius gelangte sie erst nach einem halben Jahre. [64] Das zu Ende gehende Jahr brachte Comenius noch die Bekanntschaft eines aus Constantinopel zurückkehrenden Arztes, Stolcius, der nach Danzig reiste und wahrscheinlich den Danziger Freunden des Comenius Grüße übermittelte. Dieser wurde in Danzig mit dem Soldaten Ehrenfrid Verbistorf bekannt, der ihn in die Felgen-hawerischen Lehren einweihte. Ein Buch, das er von dem Soldaten erhielt, sandte er dem Comenius zum Zeichen der Freundschaft. Fel-genhawer war kein neuer Mann vor Comenius; seine schwärmerischen Prophezeiungen erwähnt bereits die Vorrede zu Kotters Visionen, und wir werden uns nicht wundern, wenn Comenius den Stolcius aufmerksam machte, es sei in dem Buche bei dem vielen Guten auch die Schlange der Heterodorie darin. [65]

Nichts bezeichnet die gegenseitige Stellung der Lutheraner und der Brüder besser, als die Zustände zu Lissa. Die in dem

13*

Diplom von 1633 bestimmte Vereinbarung zwischen den beiden war nach drei Jahren eben so weit von der Verwirklichung, wie bei der Herausgabe des Diploms. Nicht nur, daß die Lutheraner, die von der Wittenberger Akademie für Adiaphora erklärten Ceremonien nicht verließen, sie erwirkten sich ein neues Ansuchen der Wittenberger, die ihren Wünschen Erfüllung brachte, wodurch ihr Stolz und in den Brüdergemeinden der Unfug wuchs. Die Synode vom 15. Jänner 1636 beschloß deshalb eine Eingabe an den Grafen zu richten, worauf ihnen vom Statthalter versichert wurde, daß der Graf in dieser Frage den Lutheranern keine neuen Concessionen gewähren werde, er werde wieder an die Wittenberger Akademie schreiben, und wenn der Graf sehen werde, daß Hartnäckigkeit die Schuld sei, werde er sich auch anders einsetzen; diesmal übe er Convenienz aus Gründen, die wahrscheinlich später auch die Unität anerkennen wird; dies gemeinsame Consistorium werde er aber, sobald er vom Landtage zurückkehre, einsetzen, die Brüder mögen nur dessen Form in Artikeln ausarbeiten und zur Ablenkung der Feindseligkeit von den Brüdern werde er es einführen. Es kam auch in der Synode ein Fall vor, daß ein Diakonus aus der Unität scheiden wollte, was ihm aber verwehrt wurde, und nachdem er 60 fl. zur Anschaffung von Kleidern erhielt, verblieb er mit Dank an der Seite des M. Gertychius. [66])

Unterdessen lag dem Comenius das Schicksal der Sprachenmethode, trotzdem er sich hauptsächlich der Pansophie gewidmet, ungeschmälert am Herzen und er unterließ nicht, David Vechner, der vor einem Jahre an der Synode sein Viridarium angemeldet hatte, auch directe, auch gelegentlich durch J. Schlichting zur Arbeit zu ermahnen. An Willen fehlte es diesem nicht, wohl aber an Selbstzutrauen, und er griff nur zur Arbeit, weil er sich nicht traute Nein zu sagen. Er beschloß aber einen Theil derselben zur Ansicht und Prüfung vorzulegen und die vom 16. März 1636 in Elysium datierte Vorrede widmet diese Probepartie des Werkes dem Comenius und den Hauptförderern der Comenianischen Methode, besonders der Janua: Hartlib in London, Schneider in Leipzig, Evenius in Weimar, Mochinger in Danzig und

Docemius in Hamburg, sie mögen seinen Versuch beurtheilen; werde er gebilligt, so wünsche er sich Glück; im entgegengesetzten Falle wird seine Schrift, — wahrscheinlich einer besseren den Weg ebnend — auch nicht ohne Nutzen bleiben. Im weiteren beklagt er die Behandlung der lateinischen Sprache als einer fremden[67] und schlägt zur völligen Einübung derselben Coenobien vor. Nach einem Lob des Comenianischen Vestibulum und der Janua. legt er den Plan eines über dieselbe zu erbauenden Tempels, dessen Theile, ein Limen, das zwischen die beiden bereits genannten Theile käme, dann Atrium, Odeum, Adytum sind (p. 322, 323).[68] Der kurze Entwurf dieser einzelnen Theile, der dann im folgenden bei der Ausarbeitung des Artikels „Ignis" theilweise Leben erhält, verlangt von dem Limen eine dialogische Ausarbeitung des Stoffes der Janua, mit einem deutschen Index; das Atrium bietet den Stoff in einem Gespräch zwischen drei Personen; hier können schon Sentenzen, Adagien vorkommen, einige Gleichnisse und Räthsel angewendet werden; das Odeum verbindet in ununterbrochenem Stil mit dem Lob einzelner berühmter Persönlichkeiten, classische Alterthümer und rhetorische Formeln, die Briefform anwendend; das letzte, Adytum, ebenfalls in Dialog, es besprechen da je vier Personen gewichtige Thaten und Schicksale ergänzend in einer detaillirt angezeigten Weise den bisherigen grammatischen Unterricht; so sprechen z. B. in einem Probestück Prometheus Amphiaraus (Erfinder der Pyromantia), Vulcanus, Pyracmon[69] (einer von Vulcanus Dienern); hiezu ist ein dreifacher Index (der einfachen lateinischen Wörter, der deutschen Wörter, und der darin vorkommenden Adagien) beigegeben. Der Entwurf und die Probe zeigt vielen Scharfsinn und großen Fleiß des Verfassers, aber nicht den Comenianischen Sinn für den Unterricht; monotonisirt den Schulunterricht durch die Identität der Formel der Mittheilung und erschwert auch das Einbeziehen des von Comenius geforderten, weiten Wissensgebietes in den Unterricht. Deshalb werden wir auch, wenn wir von einer späteren Vestibulum-Ausgabe absehen, den von Bechner neucreierten Theilen außer dem Limen in der Prax nicht mehr begegnen.

Die Muße des über den Entwurf hoch erfreuten Verfassers
währte aber nicht lange. Zunächst gab es eine generale Convocation
der Superattendenten aus Polen und Lithauen, welcher Comenius
beiwohnte, wo die Vorrede zum Cancional festgestellt und die
kirchlichen Gebete und die Agenden noch einmal alle durchgesehen
und zum Druck übergeben und so die Arbeit der Conformität
glücklich beschlossen wurde. [70]) Aber vielmehr ergriff Comenius das
Schreiben des Duraeus, das in einer 16. Juli 1636 bei Gelegenheit zweier Begräbnisse in Thorn abgehaltenen Synode
verhandelt wurde, in dem dieser unermüdliche Irenifer die Unität
aufforderte, Gebete für sein Vorhaben zu veranstalten, eine Schrift
Bythners Exhortatio fraterna ad omnes Europæ ecclesias,
reges principes etc. mit neuen Gründen erweitern zu lassen;
die Patrone der polnischen Kirche zu Schritten bei den einzelnen
Herrschern zu bewegen. Die erste Bitte wurde bewilligt; die
irenische Schrift wurde zur Herausgabe dem Sohn und Erben
des Verfassers J. Bythner übergeben, aber so, daß er zum Mitarbeiter Comenius zu sich nehme, und den festgestellten Text den
Älteren vorlege, auf daß sie, den kleinpolnischen und lithauischen
Vorgesetzten eingesendet und von denselben approbiert, unter
gemeinsamen Namen erscheine; den dritten Punkt nahmen zur
gelegentlichen Benützung die Patrone zur billigenden Kenntniß. [71])

Die Bekanntschaft mit Duraeus muß gewiß schon früheren
Datums gewesen sein, dafür spricht auch die positive Angabe der
Bythner'schen Schrift in dem Briefe des Duraeus; derselbe beruft
sich auch schon im Jahre 1633 auf die Verhandlungen in Polen.
Trotzdem aber die Zeit durch die doppelten Mißhelligkeiten der
Brüder mit den Lutheranern die am wenigsten günstige war,
waren die Brüder nicht weniger zu der Verhandlung geneigt. In
tiefe Trauer versetzte sie der Tod des edlen Gönners, des Grafen
Rafaels, über dessen Grab Comenius eine Trauerrede hielt, die nachher unter dem folgenden Titel gedruckt wurde: „Spiegel gutter
Obrigkeit, darinnen aus dem Propheten Jesaia und Exempl des frommen Eliakims einer rechtmäßigen löbl. Obrigkeit wahre Eigenschaften
repraesentiret und allen rechtliebenden Regenten zum Amtsmuster
vorgestellt werden. Lissa, 1636." Den 26. November erschien sein

Sohn Boguslaw, als Antreter der väterlichen Erbschaft in Lissa; und von den Brüdern ehrerbietig begrüßt, versprach er, derselbe Gönner der Unität, ein Wächter über die Einigkeit mit den Lutheranern zu werden, wie es sein Vater war. An der gleichzeitig abgehaltenen Synode erstatteten Orminius und Comenius ihre Meldung über die Superattendenten-Synode. Bei der wiederholten Verhandlung der Duraeischen Punkte wurde die neue vom Sohne vorgenommene Durchsicht der oben erwähnten Bythner'schen Schrift nach den vorliegenden Partieen belobt: die dritte Bitte des Duraeus sollte auch auf dem im Januar 1637 abzuhaltenden Landtage, besonders durch Heranziehen der lutherischen Herren und Kirchen verwirklicht werden. Der Exhortation soll auch der Consensus ecclesiarum nostrarum beigefügt werden, damit sie es erfahren, die darüber nicht wissen. [72] Als letzter Gegenstand der Synode wird eine Bitte des Patrons und Schlichtings um bessere Versorgung der Lissaer Gemeinde in dem Sinne erledigt, dass dem Pastor und Bicesenior Gertych der Senior Comenius zum Collegen gegeben wurde, damit jener mehr auf Seelsorge, dieser aufs Lehren und Predigen, auf Ordnung und Zucht achte. [73] Auf diese Weise an Lissa gefesselt gab Comenius die vor einem Jahre gestellte Bitte um Erlaubniß des Wegziehens gewiß definitiv auf.

Wir erwähnen nur noch aus dem Jahre 1636 eine Sammlung von Predigten, über das Leiden und Sterben, Auferstehung und Himmelfahrt, Jesu Christi, welche Sammlung aus 21 Reden besteht. Sie sind viertheilig; Texterklärung, Weissagungen, Geheimniß und Lehre bilden den Faden für die einzelnen Reden. Da wir noch später Predigten von Comenius anzuführen haben werden, so möge die kurze Bemerkung genügen, daß darin die tiefe und feste Fömmigkeit des Verfassers in einer ungesuchten, klaren, dabei kräftigen und gehaltreichen Sprache zum Herzen des Lesers spricht. [74]

IX.

Die letzten Jahre im Alleindienſte der Unität.

Den neuen Patron in ſeiner Art zu begrüßen und den Jüngling auf den Ernſt des Lebens zu lenken, ſetzte er ſich ans Werk und verfaßte in einigen Tagen die Schrift Faber fortunæ, die Kunſt des Glückes. Die von 3. Januar 1637 datierte Vorrede bemängelt die Berulamſche Idee von einer ſolchen Kunſt, die dem Charakter des Verfaſſers gemäß ſich nur auf politiſche Verhältniſſe bezieht und ein äußeres Fortkommen ſichert, wo doch des Comenius Überzeugung iſt, daſs man gar nichts taugt, wenn man zu der Ewigkeit nicht tauge. Durch die Anforderungen ſeiner Panſophie — einer Wiſſenſchaft von Allem — auch an die Bearbeitung dieſes Gebietes angewieſen, ſammelte er das vorhandene Material in das gegenwärtige Tractätlein. Als Norm dabei diente jene der ganzen Panſophie. Dieſe will die ganze Erudition in wenigere aber feſtere und ſtandhaftere Beſtandtheile zuſammenziehen; auf daſs nicht nöthig ſei, das Wiſſen blos vorzugeben (iactare), ſondern daſs man wiſſe; wiſſe nicht viele, aber gute und nützliche Dinge, und das gewiß und unfehlbar, auf die Art der Mathematik: nachdem ein Theil der Geſammtwiſſenſchaft bewieſen worden, folge daraus die Gewißheit und Unfehlbarkeit. Dieſer deductiv ſpeculative Charakter der Schrift, mit einer theologiſchen Grundanſchauung verwachſen, zeigt übrigens auch bei Ausarbeitung dieſer, dem Baço entlehnten Idee die Unabhängigkeit gegenüber dem Vorkämpfer der Induction. Die Kunſt ſich ſelbſt helfen zu können, iſt eine der vornehmſten Theile der Weisheit, (p. 7) denn weiſe iſt jener, der die Gründe der Dinge durchſieht. Eine Frucht dieſer Weisheit iſt für ſich das Gute verſchaffen und das Schlechte von ſich entfernen zu können. (p. 9, 10—12) Die Möglichkeit gab Gott, indem er dem

Menschen die Wahl zwischen dem Guten und Schlechten gestattete. Die Dinge sind so, wie wir sie disponieren und dies mag diese Kunst lehren. So ist die Kunst des Glückschmiedens eine solche Entgegennahme alles dessen, was im Leben zu Wandeln und zu Leiden vorkommt, daß nicht uns die Ereignisse beherrschen, sondern wir dieselben, und dazu gehört es, daß wir zuvor uns selbst beherrschen: unseren Willen, Verstand und unsere Fähigkeiten. (p. 13). Durch Beherrschen des Willens gelangen wir zum Wollen des Guten und zwar (auch dazu) zum Wollen des wahren Guten unter den vielen Gütern und auch dazu, dieses wahre Gut gut, d. h. wegen guter Zwecke zu wollen; diese gehen neben individuellem Wunsch auf ein Gemeingut und Gottes Ehre aus. (p. 18—19) Dazu habe man sich guter Mittel, die sicher, gewiß und leicht sind, zu bedienen und der sein Glück schmieden will, habe diese für alle Theile des Lebens genau zu übersehen; dabei allerdings die Gelegenheiten und Hindernisse recht ins Auge zu fassen, geschickt in die Verhältnisse eingreifen, den guten Erfolg erhoffend, dabei aber Wachsamkeit anzuwenden und dies beständig (p. 20—26). Um aber des höchsten Erfolges sicher zu sein und von dem eigentlichen Ziele des Glückes nicht weggeführt zu werden, habe man alles immer und überall mit Gott anzufangen (p. 27—28) fortzuführen und zu beschließen, so werden die Mißerfolge nur als mißverstandene Wohlthaten Gottes empfangen und so gelangt man zu Weisheit, Größe, Glück und Seligkeit, da man in sich eine Genügsamkeit, das höchste Gut dieses Lebens besitzt, indem man mit sich und seinen inneren Gütern zufrieden ist. Wer auf diese Art über das Schicksal ist, fürchtet weder Unglücksfälle, noch die Bosheit der Menschen. Den ersteren kann er vorbeugen, damit sie nicht kommen, wenn sie doch gekommen, kann er sie ertragen mittelst Betrachtungen dieses und des künftigen Lebens; nicht nur ertragen, aber auch zum Nutzen anwenden, da sie ihm Sporn zur Tugend, und Gelegenheit sich von dem Irdischen abzuwenden, dem Himmlischen zuzuwenden bieten. Auch die Menschenbosheit kann von einem solchen Schmied abgewendet werden, die Verachtung durch bescheidenes, ehrbares, gewandtes Handeln; der Neid durch das Verbergen der Vorzüge, den Haß, indem man Niemanden reize, die Furcht vor anderen, wenn man niemanden furchtbar ist, vor sich, wenn man nichts Unrechtes thut. (p. 35 — 38). So wird zur Summe all dieser Kunst: 1) nicht den Ereignissen zu trauen, sondern der Klugheit; 2) nicht der fremden Klugheit, sondern der eigenen; 3) auch nicht der eigenen, sondern der göttlichen. (p. 39) Und nach einer Detaillirung dieser drei Grundgedanken schließt ein Gebet die Schrift, (p. 44—47) das jener, der seines Glückes Schmied werden will, jeden Tag herzusagen habe, worin der Beter sich und seine vorgetragene Bitte ganz dem göttlichen Willen ergibt.

Der egoistische Ausgangspunkt hindert uns darin, die Schrift für eine ethische zu erklären, es ist eine Art Lebensphilosophie — allein, daß deren nähere Bestimmungen, besonders die Ausführung, daß nur das Gute Glück bringe, die Schrift zu einer sittlichen erhoben wird, wer könnte dies läugnen? Man kann sich über den offenen Pelagianismus mit Recht wundern, allein die Beschränkung, welche der Gegenstand dem Thema selbst auferlegt — das Glück der Menschen — enthebt ihn der Anklage, daß er Gottes Gnade verkenne. Die auch von Vives betonte Schwierigkeit der Frage: wie Gottes Gnade und menschliche Freiheit zu vereinbaren sei, war dem Verfasser nicht unbekannt. Die schöne Harmonie des Glückes des einzelnen Menschen mit den nächsten Zwecken der menschlichen Gesellschaft und mit der Gott schuldigen Ergebenheit muthet uns als ein Spiegel seines Herzens und seiner inneren Erlebnisse an, während die reichen Ausführungen über die zu beachtenden Factoren des Lebens den, seinen Sinn für alles offen haltenden feinen Beobachter verräth.

Das neu anbrechende Jahr brachte zwei in sein inneres Leben mächtig eingreifende Publikationen. Hartlib veröffentlichte den an ihn geschickten Entwurf der pansophischen Bestrebungen, und eine neue Schmähschrift gegen die Brüder gab Martinius unter dem Titel „Abwehr" heraus. Hartlieb sandte ihm den zur privaten Beurtheilung mitgetheilten Entwurf, in Oxford gedruckt, mit der Entschuldigung zu, daß er die gelehrte Welt auf die Pläne des Comenius aufmerksam machen und ihre Urtheile hören wolle.[1]

Die unter dem Titel Comenianorum Conatuum Præludia

ohne den Namen des Herausgebers veröffentlichte Schrift[2]) hebt mit dem Lob der Weisheit an, deren Besitz die vorzüglichsten Leute über alles andere setzten und die, besonders in der neueren Zeit, eine hohe Blüthe erreicht, so daß eine besondere, sich an die Versprechungen Dan. 12, 4, sich anknüpfende Hoffnung nicht zu unterdrücken sei. Dies beweise auch das eifrige Streben nach der Verbesserung der Lehrmethode, deren Gelingen das „goldene Zeitalter" gewiß mitbringen werde. Zur Vervollkommnung dieser Methode gehöre nach dem Muster der Janua eine Janua rerum, welche den Geist zu einem leichten Durchbringen aller Künste und Wissenschaften verhelfe. Nun will der Verfasser vor allem die Nothwendigkeit des Nachdenkens über eine solche Arbeit, dann die Art und Weise derselben, schließlich seine eigenen Anfänge darin auseinander setzen. I.) Um einen würdigen Wissenszweck zu bieten, müsse die zu lernende Weisheit, sich auf das Gesammtgebiet des zu Lernenden erstreckend, zu einer wahren Pansophie erheben (eine volle, alles unter sich verknüpfende und von allen Seiten zusammenhängende Weisheit); deren Darstellung eine leicht faßliche und klare sei: deren Begründung alle Irrthümer ausschließe; sie müsse ihrem ganzen Wesen nach für's Leben vorbereiten und für dasselbe nützlich sein; schließlich zu Gott führen. Ein Blick auf den jetzigen Stand des Unterrichtes und des Wissens zeigt das entgegengesetzte Bild. Die Studien sind im Vergleich mit der Dauer des Menschenlebens zu ausgedehnt und weitläufig, weil vieles Unnöthige mit hereingenommen, alles recht verworren behandelt und ausgeführt wird, oft in Kleinigkeiten verloren geht. Die Studien sind auch zu schwierig infolge der knechtischen Behandlung des Schülers, der unklaren, der Autopsie fernstehenden Erläuterung und der unvollkommenen Methode, die wohl oft beklagt, in ihrer Reform angedeutet, aber gar nicht eingeführt und angewendet wird. Die Wahrheit der Studien wird durch die Zerstückelung der Wissenschaften, die Unbeständigkeit der Methoden vernichtet, (da diese nicht den Dingen entnommen, vielmehr die Dinge nach erfundenen Normen hin- und hergezogen werden) (p. 418) und durch den Mangel an Sorgfalt in der Ausarbeitung. Das zum Leben vorbereitende Element der Schulen, die Realien, werden auf die Akademie geschoben, während die Schulen ihre theuerste Zeit mit grammatischen, logischen, rhetorischen Wortklaubereien vergeuden. Daburch, dass die Schulen das Ich des Lernenden zum Mittelpunkt seiner Welt stellen, müssen sie natürlich von Gott wegführen. Alle diese Übelstände können gehoben werden, wenn man deren angeführte Ursachen entfernt; auf die pädagogischen, die bereits die Didaktik ausführlicher erörtert, uns nicht einlassend, heben wir nur die wiederholte Darlegung der drei Erkenntnisquellen, Sinne, Vernunft, Offenbarung, deren harmonische, sich gegenseitig ergänzende und corrigierende Anwendung der Zerstückelung und methodischen Mangelhaftigkeit, folglich auch der Irrthümlichkeit der Studien steuern soll. (417—418).

Zu dem obengeschilderten Zwecke liegt bereits eine Sammlung reichen Materials vor, allein es sind die bisherigen Encyclopädien nur mechanische Zusammenstellung des Stoffes, der nach des Verfassers Plane in seiner Gesammtheit klar und wahr bearbeitet werden muss, um ein populäres und verläßliches Compendium des Alls zu bieten (p. 423). Die Größe dieses Werkes könnte auch die Heiden zum Christenthum bekehren, und leicht für jenen (bei Michea erwähnten) Berg des Hauses Gottes gehalten werden, zu dem die Völker hinströmen, um von Gottes Wegen unterrichtet zu werden (p. 425). Vieles ist, was die Hoffnung von der Möglichkeit eines solchen Werkes erhält: die vornehme Stellung des Menschen, dem alles unterworfen sei, der ihm eingepflanzte Trieb nach Erkennen der Welt, die großen Fortschritte der letzten Zeiten, deren Vereinigung das große Licht wohl wecken könne und schließlich die Versprechungen von der letzten Zeit.

II. Wie kann nun das große Ziel erreicht werden. Um alles insgesammt können, (possesio) besitzen und gebrauchen zu können, bedarf es einer Durchmusterung aller Güter mit ihren Inventarien, eines Vergleiches der Inventare mit den Dingen, ob jene entsprechend seien, und eine neue Disposition der so festgestellten Resultate (427).

1). Zum ersten müsse man alle unsere Güter durchmustern und auch die gesammten Autoren, die über dieselben geschrieben, an Niemanden vorbeigehend, auch die heidnischen. (431). Denn, die Heilfragen außer Acht lassend, merkten sie vieles, was im Leben nutzbar ist. Der Eifer in der Vorrede zur Physik gegen Aristoteles ist dort erklärlich, hier völlig wegfallend. Bei diesem Durchmustern ist Sorgfalt mit Fleiß zu verbinden (432).

2.) Das Vergleichen dieses Befundes mit den Dingen ist wohl eine mühselige Arbeit, allein mit Hilfe von Normen, die das Nöthige von Unnöthigen sondern, wird dies, wohl nicht nach Verulamscher Art, die nur die Natur erschließt, erreicht werden können. Diese Normen, in 18 Punkten gefaßt, Normen der Panharmonie genannt, bieten die Erkenntnißprincipien der menschlichen Vernunft im Folgenden: Man erkennt Dinge, wenn man ihr Werden, das nach einer Idee geschieht, erkennt; diese Idee entlehnt die Kunst der Natur, die Natur Gott, und Gott sich selbst; da alle Ideen an den göttlichen Ideen theilnehmen, nehmen sie auch gegenseitig an einander Theil: so sind dieselben Ideen in Gott, als Archetypos, in der Natur als Ektypos, und in der Kunst, als Antitypos da; und so ist das Grundprincip des Werdens und des Erkennens die Harmonie. Diese hat 3 Erfordernisse: 1. Daß kein Mißton vorkomme; 2. daß nichts sei, was nicht übereinstimme; 3. daß dasselbe bei der großen Anzahl der Töne und Melodien aus wenigen Principien und gewissen Unterscheidungsweisen erwächst; kennt man somit die Principien und die Unterscheidungsweisen der Dinge, erkennt man alles. Man habe diese Unterscheidungsweisen von Dingen durch die Induction zu abstrahieren und so für die Normen der Dinge zu setzen. Dies kann aber eigentlich nur bei den Naturwesen, also an der Natur stattfinden, wobei die heilige Schrift behilflich sein wird und so sollen die Natur und die Schrift die Normen für die Pansophie bieten. (433—438).

3.) Die Methode der Pansophie erheischt richtigere Eintheilungen und Definitionen, diese werden mit Gesetzen verbunden, die alle, und zwar unanfechtbare Axiome seien; in Details soll es lauter Demonstrationen, das heißt, Veranschaulichung der Principien geben. (438—441).

III. Ein Bericht über die Beweggründe des Verfassers, aus dem bisherigen recht bekannt, (die Abfassung der Janua Rerum, die verschiedenen Beurtheilungen derselben) leitet den Schlußtheil ein. Ursprünglich hatte er es nur auf kurze und klare Darstellung des Wissenswerthen abgesehen, der Gedanke, alles aus den innersten Gründen besser und wahrer, für den Nutzen dieser und der künftigen Welt zu schaffen, kam ihm erst bei der Verfassung der Schrift. (p. 444). Das Werk könnte zugleich in die heilige Schrift einleiten, theils an geeigneter Stelle deren Sprüche und Stil anwendend, theils deren dunkle Partieen, wo sie gehören, erläuternd. Die so zu schaffende Theologie wird nicht die Lehre einer Kirche, sondern die allgemeine Wahrheit enthalten, u. zw. auf Grund der Metaphysik, die so leicht sei, daß sie achtjährige Kinder leicht fassen (p. 446); die Darstellung und Entwickelung der übrigen Theile wird dann so natürlich und leicht gehen, besonders mit Anwendung der sich auf die Dreiheit der Attribute, (Unum, Verum, Bonum) stützenden Trichotomien, daß sich der Schüler Verstand und Gedächtniß selbst über den ihm gebotenen Stoff freuen wird.

Wohl ist Gott allein πάνσοφος, aber diese Arbeit will sich nur auf das der Menschheit eröffnete Gebiet ausdehnen; diese Pansophie nennt sich auch eine christliche, weil es außer Christus keine Offenbarung, die hier doch mit in Betracht kommt, gebe; den Namen führe sie in Anbetracht ihres Stoffes, der Wissenschaften und und derer, für die sie bestimmt: sie will also den Gelehrten, den Schulen und überhaupt dem christlichen Volke zu Nutzen kommen. Weil sie aber der Verfasser nicht bis in die kleinsten Details ausgearbeitet, so begnügt er sich mit den Namen Pansophiæ, Porta. Der Stil wird wohl nicht überall sehr einschmeichelnd sein, aber man merke, daß es sich nicht um eine Lust für die Ohren, sondern für die Vernunft handle, die Darlegung der vollen Wahrheit kann viel besser ohne Schmuck der Worte geschehen (p. 449). Zum Schluß trägt der Verfasser noch die Bitte vor, man möge dies ohne Vorurtheil, nicht stückweise, sondern ohne Unterbrechung lesen, und da das Ganze nicht eines Menschen Werk werden kann, ihm dabei beizustehen. Besonders an die Gelehrten wendet sich die Bitte, sie des Nutzens, den das Werk für die Wissenschaft, die Jugend und das christliche Volk haben kann, erinnernd, und schließt mit der hochherzigen Erklärung, es sei ihm aus dem letzten Grunde ein inniger Wunsch, dies in der

Muttersprache zu schreiben, damit sich alle Leute hiemit beschäftigen
können, statt dass sie ihre Zeit mit unnützen, ja dem hiesigen und
dem künftigen Leben schädlichen Sachen zubringen. Auf diese
Weise würden mit den Künsten und den Wissenschaften zugleich
die Sprachen ausgebildet werden (p. 453). Deshalb sei auch
der Titel „Janua" auf eine Porta umgewandelt worden; durch die
Janua gehen nur Einzelne, durch die Porta Schaaren, hier mögen
und sollen stets alle Menschen eintreten, und die Porta soll nie,
wie dies mit der Janua geschieht, zugeschlossen werden (p. 454).

Allein ein Selbsthingeben dem so theueren Studium, wozu
gar manche vornehme Stimmen ermunterten, wurde durch die oben
erwähnte Martinius'sche Schrift rein unmöglich. Auf 462 Seiten,
mit 5 lateinischen Lobesgedichten auf den Autor ausgestattet, erschien eine Antwort auf die Erwiederung der Brüder, die in keinem
Punkte nachgebend, die Beschuldigungen der ersteren Schrift nur
vermehrte, dabei auch Comenius selbst persönlich, wenn auch
nebensächlich, streifend. Der Verfasser sollte sich an die logische
Anordnung des Materials in Ohlášení halten, er unterscheidet
einen realen und einen persönlichen Theil, deren erster die drei
Anschuldigungen gegen die Lissaer Brüder wiederholt, der zweite
aber größtentheils eine Abwehr persönlicher Angriffe bildet.
Nach den Inschriften des ersten Theiles haben die Brüder:
a) ihr Wort, das sie den Lutheranern gegeben hatten, gebrochen,
da sie die Vereinbarung muthwillig und eigensinnig überschritten,
das geistliche Amt Nichtgeistlichen übergeben, die evangelischen
Geistlichen für Irrlehrer und Schwätzer erklären, die Ihrigen vom
Besuche evangelischer Versammlungen warnen, die Lehren der
böhmischen Confession verlassen. Die Brüder haben: b) verschiedene
Irrlehren aufgenommen und zwar calvinische, arianische, sacramen-
tarische, pikarbische und waldensische, was auf mehr als 200 Seiten
beschrieben wird. Die Brüder c) sammeln Almosen auf falsche Weise
im Namen des ganzen Volkes, und es wird ihrem Verfahren
dasjenige der Pirnenser als ein würdiges und correctes entgegengestellt.[3]) Trotz der Übersichtlichkeit dieser Skizze ist eigentlich die
Darstellung selbst ebenso verworren, wie jene der vorigen Schrift;
alles soll für Beweis gelten, sei es eine nicht genug verbürgte

Nachricht, sei es ein Citat aus einem dem Calvin feindlichen Autor, Vergangenheit und Gegenwart werden gar nicht geschieden, und so stellt der Verfasser seine Behauptungen selbst auf das Niveau der meisten leidenschaftlich unwahren, engherzigen Anklagen, mit denen sich die Reformierten und die Lutherischen so freigebig versahen.

Hiebei mag der Eifer des Martinius, in dem allerdings die Liebe für seinen Glauben und für seine Person gleich waren, völlig hervorgehoben werden. In einem halben Jahre, wobei er dem Tode seines Vaters zusehen und die Gemeinde mit den Tagesarbeiten besorgen mußte, schrieb er diese 460 Seiten. Und stellenweise verräth sich auch ein schriftstellerisches Geschick; theilweise als feine Ironie, wie auch als scharfsinniges Umkehren der ihm entgegengehaltenen Waffe.

Entgegen der Zumuthung der „Erwiederung" Martinius möge sich Brillen anlegen, um die Verhältnisse gut zu sehen, sagt er, er überlasse dies dem im Labyrinth verirrten Pilger. Zum Beweise seiner ersten These erwähnt er, daß die Brüder, unbefugter Weise ihre Kirchenordnung auf der Synode zu Žeravic 1616 verändert haben (p. 31.); sie gestatten auch den Akoluthen zu predigen (p. 36.); sie zwingen die lutherischen Herrscher gegen die von den Lutheranern sich abschließenden Glaubensgenossen hart vorzugehen (p. 50—51.); ihre Geistlichkeit sei ungebildet (p. 117.), ihre Ordnung nicht nur nicht endgiltig, wie dies oben gesagt, sondern auch die bestehende hat nicht genug Geltung, wie dies die Habermann'schen Gebete beweisen (p. 118—142.). Seine zweite These über die Irrlehren der Brüder belegt er mit den mannigfaltigsten Stellen aus älteren und neueren böhmischen und lateinischen Schriftstellern; wobei unter anderem auch Alsted und Piscator herangenommen werden (p. 202.). Hiebei kommen auch die erste These beweisenden Ansprüche und Thatsachen in Fülle vor, so der bekannte Ausspruch Schlicks (p. 866). Dabei wird mitunter auch die lutherische Erziehungsweise der der brüderlichen entgegengestellt (p. 130.); die Ubiquität Christi mit 8 Beweisen festgestellt (p. 268.); die Lauheit der Brüder gegenüber dogmatischen Feinheiten mit dem Benehmen jenes Bautzner Bauers verglichen, der um das Heil ja gewiß zu erreichen, in beide

Kirchen gieng, eine katholische und eine evangelische (p. 291). Die große Verehrung der Person Christi, bei dessen Erwähnung sich die Lutherischen verneigen, kennen die Brüder gar nicht, wenn sie die erwähnte Ehrenbezeugung für bloße Ceremonie erklären (p. 313); ihre Ausflüchte, daß Augsburg nicht in Böhmen sei, können die Thatsache, daß die böhmische Confession mit der Augsburger identisch ist, nicht umstoßen (p. 397).

Von den Personalien erwähnen wir nur, was sich auf Comenius bezieht; hier vor allem die Anführung des Vorwortes der Praxis Pietatis, die Martinius für verzweifelt erklärt (p. 419); Colsinius muß auch wegen seines Gedichtes, das jener Schrift beigefügt ist, herhalten und wird M. G. Cols. „Impietatis, scilicet, Evangelicæ Inquisitor ad imitationem Paul Bur“ genannt; „Die Schrift“ sagt Martinius, „hat viele schöne Worte über die Frömmigkeit, aber sehr wenige von Jesu Christi Leiden und Verdienst; außerdem gefährliche Aussprüche über die Personen der heiligen Trinität, ferner über Prädestination Christus und Abendmahl calvinische Ansichten“ und empfiehlt unter dem Schein schöner Worte und unter dem Titel der Andacht Heuchelei.“ (p. 419—420). Ein weiteres Urtheil darüber wird für's weitere aufgeschoben. Da man ihm vorgehalten, er habe die Unruhen angestiftet, ruft er dem Comenius in Erinnerung, dieser sei der erste gewesen, der mit Megander einen Zwiespalt gehabt (p. 449), nachher kam Xylin mit Absonderung der Brüder von den Lutherischen. (p. 450). Übrigens einen Frieden um jeden Preis befürworte er nicht: „Was geht mich ein Frieden an, der nach Gottes Wohlthaten und Christi Verdienst greift, die Pflicht einstellt und dem Heil der menschlichen Seelen schaden will“, (p. 448) und gegenüber den Vorstellungen über die Schmach, die er mit seinem Auftreten dem böhmischen Namen bereite, ruft er stolz auf: „Ich sage es offen, daß ich dem böhmischen Namen unter den christlichen Völkern eine größere Ehre bereitet habe, als Ihr alle wie viele Ihr auch seid, mit eueren Diakonen und Akoluthen 2c.“ (p. 449), was eine ausführliche Schilderung seiner Lebensschicksale beweisen soll.

Dem Werke gaben neben vielem Thatsächlichen auch die übereinstimmenden Verse Gewicht, die fünf lutherische Exulantenpastoren beigaben, und die dem Groll dieser Kreise gegenüber den Brüdern

14

unumwunden Ausdruck gaben: Pareus und Duraeus mögen un-
gehen, Martinius gehe im Geiste Luthers und seine Bemühungen
müsse ein Sieg krönen. Für die Lesnenser und auch Comenius hieß es,
jetzt die Antwort noch einmal, gründlicher zu geben und so stand mit
dem antretenden neuem Jahre neben den übrigen, so reichhaltigen
Arbeiten auch die einer Abwehr gegen diesen neuen Angriff bevor.

In diese Aufregung brachten eine liebliche Ablösung die loben-
den und anerkennenden Urtheile über den von Hartlib veröffentlichten „Prodromus.“ Von den scharenweise einlaufenden Urtheilen
waren die meisten günstig; einer hat die zu abzufassende Pansophie
der heiligen Schrift an die Seite gestellt; ein anderer wünschte
ein Collegium zur Ausarbeitung derselben, was den Verfasser in
seinen Plänen nur stören konnte und ihn zu bedauern nöthigte,
nicht vorerst die Arbeit, wie seinerzeit die Janua, beendigt zu
haben. Die Hoffnung auf das genannte Collegium hat, ohne
daß es ihm gleich bewußt geworden wäre, seine Schaffenskraft
und Lust vermindert: wozu soll er selbst arbeiten, wo er doch
von mehreren Hilfsarbeitern erwarten könne.[1]) Es war wahrscheinlich
das Verhältniß der Verbannten zum Schutzherrn, was ihm ein
Eingehen auf eine schwedische Einladung nicht erlaubte[1b]), und
zugleich war es auch die Stelle in der Gemeinde, die er so ohne
Weiteres nicht aufgeben konnte, besonders jetzt, wo es galt, die
Selbstvertheidigung recht und gewandt zu führen.

Denn nach einigem Zögern und Zaudern, ob man die Martiniussche Obrana überhaupt beantworten soll, entschlossen sich die
Senioren eine Antwort zu geben, theils damit die Nachkommen
eine Übersicht über die Streitfragen haben, theils weil es Martinius
selbst fordert, und beim Verstummen der Gegner den Sieg für
sich vindicieren könnte, und schließlich weil dies auch einige
Schwankende zu der Überzeugung, daß Martinius und seine
Genossen Recht haben, führen konnte. Dieser Zweck schien leichter
erreichbar zu sein, wenn die Antwort von einem, der nicht zur
Unität gehört, erfolgt, und so übernahm diese Arbeit Joh. Felinus;
Comenius hat nur auf die Behauptung des Martinius, daß er
(Mart.) nicht des Unfriedens begierig ist, aber des Friedens nicht
genießen könne, einige Anmerkungen in einer Schrift, die im Ganzen

den Streit außer Acht läßt und die Bedingungen besonders des kirchlichen Friedens zusammenfaßt.[5])

Felinus führte seine Arbeit mit großer Gründlichkeit und Geschicklichkeit zu Ende. Seine „Analyse"[6]) leitet ein böhmisches Gedicht gegen Martinius von dem in der Obrana verhöhnten Colsinius ein, wo dieser des Martinius Tugend und Frömmigkeit in Zweifel zieht und nach der Frage: ob jemanden seine, wie ein Rasirmesser scharfe Zunge verziehen hat, ihm die Antwort des Felinus als etwas wohl schmerzliches, aber verdientes anzeigt, wenn ihm dies aber wenig sein sollte, werde er schon auch seinerseits eine noch reichhaltigere Erwiederung besorgen.

Die Felinusiche Schrift ist streng logisch geordnet; ohne etwas von des Gegners Behauptungen außer Acht zu lassen, hält sie sich eng an den Faden, deshalb ist sie etwas kürzer als die des Martinius. Im Vorwort erklärt Felinus, die Martiniusiche Absicht einer völligen Vereinigung der Böhmen sei auf die Art, wie er sie ausführen will, nämlich dem einen Theil den Glauben des anderen Theiles aufzudrängen, eine unrechte; weitere Verhandlungen seien jetzt in Eile nicht durchführbar und überhaupt sei des Martinius leidenschaftliche Person diesem Werke nicht günstig (p. 10).

Nach einer kurzen Erklärung der Vorrede und der Embleme der Martiniusschen Erwiederung, widerlegt er die Anschuldigung des Wortbruches, dem Martinius falsche Zeugnisse nachweisend; charakteristisch ist die Äußerung, daß die Reformierten sich nicht so den Lutherischen gegenüber benehmen, wie dies von der anderen Seite geschieht; (p. 14) die Kirchenordnung, die Synoden, die sie auch nach der Vereinbarung noch abgehalten, seien den mährischen und polnischen Brüdern zu lieb gewesen (p. 20). Recht ausführlich ist die Widerlegung der Anschuldigung des Ketzerthums: die Brüder berufen sich dagegen auf ihre Confession, mit der sie sich in vollem Einklang befinden.

So lehren sie über Vorauswahl Gottes, diese sei nach dem Falle geschehen (p. 100—101). Der Person Christi bringen sie die tiefste Hingebung entgegen; wenn sie ihren Hut nicht bei jeder Erwähnung des Namens herabnehmen, sei deshalb, weil Christus keine andere Ehre als Gott haben und wünschen kann. Andere

14*

Kleinigkeiten: Niederknieen in der Kirche und Absingen einiger doxo-
logischen Verse sind zu geringfügig, um einen Streit veranlassen
zu können (p. 133—134). Wenn Martinius die Brüder des
Arianerthums beschuldigt, ohne dafür Beweise zu erbringen, so
passen die hier aufgestellten 17 Punkte der Gleichheit auf ihn, so
daß er selbst den Arianern am ähnlichsten ist (p. 157).

Der Effekt der Schrift blieb aber für den dritten Theil.
Hier wird das unregelmäßige Vorgehen bei der Almosensammlung
der Pirnenser, des Martinius Tritheismus, dessen, in ihren Mitteln
nicht wählerische Ambition und Durchführung der Administrator-
wahl 1632 in Prag mit einer Fülle vernichtender Belege geschildert (p. 170—194). Dazu kommen Nachweise über seine
Charakterlosigkeit selbst in der Frage der Confessionalität (p. 196),
da er sich seiner Zeit zur Bruderschaft bekannt hat; Zeugnisse des
Rosacius, Colsinius, die beinahe keinen reinen Fleck auf ihm belassen (p. 200); sein gemeines Benehmen gegenüber dem alten
Vater, seine Trunksucht u. s. w. (p. 215); und dies alles in einer
Darstellung, die Schärfe mit Gründlichkeit und Glaubhaftigkeit
verbindet. Die kleine Auseinandersetzung zwischen Megander und
Comenius sei ein privates Verhandeln gewesen, das mit der Öffentlichkeit nichts zu thun hatte; Xylin ist auch nicht Ursache von Unruhen
gewesen, alles hat Martinius angestiftet, und es war dessen recht
viel schon vorher (p. 214, 219—221).

Ein Schlußwort (p. 226—229) bittet die Lutheraner diese
Schrift nur mit der Person Martinius in Zusammenhange zu
wissen. Dem Martinius selbst wird, falls er noch einmal zur
Feder greifen sollte, eine objective Schreibweise anempfohlen, die
Personalia möge man, wie beide wünschen, bei Seite lassen, aber
leichte schändende Behauptungen möge man, wie dies Martinius
gethan, nicht ausstreuen, bevor man nicht hinreichende Gründe dafür
habe. Drei lateinische Gedichte, darunter eins von S. Macer, Conrector
zu Lesna, beschließen die Schrift, deren Vorwort Oct. 15. datirt ist.

Wahrscheinlich zu gleicher Zeit erschien auch ein Werk von
Comenius: „Der Weg des Friedens."[7] Nur das Vorwort beschäftigt
sich kurz mit der Geschichte (p. 3—10) des Martinius'schen Streites,
sonst wird die ganze Streitfrage der Felinus'schen Analyse über-

laffen und, anknüpfend auf das vorgegebene Motiv der erften
Schrift des Martinius eine ganz theoretische Erörterung der Bedingungen des kirchlichen Friedens geboten.

Frieden an fich ift ein Zuftand (způsob), in dem der Menfch
(oder ein anderes Gefchöpf) bei einer lieben Anordnung feiner
Sachen diefelben frei und ficher, ohne von anderen darin gehindert
zu werden, gebrauchen kann. (Pax est tranquilla libertas p. 11.)
Da der Friede an fich fo ein wünfchenswerther, auch in der Kirche
recht erfehnter Zuftand ift, werden wohl nur die dazu angewandten
Mittel Schuld fein, daß er noch nicht erreicht worden (p. 12).
Die drei üblichften Mittel des kirchlichen Friedens find: Gewalt,
Streiten und die Bildung von Sekten (p. 13); die erfte ift eine
rein kainitifche, die zwei anderen nähren die Verbitterung ohne
Frieden zu ftiften (p. 14). Der römifche Bifchof gebraucht alle
diefe drei Wege; aber alle diefe drei Wege find nicht die geeigneten,
alle find erfolglos, ja ftiften vielmehr nur den beiden Gegnern einen
Schaden. Geeignet find fie nicht, weil fie aus Leidenfchaft ftammen; fie
find erfolglos, wie dies die Streitigkeiten (auch aus der hundertjährigen
Gefchichte der evangelifchen Kirchen) beweifen; fchädlich find fie
zunächft für die ftille Partei, aber bald darnach geht es dem Sieger
fo wie dem Mörder Kain und den Mördern Chrifti; die Streitigkeiten find auf das Entdecken der Blöße beider Theile gerichtet,
und die Sekten zerreißen die Einheit und Liebe in der Kirche
(p. 20). Ein Blick in die heilige Schrift beweift, daß Gott keinen
von diefen drei Wegen gebilligt hat. Deshalb haben auch fromme
Männer zu allen Zeiten die Feindfeligkeiten in der Kirche zu
unterdrücken getrachtet (p. 27); fo haben fich auch die böhmifchen
Stände 1575 und 1609 vereinigt, und fo erweckt Gott auch in der
neueften Zeit Männer, die fich zum Lebenszwecke die Vereinigung
der losgeriffenen Kirchen ftellen, deren Bemühungen Gott fegnen möge.

Hingegen handeln jene fchlecht, die den Frieden und die
Eintracht der Kirche entweder durch Verfolgungen der Sektierer
oder Ausfchließung anderer erreichen wollen (p. 27), denn es ift
beffer auch Irrthümer und Sekten zu dulden, als durch Verfolgung
Gott und Anderen Leid zu bereiten, und dadurch das Verbreiten
der Sekten und der Härefie zu fördern. Wenn der Verfaffer hiemit

auch nicht überhaupt das Fördern der Spaltungen wünsche, so muß er doch fordern, daß man eine Verschiedenheit der Anschauungen, die die Wahrheit nicht herauskehren, und die der Kirchenordnungen, die die Einheit der Kirche nicht zerreißen, dulde, und derart sind die Unterschiede unter den Evangelischen guten Herzens. Nach einem hundertjährigen Streit hat das 1631 zu Leipzig abgehaltene Colloquium wohl die Constatirung eines Unterschiedes, aber mehr in der Form, als in der Sache ergeben, wie man dies bei der Lectüre der Akten des Colloquiums ersehen kann (p. 32—37). Daraus erhellt, daß sich die Evangelischen gegenwärtig gut vertragen sollten und sollen, und der Störefried eine schwere Verantwortung haben wird (p. 37). Warum haben sich die Brüder also abgesondert? Sie haben es nicht, sie wurden wegen ihrer reineren Lehre von den übrigen Utraquisten ausgeschlossen; warum sie sich jetzt noch an die Kirchenordnung halten, hat die Schrift Ohláséní zur Genüge dargethan, und warum sie sich jetzt nicht mit einer Mehrheit verschmelzen, bewirkt der zurückstoßende, beschuldigende und beschimpfende Ton, in welchem mit ihnen von jener Seite gesprochen wird (p. 38).

Das Umgekehrte dieses Verfahrens gibt uns die wahren Mittel des kirchlichen Friedens. Statt der Gewalt die Liebe. Statt der Streitigkeiten die Schlichtheit des Glaubens, der leichtverständlich, einfach, mit den Worten der Schrift bezeichnet und mit Thaten bewiesen werden möge. Endlich statt des Sektirens die Verträglichkeit, die umso mehr zu fordern ist, als die wahre Entscheidung über die Wahrheit des Glaubens bei Gott bleibt. Irrthümer geben ohnehin die Veranlassung zum Erforschen der Wahrheit (p. 45). Auf diese Weise möge man die Zerwürfnisse gut zu machen trachten; und für die Evangelischen folgt hieraus: je mehr sie der Antichrist hasse, umso mehr sollen sie einander lieben (p. 47), und das Volk den Grund des Glaubens lehren, daß es ihn leicht verstehe und bei dem ausharre; statt der Streitigkeiten über den Sinn des Glaubens lieber arbeiten an den Werken des Glaubens, die so mannigfaltiges Streben erheischen und aus den letzten Feindseligkeiten lernen sich in der Liebe zu vereinen und verbinden (p. 47—49).

Dies verspricht das Schlußwort auch dem Martinius, wenn er mit seinen Beschimpfungen aufhören sollte; aber auch im entgegengesetzten Falle wird sich die Unität auf solche unnütze Reden, wie die seinigen nach dem Ohláſení und Rozebrání sind, nicht mehr einlassen und die Schrift schließt mit einigen Citaten aus der heiligen Schrift und einem Werke des Augustinus über den Werth des Friedens (p. 49—52).

War mit dieser Schrift von Seite der Brüder die Polemie mit Martinius beendet,[7a] so konnte sich Comenius am allerwenigsten Ruhe gönnen oder sich seinem Lieblingsgedanken, der Paniophie widmen. Eine Begebenheit löste die andere ab, zuweilen trafen auch mehrere auf einmal, seinem Geiste oft auch nicht erwünschte Beschäftigung gebend. So zum Schluß dieses Jahres. Da kam zunächst eine Aufforderung des Stadtsenats in Breslau,[3] er möge eine Anweisung über den Lateinunterricht nach seiner Methode abfassen und denselben veröffentlichen. Da erschien eine socinianische Schrift gegen den Pastor Hals in Mezeřič, dajs Christus nicht von sich selbst auferstanden, sondern vom Vater auferweckt worden — und wurde besonders unter den deutschen Mitgliedern der Unität eifrig verbreitet.[4] Zuletzt sammelten sich seine Gegner zu einer großen Action gegen ihn, den Anlaß aus dem veröffentlichten Prodromus Pansophiæ nehmend, und ihn einer Vermischung des Heidenthums und Christenthums anklagend.

Den Wunsch der Breslauer erfüllte er noch in dem Jahre, indem er ihnen knapp vor Weihnachten (Dec. 22.) eine Dissertatio didactica über den lateinischen Unterricht widmen konnte. Diese Schrift war die erste im Druck veröffentlichte theoretisch-didaktische Schrift, ihres Verfassers, eine Systematisirung der Principien, die ihn bei Abfassung seiner bisher erschienenen Sprachbücher geleitet haben. Im großen und ganzen werden aber darin die Gedanken, die mit Bezug auf den Sprachunterricht in der Didaktik und den Vorreden zur Janua und dem Vestibulum ausgesprochen sind, auch ergänzt und weitergeführt.

Den Zweck des Unterrichtes findet Comenius in der raschen, leichten und erfolgreichen Erlernung der lateinischen Sprache; diese Erlernung sei aber mit der der Dinge zu verbinden, denn man bilde doch keine Papageien, die nur sprechen und nichts verstehen. Die Realien könnte man sich am besten aus den Autoren aneignen, diese seien aber für die Anfänger zu schwer, weshalb man einer Vorbereitung bedürfe, die, wie ein jedes Werk, eine stufenmäßige sein soll. Die Stufen sind die in der Didaktik entworfenen vier Alter: das Säuglings-, Kindes-, Jünglings- und Mannesalter der Sprache, nach denselben entstehen vier Lateinklassen, deren jede ihre Grenzen, ihren Zweck, ihre Mittel und eine bestimmte Art und Weise (modus) hat, nach der sie ihren Zweck unfehlbar erreichen muß. Der Grundgedanke der Methode ist, daß man die Klassen mit verhältnißmäßig denselben Hilfsmitteln versorge, nämlich mit Büchern, die alles Wissenswerthe stufenmäßig, in einer immer größeren Fülle darlegen. Diese Bücher sind Vestibulum, Janua, Palatium und Thesaurus. Ein jedes ist dreitheilig, bestehend aus einem stofflichen Theil, dem Text, aus einem formalen, der Grammatik, und aus einem Repertorium, dem Lexikon. Es wird bemerkt, daß man besser durch Beispiele als durch Regeln lehrt, daher ist der erste Theil immer der Text, zur Verallgemeinerung der Ergebnisse dient dann die Grammatik, die aber klarer sein soll, als die bisherigen; ein Hilfsmittel des Gedächtnisses ist das letzte, das Lexikon.

Nun kommen Andeutungen für die zu benützenden Schulbücher. Der textliche Theil des Vestibulum und der Janua entspricht den hier dargestellten Forderungen. Für die Janualklasse wird das bereits in Aussicht gestellte Lexicon Etymologicum gefordert. Abweichend von den bisherigen sind die Instruktionen für das Buch der dritten Klasse, das Palatium. Dasselbe wird in vier Abtheilungen ausgearbeitet. Es werden darin die 100 Punkte der Janua: a) in Briefform, zur Aneignung des Briefstils (Pal. Epistolicum); b) in Dialogen (Pal. historicum); c) in der Form von Reden (Pal. oratorium) aus den Klassikern zusammengestellt; d) in gebundener Rede (Pal. poëticum) ausgeführt. Die grammatische Abtheilung eines jeden Theiles soll die Theorie desselben aus den angeführten Beispielen ableiten. Im Lexikon (phraseologicum) werden die einfachen Benennungen der Dinge mit bildlichen substituirt, letztere werden nach der jeweiligen Stufe geordnet und mit den Stellen des Textes, wo sie vorkommen, versehen.

Die letzte ist die Thesaurusklasse. Das Material derselben bilden die Autoren, und weil man nicht blos die Sprache, sondern auch das Reale vor Augen hat, muß man alle Autoren behandeln. Dies wird insoweit beschränkt, daß die besten von jedem Fach und auch diese nicht ganz und gar, sondern mit Hilfe von Indexen gelesen werden, so daß die sich für die Akademie vorbereitende Jugend über jedes Autors Werke, deren Zahl, Inhalt, Aufeinanderfolge völlig informiert werde. Dem „Formale" dient die Clavis intellectus humani, welche einige Gesetze über das Sein, Denken und Sprechen in ihren allgemeinen Beziehungen enthält. Das Repertorium bildet hier das Lexicon catholicum, die bemerkenswerthesten Details aus allen Autoren enthaltend. (Nach der Probe scheint eine Art Conversations-Lexicon geplant worden zu sein.) Für die zwei ersten Klassen ist schon gesorgt, der textliche Theil ist schon erschienen, die grammatischen und lexikalischen werden bald folgen. Zur Ausarbeitung des Palatiums wird Bechner aufgefordert und zwar mit Berufung auf fremde Vorschläge über Vereinfachung seines sechstheiligen Werkes. Den letzten Theil soll der Gerenser Professor Rave übernehmen, der bereits eine Ausgabe des Nepos, den man nach des Comenius Janua unmittelbar als Stilübung gebrauchen solle, besorgt hatte. Die Vertheilung der Studienzeit ergibt für das Vestibulum ½, für die Janua 1, für das Palatium 1½ Jahre, für den Thesaurus die 3 noch übrig bleibenden Jahre, so daß sich diese Zeit mit der der lateinischen Schule völlig deckt. Falls die Zeit zu kurz wäre, kann und soll sie nach Gutdünken verlängert werden. Nach einigen, meistens allgemeineren, praktischeren Winken für den Lehrer folgen die Instruktionen für den Gebrauch der einzelnen Klassenbücher. Der Zweck des Vestibulum geht dahin, daß das Kind seine kindlichen Gedanken ausdrücken und lateinisch aufsetzen kann. Zu diesem Zwecke muß der Lehrer mit den Schülern das Büchlein zehnmal durchnehmen, wobei Lesen, Schreiben, Aussprache, Accent, Declination, Conjugation geübt, das Eingeübte auswendig gelernt wird; dann werden die Schüler geprüft, worauf zum Schluß ein Wettstreit derselben folgen

kann. So kommt man zur Janua, deren in einem Jahre zu er-
reichende Aufgabe ist, alle lateinischen Wörter zum Verständniß
zu bringen, der einzelnen Bedeutungen Grund anzugeben (via
originationis) und grammatisch correkt schreiben und sprechen
lehren. Zu diesem Zwecke muß auch die Janua zehnmal durchgenommen werden; zuerst wird die Eintheilung des Büchleins
bekannt, dann werden die darin enthaltenen Realien erklärt, ferner
die Etymologien geübt, die Homo-, Par- und Synonymen und
die zusammengesetzten Wörter erläutert, die Orthographie und
Prosodie kurz behandelt; zum Schluß werden aus dem Gebiete
der durchgenommenen Gegenstände logische Fragen gestellt und das
Jahr, wie beim Vestibulum, mit einem Wettstreit abgeschlossen.
Ein jedes von den hier angeführten Elementen des Unterrichtes
wird in diesen Instruktionen ausführlich klargelegt, so daß dem
Lehrer nur das Nachmachen erübrigt, — allerdings erstrecken sich
die Instructionen diesmal nur auf die zwei ersten Klassen, für
die übrigen sollen die Verfasser des Palatium und Thesaurus
ähnliches leisten. Eine Aufforderung zur Einsendung von Rezen-
sionen schließt die Abhandlung ab. [10])

Derselben geht ein Lobgedicht Bechners voran, [11]) das den
Verfasser über Epiktet erhebt, und zum Schluß einige Gedanken
über das Vestibulum und Janua, in der Form eines Briefes an
Comenius Anfangs des Jahres 1638 abgefaßt, wonach wohl die
Zeit der Veröffentlichung des Sermo Didacticus dieses Jahr
sein muß.

Mehr Mühe und Aufregung kosteten ihn die beiden anderen
Arbeiten. Gemäß der Freigebigkeit der socinianischen Autoren wurde
auch ihm ein Exemplar der Schrift Scheffers: „Frage, ob sich
Christus selbst auferweckt" noch im Jahre 1637 zugeschickt. [12])

Die Schrift war eigentlich wie oben erwähnt, gegen den
Geistlichen von Mezeric, D. Halsius gerichtet, und Comenius fühlte
nur auf die Aufforderung Joh. Schlichtings, des gräflichen Stell-
vertreters, Lust, sich auf eine Antwort einzulassen. Er that dies
augenscheinlich nur deutsch, den Lesern jener Schrift zu lieb; erklärte sich aber in der Widmung an Schlichting aller Polemie in

der Kirche abgeneigt, da man dabei die Wahrheit gewöhnlich aus den Augen verliert, der Friede aber (das beste von allem) völlig aufgehoben wird. In der Vorrede an den Leser behauptet er, die Socinianer weichen von der christlichen Wahrheit mehr als die Arianer ab (p. 1).

Die Widerlegung selbst lehnt sich eng an die Arbeit an, und hat vier Theile. Im ersten suchte Scheffer nachzuweisen, daß die Lehre einer selbständigen Auferstehung Christi der Schrift widerspreche (p. 4); Scheffer greift hiebei Luthers Bibelübersetzung an, obgleich die Socinianer an 43 Stellen ebenso übersetzt haben; das Wort ἐγείρομαι sei nicht passiv, weil es auch von Gott prädiciert werde; [13]) die dogmatische Voreingenommenheit der socinianischen Übersetzung zeige sich bei Math. 27, 52, 53, wo auch das Passivum nur so wie das Medium übersetzt werden kann (p. 5—8). Scheffer stützt sich auf das Schweigen der Apostel, während doch gesagt wird, daß Christi Kraft den Tod vernichtet habe. Daß bei ἐγείρομαι auch ἀνίστημι zu finden ist, wird durch die Verschiedenheit der Leser erklärt (p. 8—13). Aber ist dies Wortklauberei, so bleibt die Streitfrage, ob jene Kraft, die ihm das Leben wiedergab, die seine war, oder nicht, wofür sich Comenius besonders auf Joh. 2, 19 beruft, wo Christus sagt, er werde den Tempel (seinen Leib) in drei Tagen auferwecken; wenn ähnliches auch vom Menschen gesagt wird, so kann es gewiß nur biblisch verstanden werden (p. 13—18).

Den zweiten Beweis führt Scheffer davon, daß die gewöhnliche Auffassung, Christus sei von selbst auferstanden, Gottes Ruhm schmälere. Besondere Stütze verleiht ihm hier Eph. 1, 19, 20, wo ausdrücklich gesagt wird, Gott habe Christum auferweckt. Comenius nennt diese Auffassung eine mohamedanische und judaistische, die den Vater vom Sohne als ein völlig besonderes Wesen unterscheide; wie Unrecht Scheffer habe, indem er Christum dem Vater gegenüber einen „Andern" nennt, wird nach der christlichen Glaubenslehre dargelegt (p. 18—22). Der dritte Theil sollte beweisen, daß die christliche Lehre unsinnig sei. Es sei sehr widersprechend, daß ein Todter etwas thun und dabei gestorben sei. Comenius weist hierauf die vielen Stellen in der heiligen Schrift, die dasselbe beweisen, und erklärt das mit der doppelten

Natur Christi: Allerdings leugnen dies die Socinianer, aber was antworten sie auf die Redensart κατὰ σάρκα? Die weitere Analogie des Comenius vergleicht den Zustand [mit dem Schlafe und es kommt noch die Erwiederung auf die Annahme, dass wenn Christus zwei Naturen hatte, nur die menschliche gestorben sei: beide gehören zu der schwächsten Partie des Werkes (p. 22—27). Im vierten Theile sagte Scheffer, die gewöhnliche christliche Auffassung nehme allen Trost weg: wir werden demnach nicht auferstehen, weil wir keine Götter sind. Comenius, entwickelt hierauf, den Tod Christi auf „exinaniens se“ gründend, die christliche Lehre vom Tode, von der Macht des Todes Christi (p. 28—34), und findet, dass für den gläubigen Christen Trost genug übrig bleibe, denn: a) Christus befolgte nur des Vaters Willen, indem er auferstand, und wird den Willen wieder thun; b) sein Amt des Vermittlers wird ihn auch dazu bewegen. Allerdings würdigt den Tod und das Auferstehen Christi nur eine echt christliche Dogmatik, die darin Erlösung für das menschliche Geschlecht findet, von der die heidnische Auffassung Socins nichts weiss (p. 35—38). Eine kurze Conclusion wiederholt nur diese Folgen der Vernachlässigung der Gottheit Christi in der socinianischen Lehre, die sie des eigentlichen christlichen Charakters entkleiden, und deutet auf die Einheit der drei Personen der Gottheit nach der Schrift, welche Einheit es verursacht, dass allerlei Funktionen bald dieser, bald jener Person zugeschrieben werden (p. 38).

Die Wirkung der Schrift stärkte auch ein für sie günstiger Unfall, den ihm der darin angegriffene D. Hals aus Mezeříč erzählte, als er sich für die, einigermaßen in seinem Interesse veröffentlichte Arbeit, zugleich im Interesse der Kirche bedanken kam, Scheffer habe Gott selbst geurtheilt, da er sich nachdem ihm das Exemplar der Widerlegung beim Essen übergeben worden, von allem losriß, und die ganze Nacht beim Lesen und Nachdenken über dasselbe zubrachte, und in der Früh zu seinem Hausherrn sagte: „Entweder werde ich das Werk völlig widerlegen, oder ich lebe nicht“, welches letztere nach einem Monate eingetreten ist, nachdem er sich durch das fortwährende Wachen und Arbeiten ein tödtliches Fieber zugezogen hatte. [14]

Und einem günstigen Ende sah auch die dritte Angelegenheit, die des Prodromus Pansophiæ entgegen. Wie große Anfeindung diese Schrift verursacht, erhellt aus den Klagen des Comenius [15]): „Es ist schmerzlich, daß die Unbesonnenheit der Menschen so weit vorgedrungen sei, daß sie diejenigen, die die Palme und nicht den Krieg vor sich tragen, ohnmächtig angreifen, mit Fluchworten bestürmen, mit Schimpf reizen, ja auch mit Wunden bedecken, wie dies . . . auch wir (auch von solchen, von denen es sich am wenigsten ziemte) erfahren." — „Es ist sehr unmenschlich, einen, der nützen will, mit Schlägen lohnen." [16]) Nun wurde die Angelegenheit vor eine Synode gebracht, wo die Gegner des Comenius einige Adelige auf ihre Seite zogen und demselben Intentionen zuschrieben, die ihm gewiß fern waren. So wurde er bewogen, für die Censoren eine Schrift abzufassen, wo er sich gegen die ihm entgegengehaltenen Beschuldigungen wehre, und verfaßte eine Schrift: „Dilucidatio" [17]), die die Vorgesetzten drucken ließen, um sie, allerdings nur den Interessirten, mitzutheilen. Ist vielleicht diese Inquisition mit jener wegen der Felgenhawerschen Irrlehren identisch? Und fällt vielleicht diejenige, die er auf eine libertinistische Opposition gegen seine Anhänglichkeit zur Kirchendisciplin zurückführt, auch damit zusammen? Für die letztere fehlt jede Zeitbestimmung; die Gründe gibt Comenius in folgender Weise:

Die Kirchenordnung, die den Exulanten, unter ihnen besonders dem Comenius (wie dies auch aus der vorhin skizzirten Erwiderung ersichtlich ist) so am Herzen lag, begann den polnischen Mitgliedern allmälig lästig zu werden. Schon der alte Gratian hat über die Zügellosigkeit seiner Gläubigen geklagt, über die zu regieren kein größeres Vergnügen sei, als über ein Heer der Schweine. Als nachher die Brüder ihre Kirchenordnung böhmisch drucken ließen, 1633 lateinisch, schließlich, von Heinrich Walther übersetzt, deutsch, wurden auch polnische Übersetzer von der Synode aus bestellt, thaten aber nichts, vorgebend, die Geistlichen reden ohnehin lateinisch und polnisch. Wer sollte das Buch lesen? Die Ordnung entspreche den Sitten Polens nicht; die Adeligen würden ihren Nacken nicht darunter beugen, woraus für Comenius und die Exulanten ersichtlich

war, daß viele von den Brüdern nur dem Namen, nicht der Wahrheit nach der böhmischen Confession angehören. — Wohl hat die
Synode zu Wlodau das Wesentliche der Kirchenordnung zum allgemeinen Gesetz für die polnischen Evangelischen erhoben und die
nachfolgenden Synoden ließen auch dieselbe ins Leben treten, indem
manche Widerspänstige aus der Unität ausgestoßen wurden, allein
es zeigte sich bald eine Reaction. Einige jüngere Brüder, Geistliche
und Candidaten, verließen die Kirche, in der sie geboren und giengen
theils in die Städte Preußens, theils auf die Akademicen. Unter
denen, die ihre Stimme dagegen erhoben und dies als eine Unordnung ernst rügten, war auch Comenius, gegen den sich nun die
Gegner derart erhoben, daß sie ihn für nicht orthodox genug
erklärten und dadurch eine öffentliche Confusion herbeibrachten. [18])

Die Dilucidatio nimmt allerdings nur auf die Pansophie
einen directen Bezug.

Sie enthält kaum ein neues Moment, und zeichnet sich durch
die starke Betonung des frommen Charakters der Pansophie aus.
In der Einleitung gibt der Verfasser eine kurze Geschichte seiner
pansophischen Bestrebungen, theilt die ungünstigen Urtheile und
Befürchtungen anderer auch mit und betont diesen gegenüber:
a) die Pansophie ist kein Traumgebilde, sondern die thatsächlichste
Arbeit; b) es ist da nichts Ungeheuerliches, sondern eine schöne
Vereinigung alles dessen, was bisher schon in den einzelnen Wissenszweigen erforscht worden; c) daß dem Verfasser bei diesem Werke
eine Hilfe sehr erwünscht wäre. (Op. Did. I. 460.) Zur Frage
selbst übergehend, findet er nach Aristoteles das Allwissen, wie es
den Menschen überhaupt möglich, in der Universalität der Principien in den wahren Methoden, der Ordnung und in der un-
unfehlbaren Gewißheit der Wahrheit. Dies ist im Prodromus
wohl genügend auseinander gelegt worden, darum wird hier zur
Zerstreuung der Befürchtungen nur der nun veränderte Titel
mitgetheilt und erläutert werden, welcher lautet: „Pansophiæ
Templum, ad ipsius supremi Architecti, Omnis potentis Dei,
ideas, normas, legesque extruendum; et Usibus Catholicæ
Jesu Christi Ecclesiæ, ex omnibus gentibus, tribubus, populis
et linguis, collectæ et colligendæ, conservandum."

Tempel soll das Werk heißen, weil es der Contemplation einen weiten Raum eröffne, Gottes Wohnstätten, Heiligthümer abzeichne, und aus demselben Zwecke, wie die Tempel, gestiftet werde. Pansophia soll es heißen mit Rücksicht auf sein Subjekt, das Object und die Methode. — Betreffs des Objectes erklärt er ausdrücklich, daß er die Vernunft dem Glauben zu unterordnen gedenke, aber die Philosophie und Theologie nicht abgesondert zu unterrichten wünsche, sondern die beiden vereint mittelst der Pansophie;[19] warum sollten sich die beiden vermengen, wo sie sich im Kopfe eines Gelehrten oder in der Schrift nicht vermengen? (p. 468). Den Namen Pansophie beansprucht die Schrift nach den oben angeführten Erfordernissen des Aristoteles, die hier zur Geltung gebracht werden sollen. Warum diese Pansophie eine christliche genannt werde, ist leicht zu erklären; nöthiger und deshalb weitgehender wird die Erläuterung der Beziehung des Tempels, als eines „nach der Idee Gottes" gemachten. Es gab 3 Tempel nach dem Plane des Moses, David und Ezechiel (p. 470), dem Gott die Form mittheilte, ihn zur aufmerksamen Entgegennahme seiner Worte und deren Mittheilung an das Haus Israel ermahnend; jede neuere wurde vollkommener, und so ist die mystische Form bei Ezechiel die vollkommenste. Eine Analyse derselben ergibt 7 Theile (p. 471, 472), und dieselben nachahmend wird auch die Pansophie 7 Theile haben: 1. einen einleitenden über den Zweck und Nutzen der Pansophie, deren Apparat und Form im Allgemeinen; 2. anstatt der Pforte: ein System der gemeinen Begriffe; 3. das Atrium Vulgi ergibt eine Erklärung der Welt, die der sinnlichen Wahrnehmung obliegt; 4. Atrium medium (wo die Instrumente der Leviten waren) ergibt eine Darstellung alles dessen, was in den Bereich der Vernunft gehört; 5. das Atrium intimum, eine Darstellung des Menschen, wie er sich in seinem Innern erkennen und ein geistiges und göttliches Leben führen soll; 6. das Sanctuarium, die Lehre von Gott; 7. der herunterströmende Fluß wird einer Anwendung der hier geschilderten Kenntnisse entsprechen (p. 475). Daß dieser Tempel der allgemeinen christlichen Religion gewidmet werde, dazu ermahnen uns die Offenbarungen von der letzten Zeit, wo das Licht ein

allgemeines werden soll, zu welchem somit die Bemühungen des
Verfassers, alle Völker ermahnen möchten. Noch einmal wird der
Vorwurf der Vermengung der Wissensgebiete, wie auch der, daß
Christus dies nicht gelehrt habe, entkräftet, und es folgt nur noch
eine allgemeine Zusammenfassung der einzelnen Punkte des Entwurfes; wozu am Ende noch eine genaue Angabe der Titel der
sieben Theile der Pansophie sich anschließt. (p. 479, 482).

Die Wirkung der Schrift war die erwünschte und nun
wurde ihm von Seite der kirchlichen Behörde keine Schwierigkeit
in den Weg gelegt. Es war dies um so natürlicher, als ihm eben
die incriminirte Schrift in der weiten Ferne großen Ruhm bereitete.
So kam ein Ruf von den Regierungsmännern Schwedens, er
möge zur Reform der Schulen hinkommen; und da er dem Ruf
eine Folge zu leisten nicht geneigt war, nur einem mit der Reform
zu betrauenden Sohne jenes Landes mit Rath beizustehen sich
gerne bereit erklärte, so setzte er sich an die Arbeit, seine Didaktika
ins Lateinische zu übersetzen.[20] Die Inschriften der einzelnen
Capitel theilte er dem so sehr interessirten Hartlib mit, der sie
dann veröffentlichte.[21]

Die direkte Berührung mit dem Schulleben und die autorität-
artige Beherrschung der Fragen des Unterrichtes gaben ihm aber
stets neue Aufgaben, so unter anderem noch in diesem Jahre die
Verfassung eines Schulschauspiels: Diogenes Cynicus. Wie wir
oben sahen, war in den Anordnungen der Synode 1635 auch ein
Punkt über oratorische und dramatische Produktionen. Comenius
überzeugte sich, daß jene zur Förderung der Lust zum Lernen sehr
beitrugen und vielleicht bewog ihn dies, ein Stück über Diogenes
selbst zu verfassen.

Das Stück hat mit Prolog, dem Erzähler des Arguments
und dem Epilog 24 Personen, außerdem noch die Menge, u. A.
Den Inhalt selbst bilden die Schicksale des bekannten Cynikers,
die mit einer oft drastischen Lebendigkeit vorgeführt werden.

Der Prolog weist darauf hin, daß die Heiden wohl in
göttlichen Dingen eitle Klügeleien pflegten, jedoch in den weltlichen,
den moralischen, politischen und ökonomischen sehr viele von ihren

Worten und Thaten der Bewunderung und Nachahmung besonders
werth seien; zu diesen gehöre auch Diogenes, dessen Lebensereignisse,
den Inhalt des Dramas, das Argumentum erzählen werde. Und
nachher folgen die Lebensschicksale auf Erden und am Wasser —
verbunden mit des Philosophen Lehrmeinungen mit einer technischen
und stilistischen Gewandtheit zu einem didaktischen Ganzen ver-
flochten.

Dies beweist auch der Umstand, daß das Spiel in einem
Jahre dreimal zu Ehren der Gäste des Grafen, die es wünschten,
wiederholt werden mußte. Dies auch ein Brief des in Lissa anwesenden G. Vechners, der an dem Spiel auch einen solchen Gefallen
fand, daß er den Verfasser ermunterte, auch andere Gestalten des
Alterthums in gleicher Weise zu verarbeiten, was zu einer vor-
züglichen Bereicherung sowohl der geschichtlichen, als auch der
philosophischen Kenntnisse und zur Hebung rhetorischer Gewandtheit
der Schüler dienen müsse.[22])

Allein zunächst war der Sinn des Verfassers auf andere
Gegenstände gelenkt, und zu diesen gehört das Übertragen der
Didaktika ins Lateinische. Eine Einladung der schwedischen Regierungs-
kreise, der zu folgen er nicht geneigt war, bewog ihn (1638) dazu.
Nach seinen Worten sind wir berechtigt, die uns überkommene,
von Comenius selbst veranstaltete lateinische Übersetzung als im
Ganzen aus dieser Zeit stammend zu betrachten.[22a]) Abweichungen, deren Darstellung die Aufgabe einer Parallel-Ausgabe
bleibt, finden sich in vielen Capiteln des Werkes, ist
aber der Fortschritt in den Capiteln, die über die Frage der
Schulorganisation handeln, auch namentlich hervorzuheben. Die
Originalausgabe hatte diesen Gegenstand in einem Capitel behandelt; die gegenwärtige Umarbeitung widmet ihm viere; eine
jede Schule wird ihren Unterrichtszeiten und Mitteln nach besonders geschildert. Zunächst die Mutterschule (XXVIII.), wobei
die hier zu lehrenden Wissenschaften und Tugenden einzeln aufgezählt und zugleich die Pflege der Frömmigkeit betont werden.
Zwei Bücher seien zu gebrauchen, neben dem Informatorium
— ein Liber imaginum, der bei der Aufnahme der Eindrücke
der Dinge behilflich sei, den Umfang der Geister erweitere und

15

zum Übergang zum Lesen diene. Die Volksschule (XXIX.) sei der
lateinischen vorzusetzen und habe die beiden Geschlechter aufzunehmen
(interessante Polemik gegen Alsted p. 172), was eine ausführliche
Begründung erhält. Im Wissen werden den Volksschulen die
weitesten Grenzen und auch die vielseitigsten Fertigkeiten vor-
geschrieben, damit den Jüngern, die aus dieser Schule ins Leben
hinaustreten, nichts vorkomme, worin sie nicht orientirt seien, dieselben hingegen zum Verständniß, Thun und Beurtheilung alle
Gewandtheit besäßen. Hiezu gibt es zwei Mittel: Klassen und
Bücher; der Stoff der letzteren ist, wie bereits erwähnt, stets derselbe, nur die Ausarbeitungsweise verschieden, dem jugendlichen
Alter sollen sie angepaßt, zur Anziehung der Gemüther mit schönen
Titeln ausgestattet werden, alles, auch die Kunstbegriffe sind in
der Muttersprache wiederzugeben, theils damit sie die Schüler verstehen, theils damit die Sprachen ausgebildet werden. Schließlich
muß noch für eine entsprechende Methode gesorgt werden: es seien
täglich 4 Stunden (2 Vormittags, 2 Nachmittags) dem Studium
zu widmen; die Morgenstunden seien für den Verstand und das
Gedächtniß, die Nachmittagsstunden zur Übung der Hände und
in der Sprache. Es wird von Nutzen sein, wenn die Schüler
ihre Bücher abschreiben; theils wird dadurch dem Gedächtniß und
dem Sinn für den Lehrstoff, theils der Kalli-, Tachy- und Orthographie gedient. Wenn fremde Sprachen zu erlernen seien, so geschehe dies am besten im 10., 11., 12. Jahre und durch Übung
in fremdsprachigen Gebieten, wozu die Anwendung der hier angeführten Grundsätze recht ersprießliche Dienste thun mag.

Die Lateinschulen (XXX.) haben auch die weitgehendste
Bestimmung; sie halten dem Schüler einen Ocean der auch einzeln
angeführten Kenntnisse vor, sie haben aber jedenfalls auch die Grundlage einer höheren Bildung demselben zu bieten; deshalb hat man
die Wissenschaften in den 6 zur Verfügung stehenden Jahren in
6 Classen einzutheilen und diese stufenmäßig zu ordnen. Die
6 Classen wären demnach: Grammatik, Physik, Mathematik, Ethik,
Dialektik, Rhetorik.

Die Eintheilung des Lateinunterrichtes in die einzelnen
Classen erfolgt hier auch nicht; nur so viel wird gesagt, daß.

Vestibulum und Janua die erste Classe ausmachen, was gegenüber der Dissert. Didactica für die Janua den Verlust eines Halbjahres bedeutet. Die erste Classe ist die grammatische. Die Classe, die sich nach den bisherigen Plänen mit dem Palatium befassen sollte, die rhetorische, ist als die letzte der Lateinschule aufgezählt. Hat dieses den Sinn, dass das Palatium in der sechsten Classe vorgenommen werden soll? Kämen also die Autoren in den Realclassen 2—5 noch vor dem Palatium? Nach dem Entwurf der Didaktik hat es den Anschein, obwohl es nach den vorhergehenden Arbeiten durchaus undenkbar ist. Es ist ebenso unmöglich, dies präcis zu entscheiden, als die Frage schwer zu beantworten, welche Autoren, Classiker man den Schülern in die Hände geben soll, wenn die heidnischen verbannt werden sollen; denn die vorgeschlagene h. Schrift kann dem Plan des Thesaurus nicht entsprechen. Den schön ausgedachten und in der oben erwähnten Dissertatio in sechs Jahre eingetheilten Plan des Lateinunterrichtes finden wir in der lateinischen Did. M. nicht wieder.

Den Schluß der Erziehung bilden die Universitäten (cap. XXXI.); diese mögen wirklich Gesammtheiten der Studien sein, mit universaler Methode. Die Anlagen der Jünger sollten die Laufbahn Einzelner bestimmen; aber nur fleißige, gesittete und brauchbare Leute sollen hier erzogen werden. Es wird denselben besonders das Excerpieren der Autoren, ja auch die Herausgabe solcher Excerpte anempfohlen; Gellianische Collegien, d. h. Nacherörterungen über die Praelectionen der Professoren wären sehr erwünscht; die Ehren des akademischen Lebens mögen aber nur den Würdigen verliehen werden. Das Reisen wird als eine zweckmäßige Förderung dieses Studiums erwähnt. Der Endzweck dieser Universitäten wäre ein Collegium didacticum, aller Völker oder nur der Gebildeten, dem die Aufgabe zufiele, die Gränze der Wissenschaften je mehr auszuforschen, die neuen Erfolge mit neuem Licht unter die Menschen auszustreuen und durch neue Erfindungen die Verhältnisse der Menschen zu verbessern. Das Verhältniß dieser Schule zu den übrigen wäre dasjenige des Magens zu den übrigen Körpertheilen.

15*

Die Vorzüge dieser neuen Methode entsprechen jener der Buchdruckerkunst gegenüber dem gewöhnlichen Schreiben; auch sonst ist eine genaue Parallele zwischen dem Unterrichten und der Buchdruckerei anzustellen, die besonders für die Sicherheit der Erfolge der neuen Kunst werthvolles Zeugniß ablegt, hier aber nur mit Hinweis auf ausführlicheres Nachlesen im XXXII. Capitel angedeutet werden kann. [23])

Über die gewiß sehr rege Verbindung mit Hartlib und Duraeus haben wir nur Ahnungen. So wissen wir, daß Hartlib sich auch die Dilucidatio, sobald sie angekündigt wurde, erbat. [24]) Die Dissert. Didactica wurde ihm gleich zugesendet. — Die vor zwei Jahren veröffentlichte „Conatuum Comenianorum Præludia" wurden bald vergriffen und so bereitete Hartlib eine neue Ausgabe des Prodromus vor, fügte diesem die Diss. Did. und die erbetenen Inschriften der Capitel der Didaktika bei, letztere mit der Bemerkung, die Schrift sei ganz fertig, bedürfe nur einer Feilung. Im letzten Moment kam ihm noch die Dilucidatio zu, so daß er diese mit veröffentlichen konnte, alles das zusammen, eingeleitet von einem Vorwort, das das Datum 1639 Jan. 1. führt. Das Vorwort besagt, der Herausgeber gehe jetzt nicht schüchtern, wie vor zwei Jahren, an sein Werk, da er die Bewilligung des Autors erlangt und eines Applauses seitens der Gelehrten selbst Zeuge geworden sei. Er kann nun nur die Leser, besonders die Mächtigen zu einer ausreichenden Unterstützung der Comenianischen Pläne ermuntern: es handle sich nicht um Comenius und dessen Ruhm, sondern um die Menschheit und deren Wohl, dessen sich jene, denen eine solche Gelegenheit geboten, pflichtgemäß nach ihren Kräften anzunehmen haben.

Die im Jahre 1635 angeknüpfte Bekanntschaft mit Stolcius hatte insoferne schlechte Folgen, als Comenius in den Schein kam, und es wurde auch darüber geredet, als ob er auch ein Bekenner Felgenhawers schwärmerischer Ansichten wäre. Es entstand ein Gerücht, Comenius und Felgenhawer hätten sich in Danzig getroffen, wobei ersterer des letzteren Tochter getauft hätte, und

Comenius auch um eine Kathedra, aber ohne Erfolg, eingekommen
wäre. Diese Gerüchte schrieb man aus Lithauen nach Großpolen
und so kam der Senior Orminius nach Lissa, um die Angelegenheit
zu prüfen. Die Verlogenheit der Gerüchte stellte sich leicht heraus,
als constatiert wurde, daß Comenius überhaupt nie in Danzig
war; allein die ernste Lebensauffassung der Unität beweist
am schönsten die Weisung, die dem Comenius gegeben wurde, den
Stolzius von neuem zu mahnen und ihn von allem häretischen
Muthwillen abzurathen. [25])

Daraus, daß der in solchem Auftrage geschriebene Brief des
Comenius vom 6. Mai 1639 datirt ist, wäre zu folgern, daß die
Inquisition im Frühjahr 1639 stattgefunden hat, wenn sie nicht,
wie oben angedeutet, mit der Inquisition über die Pansophie
zusammenfällt. In dem Briefe wurde Comenius dem Auftrage
der Vorgesetzten auf die Weise gerecht, daß er den Stolzius über
den Autor des Dogmas und über das Dogma selbst aufzuklären
bestrebt war.

Über Felgenhauer selbst theilt er ihm Folgendes mit: 1623
habe derselbe wunderbare Weissagungen veröffentlicht, die in einem
Jahre widerlegt worden sind. Welchem Apostel ist das geschehen?
Sein Chiliasmus ist jenem berüchtigten von Münster gleich,
der mit Waffen ans Werk will. Die Schrift erklärt er allegorisch
und metaphorisch, was sehr gefährlich ist. Er vermengt alles: die
Personen der Trinität, die Namen und die Herkunft Christi; er
redet mit Verachtung von den Anderen; den Christen wirft er
Schismen vor und er vermehrt deren Zahl. (p. 21.)

Das Dogma dieses Autors widerspricht der Schrift, der
Analogie des Glaubens und dem nicht voreingenommenen Verstand.
Zu a) wird die Stelle I. Joh. 4. 2—3 (ἐν σαρκὶ ἐληλυθότα), daß
er im Körper gekommen ist, mit den Evangelisten Mathias und
Lucas erklärt, die Annahme, daß er sich den Körper mitgebracht
hätte, widerspricht den Verheißungen, daß er aus Abrahams
Samen erscheinen werde. Zu b): Wenn Christus ein Vermittler
sein soll, ist es nöthig, daß er ein Mensch sei und dies auch
gewesen. Zu c): wenn sein Leib nicht ein menschlicher Leib gewesen sei, was für einer war es denn? — Nun legt Comenius

auch die Gründe, auf welche sich Felgenhawer stützte, dar, die meisten aus der Schrift und der Analogie des Glaubens, nur zerstreut sind einige „Beweise" ohne Beleg zu finden, und citiert den Rath des Gamaliels. (p. 36.) Zum Schluß fügt er noch einen Gruß für die Collegen und den H. v. Berbistorf und legt den Wunsch, daß Stolzius recht bald zum echten christlichen Glauben zurückkehre, bei.

Lang hat es gedauert, bis er von Stolzius eine Antwort erhielt. Stolzius bekam das Schreiben wohl schon am 3. Juni; aber Felgenhawer, dem er es mittheilte, sandte seine Antwort erst nach 7 Monaten, den 15. Januar 1640; und erst im Juni, also nach dem Ablaufe fast eines ganzen Jahres kam eine Antwort des Stolzius mit sammt der Felgenhawer'schen Erwiderung, die in 12 Tagen verfertigt worden sei. Stolzius antwortet nur auf den einen Abschnitt des Comenianischen Briefes, wo derselbe über das üble Nachreden klagt, das ihm wegen der angeblichen Connexionen mit Felgenhawer zu Theil ward, und zwar mit den Trostworten, von dem Bösen sei übles Nachreden einem Lob vorzuziehen, und fügt hiezu das stechende Beispiel der Connexionen mit Poniatovska, welche dem Comenius bekanntlich viel Leid verursacht, ohne ihn zur Absage bewogen zu haben.

Das letzte Antwortschreiben des Comenius, in drei Wochen verfertigt, knüpft besonders an den bekannten Ausdruck, „daß wir Christum nach dem Fleische nicht kennen", es rügt die lange Zwischenzeit der Antwort und prüft dann die Felgenhawersche Antwort, nimmt seine Behauptungen nach der Reihe, und widerlegt sie; findet an Felgenhawer besonders die drei Eigenschaften sehr tadelnswerth: dessen Unbescheidenheit, Gift und Blasphemien, Übermuth und Stolz. Die Antwort ist zweitheilig (p. 53): er zeigt, daß Felgenhawer auf seine Einwendungen nichts Neues erbracht hat; er stellt acht Criterien aus Gottes Wort auf, die, an die Felgenhawersche Lehre angewendet, deren Verwerflichkeit als offenbar hinstellen. Wir halten die Felgenhawersche Irrlehre für eine zu evident falsche, als daß wir von diesen Beweisführungen weitere Auszüge nur veröffentlichen wollten; deuten nichtsdestoweniger an das 6. Criterium, das eine Lehre für falsch erklärt, die sich mit Unsinn vertheidigen müsse, wobei Comenius viele Sinnlosigkeiten, die man sich leicht denken kann, nachweist, denen die Felgenhawerische Erklärung des irbischen Daseins Christi ausgesetzt ist. (p. 79—90.)

Zum Schluß bittet er den Stolzius, er möge die Antwort dem Felgenhawer nicht mittheilen, sondern sie mögen die Streitfrage unter einander prüfen und lösen; er erklärt diesen Brief in dieser Angelegenheit für den letzten und wünscht eine recht baldige, frohe Nachricht, daß sie bekehrt worden seien. (p. 93—94.) Der Brief wurde in Anschluß an eine Gelegenheit erst den 7. Juli aus Lissa weggeschickt, und aus späteren Außerungen des Comenius wissen wir nur, daß er den erwünschten Erfolg thatsächlich erreichte, da Stolzius, unterdessen nach Ungarn übersiedelnd, zum alten Glauben zurückkehrte und auch in demselben starb. [26]

Comenius war unterdessen auf dem pädagogischen Gebiete unermüdlich thätig, aber es scheint nur eine ordnende und entwerfende Thätigkeit gewesen zu sein. Im Februar (1640) schreibt er an den Patron, [27] wahrscheinlich Boguslav von Lissa, daß er von der Pansophie zur Didaktika zurückkehre und das Vestibulum und die Janua von neuem vornehme; dazu plane er noch das Atrium, dann Palatium historicum oratorium, poëticum, practicum. Dies betrifft die Philologie. Die Pansophie soll aus 7 Theilen bestehen: Vestibulum, Janua, Atrium Naturæ, Atrium Ingenii Humani, Atrium Spiritualium. Atrium Aeternitatis; de usu sapientiæ veræ vero. Bisher habe er in der Pansophie den Hübner zum Mitarbeiter, aber er werde Bechner bitten. Drei kleinere Briefe [28] zeigen, daß er besonders dem Schuldienste oblag, und unter dem Datum des 12. Septembers finden wir eine Art Memorandum an den Maecenas; [29] das nach einer allgemein gehaltenen Einleitung über die Pflicht des Handelns, die Zwecke, die Mittel und die Gelegenheit derselben zur besonderen Beachtung empfiehlt. So hat Gott bei dem Erbauen des Heiligthums zuerst den Entwurf, dann die Künstler, zum Schluß die Auslagen in Betracht gezogen. (Exod. 31 v. 7.)

Zuerst kommt also die Delineatio des Werkes, das der Verfasser vor sich hat. Es werden dazu philologische und pansophische Schriften erforderlich. Die Philologie bedarf zur Ergänzung des Vestibulum und Janua ein Palatium, ferner drei Lexica, ein etymologisches, eines der Muttersprache und ein phraseologisches, das die Feinheiten der lateinischen Sprache aufweise; ferner eine Grammatik zum Vestibulum und eine zur Janua. Der Real-unterricht erheischt eine Pansophia, in engerem Sinne des Wortes, eine Zurückführung des gesammten Wesens auf bestimmte Principien; eine Panhistoria: eine Schilderung alles dessen was ist und was war. Diese wäre in die 6 Classen also einzutheilen: a) biblische Geschichte, b) Naturgeschichte, c) Geschichte der Erfindungen, d) Tugendbeispiele, e) Religionsgeschichte, f) Weltgeschichte. Eine Pandogmatia, eine kritische Sammlung und Geschichte aller menschlichen Meinungen und Lehren, zur Vermeidung von Wieder-holung der nachgewiesenen Irrthümer. Als Mittel werden Mit-arbeiter erwähnt: für die philologischen Bechner, für die pansophischen der Mann von besonderen Gaben und Kenntnissen, Hartlib, „der in dem Glauben, daß man auf keine andere Weise Gottes Ruhm mehr dienlich sein könne, als wenn man so ein allgemeines Licht den Geistern anzünden könnte, mit dem Verfasser übereinstimmt." Der Plural „O Patroni" läßt darauf schließen, daß sich dem Grafen Boguslav andere Gönner angeschlossen haben.

Das Amt des obersten Aufsehers der Schule brachte ihn wieder in eine Versuchung durch den als Patriarchen der Socinianer betrachteten Jonas Schlichting, den Neffen des Statthalters von Lissa. Dieser brachte nämlich seinen 18jährigen Sohn in die Schule der Brüder, und dessen Aufnahme wurde unter der Bedingung, daß er keine Ruhestörungen bereiten werde, ohne Schwierigkeit vollzogen. Nun kam der Vater auch zu dem Oberinspector der Schule, und obgleich er ihn aus der Schrift gegen Scheffer als einen Feind ihres Glaubens kennen konnte, klagte er doch bitterlich über den Verlust der Socinianer, der sie durch Zerstörung der Rakauer Typographie und Schule und durch ihre Zerstreuung traf und bot dem Comenius einige Bücher, Widerlegung der von der Wittenberger Akademie auf Schmalzius Schrift von der Gottheit

Christi gegebenen Erwiderung, die er selbst verfaßt und in Rußland irgendwo drucken ließ; auf das Sträuben des Gastgebers, bat er ihn, doch wenigstens die Vorrede zu lesen, wo das von Tertullian eingeführte Dogma über die Trinität, in seinem Ursprung nachgewiesen wird. Beim Abschiedbesuch kam die socinianische Lehre zur Sprache, und die Behauptung in jener Vorrede, daß die Socinianer Recht haben, weil sie zwischen zwei Extremen Mitte halten, berichtigte Comenius dahin, daß die christlich allgemeine Lehre die Mitte einhalte, weil sie sowohl die blos göttliche, als auch die blos menschliche Auffassung der Person Christi zurückweisend, ihn für Mensch und Gott halte. Jonas Schlichting äußerte sich über die Siebenbürger Unitarier, als Abgefallene, und die, vom Comenius weit ausgeführte Ansicht, daß sie Christum seiner göttlichen Ehre und Majestät berauben, erklärte er für eine Verleumdung; aber Comenius wich nicht und erklärte für eine Consequenz dieser Neuerungen den Mohamedanismus, der doch Christum auch für einen großen Propheten halte. Die Scheidung geschah in diesem Zustande des Streites, Comenius fühlte sich aber bewogen, seinen Glauben noch ausführlicher zu begründen und so entstand die Schrift: „De Christianorum uno Deo“, die Comenius dem eifrigen Patriarchen des socinianischen Glaubens durch seinen Oheim nachsandte, ohne eine Antwort darauf zu erhalten.[30]) Nach einem Auszug der Schrift, die später verloren gieng,[31]) geht dieselbe mit dialektischen Gründen zum Werke besonders deshalb, weil die Socinianer sehr viel auf den Verstand pochen und, weil Vives mit Recht behaupte, die christliche Religion sei so wahrhaftig, harmonisch und vernunftgemäß, daß die mit Gottes Offenbarung erleuchtete Vernunft die Anfeindung der fleischlichen Vernunft zu widerlegen leicht im Stande sei.

So erhält der Anfang der Schrift den Charakter einer rationellen Theologie. Gott ist jenes Höchste in den Dingen, was von sich, durch sich und in sich ist; von dem, durch den und in dem Alles übrige ist, was je ist Von sich ist, was nicht ein früheres als Ursache hat; durch sich ist, was sich durch eigene Kraft, ohne fremde Hülfe erhält; in sich ist, was nicht anderer wegen ist.[37]) Sonach ist Gott der erste, unabhängige, und der letzte,

und so auch der vollkommenste. Hieraus folgt, daß er einer, wahr
und gut ist. (p. 1—4.). Aus diesen 3 Attributen folgen nun
folgende metaphysischen Eigenschaften: aus der Einheit folgt, daß
er unermeßlich, unräumlich, ewig und allmächtig; aus der Wahrheit, daß er allwissend, unveränderlich und dem Leiden nicht ausgesetzt; aus der Güte: daß er heilig, mittheilsam und schließlich selig
ist; diese Güte erstreckt sich auch auf das Böse, und so entstehen noch
die Eigenschaften der Langmüthigkeit, Barmherzigkeit und Gerechtigkeit (p. 5—11.). Durch diese Vollkommenheit ist Gott das einfachste Wesen, die freieste Thätigkeit, und die höchste Majestät.
(13.) Als das einfachste Wesen ist Gott unserer Vernunft die
alles durch Vorstellen (imaginando) denkt, unerkenntlich, darum
nennt ihn die Schrift den verborgenen Gott; aus seinen Thaten
kann man aber seine unsichtbaren Eigenschaften ersehen. So zunächst: was in der Schöpfung Gutes, Schönes und Vollkommenes
sei, das ist zum ersten in Gott und das in vorzüglicher Weise;
und da er in den Handlungen der Schöpfung als die erste Ursache
und das erste Bewegende mitläuft, so werden daraus Gottes Macht,
Weisheit und Güte ersichtlich; welche schon bei der Schöpfung
in dem Hervorbringen je des Stoffes, des Geistes und des Lichtes
sich in dem Seienden überhaupt verkörperten. Außerdem zeigt
auch ein jedes Wesen diese Dreiheit in seiner Thatkraft, Art und
Zweck und besonders die vernünftigen Wesen, die sie in der Form
von politischen, philosophischen und religiösen Kämpfen stets in
Bewegung erhalten. (p. 11—18.).

Nun gebe es nur einen Gott, was sowohl die Vernunft als
auch die Schrift beweise; (unter den ersten Beweisen ist auch der,
daß alles größere nur eines ist, wie die Sonne, der Mond die
Erde,) daß aber in der Einheit eine Mehrheit, und zwar eine
eine Dreiheit zu unterscheiden sei, dafür sprechen zunächst folgende
4 Gründe aus der Schrift: (p. 22.) 1.) es gibt in der Schrift
viele Redensarten, die auf eine Mehrzahl deuten (zu diesen zählt
z. B. der Plural Elohim; dann Gen. 1.26 „Schaffen wir Menschen"
und noch mehrere Stellen, sämmtlich aus dem A. T. 2) es gibt
Stellen, aus denen klar ist, daß es weder weniger, noch mehr als
3 Personen gebe (Ex. 3,15; 34,6; Num. 6,24; Jes. 6,4; Tan.

9,19,); 3.) es können auch Stellen angeführt werden, wo diese drei Personen Vater, Sohn und h. Geist genannt werden; und dies Stellen sowohl aus dem alten als auch dem neuen T. (Z. B. Jes. 65, 16, 9, 10—14; Math. 3, 16, 17.) 4. es gibt Stellen, wo alle die Attribute des einen wahren, ewigen Gottes sowohl dem Vater, als dem Sohne und dem heiligen Geiste zugeschrieben werden, und dies sowohl direkt, als durch Vergleichen mehrerer Stellen nachweisbar ist; dies gilt sowohl von dem Namen, als von den einzelnen, in 8 Punkten zusammengestellten Eigenschaften Gottes. (p. 29.). Das reichhaltigste Capitel (XXV) bieten aber die Beweise, mit welchen die einzelnen Geschöpfe bezeugen, daß Gott dreieinig ist. In 30 Punkten wird die Dreieinigkeit, wie sie sich im Wesen einzelner Geschöpfe als Abbild jener göttlichen geltend macht, nachgewiesen. Wir zeigen nur einige hiervon. Ein jedes Geschöpf hat: Anfang, Mitte und Ende; die Arten der Wesen sind dreierlei: sichtbare, unsichtbare und in der Mitte der beiden stehende (Körper, Engel, Mensch; die sichtbare Welt besteht aus Materia, Lux. Spiritus; gewiß sind manche mehr, andere weniger zutreffend. Ein besonderes Gefallen hat aber der Verfasser an dem Reflex des Lichts, der zum Leiden dem Dinge beigezählt wird (p. 36.). Hier ist auch dreies nöthig: 1.) Der Glanz des Lichts; 2.) der das Bild (z. B. deines Gesichts) empfangende Spiegel; 3.) deine Augen, die das Bild in sich nehmen. „So siehst du nur Dich in Dir. Wo noch anderes zu merken ist! Kommen denn hier nicht drei, in allem gleiche Bilder zusammen? Deren erstes in deinem wirklichen Gesicht; das zweite von hier ent= und in den Spiegel einfallende, das dritte von hier in deines Auges Stern zurückgeworfen, wo ihn deine drinwohnende Seele betrachtet. Sieh' das deutlichste Bild der Trinität! wie eins drei und drei eins sein können. Daß diese Dreiheit, wo Gottes Weisheit wohl nichts ohne Zweck thut, zufällig sei, kann nur jener glauben, dem „stupere sapere est." (p. 41.).

Daß hier die Benennung der Person am Platz ist, beweist, daß sowohl dem Vater, als dem Sohn und dem heiligen Geist alle Prädikate zugeeignet werden, die einer Person zukommen

(p. 42.) (so das: sein, verstehen, wollen, reden...); was schon die Unterscheidung dieser Personen mit sich bringt, was aber auch noch mit der Redeweise Abrahams, Isaacs, Jacobs Gott veranschaulicht werden soll (p. 43). Dabei wird allerdings nachgewiesen, daß von diesen der Vorrang dem Vater zuzuschreiben sei: im Einzelnen ist dem Vater Macht und Majestät, dem Sohne Weisheit und dem Geiste Güte eigen, was zahlreiche Stellen beweisen und mystische Allegorien veranschaulichen (die mit dem Wasser, Psalm 78,15); was aber auch der Spruch, daß die Sünden gegen den Vater und gegen den Sohn vergeben werden, nicht aber jene gegen den heiligen Geist, zeigt; da die 2 ersteren Sünden vor der Erleuchtung des heiligen Geistes geschehen können, hingegen was könnte denjenigen, der auch erleuchtet seinem Erleuchter, somit der Führung göttlicher Kraft widersteht (wie Judas), noch zur Bekehrung bewegen? (p. 54.).

Ein Schlußkapitel (XXX) (p. 54 57.) beweist noch, daß die ungetheilte Trinität Vater, Sohn und heiliger Geist angebetet werden sollen (wozu auch Dan. 9, 19 beigezogen wird), und ein Schluß faßt die Ergebnisse der Schrift, daß der Glaube an die Dreifaltigkeit ein so alter ist, wie die Stiftung der Taufe, ja viel älter, so alt, wie der Gesang der Engel: heilig, heilig, heilig (Jes. 6, 3), so alt, wie Himmel und Erde (Gen. 1, 1. 2. 3), viel älter noch, aus der Ewigkeit selbst fließend, da schon im Anfang der Welt das Wort bei Gott war, daß sich durch den ewigen Geist Gott für uns geopfert hat (Heb. 9, 14; p. 57—59); bei welchem Urtheil allerdings nur das objektive Sein mit dem Subjekt „der christliche Glaube" verwechselt wird: es war, gewiß, wo keine Christen, keine Menschen noch waren, auch kein christlicher Glaube da, wenn auch sein Inhalt da gewesen sei, was der Verfasser zu beweisen hat und bewiesen haben will.

Zur weiteren Ausführung der einleitenden Gedanken der Schrift verweist der Verfasser selbst auf die Metaphysik. Ob dieselbe bereits fertig und gedruckt war, kann man nicht entscheiden, überhaupt ist die Erscheinung der Janua Rerum recht ungeklärt.

Mit fortwährender Rücksicht auf die Nothstände seiner Kirche, aber auch zur Erleichterung seiner eigenen Last benützte er die Muße, die, wenn sie sich ihm nur irgendwie bot, zur Arbeit an der Reform des Cancionals, die er bereits vor 8 Jahren vorgeschlagen hatte. Im Mai dieses Jahres theilte er einige zum Kirchengesang hergezogene Psalmen, die zu lang waren, je noch in mehrere Lieder ein, damit sie bei dem Gottesdienst gut brauchbar seien.[33] Im Oktober (25.) des Jahres 1640 schreibt er an Laurentius unter Anderem,[34] daß er ihm die Janua Rerum schicken werde.

Bald traten die Schulbeschäftigungen wiederum mit der Aufforderung an ihn heran, für die Ende Januars 1641 abzuhaltende Prüfung ein Schauspiel zu verfassen. Diesmal wählte er die Geschichte des Patriarchen Abraham, die auch zu jenem Feste fertig und ausgeführt wurde.

Der Prolog erwähnt, daß in dem vorhergegangenen Jahre neben Diogenes „Friderici Saxonis rapti filii" und „Mauritii imperatoris tragicus exitus" aufgeführt worden seien; sind dies auch Werke des Comenius? — Das Drama über Abraham will die unerschütterliche Glaubensfestigkeit Abrahams vor die Augen führen. Es war ihm ein Land, reich und schön verheißen, ohne ihm gleich gegeben zu werden. Eine reiche Nachkommenschaft wurde ihm auch versprochen, und er bekam bis zum Alter kein Kind. Und als ihm endlich Eines geboren wurde, kam die bekannte Prüfung seines Glaubens, die aber, wie alles frühere, seinen Glauben nicht erschüttern vermochte, worauf ihm Gott das Versprechen des Messias zu Theil werden ließ: und so sah er durch den Glauben den Tag Christi und wurde so der Vater aller Glaubenden. Und mit der Veranschaulichung dieser Wahrheit dient das Schauspiel, dabei daß es die Fortschritte der Schüler aufweist, auch den Zuschauern zur Erbauung und Stärkung im Glauben.

Im Laufe des Jahres kehrte er wieder zu den didaktischen Arbeiten zurück; er hatte sogar die Absicht,[35] sein System von dem Volksschul-Alphabet an auszuarbeiten. Mit Vechner und

mit Hartlib blieb er in steter Verbindung, aber wie weit seine
Arbeiten gediehen, wissen wir nicht. Vielleicht war die Protection
des Grafen Boguslav, den die Katholischen doch zum Verlassen
seines väterlichen Glaubens[36]) bewogen, viel zu lau, als daß
die pansophischen Pläne gehörig hätten fortschreiten können. Das
Schulleben, das kirchliche Leben, hatten doch auch Übelstände, wie
dies aus zwei Briefen des Comenius (1638)[37]) erhellt, und
ermißt man die Zahl der Publicationen und dazu die ämtliche
Arbeit, wird man nur zu klar sehen, daß nicht Nachlässigkeit die
Ursache des Zögerns war.

Über eine Unterredung mit dem Socinianer Wolzogen, der
die Trinität in der Pansophie seinen persönlichen Interessen gemäß
behandelt wünschte, und auf die Frage, warum die Erwiderung
auf die Scheffersche Schrift von der Auferstehung unbeantwortet
bleibe, daß man Comenius schonen wolle, vorgab (1641), berichtet
dieser selbst,[38]) ohne dieser Unterredung eine besondere Bedeutung
zuzuschreiben.

X.

Gelehrte Correspondenzen über Comenius (1630—1640).

Der Erfolg der Janua war, wie oben erwähnt worden, ein vollständiger. Rasch nacheinander folgten die Ausgaben in den verschiedensten Sprachen, angesehene Gelehrte besorgten die Übersetzung, oft allerdings mit eigenen Zuthaten.[1]) In Deutschland selbst waren Mochinger in Danzig, Decemius in Hamburg und Schneider in Leipzig, die Gönner der neuen Methode. Evenius, der schon für die Reformen Ratiche voll des Eifers gewesen war, trat jetzt mit dem Verfasser der Janua in Berührung. Hartlib besorgte eine französische und Anchoran eine englische Übersetzung. Diese letztere erschien noch in demselben Jahre aber ohne den Namen des Comenius, die Lobeserhebungen, die in zahlreichen Versen der Arbeit beigedruckt sind, preisen alle den Übersetzer als Autor.[2]) Diese Männer nun, denen sich bald auch andere zugesellten, traten auch unter einander in Verbindung, suchten ihre eigenen Erfahrungen den anderen mitzutheilen, somit an der von Comenius angeregten Reform mitzuwirken. Aus dieser reichhaltigen Correspondenz stehen uns nun allerdings blos Fragmente zur Verfügung. Zu derselben gehörten in England neben Hartlib Duraeus, Haak, Pell, Hübener, in Deutschland außer den Erwähnten Böhmer in Nürnberg, Christian Schloer, Alsted und Bisterfeld in Siebenbürgen, Rulicius in Amsterdam und Streso in Haag.

Nachfolgende Berichte und Auszüge aus den oft anonymen und ohne Datum dastehenden Briefen mögen über die geistige Bewegung ein Bild entwerfen.

Es scheint, daß Comenius entweder mit Hartlib, oder mit Durûs bereits vor 1628 bekannt war; ein Brief, der dem Inhalt und dem Stile nach auf Comenius deutet, und über die Vernachläſſigung der Jugend Klage führt, nämlich daſs es alle Gelehrten unter ihrer Würde finden, ſich mit ſo einem geringen Gegenſtande zu beſchäftigen, bittet die Theologen Großbritanniens ſich dieſer anzunehmen; der Schreiber könne dies nicht thun, da er von den Büchern, Buchdruckereien, vom Verkehr mit Gelehrten weit entfernt ſei, und ſich fortwährend gegen das Nachſtellen der Papiſten wehren müſſe.[3])

Iſt auch zweifelhaft, ob Duraeus oder Hartlib der Angeſprochene war, ſo wurde, nachdem Duraeus mit ſeinen ireniſchen Vorſätzen auf den Continent ſich begeben,[4]) recht bald Hartlib zum Mittelpunkt auch der didaktiſchen Correſpondenz. Johannes Bruck, ein Engländer, rügt den Mißbrauch, den Anchoran getrieben, indem er die Janua des Comenius, der für den Lateinunterricht das Nöthige geſchaffen, als die ſeinige ausgab, ſo, daſs ſie jetzt als ein Werk Anchorans betrachtet wird.[5]) Aber ſeine Adumbratio wird in einer anonymen Epiſtola de ſtilo mißbilligt. Bechners Bemühungen um die Methoden ſeien darnach anerkennenswerth, allein er zerreiße ſehr das Material. Eine verbeſſerte Ausgabe der Janua werde ſchon den geäußerten Bedürfniſſen Genüge leiſten, anderen Wünſchen nur die Panſophie entſprechen. Der Schreiber bittet den Angeſprochenen (wahrſcheinlich Hartlib), er möge dieſe Blätter nicht etwa ausgeben.[6])

Ein anonymer, aus Dresden 1634, Dec. 31. datierter Brief klagt über den Krieg, der alle erzieheriſchen Reformpläne vernichtete. Der Schreiber klagt, daſs ihm die Methodiker zürnen, da er ihre Vorſchläge nicht berückſichtige. Mit Evenius ſei die Sache beim Alten. Während der Schreiber Ditters Hebräiſche Methode lobt, meint er, dem Comenius und den übrigen Janitoren ſei vorzuwerfen, daſs ſie zur Ausbildung in der Sprache nicht ausreichen.[7])

Böhmer, ein Patricier aus Nürnberg, dankt Hartlib, der ihm Comenius' Delineatio didacticæ mitgetheilt hat, was ihm höchſt werthvoll war, da er deſſen Plänen und Intentionen ſehr vertraue. Böhmer ſchreibe ſelbſt dem Comenius deshalb nicht, weil er ihm zur Zeit genügende Hilfe ohnehin nicht bieten könne; wäre nicht der unglückliche Krieg, würde Nürnberg demſelben gewiß zur Hilfe stehen. Nächstes Jahr werde er, da ihm ein Weg nach Preußen bevorstehe, den Comenius besuchen und ihm auch ein Geschenk mitnehmen.[9])

Dem allgemeinen Streben folgte auch Jonston, der eine Synopsis Didactica,[9]) den Schulmännern Lissas widmete; Streso hat auch in seiner Technologia Stresoniana seine Erfahrungen um die Unterrichtsfragen aufgezeichnet.[10]) Aber vielmehr Beachtung als all dies verdienen die zahlreichen und ausführlichen Briefe Christian Schloers, wahrscheinlich an Hartlib, eine Art zeitgenössische kritische Zeitschrift über die Erscheinungen auf dem Gebiete des Unterrichts und der Wissenschaft; diese Briefe machen einen ganzen Band aus.[11])

Den Mittelpunkt dieser Briefe bilden die Reformbestrebungen und Werke des Comenius. Der Schreiber ist mit Pöhmer, Menzel und Rulicius[12]) bekannt, er scheint auch mit Bisterfeld[13]) verkehrt zu haben. Seine Briefe fangen gegen Ende 1636 an. Die Schriften des Comenius gefallen ihm sehr und er würde es sehr bedauern, wenn dessen Handschriften verloren gegangen wären. Auch des Duraeus Werk über die Erziehung preist er.[14]) „Des Jonstoni sachen somir der H. communicirt, gefallen mir nit übel. Es scheint, daß er Vitulo Comeniana in etlich sachen pflüge, wie H. Pöhmer wohl suspicirt.“ Unter den zu erwartenden Encyclopädien sei auch ein Gesammtwerk Abraham Menzels „omnium rerum tam artificialium quam naturalium.“ Das Schreiben vom 10. Nov. 1636 berichtet, daß Calixt und Evenius die Akademieen reformieren wollen. Letzterer habe auch eine deutsche Schule im Entwurf. Der Verfasser besitze aus den Jahren von 1634—1635 viele Pöhmersche Schreiben; dieser urtheilt sehr abfällig über Jonstons Thaumatologie. Den 25. November berichtet er, daß Rulicius die englische Tachygraphie kenne; lobt die pansophischen Probleme des Comenius, sowie dessen „herrliche“ Vorrede zu denen, rühmt auch die große Freundschaft Hartlibs zu ihm. Den 1. December berichtet der Schreiber über seine Freude, daß Hartlib eine skiagraphia und specimen totius operis geboten habe. Keckermanns und Alsteds Encyklopädien seien nur Lexica Methodica Rerum. Eine kurze Delineatio wird ganz gut publiciert werden können, damit nicht

16

ein neuer Anchoran den Ruhm für sich vindiciere; dieser soll zwischen
Comenius und Hartlib getheilt bleiben. Übrigens möchte auch Rave[15])
gerne des Comenius Ruhm unterdrücken. Es scheint, daß Hartlib
die Widmung und die Vorrede (es handelt sich offenbar um den
Prodromus) dem Schreiber mitgetheilt hatte, denn er schreibt, daß
er mit derselben einverstanden sei. Das Informatorium der Mutterschule sei das beste, was bisher in der Sache geschrieben wurde.
Die nun folgenden Briefe vom 8. und 16. December enthalten
lange Ausführungen über die Ausarbeitung der Pansophie, der
Janua Rerum, der Didactica, der letztere erwähnt aber auch, daß
man dem berühmten Autor bereits die Häresie vorwerfe. Am
23. December berichtet der Schreiber von Wolffgang Crells ency-
klopädischem Versuche, der nur warte, daß er von dem Predigen
befreit werde, um sich diesem Werke widmen zu können. Doch sei
von dem Werke nicht viel zu erwarten, da Crell ein Scholastiker
sei. Recht hart ist das Urtheil über Alsted, dessen „Albernheiten"
er „gestohlen" nennt. Vechners Templum Latinitatis werden wohl
zur Übung der Phrasen gut sein, aber zum Verständniß der antiken
„Rituum" werde es kaum beitragen. Zur Idee einer Universal-
Historie erwähnt er, daß ihm Bisterfeld etwas von des, ihm wegen
seines Fleißes hochgehaltenen Alsteds Werke gezeigt habe; der Schreiber
findet es aber, daß dies an Lullus erinnere, über den er das
abfällige Urtheil Bacos billige.[16])

Den 6. Jänner 1637 meldet der Schreiber, daß er einen
Discurs über die Comenianischen Pläne vorbereite. Über die Physik,
die er endlich einmal erhalten, schreibt er einen Monat später
(den 8. Febr.): „Es sind doch Viel gute Sachen darin, Und mehr
substantialia, als wohl in allen den großen Commentariis, so man
über den Aristoteles geschmiert, Vorhanden." Während Streso
öfters gelobt wird, wird Rave wiederholt (22. März) ein Prahler
genannt. Menzels Bilderbuch könne der Pansophie dienlich sein.
Es verlautet, daß Comenius mit derselben zurücktreten wolle:
Gott bewahre davon. Die hohe Meinung, die der Schreiber von
Comenius habe, wird nur durch jene, die er von Duraeus äußert,
übertroffen. Im Mai urtheilt er noch, u. zw. recht günstig über
die Metaphysik des Comenius, die voraussichtlich den Anforderungen

Bacos entsprechen werde. Er erwarte Schneiders Janua Linguæ Graecæ.

Nach einer Notiz [17]) zu schließen, waren die bisherigen Briefe aus Holland; inzwischen scheint der Schreiber, wie er dies auch in Aussicht gestellt hatte, nach England hinübergegangen und schon im Juni in Oxford angekommen zu sein. Wir vermuthen, daß ihm Hartlib die Handschrift von Comenius' Prodromus mit dem Auftrag übergeben hat, er möge dieselbe bei den Buchdruckern der Universität zum Abdruck bringen. Als Antwort auf diesen Auftrag betrachten wir den Brief vom 12. Juni. Danach habe der Bicecancellar das Werk gelesen, es habe ihm auch gefallen, nur hätte er daselbst socinianische und pelagianische Anklänge gefunden. Nun habe Byttner (der Superintendent der Unität) bereits ein Zeugniß gegeben, daß weder das eine, noch andere wahr sei, aber bisher habe dies nichts geholfen. Schreiber sendet noch Bericht von Sorells Encyclopädie, ein Urtheil über Alsteds planlose übereilte Schreibweise, über die Christianopolis Andreäs: über den Faber Fortunæ des Comenius, welches letzte Werk der Pansophie wenig Credit bringen werde. Er verzeichnet das Gerücht, daß Comenius in der Schweiz bekannt sei und wünscht ihm nur, daß er lieber mit den didaktischen Arbeiten anfangen sollte.

Äußerst lebhafte Berichte folgen darauf über die weiteren Verhandlungen mit dem Bicecancellar, die ihrem ganzen Wortlaut nach folgen sollen.[18]) Jener hat bedauert, daß Comenius, da er doch solch' ein Werk verfaßt, predigen müsse, gab dann nach, und das Werk erschien. „H. Bilderbeck, Cardinal von Genten (ni) Und andere loben Comenii Conatus gar sehr." [19])

Derselbe Brief verräth noch, daß der Schreiber auch mit Haakius und Hübener sowie auch mit M. Buddäus in Verbindung war.

Woher aber die Bekanntschaft Hartlibs mit den Siebenbürger Schulmännern, Bisterfeld und Alsted datirt, wissen wir nicht. Vielleicht hatte Kinner, [20]) ein gelehrter Schlesier, der sich in Folge der Verfolgungen aus seinem Vaterlande nach Ungarn flüchtete, die Verbindung vermittelt, oder wurde sie auch durch den englischen Studien-Aufenthalt Bisterfelds (in den Jahren 1625—28) angebahnt. Ein einziger anonymer Brief, an Hartlib geschrieben, ist uns ein hochinteressantes Zeugniß dieser Freund-schaft.[21]) Bisterfeld, als Abgesandter des Fürsten Rákóczy nach Frankreich geschickt, benützt in der Nähe Hamburgs seine Muße um Hartlib, den er „Hochgeehrter Herr, ganz vertrauter Freundt!" anredet, über seine persönliche Stellung und literarische Bestrebungen einen Bericht zu senden. Aus dem Briefe erhellt, daß dieser nicht der erste ist. Es scheint, daß ihm von Hartlib eine Einladung nach England zugegangen war, denn diese wolle er in Hamburg recht erwägen, und die Fahrt unternehmen, damit sie sich einmal gehörig aussprechen. Für die fernere Vermittlung ihrer Briefe denke er den Rulicius zu gewinnen, da Rivetus [21a]) kein Postgeld annehmen will. Er läßt den Hübner grüßen und preist die Ruhe in England. Über sein Leben sagt er: „muß ich mein mühseliges Leben in Siebenbürgen zubringen, bin auch mit Gottes willen zufrieden. Wie er allenthalben ist, kann man ihm auch allenthalben dienen."

Auf wissenschaftliches Gebiet übergehend, sagt er, daß er die Praeludia Conatuum Com. noch in Weißenberg gelesen habe; er selbst habe dieselben Ansichten, die das Buch entwickelt, und habe auch „bei-nahe dieselbige wort gebraucht". Die Nützlichkeit, Nothwendigkeit und die Möglichkeit (nämlich des Unternehmens des Comenius) sehe er klar, als wie er weiß, daß er ein Mensch sei. Hätte er nur ein halbes Jahr Zeit um sich der Sache zu widmen, wie würde er den Zoilen den Mund stopfen. Er würde die Regeln so zusammen-stellen, daß dieselben auch ein kleines Kind, (mit seinem sechs Jahre alten Mädchen wolle ers versuchen), begreifen müßte. Die Vor-rede zum Prodromus hätte er kühler gewünscht. Über die Ency-klopädie überhaupt meint er, diese sei nichts anderes als ein völlig entsprechendes Gemälde der Natur oder der Dinge. Er erwähnt auch seinen Plan zur Ausarbeitung einer Schrift unter dem Titel Phosphorus Catholicus oder Ars Meditandi. Über die Ars Lulliana denkt er ganz anders, als Schloer, er meint, die Lullischen Bestrebungen seien ganz heroisch, Gott werde dieselben gewiß segnen. Eine Anspielung an Baron Wolzogen beweist, daß auch dieser zu den gemeinschaftlichen Bekannten gehörte. Schreiber befürchtet, daß ein Titel des Letzteren ein bloßer Titel bleiben werde.

Inzwischen ist aus der Überfahrt nichts geworden, vielmehr wandte Bisterfeld seine Schritte nach Paris, wo er den 10. Aug. (1638) einen Bündel von Hartlib erhielt. In seiner Antwort darauf versichert er den Hartlib, daß er seine Aufrichtigkeit nie ablegen werde. In diese Provinzen zurückzukehren, dazu riethe ihm sein Volksthum, Abstammung, sein Genius und sein Geist, aber wenn es Gott und dem Fürsten anders gefalle, was könne er da thun? Er könne es nicht aussprechen, welche Last von Sorgen ihn drücke, so daß er von den entfernteren kaum zu denken vermöge. Was aber die Bestrebungen des Comenius anbelangt, so seien die seinigen mit denen identisch. Es gebe eine inductive und eine deductive Methode, erstere ist sicherer, letztere ist vornehmer. Comenius hat eine Verbindung der beiden angestrebt; doch hat er dies höchstens in Hartlibs Augen als erster gethan. Schreiber werde nicht nur ein Approbierer, aber auch ein Genosse des Comenius werden, Hartlib handle aber richtig, wenn er den Gebrauch für das praktische Leben in Vordergrund stelle. Es ist nicht wahr, daß die neueren Sprachen zur Ausbildung der Wissenschaften nicht genügen; die deutsche Sprache werde, wenn man sie nur ausgebildet, die lateinische lang hinter sich lassen. Schreiber zweifle auch nicht, daß die lateinische Sprache mit dem Antichrist ebenso begraben wie die hebräische und griechische von neuem ins Leben gerufen werde. Der Brief schließt mit einem Lob der Methode des Duraeus.

Dem Prodromus und der Aufforderung, die großartige Unternehmung des Comenius zu unterstützen, hat man einen anonymen Brief zu verdanken, den ein englischer Philosoph an Hartlib in Begleitung eines metaphysischen Aufsatzes eingesendet, der für die Metaphysik des Comenius bestimmt war. Der Schreiber frägt den Adressaten, wahrscheinlich Hartlib, in welcher Form man das Material eigentlich zu liefern habe. Wenn die Anhäufung des Stoffs genüge, so ist die, an die Glättung der Form verwendete Mühe vergeblich, umso mehr als Comenius im Vorjahre an

Adressaten geschrieben habe, daß des Schreibers Geist noch nicht genügend reif sei. Über den Prodromus will sich der Schreiber noch nicht äußern, aber über die Physik meint er, es sei wenig Experimentum darin, und er fürchte, daß dieser Theil umso weniger bieten werde, je mehr er verspreche.[22]

Ob Bisterfeld während seines Pariser Aufenthaltes mit gelehrten Männern in Verkehr getreten sei, wissen wir nicht, wohl aber das, daß ihm sein Fürst den inzwischen eingetretenen (1638, Dec.) Tod Alsteds mit dem Auftrage mittheilte, sich da nach einem geeigneten Nachfolger Alsteds umzusehen. Eine andere Verbindung hat sich inzwischen zwischen London und Paris auch durch die Vermittlung des Prodromus und einer anderen, ebenfalls von Hartlib veröffentlichten Schrift (Über die Neuaufrichtung der Mathematik, von Pell, anonym) angeknüpft. Man sandte die beiden Schriften an M. Mersenne, der einem an Haak gerichteten Briefe zwei andere, einen an Comenius, einen an Pell beigeschlossen hatte und zugleich den Haak bat, indem er annehme, daß er die beiden kenne, dieselben den Betreffenden einhändigen zu wollen. Er meint ferner, der von Comenius angekündigte Lexikon (meint er etwa die Pansophie?) verspreche sehr vollkommen zu werden, und wenn man vielleicht dort, wo sich Comenius aufhalte, das Werk nicht dulden wollte, so würde man denselben in England oder Frankreich den Druck nicht verweigern, da sich solche Bücher sehr gut auszahlen. Der Briefschreiber bespricht sodann sehr ausführlich und anerkennend die Pellsche Arbeit, und noch einmal auf Mr. Amos wiederkehrend, läßt er diesem sagen, daß in Frankreich Gassendi eine groß angelegte Philosophie vorbereite, ferner möge er Des Cartes in Leyden gedruckte Methodus lesen, wo er nach des Schreibers Ansicht, den heroischesten Entwurf sehen werde, den es je gegeben hat.[23]

Pell gab auf den, ihm gewiß von Haak übergebenen Brief eine Antwort, in welcher er dem Mersenne mittheilt, die Schrift, die Hartlib 1639 unter dem Titel de Augmentis Matheseos herausgegeben hat, habe er verfaßt. Es entspann sich hieraus eine rege Correspondenz; acht weitere Briefe der beiden Gelehrten

behandeln hauptsächlich mathematische Fragen, die sich dem Interessen-
kreise der gegenwärtigen Schrift entziehen. Wahrscheinlich an
Mersenne wird aber auch der Brief geschrieben sein, in welchem
Des Cartes seine Meinung über Herberts Buch De veritate und
über des Comenius Pansophie äußert. Über Herberts Werk meint
er, in dessen Methaphysik sei vieles gute enthalten, es sei aber
Schade, daß er sich in die Theologie gemengt habe. Des Comenius
Vorhaben, eine einheitliche Philosophie zu schaffen, die die Welt
getreu widerspiegele, sei zu loben: nur erwähnt er zugleich, daß
er das Werk nur vom Hörensagen kenne.[24])

Und hiemit ist die Correspondenz über des Comenius pädagogische und philosophische Bestrebungen aus dieser Zeit gewiß
nur sehr fragmentarisch wiedergegeben. Die Briefe, aus welchen
Comenius im Vorworte zum Prodromos Pansophiæ (ein Abdruck
der Op. Did. I., p. 453—456) einige Sätze mittheilt, und die
des Lobes voll waren, kennen wir z. B. nicht. Auch nicht jenen,
in dem der gelehrte Mathematiker Tassius an Hartlib schrieb,
Comenius habe in der Anregung, die er mit seinem Werke den
Geistern gegeben, eine Lebensaufgabe erfüllt.[25]) Es ergibt sich aber
aus dem mitgetheilten, daß der Name Comenius in diesen Jahren
im ganzen gebildeten Europa: England, Frankreich, Holland,
Deutschland, Polen, Ungarn, Siebenbürgen nicht nur als der
eines Schulmannes, sondern auch als eines bedeutenden Gelehrten
und Reformator aller Wissenschaften gefeiert war. Von M. Mersenne bekam Comenius 22. November 1640 einen im ganzen
anerkennenden Brief,[25ᵃ]) der auf einige Schwierigkeiten in der
Ausarbeitung der Pansophie (besonders der Theile über die
Glaubensfragen) hinweist, und die Vorzüge preist, die mit einer
einheitlichen Sprache verbunden wären; aus Schweden hingegen kam eine private Einladung von einem überaus reichen
Kaufmann, Ludwig de Geer,[26]) der durch den Prodromus auf
Comenius aufmerksam wurde, und ihm Förderung seiner pansophischen Pläne versprach: diese traf ihn aber nicht mehr in Lissa
an. Die Aufmerksamkeit, die ihm von maßgebenden Persönlichkeiten
fast aller Länder zu Theil wurde, hatte bereits den Lauf seines
Lebens wesentlich verändert.

II. Theil.

—

Comenius in England.

In Englands politischer und Culturgeschichte bieten die mittleren Decennien des XVII. Jahrhunderts in vielfacher Beziehung bedeutsame Wendepunkte. Durch das Inselreich zog eine geistige Strömung, die in dem fruchtbaren Boden des britischen Geistes den Samen vieler geistigen Bewegungen ausstreute, und durch eine allgemeine Erregung Auge und Sinn für zahlreiche wichtige Interessen eröffnete. So beschloß das Parlament, gewiß auf Einwirken Hartlibs, Comenius nach England zu rufen. Alles, was wir über die Vergangenheit dieser Berufung wissen, beschränkt sich darauf, daß Comenius die ihm privatim mitgetheilte Berufung seiner Gemeinde vorlegte, welche dieselbe guthieß. [1]) Vor seiner Abreise hat er noch dem treu bewahrten Autograph der Visionen der Christine eine Vorrede zugefügt, damit er für den Fall, daß er auf der Reise sterbe, sich keine Pflichtversäumniß zur Schuld mache. Dies geschah im Juli. [2]) Seine Familie, die, soweit wir wissen, nebst der Gemahlin aus zwei Töchtern bestand, [3]) empfahl er in Gottes Schutz, und nachdem er in dessen Namen die zur zweiten Heimath gewordene Stadt verlassen, kam er am 21. September 1641 in London an. Seine erste Fahrt mißlang. Von den Ufern Norwegens wurde er ins baltische Meer zurückgeschleudert und daselbst fast 100 Meilen weit herumgeworfen; allein aufs Anrathen der Freunde zu Danzig und von seinem eigenen Gewissen angespornt, unternahm er abermals die Fahrt, diesmal mit einem günstigen Erfolg, so daß er in einigen Tagen an das Ziel seiner Reise anlangte und von Freunden: Hartlib, Duraeus, Hübner, Pelleus, Haak mit Freude empfangen wurde. [4]) Erst in London vernahm Comenius, daß er auf Befehl des Parlaments her-

beschieden worden, das aber eben zur Zeit seiner Ankunft auf
3 Monate (weil der König nach Schottland gieng) vertagt wurde.
So brachte er denn seine Zeit theils im Gespräch mit den vielen
Freunden und Verehrern, die sich besonders für seine Pansophie
lebhaft interessierten, theils in Bewunderung des reichen und
glänzenden kirchlichen Lebens Londons zu. Ausführlich schildert er
seinen Freunden in Lissa das Gesehene: den Eifer für die Sonntags-
heiligung, für das Anhören und Abschreiben von Predigten, den
Reichthum an Büchern, das Studium der heiligen Sprache, auch
von Damen betrieben, das Bestreben nach einer Reform der
Schulen, und zwar den Entwurf einer Hochschule, die Sorgfalt
für die Kinder, Harissons Erfindung, derzufolge die Meinung aller
Autoren über eine beliebige Materie leicht zu ermitteln sei, und
die eine wesentliche Förderung der pansophischen Bestrebungen sein
soll. Er berichtet ferner über die Aussichten zur Bekehrung der
Karäer Juden, deren Angelegenheit auch das Parlament zu fördern
gesonnen ist: alles zugleich Beweis für die kirchliche Gesinnung
und Wirksamkeit der Parlamentsmitglieder. Er fügt noch Manches
über die Bischöfe hinzu, die ihre Popularität eingebüßt haben,
erwähnt besonders den Lincolner, der ihm für günstigere Zeiten
auch Beistand versprach und schließt mit einem kurzen Bericht über
Bischof Lauds Angelegenheit, die er hoffnungslos nennt. Auch verbreitet er sich über die Volkswuth gegen die kirchliche Kunst, und
führt als Beispiel die Zertrümmerung eines Fensters an, für
welches der spanische Gesandte 4000 Pfund angeboten hatte.

So lange das Parlament vertagt war, verhandelte er mit
seinen Freunden über die Pansophie, ihnen seinen bereits fertigen
(allerdings spärlichen, schwächlichen) Apparat vorweisend. Diese
Gespräche wurden die Veranlassung zu einer Schrift, der er den
Titel „Via lucis" gab, und die zu den Schriften ersten Ranges
gehört. Das von Neuem zusammengetretene Parlament hieß ihn
eine Zeit lang warten, bis es, zur Ruhe gelangt, seine Pläne werde
prüfen lassen können. Im Vorhinein ließen die Abgeordneten erkennen, sie seien gesonnen, ihm ein Collegium mit den entsprechenden
Einkünften zu übergeben, welche ihm und noch einigen anderen
gelehrten und fleißigen Männern aus allen Nationen, entweder

auf einige Jahre, oder lebenslänglich, einen ausreichenden Unterhalt zu bieten vermochten. Es wurden genannt: in London das Sabaudeum, außer der Stadt das Winthoniense Collegium, dann näher zur Stadt das Chelseum, dessen Inventare, sowie die Einkünfte, ihm mitgetheilt wurden, so daß die Verwirklichung von Bacos Ideen über die Eröffnung eines wissenschaftlichen, internationalen Collegiums nur durch Dazwischentreten von Schreckensthaten, die alle Aufmerksamkeit des Landes an sich rissen, zum großen Schmerze Comenius, scheitern mußte. [5])

Der Verlust sollte bald durch anderweitige Aussichten ersetzt werden. Geers Brief, der ihn in Lissa gesucht, folgte ihm nach London, und es ist bezeichnend, daß er gleich in den zwei ersten Monaten seines Aufenthaltes mit der Lage in England so weit ins Reine kam, sich betreffs der Berufung des Parlaments keinen großen Hoffnungen hinzugeben. [6]) Am 15. November schreibt er an Geer: Wenn ihm sein Wille früher bekannt gewesen wäre, wäre er schon in Schweden; jetzt müsse er aber den Schluß der englischen Verhandlungen abwarten. Trotzdem erkenne er ihn schon jetzt als seinen Patron an. Diesen Brief sandte er durch dessen Verwalter Hotton an Geer, worauf bald eine neuere Einladung erfolgte. Hierauf antwortete Comenius (⁹/₁₉ Dec.), es seien vor allem zwei Punkte zu beachten: daß er im Dienste der Kirche stehe, folglich ohne deren Einwilligung nicht fortgehen könne; dann aber, daß er Mitarbeiter habe, für welche er Sorge tragen müsse. Hartlib hat ihm wohl, wie dies aus einem an Hotton denselben Tag geschriebenen Briefe erhellt, nahegelegt, es wäre besser für ihn in London zu bleiben, als auf einen obscuren Ort zu gehen, allein die kriegerischen Gerüchte stimmten ihn schon damals zur Abreise. Um aber zu Geer ziehen zu können, müsse für die Mitarbeiter, einen Polymathes und einen Polyhistor, gesorgt werden, denn außer der Pansophie ist die Pandogmatia und Panhistoria nothwendig. Vorläufig könne man einen dreijährigen Versuch anstellen, der im Falle des Gelingens seine Fortsetzung finden würde.

Unterdessen gieng die Arbeit an der „Via lucis" rasch von statten, so daß sie Anfangs 1642 beendet worden sein mag,

(8. April erwähnt er sie als fertig). Das erste Capitel führt als
die 3 Bücher Gottes: die Welt, den Menschen und die Schrift
an. (I.) Die erste Schule, die Welt ist durch der Menschen Schuld,
nämlich den Atheismus und Epicuräismus, beide Werke des Satans,
verwirrt worden. (II.) Die bisherigen Versuche einer Verbesserung:
die Philosophie, Gesetze, Strafen, Secten sind ungenügend, letztere
helfen nur den Sectirenden, der Welt nicht. (III.) Die Mängel
der bisherigen Versuche waren Particularismus, Gewaltsamkeit
und Kraftlosigkeit. Deshalb muß vor allem die Einheit, dann aber
die Freiwilligkeit gelobt werden. (IV.) Das wirksamste Mittel
einer Verbesserung wäre ein universelles Licht: „wenn man
Alles, was Gott den Menschen in seinen Büchern offenbarte,
zusammenhäufte und in eine Ordnung schaffte, daß es allen
Menschen dargeboten, von einem jeden klar erfaßt und begriffen,
von einem jeden angenommen und liebgewonnen würde." (V.)
Es ist zweifellos, daß ein solch' universelles Licht noch vor dem
Ende der Welt erscheinen werde. Manche dachten irrig, die Typo-
graphie wäre es. Die Natur der synthetischen Methode, die Gott
in allen seinen Werken befolge, verspricht diesen letzten Grad des
Lichtes. Die Einwendung, Gott verspreche dies nur, damit er unsere
Augen gegen die Ewigkeit kehre, widerspreche der Fülle der göttlichen
Gnade. Der Satan muß endlich gefesselt werden, dies prophezeit
Jesaia, Jeremia, die Apokalypse an zahlreichen Stellen; diesen
Zustand sehen wir in der Welt und in der Kirche noch nicht; er
muß erst kommen, denn was Gott im Vorhinein beschlossen und
verkündet, muß vollkommen erfüllt werden. (VI.) Diese Zuversicht
nöthigt uns, dies Licht zu bitten. Was wir auch thun, wir haben
davon die Gründe zu verstehen und zu erforschen, und so soll uns
zur Auffindung des universellen Lichtes die Natur des Lichtes selbst
behilflich sein. (VII.) Was ist das Licht? „Im Allgemeinen ein
Glanz, der sich über die Dinge ergießt, dieselben offenbart und
entdeckt, damit den Zuschauern die Formen, die Lagen und die
Bewegungen und deren Entfernungen von einander und die Verhältnisse zu einander klar werden." Es wird in der göttlichen
Schrift besonders dreierlei Licht gefeiert: das ewige, das äußere,
das innere. Die Quellen des äußeren Lichtes sind vor Allem die

Gestirne und die Sonne. Das innere Licht ist dreierlei, des Menschen
dreifaches „Heiligthum" („penetralia") bestrahlend, den Verstand,
den Willen und das Gemüth (affectum). Diese letzte Art des
Lichtes wird dahin erklärt: es ist im Gemüth oder im Gewissen,
nämlich eine Heiterkeit des Herzens, die aus dem Gefühl der
erkannten Wahrheit oder der Frömmigkeit, an der wir Antheil
haben, entstanden. Ihr entgegengesetzt ist die Angst der Seele, die
sich einer Falschheit oder Bosheit bewußt ist. Vor Allem ist das Licht
des Verstandes zu prüfen. Die folgenden 4 Capitel geben allgemeine Grundsätze über die Natur des Lichts, dessen Verhältniß
zur Finsterniß und wenden diese auf das innere Licht an. Wir
heben nur folgende Axiomen hervor: das Licht hat die Kraft inne,
die Finsterniß zu vertreiben, nicht umgekehrt. (IX. 3.) Die Natur
des Lichtes besteht in Wellen (fluxus), d. h. in Bewegung. Wie
die finsteren Objecte das Licht zurückwerfen, so wird der durch die
Schlüsse erstandene Beweis zur Quelle anderer Schlüsse. Das
Licht ist zuerst in dem Lichten, dann in dem Beleuchteten; so ist
die Wahrheit zuerst in den Dingen, dann in dem Geiste dessen,
der die Sache gut versteht. (X.) Was sich vom Lichte abwendet,
ist finster; so die Vernunft, die sich vor den Dingen, so der Wille,
der sich vor Gott verschließt. (XI.) Wo die Dinge durch sich selbst
nicht zu erkennen sind, da wendet man den tubus Panharmoniæ
an und erkennt die Dinge, so weit möglich, durch andere ihnen
homogene und paralelle.

(XII.) Dieses intellectuale Licht hat in der bisherigen Geschichte der Menschheit 7 Stufen durchgemacht. Die erste war die
Autopsia, die Gott dem ersten Menschen anempfahl und die ihn
zur Erkenntniß, daß ihm eine Lebensgenossin fehle, geführt hat;
dann kam das wechselseitige Gespräch, zum dritten die Gewohnheit,
heilige Zusammenkünfte zu feiern; ferner die Schrift und die
öffentlichen Schulen, die Buchdruckerkunst, zum sechsten die Schifffahrt. Die zwei letzten sollten zu einer siebenten führen, darauf
deutet die herannahende allgemeine Wiedergeburt der Welt; diese
siebente Stufe wird die letzte sein. Unter diesen 7 Wegen besteht
eine Gradation: die nachfolgenden schließen die vorigen nicht aus,
vielmehr schließen sie dieselben ein und verstärken sie: dieselbe

Gradation ist auch im Umkreise jener vorhanden, die sie gebrauchen: „Was noch übrig bleibt, ist das Geschenk der Panharmonie, die den allgemeinen Gebrauch der gemeinsamen Geschenke Gottes zu zeigen hat." Diese einzelnen Stufen entsprechen den einzelnen Stufen des Lichtes, die Panharmonie verspricht eine ewige Flamme oder Licht (wie die Sonne). Schließlich, waren auch die bisherigen Stufen alle vorerst im Schooße der Kirche erschienen, so war doch immer menschliche Arbeit dabei gefordert. (XIII.)

Diese Panharmonie soll Alles, Allen in einer universellen Weise bieten, Alles: Ewiges und Zeitliches; Geistiges und Leibliches; Himmlisches und Irdisches; Natur und Kunst, Theologie und Philosophie (letztere ist auch den Theologen sehr nöthig, es kann ja niemand glauben, was unglaublich ist); schließlich wird es nöthig sein in dem neuen Lichte eine neue Philosophie zu begründen, die über das Gute und Schlechte, Generelle und Specielle eingehend und untrüglich unterrichte. Allen: niemand soll übergangen werden. Auf eine universelle Weise: die ersteren früher, die späteren später, alles durch Autopsie und eigenes Üben. (Autopraxie.) Von allen menschlichen Autoritäten abgewandt, folge man nur Gott (Natur, Schrift, Gewissen), aber so, daß man gar nicht fürchte, die menschlichen Erfindungen oder Erdichtungen zu betrachten. Daraus erst erwarte man eine Panaugia. (XIV.)

Dieser Weg des Lichtes fordert viererlei: universelle Bücher, universelle Schulen, ein universelles Collegium und eine universelle Sprache; das erste als die Fackel, das zweite als den Leuchter, das dritte als die Diener (Ministri) des Lichtes, das vierte als die Nahrung desselben (nämlich das reinste Öl). (XV.)

Die Bestimmung der Bücher ist, den Menschen zu einem weisen, geübten (peritum) und gelehrten zu machen; das erste die Pansophia, das zweite die Panhistoria, das dritte die Pandogmatia. Die Pansophia ist das Bild fortwährender Regel, die Panhistoria das der erläuterten Beispiele, Pandogmatia das der Ausnahmen oder mindestens der verschiedenen Glossemen über verschiedene Texte der Wahrheit. Die Tugenden der Bücher wären: Fülle, Ordnung und Wahrheit. Im Näheren sei die Pansophia das universellste, regelrechteste, geordneteste Buch, von größter Vollständigkeit und Gediegenheit; die Panhistoria ein lichtes Schauspiel aller Dinge, der natürlichen und der künstlichen, der sittlichen und der geistigen; ferner einer politischen und kirchlichen Geschichte; die Pandogmatia sei ein Compendium, das lehrt, die Quintessenz der Autoren so zu excerpieren, dass es ein Vergnügen sei, alle Meinungen aller Schriftsteller zu erkennen; natürlich nur der bedeutenden und dies in chronologischer Ordnung. (XVI.)

Die Bildung habe schon von der zartesten Kindheit an zu beginnen, von den Principien die hier anzuwenden seien, erwähnen wir nur den siebenten Punkt, laut welchem den Obrigkeiten die Pflicht obliegt, für die Ausbildung der Armen Sorge zu tragen. (XVII.)

Das universelle Collegium wird aus Männern der ganzen Welt geschaffen, die begabt, fleißig, fromm, die Wege der Wohlfahrt der Menschen erforschen, die Ergebnisse der Forschung verbreiten und bewahren. Dazu gehört auch, daß dieselben sich gegenseitig 'eröffnen, durch eine collegiale Genossenschaft coordinieren und durch Bande heiliger Gesetze gebunden werden. Dem ersten Zwecke diene eine Correspondenz, dem zweiten ein gemeinsamer Vorstand, dem dritten ein Domicil, das durch die Schifffahrt der ganzen Welt offen sei. Ein solches wäre England, schon in Erinnerung Dracos und Verulams, aber auch im Hinblick darauf, daß es einen so heilvollen Plan unternommen und ein mit Einkünften versehenes Collegium zur Ernährung so vieler Collegen und deren Secretäre für diese gemeinnützige Idee überlassen hat. Sie überprüfen die Bücher, verbreiten die Weisheit unter allen Völkern, ein jeder College schreibt einmal im Jahre, das zu veröffentlichende theilt er seinen Genossen mit, auf daß nichts Unwürdiges erscheine. (XVIII.)

Die Wichtigkeit der Sprache beweist am besten die Geschichte der Verbreitung des Christenthums. Es wäre demnach zu erstreben, daß entweder einer alle Sprachen könne oder eine Sprache eingeführt werde. Vives empfiehlt die lateinische. (De trad. disc. III. Anf.) Comenius ist dagegen: die lateinische Sprache ist zu schwer; sie ist nicht reich (die Composita fehlen, die Ableitungen sind nicht glücklich, vieles ist aus dem Griechischen) es ist dabei

17

viel verworrenes, die Differenzen darinnen sind nicht alle bezeichnet. Deshalb hat man nach einer neuen Sprache zu forschen: sie soll süßer, leichter, vollkommener, als alle andere sein, rationell, analogisch, harmonisch. Von größter Wichtigkeit wäre zu diesem Zwecke das Verhältniß der Töne zu den Dingen und zu der Harmonie herauszufinden. Das Bilden einer neuen Sprache könnte auf zweierlei Arten vor sich gehen: aus den bestehenden Sprachen oder aus den Dingen selbst; der Verfasser ist für die letztere Art. Dabei ist den Gelehrten die lateinische, die griechische, die hebräische überlassen und die Völker können die ihrigen auch fernerhin pflegen. Außerdem könnte man ein universelles Lexicon schaffen, zugleich eine Grammatik, die das Gleiche und das Abweichende in den Sprachgesetzen erläuterte, auf daß Gottes überall ausgegossene Weisheit immer mehr bewundert werde. (XIX.)

Begründet ist demnach die Hoffnung, daß durch den somit geoffenbarten Weg des Lichtes die Finsterniß verschwinden und das Licht und die Wahrheit siegen wird. Durch die P a n s o p h i a werden die Menschen die göttlichen Geheimnisse nicht nur glauben, sondern auch verstehen, womit Gott das letzte Jahrhundert zu bereichern beschloß. Durch u n i v e r s e l l e S c h u l e n wird das Licht an alle ausgebreitet. Infolge der G e s e l l u n g d e r W e i s e n kann das Licht nie ausgehen und der Finsterniß wird der Weg verschlossen. Durch die Ausbreitung der u n i v e r s e l l e n S p r a c h e wird diese Welt allen Einwohnern geebnet werden. „Alle werden sein wie ein Stamm, ein Volk, ein Haus und eine Schule Gottes. Die Heiden werden sich bekehren. Die Juden werden ihre Finsterniß einsehen. Alle Länder werden der Herrschaft Gottes und Christi unterliegen; nach der Apokalypse und Apostelgeschichte wird die Kirche Christi siegen; der Satan gefangen genommen und im Triumphzug gezeigt; die ganze Welt Frieden haben. Eine Wahrheit, ein Herz, ein Weg. So wird Christi Verheißung von einem Hirten und einer Heerde erfüllt, dies wird das wahrhaft goldene Jahrhundert sein. Das der Sabbath der Kirche, die siebente Zeit der Welt, bevor die Octave der seligen Ewigkeit dareintönt." (XX.)

Zur Verwirklichung dieses so sehr erwünschten Zustandes möge man siebenerlei Mittel anwenden: vor Allem einen Geist, der vom Vertrauen zur Sache erfüllt ist; dies Vertrauen mag durch die Hoffnung der Hilfe Gottes, durch des Menschen Gunst, wie sie der Verfasser sich verspricht, und durch die Leichtigkeit der Unternehmung selbst geweckt und erhalten werden. Ferner bedürfe man eines innigen Verkehrs mit Gott; der Thätigkeit und rastloser Bemühung vieler weiser Männer, der Gunst der Vornehmen; in der Arbeit selbst der Vorsicht und einer gewissen Ordnung. Demnach handle man still im Verborgenen, collegial, wie die Bienen und Ameisen; man beachte die gezeigte Ordnung: Bücher, Schulen, Collegium, Sprache. Die ersten von den Büchern können entweder die für die Kinder oder die pansophischen sein; die Sprache beginne man erst nach dem Erscheinen der Pansophie und man traue sie nicht einem Einzelnen zu. Was ausgearbeitet worden, das führe man sogleich in's Leben ein; die Bücher in die Schulen; die Collegien des Lichts könnten von irgend einem auch begonnen werden. Schließlich: der Anfang muß ein allgemeiner werden. — Nachdem man die nächste Umgebung für die Sache gewonnen, wird man zu den Mohamedanern übergehen, dann zu den Heiden; die letzten werden — die erklärten Feinde derselben — die Juden, damit der Kreis der göttlichen Barmherzigkeit mit jenen abschließe, mit denen er begonnen. Die Unkenntniß der Sprachen wird wohl eine Zeit lang Schwierigkeit bereiten, aber theils erlernt man sie, theils wird selbst die Janua Rerum (oder die pansophische Metaphysik) in allen Sprachen wortgetreu herausgegeben, und zur Kenntniß der Sprachen beitragen, als ein infundibulum (Trichter) dienen (XXI). Das Schlußcapitel erfleht für diesen Entwurf die hilfreiche Hand Gottes, er möge das menschliche Geschlecht zum letztenmale erleuchten; da die alternde Welt zu ihm hinauf ruft, möge er sie, die er in ihrer Jugend erleuchtet, in ihrem Alter nicht verlassen (XXII).

Die Via lucis zeichnet sich vor allen Werken ihres Verfassers durch den Umfang des Entwurfes aus, der darin enthalten, durch den warmen vertrauensvollen Ton, der eine baldige Verwirklichung der Entwürfe wartet. Sowohl der Umfang, als der Ton des Werkes weisen auf die Quelle und die Stätte der Abfassung hin: waren doch die schönsten Ideale so nahe daran, dass man eine Verwirklichung derselben versuchte, dass ihrem glaubensfesten Apostel die schönste Zukunft vor die Augen trat. Gemeinsam hat das Werk mit des Verfassers übrigen Schriften den chiliastischen, mystischen Zug. Ersterer hob ja seine Zuversicht an diese Pläne zur Sicherheit und verlieh ihm das kühne Selbstbewußtsein, die Wärme des Gefühles. Der mystische Zug zeigt sich in den öfteren Siebentheilungen, was in unseren Augen wohl kein Zeichen der Gründlichkeit ist, da dadurch vielen Ausführungen der charakteristische Zug der Gewaltsamkeit und Willkür aufgeprägt wird. Nichtsdestoweniger ist der Gesammteindruck ein erhebender. In Erwartung der letzten Zeit ein wirksames Eintreten der Menschheit auf diese Weise vorzubereiten, ist ein Streben, das ihm dem Erfolge nach wohl keine Lorbeeren brachte, der zu Grunde liegenden Gesinnung nach aber gewiß ohne Widerspruch groß und hoch genannt zu werden verdient. Wir können uns denken, dass seine ebenfalls schwärmerischen Freunde, Hartlib und Duraeus, davon entzückt waren. Allerdings wurden die Aussichten in England immer trüber. Die Ereignisse deuteten einen Bürgerkrieg an, und so setzte Comenius die Verhandlungen mit Geer ungeschwächt fort.

Aus einem Briefe an Comenius (an Hotton, 6. Feb. 1742) ist ersichtlich, dass Geer Comenius allein berufen wollte. Comenius erwiedert hierauf, dass eine Person zu wenig sei. Speciell den, von dem Patron beanständeten Fundanius empfiehlt Comenius mit der Begründung, derselbe habe mit französischen Gelehrten bereits Bekanntschaft angeknüpft, und denselben viele mechanische, physische und mathematische Wahrheiten entnommen. Ein zweiter Punkt Geer's betraf die angefochtene Rechtgläubigkeit des Fundanius.[9] Hierauf erwiedert Comenius, der Glaube werde wohl kaum auf die pansophische Thätigkeit desselben Einfluß üben, übrigens werde sich derselbe hoffentlich eines Besseren (einer Rückkehr zur Rechtgläubigkeit) belehren lassen. Auf die Frage, welchen Einfluß die Pansophie auf das Verhältnis der Religionen unter einander, so wie auf andere Fragen, die aufgetaucht sind, haben soll, werde er bald persönlich Antwort ertheilen.

Unterdessen gedachte Hartlib die Aufmerksamkeit der Londoner für Comenius auch dadurch zu vermehren, dass er eine Übersetzung der bisher nur lateinisch veröffentlichten Prodromus und Dilucidatio englisch erscheinen ließ.[10] Auch arbeitete Comenius an einem anderen Werke, das speciell die Grundzüge der Pansophie bieten sollte. Die Unterhandlungen mit Geer dauerten unterdessen fort. Mit Rücksicht auf die zum Vorschein gekommene Ängstlichkeit betreffs der Recht-gläubigkeit, aber auch, weil er mit seiner Familie nicht übers Meer wolle, schlägt Comenius als Aufenthaltsort entweder Polen vor, das genug Zuflucht zu bieten vermöge, wenn ihn nur der Patron seiner bisherigen, lästigen Stellung enthöbe, oder Preußen, oder besonders Holland, letzteres wegen der erhofften Nähe Bisterfeld's, der mehr als alle anderen für die Pansophie begeistert sei. Seine Freunde zu Lissa geben ihm in dieser Angelegenheit völlige Freiheit; aber noch zwei Monate (14. März) bleibt er in London, da ihn seine Freunde, Duraeus und Hartlib bitten, er möge seine seit 14 Jahren gesammelten Concepte copieren lassen, auf dass dieselben nicht etwa einem Meersturme zum Opfer fallen. Hotton, an den dieser Brief gerichtet war, und der die Lust dazu bereits zu ver-lieren schien, muntert er zur Ausdauer auf.

Die folgende Woche wurde in fortwährender Reisebereitschaft zugebracht. Schon 1. April schreibt er, dass er einpacke; der Brief vom 8. April verzeichnet bereits die Einwilligung des Patrons, den gebetenen Schutz in jedem Aufenthaltsort des Comenius zu gewähren. Am liebsten hätte dieser jetzt direct den Patron auf-gesucht, ohne Hotton zu besuchen, da er die vielen Zusammenkünfte nicht liebe. Er habe schon einige Werke zur Veröffentlichung bereit: die Via lucis, die Pansophiæ diatyposis, die Metaphysik. Das letzte Werk wurde von den Leydensern dringend begehrt; ein Theil davon war schon in Händen ungarischer Studenten, die von Leyden aus bei ihm zu Besuch waren. Die Veröffentlichung schiebe er aber hinaus, weil er keine Programme mehr bieten wolle, sondern das Werk selbst. Es scheint, dass ihn die Geldmittel allmählich verließen, so mußte er denn, um einem Wunsche des Matthiae,

(betreffend Anschaffung von Büchern) entsprechen zu können, die
Güte des Patrons in Anspruch nehmen. Ein Brief vom 9. Mai
kündigt die baldige Abfahrt von London an; die Hottonischen werde
er auch besuchen. Er habe auch aus Gallien eine Einladung bekommen, die er aber unbeantwortet gelassen, ehe er sich mit Geer
nicht besprochen habe. Schließlich meldet er, daß das Specimen
Pansophiæ in Druck erscheinen werde.

In welchem Verhältnisse dieses Specimen zur Diatyposis
stehe, wissen wir nicht. Auch wissen wir nicht, wie sich die in
London bereits fertige Diatyposis zu der 1643 gedruckten verhalte[11]); besonders den zweiten Theil dieser Publication schreiben wir
einem späteren Datum zu, auch deshalb, weil die Siebentheilung der
pansophischen Bücher (p. 120—124) mit der Dreitheilung der Via
lucis im Gegensatz steht. Wir sehen hier wieder dasselbe Schwanken,
das die Dilucidatio gegenüber dem Prodromus charakterisiert. Erst
am 10. Juni schied er von London. Die Einladung nach Frankreich
kam von drei gelehrten Männern, die betreffs der Sprachenmethode
und der universalen Sprache die Meinung des Comenius erfahren
wollten. Eine Einladung nach Amerika traf Comenius bereits in
Holland.[12])

II.

Comenius unter schwedischem Schutz.

Noch im Juni kam Comenius in Holland an und schied am 27. von Duraeus in Haag, der ihm ein Empfehlungsschreiben[1]) an den Bischof Mathiä in Schweden mitgab, das von der innigsten Freundschaft der beiden Männer zeugt. Duraeus nennt den Empfohlnen „sein Innerstes", „ein so großes Pfand unserer Liebe" „die Hälfte unserer Seele". Weiter gegen Schweden ziehend, machte Comenius in Leyden Halt; wo er von seinem Freund Gollius über die Erfolge der Janua im Oriente mit Freuden vernahm.[2]) Wahrscheinlich hielt er sich auch in Hamburg auf, wo außer dem bereits erwähnten Tassius auch der bedeutende Philosophe, Joach. Jungius wirkte. Dieser war in der Gelehrtenwelt schon seit dem Gutachten, das er mit Helwig über Ratichius' Memorial (s. oben) abgegeben, bekannt, über vorhergehende Bekanntschaft mit Comenius wissen wir nicht, wohl aber, daß er den nach Schweden reisenden Comenius um Unterstützung seiner Bestrebungen bei Geer gebeten habe. Am 19. August schrieb Comenius von Norrköping aus nach Stockholm, wohin Geer abgereist war, daß er bereits angekommen sei, und wenn man es wünsche, sehr gerne ihm nach Stockholm nachreisen werde; gab zugleich an, er möchte Mathiä treffen. Wahrscheinlich recht bald kam Geer nach Norrköping zurück,[2a]) und empfing den Wanderer sehr freundlich. Für eine Zusammenkunft mit Mathiä fehlte es an Gelegenheit, und in einem Schreiben vom 29. August drückt Comenius darüber seinen lebhaften Schmerz aus. Darin berichtete Comenius auch, daß ein Bote ausgesandt worden sei, nachzuforschen, ob die Königin noch in der Gegend sei, (der Brief datirt aus Fispong), und ob man einen Zutritt zu ihr haben könne, und bittet zugleich den Bischof, derselbe möge ihm eine für beide erfreuliche Zusammenkunft ermöglichen.[3])

Allein die große Eile, mit der Comenius zur Rückfahrt drang, stieß auf Hindernisse. So benützte er die reichliche Muße, um an Jung nach Hamburg einen kurzen für dessen Ansuchen recht günstigen Bericht zu senden,[3a]) Das Schiff war noch am 10. September so wenig reisebereit, daß es mehr als einer Woche bedurfte, bevor es nach Preußen absegeln konnte. Dies veranlaßte den Patron seinen Schützling nach Stockholm zu senden, damit er sich dem Kanzler Oxenstierna und dem Kanzler der Upsalaer Akademie, Skythe[3b]) vorstelle. Der Patron und der Schützling hatten sich betreffs ihres künftigen Verhältnisse bereits verständigt. Die Wahl eines Aufenthaltsortes für Comenius ward von den Umständen (ob sich nämlich ein geeigneter finden werde) abhängig gemacht, — nach dieser Vereinbarung gieng dieser noch, wie es ihm jüngst einhellig empfohlen wurde, zu Oxenstierna.[4])

Die Reise sollte sich zu einer für seinen nächsten Arbeitsplan, überhaupt für sein ganzes Leben sehr wichtigen gestalten. Oxenstierna unterwarf die didaktischen und pansophischen Pläne einer so gründlichen Prüfung, wie dies bisher gar nicht geschehen. Die ersten zwei Tage prüfte er die didaktischen Grundsätze mit dem Schluß: „Ich bemerkte von meiner Jugend an, daß die gewöhnliche Unterrichtsmethode etwas Gewaltsames sei, doch woran die Schuld liege, konnte ich nicht ergründen. Von meinem Könige, ruhmvollen Angedenkens als Gesandter nach Deutschland entboten, berieth ich mit verschiedenen gelehrten Männern darüber. Und als ich erfuhr, daß W. Rattich die Verbesserung der Methode anstrebe, hatte ich keine Ruhe, bis ich mit ihm zusammentraf, aber statt einer Unterredung überreichte er mir einen großen Quartband zum Durchlesen. Ich überwand also jene Last und nachdem ich das ganze Buch durchgelesen, sah ich, daß er die Krankheiten der Schulen nicht übel aufdecke, es schien mir aber, daß die von ihm gebotenen Arzneien nicht ausreichen.[4a]) „Du baust auf einem festeren Grunde, fahre fort." Als Comenius antwortete, er habe darin das seinige gethan, und sei gesonnen auf Anderes überzugehen, versetzte Oxenstierna: Ich weiß, daß Du nach höherem strebest, denn ich las deinen Prodromus Pansophiæ. Darüber reden wir morgen."

Den anderen Tag versuchte der Kanzler, auf die Pansophie übergehend, die sanguinischen Hoffnungen, die Comenius an die Verwirklichung seiner Ideen knüpfte, zu bekämpfen, theils mit politischen Gründen, theils mit Zeugnissen der heiligen Schrift, welche unmittelbar vor dem Ende der Welt eher eine Finsterniß und allgemeine Verschlimmerung, als Licht und einen geläuterten Zustand erwarten lassen. Als Comenius seine Ansicht ferner verfocht, schloß der Kanzler mit den Worten: „Ich denke, es ist dies noch Niemanden in den Sinn gekommen. Beharre auf dieser Grundlage; entweder gelangen wir so zu einer Übereinstimmung, oder es wird ersichtlich, daß es dazu keinen Weg mehr gebe." Er fügte aber hinzu: „Meine Ansicht ist jedoch, du sollst weiter gehen, zuerst den Schulen deine Gunst widmen, das Studium der lateinischen Sprache zur größeren Leichtigkeit führen, und dadurch jenen höheren Studien umso besser den Weg ebnen. Für dasselbe trat auch Skythe ein, so wie auch dafür, daß Comenius, wenn er schon nach Schweden nicht übersiedeln wolle, doch näher kommen möge, nach Preußen, namentlich nach Elbing. Comenius brachte auch die Unterstützung der beiden Hamburger Philosophen Tassius und Jungius in Vorschlag, und der Kanzler meinte, diese Angelegenheit wäre dem Gesandten Salve zu übergeben, der dieselbe entweder in Greifswald, oder in Upsala zur Verhandlung ziehen sollte.[4b])

Geer, dem Comenius über die Unterredung Bericht erstattete, fand beide Rathschläge für richtig, und bat ihn ernstlich, er möge sich sowohl in den Ort, als auch in die Aufgabe fügen und in der Hoffnung, in ein, zwei Jahren mit diesen Kleinigkeiten fertig zu werden, willigte auch Comenius darin.[5]) Den ganzen September verblieb er noch in Norrköping und versuchte mit den Upsalaer Gelehrten Loccennius und Freisheinius eine Bekanntschaft auf brieflichem Wege anzuknüpfen, über die wir weiter nichts vernehmen.[6]) Der Brief an den letzteren ist vom 1. October datiert. Die Abfahrt hat den 2. stattgefunden. Die Reise war sehr beschwerlich und dauerte bis nach Barsund 11 Tage; von dort schrieb er den 13. October[7]) einen kurzen Bericht über die großen Gefahren der Reise, beifügend, wenn er, wie jener Philosoph, alles bei sich hätte, würde er den Winter am liebsten in Schweden zubringen.

Den 21. war er aber bereits in Elbing.⁸) Die Engländer hatten nur mit gesteigertem Unwillen die Ergebnisse der Besprechungen zu Norrköping vernommen. War ihnen schon leid, daß Comenius ein fremdes Land dem ihrigen vorzog, so mußte es sie noch mehr verstimmen, daß Comenius gewichtigen Vorstellungen nachgebend sich entschloß, die Pansophie bei Seite zu schieben, und wegen der Grammatik sich in einem Städtchen niederzulassen, dabei Fundanius ganz aufzugeben. Diese ganze Verstimmung fand einen beredten Ausdruck im Briefe Hartlibs, über den Comenius an Wolzogen vom 21. Oct. 1642 berichtet. Hartlib klagte auch, daß Comenius Fundanius nicht unterstütze. Hierauf antwortete Comenius, er habe die 200 Pfund, die ihm die Buchhändler in London versprochen haben, für Hartlib und Fundanius bestimmt, da diese Summe aber unsicher sei, so werde er den Patron bitten, die beiden englischen Freunde unterstützen zu wollen. „Herr Roßigniol will zwar, daß ich dem ausgezeichneten Cardinal mein Werk dediciere; allein ich begnüge mich mit der Freigebigkeit meines Patrons, den mir Gott erweckt hat, dagegen will ich statt meiner den Fundanius und sein panhistorisches Werk empfehlen, ich hoffe, daß auf diese Art für ihn vorgesorgt sein wird."⁹) Allein es drängte ihn nach Hause und so kam er wahrscheinlich noch im October nach Lissa. Es scheint, daß er sich eine Zeit lang Ruhe gönnte. Bei einem Ausfluge blieb er einige Tage mit fünf polnischen Edelleuten zusammen. Von diesen waren drei evangelisch (Ad. Suchodolsky und die beiden Recsil) und zwei Socinianer; letztere (Lubienicky und Bissovaty) versuchten den Comenius für sich zu gewinnen und überredeten ihn, unter großen Versprechungen mit ihnen nach Kleinpolen zu ziehen. Besonders Bissovaty wollte sich handschriftlich zu einem glänzenden Stipendium für ihn verbinden. Natürlich mißlangen diese Versuche, aber ein Vergnügen ließ sich Lissovaty nicht nehmen: er gab dem scheidenden Comenius ein kleines Blatt folgenden Inhalts: „Hypothesen der vulgären Theologie. Gott schreibt dem erst geschaffenen Menschen ein Gesetz vor, das man nicht halten kann. Als dasselbe der Mensch übertrat, zürnte er ihm derart, daß er ihn zu ewiger Pein verdammte. Wieder in sich gekehrt wüthete er, um den Schuldigen

schonen zu können, gegen den eigenen Sohn, ihn für die fremde
Schuld dem Tode übergebend, zu dem Zweck, daß jedem, der
dies glaube, die Schuld erlassen sei".

Comenius zeigte diesen Zettel mehreren „den satanischen
Haß gegen die Mysterien der Erlösung bewundernd", aber von
einem tieferen Eindruck erfahren wir nichts. Die Pflicht gebot
ihm, sich und die Seinigen recht schnell zu sammeln und in die
neue Heimath hinüberzuziehen, wo er bereits Mitte November angekommen ist.[10] Im Briefe vom $^{18}/_{28}$ November meldet er, daß
er außer der Familie und der Bibliothek auch vier Arbeitsgenossen
mitgebracht habe: Paul Cyrillus, Petrus Figulus, Daniel Petreus
und Daniel Nigrinus. Bechner, den er am liebsten mitgenommen
hätte, sei anderweitig beschäftigt. Jetzt ordnen sie die Manuscripte,
womit aber Comenius die Auslagen des Patrons nicht vermehren
wolle, besonders weil er auch dem Hartlib und Fundanius etwas
versprochen habe. Er stellt sogar dem Patron, wenn demselben
Elbing nicht entspräche, einen Aufenthalt in Danzig oder Thorn
in Aussicht.

Zu gleicher Zeit sendete er an Wolzogen, einen Guts-
verweser de Geers in Fispong, 2 Exemplare des verbesserten
Vestibulum; eines davon habe er dem Sepelius zu übergeben,
damit er's ins Schwedische übersetze und durch die Kinder abschreiben
lasse, was sehr ersprießlich für den Unterricht sei.[10a] Er erwähnt
noch, daß ihn der Sieg der schwedischen Waffen zur Arbeit er-
muntere, und bald darauf gab er den meisten Freunden zu wissen,
daß er auf ein Jahr die Correspondenz unterbreche, um sich ungestört den Arbeiten widmen zu können.[11] Allein wie wenig gelang
es ihm, ungestört zu arbeiten! Man sieht auch hieraus, daß es
nicht eine Arbeit war, der er seinen ganzen Geist gewidmet hätte.
Das Programm des Jahres war eine neue Umarbeitung der Janua
mit dem entsprechenden Lexicon und die Janua Rerum aber gleich
bei der Verkündigung des Programms[12] meldet er über Versuchungen, deren Ziel war, ihn den Schweden abtrünnig zu
machen.

Über die Details dieser Versuchungen haben wir nur ein
ungenaues Bild. Sie giengen von dem ersten Geistlichen der

reformierten Gemeinde zu Danzig, Barthol. Nigrinus, aus, der
vorgab, irenische Zwecke zu verfolgen und den Comenius ähnlichen
Bestrebungen gewinnen wollte. Er machte ihn auch wahrscheinlich mit
den Schriften des Mönches Valerianus bekannt, besonders mit dem
Judicium de regula credendi. Nigrinus selbst hatte vor Jahren
mit Valerian öffentliche Disputationen in Danzig gehalten. Von
beiden Seiten war man damals mit großen Scharfsinn und Eifer
an die Arbeit gegangen. Die Vornehmsten des Hofes und des
Landes waren anwesend, viele Bürger dabei. Es waren bereits
viele Sitzungen abgehalten worden: eine jede währte mehrere
Stunden und zeugt von der gegenseitigen Achtung der Gegner.
Da verstummte einmal Nigrinus, kein Wort kam auf seine Lippen
und mit einer Überlegenheit des Geistes benützte das Valerianus,
dem Verstummten entgegenhaltend: nicht Geist und Scharfsinn
ließen ihn stumm, sondern die Unwahrheit seiner Sache.[13] Seit
der Zeit war Nigrinus wankend geworden, wie er überhaupt sich
sehr wenig zuverlässig erwiesen hatte, da er, von socinianistischen
Eltern stammend zuerst zum lutherischen Glauben übertrat und
dann reformiert wurde.[14] War es ihm ernst oder nicht, er erfaßte
mit Eifer den Gedanken einer Vereinigung der Christen, und in
seinen Plänen vom polnischen Könige reichlich unterstützt, ließ er
sich in Elbing nieder. Nun war es ihm nicht schwer, eine Verbindung mit dem soeben dahingezogenen Comenius anzuknüpfen.

Wie Comenius über die Einigkeit der Religionen dachte,
sahen wir in der „Via lucis", der Empfehlungsbrief des Duraeus
spricht nicht minder beredt davon; der Drang, für die Wiederkunft
Christi auf diese Weise zu arbeiten, ließ in seinem Geiste keinen
Zweifel über die Person des Versuchers aufkommen und wahrscheinlich von ihm aufgefordert, schrieb Comenius einen irenischen
Entwurf unter dem Titel: Hypomnemata quaedam de Dissidentium in rebus Fidei etc. Comenius geht hier deductive vor.[14a]
Es seien hier drei Punkte zu beleuchten: man hat zu handeln über
die zu Versöhnenden, die Versöhner und die Mittel der Versöhnung.
Aus diesen Begriffen entwickelt er 15 Axiomen (p. 8), darauf er
dann seine weiteren Ausführungen gründet. Es sind alle Christen,
einzeln aufgezählt (p. 9), zu versöhnen; die Versöhner haben sich

als solche zu legitimieren, es ist ein entsprechender Ort aus-
zusuchen, wo die Versöhner mild, nicht disputierend, sondern
conferierend, verhandeln; das Versöhnen selbst geht zu einer Erkenntniß der Mängel zurück, verbessert diese und gibt Acht, daß
der frühere Zustand nicht zurückkehre. „Daraus erhellt," fährt
Comenius fort, „daß ich eure Pläne: man möge die so begehrens-
werthe Angelegenheit von neuem versuchen, umso mehr billige,
als man sie jetzt auf bisher unversuchtem Wege versuchen will, auf
Wegen, die dem Haß und Neid entgegengesetzt sind, so daß man
die höchsten Autoritäten mit ins Werk hinein ziehen will. Um die
Geister dazu vorzubereiten, hege man den Plan (es ist nicht klar, ob
Comenius) Schriften zu veröffentlichen: Über die Glaubensregeln
der Katholischen und Akatholischen, über das Gewissen, über ein
Urtheil von den Controversen und andere ähnlichen Inhalts."
Comenius selbst habe wohl jüngst seinen Standpunkt in dieser
Frage erklärt, weil aber der Freund in ihn drängt, er möge seine
Ansichten aufs Papier setzen, so sende er ihm diese Schrift, aber
nur zur privaten Benützung. Er denke, es sei ein größeres Werk
unter dem Titel: De tollendis Christianorum in rebus Fidei
dissidiis Deliberatio Catholica zu verfassen, dessen Inhalt in
folgende vier Theile zerfiele: der erste Theil stellt die Idee des
Christenthums nach der Schrift dar; der zweite dringt in Alle
mit Gründen, daß sie anfangen mögen die Einheit zu wünschen,
der dritte entwickelt die Wege, auf denen dies möglich und der
letzte schließt mit Ermahnungen an die Mächtigen (p. 19).

Den Inhalt dieser Schrift führt nun Comenius folgendermaßen aus: I. (p. 21—29). Nach der Schrift ist das Reich Eines,
und zwar ein friedliches, stilles, voll des Lichtes und der Erkenntniß,
ein Reich der Heiligen, es führt den Namen Christi, dessen Lebenswandel dem der Christen ganz entgegengesetzt ist; dies Reich soll
in die ganze Welt hinausgetragen werden und sollte ein reines sein.

II. Die Gründe sind sehr viele, die die Rückkehr zum alten
Zustande bewirken sollten (p. 29—54) und sie fordern vor allem
die Einheit. Zur Einheit mahnt vor allem das Werk der Mission,
das nur durch die innere Einheit des Christenthums einen wahren

Aufschwung nehmen könne; der Atheismus könne auch nicht anders gedämpft werden; der Ausgang des Kampfes zeigt auch, daß Gott keine Secte vertilgen wolle; nicht auf diese Weise, sondern durch Glauben, Liebe und Geduld will Gott den Sieg herbeiführen; es sei übrigens auch eine alte Erfahrung, daß, wenn eine Secte ausgerottet wird, eine andere entstehe. Wie früher gegen die einzelnen Secten Synoden aufgetreten, so ist hier gegen alle Secten eine General-Synode zu schaffen, sonst werden die Kriege ewig dauern, und diese Kriege sind so eitel! Denn was ist ihr Erfolg? Diejenigen, die bisher alle Dissidenten mit Eisen und Feuer erdrücken wollten, fühlen nur, daß ihr Arm und ihre Waffen täglich schwächer werden; diejenigen, die bisher auf alle Ausfälle der Grausamkeit mit Geduld antworteten, haben ihre Unschuld ebenfalls aufgegeben, indem sie auf Beschimpfung mit Beschimpfung, auf Drohungen mit Drohung, auf Unrecht mit Unrecht antworteten. Und das logische Kampffeld verspreche auch keine Hoffnung, denn, was man aus der Schrift und Vernunft gegen einander vorbringen könne, liege schon alles klar wie am Tage vor, die Blößen der Gegner zeigend, man habe nun diese anerkennend auf Verbesserung zu dringen. Auch sonst habe der Friede so viele Ziele: die Studien, die Wissenschaft u. s. w. Die Verschiedenheit der göttlichen Gaben, wie sie die einzelnen Confessionen aufweisen, wird die Fülle des göttlichen Segens nur bereichern, und jeder Unbefangene müsse es anerkennen, daß jede einzelne Confession etwas habe, das sie vor andern auszeichnet. Nur bei einem allgemeinen Frieden kann die Reformation der einzelnen Confessionen vorwärts schreiten, nur so können sie aufhören ein Spott der Feinde zu werden; und (12. Argument) die Freude aus der Vereinigung soll eine unbeschreibliche werden.

Außer diesen allgemeinen Gründen empfehlen diese Union für die Römisch-Katholischen: die Grausamkeit gegen die Andern, ihre Selbstbenennung als eine Mutter der Kirche, der Umstand, daß sie einer Reformation bedürfen. Für die Protestanten: die Häßlichkeit der vielen Schismen, die Gefahren der Absonderung, die Unvollständigkeit der Reformation, wo doch jetzt eine vollkommene Reformation erwartet wird. Eine ausführliche Schilderung ist den Übelständen der Evangelischen betreffs der Lehre, des Lebens, der Kirchenverfassung gewidmet, das beredteste Zeugniß für die confessionelle Unbefangenheit des Verfassers.

III. Diese gewünschte Vereinigung ist nicht unmöglich. Die Langwierigkeit der Kämpfe hindert nicht, vielmehr fordert sie den Frieden, da die Evangelischen und Katholischen aufhören, sich gegenseitig zu hassen. Zur Vereinigung wäre der folgende Weg (p. 54—57): 1. Waffenstillstand, Gebete, Vermittler, die nicht viele, aber ausgewählte seien; nicht Richter, sondern Versöhner, nicht mit einer Macht der Entscheidung ausgestattet, sondern nur mit der Macht das zu constatiren, welcher Theil irgend etwas zu lassen habe. Sollte die Angelegenheit günstig ablaufen, dann wäre eine allgemeine Synode einzuberufen; wenn weniger günstig, so hat man nicht zu verzweifeln, sondern Wächter zu bestellen, die über die Toleranz wachen mögen, die eine wahrhafte katholische Akademie der Christen zu repräsentieren hätten.

IV. Diesen Plänen werden wohl die Pharisäer, die Söldlinge, die Harten, die Einfältigen und die Argwöhnischen widerstehen, diese Ideen bleiben trotzdem gemeinsame Sache aller Christen. Es sollten sich die Fürsten das Beispiel Constantius vor Augen stellen; die Geistlichkeit sollte, wie sie Führer der Uneinigkeit geworden, nun die Führerschaft des Friedens übernehmen. (p. 61--64.)

Dies wären die Grundzüge einer Schrift, die man nach des Verfassers Meinung dem Könige widmen sollte. Eine Einleitung dazu hätte auszuführen, daß die Schrift von den Theologen beider Lager dem Könige angetragen worden und dessen Zustimmung aus vielen Gründen gewonnen hätte, unter anderem auch aus jenem, daß er, während die übrigen Herrscher mit Waffen gegen einander losziehen, seinem Lande und durch sein Beispiel auch andern Völkern einen festen und dauernden Frieden verschaffen wolle. Es könnte noch mit vielen Gründen dargelegt werden, daß dies die eigentliche Sorge der Könige sein sollte, wie sich auch der Freund, an den diese Zeilen gerichtet sind, geäußert hat.

Ein persönlicher Schluß erinnert noch diesen Freund an die Flüchtigkeit dieser Skizze, welche er damit entschuldigt, daß seine

Arbeitszeit und Kraft anderweit in Anspruch genommen sei, durch eine Reform der Studien der Jugend. „Ihr Größere schafft Größeres im Namen Gottes." (p. 66.)

Diese Skizze datirt gewiß vom Anfang 1643, da Nigrinus bereits im April zur katholischen Kirche übergetreten war, womit er die Illusionen des Comenius gründlich zerstörte. [15]) So dachte sich Comenius die erhoffte Union nicht, daß man seinen Glauben, eines Autoritätsglaubens willen aufgebe, und seine Verhandlungen mit Nigrinus waren durch dessen Übertritt beendet. Bald darauf, nachdem er in einem Briefe an Jung über die Logomachien, mit denen er zu thun habe, geklagt, [15]) gab er dem nach Schweden reisenden Jüngling Petrus Figulus Briefe an Geer, Oxenstierna und an den Bischof Matthiae mit. [16]) Alle drei spiegeln die größten Hoffnungen für die Zukunft, die erhabensten Pläne eigener und gemeinsamer Wirksamkeit, um die Zukunft vorzubereiten. Dem Patron empfiehlt er den jungen Theologen, dem er aufgetragen habe, über seinen zweifelhaften Zustand zu berichten, und dankt für die große Spende an die Glaubensgenossen. Dem Kanzler sendet er die „Via lucis", auf die er sich bei ihrem Stockholmer Gespräch berufen hatte, daß sie in ihren 12—15 Capiteln genügend beweist, wie die letzten Zeiten der Welt gar nicht finster, vielmehr licht werden sollen. Der Brief an den Kanzler sagt offen heraus, der Verbannte wünsche mit allen seinen Arbeiten den Augen des erhofften Befreiers sichtbar zu werden; „dem die Ruthe des Gottes-Urtheils in die Hand gegeben worden." Mit Bedauern wird erwähnt, daß ihn der Ort, wo er seinen didaktischen Studien obliegen wollte, in solche Versuchungen verwickeln mußte, über die Restauration der christlichen Philosophie, über die Aufhebung der christlichen Schismen mit Leuten zu verhandeln, die nicht einsehen, daß sie Menschen seien und irren können.

Der Brief an den Bischof empfiehlt diesem den jungen Theologen und erwähnt, der Schreiber übersende das Werk „Hypomnemata etc." wohl mit Bedauern, daß ihn eine Gelegenheit zur Abfassung der Schrift bewog, welche er lieber nicht gewünscht hätte, wenn er nicht an Gottes Vorsehung glaubte. Falls es aber in Osnabrück, wie verlautet, zu einem Friedenscongreß in Glaubenssachen kommen sollte, so möchten die Schweden von diesen Principien Gebrauch machen oder auch bei einer schon längst unternommenen, leider langsam fortschreitenden Versöhnung der Evangelischen dasselbe thun. Die mildere Beurtheilung der Feinde und das offene Geständniß trachten eine entsprechende Stimmung in den zu Versöhnenden vorzubereiten. Das XVII. Capitel der Via lucis gebe auch den Zweck der Erziehung in dem Sinne an, daß deren Fundament eine universelle Ausbildung des Geistes sei; dies sei auch immer das Ziel seiner didaktischen Bestrebungen gewesen und diesem sei alles unterzuordnen. Zum Schluß sind noch einige Bemerkungen über die beiden Philosophen Jung und Tassius, Professoren in Hamburg, die man anwerben wollte, ohne daß man etwas über sie beschlossen hätte und über Johann Ravius, einen Rethoriker, der zu dem Werk heranzuziehen wäre. Bald darauf sandte er von J. Kozak, einen Land- und Stadtphysikus in Bremen, der sich bei ihm eine Zeit lang aufgehalten hatte und seine Sympathien völlig gewann, einen Brief an Jungius, Nachrichten von ihm und von Tassius erbittend. Er selbst klagt darüber, daß er sich bei seinem sehnenden Verlangen nach den Realien mit Worten abgeben müsse. [16a])

Denn die Pansophie, oder die Sache noch tiefer gefaßt, die Aufgabe der Verbesserung der Dinge, sie blieben dem Verbannten nicht weniger, als früher das Lebensziel, dem er mit Freude dienen wollte. Die Erwartungen der Leserwelt waren seit Hartlibs Veröffentlichung des Prodromus sehr gesteigert und das Zagen und Schweigen des Verfassers verschiedenartig commentiert worden; dies bewog Comenius, der Öffentlichkeit, die seit der Dilucidatio (also seit 5 Jahren) nichts Neues über dies Werk vernahm, einen Bericht zu erstatten, und er that es in seiner Diatyposis, die er im Sommer 1643 durchgearbeitet. Die Diatyposis will sich zu dem Werke der Pansophie verhalten, wie ein Plan zu einem Bau. Die meisten Architecten pflegten 3 Pläne auszuarbeiten: einen, der das Fundament zeige: dies ist die ichnographische Diatyposis; einen, der die äußere Form zeige und das Material zusammenstelle; dies die orthographische, ein dritter stellt alle Theile, deren Zahl, Ordnung, Gebrauch dar: dies ist die Scenographia und

Proplasma; lateinisch Modellum. Seine Schrift bietet die Ichnographia und Orthographia in zwei abgesonderten Theilen.[17])

I. Das Herannahen der letzten Zeit soll die Menschen bewegen, sich auf die letzte, höchste Stufe der Erkenntniß emporzuschwingen, welche eine universale, wahre und leichte sei. (p. 9.). Der Menschheit hiezu zu verhelfen, ist das Ziel der Pansophie. Dieser Name wird durch die Materie des Werkes selbst bedingt weil „τὸ πᾶν" das Gesammte ist, durch die Form: eine allgemeine Übereinstimmung; durch den Efficient oder das Mittel: die Universalität der Principien der Erkenntniß (Welt, Geist, Schrift) und durch deren Zweck: die παγχρησία: allgemeine Nützlichkeit (p. 12.). Dazu gehört noch eine klare Methode (methodi lumen), damit alles, was als wahr dargeboten wird, auch angenehm zu lesen und leicht faßlich sei: so wird das Werk eine „Illecebra salutaris Ingeniorum" eine Leiter, um die Höhe der Dinge zu erklimmen und eine Arznei, die Zwistigkeiten der Welt zu beheben (p. 29.). Ausführlich wird jetzt dargelegt, welche Vortheile die Pansophie dem Gemeinvolk, den Gelehrten, den Politikern, der Kirche und schließlich allen Völkern der ganzen Erde zu bringen hofft; sie wird die Ungeheuer des Jahrhunderts bekämpfen helfen, indem sie der Præsumptio, Curiositas, dem Samaritanismus, dem theologischen, wie philosophischen Sectenwesen, dem Atheismus, und dem Furor, der die ganze Welt in Kriege verwickelt, widersteht. Das Werk wird von folgenden Factoren unterstützt werden: Von der Buchdruckerkunst und anderen Erfindungen, von verschiedenen Errungenschaften auf den einzelnen Forschungsgebieten, ferner von den in Pandecten, Syntagmaten, Encyklopädien und Panstratia's zusammengetragenen Resultaten, von den Erwartungen und endlich von Ermahnungen so vieler frommer Menschen. Was dem Plan vorgeworfen wird, ist hauptsächlich folgendes: solche Bestrebungen seien sehr gewagt; das Alles wissen wollen pflanzt den Menschen die Neugierde der ersten Eltern ein; die Pansophie sei bloß Gatt entsprechend; sie wolle das göttliche Werk: die Bekehrung der Menschen in eine menschliche Kunst umgestalten; Bücher gebe es ohnehin genug und dies geplante pansophische Werk sei besonders darnach angethan, die Rechtgläubigkeit preiszugeben; schließlich, wie groß seien jene,

die all das in Bewegung setzen wollen? Der Verfasser sucht diese
Vorwürfe alle zu entkräften; wir heben nur zwei Gedanken her-
vor: die Pansophie will Gott nicht vorgreifen, aber ein Mittel
Gottes kann und will sie auch werden, denn Gott wirkt ja immer
mittelbar; (p. 80 – 81) daß man durch die Berufung auf die
Vernunft in Glaubenssachen Häresie schaffen müsse, ist falsch, es
müßten denn Justinus Martyr, Athenagoras, Vives ꝛc. ebenfalls
Häretiker gewesen sein (p. 83.). Der Häretiker stößt durch die
Vernunft die Glaubenssätze um, der Pansophos befestigt dieselben
durch die Vernunft und ist auch er selbst, der sich an diese große
Arbeit wagte, klein, dafür ist jener groß, in dessen Namen er anfange.

II. Mit einem frommen Vergleich zwischen dem Plan der
Salomonskirche und dem pansophischen Entwurfe leitet der Ver-
fasser den zweiten Theil seiner Diathposis ein. Derselbe will in
seinem Tittelblatt: die äußere Ansicht mit der Pansophie mit der
Zahl, Ordnung, Lage und Gebrauch der Theile zur Schau bringen.
Der Tempel der Weisheit, welcher aufgebaut werden soll, hat vier
Grundsteine: Vollständigkeit, Wahrheit (Faßlichkeit), Leichtigkeit
und die von den Peripatetikern und nach ihnen auch von Alsted
geforderte Methode (Encyclop. lib. 4, cap. 8). Zu den Vorzügen der
Pansophie sind zu rechnen: der fortwährende Zusammenhang aller
Dinge, die fortwährende Steigerung und dabei doch die Unifor-
mität. Den erwähnten Zusammenhang bringt die Analyse hervor,
welche eine ganz universale, ungezwungene sei, und aufweisen möge,
daß die Pansophie gerade so viel Theile haben soll und nicht
mehr oder weniger haben kann, als sie eben hat. Die Theilung
ist dieselbe, wie in der Dilucidatio, weshalb wir sie auch nicht
wiederholen (p. 90 – 96).

Nun kommt die nähere Ausführung jener Grundeigenschaften
der Pansophie, besonders der Methode, deren hoher Werth an
einem Beispiele, an der Abhandlung „über die Sonne" vor Augen
geführt wird. Die besondere Vorliebe für die Erscheinung des
Lichtes tritt auch hier in den Vordergrund. Dieser Vorzug erheischt
eine Definition für das Gedächtniß, eine Idee für die Vernunft,
Axiomen für die Gewißheit und den Gebrauch. Auf Grund dieser

drei Bestandtheile entsteht die methodus apodictica oder ars convincendi (die Kunst zu überreden), die eigentlich auch das Wesen des Lehrens und auch im passiven Sinne des Lernens bilde — und wobei die rechte Beobachtung der nöthigen Stufenfolge am ersprießlichsten sein muß. Die Pansophie wolle die Gesammtheit der Dinge, aber es ist nicht daran zu denken, daß sie schon jetzt im Ganzen geboten werden könne: den geringen Anfang habe der Verfasser gemacht, aber das bis ins unendliche fortschreitende Ende wird sich kaum je erreichen lassen. Daher bleibt es eine stete Aufgabe für die Anderen, ihrem eigenen Namen zum Ruhme sein Werk zu ergänzen und auszufeilen.

Am Schluß befindet sich eine Ansprache an den Leser (p. 201 bis 213), den dritten Theil, die Scenographie betreffend. Daselbst wird vor die Öffentlichkeit wegen des langsamen Fortschrittes der Arbeit Entschuldigung vorgebracht. Mangel an Mitarbeitern ist die Hauptursache davon, eine zweite, daß der Verfasser inzwischen philologischen Beschäftigungen obliegen mußte. — Diejenigen, die zu Mitarbeitern aufgefordert worden, geben wohl andere Verhinderungsgründe an, der Hauptgrund dürfte dennoch der sein, daß sie ihre sichere Stellung nicht für eine unsichere vertauschen wollten, was man ihnen gar nicht verübeln kann. Er führt deshalb Berulams Worte (Praef. ad Libr. de augm. Lib. II.) an, wo dieser den König um eine Förderung und Unterstützung der Wissenschaften bittet und schließt sich derselben Bitte — mit dem Versprechen, das Seinige zu thun — vollinhaltlich an. (1643, 16. September. [15])

Unter solchen Arbeiten konnten die an den Schulbüchern natürlich nur langsam vorwärtsschreiten: allein hiemit ist die innere Erregung noch nicht völlig erschöpft. Am 18. September meldet er an Wolzogen, [15a] jetzt da er mit Nigrinus nichts zu thun habe, schreiten seine Arbeiten schneller fort, allein er könne sie bei dem großen Umfang derselben um so weniger beschleunigen, als lauter Perlen darin geboten werden sollen. — Da erhält er plötzlich aus dem fernen Ungarlande von einem Schulfreunde, einem gewissen Drábik ein Schreiben mit den Abschriften 14 göttlicher Offenbarungen, in denen nebst vielen Verheißungen über die schöne, wenn auch nicht allsogleich zu erwartende Zukunft dem Comenius, der berufen sei, diese Offenbarungen allen Völkern mitzutheilen, ans Herz gelegt wird, er möge seine Thätigkeit nicht fremden Völkern, sondern seinem Vaterlande widmen. — Das Schriftstück, das auf dem Wege glücklicher Weise einer Confiscierung entgangen, dadurch als von Gott selbst erhalten schien, erschreckte den ohnehin so bewegten Geist des an der Möglichkeit göttlicher Offenbarungen noch immer festhaltenden Verbannten. Die herrlichen Aussichten in die Zukunft, wie sie die Offenbarungen versprachen, hielten das Gleichgewicht mit den traurigen Erfahrungen, die er bei Vertheidigung und Verbreitung der Kotterschen und Poniatowskyschen Revelationen gemacht, und so schrieb er denn an die ungarischen Brüder in dem Sinn zurück, sie mögen die Offenbarungen, wie den Propheten prüfen, und zu Gott flehen, auf daß er sie über den Gegenstand erleuchte. Die Revelationen stammten, die erste (1638) aus-genommen, alle aus dem Jahre 1643 und neben allgemeinen Ver-heißungen über die schönere Zukunft der Verbannten beschäftigten sie sich hauptsächlich mit dem Fürsten Siebenbürgens, Rákóczy, dem in der Geschichte Siebenbürgens eine ruhmreiche Rolle zugedacht wurde. — Des gemeinsamen Wohlthäters, Lanetius, sowie anderer Bekannten des Comenius wurde darin auch Erwähnung gethan, so daß die Offenbarungen auf den Comenius, wenn er auch anfangs vielleicht keinen festen Glauben an sie faßte, eine innige anhaltende Wirkung nicht verfehlen konnten.[19])

Seine Hoffnungen hielten ihn an die Schweden, wozu deren Erfolge auf dem Kampfplatze beitrugen. Und als in demselben Jahre der Gesandte Rákóczys ihm die Stelle des verstorbenen Alsteds anbot, wies er die Berufung, ohngeachtet dessen, daß sein Vaterland seine Rettung dem Fürsten Siebenbürgens zu ver-danken haben werde, mit Rücksicht auf sein Verhältniß zu den Schweden zurück, wie auch eine zweite des Fürsten Radziwill, der ihm den vierten Theil seiner Güter zu diesem Zwecke zur Ver-fügung stellen wollte.[20]) Statt dessen vertiefte er sich in seine Studien und merkte mit Vergnügen, wie viele Geheimnisse sich vor seinen Augen eröffnen.[21]) Dies mag seine einzige Freude ge-wesen sein. Denn in Schweden war man mit dem Fortschreiten

feiner Werke, das feinen eigenen Bemühungen nicht entfprach, un=
zufrieden, und er gab fchon Ende September auf Andeutungen
ähnlichen Inhalts zu verftehen, er habe Bücher zu fchreiben und
nicht blos Abfchriften zu beforgen. [22]) Mit den Mitarbeitern wollte
auch nichts günftiges herauswachfen. Die Stelle des nach Schweden
abgefandten Figulus nahm wohl ein verheiratheter Student,
Melchior Zamowsky, ein, doch wurde das Eintreten für den
Bremer Arzt, Dr. Kozák, nicht von dem erhofften Erfolge gekrönt.
Kozák war im Sommer nach Elbing gekommen und wie er felbft
für die Panfophie ein warmes Intereffe faßte, fo fchien er auch
für Comenius durch feine reichen naturwiffenfchaftlichen und über=
haupt philofophifchen Kenntniffe von großem Werthe gewefen zu fein.
Deshalb gab er ihm auch 50 Thaler als Angabe, für das erhoffte
Arbeitsverhältniß, leider ift aber daffelbe vom Patron nicht be=
willigt worden. Einem gewiffen Olyrius aus England, der in
Leyden ftudierte, wurde für feinen Beiftand ein jährlicher Zufchuß
von 80 Thalern bewilligt. Mit warmen Worten empfahl Comenius
auch Hartlib der Gunft des Patrons. Er habe jenem nahegelegt,
ein Amt anzunehmen, jedoch ohne Erfolg: Hartlib habe diefen
Rath beinahe verächtlich zurückgewiefen. Derfelbe habe in den
kriegerifchen Zeiten fehr viel gelitten, fo daß Comenius die jähr=
lichen Zufchüffe von 40 Pfunden, die ihm die englifchen Adeligen
bis zur Beendigung feiner Panfophie angeboten, gänzlich dem
treuen Förderer feiner Ideen auf dem Infellande zur Verfügung
ftellte. Demfelben hatte er auch feine Abweichung von der früheren
Ausarbeitung der Janua zu verdanken. [23])

Wir erfahren, daß er im felben Jahre auch in Liffa war.
Wann, ift nicht zu beftimmen. So viel ift gewiß, daß er mit
bangem Herzen Chriftine Poniatowska auffuchte, um fie zu fragen,
ob es denn wahr fei, daß fie ihre Offenbarungen zurückge=
zogen hätte, worauf fie ihm erwiderte, fie habe es nicht gethan,
vielmehr halte fie an der Wahrhaftigkeit derfelben, wie ehedem feft.
Dies konnte das Intereffe an den Drabik'fchen Mittheilungen nur
nähren. [24])

Vielleicht war aber diefe Reife nach Liffa auch im Zufammen=
hange mit dem Nigrinfchen Verhältniß. Wir hielten es für wahr=

scheinlich, daß Nigrinus den Comenius mit den Schriften des
Valerianus bekannt machte. Im Sommer 1643 hatte Kozák bei
ihm das Valerianische Buch, Lux mentium gesehen, und nach
dessen Vorbild selbst ein Werk verfaßt. In den Hypomnemata quædam erwähnt Comenius zwei sehr nöthige Schriften,[24] deren Titel
auf zwei Valerianische Werke hindeuten, und es ist sehr wahrscheinlich, daß sie Comenius mindestens dem Titel nach schon
zur Zeit der Abfassung der Hypomnemata gekannt hatte. Es sind
dies das Judicium de regula credendi Acatholicorum und
Catholicorum. Die beiden umfassen einen stattlichen Band, welcher
der gloriosissima Maria, Dei genitrix gewidmet ist. Die Vorrede
an den Leser gerichtet, gibt als Zweck des Werkes an, den Biblisten zur Hilfe zu eilen und sie zur Wahrheit zurückzuführen, und
zwar so, indem das Grundprincip derselben, nach welchem ein
jeder auf Grund der heiligen Schrift über die Glaubenssachen sich
genügend belehren könne, im ersten Theile des Werkes widerlegt
und im zweiten nachgewiesen wird, daß diejenigen, welche einen
mit dem römischen Papst gemeinsamen Glauben bekennen, die
wahren Christen seien.

Wie aus diesen Sätzen ersichtlich ist, war hier die Hauptfrage,
nicht was, sondern warum man etwas zu glauben habe? Kann
sich ein einzelner darauf verlassen, daß er den Sinn der Schrift
wohl verstanden habe, oder habe nur das Wort der Synode, die
der heilige Geist leite, das Recht, den Glauben des Einzelnen zu
bestimmen? Für den evangelischen Glauben waren bereits früher
mehrere evangelische Männer in die Schranken getreten u. zw.
Johann Major, Jac. Martini, Joh. Botsacc, ein Anonymus und
Conrad Bergius. Alle diese Erwiderungen unterwarf Valerianus
im ersten Theile seines Werkes einer Kritik.

Man muß den Ausführungen Valerianus den Vorzug zuerkennen, daß sie durchwegs in einem anstandsvollen Tone gehalten sind. Die Liebe zu den Verirrten ist als Quelle des Unternehmens gegeben. Wohl bedient er sich manchmal schärferer Ausdrücke, aber in seiner Polemik scheidet er scharf die Person von
der Sache, und wir finden, daß der Ton der Überlegenheit, in dem
er spricht, durchgängig nicht ohne Recht von ihm gebraucht wird.

Über den Eindruck, den das Werk auf Comenius machte, erzählt er selbst: „Als ich Dein Buch zum ersten Male erhielt, und nachdem ich darin zu lesen begonnen, sah ich, welch' große Dinge dasselbe behandelt, mit welchem Selbstvertrauen Du die Sache führst, wie vieles Du schön, gediegen, fromm bewegst (denn vieles hast Du, was sehr schön ist): da wagte ich nicht das Buch weiter zu lesen, nur nachdem ich mich mit Deinem Buch vor Gott auf die Erde warf, um Blindheit flehend. Denn ich bat Gott so recht demüthig, wenn er mir Dich mit neuem Licht der Wahrheit zugesandt habe, er möge die Gnade haben, meine Augen zu eröffnen. Um so weniger hatte ich vor, dies Werk auf das Deine als Antwort geben, erst nachdem ich mich immer wieder aller meiner Sinne entäußerte und meine Seele Gott übergab, er möge meinen Geist, Willen und meine Feder lenken, wohin er will"[24 b]) (p. 86). Mit einer Gottesfurcht und einer ihm in confessionellen Fragen so sehr eigenen Unbefangenheit setzte er sich ans Werk, ohne darnach zu fragen, ob seit 1641, da Valerianus Erwiderungen an die Gegner miterschienen waren, vielleicht von evangelischer Seite eine Entgegnung bereits veröffentlicht wurde. Ein ernster Vorsatz war es ihm, durch allseitige Gerechtigkeit der Einigkeit den Weg zu ebnen, ohne deshalb vor den fast hochmüthig scheinenden Beweisführungen Valerianus zu capitulieren. — Er hält sich in seiner Erwiederung, was die Eintheilung des Werkes anbelangt, an Valerian, und citiert die h. Schrift nach der Vulgata, nur wo dieselbe von dem Original abweicht, nach der katholischen authentischen Übersetzung des Arias Montanus. — In einer Vorrede an Valerianus gibt er als den Zweck seiner Schrift an: dem Valerian zu zeigen, daß die Biblisten die katholischen Glaubensregeln ebensowenig annehmen können, wie Valerian die biblistische, und daß dieselben in der katholischen viel größere Absurditäten finden, als Valerianus in den ihrigen. Deshalb auch der Titel Absurditatum Echo: Valerian findet die evangelischen Positionen absurd, möge er zusehen, daß die Seinigen ebenso befunden werden. — Den Gang seiner Ausführungen setzt er folgendermaßen fest: er will prüfen, ob das, was Valerian absurd findet, wirklich so sei; ob diese Absurditäten aus den Prämissen richtig abgeleitet worden, ob Valerian diese Absurditäten vernichtend, nicht noch größere hervorgebracht; ob seine Glaubensregel ohne Absurditäten sei.

Aus dem Werke, das den ohnehin oft erörterten principiellen Unterschied des katholischen und evangelischen Glaubens behandelt, möchte ich nur die Partieen hervorheben, die für Comenius Stellung zu dem Gegner und zu den Glaubenssachen überhaupt charakteristisch sind. Vieles billigt Comenius in dem Vorhaben des Valerianus. So „daß er das Heil der ganzen Welt zuwenden will (p. 79); daß er die einzelnen Streitfragen im Zusammenhange mit dem Ganzen beleuchtet (p. 81). Es mißfalle ihm, daß er einfach die Wahrheit seiner Sache für unangefochten nehme, und von dem anderen Theile die unbedingte Unterwerfung verlange (p 83—90); hingegen stellt er das, was im Ganzen besonders gefalle, in den folgenden 7 Punkten zusammen: 1.) daß er die partikularen Controversen bei Seite lassend, den Kern der Sache angreife; 2.) daß er bei dem Angreifen die Deductio ad absurdum gebrauche; 3.) daß er an die Stelle der für absurd gefundenen katholischen Glaubensregel eine andere setzen wolle; 4.) daß er diese Sache vor das Tribunal der Öffentlichkeit bringe; 5.) daß er populär schreibe; 6.) daß er in Stil und Geist gegen die Gewohnheit der Schriftsteller bescheiden ist; 7.) daß er den Verirrten eher Mitleid als Hohn entgegenbringe. Zum Schluß lobt er die Beständigkeit des Streiters, dessen Streit den Sieg zum Frieden ausbeuten wolle. Aber gleich darauf folgen die Absurditäten; unter ihnen an erster Stelle, daß das Werk der Maria dediciert werde, wo doch viel passender gewesen wäre, dieselbe Jesu Christo zu widmen. Die Sarkasmen und Schimpfworte, die im Werke vorkommen, dienen demselben auch nicht zur Ehre, besonders jene über Luther und dessen Werke, und vor allem beanständet er, daß auch Valerianus jenem päpstlichen Principe huldige, die Häretiker mit dem Schwert zu bezwingen (p. 102).

Nach diesen einleitenden Worten geht er zur Frage selbst über. Valer. behauptet mit Recht, daß alle Glaubensunterschiede von der einen Controverse über die Regel des Glaubens abhängen. Darin, daß die heilige Schrift die Quelle und die Norm des

Glaubens sei, stimmen die beiden überein; ebenso auch darin, daß zum richtigen Verständniß derselben die Erleuchtung des heiligen Geistes nöthig sei: die Differenz beginnt bei der Frage, ob der heilige Geist die versammelten Väter erleuchte, oder den einzelnen Christen, der darum flehe (p. 106.). Comenius drückt seine Freude darüber aus, daß sich die Katholischen auch so rücksichtslos zu der Schrift bekennen, weist aber im weiteren Verlaufe nach, (p. 107.) wie ihre Doctrin die Schrift der Kirche unterordne. So haben sich katholische Schriftsteller geäußert, sie glauben der Bibel nur, weil es die Kirche lehre. Dadurch aber werde Gottes Würde unter die menschlichen Satzungen gestellt. In den ferneren Ausführungen wird der Beweis erbracht, daß der einzelne Mensch fähig sei, sich aus der heiligen Schrift über den Glauben zu belehren, denn die Schrift sagt dies an mehreren Stellen ausdrücklich; daß hingegen die Synoden irren können; daß die jetzt abzuhaltenden Synoden sich denen der alten Kirche an Autorität nicht an die Seite stellen können (p. 124). Die Behauptung, Luther hätte die Bibel dem Volke eröffnet, um es zu verführen, weist Comenius mit Hinweisen auf ältere Kirchenväter und auf den inneren Unsinn, der darin enthalten ist, energisch zurück. Nach diesen allgemeinen, principiellen Erörterungen auf die Balerianische Construction der Glaubensregel übergehend, prüft er den Palerianschen Gedankengang, (p. 161—163.) den er selbst kurz darin zusammenfaßt: man darf nicht seinen Glauben sich selbst construieren, sondern man müsse den der katholischen Kirche annehmen, denn 1.) sie ist die Stadt am Berge, aus kleinem Anfange groß geworden; 2.) sie allein habe wahrhaft Neugeborene; 3.) sie wird vom Himmel mit Wundern geschmückt. Da nun die Kirche selbst durch die Wiedergeborenen, diese durch die Wunder erläutert werden, so läuft der Inhalt der acht Bücher des Balerianus darauf hinaus, daß die Wunder die Autorität der Kirche beweisen. Vor der endgiltigen Abwägung dieses Beweises billigt Comenius manche Theile der Ausführungen, besonders aber jenen Punkt, wo Balerianus die Christen auffordert, die Streitigkeiten nicht mit leeren Speculationen über die Worte der Schrift, sondern mit lebendigen und reellen Früchten des Glaubens und der Wiedergeburt zu lösen. Hoch zu schätzen seien die Worte: „Es sei nur jener der wahre Glaube, der die Sünder in Gottes Söhne neugebärt" (Lib. VIII cap. VI), und im folgenden Capitel: „Ich gehe den Baum nach seinen Früchten zu prüfen." Nichts wünscht sich Comenius selbst mehr, und nichts freut ihn so sehr, als dass bereits auch die Katholischen dies fordern; allerdings führt der Valerianſche Weg der Einigkeit nicht dahin.

Die eingehende Analyse der Regel zeigt, daſs dieſelbe nicht allgemein, zur Intention des Verfaſſers ungenügend, in der Praxis ſehr läſtig und ſchwierig, im Gebrauch unſicher und täuſchend, durch die Verwirklichung ſelbſt der Kirche Gottes ſchädlich, der römiſchen Kirche unnütz, in ſich ſelbſt falſch und in ihrer ganzen Anwendbarkeit eitel ſei (Cap. XIV—XXII, p. 203—261). Eine eingehende Analyse der Concilien der Wiedergeburt, der Wunder, die dieſe Glaubensregel befeſtigen ſollen, erweiſt, daſs keine einzige echt chriſtlich iſt und keine Beweiskraft beſitze (XXIV — XXVI, p. 271—318.). Ein Schluſscapitel legt die Verſtöße dar, zu welchen die Valerianiſche Glaubensregel führt (p. 332—351.). Von den 10 Punkten heben wir hervor: Valerian vergeſſe, wie leicht die menſchliche Einbildung das Herz betrüge, er ſei nicht frei vom Vorurtheile, des Aberglaubens Kraft verkenne er, die ſogenannten evangeliſchen Rathſchläge (über freiwillige Armuth und Cölibat) halte er hoch; ferner, daſs er Wunder für die Kirche als nöthig betrachte, die Tradition und Apokryphen öfters der Schrift gleich ſtelle, die göttlichen Urtheile verkenne, und die äußere Kirche mit dem himmliſchen Ideal, das Chriſtus als Ziel geſetzt, identificiere, worauf ihm Comenius die Worte Chriſti anführt, die er bei Betrachtung der Kirche in Jeruſalem ſagte: „Es bleibt nicht ein Stein auf dem andern." Mark. 13 (p. 351). Dieſe Arbeit beſchäftigte den „Fanatiker des Friedens" im Anfang des Jahres 1644; aus einem Guß — wie es auch ſonſt die Gewohnheit ſeines Schaffens war — wurde ſie in ſieben Wochen fertig. Die Vorrede batiert vom 18. Juni 1644. Nimmt man dazu, daſs er daneben mit der neuen Ausarbeitung der Janua Linguarum und Janua Rerum beſchäftigt war, dabei doch als wirklicher Senior ſeiner Gemeinde bei den ins Werk zu ſetzenden

Friedensverhandlungen nur schwer vermißt worden wäre, dann wird man sich nicht wundern können, wenn er im Frühjahr dieses Jahres an einen Freund schreibt,[24a] er gedenke beim Patron um seine Abberufung einzukommen, da seine Agenden einem Menschen zu viel seien. Denselben Tag schreibt er an den Patron, jetzt müsse er auf zwei Monate nach Polen reisen, gedenke aber im Sommer nach Schweden zu kommen.

Daß diese Reise nach Polen mit Nigrinus in Zusammenhang stand, gesteht Comenius später selbst. Ende 1643 hatte nämlich die katholische Synode in Warschau, die vom König Wladislaus zur Meinungsäußerung über eine abzuhaltende, allgemeine irenische Synode der Christen veranlaßt worden, des Königs Vorsatz gebilligt, den Termin auf den 10. Oct. 1644 festgesetzt und von ihrer Seite die Theologen zu diesem Zwecke nominiert.[25] Die Synode erließ gedruckte Bekanntmachungen an die Protestanten; außerdem erließ noch der Erzbischof einen besonderen Aufruf an den Vorsteher und die Lehrer der Schulen zu Lissa. Diesem Aufrufe, der den Ältesten mitgetheilt ward, wurde Genüge gethan, eine Synode zu Lissa antwortete auf den Aufruf des Erzbischofs, sie wäre zu einer Verständigung bereit, wenn dieselbe ihrer Lehre keinen Nachtheil brächte, und versprach zu dem Colloquium nach Thorn ihre Theologen zu entsenden. Es wurde ferner beschlossen, eine allgemeine Synode der reformierten Kirchen Polens und Lithauens im August zu Orla zu halten und dieser Beschluß einigen protestantischen Fürsten und Universitäten mit der Bitte angezeigt, sie mögen ihre Meinung hierüber äußern.

Kaum zwei Monate konnte nun Comenius zu Hause zubringen; er gab inzwischen das Absurditatum Echo oder Judicium de regula fidei heraus. Die Janua rerum bereitete er zum Drucke vor. Die Arbeiten an der Janua rerum waren auch durch eine neue Verpflichtung gefordert. Im Sommer desselben Jahres nahm Comenius eine außerordentliche Professur an dem Gymnasium an[26], und verpflichtete sich für 400 fl. viermal wöchentlich von 1—3 Vortrag zu halten. Am 27. Juni wendet sich Petrus Kochlewsky an den Senat zu Elbing, man möge ihm erlauben, seinen Sohn privatim durch Comenius unterrichten zu lassen, welche Bitte durch

einen Beschluß des Senats, wonach privater Unterricht untersagt
worden war, nothwendig wurde. Die Bitte scheint günstig erledigt
worden zu sein, und der Jüngling verblieb fast ein ganzes Jahr
im Hause des Comenius.[27]) In diesem Jahre starb auch die
Christine Poniatowska, was ihr gewesener Pflegevater gewiß nicht
ohne nachhaltige Bewegung vernahm.[28])

Wahrscheinlich Ende August reiste Comenius nach Orla ab.
Die Synode zu Orla, der mehrere Antworten über die gestellte
Frage vorlagen, faßte den Beschluß, da die Zeit (10. October,
1644) zu den nöthigen Vorbereitungen zu kurz sei, den König um
einen Aufschub zu bitten. Die böhmischen Brüder wurden daselbst
angewiesen, mit den Lutheranern zu einem Einverständnisse zu
kommen, damit der Sandomirsche Vergleich streng gewahrt werde.[29])

Der König bewilligte den gebotenen Aufschub, und so gingen
die sich trotzdem in Thorn versammelnden katholischen Delegirten
mit Protest aus einander; laut einer neuen Bekanntmachung wurde
der Convent auf den 28. August 1645 ausgeschrieben.

Von Orla nach Hause gelangt, fand er einen Brief Hottons,
wo derselbe in seinem, seiner Freunde und des Patrons Namen
Vorwürfe macht, daß er seine früheren Vorsätze ändernd, sich
fortwährend auf neue Pläne werfe, und nichts durch den Druck
veröffentliche. Hierauf antwortet er dem Patron, ihn mit Hinweis
auf die Schwierigkeit der Aufgabe um Verzeihung bittend. Ein
eingehender Brief an Hotton (vom selben Tage datirt) zeigt den
inneren Kampf, der eigentlich schon seit dem Gespräch mit Oxenstierna
in seinem Geiste fortdauerte, aufs heftigste entbrannt. Er selbst,
den die Last des Versprechens drücke, wäre am frohesten, wenn er
sie schon abgewälzt hätte. „Wenn ich nur entweder mehr könnte,
oder weniger wünschte. Da ich aber, indem ich höher schreite, eine
höhere Aussicht habe, so kann ich nicht nach jenem höheren, vollkommeneren und besseren — mich nicht sehnen." Nun kenne er
die Einwendung, die ihm seiner Zeit Oxenstierna vorgehalten,
daß man vom Kleineren zum Größeren schreite, allein vergebens;
überall finde er Zweifel, wenn er sich in eine Detailarbeit ein-
lasse. Ganz ungerecht sei aber der Vorwurf, daß ihn zerstreuende
Geschäfte von der Arbeit, die er übernommen, abhalten. Sowohl

die Reisen, die kirchlichen Motiven entsprangen, als auch die
privaten Stunden, die er halte, nehmen eigentlich wenig Zeit in
Anspruch und er gehe damit keineswegs auf Verpflichtungen ein,
da er an dem Patron festhalte. In der Nachschrift führt er, dies
zu beweisen, den vorjährigen Ruf nach Siebenbürgen und das
Anerbieten Radziwills an; ferner, daß ihm evangelische Edelleute
große Summen angeboten haben, und bereit seien zum Zwecke
der Ausführung der pansophischen Pläne die Intervention des
erlauchtesten Königs zu erbitten. „Bei mir steht fest, Euch nicht
zu verlassen, außer wenn etwa ich verlassen würde. Daß dies
jedoch nicht geschehen wird, dafür habe ich viel Zutrauen zu Euerer
Tapferkeit und Hoffnung an die selige Wendung der Dinge, die
wir von der göttlichen Barmherzigkeit erwarten! Es gibt andere
mächtigere Dinge, die meinem Herzen zu Euch Liebe einflößen.
Gott kennt jene, und ihr werdet es seiner Zeit sehen." Daß
man Kozák wegen seiner Phantasmen nicht angenommen, darüber
drückt er sein Bedauern aus.[30]

Es war also allein die Hoffnung an die stets erwartete
Katastrophe, die ihn an Schweden, dieses Werkzeug Gottes kettete.
Sie war es auch, die ihn zur Pansophie hindrängte — und das
Gefühl über diesen Widerspruch war ein bitteres. Dies war aber
vor seinen Augen doch nur eine momentane Bitterkeit, die die süßen
Erwartungen weiter gar nicht trüben konnten; und die am deut-
lichsten durch die Worte charakterisiert wird: „ich verlasse Euch nicht,
außer wenn ihr mich verläßt." Am Ende dieses Jahres machte
er sich nun ernst an die didaktischen Arbeiten, und zögerte nur,
ob er zuerst die Janua rerum oder die philologischen Schriften
veröffentlichen solle. Mit Nigrinus scheint er ebenfalls nicht jede
Verbindung abgebrochen zu haben; in einem Briefe an den Castellan
Zbygnäus de Gorah,[30a] wo er über die Vorbereitungen zum
Thorner Colloquium berichtet, erwähnt er, Nigrinus beurtheile das
Werk Absurditatum Echo so: was gutes drin sei, sei von ihm
(Nigrinus) und wo der Verfasser auf etwas nicht zu antworten wisse, da wende er sich einfach an Gott. Comenius
sagt darauf, ohne Gott könne man göttliche Dinge nicht be-
handeln. Dabei trachtete er noch immer Arbeitsgenossen zu ge-

winnen; als solcher empfiehlt er den Rave, der jetzt, da seine Akademie verwüstet, zur Mitarbeit bereit war: einen anderen, den Ritschl, habe er für 200 Imperialien aufgenommen. Er sei in der alten Gesinnung geblieben und möchte wissen, ob auch der Patron darin verharre. Für die Gabe von 400 Imperialen drücke er seinen Dank aus.[31])

Aus seinem äußeren Leben ist noch zu erwähnen, daß die Elbinger ihm eine Wohnung unentgeltlich überließen; und von dem geistigen Wirken die Nachricht, daß er die Methodus Linguarum zum Druck vorbereite. Diese letztere Nachricht bezweckte offenbar dem Unzufriedenen doch auch zu beweisen, daß er seiner Verpflichtungen eingedenk sei.[31a])

Seine Entschuldigungen kamen verspätet dem inzwischen abgereisten Patron zu Händen und erst im nächsten Jahr kam die Versicherung einer weiteren Unterstützung nach Elbing. In dieser Zeit stand besonders das Thorner Colloquium, das nach einem halben Jahre bereits stattfinden sollte, im Vordergrunde, und Comenius schrieb einige Briefe an das Oberhaupt der Reformierten, den bereits erwähnten Castellan. Es war sehr betrübend, daß die Evangelischen unter einander recht uneinig waren und Comenius klagt über eine Schrift Calovs, die gegen die Päpstlichen, Calvinianer und Photinianer gerichtet — kein erfreuliches Vorspiel zu dem Convent selbst gab. Comenius selbst sei angeklagt worden, seine didaktischen und pansophischen Arbeiten bezwecken nur, die Brüder von den Lutheranern zu den Calvinisten zu überführen. Dem Freund, der ihm dies überbrachte, sagte Comenius die bemerkenswerthen Worte: „Pereant sectæ, pereant sectarum fundatores, Christo me mancupavi uni soli."

Und auch den Ernst, mit dem er an das Gelingen des Colloquiums glaubte, können wir uns nicht anders, als mit den Erwartungen des goldenen Zeitalters erklären. Krasinsky erwähnt[32]) ganz richtig: die Protestanten hätten mit der Lage von Anfang an im Klaren sein können; und andere waren es auch vielleicht. Comenius, der in dem Convent die Verwirklichung seines in den Hypomnemata enthaltenen Entwurfes fand, schrieb in dem Dankbriefe an den

Patronus: „Eine wunderbare Metamorphosis steht der Welt bevor, alles bereitet sich zur Wiedergeburt vor". Um diesem Zwecke zu dienen, arbeitete er an einer Consultatio catholica de rerum humanarum Emendatione, — dem ersten Theil des geplanten pansophischen Werkes, über den er aber schreibt, es sei „sub manu". Daselbst berichtet er, dass er zum Colloquium in Thorn von den Brüdern abgeordnet worden sei, und in seinen Briefen kommt er auf diese Angelegenheit öfters zurück. Nach einem Monate schreibt er, er möchte gerne nach Schweden hinüber kommen, um über das Colloquium, wozu ihn die Weltlichen rufen, zu sprechen und fragt auch, ob er die Schiffe des Patrons gebrauchen könnte. Diese erwünschte Fahrt nach Schweden erklärt er damit, dass er eigentlich vor der Theilnahme an dem Colloquium sich flüchten möchte.[33] Er sandte zugleich den Mitarbeiter Ritschl, der nach England zurückreiste, auch nach Schweden, auf dass er über das Fortschreiten der Arbeiten und über die Pläne des Comenius mündlich berichte.

Während nun die Vorbereitungen zum Colloquium besonders von katholischer Seite eifrigst betrieben wurden, ward auch eine brüderliche Synode im April 1645 zu Lissa abgehalten.[34] Neben der Wahl der Männer, die zum Colloquium zu entsenden seien, verhandelte man auch über das Verhältniß zu den Lutheranern, das ins Reine zu bringen die vorjährige Synode zu Orla ihnen angeordnet hatte. Sie schickte Abgeordnete mit einem schriftlichen Auftrage, die Lutheraner aufzufordern, mit ihnen bei der Zusammenkunft gemeinsam vorgehen zu wollen, und die zwischen ihnen streitigen Fragen daselbst nicht aufzuwerfen, was die lutherische Versammlung, eine hier entscheidende Anfrage bei der Wittenberger Facultät sich vorbehaltend, — freudig zusagte, und wenn auch die Antwort nicht völlig günstig war, auch hielt.[35] Es war auch ein früheres Eintreffen in Thorn (14 Tage vor der königlich angekündigten Frist) in Aussicht genommen worden, um sich über die Details des Vorgehens zu verständigen.[36]

Comenius hatte unterdessen auch an dem 2. Theile des polemischen Werkes gegen Valerianus gearbeitet, am $^{15}/_{25}$ Mai war es bereits fertig und am 1. Juni schrieb er die Vorrede an

Balerian dazu. Mit großem Entzücken knüpft diese Vorrede an eine Äußerung Balerians an,[37]) wo derselbe zugab, daß die römische Kirche zu den Schismen selbst Veranlassung gab und bittet ihn, an der auch von ihm für wünschenswerth befundenen Reformation der Kirche energisch zu arbeiten, versprechend, hiebei mitzuhelfen; und indem er derart zur Sache der Glaubensregel übergeht und des ersten Erfordernisses derselben, nämlich der Kürze gedenkt, legt er den Inhalt der acht Capitel des Balerianischen Buches kurz dar, mit dem Ersuchen, man möge alles das, was hier steht, klarlegen, und nicht außer Acht lassen. Die acht Capitel des Werkes erschöpfen den Titel selbst folgendermaßen: Judicium (1), Neufeldii (2), de fidei (3), Catholicæ (4), Regula Catholica (5), eiusque Catholico usu (6), ad Valerianum Magnum (7), omnesque Catholicos (8) (p. 362—363). Die Behandlung hat mit den Hypomnemata viel gemeinsames; so unter anderem das deductive Verfahren. Der Verfasser geht von dem Begriffe des Urtheils aus, und sucht in 56 Axiomen die wichtigsten Wahrheiten zu erörtern, die bei der Entscheidung einer Streitfrage in allgemeinem Interesse vor Augen zu halten seien (wir erwähnen nur das letzte, nach welchem man mehrere Richter und nicht nur einen zu befragen habe). (I.) In 64 weiteren Axiomen wird das Urtheilen eines einzelnen Menschen im Allgemeinen beschrieben, so wie die Gesetze, nach denen der Einzelne zu urtheilen habe, um von Vorurtheilen und Irrthümern gesichert zu sein, die Gründe richtig abzuwägen, und mit einander in Einklang zu bringen (II.). Das dritte Capitel handelt über den subjectiven Glauben. Nach einer Unterscheidung der sieben verschiedenen Anwendungen dieses Wortes in der Bibel, will er hier den sogenannten historischen Glauben verstehen, und nimmt mit Balerian an: Wissen sei nicht Glauben, der Glaube aber sei der Abschluß des menschlichen Wissens, er sei frei, sicher, einsichtsvoll (oculata). Bevor er glaube, will er wissen, der blinde Glaube sei nur der Schatten eines Glaubens (36 Axiomen). Der Begriff des Glaubens wird auch im objectiven Sinne auf die Religion angewandt (IV.). Die Religion ist die Sorge und das Bestreben nach Gottesverehrung um Gott zu gefallen. Einige allgemeine Wahrheiten über die Religion stehen hier: ihr Zweck sei, Gott zu gefallen, das Bestreben nach ihr sei allen eingeboren, sie ist das engste Band zwischen den Menschen. Ihre Fundamente sind: Glaube, Liebe, Hoffnung; ihre Stützen, (Firmamenta): Lehre, Sacramente, Disciplin; ihr Schmuck: Tempel, Feste, Ceremonieen. Ohne Revelation gebe es keine Religion. Das Wort katholisch heißt im Griechischen so viel, als allgemein oder gemeinsam; katholischer Glaube kann nur einer sein, er muß wahr sein, er ist eine göttliche Institution, er ist nur bei Christen möglich. Alles das und nur das, was Gott geoffenbart, zu glauben, ist der wahre katholische Glaube. Alles das und nur das, was Gott befohlen, zu thun, ist wahrhafte katholische Ergebenheit. Alles das und nur das, was Gott versprochen (praestanda), ist wahrhaft katholische Seligkeit. Wer nicht katholisch ist, ist Häretiker (IV. Cap. XXXI. Ax.). Nun handle es sich um die Glaubensregel. Der Glaube, da er auch eine Action des Geistes sei, hat auch seine Regel. Diese ist für den katholischen Glauben die heilige Schrift; in zweiter Reihe ist es aber die katholische Kirche, alle ihre treuen Lehrer, besonders in Synoden versammelt; dies aber nur in dem Sinne: was sie meinen, ist wahr, nicht weil viele oder alle dasselbe meinen, sondern weil es an der Norm der Wahrheit geprüft, so erscheine (V. Cap., 48 Ax.). Das folgende gehaltreichste Capitel (V., 122 Ax.) handelt von der Anwendung dieser Glaubensregel. Die in der zweiten Reihe genannte Glaubensregel, die Kirche, in ihren Medien, sei zur ersten zurückzuführen, d. h. alles, was man in der Kirche lehre, lehre man durch die Schrift, was man darin verbessere, verbessere man durch die Schrift (Cap. VI.). Das siebente Capitel enthält Ermahnungen an Valerian, indem es ihm noch einmal die Irrthümlichkeit und Mangelhaftigkeit seiner Glaubens= regel nachweist, und die Vorzüge der obigen Regel, die an Stelle der Kirche überall Gott und dessen Wort setze, nachweist, er möge wohl nicht zu den Evangelischen übertreten, wie man dies umgekehrt vom Verfasser gefordert, sondern er möge seinen Brüdern dieselbe Wahrheit aufweisen suchen, damit alle dieselbe gleich schauen, und gleichartig alle denjenigen preisen, dem allein Preis gebührt. Es möge demnach die Kirche den weiten Platz neben Christus haben, aber Christus soll durch das Wort und den Geist herrschen, so

daſs ihm die menſchliche Autorität nicht präjudicire; wird dies
zugegeben, ſo wird in dieſem Punkte keine Meinungsverſchiedenheit
obwalten. „Wenn ihr hierüber noch nach dieſer katholiſchen Regel
euch und das eurige verbeſſert, werdet ihr ſogleich ſehen, was wir
thun werden" (p. 525). Ein ergreifendes Schlußcapitel (VIII.)
faßt allen den praktiſchen Inhalt — der bei dieſen Ausführungen den
Geiſt des Verfaſſers erfüllt, in der edelſten Weiſe zuſammen.
Dieſes theure Juwel, die Schrift, mögen nun alle Chriſten möglichſt
verbreiten (auch unter den Nichtchriſten, Türken) (p. 527); ſie
mögen ſich in dieſelbe vertiefen, aber ſie nur dazu gebrauchen, wozu
ſie da iſt, am allerwenigſten aber gegen ihre eigene Intention. Und
hier wendet er ſich an beide ſtreitenden Theile: hält den Evangeliſchen
den Spiegel ihres freieren Lebens vor, ihre Zwiſtigkeiten, und
ſchließt mit der Apoſtrophe an die Katholiſchen: wenn ſie es ſchon
eben verſchmähen, ſich mit den Evangeliſchen zur gegenſeitigen
Verbeſſerung zu verbinden, ſo mögen ſie dieſe mindeſtens ſich ſelbſt
und Chriſto überlaſſen, und ihnen nicht nehmen, was ſie nicht
geben können: das himmliſche Licht. „Ich vertheidigte nicht den
particularen Weg einer Sache, ſondern ich vertheidigte die Sache
Gottes und der katholiſchen Kirche gegen die Secten . . . . Ich
möchte meine Schrift nicht als polemiſche, ſondern als ireniſche
gelten laſſen. Es mögen weichen die Kriege; es mögen zurückkehren
den Gemüthern, der Kirche, der Welt Friede und Eintracht durch
den Fürſten des Friedens" (p. 546).

Allein auch auf der Höhe, wohin er ſich auf den Flügeln
des ſeligen Glaubens in die baldige gründliche Wendung der
Dinge ſchwang, wurde ihm die Laſt des Lebens fühlbar. Die
Verpflichtung mit Geer war gar nicht ſeinen Wünſchen entſprechend:
dennoch fühlte er als gewiſſenhafter Mann ſehr lebhaft das Gebot,
das ſie ihm dictierte, ſeine Kraft den Schularbeiten nicht zu entziehen. Wir wiſſen, daſs die neue Janua, die Methodus L. N.,
die Janua rerum bereits längere Zeit in Arbeit waren; — er
ließ alſo ſeinem ungeduldigen Patron berichten,[35] daſs er alle
dieſe Arbeiten unter dem Titel Pampaedia erſcheinen laſſen wolle;
der Patron möge dem Buchdrucker aus Holm ſchreiben, ſich mit
Papier zn verſehen; auch möge der Patron einen Wunſch äußern,

wem die Werke zu widmen seien. Da Ritschl bald weggeht, so
habe er einen ausgezeichneten Mann, Namens Kinner [39a]) zu sich
genommen, er werde ihm 400 Thaler jährlich geben. Aber betreffs
des Colloquiums zu Thorn scheint er die Meinung doch geändert
zu haben. Als nun der Patron die gewünschte Berufung zugesandt
hatte, oder zusenden wollte, [40]) entschuldigte sich Comenius, und
schrieb, er müsse dem Drängen der Glaubensgenossen nachgeben
und nach Thorn gehen, mindestens zur Vorberathung; er werde
aber trachten recht bald fortzukommen. Er habe sich unterdessen
entschlossen, die didaktischen Arbeiten dem Schwedenland zu widmen,
wem er das pansophische Werk widme, das wisse er nicht, schließlich:
„Septentrionalium Regnorum Trigæ“. „Jedoch ist genug Zeit
hierüber zu verhandeln, abzuwarten sei die Vollstreckung der Urtheile
Gottes über Babylon, damit wir nicht dem Urtheile Gottes vor-
zugreifen scheinen.“ „Es begreift auch die Welt Solches noch nicht
— sie wird es aber.“ Wenn die Bücher in Schweden erscheinen
sollen, so möge sich der Buchdrucker Kayser ja mit Papier versehen.

In dieser Seelenunruhe war er doch im Stande dem jungen
Convictor, Amb. Kochlewsky, der am 9. Juni von ihm schied,
an dem Tage des Abschiedes eine kurze Lebensweisheit unter dem
Titel: Regeln für das weise, harmonische, ruhige, thätige, mit
Beschäftigungen erfüllte (negotiis obrutæ), und beschäftigungslose
(liberaliter otiosæ), schließlich für das wandernde Leben. Man
handle demnach stets nach Zwecken und dies mit Rücksicht auf die
Ewigkeit; das ganze Leben sei eine Vorbereitung zum Tode (1),
man halte Ordnung, hüte sich vor Lüge und Widerspruch (2),
vermeide jede Störung des Geistes und des Wissens (3), man sei
zur Arbeit selbstthätig, nichts aufschiebend, hilfreich, „nulla dies
sine linea“ (4), man nütze die Zeit aus, rede wenig, gebrauche,
wo es zulässig, fremde Hilfe und wechsle zuweilen die Beschäftigung
(5), auch zur Ruhezeit könne man spazierend oder converfierend
etwas Erfrischung erhalten (6); und da der Jüngling auf die
Reise gehen soll, so möge er den Zweck derselben vor Augen halten,
gewappnet gegen das Gift der Welt, und wie der junge Tobias,
den Willen seiner Eltern erfüllen (7). Ein kurzer Segensspruch
schließt das Schriftlein. [41])

III.

Die letzten drei Jahre in Elbing.

Die außerordentliche Professur gab Comenius auch auf, als er sich im August zum Thorner Gespräch begab. [1] In Thorn traf er viele Bekannte. Von Seite der Reformierten waren außer dem Superintendenten Bythner, der frühere Mitarbeiter G. Bechner, der in diesem Jahre auch eine neue Ausgabe des Vestibulum besorgte[2] erschienen, ferner der Gegner des Martinius, Joh. Felinus; der einstige Rector zu Lissa, Andreas Wengersky; von lutherischer Seite Johann Bothsaccus, ein Gegner des Valerianus; der Übersetzer der Janua, Johann Mochinger. Von den katholischen Abgesandten finden wir „Dominum Bartholomæum Nigrinum SRM Secretarium." [2a]

Wir übergehen hier die Beschreibung des Convents, den Krasinsky getreu nach den Acta Conventus Thoruniensis schildert, um uns keiner überflüssigen Arbeit zu unterziehen, und erwähnen blos, daß derselbe ohne jeglichen Erfolg auseinander gegangen ist.[2b]

Gewiß aus Rücksichten auf Herrn v. Geer hatte Comenius an dem Gespräch keinen hervorragenden Antheil nehmen wollen. Dies erwies sich bald als kluge Vorsicht. Was er wollte, hatte er in drei Schriften ohnehin gesagt, die wahrscheinlich in demselben Jahre zusammen unter dem Titel J. A. Comenii Irenica quædam Scripta pro pace ecclesiæ erschienen waren.[3] Eben als er Thorn den Rücken kehren wollte, traf ihn ein Brief des Herrn v. Geer, der ihm darin die größten Vorwürfe ohne jedwede Schonung ins Gesicht schleudert: er möge seine Nahrung von dem nehmen, für den er arbeite; seine dreijährige Thätigkeit sei fruchtlos, er veröffentliche nichts, deshalb werden ihm

auch die erbetenen 400 Thaler für Kinner nicht bewilligt. Als
dies die Ältesten seiner Amtsbrüder erfuhren, richteten sie
an den Patron[4]) einen versöhnenden Brief (Bythner, Felinus,
Vechner, Hartmann, letzterer unter den Abgeordneten nicht erwähnt)
und versprachen in Erwiderung auf dessen Brief, von welchem sie
Kenntniß haben, Comenius werde von nun an mit größerem Eifer
arbeiten. Zwei Tage darauf schrieben eben dieselben an Mathiae,
sie begrüßten ihn als Bischof (Strengnensis) und lobten seine
„Idea boni in Ecclesia ordinis," die im vorigen Jahre erschienen
war. Sie hoffen betreffs Deutschlands das beste und seien bestrebt,
die zerstreute Heerde zu sammeln und Mathiae möge sie in diesem
Bestreben unterstützen. Comenius wollte darum im Sommer that=
sächlich selbst in Schweden bitten, aber er vermochte seinen flehenden
Glaubensgenossen nicht zu widerstehen und so möge man ihm
verzeihen.

In Elbing angelangt, schrieb auch Comenius,[5]) und zwar
sowohl an den Patron, als an Hotton. Seine Antwort ruhig und
zart gehalten, weist nochmals auf die Größe seines in Arbeit be=
griffenen Werkes hin, weshalb eine Verzögerung der Ausgabe wohl
gerechtfertigt erscheinen müsse. Neben anderen Entschuldigungen
ist besonders eine bemerkenswerth: Der Patron werfe ihm unrecht vor,
daß er für Kinner einen zu hohen Gehalt ausgesetzt habe, auf anderen
Laufbahnen würde man für andere, minder werthvolle Arbeit besser
honoriert; übrigens habe der Patron sowohl für diesen, wie für
die übrigen Mitarbeiter keine Sonderauslagen gehabt, da Comenius
diese anderweitig bestreite. Besonders schmerzlich berühre es
Comenius, daß man ihn aller Freiheit beraube, aber wie er einst
geschrieben, beharre er auch jetzt darauf: er verlasse Schweden
nicht, so lange er nicht verlassen werde. Zugleich versprach er
auch, die bidaktischen Arbeiten, die unter der Unterstützung Geers
entstanden, diesem zu widmen. Doch ein Lüftchen wird keine
starke Flamme löschen. Comenius hielt, durch den Brief aufs
tiefste gekränkt und betrübt, das Interesse für das Gemeinwohl
nicht weniger wie früher vor Augen. Gegen Ende des Jahres
schrieb er an Gorah[6]), indem er ihm einige Briefe über das
Gespräch zu Thorn zusandte, Rom sei nicht zu versöhnen, weil

nicht zu reformieren. Er fügt noch bei, er wisse von Duraeus bereits seit einem halben Jahre gar nichts, derselbe habe auf zwei seiner Briefe nicht geantwortet; auch Hartlib sei ihm entrückt. — Nun verbreitete sich aber das Gerücht, der König wolle zu demselben Zwecke, wie vorher, einen neuen Convent einberufen, da griff Comenius unbeirrt das vierte Mal zur Feder. Besonders auf den Rath einiger Vornehmen schrieb er einen Tractat: Die Christenheit ist zu versöhnen, wenn Christus der Versöhner ist. Darin wird erwiesen, wie leicht die Christen einmüthig sein könnten, wenn sie wahrhaft und ernstlich Christen sein wollten. Die Abhandlung, welche durch eine glänzende Beweisführung hervorragt, wurde, dem König Wladislaus IV. gewidmet, weil der Plan in die Brüche gieng, niemals gedruckt. [7])

Der Patron unterdrückte seine Aufwallung und ließ wieder sein Wohlwollen walten. · Im Anfang des Jahres 1646 ließ er Comenius 500 und seinen Glaubensgenossen ebenfalls 500 Imperials aushändigen. In dem Dankschreiben [8]), das darauf erfolgte, spricht Comenius schon davon, seine didaktischen Arbeiten in Druck zu legen; er wollte denselben lieber in Amsterdam als in Danzig bewerkstelligen lassen. Nun werde er aber trachten, diese Arbeit zu beenden, denn seine Gläubigen wünschten ihn lieber im Dienste der Kirche zu sehen; schließlich ist er auch nur ein Mensch und bei einer solchen Arbeit habe man nicht allein auf die Masse, sondern · ebenso auf den „usus" zu sehen. Die Arbeiten gediehen auch so weit, daß Comenius, nach Schweden berufen, den 21. August (1646) mit Figulus und Kinner dahin abreiste [8a]) und auf den · Wunsch des Patrons alle Arbeiten einer dreigliedrigen Commission vorlegte. Die Commission approbierte die Schriften und ordnete nach Anwendung der letzten Feile deren Druck an. [8b]) Das war keine geringe Arbeit und so hatte Comenius eine Zeit lang alle Hände vollauf zu thun, und es scheint, daß ihm die weitere Unterstützung trotz des Beifalles, den seine Werke fanden, zuletzt entweder gar entzogen, oder hinausgeschoben wurde.

————

Außer dem Empfehlungsbriefe des Duraeus fehlt aus dieser Elbinger Zeit beinahe jede Spur der Verbindung mit England.

So viel ist gewiß, daß besonders Hartlib die Rückkehr des Comenius zu den philologischen Arbeiten recht übel aufnahm: auch haben wir erwähnt, daß Comenius den Beitrag der englischen Kaufleute zur Pansophie an Hartlib anzuweisen hatte. War auch die Verbindung also nicht unterbrochen, klagt Comenius zu Ende 1645, er sei im Zweifel, ob Hartlib lebe oder nicht.[9] Wir wissen, daß Hartlib auch während der Zeit in der Richtung, die auch Comenius befolgte, unermüdlich thätig war.[10] Durch seine Schriften und Gesinnung schloß Hartlib mit dem geistreichen Dichter und Schriftsteller Milton die Bekanntschaft und veranlaßte ihn, seine Gedanken über die Erziehung zu Papier zu bringen[11] und dieselben ihm zu widmen.[12] Die Vorrede thut, wenn auch mit Verschweigung des Namens rühmliche Erwähnung des Mannes, „den die gütige Vorsehung aus der Ferne hiergesandt, um dieser Insel Gelegenheit und Anregung zu einer großen Wohlthat zu geben"; die Worte, daß er den Inhalt vieler nutzlosen Januas und Didaktikas nicht wiederholen werde, müssen sich nicht auf Comenius beziehen, da ja die Didaktik desselben noch gar nicht erschienen war und die Janua schon vor Comenius in England herausgegeben wurde. Allerdings weist auch der Inhalt der Miltonschen Schrift auf den Umstand hin, daß er für die Comenianischen Reformen weniger Sinn hatte, als sein Freund Hartlib und wiewohl darin ein schönes und kühnes Bild von der Erziehung entworfen wird, dem man neuerdings aus Interesse für den berühmten Dichter nicht mit Unrecht mehr Aufmerksamkeit widmet, weicht es doch von dem Comenianischen Ideal nicht vortheilhaft ab. Von den großen Gedanken des Comenius sind es zwei, denen er sich nicht entzieht: er betont die Wichtigkeit des verbundenen Sprach- und Realunterrichtes und die Nothwendigkeit der körperlichen Ausbildung.[13]

Hartlib entwickelte aber auch eine recht lebhafte literarische Thätigkeit, die mit jener des Comenius vielfach parallel war. Gleich jenem und ihrem gemeinsamen Freunde, Duraeus, eiferte er für die Union der Evangelischen;[14] und die Idee einer Verbesserung der menschlichen Dinge fand Verkörperung in seiner

Macaria.[15]) Für die religiöse Duldung[16]) erhob er seine Stimme in ebenso jammernden Worten, wie sein Freund in Elbing. Seine gemeinnützige Thätigkeit brachte ihm die Freundschaft vieler vornehmen Geister; zu diesen gehörte in den letzten Jahren seines Lebens auch Herbert v. Cherbury. Durch Hartlib wurde Comenius, trotz zeitweiliger Pausen, wie die letzterwähnten Jahre, von den geistigen Bewegungen Englands ebenso informirt, wie die englische Lesewelt von den Arbeiten des großen Verbannten.

Wir werden uns gar nicht wundern, daß Hartlib auch die chiliastischen und apokalyptischen Neigungen seines Freundes völlig theilte. 1646 (25. August) schickte ihm ein v. Franckenberg eine Idea sive Ichnographia Oedypi Aegyptiaci etc.; die Schrift war schon im Vorjahre Hartlib durch dessen Bruder Georg, zugeschickt worden, aber die Handschrift sei damals verloren gegangen. Nun bittet der Verfasser nochmals um die Unterstützung Hartlibs und verweist auf die Schätzung, die ihm von Comenius zu Theil wird. Die Antwort möge ihm auch durch Comenius oder Georg Hartlib zugesendet werden.[17])

Zu dieser Zeit war Cypr. Kinner bereits längst ein Mitarbeiter der Comenius geworden. Wir erwähnten auch, daß die in Schweden erfolgte Prüfung der von diesen beiden gemeinsam verfaßten Schulbücher mit der Erkenntniß endigte, daß sie nur noch einer Feile bedürfen, um gedruckt werden zu können. Über Kinners Vergangenheit erzählt Hartlib, daß er sein bedeutendes, mit der Frau bekommenes Vermögen, wie auch viele Manuscripte in Schlesien in Folge des Krieges verloren habe. Er flüchtete sich nach Ungarn und Siebenbürgen, wo ihn seine Kenntnisse die Freundschaft von Männern, wie Alsted und Bisterfeld, brachten. Hierüber in Kenntniß gesetzt, berief ihn Comenius, um ihm die Schriften über die Reform der Schulen und den Unterricht der Sprachen ausarbeiten zu helfen.[18])

Nachdem längere Zeit die Spuren einer Correspondenz zwischen Elbing und London fehlen, erfahren wir Ende 1646, daß Herbert sein Werk dem Comenius mit der Bitte zugesandt habe, daß er darüber sein Urtheil fälle.[19]) Das Buch gefiel dem Comenius außerordentlich, aber eine eingehendere Beschäftigung damit mußte ausbleiben. Die Correctur an den didaktischen Werken verzögerte ohnehin länger, als es je zu wünschen war, deren Erscheinen. Ein Werk Hottons über die gegenseitige Toleranz der Evangelischen bittet er von Wolzogen. Mehrere wünschten es von ihm, sonach möge Wolzogen es durch seinen Sohn abschreiben lassen und ihm zuschicken; es handelte sich also vermuthlich um ein Manuscript.

Schon zu dieser Zeit stimmten die Friedensaussichten die Seelen der Verbannten zur Hoffnung. Umso mehr, als Comenius eben zu dieser Zeit mit großer materieller Noth zu kämpfen hatte. Die Unterstützung, die ihm die belgischen Pastoren versprochen hatten, blieb aus [20]) und da wandte er sich an diese mit der Bitte, sie mögen doch für seinen Mitarbeiter Ritschl, [21]) der in größter Noth sei, etwas geben. Den Vorwurf, daß er die Ausgabe verzögere, sucht er damit zu entkräften, daß ihm Herr v. Geer, der ihn auch verlassen wollte, nachdem er die Größe der Arbeit eingesehen, noch eines Jahres Zeit zugegeben hat und gegenüber der mannigfaltigen Verdächtigungen ruft er Gottes Zeugenschaft auf, daß er so bloß sei, daß man bei der Einsicht in seine Lage keinen Verdacht hegen könne. [22])

Mehr noch als die Noth und Entbehrung schmerzte ihn die Nothwendigkeit des Bittens, — er sagt Bettelns. „Lieber sterben als betteln," sagt er in einem bald darauf geschriebenen Briefe an Hartlib [23]) und dies so ernst, daß er sich auch den Patron des gegebenen Versprechens zu erinnern schäme, wenn er auch dabei entbehren müsse. An Ritschl sandte er durch Hartlib 50 Imperials, fürs weitere gedenkt er die Hilfe der belgischen Pastoren dazu verwenden, sonst soll sich aber Ritschl selbst helfen. Ein leiser Vorwurf zieht sich dabei durch die ganzen Ausführungen des Briefes gegen Hartlib. Er habe es mit der Herausgabe des Prodromus gewiß gut gemeint, aber sein Zweck ist weder für die Sache, noch für die Person erreicht worden. Die Arbeit schreite langsamer vorwärts, als wenn er allein still gearbeitet hätte, und er selbst habe so viel Last, wie viel er sonst nicht gehabt hätte. Darum denke er daran, wenn er die sehr dornenvollen Studien beendet haben werde, zu irgend einem Amte zurückzukehren und sein eigenes Brod essend, das noch erübrigende zu beenden. Dies rathe er auch dem, mit der Begründung einer Correspondenz-Kanzlei beschäftigten Hartlib,[24]) dem er daraus recht viel Mühsal verspricht und drückt darüber, dass ihr gemeinsamer Freund Duraeus bereits eine sichere Stelle habe, seine Freude aus.

Über Ritschls Abgang tröstete er sich[25]) damit, dass dieser in England für ihn mehr thun könne. Er sandte ihm übrigens den Entwurf der zu verfassenden Metaphysik, berichtete ihm auch über die philologischen und andere Schriften. Die Arbeit Hottons habe ihm und den Freunden so gefallen, dass sie sie gerne hätten ins Deutsche übersetzt.

Sonst begannen nun die Verhandlungen über die Schul-bücher. Er habe, so berichtet er nach Schweden, bereits an den Äzer Bilder geschickt, die aber kaum mehr hineinkommen durften; es ist wahr, dass die Bücher so billiger werden, aber der Unter-schied ist nicht groß. Dieser Mangel ist doch sehr bedauernswerth; es wäre ja genug gewesen, wenn sich sie die Reicheren gekauft hätten. Die Bilder zeichnete Comenius selbst; aber er schob die Arbeit auf, bis er mit den Sachen selbst fertig werde.[26])

Neben all' diesen metaphysischen, irenischen, philologischen Schriften blieben die pansophischen noch immer im tiefsten Innern seines Herzens.[27]) Die Gründe dafür blieben die alten. Die Hauptgedanken der Consulatio Catholica, die nun mit dem Titel „Panegersis" als der erste Theil der Pansophie galt, waren die unitas, simplicitas, spontaneitas. Mit Freude las er in einer ihm zugesendeten Schrift Hartlibs über das öffentliche Vermittlungs-amt, eine vielsprechende Idee zur Förderung des Gemeinwohls, die P. F. ins Lateinische übersetzte. Es handelte sich darin um die Errichtung eines allgemeinen Bureaus, worin die Bürger (die armen unentgeltlich) Information über weltliche und über geistige Angelegenheiten und Interessen erhalten; für die ersteren sorgte das Amt der Versorgung, für das zweite das Amt der Mit-theilungen. Dies letztere hätte die Religion, sowie alle Thätigkeiten des Geistes zu fördern; „Inventare und Cataloge über diese Dinge, sowie Correspondenz und gelehrter Verkehr mit allen Männern von Talent innerhalb und außerhalb Englands", gehörten zum

Wirkungskreis. Die wissenschaftlichen Bestrebungen Bacos und die pädagogischen des Comenius sollen durch das Bureau ins Leben geführt und in jeder möglichen Weise gefördert werden.[28] Hartlib hatte auch sonst manche Wünsche an Comenius gehabt. Er wünschte, daß die didaktischen Arbeiten dem englischen Parlament gewidmet und wegen Übersetzung nach England geschickt werden. Hierauf antwortete Comenius im Juni, daß er die Arbeiten in Amsterdam werde drucken lassen und den Rulicius mit der Aufsicht betrauen. Über die Panglottie möge Hartlib die letzten 12 Capitel der Methodus Ling. N. sehen. Für die Londoner Academie wünsche er, dieselbe möge nach dem XVIII. Capitel der Via Lucis wirksam sein. Im allgemeinen wünschte Comenius: wie vor drei Jahrhunderten die Reformation von England nach Böhmen kam und so in ganz Europa drang, so möge sich jetzt derselbe Fall wiederholen. In demselben, wo er über dies schreibt, fügt er einen Brief für Herbert bei, und läßt den Duraeus bitten, dieser möge seine Bemerkungen über Methodus Ling. ihm zusenden wollen. In der aufreibenden Arbeit, die mit mancher Entbehrung noch bitterer wurde, verging das Jahr 1647. Um sein Schicksal zu erleichtern, entließ Comenius gegen das Ende desselben die Mitarbeiter außer Kinner, damit er leichter leben könne. Dazu trug auch wesentlich eine Sendung des H. Geers (500 Thaler), was Comenius eine unaussprechliche Munificenz nennt.[29]

Schon in diesem Jahre wurden in Osnabrück eifrige Friedensverhandlungen gepflegt; die Protestanten bestanden darauf, daß der Kaiser den Exulanten die freie Rückkehr gestatten möge, worein der Kaiser nur unter der Bedingung des Übertritts zur katholischen Religion einwilligen wollte.[30] Ein Memorandum, wo die protestantischen Stände dies fordern, wollte der kaiserliche Bevollmächtigte Trautmannsdorf gar nicht bis zu Ende anhören.[31] Dies war im Februar. Seit Juni war die ganze Versammlung wieder in Münster versammelt, aber im Verlauf des ganzen Jahres geschah kein Erfolg verheißender Schritt, die Zeiten deuteten vielmehr daran, daß das Friedenswerk gefährdet sei. Nicht ermüdet in seinen Erwartungen, arbeitete Comenius an der endgiltigen Feststellung seiner didaktischen Schriften, dabei lebhaften Sinn für

Alles, was für die Menschheit, besonders das evangelische Christenthum bedeutend war, bewahrend. Schon seit langer Zeit hatte er
mit Schmerzen die Ereignisse in England verfolgt; besonders
waren es die Streitigkeiten um das Kirchenregiment, die er tief
beklagte. [32]) Wohl fand er, wie sein unbefangener Geist überall
die edlen Motive mit Vorliebe suchte, auch in den Bestrebungen
der Independenten „eine sehr werthvolle Perle der Vornehmheit
der menschlichen Seele und der den Geistern durch Christus zurück-
gegebenen Freiheit," trotzdem galt ihm deren Lehre für irrthümlich,
und dies Urtheil erlaubte er sich nur Hartlib gegenüber, der ihn
gewiß nicht mißverstehen werde. Als man nun im J. 1648 davon
sprach, daß eine nationale Synode einberufen werden solle, setzte
sich Comenius ans Werk und verfaßte im Frühjahr 1648 ein
Schriftlein mit dem Titel Independentia etc., die er der englischen
Kirche widmete. [32a]) Die Widmung vom 31. Mai datiert, erinnert
an den Unterschied in den Zuständen der englischen Kirche in der
Vergangenheit, wo alle treuen Christen Gott für seinen reichen
Segen dankten, während in der Gegenwart die unter ihnen entstandenen Schismen mit ihrem grausamen Auftreten — und dies
alles nur um die Frage der Kirchenverwaltung — alle Christen
betrüben. Die ganze Welt staune über den Gedanken der Independenten, der eigentlich zur Anarchie führe. Wohl sehe der Verfasser das edle Streben der Independenten ein, da aber alle dies
nicht merken, so sendet er die gegenwärtige Schrift, nur mit dem
einen Zweck, dieselbe möge Haß und Streitigkeiten vermindern
und die christliche Liebe vergrößern. Die Rückkehr des Friedens
ersehnt für sie der Verfasser aus ganzem Herzen.

Die Ausführungen selbst sind auch hier deduktiver Natur.
Es wird vor Allem die Nothwendigkeit der Abhängigkeit in der
Natur, Kunst, Moral und Politik nachgewiesen, sie gehört nämlich
zur Ordnung, deren metaphysische Erfordernisse: Collectio, Collo-
catio, Colligatio sich überall, wo Leben ist, im Interesse desselben geltend machen, wo aber Verbindung vorhanden, dort hängt
das eine von dem andern ab (p. 11). Wo die daraus folgende
Unterordnung fehlt, dort geht alles zu Grunde, wie z. B. beim
Baume, dessen Äste vom Stamme abgeschnitten werden (p. 12).

Alles hängt wohl von Gott ab, allein Gott beherrscht doch nicht alles unmittelbar, sondern die Dinge sind mit einander verkettet, und hiebei das eine von dem andern abhängig, dies sowohl in der physischen, als in der sittlichen Welt, und auch in der alt- und in der neutestamentlichen Kirche. Darauf weist der Ausspruch des Apostels, daß die Kirche der Leib Christi sei, hin: wie die einzelnen Körpertheile, hängen die einzelnen Mitglieder mit einander zusammen (p. 18). Und wie es in der politischen Welt dreierlei Regierungsformen gibt: die monarchische, aristokratische und demokratische, so finden wir im alten T. alle drei Formen: den Aron als Oberhaupt, ein beständiges Consistorium (die 70) und im schwierigsten Falle die ganze Kirche (p. 19). Wird die Abhängigkeit geleugnet, so entstehen daraus manche Absurditäten (p. 20—21) und Schäden für die christliche Kirche. Es ist leicht einzusehen, wie aus der Vernachlässigung der Abhängigkeit Verwirrungen entstehen. Hiemit ist schon gesagt, daß die Unabhängigkeit nicht gänzlich aufgehoben werden soll, denn alles Abhängige hängt ja schließlich von einem Unabhängigen; diese Unabhängigkeit sei eine relative oder absolute, welche letztere nur Gott gebühre (p. 22). Es wird hier aber jene Unabhängigkeit gemeint, welche oft die Theile eines Ganzen für sich beanspruchen, indem sie versuchen, ein jedes ein Ganzes zu sein, was dem Fall analog wäre, wenn die Bürger einer Stadt, jeder für sich und nicht für die Stadt gemeinsam arbeiten möchten. Zahlreiche Beispiele aus der Geschichte beweisen dies (p. 22—27).

Nun folgen nach einander Ermahnungen an die drei Kirchenparteien Englands. Vor allem werden die Independenten an die Schädlichkeit und Häßlichkeit ihres Unternehmens, des Zerreißens der Einheit ermahnt. Die vielen Sekten an dem Körper der einen Kirche bieten den Anblick eines von Würmern zerfressenen Körpers, an dem so viel Würmer, so viel Sekten, deren jede für sich arbeitet und dabei das Gemeinsame zehrt. Es ist nicht nur häßlich, es ist sogar sündig das Unternehmen (p. 31—32) und schadet der Verbreitung der Evangelischen unter den Ungläubigen in sehr klarer Weise (p. 32—33). Und alle die Gründe, die die Independenten dazu bewogen, sind nicht hinreichend. Diese waren: 1.) sie seien

der bischöflichen Würde satt; 2.) sie wollen aus der unmittelbaren
Verbindung mit Christo reicheren und reineren Geist schöpfen;
3.) manche sondern sich aus Stolz und Selbstgefallen von den
übrigen ab; 4.) sehr viele sind, die sich den Independenten anschließen, um straflos Häresien einführen zu können.

Einzeln prüft der Verfasser diese Gründe; wir erwähnen folgendes: der erste Grund sei irrig, denn die Folge der Flucht vor
dem einen Bischof führt zu mehreren Bischöfen; aus der Tyrannei
wird die Anarchie. Der zweite Grund wird dadurch umgestoßen,
daß Gott in den Menschen hier unter dem Himmel in gewöhn-
licher gesetzlicher Weise wirken will. Im Zusammenhange mit den
übrigen Gründen werden noch Ermahnungen wegen des verdorbenen
Lebenswandels vieler zu ihnen gehörigen Christen beigefügt und
drei Sprüche aus der Schrift mahnen sie zur Klugheit (p. 39, IV.).
Die Ermahnungen an die Presbyterialen und Episkopalen fordern
auch diese Parteien zur Mäßigung (V, VI.). Den Presbyterialen
wird vorgehalten, daß ihr Eifern gegen die bischöfliche Gewalt
weder vernünftig noch schriftgemäß sei (p. 40—44); die Episkopalen
werden gemahnt, daß ihre Würde nur von Menschen abstamme
(p. 45) und wenn sie auch heilvoll sein könne (p. 47), so ist doch
nicht zu verargen, wenn die vielen Mißbräuche der Bischöfe in
der Vergangenheit und Gegenwart in den Christen eine Abneigung
gegen sie geweckt und gefertigt haben. Wäre ihr Motto 2 Cor.,
6, 4 etc., würden sie siegen und alles würde ihnen und der von
Christen eingesetzten Ordnung unterliegen (VI). Als das Ergebniß
dieser Ausführungen sind die im letzten Capitel (Ermahnung an
alle Christen) enthaltenen folgenden Punkte zu betrachten: I. Alle
drei Regierungsformen (monarchische, aristokratische, demokratische)
sind auch im Kirchenregiment gut, wenn Mißbräuche fern sind.
II. Überall sind aber Mißbräuche nicht zu vermeiden. III. Darum ist
es richtig, daß Gutes durch Gutes verdrängt, oder Schlechtes ins
Schlechte verwandelt werde. IV. Am sichersten ist eine „Tem-
peratura,“ die aus jener dreifachen Regierung eine einheitliche schafft.
V. Wenn wir dieselbe genug vorsichtig nicht schaffen können, so
befleißen wir uns der Geduld und der Liebe. VI. Der Trost ist
nicht aus den Augen zu verlieren, der sich uns aus der Betrachtung

der Güte Gottes und der Weisheit des höchsten Lenkers Christi ergibt. VII. Dabei seien wir auf der Hut, dass wir vom Satan nicht umgeben werden (p. 55).

Innig und voll Theilnahme sind die Worte, die hier zum Aufhören der Streitigkeiten mahnen. „Kein Theil der Dissidenten soll glauben, dass es je geschehen wird, dass Christus aufhöre, alle zu lieben um einen zu lieben, den andern zu hassen" (p. 60). „Das Christenthum ist durch und durch Friede mit Gott und mit den Menschen." „Dulden wir also Alles, was durch Gott und das Gewissen zu dulden sei" (p. 59). Weg also mit den Waffen, zu der früheren Liebe znrück (p. 63). Und wenn die Menschen nicht hören, so möge sich doch Christus seiner Kirche erbarmen, er möge ein Wunder thun und das im Sturme befindliche Schiff mit seinen Worten vom Unheil erretten (p. 63—64). Was Hartlib über das Werk dachte, wissen wir nicht. Mehr, als so eine Stimme in der Wüste, erwartete er die begonnenen didaktischen Arbeiten.

Kinner berichtete ihm über den langsamen Gang derselben, da sie riesig viel Zeit und Mühe in Anspruch nehmen. Es scheint auch, dass zwischen den beiden gemeinsam arbeitenden Männern Mißstimmung herrschte, deren Grund uns unbekannt ist. Im Juni 1647 erhielt Kinner durch Figulus ein Schreiben des Hartlib, wo ihm dieser mittheilt, dass er beim Parlamente Schritte thue, damit Kinner nach England berufen werde; und wo dieser auch über seine Stellung zu dem zu creirenden Vermittlungsbureau befragt wird. Den 19. desselben Monats antwortete Kinner und dankte für die Bemühungen Hartlibs um die Parlamentsberufung, allein seine Frau wolle sich nicht auf's Meer begeben. Die Idee des Bureaus begrüßt er freudig, ist auch gerne bereit, demselben seine Dienste zu widmen; am geeignetsten finde er für seinen Aufenthalt die Stadt Breslau, wo besonders die wissenschaftlichen Neuigkeiten von allen Richtungen zusammenzukommen pflegten. Kinner kündigt ferner ein astronomisches Werk einer schlesischen Jungfrau an, ein groß angelegtes Werk, an dem Diejenige bereits seit 15 Jahren arbeitet und dessen Entwurf seiner Zeit Alsteds Bewunderung hervorgerufen hat. Er wollte, wie es auch Hartlibs

Wunsch gewesen sei, dem Baron Herbert mit dem Comenius auf einmal einen Brief schreiben, nun habe aber Comenius allein geschrieben, ohne ihm den Grund zu sagen, warum. Der Schreiber reflectirt noch auf Hottons Irenicum, das er belobt. Er freue sich ferner, daß Hartlib seine didaktische Arbeit des Lesens würdige, bittet ihn aber, dieselbe noch nicht zu veröffentlichen, da dieselbe nur eine Skizze sei.[32b])

Eine ausführlichere Auskunft über diese pädagogischen Arbeiten gibt uns der vom (9.) April 1648 datierte Brief. — Von einer Reise zurückgekehrt, verfaßte der Schreiber eine kleine Schrift, deren weitere Ausarbeitung das Elucidarium werden soll. Er bittet, seine Schrift, sowohl Fundanius als auch dem Briefvermittler, Rulicius, wie auch dem Hotton bekannt zu machen. „Wünschest Du das Urtheil der Danziger, Thorner, sowie anderer Pädagogen von vornehmerem Geiste erfahren: so ist es großartiger, als man es meinen sollte. Sie ziehen nämlich offenkundig diese sinnliche Methode den breiten Versuchen anderer vor, die die Didaktik durch Definitionen, Axiomen und ich weiß nicht auf welchen Wegen antragen.“ Wenn die englischen Schulen vom Grunde aus zu reformieren seien, so kann dem entweder des Comenius Pansophie oder des Schreibers Didaktik, oder eine andere bessere Anweisung helfen; aber die Pansophie werde man kaum je erblicken, der Autor derselben sei zu sehr durch andere Kleinigkeiten aufgehalten; werde keinen Genossen ertragen; für einen einzelnen Menschen sei die Aufgabe zu groß; ob der Schreiber seine Didaktik zu Ende führen werde, das wisse Gott.

Hochinteressant ist die Mittheilung in dem Briefe vom 20. Mai, daß sich Ludwig Keppler über die Comenianischen Bestrebungen informieren lasse, Schreiber bittet Hartlib, er möge jenem antworten. Daselbst wird auch gemeldet, daß die Karäer eine Schrift gegen die Pharisäer verbreiten und erfleht Gottes Segen für sie.

Die beiden Gelehrten arbeiteten mit dem größten Kraftaufwand; Kinner allerdings nicht an den Comenianischen Schriften, sondern an seiner Didaktik.[32c]) Da wurde die Arbeit des Comenius unterbrochen. Der erste Senior des böhmischen Theiles der Brüder,

20

L. Justinus, war gestorben und die Synode wählte an seine Stelle den Comenius, der sich unbekümmert um die Geer'sche Unterstützung entschloß, dem Rufe der Kirche zu folgen und nach Lissa zu übersiedeln.[33])

Verlassen und ohne Unterstützung blieb nun Kinner eine Zeit lang in Elbing, um nachher nach Danzig zu ziehen. Eine kurze Skizze — Diatyposis — seiner pädagogischen Ideen gab er lateinisch und Hartlib englisch aus. Letzterer schildert in der kurzen Einleitung das traurige Los des Autors und ruft das wohlbekannte Interesse der englischen Lesewelt für ihn zur Hilfe. Die Diatyposis bewegt sich im Ganzen in dem Comenianischen Gedankenkreise. Es gebe drei Zwecke der Erziehung: Frömmigkeit, Bildung und die bürgerliche Weisheit; eine jede ist durch drei Stufen zu erreichen. Eine jede von den drei Theilen der Bildung (eruditio) hat noch drei Untertheile: der ganze Umfang der Kenntnisse wird in einem Systema Triunum, Physicum, Technicum, Mysticum verarbeitet werden. Dann folgt ein Gebet Kinners in Danzig vom 5. August; zum Schlusse fordert der Herausgeber diejenigen, die sich für Comenius oder Kinner interessieren, auf, sich bei ihm im Master Hartlib House darüber erkundigen zu wollen.[33a])

Allein Kinners Los scheint sich nicht zum günstigen gewendet zu haben. Zwar freute er sich, daß Warner, Hartlibs Patron, angekommen sei; und er bat auch um Geld, da er sich in Noth fand, aber der Patron hat die Widmung seines Elucidariums nicht angenommen, somit entschwand die Aussicht auf die Hilfe von dieser Seite. Von Comenius redet er in demselben Briefe in etwas gereiztem Tone.[34]) Zum Schluß bittet er den Hartlib, nachzuforschen, warum de Geer die Widmung seines Werkes nicht angenommen hat.

Ein Ereigniß folgte nun dem anderen. Trotz des Abrathens der Freunde nahm Comenius seine junge Frau, die fast täglich fieberte, nach Lissa mit, und bald darauf, den 17./27. August, starb dieselbe. In Lissa angelangt, fand es Comenius für das zweckmäßigste, die Werke in seiner nächsten Nähe zum Druck zu befördern und so gab er sein früheres, H. Geer und Hartlib gegenüber geäußertes Vorhaben, die Bücher in Amsterdam, bei Elzevirs drucken zu lassen, auf die Gefahr hin, daß ihm dadurch das Wohlwollen de Geers entzogen werden wird, auf.[35]) Wir werden sehen, daß sich diese Gefahr verzog, und das Verhältniß mit Schweden, wenn vielleicht getrübt, aber durchaus nicht gelöst worden ist.

IV.

Der zweite Aufenthalt in Lissa.

Bald nachher wurde in Westphalen der Friedensschluß besiegelt.[1]) Bekanntlich hing derselbe von vielen vertragschließenden
Parteien ab, eben darum ist es eine leichtfertige Behauptung, die
Schweden hätten die verbannten böhmischen Evangelischen unschwer
aufgegeben.[2]) Und doch zogen sich eben dieser Frage wegen die
Verhandlungen so lange hinaus. Die Schweden forderten pflicht-
treu und beharrlich für die Verbannten unbehinderte Rückkehr und
Glaubensfreiheit; doch trafen sie auf einen unbeugsamen Widerstand und gaben ihre Forderungen erst dann auf, als sie von der
Fruchtlosigkeit ihrer Bemühungen voll überzeugt waren. Am
24. Oktober wurde der westphälische Friede unterzeichnet, der das
Schicksal der aus Böhmen vertriebenen Exulanten in der allgemein
bekannten Weise besiegelte. Sie wurden nun für ewig heimathlos.
Zwei Tage nach der Unterzeichnung des Friedensschlusses versuchten
die Schweden noch einmal, das Schicksal der Schwergetroffenen
zu mildern; die Reichsstände bestürmten auf ihren Wunsch den
Kaiser in einem Schreiben, welches um Milderung des Artikels
„Tandem omnes" nachsuchte, allein vergeblich: den Duldern, die
ihren Glauben mehr liebten als die Heimath, blieb letztere ein
verschlossenes Land und damit sanken die Hoffnungen und Erwartungen von 20 Jahren plötzlich in den Staub. Umso bitterer
wurde ihnen die Fremde und dies Gefühl der Bitterkeit entpreßte
dem so bescheidenen Comenius Worte, die die Lage, in der er sich
befand, kennzeichnet.

Der Vertrag war noch gar nicht unterzeichnet, als die Kunde
vom Ausschluß der Exulanten aus demselben zu ihm gedrungen
war. Schmerz und Angst, Hoffnung und Furcht lösten einander

in rascher Folge in einer Zuschrift ab, welche er einige Wochen
vor der Sanktion an den Kanzler gerichtet hatte.[3] Das ganze
Schreiben erscheint als eine große Anklage. Was nützt es, daß
die Schweden als göttliche Retter betrachtet wurden, daß ihre
Waffen, von den Thränen der Verfolgten gestärkt, siegten, wenn
sie diejenigen, deren Heil in ihren Händen ist, den Verfolgern
zurückliefern? Aber noch ist die Hoffnung nicht völlig geschwunden,
und so fleht der Schreiber im Namen jener Vielen, indem er sich
auf die Verdienste seines Volkes um das Evangelium, auf die
alltäglichen Gebete seiner Genossen um die Streiter beruft, man
nehme sich der Verlassenen an und verwerfe sie doch nicht. Das
Gerücht bewahrheitete sich bald, in dem bekanntgewordenen Punkte
des Vertrages war von einer Amnestie und freien Rückkehr der
Verbannten in ihre Heimath gar keine Rede. Enttäuschungen und
laute Klagen kündet der einige Wochen später an den Bischof
Mathiä geschriebene Brief.[4] Er berichtet darin über den Gang
seiner Arbeiten, die bereits gedruckt und theilweise dem Patron
zur Ansicht übersendet wurden und bedauert, daß sein Plan, zu
ihnen hinüberzukommen und seine Werke bei Janson zu veröffentlichen, gescheitert sei. Trotz all dem Unheil, das ihn trifft, wolle
er ausharren und die Arbeit nicht im Stiche lassen, wenn ihm
Gott die bisher wunderbar verliehene Kraft nicht entziehe, wozu
ihn außer den Aufforderungen vieler Männer auch die ungeschwächte
Hoffnung an das durch die Schweden fortgepflanzte Werk Gottes
bewege. Und hier fügt er Klagen über die vereitelten Hoffnungen seines Volkes bei und fragt, ob denn einige Tonnen Goldes
so vieler Mühe werth seien. Die Schlesier seien auch unzufrieden,
da sie nur für drei Kirchen eine Bewilligung erhalten haben. Ein
vornehmer frommer Herr, der jüngst aus Wien gekommen, erzählte, daß man dort darüber staune, wie die Schweden die Früchte
ihrer Waffenthaten so leicht aufgegeben hätten, und daß man
kaum hoffe, daß es zur endgiltigen Unterschrift des Vertrags
kommen werde. Er theilt dies Alles mit, damit er die Bitten und
Thränen Tausender, wenn auch auf Umwegen, zu den Ohren
der Rathgeber bringen könne, wofür er denn auch um Verzeihung
bittet. —

Unterdessen erschienen die Arbeiten, u. zw. in Lissa. Den Beginn machte die dem Patron gewidmete Methodus Linguarum Novissima. Eine ergreifend schöne, bereits in Elbing fertige Widmung eröffnet die Schrift, theils Lob des Gönners, theils Entschuldigungen wegen der Verspätung des Werkes enthaltend, welche durch viele Beispiele an bedeutenden Schriftstellern erklärt wird und durch das ernste Streben des Verfassers, recht Gediegenes zu schaffen, erklärlich sei. Schließlich bemerkt der Verfasser, hiermit übergebe er das letzte, was er auf dem Gebiete der Philosophie und Didaktik zu schaffen hatte, der Öffentlichkeit, und sei gesonnen, zu den Realien zurückzukehren. Es habe ihn auch bisher recht viel Selbstüberwindung gekostet, bis er es glücklich so weit gebracht habe.¹ᵃ)

Die Schrift: „Methodus linguarum novissima" ist gewiß eine der reifsten Arbeiten des Verfassers. Nach der Besprechung von Zweck und Wesen der Sprache im Allgemeinen und der mannigfaltigen Verhältnisse zwischen den einzelnen Sprachen, wird darin die Einzelstellung der lateinischen Sprache erörtert. Leichtes und sicheres Erlernen derselben muß demnach einem jeden, der für die Interessen der Bildung Sinn hat, am Herzen liegen, und da die bisherigen Methoden, deren historischen Überblick das Cap. VIII. liefert, theils einseitig, theils lückenhaft sind, ist das Anstreben einer besseren natürlich. Die Grundlage einer rationellen Methode kann nur die Didaktik sein. Eine solche, nicht synkritisch, wie die Didaktik, sondern analytisch, aus dem Wesen der Sache selbst, entwirft das X. Capitel, ein Meisterwerk ersten Ranges, das unter das beste gehört, was Comenius geschaffen hat. Auf den Prinzipien derselben werden dann die Bestimmungen über Zweck, Mittel und Lehrweise des Lateinunterrichtes aufgebaut und nach einem detaillierten Entwurf des ganzen Verfahrens die vielen Vorzüge der Methode dargelegt.

Das Werk ist sowohl formell, als auch sachlich vorzüglich. Die Zeit von 18 Jahren, während welcher er ja zum größten Theile in der Theorie und Praxis der lateinischen Sprache beschäftigt war, reifte und krystallisierte seine Gedanken; besonders zeugt, wie erwähnt, das zehnte Capitel, die „ars didactica," ein Versuch,

die Theorie des Erziehens in mathematischer Weise analytisch
zu entwickeln, dafür. Was in den früheren Schriften zufällig und
willkürlich aufgenommen erschien, dafür sucht jetzt hier der Verfasser eine tiefere nothwendige Begründung. Im Ganzen ist eine
philosophisch-pädagogische Schulung nicht verkennbar.

Zum Ausgangspunkt werden die Erfordernisse der Sprache
zusammengefaßt, sie bestehen: a) in den Objecten, die zu bezeichnen
sind, b) in der Bedeutung (Sinn), c) in Wörtern, die durch Arti-
kulation verschieden und zur Bezeichnung von etwas Distinktem geeignet sind[10]); will man also die Sprache bilden, so muß man darnach
trachten, daß die in genügender Anzahl vorhandenen Wörter angepaßt werden: a) den Objecten, b) den Begriffen, c) sich selbst;
und so sind denn drei Mittel der Bildung einer Sprache: a) die
Nomenclatur der Dinge, b) die Lexika, c) die Grammatik. Die
Gründe, die für die lateinische Sprache, als eine, die allgemein
zu erlernen sei, geltend gemacht werden, sind theilweise Vives entlehnt, und lassen zunächst die Frage nach der Art und Weise, diese
Sprache leicht und gründlich zu erlernen, als eine höchst wichtige
erscheinen.

Der Autor beabsichtigt nun eine Methode zu bieten, die die
novissima sei, d. h. über welche hinaus es keine mehr geben könne.
Daraus erhellt schon, daß dieselbe auf alle Sprachen anwendbar
sein soll. Ihre Vorzüge sind: Kürze, Einfachheit, Ausführlichkeit
und Fehlerlosigkeit. (Cap. XI.).

Der Zweck des Sprachunterrichtes ist das Erlernen der ganzen
Sprache. Dies ist allerdings nur von der formalen, nicht von der
materialen Seite zu verstehen (was ja bei der lateinischen Sprache
aus mehreren Gründen sogar unmöglich wäre) d. h. man lernt
die Sprache rein und geläufig behandeln, ohne Hilfe der Lexica
und Grammatica. Zum Unterricht sind aber je nach dem Fortschreiten der Schüler im Lehrgegenstande und im Alter Stufen
erforderlich, und man lehrt dem Alter der Lernenden gemäß:
a) die fundamenta, b) die fabricam, c) das robur der Sprache.
Die Mittel des Unterrichtes sind, wie das aus der Analyse der
Bestandtheile einer jeden Sprache ersichtlich ist, Autoren, Lexica

und Grammatik. Man muß mit den Autoren beginnen, (jeder andere Anfang wird für die Schüler ein Kreuz genannt), dafür spricht eine große Anzahl der Argumente; die Grammatik und das Lexicon sind nur Hilfsbücher; nur ministri, nicht magistri der Sprache.

Da aber die lateinischen Autoren, die alleinige Quelle des Unterrichtes, für die Jugend schwierig sind, so besteht das Hauptgeheimniß der Methode darin, durch vorbereitende Bücher einen sicheren, kurzen und angenehmen Weg zu den Autoren zu finden. Diese Bücher müssen dieselben drei Elemente des Sprachunterrichtes enthalten: Autor, Lexikon, Grammatik, natürlich in einer bestimmten Gradation, die nach der obenerwähnten Stufenfolge durchzuführen ist, und wir werden nicht im mindesten überrascht, wenn wir in den Grundzügen der zu gestaltenden Lehrbücher unsere Vestibulum, Janua und Palatium wiedererkennen, ja die zwei ersten mit den alten Namen bezeichnet finden, während das dritte statt des „Palatium" den bescheidenen Titel: „Atrium" führt. Diese Bücher enthalten der Reihe nach die Analyse, Synthese und Synkrise der Sprachelemente, und stehen im Verhältniß des Skeletts, Körpers und der Farben zu einander.

Was die Abfassung dieser Bücher anbelangt, so sollen sie alle kurz, pünktlich, nach derselben Methode verfaßt sein; erst der Text, dann das Lexikon, zum Schluß die Grammatik. Die Grenzen zwischen den einzelnen Stufen sind streng einzuhalten, die Gradation sei überall bewahrt, damit nichts zusammenfließe, und zur Stärkung des Eindruckes seien die Textbücher womöglich mit gefärbten Bildern geschmückt. Noch ist eine feine Bemerkung beigefügt: für ein jedes Volk ist die Grammatik eine andere, sie habe sich nämlich nach den Eigenschaften, welche seine Sprache birgt, zu richten. Das Lexikon sei zweitheilig, latein-muttersprachlich und umgekehrt.

Nun werden die Bücher einzeln entworfen, wobei wir nur die Abweichungen von den früheren, oder die Ergänzungen erwähnen wollen. Das Vestibulum soll die gesammten Wurzeln der Sprache enthalten, aber nicht in Sätzen, da die Wörter, als Elemente der Sätze, diesen voranzugehen haben. Die Wörter werden nach zweifachem Gesichtspunkt, nach dem realen und nach dem sprachlichen,

geordnet. Das Lexikon soll auch die zusammengesetzten und abge-
leiteten Wörter enthalten, welche im Text vorkommen. Die Grammatik meidet die Definition und berührt in den dargebotenen
Regeln keine Ausnahme. (Cap. XIV.) In der neuen Janua wird
die in der ersten Ausgabe so sorgfältig vermiedene Wiederholung
der einzelnen Wörter zugelassen; der Text wird wohl erweitert,
aber die Zahl der Capitel bleibt. Bei der Abfassung wird diesmal
auch berücksichtigt, daß mit den Wörtern parallel nicht nur die
Dinge erlernt werden, sondern daß die Mannigfaltigkeit der Wörter,
Phrasen und Sätze derart redigiert werde, daß auch für alle
Constructionen im Text selbst gradatim Beispiele anzuführen sind.
So wird die Janua eine concrete Ornamentik. Das Lexicon ver-
theilt die Wörter nach den Verwandtschaftsgraden und gibt die
Etymologie und Definition derselben; es hat drei Theile: Analyse,
Synthese und Synkrise, indem es das Wort etymologisiert, erklärt
und von den verwandten unterscheidet. Die Grammatik wird ganz
neu gestaltet, am meisten nach den Errungenschaften des Gerhard
Vossius.[14b] Methodisch ist selbe in drei Columnen eingetheilt, in die
der Beispiele, der Regeln, und der Anwendung; so hofft der
Verfasser, daß die Grammatik ein „ludus" wird und nicht ein
„crux." (Cap. XV.) Was über das Atrium gesagt wird, entspricht
ganz der Stufenfolge des über das Vestibulum und die Janua
Gesagten (Cap. XVI.)

Durch das Atrium gelangt man zu den Autoren. Dieselben
soll man, wohl nicht alle, aber größtentheils lesen und zwar nach
einem Repertorium catholicum der Autoren. Ihr Gebrauch besteht
nicht nur im Lesen, sondern auch im Analysieren, fleißigen Excerpieren und Nachahmen derselben. (Cap. XVII)

Dies wären die Grundzüge der neuen Methode. Wie sie
überhaupt allen Erfordernissen entspreche, habe sie vor allen übrigen
drei Vorzüge: 1.) sie bilde mit der Sprache zugleich den Verstand;
2.) sie entferne aus dem Unterrichte die Gewaltsamkeit; 3.) sie
erstrebe, Alles durch eine angenehme Thätigkeit der Lernenden zu
erreichen (Cap. XVIII.) In den neun folgenden Capiteln werden
die großen Vortheile der Methode in den neunfachen Wirkungen

derselben, von denen besonders das Capitel über den Einfluß der Methode auf die Polyglottie XXII interessant ist, nachgewiesen.

Wenn wir den kurz skizzierten Inhalt mit den in den früheren Schriften entwickelten Prinzipien vergleichen, sehen wir wohl recht viel Übereinstimmendes. Der Parallelismus des Sprachunterrichtes mit dem Realunterricht wird strenge gewahrt, die nöthigen Bücher werden, allerdings in der Zahl um eines (den Thesaurus) vermindert, größtentheils mit denselben Namen, Eintheilungen und dem gleichen Inhalt beibehalten, der Grundsatz des analytischen Lehrverfahrens, daß man überall mit Autoren anfangen müsse, wird im allgemeinen noch befolgt. Es treten aber wesentliche Unterschiede in den Vordergrund. Der ganze Unterricht wird in zwei Theile getheilt, den vorbereitenden und den wirklichen, welch' letzterer, dessen Gegenstand und Mittel die Autoren sind, sich eigentlich der Aufgabe, die Comenius neuerdings seiner Sprachmethode stellt, entzieht, so daß der letzte Theil des vordem viertheiligen Planes hier nicht mehr in Betracht kommt. Zwar gibt es in der Schrift auch Rathschläge für den Gebrauch der Autoren, sie sind aber ausdrücklich als etwas außerhalb der Aufgabe Stehendes behandelt. In Verbindung mit diesem Unterschiede steht die Veränderung des Eintheilungsgrundes, dem zufolge die Schülerclassen gruppirt werden. Sie werden es nämlich nicht mehr nach dem Alter der Lernenden, sondern nach den Elementen der Sprache, wie diese stufenweise angeeignet werden sollen. Wie nämlich der Inhalt der Sprache in den drei Theilen: Grund, Struktur und Schmuck erschöpft wird, so wird, wenn diese angeeignet sind, die Schwierigkeit in der methodischen Behandlung der lat. Sprache gelöst sein. Es ist dies ein Unterschied von prinzipieller Wichtigkeit, der zur Auflösung der schola latina oder vor allem zum Zusammenschmelzen derselben in eine schola triclassis, wie eine solche der Palatin Opalinsky de Bnin begründet hatte, führen mußte. Die minder wichtigen Abweichungen in den Schulbüchern werden später erwähnt.

Außer der theoretisch-principiellen Grundlegung erschien noch in demselben Jahre ein Vestibulum und eine Janua und diese letztere in 3 Büchern; eine Textausgabe, eine Grammatik und ein Lexicon.

War das seinem Ende nahende Jahr traurig, so brachte das nächste viele ermuthigende und erfreuliche Ereignisse. Vor allem die Verheirathung einer Tochter mit einem jungen Manne Namens Molitor, bei welcher Gelegenheit er auch mit Freunden in Ungarn einige Briefe wechselte. Er erwähnt in den Briefen, [5] er habe gegen die geplante Vermählung nichts einzuwenden, und die Erinnerung an Molitors Großvater, den alten Bischof Lanecius, eiferte ihn nur an, eine Angelegenheit zu fördern, der auch seine selige Frau zugeneigt war. Wann die Vermählung stattgefunden, wissen wir nicht.

Die Pflichten seiner neuen Stellung waren zu ausgebreitet, als daß er sich einige Ruhe hätte gönnen können. Denselben Tag hatte er auch an einen jungen Candidaten zu schreiben, der ihm vorgeworfen hatte, er werde von ihm zu Gunsten des Figulus und Olyrius zurückgesetzt. Die echt väterliche, dabei bischöfliche Antwort [6] hält dem etwas ehrsüchtigen Jüngling die Devise der Christenheit „Demuth" vor und beruft sich auf die vielfache Unterstützung, die derselbe aus den Händen des selbst einer Unterstützung bedürftigen Gönners erhalten habe. Sein Amt war auch mit der Pflicht des Predigens verbunden und so hielt er auf vielseitiges Verlangen am Sonntage Oculi (1649) eine Rede über die Austreibung des stummen und jedes andern Teufels. Da er das Thema in einer Predigt nicht völlig erschöpfen konnte, so vervollständigte er die Arbeit und dieselbe wurde mit Bewilligung der Kirche durch den Druck veröffentlicht. Die Vorrede datiert vom 10. März und ist den Zuhörern gewidmet. [7] Der Redner nennt Teufel alle von Gott abgefallene Geister, deren die Erde voll ist, so daß es keinen einzigen gebe, der nicht in seine Netze käme, und nur wenige, die sich aus diesen Netzen befreien und auch fernerhin dieselben meiden könnten; die meisten, die hineingefallen, bleiben eine ewige Beute des Teufels. Der größte Theil der Rede erbringt den Beweis für diese Behauptung.

Die Ausführung davon nennt alles Böse im Menschen, ja alles Unvollkommene: das Teufelswerk; sie geht durch alle Theile des Katechismus, als durch eine Norm hindurch, um bei jedem Punkte nachzuweisen, wie entfernt die Menschen von Gott und wie sehr sie in den Fesseln des Teufels seien. Dies sei sowohl bei einzelnen Menschen als in den einzelnen Theilen der menschlichen Gesellschaft der Fall. In dem viel kürzeren zweiten Theile gibt er die Anleitung, wie man das Austreiben vorzunehmen habe: man habe ihn, sobald man seine Stätte in sich wahrgenommen, plötzlich auszutreiben, das Herz und den Körper auszukehren und zu reinigen, und schließlich Acht zu haben, daß der Teufel nicht wieder einkehre und wie vordem drinnen walte. Der letzte Theil deutet nur ganz kurz an, daß dies nicht Engel, sondern die Diener Christi zu thun haben, und jeder habe es auf die gesagte Weise an sich zu vollziehen. Ein kurzes Gebet schließt die Rede.

Trotz seines neuen Amtes wurde das Verhältniß mit Schweden nicht völlig gelöst. [9]) Im März bekam er einen Brief aus Schweden mit allerlei Wünschen, die er nicht ganz verstand; [9]) deshalb schickte er den Figulus noch einmal hin, damit er sich unter anderem auch mit der Königin Christine auseinandersetze. Dabei hatte er auch an der Schule zu Lissa zu thun, an der im Jahre 1648 ein „triste intervallum" eintrat, da Ursin nach Danzig abreiste und Macer vom Schlag getroffen wurde; da wurden die polnischen Geistlichen als Vicerectoren dem Unterricht miteingezogen, damit der oft zu Reisen gezwungene Comenius ersetzt werde. [10]) Diese Reisen mögen auch amtlicher Natur gewesen sein, eine Begebenheit beleuchtet sie aber auch von anderer Seite: es handelte sich um eine neue Ehe. Dieselbe wurde 17. Mai zu Thorn im Turnow'schen Hause abgeschlossen, die Braut des Comenius hieß Johanna Gajusowa, der die Trauung vollziehende Geistliche war Joh. Hyperides. Das hier gestiftete Band wurde erst durch den Tod des Comenius zerrissen. [11]) Allein auch in dem ersten Monat der Ehe genoß er der Ruhe nicht. Da kam zuerst wieder ein socinianischer Versucher in der Person des aus Preußen nach Lissa zum Besuche seiner Verwandten angekommenen Ruarus, der sich zur Begrüßung des Comenius in seinem Hause einstellte. Erst im Gespräch verrieth er seinen Namen, und als er darauf eine zurückweisende Kühle des Hausherrn wahrgenommen, entfernte er sich, nicht ohne noch brieflich einen Versuch, freilich ohne jeden Erfolg anzustellen. [12])

Die Gemeinde selbst verursachte dem Comenius auch nicht wenig Sorgen. Sein strenger Geist forderte dieselbe Reinheit des Wandels, die er bewährte, und so finden wir bei ihm, wie überhaupt Klagen über das vorherige freiere Leben seiner Glaubens- genossen, so auch Unzufriedenheit mit den Sitten seiner Zeitgenossen. Die Predigt über die Austreibung des Teufels führt aus (p. 63—70), wie die Jugend, die Jünglinge und Jungfrauen, die Eheleute, die Witwer und Witwen, die Obrigkeit und die Unterthanen, die Geistlichen und ihre Hörer in der Macht verschiedener Sünden, folglich des Teufels seien. That er dabei auch bisher sein möglichstes, das reine Leben der Vorfahren wieder zur Geltung zu bringen, theils durch die Erziehung der Jugend, theils durch Veröffentlichung mancher erbaulichen Schriften, theils durch seine geistliche Wirk- samkeit; so fühlte er sich durch das Ausscheiden junger Pastoren und Candidaten aus der Unität, und deren Eintritt auf allerlei Academien oder in den Städten Preußens zur Bekämpfung dieses Übels bewogen.

Diesem Zwecke sollte die Veröffentlichung der Lasicky'schen Schrift „Über die Disciplin der Brüder u. s. w." dienen. Die Schrift war vor einem halben Jahrhundert dem Grafen Karl v. Zerotin gewidmet worden. Der Verfasser, ein evang. ref. polnischer Edel- mann, hatte es sich zur Aufgabe gestellt, die verschiedenen evangelischen Confessionen in ihren Lehren und Einrichtungen zu studieren; und nachdem er Böhmen, Frankreich, Deutschland bereist, gefiel ihm doch am besten die Kirchenverwaltung der böhmischen Brüder, so dass er eine wohl nur oberflächliche Schrift über sie verfaßte. Da das Thema mehreren gelehrten Männern gefiel, prüfte er's eingehend und so entstand ein Werk in acht Büchern über die Brüder, die er 1585 denselben mit der Bitte zugeschickt, sie mögen das Werk durchsehen, eventuell verbessern und zum Wohle der Kirche herausgeben. Als dies nicht geschah, widmete er ein 1599 verbessertes Exemplar dem Landgrafen Karl v. Zerotin, aber sein Wunsch gieng doch nicht in Erfüllung; was der Herausgeber zum Zeichen dafür anführt, dass die alte, drinnen geschilderte Lebens- weise der Brüder bereits zu schwinden begann.[13] Bis 1628 war das Buch in der Bibliothek des edlen Grafen verborgen, als er damals in die Verbannung gieng, wurde bei der Durchsuchung der Bücher dies Werk aufgefunden und denen, auf welche es sich bezog, übergeben. Indem der Herausgeber es tief bedauert, dafs das Werk, ein Bild der edlen Lebensweise der Vorfahren, so lange verborgen war, gibt er mit dem Wunsche, dafs es recht fruchtbar werde, unter den jetzigen Verhältnissen allerdings nur das achte Buch heraus, das die Kirchenordnung enthält, doch so dafs er auch den Inhalt der übrigen Bücher kurz angibt.

Die Einleitung, dem Rest der Getreuen unter den böhmischen Brüdern gewidmet, einige Monate nach der Herausgabe der oben angegebenen Predigt geschrieben, beginnt mit klagenden Worten über das herbe Schicksal der Glaubensgenossen, und führt aus, dieselben haben es selbst verschuldet, da sie sich allmälig von dem Pfade der ersten Liebe, die ihre Ahnen pflegten, entfernten. „Wir haben verlassen die erste Liebe, wir haben das Feuer der göttlichen Liebe in uns erkalten lassen." [14]) Wollen sie diese wieder erringen, so thue es Noth, zu jener zurückzukehren, wie wir sie in Lasicius' Bücher finden. Deshalb wird hiermit das letzte Buch des Lasicius'schen Werkes veröffentlicht. Die Veröffentlichung möge: 1. zum Prüfstein dessen dienen, wie wir uns von den Ahnen entfernt haben; 2. zu der Erkenntniß führen, dafs wir vor allen anderen Verlusten denjenigen einer so gottgefälligen Kirche zu beklagen haben; 3. die Verbannten zum Streben nach dieser Vollkommenheit aneifern; 4. die jüngeren, die die Zucht der Kirche verschmähen, zur Werthschätzung derselben führen; 5. diejenigen Brüder, die in Ungarn, Polen, Preußen unter Lutheranern wohnen zum guten Einvernehmen mit diesen bewegen; 6. die Untreuen der großen Schuld, die sie durch Abfall von ihrer Kirche begangen, überführen. Das ganze Werk könne ein andermal herausgegeben werden, diesmal lese man das achte Buch und man befleißige sich dabei einer ernsten Buße. Die lateinische Vorrede ist vom 21. August 1649; die böhmische unter dem Titel: „Eine Ermahnung zur Rückkehr zur ersten Liebe", stellenweise erweitert, vom 23. October datiert. Nun folgen die 83 Capitel des achten Buches, in welchen die Sitten und Einrichtungen der Brüder gepriesen, ihre Kirchenämter, ihre Kirchenverwaltung, ihr Leben, ihre Zucht, besonders das würdige Genießen des heiligen Mahles sehr ausführlich beschrieben werben, eine noch immer lehrreiche Lektüre bietend. Das Schlußcapitel bemerkt, es sei in dem Werke noch immer nicht alles Vorzügliche angeführt worden, und bittet die Brüder, dieselben mögen Nachsicht üben und das Fehlende ergänzen. Das Buch erhielt vom Herausgeber vielfache Ergänzungen. Vor allem die kurze Skizze der ersten sieben Bücher, die die Geschichte der Brüder mit ihrer Trennung von den Waldensern beginnen und dieselbe fast bis zum Ende des XVI. Jahrhunderts hinausführen. Dann aber reichhaltige Excerpte aus einzelnen Büchern, der Zahl nach 26, theils die Solidarität der Brüder mit den deutschen und Schweizer Reformatoren, theils die Hochachtung der Letzteren gegen die Unität nachweisend. Und in einer gefühlvollen Conclusion kehrt der Verfasser, dem das volle Herz überquillt, noch einmal auf den Grundgedanken, der ihn zur Veröffentlichung geführt und den er in der Vorrede angedeutet, zurück. Der gegenwärtige Zustand mit dem vergangenen verglichen (294—302), fordert zu einer universellen Verbesserung auf. Die traurige äußere Lage soll davon nicht abhalten: die Bruderkirche sei in Verfolgungen geboren, groß gewachsen und erblüht: im Frieden sei sie verkümmert. Deshalb mögen sowohl die Seelenhirten (307—316), wie das Volk ihrer Pflicht genügen (316—350). Die Ermahnungen an das Volk führen demselben die Pflichten gegen sich selbst, gegen die Glaubensgenossen, gegen andere Bekenner des Evangelium und deren Gemeinden, gegen die Verfolger und gegen Gott vor Augen. Der sehr ausführliche Theil (322—346) über das Verhältniß zu den anderen evangelischen Gläubigen nimmt die Hauptlehren des Christenthums durch, um zu zeigen, wie da eigentlich kein wesentlicher Unterschied obwalte, weder in der Lehre von der Taufe, noch vom heiligen Abendmahl, der Person Christi und der Prädestination, und wie die unermüdlichen Streitigkeiten sowohl dem evangelischen Gläubigen, wie dem Evangelium selbst schaden. Die letzte Mahnung, man verhalte sich zu Gott unterthänig, geduldig, im Gebet eifrig, schließlich vertrauensvoll, löst sich in einer Ermunterung auf: „Verzweifelt also nicht, Brüder", — „noch hat uns Gott nicht so weit geführt, daß er uns nicht zurückführen könnte." — Wir mögen nur so sein, wie sich Gott den Rest seiner Kirche, zum Samen für die Kirche gelassen, wünsche, wozu Gottes Hilfe mit Worten der Schrift erfleht wird.

Welche Nachrichten Figulus aus Schweden in der Angelegenheit des Comenius mitgebracht, finden wir nicht detaillirt; er berichtete aber, daß Oxenstierna, der inzwischen auch Witwer geworden, den vorwurfsvollen Brief, den ihm Comenius im vorigen Jahre geschrieben, übel aufgenommen habe. [15]) Der Monat October war für das Leben des jungen Figulus sehr wichtig. Am dritten wurde er zum Priester ordinirt und am 19. wurde er mit Elisabeth Comenius getraut. [15a]) Auf seine oben erwähnte Nachricht hin fühlte sich Comenius bald darauf bewogen, an den Kanzler von Schweden ein Schreiben zu richten, das demselben wegen der Witwerschaft condoliert, zugleich für seine Vorwürfe um Verzeihung bittet. [16]) Er habe vernommen, daß nicht die Schweden, sondern die „Nachbarn" die Sache der Verbannten im Stich gelassen und sein Schmerz war deshalb so groß, weil nicht ein Bruchtheil, sondern ein ganzes Volk preisgegeben ist. Vielleicht werde Gott den Nachbarn zeigen, wie sie mit der Sache der Exulanten ihre eigene Sache preisgegeben haben; diese müssen aber ihre ganze Hoffnung, da die Menschen ihre Hilfe verweigert, auf Gottes Hilfe setzen, und aus ihrem Unglück einen Sporn für Tugenden machen. Zu diesem Zwecke habe er ein Buch veröffentlicht, das er auch dem Kanzler zum Durchlesen zusende.

Durch alle Arbeiten des Jahres zieht sich aber die Schularbeit hindurch. Theils wurden die Schulschriften in fortschreitender Weise herausgegeben, theils erheischte es die Lage der Lissaer Schule, daß er auch an derselben thätig sei. Die Herausgabe der Schriften, deren Druck wohl sehr mangelhaft ausgefallen, trug ihm die Bekanntschaft eines Herrn Opalinsky de Bnin ein, eines geistreichen Satyrikers, der durch seine Agenten auf die Methodus L. Novissima aufmerksam gemacht worden war. Derselbe wollte nach den Principien dieser Schrift eine Schule einrichten, und lud zu diesem Zwecke Comenius auch zu sich. Die Verbindung ward durch Erfolg gekrönt und hielt einige Jahre aus, bis die Schule aufgelassen

wurde, — allein das Pfand derselben, der Briefwechsel ist leider
verloren gegangen.[17]) Eine solche Anerkennung kam nicht vereinzelt
vor. Von dem Präfekten des königlichen Fiscus aus Danzig erhielt
er eine vom 1. Februar 1650 datierte Zuschrift, die über eine
sehnsüchtige Erwartung seines Lexicons und über den allgemeinen
Beifall, den seine M. L. Novissima findet, berichtet. Um dieselbe
Zeit lief bei demselben ein, zuerst dem Titel nach angekündigtes,
offenes Sendschreiben von Petrus Collovius von Gadebusch ein,
das mit Berufung auf den angekündigten Frieden die Errichtung von
Schulen als eine Pflicht der Dankbarkeit gegen Gott und der
Liebe gegen die deutsche Nation hinstellt. Es wurde zwischen beiden
Männern eine Verbindung angebahnt, wenn auch die kommenden
Ereignisse keine dauernden Früchte reifen ließen.[17a])

Die Veröffentlichung der Lehrbücher schritt allmälig vorwärts,
doch gab es mit den Buchdruckern viel Unannehmlichkeiten, weshalb
Comenius anfangs 1650 die Werke beinahe wieder nach Amsterdam
gesandt hatte, um jeder ferneren Sorge enthoben zu sein.[17b])

Der wesentliche Fortschritt bei denselben bestand in deren
Ausstattung mit der Grammatik und dem Lexikon. Über die Janua
kam aber der Verfasser nicht hinaus, und eine Probe der Bearbeitung
haben wir blos an der Janua-Grammatik, Januæ linguarum
novissima Clavis, Grammatica Latino Vernacula,[17c]) weil von
allen in Elbing verfaßten Schulbüchern sie das einzige ist, das in
die Gesammtausgabe seiner didaktischen Schriften aufgenommen
worden. Obwohl sie nämlich später in einer vollkommeneren Form,
in der Umarbeitung für die Ungarn, neu herausgegeben worden ist,
ist sie dennoch in den zwei Bearbeitungen so verschieden; daß
beide neben einander veröffentlicht und gelesen werden können.
Die erstere, in Elbing verfaßt, eignet sich nämlich mehr für Lehrer,
als für Schüler.

Derselben ist eine große Anzahl von „Adnotationes super
Grammaticam Novam Janualem" [17d]) beigegeben, um die etwaigen
Einwendungen zu widerlegen; den vornehmsten Einwand aber,
daß die Grammatik zu weitschweifig sei, hat Comenius später
selbst als richtig anerkannt; auch der Wunsch, daß Vossius selbst

eine kurzgefaßte Grammatik schreiben möchte, zum Schluß wiederholt, ein Wunsch, der allerdings durch den mittlerweile erfolgten
Tod des Vossius gegenstandslos geworden war.

Das Janua-Lexikon wurde mit einem Schlußwort „Ad
Lectores" versehen, das eine kleine Selbstkritik enthält. Comenius
setzt darin selbst an seinen Schriften Folgendes aus: vor allem
die Weitschweifigkeit; dann, daß dem Texte der Janua und des
Vestibulum nicht die deutsche Übersetzung beigefügt ist; der Janual-
Text sei nicht einfach genug, die Janual-Grammatik erscheine als
für den Lehrer und nicht für die Schüler bestimmt. Bemerkenswerth ist in demselben Schlußwort die Erwähnung eines deutschen
Wörterbuches, das er ganz fertig habe, und dem Colbovius über-
zugeben bereit sei. Wie wir sehen, er nahm mehr Sorgen auf sich,
als es nöthig war.

Und wie schwer waren ihm diese Sorgen jetzt, wo der Verlust
des Vaterlandes durch die endgiltige Ratificirung des Osnabrücker
Vertrages besiegelt werden sollte! Die schwedischen Vertreter hätten
zur Fortsetzung des Krieges Lust gehabt, aber ihre Königin Christine
dämmte dieselbe ein, und am 19. Februar 1650 übergaben die
Vertreter von Schweden und Frankreich das Project eines Ent-
satzungsvertrages, das auch angenommen wurde.[16]) Wahrscheinlich
gab dies Veranlassung zur Abfassung einer Schrift unter dem
Titel: Testament der sterbenden Mutter ꝛc.[18a]) Die Unität redet
ihre Söhne und alle, die es vernehmen, mit Hinweis auf die
Worte des Predigers an (p. 4): Eine Zeit vergeht, eine andere
kommt, aber die Erde dauert fort; finden doch die Worte eine
augenblickliche Bestätigung! Zu benen, die gewiß wegen ihrer
Sünden vergehen, rechnet sich auch die Unität und deshalb will
sie nach der Gewohnheit der Klugen ihren Segen austheilen. Nun
thut sie dies, indem sie ihre, wohl nur geistigen Schätze austheilt.
Sie findet, daß ihre Söhne in der Treue zu ihr viererlei gewesen
seien (p. 5), je nach der Stufe werden sie zur Ausdauer, zum
Weinen, zum Klagen, zur Reue und Selbstbesserung ermahnt.
Der polnischen Unität legt die Sterbende ans Herz, sie möge sich
als echte Tochter der böhmischen zeigen; ihre Führer mögen nicht,
wie sie neuerer Zeit so oft thun, nur des Gewinnes halber, ihre

Pflicht erfüllen, sie mögen ihre Jünger mehr zur Zucht und Ordnung halten, und auch selbst die Kirchenordnung bewahren. Hart sind die Worte, die der römischen Unität ins Gedächtniß gerufen werden, Mat. 23, 27. „Euer Haus wird verwüstet werden" oder gar Apokalyp. 17, 16. 17. (p. 14). Der deutschen Unität wird mehr Zucht und Ordnung und eine bessere Auffassung des Artikels von der Rechtfertigung (p. 16), der helvetischen Unität hingegen Innigkeit und Wahrheit im Glauben (p. 17), Allen insgesammt aber Eintracht, Einmüthigkeit und Versöhnung in der Liebe zur Einheit des Geistes ans Herz gelegt (p. 18).

Aber das theure Vaterland, die böhmische und mährische Nation kann die Sterbende nicht vergessen, sie vermacht vielmehr derselben ihre theuersten Juwelen in der Hoffnung, daß die Macht über das Land einst doch derselben zufallen werde. Diese Juwelen seien: die Liebe zu der reinen Wahrheit Gottes, wie sie Hus gepredigt; das brennende Verlangen nach vollkommenerer Erkenntniß der Wahrheit Gottes nach der heiligen Schrift, Kirchenordnung und Kirchenzucht, Eifer zum Gottesdienst; das Streben nach Vervollkommnung der Muttersprache, und eine bessere, fleißigere und erfolgreichere Übung der Jugend. Die Schrift schließt mit zwei Segenssprüchen (p. 21—26).

Und dennoch war auch dieser Zustand noch nicht hoffnungslos. Ein deutscher Gelehrte, vielleicht derselbe Frankenberg, über den wir bereits gesprochen, verfaßte eine Erklärung der Apokalypse, nach dem Muster der Medeschen Schrift, und überreichte sie dem Comenius, der begreiflicherweise die Schrift, wie alles, was Befreiung versprach, mit großer Freude las. Dieselbe versprach die Erfüllung der prophetischen Nummer auf 1655; und Comenius theilte ganz froh dem Duraeus und Hartlib mit, sie gleichzeitig um die Veröffentlichung der Schrift ersuchend, wie sehr ihn das Bewußtsein der nahen Wendung der Dinge erfreue.[19]

Comenius hatte wohl die Gewißheit, daß seine Freunde die Herausgabe der Schrift nicht verweigern werden. Es war ihm kein Geheimniß, daß im Vorjahre ein deutscher Gelehrter durch Holland nach London kam, um dort für eine Verbindung aller der einzutreten, die auf eine Erfüllung der Prophetien warteten;

wie er daselbst Schriften zurückließ, und seither auch nach Holland geschrieben habe. Und so war denn eine Verbindung zwischen Deutschland, Polen, Holland und Frankreich angebahnt. Wahrscheinlich hatte er auch Kenntniß, wie sehr Bisterfeld, der einflußreiche Rathgeber des Rákóczy, den Osnabrücker Friedensschluß für haltlos erachte, und eine große Katastrophe der Dinge erwarte.[20]

Dennoch bat er in dem Briefe,[21] den er in Begleitung der Schrift gesendet, nur so viel, daß seine englischen Freunde ihr Urtheil darüber abgeben, der Autor habe sie ihm zu diesem Zwecke geschickt. Comenius meint auch, daß (wahrscheinlich) eine Übersetzung ins Englische nöthig wäre; und Hartlib unterzog sich gerne dieser Mühe, übergab die Schrift unter dem Titel Clavis Apocalyptica durch den Druck sogar noch in demselben Jahre der Öffentlichkeit, und Duraeus fügte einen recht ausführlichen Discurs über die Frage bei.

Hartlib widmete die Schrift dem Chef des Parlaments-Gerichtshofes und sagt darin, sein Geist war immer im Dienste des Gemeinwesens thätig und in demselben widmete er sich der zur Förderung des Reiches Christi, so, daß die Hoffnung auf die Reformation dieser Zeit und der Gesammtheit das Centrum gewesen sei, in dem sich er und der Angesprochene stets trafen.

Duraeus schätzt die Arbeit so hoch, daß er in deren Herausgabe einen Akt der göttlichen Vorsehung, die einen besonderen Vortheil für die Kirche plane, erblicken zu müssen glaubte. Als Zweck der Publikation sei zu betrachten: 1. die Leser in der Erwartung apokalyptischer Prophezeiungen zu bekräftigen; 2. die Leser zu mahnen, daß sie sich nicht zu sicher fühlen; denn nach der Schrift und den Analogien seien noch große Prüfungen zu erwarten, die aber dazu dienen, daß wir vorbereitet würden den Bräutigam und die Hochzeit des Lammes zu erwarten.

Über die Schrift selbst sagt Duraeus, sie sei nur eine Abkürzung der Medeschen Schrift, zugleich aber eine Anwendung derselben auf die gegenwärtige Lage in Europa und in Asien. Er habe es immer gefunden, daß die Apokalypse einen tieferen Sinn habe; er stimme dem Mede und dem anonymen Autor bei, die

die Sache so klar darlegten, daß kein vernünftiger Mensch einen Grund habe, ihnen zu widersprechen.

Im weiteren meint Duraeus, bei der Erklärung der Apokalypse sei die Hauptsache für die Zeitberechnung und für das Verständniß der symbolischen Ausdrücke der Schrift einen Schlüssel zu finden. Hiefür gebe es drei Regeln: 1. Die Erklärung soll dem bestehenden Glauben nicht widersprechen (analogia fidei); 2. Die Form sei den Worten der Schrift zu entnehmen; 3. Der Text sei nicht wörtlich, sondern allgemein zu nehmen.

Nun fügt Duraeus eine ausführliche Erklärung der Apokalypse bei, auf die wir uns nicht ausbreiten wollen. Den Zweck der Apokalypse findet er in einer Verkündigung des Ruhmes Christi und dessen Reiches; dieser Ruhm werde sich durch die Vernichtung der Feinde — in der Erfüllung der Verheißungen, die Gott den Auserwählten verkünden ließ, — und in einer Vereinigung mit Gott offenbaren (p. 32). Wenn die Zeichen erscheinen werden, werde er an das Bevorstehen des Urtheils glauben (p. 70—76).

Die Schrift selbst zerfällt, wie der Titel angibt, in drei Theile: in die Darlegung dessen, was bereits erfüllt sei, was nun erfüllt werde, und was nach dieser Erfüllung zu erwarten sei. Wir erwähnen bloß, daß die 1260 Tage, soviel Jahre zu bedeuten haben (p. 6); und daß einer Stelle ein Citat aus dem Werke W. Budowec beiliegt (p. 31), woraus man in dem Autor beinahe einen Böhmen suchen könnte. Waren die sonst so nüchternen Engländer, in der größten Sicherheit lebend, geneigt an diese Phantasmata zu glauben, dann werden wir uns über die nächste Wendung im Leben des Comenius gar nicht sehr wundern können.

V.

Comenius in Ungarn.[1])

Nun hieß es aber, sich die Frage vorzulegen, was die Brüder anfangen sollen. Es waren keine großen Aussichten da, daß sich ihre Wünsche auf normalem Wege verwirklichen, für jeden Fall hielt man es für nöthig, eine gemeinsame Besprechung aller Exulanten über die Lage anzuordnen. Die in Ungarn lebenden Brüder wollten, daß die Besprechung diesmal in Ungarn ab= gehalten werde und gaben ihrem Wunsche dahin Ausdruck, daß die polnischen Glaubensgenossen Comenius zur Zusammenkunft senden mögen. Dieser ihr Wunsch war auch dadurch motiviert, daß Comenius seine Landsleute schon seit seiner Flucht aus seiner eigenen Heimath, also beinahe ein Viertel Jahrhundert, nicht ge= sehen, obwohl sie desto mehr und desto freudigere Nachrichten über ihn erhalten hatten.

Die polnischen Brüder willigten in die Bitte ein, und noch im letzten Moment erhielt Comenius einen Brief von Sigmund Rákóczy, der ihn nach Ungarn zur Reform der Schulen einlud. Comenius unterbreitete denselben seinen Glaubensgenossen, die ihn beauftragten, diese Einladung auch mit den ungarischen Brüdern zu besprechen. Im Frühling des Jahres 1650 machte er sich auf den Weg von Lissa, und langte am ersten Oftertage in Skalitz[2]) an. Das allgemeine Resultat der Besprechung war: Je mehr sie von aller Welt verlassen würden, um so inniger werden sie an ihrem Gott hängen. Nach Verlauf von acht Tagen tagte eine ähnliche Versammlung in Puchó, welches im Besitze der Witwe Georg Rákóczys war; hier wurden die Berathungen durch volle sechs Tage gepflogen. Nach Beendigung derselben legte Comenius noch dar, daß, obwohl er im Sinne einer Einladung des jungen

Fürsten auch nach Sárospatak gehen wollte, er diesmal diese lange Reise nicht unternehmen werde und die Sache von seinem Heim aus brieflich zu erledigen gedenke; die Glaubensgenossen jedoch nahmen diesen Grund nicht an und baten ihn sehr, er würdige doch die große Huld, in welcher sie bei der Fürstenwitwe stehen und gehe persönlich hin, worauf Comenius versprach, sich die Sache zu überlegen und aus ihrer Mitte schied.

Einer der Brüder empfahl sich ihm als Begleiter. Sein Name war Nikolaus Drabik, ein alter Schul- und Jugendfreund, der ihm vor sieben Jahren von einigen Visionen benachrichtigt hatte, in welchen Gott verkündigte, daß Sigmund Rákóczy ungarischer König werde. Jetzt bestürmte er den zu seinen Verwandten (wahrscheinlich waren dies sein Schwager Efron und sein Schwiegersohn Molitor) ziehenden Comenius mit Bitten, er möge doch die Einladung des Georg Rákóczy annehmen. Als Comenius erstaunt fragte, warum ihm diese Sache so sehr am Herzen liege, wies Drabik auf den großen Werth der Huld Sigmund Rákóczys, der ja zum König bestimmt sei. Comenius erinnerte sich nun der früheren Weissagungen Drabiks und machte ihn auf die Inconsequenz aufmerksam, daß er erst dem Vater, und nachdem dies zur Unmöglichkeit geworden, dem Sohne die Krone verspreche, worauf Drabik zu weinen anfing. Theilnahmsvoll fragte ihn nun Comenius, ob er noch immer Visionen habe, worauf er die Antwort erhielt, daß er in letzterer Zeit keine gesehen, doch bestimmt wisse, sie werden sich wiederholen, da ihm vor Jahren geweissagt wurde: Wenn Comenius in das Land komme, dann werde Gott seinen Offenbarungen und dem Seher selbst zum Siege verhelfen.[3] Siehe, eine Weissagung, welche schon zur Hälfte in Erfüllung gegangen, und deren vollständiges Eintreffen nur von ihm abhänge! Comenius stutzte, verlangte die Weissagungen Drabiks, sah sie durch, flehte zu Gott, er möge ihn erleuchten, was zu thun sei. Das Gebet veränderte seinen Vorsatz und so zeigte er den Brüdern seinen Entschluß an, daß er die Einladung des Fürsten angenommen habe.[4]

Er machte sich daher von Puchó aus auf den Weg und gelangte nach zehntägiger Reise im Monate Mai nach Sárospatak, von dort aus machte er mit der fürstlichen Familie einen Ausflug nach Tokaj. Acht Tage war er mit ihnen; die Fürstin und der junge Fürst, die Theologen und andere Gelehrte ließen ihm große Ehre zu Theil werden. Nachdem er mit ihnen die Schulangelegenheiten besprochen hatte, baten sie ihn, er möge ihnen schriftlich seine Meinung anzeigen, wie man die Sárospataker Schule nach den Gesetzen der Pansophie reformieren könne, worauf er in einem kleinen Schriftstücke unter dem Titel: „Illustris Patakinæ scholæ idea" sein Gutachten aussprach. Diese kurze Schrift zeichnet in großen Zügen den geistlichen und materiellen Bau der zu errichtenden Schule, betont, wie die früheren Werke, die Universalität der Schüler, des Lehrstoffes und Methode, fordert für die Ärmeren Freitische, bei dem Unterrichtsverfahren die Gradation, die Autopsia und Autopraxia, und was besonders bemerkenswerth ist, sie entwirft schon sieben Classen. Die Vestibularclasse, Janual-, Atrial-, die philosophische, die logische, die politische und die theologische Classe. Zu diesem Zwecke wird vom Herzog Sigmund zunächst Folgendes gefordert: eine Freischule mit sieben Auditorien, zweitens Freitische, drittens soviel Lehrer, als es Classen gibt, mit entsprechender Bezahlung, viertens eine Buchdruckerei.

Jetzt trachteten sie, ihn auf jede Weise zum bleiben zu bewegen, was natürlich nicht gelang, da das Verhältniß mit Ludwig de Geer nicht gelöst war. Er stellte die Entlassung von diesem Magnaten, und die Erlaubniß seiner Glaubensbrüder als solche Bedingungen hin, unter welchen es ihm allein möglich sei, im Herbste wiederzukommen.[5])

Es ging alles nach Wunsch. Ihn selbst, den heimkehrenden, versahen sie mit Briefen solchen Inhaltes, und auch durch Eilboten drangen sie nun fortwährend in ihn, zu kommen. Der Berufungsbrief ist vom 18. Mai datiert. Ohne Angabe des Honorars, gewährt er dem Berufenen den freien Abgang, wie auch die Freiheit, daß er selbst nicht zu unterrichten brauche. Zugleich ergieng das Ansuchen an die Kirchenbehörde in Lissa, in die Annahme der Berufung einzuwilligen.[6]) Die Behörde antwortete (10. Juni): wegen der Synode, sowie der Verpflichtung beim Herrn von Geer, könne man die

Bitte der Fürstin nicht erfüllen. Die Fürstin ließ sich aber nicht so leicht abweisen, ein neuer Brief (4. Juli) wiederholte die Bitte. Zugleich schrieb Tolnai[1]) an Comenius: er sehe nicht ein, was Comenius von der Annahme der Berufung zurückhalten könne. Die adelige Jugend erwarte ihn mit einer unglaublichen Sehnsucht. Man sollte nach der Gelegenheit, das Reich Christi (in Mitte des Reiches des Antichristus) zu verbreiten, aus allen Kräften ringen, und jetzt, wo sie sich von selbst bietet, wolle er sie nicht ergreifen? „Was, wenn du durch dein Säumen uns ꝛc.?" „Was wenn andere ꝛc.?" „Was wenn du ꝛc.?" Zum Schluß beruft er sich auf Herzog Sigmund, der auch von der Begierde brenne, in der Janua herumzublättern. Nach mehr als einem Monate (19. August) schrieben die Vorgesetzten der Kirchengemeinde, daß sie geneigt seien, den Wunsch der Fürstin zu erfüllen, auf daß Gottes Werk gedeihe, ohne sich Geers Erlaubniß erbeten zu haben. Bald darauf (2. September) schrieb auch Comenius an den jungen Herzog und bat mit Rücksicht auf die Kriegsunruhen einen kleinen Aufschub, sandte dem Herzog zugleich eine „Janua rerum" und kündigte für die nächste Zukunft ein „Syntagma rerum conceptuum et verborum" an. Denselben Tag schrieb er auch an Tolnai in demselben Sinne, er fürchte besonders seine Werke in der Kriegsgefahr mitzunehmen, wenn er auch gut wisse, daß die Zeit der Wiederherstellung Jerusalems stürmisch beschaffen sein müsse. Bevor er den Weg betrat, schickte er einige Exemplare seiner Independentia, die, wie es sich denken läßt, bei den Presbyterianern eine recht ungünstige Aufnahme fand. Medgyesy[2]) sandte sie bereits im September an Bisterfeld, der fand, daß der Verfasser der Schrift, während er jedermann zu gefallen bestrebt sei, niemanden gefalle, und daß ein solcher Indifferentismus der Zügellosigkeit freie Bahn öffne.[3]) Am letzten September kaufte Comenius ein Haus, das früher dem Georg Erast gehört hat; es scheint, daß er dies auch wegen seiner Familie gethan, um das Geld, das er besaß, möglichst sicher anzulegen. Seine Gemahlin sollte er nämlich nicht mitnehmen, sondern mit seinem Sohn Daniel, seiner Tochter Susanna, und mit den Figulus'schen in Lissa lassen. Dies geschah bald.[4]) Am 6. October gieng Comenius mit seinem Schwiegersohne Figulus und mit

Hartmann von Lissa ab und kam noch in demselben Monate in Sárospatak an.[10]

Sogleich gieng er an's Werk. Der Hof gedachte den Winter in Siebenbürgen zu verbringen, man forderte ihn daher auf, seinen Plan ausführlicher niederzuschreiben; sie wollten sehen, was seine pansophische Schule bezwecken werde.[11] Aus diesem Anlasse schrieb er sein berühmtes Werk Schola pansophica hoc est etc."[12] und widmete es dem Herzoge Sigmund. Diese Widmung stellt dem Herzog drei allgemeine Aufgaben hin. Er möge seine Mutter zur ferneren Unterstützung des Unternehmens bewegen, zweitens, die Materie und die Arbeiten zusammenbringen und drittens, Scholarchen, die den Gang der Arbeiten beaufsichtigen, bestellen. Die Schrift selbst besteht aus zwei Theilen, deren ersterer laut dem Grundsatze: die Ordnung ist die Seele der Dinge, diese nach sieben Seiten hin feststellt: Er handelt von der Ordnung der Dinge, der Personen, der Bücher, des Ortes, der Zeit, der Arbeiten und der Ferien. Der zweite Theil beschreibt ausführlich die sieben Classen, wie sie auch in der Schrift: „Illustris Patakinæ scholæ idea" entworfen worden sind. Die Widmung preist die Weisheit des Herzogs Sigmund, deren Glanz unter den ersten Sternen Europas strahlt. Sie schließt eine unklare Aufforderung, in der Josua 2, 2. citiert werden, welche Worte den Herzog unmittelbar wohl zu Opfern für Schulzwecke, mittelbar jedoch zu einem Angriffe aneifern, ohne zu sagen, gegen wen.

Um dies gut zu verstehen, müssen wir auf frühere Thatsachen zurückgreifen. Nachdem Drabik von Comenius sich verabschiedet hatte, sah er wieder Offenbarungen. Von Vetterin, dem Puchóer Pfarrer, der im Juli in Sárospatak war, erfuhr er nämlich, dass Comenius die Einladung angenommen habe: Siehe, Gott hielt sein Versprechen, und die vor einigen Jahren versprochene Hilfe hatte er richtig in der Person des großen Gelehrten gesandt und gerade an den Hof desselben Mannes, der zu großen Dingen berufen ist.[13] In dem nächstfolgenden Gesichte zeigte ihm Gott an, dass gegen die „bestia" (österreichischer Hof) von vier Seiten Feinde anrücken werden: von Osten die Söhne Rákóczy's, die liebsten Werkzeuge Gottes; von Süden die Griechen und Raizen, von

Norden die Polen, Lithauer, Russen, Tartaren und Türken, von Westen die Helvetier. Der Vision von 19. November nach, haben die vielen Klagen seiner bedrückten Diener Gott schon ergriffen, darum fordere er Drabik, den Mund aufzuthun, und mit dem Manne, den Gott ihm zur Hilfe geschickt, die Seinen zum Kampfe anzueifern.[14])

Bei dieser Beleuchtung sind die Endworte der Widmung der Schola Pansophica, welche von 1651 datiert sind, deutlicher. Die Schule wurde am 24. November eröffnet. Comenius hielt dabei eine Rede über das Bilden des Geistes, 4 Tage darauf eine andere über das vorzüglichste Mittel der Bildung des Geistes, nämlich über die Bücher.[15])

Noch im Dezember 1650 erhielt Drabik von Gott den Befehl, daß er, um seinen Worten mehr Gewicht zu verleihen, den Fürsten persönlich aufsuche und ihm den Willen Gottes verkünde. Drabik benachrichtigte Comenius von seinem Vorhaben, der, damit die Sache glatter ablaufe, bei Andreas Klobusiczky, dem Verwalter des Herzogs in Patak, Rath einholte. Klobusiczky hatte nichts gegen die Reise einzuwenden, doch rieth er, daß Drabik unter fremden Namen eintreffe, als wollte er seinen Sohn zur Schule bringen, er werde unterdessen an den Herzog, der in Siebenbürgen war, schreiben, und so seine Ansichten über diese Sache erfahren.

Drabik begab sich am 5. Januar 1651 auf den Weg und langte am 15. in Patak an. Klobusiczky, der ihn schon von früher her kannte, begrüßte ihn freundlich und rieth ihm, sich nach einer so weiten Reise zuerst auszuruhen; für den geplanten weiteren Weg (Drabik wollte nach Fogaras, da der Herzog den Winter daselbst zubrachte) mahnte er zur Vorsicht; den Herzog habe er von seiner Ankunft benachrichtigt, er werde demselben jetzt auch von seinem Hiersein berichten.

Mit großer Spannung erwarteten sie die Antwort des Herzogs, doch war dieselbe keine günstige. Dieser verlangte, daß man ihm die wörtliche lateinische Übersetzung der Offenbarungen einsende, damit er, nachdem er alles genau übersehen, darüber nachdenke. Dies Zögern nahm Comenius für ein Zeichen der

Furcht. Was wäre nun jetzt zu thun? Gott tröstete wohl Drabik, daß Sigmund Rákóczy seinen Worten Glauben schenke. Und dies war der Fall. Der Herzog hatte sich nämlich vor Johann Tolnai über die Offenbarungen geäußert, wie folgt: „Wie die abgemessene Waare mit dem Gewichte, so stimmt alles mit dieser Weissagung," doch Comenius redete ihm zur weiteren Reise nicht zu, mahnte ihn vielmehr zur Rückkehr, auch Klobusiczky suchte ihn zur letzteren zu bewegen, worauf Drabik am letzten Januartage 1651, ohne, daß er ein Wort mit dem Herzoge gesprochen hätte, in seinen Wohnort Lednicz neben Puchó zurückkehrte. — Während dieses 16 tägigen Zusammenseins lernte Comenius den Drabik, einen Mann von recht trübem Vorleben, auch von seiner guten Seite kennen, was den Glauben in seine Offenbarungen nur steigerte.[16]) Zugleich unterwarf er sich der Mühe, die Offenbarungen Kotters und Poniatowskas ins Lateinische zu übersetzen, damit dieselben von seiner nächsten Umgebung verstanden werden.[17])

Comenius weihte gleich nach seiner Ankunft in Sárospatak die Hauptpersonen, unter ihnen auch Tolnai, in den Plan ein, den Gott, nach Drabiks Offenbarungen mit Sigmund Rákóczy vorhabe, woraus ein Gegensatz zwischen den beiden Schulmännern entstand, der aber durchaus nicht erbittert zu nennen ist. Beide oblagen auf's Eifrigste ihren Pflichten. Zum Plane über die pansophische Schule fügte Comenius einen Entwurf bei (p. 57—60), wie man das Latium von der Tiber an den Bodrogh verpflanzen könne. Die Idee war dieselbe, die bereits Lubin und Bechner vor 20 — 30 Jahren verfochten hatten, daß nämlich der Erlernung der lateinischen Sprache die Errichtung von Coenobien, Internaten, wo man nur lateinisch spräche, am förderlichsten wäre. Die Anfänge seien da, die Bequemlichkeit des Ortes auch, die Mittel könnten unmöglich fehlen und so könne das Latium nach Ungarn gebracht werden. Als man ihm dann nach wiederholter Zusammenstellung der Erfordernisse geantwortet, er möge nunmehr handeln, geschah die bereits oben erwähnte Eröffnung. Dies mag wohl noch in der Hoffnung an die pansophische Schule geschehen sein.

Bald darauf wurde es aber klar, daß zunächst die dreiklassige Lateinschule ins Leben gerufen werden soll. Nun hieß es wieder, den Plan zu einer solchen festzustellen. Dies thut die Schrift: „Schola latina triclassis," welche, wie der Verfasser selbst bemerkt, nur ein Auszug der „Methodus" ist.[18] Bemerkenswerth dabei ist die vage Bestimmung des Zweckes des Lateinstudiums. Selbes sei eine Freude für die Seele, ein Behikel für den Realunterricht und ein directorium vitae.

Nach einer Meldung Medgyesis (21. März 1651) hätte Comenius an den Streitigkeiten über das Kirchenregiment mit einer neuen Schrift: „Ad fratres presbyterianos" abermals theilgenommen. Medgyesy, der darüber sehr ungehalten ist, bekennt selber, dass er die Schrift nicht gesehen habe, und darüber nur vom Hörensagen weiß, ein Umstand, der an die Existenz dieser sonst nirgends erwähnten Schrift mit Recht zu zweifeln gebietet.[19]

Unterdessen wurde der nach einigen Tagen nach Lednicz zurückgekommene Drabik von den Genossen mit wenig Wohlwollen empfangen, besonders nachdem es sich herausstellte, dass seine Weissagungen auch in die Hände der Katholiken gekommen seien. Die Verbannten waren der Gefahr ausgesetzt, dass in dem Falle, wo die in den Weissagungen enthaltenen Schmähungen bekannt werden, sie sich flüchten und ihre ruhige und günstige Heimath verlassen müßten. Sie wandten sich auch brieflich an Comenius, als ihren Vorgesetzten, er möge Drabik aus der Gesammtheit der Brüder ausschließen, doch blieb ihr Versuch erfolglos.[20]

Die Offenbarungen wiederholten sich. Bald darauf befahl Gott dem Comenius, sie den Nordländern auch mitzutheilen, was Comenius befolgte.[21] Es ist unleugbar, dass sich unter den Weissagungen auch solche vorfinden, denen man edle, sittliche Tendenz nicht absprechen kann; so z. B. die 55., in welcher der bekannte Gedanke: „es wird sein eine Heerde und ein Hirte", ausführlich entwickelt wird. Doch dieser Gedanke, den er übrigens, wie seine anderen, sehr oft wiederholt, könne nur mit großen Kämpfen verwirklicht werden, deren Beginn Gott von den Rákóczyschen erwarte, und so trat überall die Nothwendigkeit des activen Einschreitens der Rákóczyschen, als der Willensvollstrecker Gottes, von Neuem hervor.

Herzog Sigmund, dem Comenius die Offenbarungen fortwährend mittheilte, beschäftigte sich sehr wenig mit der ihm zugedachten Aufgabe: sein Sinnen und Trachten war jetzt von Heirathsplänen erfüllt. Comenius erwähnt mit Klagen, dass seine Mittheilungen vergeblich waren. Obwohl — so sagt er — die Kosaken wirklich erschienen, um von Rákóczy gegen die Polen Hilfe zu erbitten, (Comenius übersetzte ihm die Bitte ins Lateinische) war doch alles umsonst! Sigmund kam ihnen, obwohl er wußte, dass auch die Kosaken Gottes Kämpfer seien, nicht nur selbst nicht zur Hilfe, sondern brachte auch seinen Bruder Georg davon ab.[22])

Im Juni langte die Braut Sigmunds an, doch dauerte beider Zusammensein nicht lange. Drabik drohte Sigmund schon Mitte August auf Befehl Gottes, jedoch nur im Allgemeinen. Sigmund hatte eine Ahnung, dass Drabik schon von einer bevorstehenden Katastrophe wisse, und ließ ihn über dieselbe befragen, doch Drabik antwortete, er wisse nichts. Sigmund wiederholte die Frage öfter, doch konnte er keine Antwort erhalten. Am 28. September starb die junge Gemahlin des Fürsten. In einer Offenbarung, deren Datum Drabik auf den 24. September setzt, — vier Tage vor dem Tode der Fürstin — zeigte Gott dem Drabik an, dass er das theuere Kleinod, das er dem Herzog Sigmund gegeben habe, in kurzer Zeit wieder entreißen werde. Nach langer — beinahe zweimonatlicher — Pause traf die Weissagung in Sárospatak ein. Als Herzog Sigmund erfuhr, dass ein Eilbote eine neue Offenbarung gebracht habe, drang er auf deren Übersetzung. Am 30 Oktober überreichte ihm Comenius die aus 17 Punkten bestehende Offenbarung, deren 12. Vers so lautet: „Doch so, wie ihr Vater, meine Worte für nichts erachtete, so thun auch sie (die Söhne Rákóczys), denen ich nach ihren Thaten vergelten werde und gebe sie der Verachtung preis, so wie alle die anderen, die mir ungehorsam waren." Der junge Herzog, von Trauer um seine Gemahlin niedergebeugt, brach in Thränen aus: der Gedanke, dass sein Verlust eine Strafe Gottes sei, verdoppelte nur den Schmerz seiner Seele.

Nach Comenius Bericht sagte er folgendes: „Was soll ich, Unglücklicher thun? Ich habe in den zehn Geboten gelernt, Vater und Mutter zu ehren; meine Mutter verbot mir jedoch bei der Last ihres mütterlichen Fluches, mich gegen das österreichische Haus mit Ausländischen in Verhandlungen einzulassen. Oder wo steht es in meiner Macht, daß ich derartiges wagen sollte? Zuletzt sprach er wiederum: „Betet für mich!"

Wie der ganze Auftritt davon zeugt, daß Herzog Sigmund in der Offenbarung Drabiks Gottes Worte erkannte, so läßt die Erwähnung des mütterlichen Fluches ahnen, daß Sigmund mit seiner Mutter von einem Plane, wie jener, dessen Ausführung man von ihm verlangte, schon gesprochen habe, und zwar nicht ohne allen Nachdruck. Das mütterliche Wort war jedoch ein Gotteswort in seiner kindlichen Seele, und es war durch die politischen Verhältnisse genug begründet. In den sich nun sehr oft wiederholenden Offenbarungen Drabiks redete Gott dem Herzog bald zu, bald drohte er ihm. Er tröstete ihn, daß von den 40 Jahren, die zur Zerstörung des Hauses Habsburg bestimmt sind, nur noch sieben Jahre übrig wären; er ermunterte ihn, es werde schon vom Norden Hilfe kommen; auch vor Mangel an Geld habe er sich nicht zu fürchten, Gott werde ihm auch dagegen helfen: er lasse in Tyrnau und Neutra nach Schätzen suchen und werde solche auch finden, das fehlende aber werden die Völker gerne ersetzen.[23])

Es scheint, der Herzog habe diese Weissagung ernst genommen. Es war daher kein Wunder, daß ein neueres drohendes Gesicht ihm wieder Thränen erpreßte. Gott drohte, er werde mit den Söhnen Rákóczys verfahren, wie mit dem Feigenbaume, der keine Früchte bringt. Es wird ihm ergehen, wie dem Epheu des Propheten Jonas, der Wurm zernagte ihn, er verdorrte, und Jonas blieb am Leben. Sigmund bat nach dieser Drohung die Anwesenden abermals, sie mögen für ihn beten; Comenius jedoch beauftragte er, daß er Drabik auf eines seiner Güter berufe, wo er ihn mit allem Nothwendigen versehen werde.[24])

Am 16. November erhielt Drabik den Brief, in welchem Comenius ihm die Einladung Sigmunds anzeigt,[25]) und er hätte sie füglich auch angenommen, wenn Comenius ihm dazu räth. Daß Comenius ihn nicht einlud, — wir halten nur dafür, —

ist daraus erklärlich, daß in Sárospatak gegen Comenius eine Opposition bestand, die mit der Ankunft Drabiks sich nur gesteigert haben würde. Drabik zielt an mehreren Stellen seiner Weissagungen darauf hin, daß man Comenius in seiner Thätigkeit störe. Dasselbe sehen wir aus einem Briefe seines Schwiegersohnes (1651 Novemb. 13.), welcher die ganz ernst begründete Hoffnung, Comenius werde bald nach Polen zurückkehren, lebhaft bespricht. Die Kirchenvorstände seien mit der Rückkehr einverstanden und stellen ein Rückberufungsschreiben deshalb nicht aus, weil sich Comenius bei der Berufung das Recht des freien Abziehens ohnehin vorbehalten habe und weil sie fürchten, das Schreiben könnte zu ungelegener Zeit ankommen.[26]) Dasselbe berichtete am selben Tage Felinus. Unter den Gründen, die die Kirchenbehörde Lissas von einem Rückberufungsschreiben abhalten, erwähnt dieser, daß es dem Entlassungsschreiben nicht entspräche, und ferner, daß die Seniores auch nicht den Schein einer Unbeständigkeit hervorrufen wollen.[27]) Daß seine Schulreformen bei den conservativ Gesinnten auf Widerstand trafen, ist natürlich und davon berichtet er selbst an der schon erwähnten Stelle.[28]) Auch das führten wir schon an, daß seine Stellung zur Frage über das Kirchenregiment ihm Feinde verschafft habe. Auch daß die Weissagungen Drabiks nicht jedermann so hoch schätzte, wie Herzog Sigmund, ist natürlich: standen sie doch mit sich selbst und mit der Wahrheit so oft in Widerspruch, daß es einem unbefangenen Leser leicht war, dieselben gründlich zu widerlegen. Zum Beispiel — Herzog Sigmund wird von Gott oft bedroht, oft flößt ihm dieser Vertrauen ein — wie es der Schulmeister mit den Kindern thut. Bald beginnen bei ihm die Türken den Kampf, bald die Schweden, bald die Rákóczyschen; doch in Wirklichkeit begann ihn keiner. Auch jetzt setzte er — vielleicht als Belohnung für die Einladung Sigmunds — die baldige Ankunft von 34.000 Schweden und Türken in Aussicht, und im Auftrage Gottes forderte er Comenius auf, die heilige Schrift, die Psalmen und Gesänge mit inbegriffen, ins Türkische zu übersetzen und dem türkischen Sultan zu übersenden. Und jeden Stein in Bewegung setzend, drohte er selbst dem Klobusiczky, der doch den göttlichen Ursprung der Offenbarungen anerkannte und dies selbst dem Comenius gegenüber öfters betont hatte, nur deswegen, weil er die Thaten des Herzogs nicht nach seiner richtigen, guten Einsicht lenke.[29])

Die vielen Widersprüche, die zwischen den Offenbarungen und der Wahrheit immer mehr ans Licht traten, erschütterten selbst den Glauben des Comenius und er drückte seinen Zweifel über den göttlichen Ursprung der Offenbarungen Drabik gegenüber recht erbittert aus. Drabik antwortete ihm am 5. Dezember, und bat ihn, er möge ihn doch nicht verdächtigen, daß er die Offenbarungen selbst bereite. Inzwischen fiel Drabik in eine schwere Krankheit. Comenius wollte auch diese Gelegenheit ausbeuten und drang daher in ihn, jetzt Angesichts des Todes sein Gewissen zu erleichtern, und wenn er betrogen habe, dies ihm zu bekennen. Am 28. Dezember antwortete ihm Drabik, er werde mit seiner früheren Antwort getrost vor den Richterstuhl Christi treten.[30]) Um die Wahrheit der Offenbarungen augenscheinlich zu beweisen, befaßte er sich auch mit Schätze suchen, und aus dem theuren Schmucke, den er fand, sandte er auch ein paar Edelsteine an Comenius und Herzog Sigmund.[31]) Doch alles umsonst, das Jahr gieng zu Ende, die Kosaken, denen die Rákóczyschen keine Hilfe sandten, wurden von den Polen empfindlich geschlagen. Sigmund Rákóczy zog, nachdem er im Dezember seine Gemahlin begraben hatte, auf seine Burg Fogaras, nach Siebenbürgen, den Winter dort zu verbringen, und von Angriffen gegen das Haus Habsburg wurde sonst nirgends gesprochen, als gerade in den von vielen als zweifelhaft beurtheilten Weissagungen. Im November des Jahres traf eine interessante Persönlichkeit in S. Patak ein: der schwedische Gesandte Benedikt Skythe, ein Sohn des Kanzlers von Upsala, mit welchem Comenius vor neun Jahren gesprochen hatte. Wir wissen nur, daß er auch von Lebnic aus einen Bericht nach Schweden gesandt hatte, daß er mit Bisterfeld auch später in Verbindung blieb: seine Neigung zum Mystischen wird ihn wahrscheinlich mit Comenius schon diesmal zusammengebracht haben.[31a])

Comenius hatte im verflossenem Jahre auf dem Schulgebiete eine Staunen erregende Thätigkeit entwickelt. Außer einigen kleinen pädagogischen Schriften, voll gediegener Gedanken, arbeitete er seine

22

lateinischen Sprachbücher um und paßte sie der ungarischen Sprache
an. Diese Werke waren bereits fertig, als er nach Sárospatak
kam, doch kostete die unternommene Umarbeitung nicht wenig
Mühe. Bei dem Wörterbuche halfen ihm Johann Tolnai, Johann
Szölösi, Benjamin Stefan Szilágyi [32]) und einige erfahrene
Studenten. Wenn wir bedenken, daß die endgiltige Abfassung der
600 gedruckten Folioseiten betragenden Bücher, die Arbeit eines
Jahres ist, in welchem Streitigkeiten über das Kirchenregiment,
fortwährende Gespanntheit und Erwartung göttlicher Hilfe, die
Opposition der dem Althergebrachten treu bleibenden Professoren
und Schüler den 60jährigen heimatlosen Bischof, der nur gegen
seinen Willen Pädagog wurde, fortwährend reizten, so ist es unmöglich, daß wir uns vor solcher Thatkraft nicht beugen.

Wir haben erwähnt, daß diese Arbeiten unter fortwährender
Aufregung entstanden, und daß die neue Methode nicht so leicht
eingeführt wurde, wie sein Losungswort: „Omnia sponte fluant,
absit violentia rebus" dies wünschte. Aus einem Briefe, der
in Siebenbürgen weilenden Fürstin [33]) geht ein Zug der Unzufriedenheit über die Schwäche der Schulorganisation hervor. Die
kleineren Schriften „de elegantiarum studio" und „über die
Nomenklatur" schließen die theoretischen Schriften ab. Die erste
diente (10. Jänner 1652) als Eröffnungsrede der dritten oder
Atrialklasse. [34]) Die neu umgearbeiteten Schulbücher waren in ihrer
Art ausgezeichnet, doch hatten sie einen Fehler, den Comenius
später selbst eingestand. Das war: ihr Umfang war zu groß. [35])

Über die Einzelnheiten ist Folgendes zu bemerken. In der
Vorrede des Vestibulum [36]) wird wieder erwähnt, daß die Bilder,
welche es zieren sollten, nicht zu beschaffen waren. In der Ermahnung an den Lehrer finden wir eine neue Anordnung der einzelnen
Theile, wonach der Text in der Muttersprache (in zwei Monaten
zu erlernen) vorangeht, dem folgt der lateinische Text (vier Monate),
dann die Grammatik (drei Monate), zum Schluß das Lexicon, mit
dem er in einigen Wochen fertig werden kann. Bei der Janua [37])
ist eine andere Ordnung einzuhalten, und das ist die hauptsächliche
Abweichung von den Prinzipien der Meth. Ling. N. Hier fängt

man mit dem Lexikon an, das in vier Monaten erlernt wird, man kommt so zur Grammatik, die einen Monat in Anspruch nimmt um zum Text zu gelangen (sechs Monate). Die Motivierung besagt, daſs der direkte Übergang vom Vestibulum in den Text der Janua einen dreifachen Kampf verursachte: einen mit den unbekannten Wörtern, einen mit neuen Wortconstruktionen und und schließlich einen mit der Menge der Dinge. Diesem Kampf soll durch die neue Eintheilung ausgewichen werden, die den Gang, das Fortschreiten im Unterricht vereinfacht. Zur Charakteristik der einzelnen Theile der Janua sei bemerkt: Das Lexikon, dessen lateinischer Theil allein hundert Folioseiten umfaßt, wurde mit einer ungarischen Erklärung herausgegeben; die Wörter sind nach ihrer Verwandtschaft kunstvoll zusammengesetzt, in alphabetischer Ordnung und doch in Sätzen, in welchen die den einzelnen Wörtern untergelegten Begriffe erläutert werden. An der Grammatik sehen wir das fortwährend betonte Prinzip, daſs das Beispiel der Regel vorausgehen soll, wiederum nicht befolgt, dieselbe ist aber (25 Folioseiten im Umfang) gegenüber der Elbinger wesentlich verkürzt. Der Berufung auf Vossius begegnen wir sehr oft; zur größeren Faßlichkeit trägt auch die Eintheilung in Fragen und Antworten bei. Auffallend ist auch das Wachsthum des Januatextes, der jetzt 60 Folioseiten beträgt. Voran geht eine scholastisch feine Eintheilung des Stoffes, nachher folgen die 100 Capitel. Die Vorzüge gegenüber dem bisherigen Texte findet Comenius darin, daſs die Ausdrücke besser sind, die grammatische Anordnung vollendeter, und der ganze Inhalt sich dazu eignet, einen der Entwickelungsstufe der Jugend angemessenen Weisheitsschatz zu bieten. Zum erstenmale wurde auch das Atrium[38]) fertig. Die Reihenfolge der Theile ist wiederum eine andere: Die Schüler sind schon genügend vorgeschritten, um eine formale Disziplin der Grammatik durchzunehmen. Die elegante Grammatik (so wird die Atrialgrammatik genannt) umfaßt ungefähr 50 Folioseiten. Sie ist in zwölf Capitel eingetheilt, die die Rhetorik nach drei verschiedenen Richtungen hin erläutern. Es ist dies eine Art lateinischer Stilistik, aber mit einem Aufwand von Material, das beim ersten Anblick die Frage in dem Leser weckt, ob dies nicht zu viel sei. Nun folgt der Text des Atriums auf 82 Seiten. Der Verfasser versäumt nicht, den Leser darauf, wie ihm hier neben dem Stil auch eine weitere Einführung in die Geheimnisse der Wissenschaften als Aufgabe vorgeschwebt habe, aufmerksam zu machen, so wie es auch für den Lehrer gelte, neben der stylistischen Analyse der Einzelheiten auch das reale Moment zu entwickeln, wozu vom Lehrer encyclopädische Bildung gefordert wird, um nichts „de rebus maioribus" zu ignorieren.³⁸) Über das Lexikon Atriale wird nur erwähnt, dasselbe werde noch nicht veröffentlicht, soviel aber zu ersehen, sollte es blos einen lateinischen Text haben, mit der Aufgabe: in die eleganten Redewendungen einzuführen.

Dabei gab er zwei didaktische Schriften Anderer heraus; die des Fortius: „De ratione studii" und des Erasmus gleichnamigen Traktat. Die Veranlassung kam auf die Weise, dass einer von den Studenten das Buch des Fortius bei Comenius vorfand, und nachdem er es mit großer Lust durchgelesen, diesen aufforderte, das Werk herausgeben zu wollen.³⁹)

Alles dies verlieh nicht viel Lust der Jugend, und Comenius sah sich gezwungen, eine Abhandlung des Fortius aufzufrischen: wie man die Faulheit aus der Schule austreiben müsse.⁴⁰) Neben den pädagogischen Arbeiten fand er noch immer Zeit, auch den Interessen seiner Kirche zu dienen. Er arbeitete an dem Manualnik;⁴¹) und verfaßte schon in dem vorigen Jahre eine Anleitung über die Kunst des Predigens, die allerdings Manuscript blieb.

Eine einleitende Mahnung an die Diener der Kirche zeigt den Zusammenhang dieser Arbeiten mit den übrigen aus jener Zeit. Gott nöthige ihn, mit dieser Schrift hervorzutreten. Die gegenwärtige traurige Lage der Unität habe besonders deren Diener zur ernsten Selbstprüfung zu bewegen, und auch zur Erkenntniß dessen, was sie in ihrem Predigeramte versäumt haben; damit sie sich darnach bessern und wenn sie Gott aus der Gefangenschaft in ihre Stellen zurückführen sollte, sie dieselben würdiger bekleiden können. Dazu wolle auch die gegenwärtige Schrift beitragen, ohne sich irgend Jemandem aufdringen zu wollen. Eine kurze Übersicht faßt den Inhalt des Werkes zusammen (p. 45—48).

Der Prediger hat deutlich, lieblich und kraftvoll zu reden; dazu
ist aber auch eine Fülle des Materials nöthig, und so handeln
die vier Theile der Homiletik, oder der Kunst des Redens von
der Fülle, Deutlichkeit, Lieblichkeit und Kraft der Rede. Die
Termini mögen über den Umfang der einzelnen Theile orientieren.
Zum ersten Theil gehören: Die etymologia, synonyma, epitheta,
analysis, synthesis, definitio, thema, consequentia, Bau-
materialien, Aphorismus, digressio, Analysta, Analasta, Ana-
plasta. Zum zweiten Theil: Die Sententia, die Einschärfung,
Metaphora, Thesis, Hypothesis, Applicatio, Allegoria, Materia,
Amplificatio, Anthropopathia, Ironia, Hyperbole, Exordium,
Propositio, Partitio, Declaratio, Demonstratio, Epilogus, Dicho-
tomia, Emphasis, Usus didascalicus, Usus elenchthicus,
pædeuticus, epanorthoticus, paracleticus, Transitio. Zum dritten
Theil: Die Distributio, Repræsentatio, Wortreichthum, Anaphora,
Epistrophe, Climax, Paronomasia, Ploke, Exclamatio, Inter-
rogatio, Reticentia, Correctio, Apostrophe, Prosopopoeia, Ad-
dubitatio, Communicatio, Occupatio, Concessio. Zum vierten
Theile: Die Parrhesia und die Selah. Geben schon diese angeführten
Benennungen ein Bild über die Eintheilung des Stoffes, so ist
die Ausarbeitung nicht genug zu loben. Eine Fülle von Beispielen,
sowohl aus der Schrift, als auch von Anderen und aus Eigenem,
haucht den Worten ein wahres Leben ein; zahlreiche Anweisungen
und Formeln sorgen für die Anschaulichkeit. Ein wahrer Schatz
ist das Buch für Prediger slavischer Zunge, dessen Werth die als
Anhang beigefügten Formulæ transitionum etc. auch noch dankens-
werth erhöhen. [42])

So schwanden die Tage unter Arbeit und vielfacher Erregtheit.
Daß ihn meistens die Offenbarungen beunruhigten, brauchen wir
nicht zu sagen. Die Neigung, welche Sigmund für die ihm
zugemuthete Aufgabe bekundete, steigerte die Hoffnung des Comenius,
während der vorsichtige Widerspruch der fürstlichen Mutter ihm
Sorgen und Kummer verursachte, der durch die Einsicht vermehrt
wurde, daß die Offenbarungen mit der Wahrheit häufig im
Contrast standen.

Obwohl Sigmund erklärte, daß er gegen den Willen seiner Mutter keinen Krieg beginne, befaßten sich die wiederholten Weissagungen Drabiks fast ausschließlich mit ihm. Der Herzog trauerte noch um seine geliebte Gemahlin und es kamen ihm Dinge, wie jene von Drabik geweissagten, daß man ihn in Preßburg zum Könige krönen und er daselbst Privilegien ertheilen werde, und Ähnliches gar nicht in den Sinn. Und all dies prophezeite ihm Drabik auch zu einer Zeit, da Sigmund schwerkrank darniederlag, sogar an jenem Tage, an welchem er starb. [43])

Dies geschah am 4. Februar 1652. Drabik wußte weder von der Krankheit, noch von dem Tode des Herzogs und schrieb ihm so mehrere Tage nachher noch eine Rolle zu. Comenius war in einer unaussprechlichen Verlegenheit. Er selbst erzählt, daß er, als Tolnai ihn aufmerksam machte, Drabik halte sie zum Besten, so wahr, als ein Gott lebe, geschwiegen habe, und kein Wort der Entschuldigung vorzubringen vermochte. [44])

Wahrlich, wenn es möglich gewesen wäre, Comenius zu enttäuschen, so hätte es nach diesem Ereigniß geschehen sollen. Die Selbstvertheidigung Drabiks, nachdem er die Todesnachricht Sigmunds erfahren hatte, war lächerlich: aber gar nicht in Verwirrung gebracht, übertrug der Seher die Rolle, die Sigmund zugedacht war, Sigmunds Bruder Georg, den Fürsten Siebenbürgens. [46])

Die Trauer um Sigmund war natürlich eine allgemeine. Merkwürdig ist es, daß Drabik, der einige Tage vor dem Tode Sigmunds dem Comenius im Namen Gottes zum weggehen rieth, jetzt nach dessen Tode nicht mehr davon sprach: die Situation hatte sich gänzlich verändert.

Sigmunds Tod versetzte den Hoffnungen Comenius einen schweren Schlag. Einige Monate nachher sagt er in dem Vorworte seines didaktischen Werkes, welches an Klobusiczky gerichtet ist, von Sigmund: „So wie es nicht nur unsere Überzeugung war, sondern mit uns viele Freunde, Nachbarn und Entfernte die süße Hoffnung hegten, daß er zu großen Dingen geboren, und von dem Geschicke zum Wohle der Völker bestimmt sei, trauern nicht nur wir über diesen Verlust, sondern die Zahl der an unseren Klagen theilnehmenden ist unermeßlich. [47]) Wie begründet diese

Klage war, beweist die Biographie, welche von ihm unlängst
Alexander Szilághi veröffentlichte. [18]) Dieser Autor nennt in dem
Vorworte den jungen Herzog einen Meteor. Der jähe Untergang
desselben erschwerte gewiß die Stellung des Schulorganisators bedeutend. In den Visionen Drabiks häufen sich die Bemerkungen,
daß man den Adjunctus beläftige [19]) und über die Quelle dieser
Bemerkungen herrscht kein Zweifel. Wenn sie keine andere Anklage
fanden, traten sie damit hervor, daß Comenius irdische Güter
suche, und was sie offen zu sagen nicht wagten, das wurde hinter
dessen Rücken laut.

Dieser Verdacht der Gewinnsucht, wenn er überhaupt einen
Grund hatte, konnte nur aus den Weissagungen Drabiks geschöpft
sein. Es war eine fixe Idee seiner Weissagungen, daß die Befreiung der Evangelischen durch die Türken geschehen werde. Gott
machte es dem Comenius öfter zur Aufgabe, bei den Türken
hiefür Interesse zu erwecken und sie über das Wesen des Christenthums durch die Übersetzung der Bibel ins Türkische anzuklären.
Die Kosten des Druckes sollte die Fürstin tragen. Comenius nahm
die Aufforderung ernst, jedoch, nach Comenius gieng die Fürstin
aus zwei Gründen darauf nicht ein: erstens schenkte sie den
Worten Drabiks keinen Glauben und zum andern setzte sie die
Liebe zum Golde über alles. [50]) Letzteren Grund widerlegen die
Rechnungen, die man im Nachlasse der Fürstin vorfand, und die
von ihrer Freigebigkeit für Schulen und Kirche das glänzendste
Zeugniß ablegen. [51]) Daß sie aber den Worten Drabiks keinen
Glauben zumaß, konnte Comenius ihr umso weniger verübeln, da
solchen Unglauben auch andere theilten. Er schrieb daher wieder
an Drabik, und in dem Briefe, den Drabik am 15. Juni erhielt,
zeigt er ihm an, daß seine Freunde und Bekannten alle seine
Weissagungen bezweifeln, weil alle, denen er im März den Tod
prophezeit hatte, noch am Leben sind. [52]) Wer aber auch jetzt nicht
in Verwirrung gerieth, das war Drabik.

Seine Weissagungen beschäftigten sich nun hauptsächlich mit
drei Gedanken: Comenius möge Sárospatak verlassen und nach
Polen ziehen, er möge die Offenbarungen dem Georg Rákóczy

nach Siebenbürgen senden und Drabik möge selbst nach Sárospatak gehen.

Was Comenius, der doch in vielem schwere Tage hatte,
von den Senioren nach Hause gerufen und schon seit dem Tode
der Prinzessin erwartet wurde, zum Bleiben bewog, sagt er directe
nicht. Wir irren aber kaum, wenn wir dies mit den Visionen in
Zusammenhang bringen, die für das nächste Jahr 1653 große
Ereignisse verkündeten. Wo konnte er diese sicherer erwarten, als
am Hofe der Rákóczyer?

Desto bereitwilliger nahm Comenius die zweite Aufforderung an, die Weissagungen an Georg Rákóczy zu senden.
Dieser stand nämlich zu ihm nicht in dem vertrauten Verhältnisse,
wie Herzog Sigmund, ja sie hatten sich gar nicht getroffen. Zum
Leichenbegängnisse des Fürsten Sigmund war zwar der Fürst aus
Siebenbürgen nach Sárospatak gekommen, und hätte auch gern
mit Comenius gesprochen, doch er wurde daran von Medghesy
und Bisterfeld verhindert. Diese wußten die Fürstinwitwe zu überreden, sie möge Comenius nicht mit den übrigen einladen. Daher
konnte er ihm die Offenbarungen höchstens brieflich einsenden, doch auch so konnte er den Zweck nicht erreichen, da die
Hofbeamten derlei Sachen confiscierten und dem Fürsten gar nicht
übergaben. Comenius klagte Klobusiczky sein Leid, der auch Abhilfe
verschaffte.

In kurzer Zeit kam nämlich Johann Kemény nach Sárospatak, ein vertrauter Mann des Fürsten Georg; Klobusiczky
unterrichtete diesen von dem Plane des Comenius; Comenius ließ
ihn zu sich rufen, wo er dann Gelegenheit hatte, im Beisein
Klobusiczkys die ganze Angelegenheit vorzutragen. Kemény hörte
den ganzen Vortrag mit Interesse zu Ende, schenkte vielen Umständen große Aufmerksamkeit und bat sich ein Exemplar der
Geschichte aus, damit er dieses dem Fürsten Georg gelegentlich
zukommen lasse. Kemény fragte ihn noch, ob er den Fürsten im
Namen des Comenius von deren Wahrheit versichern könne, worauf
Comenius antwortete, den unbedingten Glauben daran könne nur
die Kirche verlangen, wenn sie die Visionen canonifierte, doch sei

es für die Regierung des Staates gut, die Mahnungen mit
Aufmerksamkeit zu verfolgen. Das Exemplar, welches Kemény
verlangte, händigte er demselben ein, und schrieb Briefe an die
Räthe des Fürsten, an Bisterfeld und an den Fürsten selbst, in
welchen er die Weissagungen empfahl, einige auffallendere Theile
derselben erklärte und vertheidigte. [53])

Dieser Wunsch Drabiks ging also in Erfüllung, und der
Fürst schrieb an Comenius und Klobusiczky, daß im Falle eine
Fortsetzung erscheine, sie ihm solches anzeigten. Die Erklärung
dieser Leichtgläubigkeit ist nicht schwer. So wie Sigmund war
auch Georg ein Schüler Bisterfelds, von dem wir wissen, daß
er, mit vielen Gelehrten dieser Zeit übereinstimmend an ein nahe
bevorstehendes Ende der Welt glaubte. Außerdem rührten den
Fürsten, wie Comenius schreibt, der Tod seines Vaters und seines
Bruders, den die Offenbarungen als unbedingte Strafe Gottes
ansahen. Daß Comenius seinen Wunsch, man möge ihm die
folgenden Offenbarungen einsenden, treu erfüllte, brauchen wir nicht
erst zu erwähnen.

Doch die Thaten, die Comenius und Drabik davon erwarteten, wollten nicht folgen. Besonders Drabik war sehr ungeduldig, und als er am 25. August 1652 von Comenius jene
Nachricht erhielt, daß die Menschen seine Offenbarungen für das
Werk einer melancholischen Phantasie hielten, bekam er in seinen
Offenbarungen ausdrücklich den göttlichen Befehl, er möge persönlich nach Sárospatak reisen. [54])

Drabiks Sárospataker Reise und Aufenthalt ist vom cultur-
geschichtlichen Standpunkte sehr interessant. Versehen mit göttlichen
Aufträgen begab er sich am 2. September auf den Weg, und
langte am 11. September in Sárospatak an. Einige von den
eingeweihten Männern, die den Grund seiner Ankunft kannten,
berichteten diese der Fürstin, und da man es im Beisein des
Hofgesindes nicht für ganz sicher fand, Drabik vor die Fürstin
zu lassen, forderte man ihn auf, er möge schriftlich einreichen,
was er zu sagen habe. Drabik kam diesem Wunsche nach. Er
begann seinen kurzen Brief mit jenem göttlichen Befehl, der ihn
zum Sprechen zwinge; im weiteren Laufe desselben gibt er der

Fürstin bekannt, dass Gott die Rákóczyschen erkoren habe, im Bündniß mit den nördlichen Völkern das österreichische Haus Babylon zu stürzen; wenn sie es unternehmen, sei Gott bereit, ihnen zu helfen, er setze sogar ihn und seine Nachkommen zu den alleinigen Herrn des Landes ein. Dies hatte Drabik schon dem alten Georg angezeigt; man achtete nicht darauf, nun wiederhole er, dass Gott Georg, den Fürsten von Siebenbürgen beauftrage, mit jenen Völkern, die er bis jetzt sich geneigt gemacht, ein Bündniß zu schließen und Babylon zu stürzen. Endlich befehle Gott, dass die Fürstin die heilige Schrift ins Türkische übersetze und drucken lasse, damit die Türken durch ihre Intervention übertreten, weil Gott die Bekehrung derselben zum Lohne für ihr Wirken gegen den Antichristus ohnehin schon bestimmt habe. Die Fürstin übernahm die Schrift und betraute eine aus drei Männern bestehende Commission mit Drabiks Verhör. Klobusiczky war Präses, die Mitglieder Beréczy und Johann Tolnai. Am 14. September kam die Commission, noch Comenius hinzuziehend, zusammen, befragte Drabik über alle Weissagungen, und nachdem sie ihn entlassen, beriethen sie sich zwei Tage hindurch. Die Triumviren gaben der Berathung eine weite Grundlage. Von der heiligen Schrift ausgehend, bestimmten sie erst, dass außerordentliche göttliche Offenbarungen auch nach der apostolischen Zeit stattfinden können. Als Zeichen der wahren Propheten erkannten sie die niedere Abstammung, Rechtgläubigkeit des Sehers und die Übereinstimmung seiner Worte mit der Wahrheit.

Auch jene Folgerung nahmen sie noch an, dass wenn ein wahrer Prophet entstehe, man dessen Worten folgen müsse. Diese Grundsätze hielten sie auch bei der Beurtheilung der Drabik'schen Prophezeiungen vor Augen, und hier hatten sie drei Einwendungen zu thun: a) der Prophet mische auch Privatangelegenheiten ein, b) manche seiner Weissagungen stehen mit der Wahrheit in Widerspruch und c) Gott bewege die Herzen derer, die er zur Ausführung großer Thaten erkoren haben sollte, nicht zur Erfüllung dieser Aufgaben. Comenius bringt dagegen sieben Beweisgründe auf und es scheint, dass er, wenn es ihm auch nicht gelang, die Visionen für unzweifelhaft zu beweisen, doch eine Verfügung, die aus den drei Einwendungen entstanden wäre, verhinderte. Die Versammlung beschloß daher, die Entscheidung erst nach längeren Berathschlagungen einzubringen.[55])

Wir haben von dieser zweiten Entscheidung keine Kenntniß. Comenius bemerkt später, daß sie auch später nicht aufhörten zu zweifeln. Das Unterbleiben der türkischen Bibelübersetzung ist ein Beweis dafür, wie wenig man dem Seher glaubte. Doch hatte die Sache damit ihr Ende noch nicht erreicht. Davon zeugt der Umstand, daß sie zur nochmaligen Übersicht Bisterfeld übergeben ward.

Bisterfeld war bekanntlich Professor an der Weißenburger Schule, ein Gelehrter von großem Ansehen, und ein Vertrauensmann des siebenbürgischen Hofes. Comenius kannte die Tragweite seines Wortes, nahm es daher schmerzlich auf, daß dieses gegen die Prophezeiungen gerichtet war. Wie wir sahen, ließ Bisterfeld die Offenbarungen nicht einmal in die Hände des Fürsten gelangen. Schon am 14. Juni sandte ihm Comenius durch einen Belgier einen Brief und auch nachher wollte er ihn öfter zu einer anderen Meinung bekehren. Doch scheint es, immer ohne Erfolg. Endlich hatte er Gelegenheit, mit ihm persönlich über die Sache zu conferieren, Bisterfeld wurde nämlich theilweise wegen dieser Offenbarungen, nach Sárospatak berufen. Comenius benützte die Gelegenheit und übergab ihm außer den Prophezeiungen Drabiks auch die zweier anderer, die Kotters und die der Christine Poniatovsky. Bisterfeld war tagsüber von der Erledigung der Geschäfte in Anspruch genommen, Abends jedoch vertiefte er sich heimlich in das Lesen von Prophetenschriften. Sein Urtheil über die zwei ersteren lautete, sie seien wahre Propheten; aber die Visionen Drabiks waren ihm langweilig, da alle seine Aussagungen von etwas abhängig gemacht werden. Wenn Jesaias, Jeremias, Daniel und alle jüdischen Propheten auferstehen und derartiges sagen möchten, glaubte er auch ihnen auch. Diese Erklärung verursachte einen kleinen Streit zwischen den beiden Gelehrten. Comenius behauptete, sich auf die heilige Schrift stützend, dies sei das gewöhnliche Verfahren Gottes und führte den Propheten Jonas als Beispiel an, Bisterfeld jedoch blieb seiner Behauptung, daß die Propheten, die ihre Weissagungen von Bedingungen abhängig machen, nicht den Namen „Prophet" verdienen.

Da machte Comenius dem unfruchtbaren Streit ein Ende. Die Frage, zu deren Entscheidung Bisterfeld gerufen wurde, war wahrlich nicht, was die Eigenschaften der wahren Propheten seien, sondern, was jetzt zu thun sei. Dies warf Comenius dem Bisterfeld gegenüber auf. Soll man diese außerordentlichen Offenbarungen Gottes, die er mit Versprechen und Drohung in Verbindung bringt, befolgen oder nicht? Auf diese Frage antwortete Bisterfeld: der Fürst benöthige solche Prophezeiungen nicht: „Der Fürst weiß, was er in solchen Angelegenheiten zu thun habe, wenn Gott ihm Gelegenheit geben werde." Er sagte dazu: „Der Fürst ist in meiner Hand. Wenn ich heute sage, die Zeit ist da, zieht er schon morgen in's Feld." Comenius stutzte auf diese Worte und sagte blos: „Gib Acht, daß du dir nichts Übermäßiges zuschreibest und damit du solches Ansehen nicht mißbrauchest," worauf sie schieden.[56])

Drabik, der sich in Sárospatak im ganzen nur neun Tage aufgehalten hatte, war zu dieser Zeit schon längst nach Lednic zurückgekehrt. Da seine Sache noch nicht endgiltig entschieden, sondern nur aufgeschoben war, sprachen die nächsten Weissagungen mehr von Hoffnung als von Niederlage. Am 21. Oktober forderte er Comenius auf, auch den Bewohnern jenseits der Donau den Willen Gottes anzuzeigen[37]), welcher Aufforderung jedoch Comenius wahrscheinlich nicht nachgekommen war. Zu Ende des Jahres (1652) prophezeite er immer bestimmter, daß Rákóczy zum ungarischen Könige gewählt werde. Der Ort werde Preßburg und Comenius einer derjenigen sein, die ihm die Krone aufs Haupt setzen werden.[58]) Bald änderte sich die Weissagung, und Gott machte ihn im voraus aufmerksam, daß die Fürstin ihn zu sich rufen werde. Bei dieser Gelegenheit habe er in Leutschau Salb-Öl zu kaufen und den Fürsten zum ungarischen Könige zu salben; Comenius werde auf Grund des Psalm 2, 5. 6. eine Rede halten und was das schönste ist, die Türken werden die Burg Ofen zurückgeben.[59]) Jedoch blieben all' diese schönen Pläne nur geschrieben. Der Fürst und die Fürstin ließen Drabik nicht rufen, Comenius wurde von seinen Feinden immer heftiger angeklagt, daß er aus

Eigennutz in Sárospatak weile. Auch riefen ihn die Seinigen nach
Polen zurück und Drabik zeigte ihm auch den Befehl Gottes an,
daß er, im Falle er gar nichts ausrichten könne, zurückkehren
möge. Am 27. Dezember wurde jedoch geweissagt, daß das folgende
Jahr 1653 dem Hause Habsburg ein Ende bereiten werde. Wahrscheinlich bewog dies den Comenius noch ein Jahr zu warten.

Doch glich das nächste Jahr durchaus den vorhergegangenen. Nichts geschah, was die Hoffnung der Verbannten hätte
nähren können, wenn nicht das Bündniß Rákóczy's mit den
Polen und sein Sieg über die Moldauer und Walachen, der seinen
Einfluß und seine Achtung hob. Im März schrieb Comenius dem
Drabik wieder, daß er umsonst seine Weissagungen veröffentliche,
es höre niemand darauf; auch er würde der erfolglosen Vermittlung
satt. Drabiks Weissagungen nahmen darauf einen allgemeineren
Charakter an, er prophezeit große Stürme, nach denen der Sonnen-
schein des aufgeheiterten Himmels die Welt zu neuem Leben erwecken werde; die Welt werde eine Heerde und ein Hirte sein
(diese Offenbarung ist in Versen geschrieben); natürlich werden die
Dienste Drabiks auch belohnt werden; viele werden kommen, um
ihn, das besondere Gefäß der Gnade Gottes zu sehen und zu
bewundern.⁶⁰) Doch die Zeit vergieng, das Jahr war zu Ende,
und das Haus Österreich war unerschüttert, wie zuvor. Gott hatte
wohl die Frist verlängert, die Gefahr selbst aber nicht aufgehoben.

In diesem Jahre drang zu Comenius durch Briefe der Freunde
die Nachricht, sein Wohlthäter, Ludwig de Geer sei gestorben!
Ergriffen von dem Ereigniß schrieb er eine kurze Parentation an
dessen Sohn Laurentius, unter dem Titel: „Die selige Begleitung
der heiligen Seele, die das ewige Reich mit Triumph betritt, das
Heer der guten Werke", die noch in demselben Jahre in Sárospatak in Druck erschien.⁶⁰ᵃ) Es ist dies eine dankbare Lobrede auf
den Wohlthäter seiner eigenen Person als auch seiner Kirchengemeinde, der aber, durch Unterstützung aller edlen Zwecke „grandis
Europæ Eleemosynarius" und „Deus seculi nostri, si non
generis humanis" genannt zu werden verdient. Der Schluß der
Schrift ist ein Genealogicum, das den Stamm der Familie bis
zum 1192 hinaufführt.

Doch der Brief, den Comenius am Anfange des Jahres 1654 an Drabik schrieb, zeigt eine gedrückte Stimmung. Er scheint den Seher benachrichtigt zu haben, daß die Fürstin für das Bündniß mit den Polen sei, weil sie Drabik deswegen bedroht, er kündigt ferner an, daß man sich gegen den Fürsten verschwören werde; den in seinem Interesse unermüdlichen Comenius fordert er dagegen auf, er möge Sárospatak verlassen.⁶¹)

In diesen arbeitsvollen Tagen in Sárospatak wurde auch ein Werk zu Ende geführt, dessen Ziel und Erfolg jenem der Janua an die Seite gestellt werden kann. Wir meinen den Orbis Pictus. — Der Verfasser wurde zu dem Gedanken, das Buch zu schreiben, dadurch veranlaßt, daß er das Unterrichtsverfahren der Schulen nicht genug klar fand. Ein Grundsatz der Klarheit erfordert nämlich, daß man die Dinge, die unter die Sinnes-wahrnehmungen gehören, den Sinnen richtig vorführe; welches Erforderniß für die ganze weitere Bildung maßgebend ist. Denn wir werden nicht weise reden und handeln können, wenn wir zu-vor das, was wir reden oder thun wollen, nicht verstanden haben; im Verstande ist aber nichts, was nicht zuvor im Sinne war: und so ist das Üben der Sinne eine Grundlage für die gesammte Weisheit wie auch für die Beredtsamkeit und das Handeln. Dazu will das Buch eine Anleitung geben. Es erklärt die Nomenclatur aller Dinge und Handlungen mit Illustrationen, hat also drei Bestandtheile: 1.) Bilder, die dem Text der Janua folgen; 2.) die Nomenclatur, die den Titel des Blattes angibt; 3.) die Beschreibung und Erläuterung der einzelnen Theile der Schrift.

Das Buch werde geeignet sein, erstens das Gemüth des Kindes anzulocken, seine Aufmerksamkeit auf einen Gegenstand zu lenken und an denselben zu fesseln; so daß die Kinder auf diese Weise recht leicht in das Verständniß der Welt hineingeführt werden. Mit einem Worte, das Buch werde die Behandlung des Vestibulums und der Janua angenehmer machen.

Allein es könne auch in die Muttersprache umgearbeitet, ge-braucht werden. Erstens zum Lesen lernen, wenn man die einzelnen Buchstaben mit entsprechenden Erscheinungen der Außenwelt ver-bindet und so dem Auge zum Behalten vorführt; ferner zur

Erlernung der Muttersprache, wodurch schließlich, da der lateinische Text derselbe sein wird, das Aneignen des Lateinischen wesentlich erleichtert werde.

Allein, das fertige Werk konnte leider in Ungarn nicht er-scheinen, da ein Ätzer fehlte, da schickte es der Verfasser nach Nürnberg, wo es aber auch lange nicht gedruckt wurde. Diejenigen, die es gesehen, rühmten das Werk und meinten, es werde dadurch das Vestibulum und die Janua überflüssig.⁶²) Der Umstand aber, daß den Sinnen die geplante Hilfe dadurch nicht zu Theil ge-worden ist, hat den Verfasser veranlaßt, eine andere Hilfe zu suchen, und so verfaßte er die Schola Ludus, eine dramatische Bear-beitung des Inhaltes der Janua, über die er schreibt, sie sei im letzten Halbjahre seines ungarischen Aufenthaltes entstanden.⁶³)

In der Vorrede an die Curatoren der Schule zu Sáros-Patak beruft er sich auf S. Macer, der bereits vor drei Jahren eine Januæ L. L. Latinæ Comenianæ Praxis Comica herausgegeben habe, deren erster Theil, die Welt der natürlichen Dinge, Anfang des Jahres (1654) aufgeführt einen allgemeinen Beifall errungen hat. Dieser Beifall bewog ihn, das Werk Macers, der leider bald darauf verschied, zu vereinfachen und fortzuführen und so entstand das Werk Schola Ludus, das in acht Theilen den Inhalt der Janua zur Schau führt. Die principielle Begründung der Nützlich-keit dieser Spiele habe er ja schon in der Schola pansophica ge-geben. (Punkte 87—90) Was noch die äußeren Umstände der Aufführung (Zeit, Ort, Personen, Kleidung) anbelangt, hiefür läßt der Verfasser auch ausführliche Rathschläge erfolgen. Die Vorrede ist von 24. April 1654 datiert.

Die äußere Einkleidung des ganzen Stückes gibt der Prolog zum ersten Theile. Der weise König Ptolomäus, als wie von neuem auflebend, läßt eine Versammlung der Weisen einberufen, damit sie darüber berathen, wie man das Erlernen der Weisheit zusammenfassen und erleichtern könnte.⁶⁴)

So erscheinen denn in der ersten Scene neben dem König noch Plato, Eratosthenes, Apollonius und Plinius. Auf den Rath dieser Männer (p. 839) wird beschlossen, die Dinge der Welt von Neuem prüfen zu lassen, (weil nämlich Adams Thätigkeit im

Paradiese unterbrochen wurde) und sie mit Namen zu versehen, auf dass ein jeder in seinem Geiste ein Spiegel des göttlichen Ebenbildes werde. Und so werden nach einander alle Dinge der Welt zur Kenntniß vorgeführt und benannt. Die Ordnung ist jene der Janua Linguarum, u. zw. selbstverständlich jener der letzten Ausgabe. Auf die Einladung des Königs kommen dann die Einzelnen, die die Theile und Kräfte der Natur repräsentieren und kurz bezeichnen und schildern. Im zweiten Theile wird der Mensch mit seinem wunderbaren Organismus; im dritten werden die verschiedenen Handwerke (darin tritt auch der Musikus und Piktor auf); im vierten wird die schola trivialis, wie sie zum Spiel verwandelt werden; im fünften die Akademie mit ihren Fakultäten und ihren Graden und Promotionen; im sechsten das sittliche Leben des Menschen; im siebenten das Familienleben und die Verwaltung der Stadt; im achten das Leben im Staate und die Religion vorgeführt. Wir haben in dem Werke die ganze Weltanschauung des Comenius, natürlich ist dieselbe dem Fassungsvermögen der Schüler angepaßt. Für das ganze gilt die Regel, alles was nur möglich, aufzuweisen, was etwa nicht vorhanden, im Bilde. — Alles wird zuerst gezeigt, dann benannt und dem Verständniß nahe gebracht. Besonders wird dies in der schola trivialis sehr schön durchgeführt, und da ist besonders das Lesenlehren sehr anziehend.[65]

Aber auch die übrigen Theile des vierten Spieles sind für die Methodik sehr wichtig. Das Ganze, obwohl es, selbstverständlich der Handlung entbehrt, ist dennoch so fließend geschrieben, durch die Mannigfaltigkeit der vorgeführten Materie, wird das Interesse stets so wachgerufen und erhalten, dass man sich über den Erfolg des Werkes gar nicht wundern kann. Wir erwähnen nur kurz, dass in der Physik bereits an die Stelle der „lux" hier „Ignis" tritt,[66] dass die Schulen, von den übrigen abweichend, in triviale, classische und hohe eingetheilt werden (Muttersprachschule finden wir hier nicht)[67] und somit verweisen wir auf das Werk selbst, das in neuerer Zeit vielfach übersetzt und auch sonst beachtet wird.

Er machte kein Hehl daraus, dass er in Kurzem Abschied zu nehmen gedenke. Er berichtete es auch der Fürstin und versprach ihr, er wolle, was noch übrig wäre, von zu Hause aus schriftlich zusenden, worauf ihn die Fürstin bat, er möge, wenn nicht länger, mindestens bis zum Trinitatissonntag hier bleiben.[68]) Dies that er auch. Bekanntlich blieb er noch bis Juni 1654 in Sárospatak. In dieser Zeit hatte er Gelegenheit, Drabiks Offenbarungen dem polnischen Herzoge Radziwill, der evangelischer Confession war, und der sich für dieselben interessirte, durch dessen siebenbürgischen Gesandten mitzutheilen.[69]) Nachdem er im April sein Werk Schola ludus zusammengestellt hatte, nahm er am 2. Juni öffentlichen Abschied von der Schule. In seiner Abschiedsrede sagt er seinen Patronen und Freunden für ihre Unterstützung Dank und legt ihnen das weitere Schicksal der Schule an's Herz.[70]) Er selbst verließ in einigen Tagen Sárospatak, denn am 16. Juni war er schon in Lednic.[71])

Comenius' Aufenthalt in Ungarn hatte so sein Ende erreicht, doch auf Grund unserer nur spärlichen Daten, müssen wir in diese Zeit die Abfassung seines Werkes, Gentis felicitas, versetzen. Von dem Schicksale dieses Werkchens wissen wir auch nur so viel, was in seinem an Montanus geschriebenem Briefe steht, wonach er es im Jahre 1654 schrieb und 1659 drucken ließ. Es ist an G. R. T. P. gerichtet, den Inhalt nennt er daselbst einen philosophischen.[72]) Jedoch stützt sich das Werk auf die Weissagungen Drabiks und sein Zweck ist, Georg Rákóczy zu einem thätigen Auftreten gegen das Haus Österreich zu bewegen. Das Ganze ist in 140 kleinen Punkten abgefaßt, 113 davon besprechen die Glückseligkeit einer Nation im Allgemeinen und 27 wenden das Resultat auf die Ungarn an. Der theoretische Theil der „Gentis felicitas" beginnt mit der Definition der Nation: „Ein Volk oder eine Nation ist eine Anzahl von Menschen, die demselben Stamme entsprossen, auf demselben Orte der Welt (wie in einem gemeinsamen Hause, Vaterland genannt) wohnen, dieselbe Sprache gebrauchen und durch dieselben Bande gemeinsamer Liebe, Eintracht und des Strebens nach dem Gemeinwohl verbunden sind." Ein jedes Volk strebt darnach, glücklich zu werden, die Abarten etwa ausgenommen.

Darum ist es auch angezeigt, sorgfältigst zu prüfen, was ein Volk dermaßen erhob, damit es glücklich und selig sei. Die Quellen dieser Prüfung seien: Die heilige Schrift, die Aussagen der Weisen und die allgemeine Übereinstimmung. Die Prüfung ergibt 18 Bedingungen des Wohlstandes, die gleich Anfangs (p. 7) einzeln näher ausgeführt werden. Die 18 Bedingungen sind folgende: 1.) Große Anzahl; 2.) guter Boden; 3.) daß das Volk mit andern nicht gemischt sei; 4.) gute und nicht feindliche Nachbarn; 5.) die Fähigkeit, die Angriffe derselben zurückzuschlagen und sich Frieden zu verschaffen; 6.) Friede und Eintracht im Innern; 7.) gute Gesetze und Anordnungen, die den Vorhinerwähnten (6.) dienen; 8.) gute Hüter der Gesetze; 9.) demselben Stamme entsprossen: 10.) die die Ihrigen nicht knechten, sondern in Freiheit bewahren; 11.) daß derart jeder unbehindert seinem Ziele nachstreben könne; 12.) die Ökonomie und Künste gedeihen; 13.) daß es hieraus eine Fülle von Lebensmitteln schöpfe; 14.) öffentliche Sicherheit; 15.) eine gute Erziehung der Jugend und Bildung zur Humanität; 16.) einen reinen und eifrigen Gottesdienst den seinen zu nennen; 17.) wozu Gott außerordentliche Zeichen seiner Anwesenheit und seine Huld beigibt; 18.) durch all' dies wird das Volk anderen zum bewunderten Vorbild.

Die Schrift prüft nun eingehend, inwiefern die ungarischen Verhältnisse diesen Bedingungen entsprächen, damit die noch klar zu stellenden erfüllt wurden, um so das Glück des ungarischen Volkes zu begründen und zu befestigen. Wir können unmöglich sämmtlichen Ausführungen Schritt für Schritt folgen, den paraenetischen Theil aber müssen wir zum Verständniß der Schrift ausführlicher wiedergeben.

Zur Erreichung der Glückseligkeit des ungarischen Volkes ist jetzt die beste Gelegenheit da, und wenn wir selbst die vergangenen Jahrhunderte durchsuchen, finden wir kaum eine bessere. Gott selbst ist bereit, die Feinde der Kirche zu vernichten; die zu Waffenthaten geworbenen Völker sind die Werkzeuge, die gegen Babylon schon längst gebrachte Entscheidung zu verwirklichen. Zur Unterstützung und Förderung dieses Werkes ergeht sein Aufruf an die ungarische Nation, mit sovielen Schlägen, so viel Gelegen-

heiten, so viel außerordentlicher Aneiferung, daß sie der Hilfe
Gottes gewiß sein könne, wenn sie sich der Sache annehme. Lassen
sie jedoch die gute Gelegenheit vorübergehen, dann ist es fraglich,
ob nicht die Führer, ja die ganze Nation mehr Strafe erleiden
müsse, als man sich dessen versehe. Und ist diese Sache auch gefährlich,
ohne Gefahren läßt sich nichts Großes erreichen. Siehe, die
Ausländer bieten schon so lange ihre Hilfe an, siehe, die unterdrückten Glaubensgenossen warten schon so lange auf ihre Befreier!
So wie auf den Trümmern des Judenthums das Christenthum,
auf den Trümmern des heidnischen römischen Reiches christliche
Reiche entstanden: so wird auf den Trümmern des falschen Christenthums ein wahres Christenthum entstehen. Dazu ist jedoch ein
Mann Noth, der die ganze Sache verstehe und leite, dem, wie es
die Römer richtig erfaßt und gethan, zur Zeit der Gefahr der
ganze Staat sein Vertrauen entgegenbringe. Dieser muß aus der
Mitte jener Nation stammen, für welche die Hilfe naht, in diesem
Falle muß es daher ein Ungar sein. Und wer anderer kann dies
sein, als Georg Rákóczy? „Laß dich daher finden, Du Alleiniger,
Du Einziger, Du, die letzte Hoffnung Deiner Nation!" Der
Verfasser wiederholt die Worte, die Samuel an Saul, den künftigen
König seines Volkes richtet; 1. Sam. 9, 20; ermahnt ihn zuletzt,
daß er bei Erfüllung dieser großen Aufgabe, die Gott ihm zuge-
theilt, vorsichtig und mit Würde zu Werk gehe, kein anderes Ziel,
als das Gott ihm gestellt, verfolge, und die Werkzeuge nur zu
einem großem Zwecke verwende. Den ganzen Plan stelle er sich
in seinen Einzelheiten, wie das Werk einer Uhr, erst zusammen,
damit er nie in Berirrung gerathe; alles dies thue er im Geheimen,
und seine Ausführung beginne er damit, daß er die Rebe Gottes
von den Dornen befreit. (Wahrscheinlich soll man hier unter den
Dornen die Jesuiten verstehen.) Und damit er auch Davids Herz
habe, räth er ihm, er möge dessen Psalmen lesen. Überhaupt einige
davon möge er täglich singen und beten; und schließt mit der
Versicherung, daß die Evangelischen jeden seiner Schritte mit Gebet
und mit Segenswünschen begleiten werden. Wahrscheinlich hat
Comenius diese Schrift noch während seines Sárospataker Aufenthaltes dem Fürsten zukommen lassen, sie klingt, wie ein Ultimatum.

Wir erwähnten bereits, daß er über Lednic zurückkehrte. Es scheint, daß er sich hier längere Zeit aufgehalten habe. Drabik, dessen Ansehen unter der bedeutsamen Aufmerksamkeit des Comenius und vornehmer politischer Kreise wuchs, konnte er zu dessen nicht geringer Genugthuung wieder in sein Amt einsetzen. Es geschah dies auf Verlangen einiger Brüder, und unter einhelligem Beschluß, der Rehabilitierte drückte einem jeden einzelnen von ihnen die Hand, und wurde als Geistlicher anerkannt.[73]

Aus einem Memorial, das Comenius den 22. Juni im Puchó verfaßte, erhellt, daß er in Sárospatak bei Veresegyházy Bücher im Werthe von 300 fl. zurückgelassen habe, durch Klobusiczky und Zitkovsky habe derselbe die Summe seinem Schwager J. Effron und seinem Schwiegersohn J. Molitor auszuzahlen; wenn er nicht zahle, werde er gemahnt. Von der Summe von 150 fl., die ihm für Schulbücher gebühre, habe sein Schwiegersohn wöchentlich ½ Gulden zur Erziehung seiner Kinder zu bekommen.[74]

Wir müssen hier noch einiges aus der Zeit dieses Aufenthaltes erwähnen, was näherer Beleuchtung bedürfte, die uns aber fehlt. Im Frühjahr 1652 soll ein naher Verwandter des Comenius mit einer „Dirne" sich vermählt haben, worauf man ihnen das Zusammenleben nicht mehr wehrte.[75]

Bei Klein finden wir eine Notiz, daß man den Comenius nach Eperies hätte berufen wollen, aber daß diese Berufung Matheides mit Hinweis auf des Comenius calvinistisches Glaubensbekenntniß verhindert hätte.[76] Diese Notiz ist (wir registrieren sie einfach, weil sie sich gedruckt befindet) so wie sie lautet, recht unglaublich, mindestens in dem Punkte entschieden, daß Comenius nach Eperies hätte kommen wollen. Denn da er in Sárospatak, trotzdem man ihn ungern gehen ließ, nicht bleiben wollte, was hätte ihn zur Annahme einer Stelle in Eperies bewegen können? Hingegen bewog ihn zur Eile auch der öfters erwähnte Befehl Gottes, die Herausgabe der Drabik'schen Visionen zu beschleunigen, wie dies aus dem Folgenden deutlicher wird.

VI.

Comenius' letzter Aufenthalt in Lissa.

Anfangs Juli war Comenius bereits wieder in Lissa. Sein Abgang aus Ungarn läßt sich, wenn wir noch bedenken, daß ihn zuletzt
sogar der Fürst von Siebenbürgen zu sich gerufen hatte,[1]) hauptsächlich
mit dem durch Drabik ihm übermittelten göttlichen Befehl erklären.
Auch wollte er beim Herannahen der großen Ereignisse bei seinem
Volke sein, das seit dem Westphälischen Frieden nur noch sehnsuchts-
voller einen Retter erwartete, und ihn, den Oberhirten, wenn auch
nicht officiell, aus Ungarn schon mehreremale zurückrufen ließ.[2])
Comenius ruhte selbst nicht und unterhielt fast in allen Ländern
Verbindungen mit Männern, die einigen Einfluß auf den Lauf
der Dinge hatten und unterließ keine Gelegenheit, sie an sein ver-
lassenes Volk zu erinnern. An Hartlib schrieb sein Schwiegersohn
Figulus[3]) (3. Juli 1654), indem er ihn um die Einhändigung
einiger Briefe an andere Persönlichkeiten ersuchte, die Erregung
sei in ganz Europa sowohl von katholischer, als von evangelischer
Seite sehr groß, die Klöster hätten dem Papst alle, sollte ein
Krieg ausbrechen, ihre Unterstützung (je zwei Mann) zugesagt.
Tausende von den Evangelischen aber erwarten einen Zizka, der
den Kampf für die göttliche Sache beginne, da dies kein deutscher
Fürst wage. Göttliche Offenbarungen schreiben den Anfang dieser
Umwälzungen England zu.

Das persönliche Moment mit dem politischen innig ver-
flochten finden wir in einem nach zwei Monaten, wie es scheint,
bereits wiederholt geschriebenen, hochwichtigen Briefe des Comenius
an Hartlib. (9. Sept. 1654). Comenius klagt darin, daß ihm
Hartlib auf den durch Hübner übersandten Brief nicht antworte;

er habe ihm darin auch die neueren Revelationen geschickt, damit
er sie seinem Exemplar einverleibe. Dies umso mehr, als die
Ereignisse die Wahrheit dieser Offenbarungen bestätigen und auch
das, was darin dunkel ist, allmählig erklären. Zu diesem Dunkel
gehöre die Hartnäckigkeit des Hauses Rákóczy, die aber schon
sichtlich nachlasse, da Gott für seine Sache Streiter wie
Mednyánßky und Balásdi, beide Augsburger Confession, aber
fromme, würdige Männer, zu seinen Werkzeugen erkoren, die
beide an die Offenbarungen Gottes glaubend, nach seiner Rückkehr aus Ungarn den Fürsten, dem Ansehen gemäß, womit er sie
ausgestattet, zur Befolgung des göttlichen Willens aneifern werden.
Der Oktober scheint von einer entscheidenden Wichtigkeit zu werden,
tritt dieser Fall ein, dann möge Hartlib die Revelationen drucken
lassen, sonst nicht. Der Überbringer des Briefes, der Sohn der
Seherin Christine, sei zum Corrector bestimmt. Derselbe Bote
übernehme auch eine geheime Sendung im Interesse des Baron Sa-
bowsky, der vor Begierde brenne, für die Sache Gottes einzutreten.
Man habe Letzteren nur schwer davon abgebracht, nicht persönlich
zu gehen, sondern vorerst durch irgend einen andern die Angelegenheit prüfen zu lassen; wenn die Antwort noch nicht unterwegs
sei, schicke man dieselbe durch den Bruder des Barons oder durch
Jemand andern; wenn nur möglich durch einen Gelehrten. —
Charakteristisch ist auch die Formel für die vorgeschlagene geheime
Correspondenz: „Princeps Radzivilius etiam est noster et Dei.“
Dem Sadowsky mangele es nur an Mitteln.

Nun kommt ein Bericht über seine Werke. Daß Comenius
sich so sehr verspätet habe, daran trage das „Pistrinum illud
Hungaricum“ Schuld; bis zum nächsten Frühjahr werde er aber
fertig. Gerne hätte er seinen Amanuensis, der über seine Nacht-
arbeiten (lucubrationes) in Ungarn berichten könnte, mitgeschickt,
allein die eben günstige Gelegenheit bewege ihn, den gegenwärtigen
Boten zu senden. Der Brief schließt: „Wenn das Werk (LUX
IN TENEBRIS) zur Veröffentlichung gelangen sollte, könnte es,
ich bitte darum, geschehen, daß man den Abdruck einzelner Theile
mir übersende?“ Erstens wünsche er dies, um die etwaigen Fehler
selbst zu corrigieren, da die reiner geschriebenen zwei Exemplare

an Rákóczy und Radziwill abgegeben worden seien; ferner aber wünsche er Anmerkungen beizugeben, die er noch nicht ganz fertig habe. Er sende noch eine Offenbarung Reichhardts[6]) (1641) von englischen Helden, welche sich bereits erfüllt hat.[7])

Es ist nicht unbekannt, daß im Oktober desselben Jahres nichts geschah, das zur Veröffentlichung der Lux in tenebris hätte bewegen können; überhaupt scheint Hartlib die Correspondenz lässiger geführt zu haben. Den 29. November schreibt Figulus von Danzig aus. Nach einer kurzen Erwähnung, wie sich die Schweden für die irenischen Bestrebungen des Duraeus interessieren, fragt er, ob Hartlib den Brief von Lesna über Berlin (er meint gewiß den vom 3. Juli) erhalten habe. Der Brief war dazu bestimmt, ihm die wahren Dimensionen des Schränkchens (cabinet) anzugeben, das man der Frau Sadowsky übergeben (bestoned); wenn man jedoch das Kästchen über Kohlenfeuer hält, erhält man die Anweisung, was mit demselben zu geschehen habe. Man habe dasselbe geheime Schränkchen dem Bischof Mathiae übersendet, damit er es dem Könige von Schweden aufschließe. „Denn derselbe (nämlich der König) ist völlig entschlossen, sich mit anderen Ver- bündeten zu vereinigen, um Gottes Rachewerk an dessen Feinden zu vollführen, und die Erlösung seines unterdrückten und verfolgten Volkes auch mit Selbstaufopferung und Vergießen des eigenen Blutes zu bewirken." Dies seien des Fürsten eigene Worte, woraus erhellt, daß die Erfüllung des Wunsches des Baron Sadowsky nicht unzeitgemäß sei (not out of season).[8])

Näheres über dieses Kästchen erfahren wir nicht. Trotz der großen Hoffnungen rieth Drabik am 24. November dem Comenius, nicht nach England zu gehen.[9]) Das meiste erhofften sich aber die Verbannten von Schweden und Siebenbürgen. Die Correspondenz war sehr lebhaft und sie selbst kostete dem rastlosen Bischof der Brüder überaus viel Zeit. Recht erfreulich war ihm ein Brief von einem Abt Heindin (datiert October 1654), der die Physicæ Synopsis mit größtem Lob überschüttete, was seine oben ange- kündigten Studien nur beschleunigen konnte.[10])

Obenan aber steht eine allmählige Schwenkung in Sieben- bürgen und der Thronwechsel in Schweden. Comenius wurde, wie erwähnt, als er aus Ungarn sich entfernte, zum Fürsten von Siebenbürgen geladen, als er nicht Folge leistete, wurde er von demselben gebeten, Jemanden zu nennen, der ihm die Drabik'schen Offenbarungen auch ferner übersetze und zusende. Dies geschah, der Vertraute des Fürsten Jonas Mednyánßky hat die Rolle angenommen,[11]) und auf die Vorstellungen des Comenius sich nun endlich einmal zu erheben, schrieb Rákóczy demselben einen Brief, worin er auseinanderlegte: er wisse wohl, daß Gott nur nach einer alten Gewohnheit verfahre, wenn er Schweres von ihm fordere, dennoch könne er allein nicht auftreten, er habe den Kaiser, den König von Polen, die Türken und die Untreue der Seinigen zu fürchten, aber wenn ein Anderer auftreten sollte, würde er beitreten.[12]) Dem Mednyánßky selbst schrieb der Fürst: an die Offenbarungen Drabik's glaube er nicht, weil die Wirklichkeit dieselben Lügen strafe, aber er selbst kenne seine Pflicht und wenn Gott Gelegenheit bieten sollte, werde er vorbereitet sein.[13]) Wo andersher könnten diese Gelegenheiten, Bundesgenossen kommen, als von Schweden?

Den Thron betrat ein junger und thatkräftiger König, der die letzten Jahre des dreißigjährigen Krieges mitgemacht und sich rasch die Liebe des Volkes gewann. Seit langer Zeit harrten die Evangelischen darauf, daß die Königin dem Thron entsage,[14]) und unter denen, die den neuen Krieg erwartungsvoll begrüßten, war einer der ersten der Fürst von Siebenbürgen. Er schickte nämlich einen Boten an die nördlichen, evangelischen Mächte, damit er sich von den Plänen der evangelischen Staaten Gewißheit verschaffe. In wie weit diese Gesandtschaft unter dem Einflusse des Comenius stand, und sein Zweck mit dem des Comenius übereinstimmte, erhellt am besten aus dem Umstande, daß der Fürst seinem Gesandten, Konstantin Schaum befahl, er möge Lissa, den Aufenthaltsort Comenius', auf seiner Reise ebenfalls berühren und zugleich Comenius brieflich bat, Schaum mit Anweisungen und Rath zu versehen.[15])

Der Bote war auf dem Wege nach Schweden, Holland und England. Der Brief des Fürsten an Cromwell ist vom 16. November 1654 datiert,[16]) jedoch verließ der Bote erst anderthalb

Monate später Siebenbürgen, das ist am letzten Tage des Dezember. Am 7. Jänner gelangte er nach Lublin, dort erhielt er den Brief des Fürsten, den er schon in Siebenbürgen erwartet hatte, und gleich am 8. zeigte er dem Fürsten an, daß er jetzt direkt zu Comenius nach Lissa reisen werde und schließt mit dem Versprechen, daß einen näheren Bericht ihr gemeinsamer Freund aus nächster Nähe senden werde.[17]) Daß dieser nahe Ort Lissa und der gemeinsame Freund Comenius sei, darüber kann, nach dem, was wir berichteten, kein Zweifel vorwalten. In demselben, von Lublin aus gerichtetem Briefe schreibt Schaum auch, er werde am 14. Januar nach Lissa gelangen, was auch geschah. Was sie alles dort gesprochen und verhandelt, davon haben wir keine Kenntniß. Schaum erwähnt in seinem Berichte, den er dem Fürsten von seiner schwedischen Botschaft schrieb, nur so viel davon, daß sie dem Wunsche des Fürsten entsprechend die Punkte, die der Fürst dem schwedischen Könige vorlegte, besprochen haben und zuletzt doch bei dem Texte des Comenius verblieben seien. Daß Comenius ihm jedoch auch einen andern Rath ertheilte, besonders England betreffend, ist als bestimmt anzunehmen.[18])

Nachdem Schaum Lissa verlassen hatte, gieng er zuerst nach Schweden, und übergab die in Lissa verfaßten Artikel im Namen des siebenbürgischen Fürsten dem Könige der Schweden. In diesen Punkten suchen wir umsonst den Ton, der den von Comenius an den Fürsten gerichteten Brief oder das Werk Gentis felicitas charakterisiert. Sie beweisen eher, daß ihr Verfasser, der schon öfter mit Diplomaten zusammengekommen war, auch deren Sprache zu sprechen verstehe. Wer seine Ziele nicht kannte, der las sie aus diesen gewiß nicht heraus, wem sie jedoch vorschwebten, dem ist es nicht schwer, in ihnen den Zusammenhang mit dem Gedankenkreise des Comenius aufzufinden. Ihr Inhalt ist kurzgefaßt der folgende: Der Fürst begrüßt das Bündniß zwischen England und Schweden, welches „im Interesse der gemeinsamen Freiheit und des christlichen Volkes geschlossen wurde" (daß unter Christen die Evangelischen zu verstehen seien, ist obenauf); dies Ziel ist nur durch vereinte Kräfte zu erreichen; er spricht daher seinen Wunsch aus, diesem Zwecke auch zu dienen, und deshalb bittet er, daß

der schwedische König ihn über alle Vorgänge unterrichte; endlich
fragt er, ob der schwedische König im Sinne habe, die Kosaken
und Russen anzugreifen, da die Kosaken ihn fortwährend um Hilfe
bitten und er auch in dieser Angelegenheit mit dem schwedischen
Könige einmüthig verfahren wolle![19]

Unterdessen schloß Comenius wieder einige finanzielle Geschäfte
ab, welche beweisen, daß er, wenn auch ein Verbannter, sich
materiell einer recht günstigen Lage erfreuen konnte. Einen Verlust
hatte er mit Simon Daniel von Semazin, dem er wahrscheinlich,
als er nach Ungarn zog, 326 Dukaten zur Aufbewahrung übergeben, von diesem Gelde ließ er wohl am 10. December 1653
zehn Thaler unter die Armen vertheilen, allein ein Jahr darauf
(den 4. December) wurden die auf 350 Thaler geschätzten Mobilien
desselben für 100 Thaler verkauft, und von diesem Gelde gab
Comenius 50 Thaler an ärmere Brüder, das übrige Geld ist in
Verlust gegangen.[20] Nichtsdestoweniger lieh er den 1. Januar 1655
dem Aaron Moses, der sich auf dem Schuldscheine „einen auf-
richtigen Israeliten" nennt, 200 Reichsthaler auf 10%.[21] Und
ob zu dieser Zeit, als Schaum bei ihm war, oder später, so viel
wissen wir, daß er auch diesem einen Vorschuß leistete.[22]

Die Aussichten auf die ersehnte Änderung der Dinge, wurden
immer zahlreicher. Den 6. Februar 1655 starb Bisterfeld.[23] Wir
finden in den hinterlassenen Äußerungen des Comenius nur Genugthuung über dieses Ereigniß, das ihm als eine Strafe für dessen
Opposition gegen die Drabik'schen Visionen erschien. Es ist kein
Zufall, daß seine Phantasie wieder das Gebiet der Dichtung
streifte, und daß er sich eben an die Übersetzung jener Stellen
Virgils versuchte, die das erwartete goldene Zeitalter schildern.[23a]
Schaums Reise wurde von glücklichem Erfolge begleitet. Aus dem
sehr ausführlichen Berichte Schaums[24] kennen wir die Antwort
des schwedischen Königs, dergemäß bis jetzt sowohl Schweden
als England mit inneren Unruhen zu thun hatte; der letzte schwedische
Gesandte werde jedoch wahrscheinlich auch ein inneres Bündniß
zu Stande bringen. Übrigens rühre sich der schwedische König vorläufig nicht, da er erst jetzt den Thron bestiegen habe und seiner
Regierung erst eine feste Grundlage sichern wolle, doch nachdem dies

geſchehen, werde das Übrige ſchon von ſelbſt kommen. Er drückt
darüber ſeine Freude aus, daß auch der Fürſt von Siebenbürgen,
wie er, dem Gemeinwohle ſeine Kraft opfere, und verſicherte den
Geſandten, er werde mit ſeiner ganzen Kraft beſtrebt ſein, die
Fäden der Verbindung zu feſtigen.

Der Bericht enthält außerdem noch eine Menge kleiner, ſehr
intereſſanter Einzelheiten, welche verrathen, daß Rákóczy ſchon
damals an den Krieg gedacht habe, an dem er ſpäter theilnahm.
In dem Geſpräche mit Oxenſtierna ſagte Schaum, der Fürſt ſei
vollkommen auf einen Krieg vorbereitet, doch habe er keinen
Feind; und als darauf der Kanzler bemerkte, daß man Feinde
leicht finden könne, erwiederte Schaum, man finde nicht zugleich
auch eine gerechte Sache. Solche Allgemeinheiten befriedigten jedoch
Oxenſtierna nicht. Er wollte beſtimmt wiſſen, gegen wen ſich der
Fürſt rüſte. Daraufhin hatte Schaum keine Inſtruktion, er antwortete auch auf die Frage ausweichend, ob vielleicht der Fürſt
gegen das öſterreichiſche Haus ſich erhebe, oder nicht. Dagegen
laſſen die Worte des Kanzlers einen ſchwediſch-polniſchen Krieg
durchſchimmern, und außerordentlich ſchien ihn die Frage zu
intereſſieren, ob Rákóczy in irgend welchem Bündniſſe mit den
Polen ſtehe, worauf Schaum mit einem beſtimmten Nein antwortete.
„Der Fürſt hat" ſo ſagte der Geſandte „überhaupt noch keinen Plan,
ſein Auge iſt hieher gegen den Leitſtern der nördlichen und weſt-
lichen Fürſten gerichtet," deren Abſichten wolle er erfahren, damit
er wiſſe, wie er ſich zu verhalten habe.[25]

Schaum hatte dann im Sinn, wie er es dem ſchwediſchen Könige
eröffnete, nach Belgien und England zu gehen. Unterwegs ſcheint
er in Geldverlegenheit gerathen zu ſein. Auch ſeine Briefe ver-
ſpäteten ſich, da der Wein, zu dem ſie der Adreſſe nach gehörten,
nicht da war, daher ſchickte Comenius ſelbſt einen Tabellarius ihm
entgegen.[26] Comenius vermittelte beſtändig die Correſpondenz zwiſchen Siebenbürgen und Schaum, er machte Klobuſiczky auf den
Geldmangel aufmerkſam, in dem Schaum darum gerathen war,
weil er die literas cambii nicht mitgenommen hatte, und bat ihn,
er möge ihm helfen. Nebenbei hatte man Hartlib ſchon im Vorhinein gebeten, Schaums Sache in England zu unterſtützen. Wir

werden uns nicht wundern, wenn Hartlib, dem Comenius vielleicht schon im Jänner, und auch später einigemale die Ankunft Schaums angezeigt hatte, diesen ängstlich erwartete. Am 23. April schrieb er endlich dem Comenius, daß Schaum eingetroffen sei und er es so einrichten werde, daß die Unterhandlungen gleich beginnen können.²⁷)

Schaum war am 4. Mai das erste Mal bei Cromwell in Audienz, und begrüßte ihn in einer schön abgerundeten Rede; am 14./24. Mai übergab er ihm die Punktationen des Fürsten. Es ist wahrscheinlich, daß auch diese das Werk des Comenius sind. Ihr Inhalt ist mit dem derjenigen verwandt, die er dem schwedischen Könige überreicht hatte, nur daß hier der confessionelle Zweck des Bündnisses noch deutlicher ausgedrückt ist: „Der Fürst möchte wissen, ob das Bündniß, das während der jetzigen grausamen Verfolgung des Christenthums so erwünscht wäre, schon geschlossen ist, oder wenigstens entworfen sei, oder ob die Wahrscheinlichkeit vorhanden ist, daß es jemals abgeschlossen werde."²⁸)

Cromwell bereitete dem Gesandten einen glänzenden Empfang. Er erklärte allen Senatoren, kein Gesandter irgend eines Königs sei ihm so willkommen gewesen, als jener des Fürsten Rákóczy.

In der letzten geheimen Audienz, da neben dem Dolmetsch auch der Staatssekretär anwesend war, habe er bei der Betheuerung des Eifers für die Sache Gottes sogar Thränen vergossen.²⁹) Dem Fürsten selbst antwortete er in einem vom Ende Mai (1655) datiertem Briefe. Daraus erhellt, daß auch er das Bündniß als ein Schutz-Bündniß für die Evangelischen auffaßte und obwohl er nicht genau auf die an ihn gerichteten Punkte antwortete (Schaum wird gewiß auch eine solche Antwort erhalten haben), nahm er doch den Antrag Rákóczys mit Freude an, und wünscht jedem Unternehmen, das im Interesse der Evangelischen in Angriff genommen werde, einen glücklichen Ausgang.³⁰)

Unterdessen hatte Comenius und Sadowsky wegen Hartlib große Angst, deren Grund näher zu erforschen uns nicht gelungen ist. Im März schrieb Comenius an Figulus: „Oh, wie sehr ich um Hartlib fürchte; was mit ihm, was mit den übrigen geschehen werde? Diese Brunst (incendium) erschreckt mich, daß sie ein Gemetzel (laniena) verursachen wird, wie noch keines gesehen worden." Der Schreiber bittet den Figulus, diese Angst dem Hartlib mittheilen zu wollen. Einen Monat darauf schrieb derselbe: „Wir sind von den Hartlib'schen Nachrichten ganz zerschmettert,... nachdem Abend, da ich sie erhielt, hatte ich eine schlaflose Nacht."[31]) In dem Briefe, wo Hartlib die Ankunft Schaums meldet[32]), finden wir weder von den Ursachen, noch von der Angelegenheit selbst eine Spur.

In alle diese Verhandlungen, sowie in ihre Endziele war neben den Erwähnten: Mednyánszky und Balásdi auch der Güterdirektor Klobusiczky eingeweiht. Comenius verkehrte eigentlich durch diese zwei Männer (Klobusiczky und Mednyánszky) mit dem Fürsten. Beide schienen den Drabik'schen Offenbarungen einen Werth zuerkannt zu haben, der über deren Verdienst gieng. Von dem wichtigen Reichstage 1655 aus Preßburg zurückkehrend, von wo er auch die während der Zeit eingelaufenen Schaum'schen und Comenianischen Zuschriften eingesendet hatte,[33]) äußerte sich Klobusiczky in Szucsán, einem Freunde des Drabik, dem Paul Vetterin gegenüber: „Warten wir Vetterin, bis der Prophet Drabik den Schatz aus dem Felsen heraushebt, wie es ihm von seinem Herrn anbefohlen worden, erst dann werden wir von seinen übrigen Revelationen glauben, daß er wahr rede und nicht ein Lügner ist."[34]) Bald wurde aber dessen Worten eine größere Bedeutung zugemessen. Am 20. Mai schrieb Comenius über Polen,[35]) es sei von vielen Seiten angefeindet worden, die meisten Geister wären von der Furcht eines universellen Verderbens ergriffen. Seine schwedischen Verbindungen, die ihm ein ideales Bild über die Wirksamkeit des neuen Königs entwarfen, berichteten ihm bald darnach (19. Juni) von den Rüstungen, deren Ziel nicht geheim bleiben konnte und fügten hinzu, daß in 22 Tagen alles bereit sei. Diese Eröffnungen giengen nur wenig fehl. Comenius konnte dabei Cromwells Lauheit, über die er in einem anonymen Briefe an Duraeus noch im April bitterlich klagte, leicht vergessen.[36]) Einen Monat später, den 10. Juli, verließ der schwedische König sein Land und überschritt am 4. August die polnische Grenze, nachdem sein Feldherr Witteberg bereits im Juli wichtige Erfolge ausgefochten.[37])

Mit fieberhafter Erregung beschreibt Comenius diese Erfolge in einem Briefe an Klobusiczky.[38]) Schon im Juni scheinen ihm die Schweden zu sehr zu eilen, als wenn sie anderswo hin, man weiß nicht wohin, wollten.[39]) Am 4. August berichtet er ausführlich über das Vorrücken des schwedischen Heeres; er meint, die wahre Ursache des Krieges sei unbekannt und gibt über dieselbe, nach einer Mittheilung des Kanzlers, soviel an, selbe werde bei Ankunft des Königs allen Staaten Europas mitgetheilt werden. In einer Geheimschrift fügt er die Worte bei: „Schließlich, nichts ist sicherer, als dass Polen verloren sei, und das Papstthum darinnen."[40])

Bekanntlich waren diese Ereignisse darnach, diesen Glauben zu bestärken. Noch im August eroberte der Schwedenkönig die Hauptstadt des Landes, im September sogar Krakau. Dies schrieb Comenius ausführlich nach Ungarn. Das Ergebniß darin war: Casmir wird verlassen, Carol Gustav läuft einem grausamen Sieg entgegen. Nun möchte der Schreiber wissen, was der Fürst thue, was der schwedische Gesandte gebracht habe, ob man nun endlich die Drabikschen Offenbarungen lese und glaube, ob man der Fürstin (Susanne Lorántfy) zu lieb, diejenigen, die sich auf Rákóczy beziehen, ins Ungarische übersetze, ob sich dieselben, durch diesen Anfang nicht bewogen fühlen; denn wenn auch Gott gesagt habe, dass die Nordischen beginnen, so habe derselbe unzählige Male hinzugefügt, es sei die Aufgabe der Rákóczyaner, die Feinde, die die Erde verwüsten, zu vernichten. Er möchte des Ferneren wissen, ob die Türken über die Pläne informiert seien, ob sie nicht nach Bisterfelds abschreckendem Beispiele (nämlich seinem frühzeitigen Tode, mit dem ihn Gott durch Drabik drohen ließ), Gottes Zorn fürchten und meldet zugleich, dass bereits alles zum Druck vorbereitet werde, sie mögen also ihre Angelegenheiten so einrichten, dass sie von dem christlichen Volke nicht der Härte angeschuldigt werden.

Schaums Spur verschwindet für uns vom 4. Juni ab. Aus diesem Monat ist ein Brief des Comenius an Endter, womit er diesem einige seiner Werke zur Ausgabe übermittelt. Es wurde ihm dessen Name in Ungarn empfohlen, und er wünsche, dass aus ihrer Verbindung die Menschheit und die Kirche, besonders die Jugend Nutzen ziehe. Diese Werke waren, wie später ersichtlich wird: das Atrium, Orbis Pictus und der Manualnik.[42] Am 1. Juli versprach Schaum dem Comenius, er werde nach Verlauf eines Monats in Lissa sein, kam aber erst den 23. September dorthin, wo er sich zwei Tage aufgehalten, um dann mit Breslauer Kaufleuten weiterzureisen.

Bevor er aber noch zu Hause ein mündliches Referat abgeben konnte, hatte sich der Fürst bereits entschieden, wie aus einem im Concept erhaltenen Schreiben erhellt. Nach diesem vom 26. Sept. datierten eigenhändigem Schreiben des Fürsten[43] ist er bereit, mit dem König von Schweden, mit dem er im Geiste ohnehin schon eins sei, auch ein bewaffnetes Bündniß zu schließen und ist erbötig, den polnischen König anzugreifen. Er verlangt nur eine gegenseitige Bürgschaft; der schwedische König solle ihm, im Falle das österreichische Haus sich einmische, gegen diesen Feind zur Hilfe sein. Und unter dem Einflusse all dieser Ereignisse, stieg auch die Achtung Drabils. Am 6. Oktober schickte ihm Klobusiczky einen eigenhändig geschriebenen Brief, in welchem er ihn wegen Getreide an den Lednitzer Provisor weist und ihm zugleich verspricht, für ihn auch weiter Sorge zu tragen. Doch was wichtiger ist, Klobusiczky berichtet ihm in diesem Briefe von den polnischen und kosakischen Angelegenheiten, von dem an den Fürsten gerichteten Briefe des polnischen Königs u. s. w., mit einem Worte, von den politischen Verhältnissen.

Wenn wir in Betracht ziehen, daß, wie Drabik bemerkt, dies der erste Brief war, den Klobusiczky eigenhändig an ihn geschrieben hat, und wenn wir den Einfluß Klobusiczkys auf den Fürsten hinzudenken, können wir die Bedeutung dieses Briefes nicht verkennen.[44] Aber auch Drabik und Comenius haben dies so aufgefaßt; in einem um diese Zeit an Figulus gerichteten Briefe schreibt Comenius: „Der Seher gebietet das Haupt zu erheben: die Erlösung rücke näher heran. Der Fürst von Siebenbürgen hat noch nichts versucht, (aber) er ist bereit, in Kurzem seine Rolle wieder zu übernehmen."[45]

Allein, so wie die Gesandtschaft des schwedischen Generals Welling erfolglos blieb, weil der König gar keine Mitwirkung, nur Neutralität von dem Fürsten gefordert hatte, so konnte auch während des ganzen Jahres eine Mitwirkung Rákóczys nicht erfolgen, weil es dem Schwedenkönig zu gut ergieng, als daß er gesonnen sein könnte, die Erfolge des Krieges zu theilen. Unterdessen hatten die Exulanten in Lissa schwere Tage zu erleben. Ihre Sympathien für die Schweden waren zu offenkundig, als daß sie nicht den Zorn der einheimischen Bevölkerung sich hätten zuziehen müssen. Am 23. September ward die Stadt von einer Panik ergriffen. Eine Woche nach der anderen berichtete von zusammengerotteten Schaaren, die in die Städte nacheinander feindliche Einfälle veranstalten, dort alles morden und nach der Einnahme und Verwüstung der Stadt K. (welche damit gemeint sei, weiß ich nicht), es auf Lissa abgesehen hätten. Die Furcht legte sich, allein die Sicherheit war keine definitive und dies bewog den Hirten seiner Seelen, den ersten Bischof seiner Kirche Tags darauf eine Predigt zu halten, um sein Volk über das in solchen Gefahren erforderliche Benehmen zu belehren. Der Titel „Kampf mit Gott mittelst Gebete, schließlich ein sich Ergeben und Hingeben an Gott und seinem Rath und Willen auf Leben und Tod" gibt schon den Grundgedanken an. Derselbe wird in drei Theilen ausgeführt: Der Fromme hat in solcher Zeit a) Gott anzurufen, damit, wenn die menschliche Hilfe nicht ausreiche, er helfe; b) unabweislich und mit unüberwindlichem Vertrauen um Erhörung zu rufen; c) schließlich aber, wenn dies nichts nützte und Gott dem Körper nicht helfen wollte, so hat er seine Seele in Gottes Hände zu empfehlen.

Viel mehr, als diese Rede, ist der Anfang des Gebetes bezeichnend, das 12 Tage nachher inmitten der nicht aufhörenden Stürme von demselben gehalten wurde: „Du siehst, welcher Jammer jetzt in dieser Welt auf uns gekommen durch den Einfall fremder Völker, und durch Erregung des einheimischen Volkes sowohl gegen jene Fremden, als gegen uns Gäste, die wir, um Dir den Glauben zu erhalten, uns vom Vaterlande trennten, hier durch Deine gnädige Fügung Zuflucht fanden und bisher unter Deiner Obhut gestanden sind. Nun aber schließt uns Unheil ein von der Bosheit jener Grausamen, die, indem sie Deine Heimsuchung verkennen und in ihren Sünden nicht erkennen (wegen welcher Du deine gerechten Gerichte über alle Leute ergehen läßt) die Ursachen dessen, was geschieht, blind auf andere wälzen und indem sie Deine Rache mit sinnloser Thorheit von sich abschütteln wollen, auch uns, Deine ergebenen Verehrer zu vertilgen trachten." [46])

Und so blieb es noch ein halbes Jahr. Mönche giengen im Lande umher und haranguierten das Volk gegen die Schweden und überhaupt die Evangelischen, welch Letztere durch die Siege des Schwedenkönigs zu den kühnsten Hoffnungen hingerissen wurden. Als nun Polen und Lithauen dem Könige unterlag, und auch die Stadt Krakau capitulierte, da wurden Comenius und Gertichus zu dem aus Krakau zurückgekehrten Administrator der Stadt und der Graffschaft Lissa, Schlichting, auf das Schloss berufen und zu einer schriftlichen Verherrlichung des Polenkönigs aufgefordert. Schlichting erzählte viel von den heroischen Tugenden des Königs von Schweden, wie sich ganz Polen zu dem Könige Glück zu wünschen habe und dass bald ein Reichstag zur Krönung des Königs stattfinden solle. Solche Thaten zu preisen, sei auch Pflicht der Evangelischen, da bereits Äußerungen und Schriften von Katholischen vorliegen. Die beiden Superattendenten weigerten sich, mit Hinweis auf die vielen Gefahren, denen sie sich dadurch aussetzten, doch war Comenius, an den sich Schlichting insbesonders wandte, nicht im Stande, die Bitte abzuschlagen, besonders, als ihm Schlichting für den Inhalt einiges anrieth. Er setzte etwas auf, das den Gefallen des Administrators in so hohem Maße gewann, dass er aufrief: nie hätte der Verfasser etwas Weiseres geschrieben, Katholische und Evangelische seien ihm gleicherweise zu Dank verpflichtet. Allein zur Veröffentlichung wollte Comenius den Aufsatz nicht hergeben und als nach einigen Tagen der Consul der Stadt nach Breslau reiste, da berief er ihn noch einmal und erbat das Werk mit der Erklärung, er werde es dem Grafen, dem Schatzkanzler des Landes, zur Beurtheilung vorlegen, dessen Billigung den Verfasser des Werkes jeder Gefahr entheben müsse. So übergab denn Comenius eine kleine Schrift „Panegyricus etc.", die nachher an mehreren Orten gedruckt wurde und sogar Veranlassung zu einer Polemik bot; sie umfaßt blos 16 Seiten. [47])

Ahnungsvoll begrüßt der Verfasser den vom Norden her-
brausenden Sturm und frägt, ob er sich auf Polen beschränken, oder
dort nur anfangen werde. Die Siege, die C. Gustav erfochten, über-
ragen jene Alexanders des Großen, nur möge er an dessen Beispiel lernen und sich vor dem Fall hüten. Hiezu wird ihm besonders
die Liberalität (Freisinn) empfohlen. Er möge die Freiheit auf
Alle und auf jede Weise ausdehnen. Nicht nur einzelne, alles: die
Körper, die Seelen, die Gewissen mögen frei werden, und der
König sich vor den sich seinem Heere zugesellenden Verwüstern
hüten. Kurz, er möge sich als solchen bewahren, der er sei: vorsichtig, arbeitsam, großmüthig, milde, gerecht, liberal, friedlich,
fromm und glücklich. Er möge sich vor Leuten und Gefahren
fürchten. Unter anderem liege ihm die Colonisation der Ukraine
ob, und bei seiner Liberalität kann er die Bitte, er möge die
Gewissen freigeben, nicht verschmähen. Er möge den universellen
Frieden stiften, zunächst in Polen, dann aber, wenn ihn das
Schicksal auch weiter rufe, auch in ferneren Gegenden der Heiden,
die bereits über seine Thaten erschrocken sind, er in dessen Namen
die Namen Karl des Großen und Gustav des Großen sich vereinen. Schließlich möge er als ein von Gott erweckter Held die
grausam verfolgte Kirche aus ihrer egyptischen Gefangenschaft befreien, sie, die durch die Wüste vieler Jahrhunderte verfolgt war,
in das Land der Verheißung führen, die Midianiter kühn zerstreuen. Zum Schluß fügt der Verfasser noch seinen persönlichen
Segen für des Königs Wohlergehen bei. Im Schlußworte
wird erwähnt, daß der König der christlichen Welt einen Dienst
zu erweisen begann, worunter wir eine selbstverständliche Be-
günstigung der Evangelischen verstehen.

Über den schreckensvollen Zustand am Ende dieses Jahres erzählt
er selbst dem Figulus: „Drei ganze Wochen schwebt uns der
schreckliche Tod vor den Augen. Zu Hunderten stehen die Bürger
als Wache an allen Eingängen der Stadt und in den städtischen
Schanzen vertheilt, und all dies gegen die Wuth und den diabo-
lischen Grimm (furor) des polnischen Adels"... „Wenn ein Gott
ἀπὸ μεχανῆς nicht zur Hilfe kommen werde, ist die Rettung unmöglich": man könnte, sagt Comenius, gar nicht weg, wenn er es

auch versuchen wollte, so sehr sei die Stadt an allen Ausgängen abgesperrt worden.[48]) Damit stimmt die allerdigs sehr bemerkenswerthe Thatsache nur schwer überein, die Figulus in dem Briefe erwähnt, dass Comenius einen eigenen Boten (cursor) nach Ungarn zum Klobusiczky habe, man müßte denn an eine listige Art der ohnehin theilweise geheimen Correspondenz denken. Auch sonst liegen Beweise vor, dass diese Bedrängniß keine ununterbrochene war. Der ständige Vermittlungspunkt zwischen England und Ungarn, wie auch Schweiz und Danzig, blieb dennoch Lissa. Ja auch der König von Schweden fand die Verbindung mit dem anspruchslosen Schulmanne für vortheilhaft. Vom Anfang des Jahres (1656) haben wir Kenntniß von einer fieberhaften Thätigkeit, Correspondenz des Comenius. Hartlib rieth ihm, von Lissa, wo die Lage so gefährlich sei, auszuwandern und an einen ruhigeren Ort zu ziehen. Nun bat sich Comenius durch Cometka, den cubicularius des Schwedenkönigs, Rath, ob der Aufenthalt in Lissa Gefahren ausgesetzt sei. Derselbe Cometka wurde auch als Vertrauensmann des Königs Anfang des Jahres in Lissa erwartet, um über den Vertrag des Königs mit dem Kurfürsten von Brandenburg Bericht zu bringen, den Comenius sogleich nach Ungarn mittheilen wollte.[49])

Von den traurigen Nachrichten dieser Zeit war die vom Tode Klobusiczkys tief erschütternd. „Sol occidit istius gentis et aula" schreibt darüber Comenius. Auch arbeitete dieser an einem Traktat unter dem Titel „Evigila Polonia." Ein vornehmer Herr eiferte ihn dazu an, um der der Vernichtung preisgegebenen polnischen Nation zur Hilfe zu eilen: die Polen möchten die papistischen und die sozinianischen Irrthümer ausmerzend in Einheit des Glaubens zusammenwachsen. Diese Arbeit wollte er vor allem beenden, um sich dann an die schon so oft unterbrochenen pansophischen zu begeben, da schon Gott in seinem Werke mit solcher Eile vorwärts schreite.[50])

Aber auch andere Arbeiten beschäftigten ihn. Mit dem Anbruch des Jahres 1656 waren für diejenigen, die an Drabiks Offenbarungen glaubten, sehr viele Hoffnungen und Erwartungen verbunden.[51]) Diese finden wir in der Predigt Enoch d. i. über

24*

das stete Wandeln gottergebener Leute mit Gott und wie Gott dieselben zu sich nehme. Er ließ dieselbe anfangs 1656 mit dem offen erklärten Vorsatz drucken, seine Glaubensgenossen darin zu belehren. Denn so wie Gott 1656 Jahre nach der Schöpfung die Bösewichte durch Sündfluth vernichtete, so drohen die überall sich zusammenziehenden Wolken der jetzigen Welt: wodurch man gemahnt werden muß, keine Gelegenheit zum Guten zu versäumen. Wenn sich die Wolke als eine unheilvolle entladet, wie selig sind dann die Enochs, die stets mit Gott wandeln: er wird sie entweder zu sich nehmen, oder ihnen, wie dem Noah, eine Barke weisen, die ihnen Rettung bietet. Die Predigt führt ihre Gedanken echt populär aus: 1.) wer war Enoch, 2.) was war sein beständiges Wandeln vor Gott; 3.) wie glücklich ist und war sein Zustand hier und ewig. Ich erwähne aus der Rede nur die Anwendung der Zeit des Enochs, der vor der Sündfluth lebte, auf diejenigen der Exulanten, die mit dem Jahre 1656 nicht wie die gewöhnlichen Kalendermacher 6605, sondern das 7000. Jahr beginnen.

Bald nach dieser Predigt (gehalten am ersten Sonntag nach Epiphanias,) starb der Consenior und Mitpfarrer W. Lochar. Comenius hielt die Trauerrede, die er zu demselben Zwecke, wie den Enoch, unter dem Titel Matuzalem, d. h. über die Gabe des langen Lebens, drucken ließ und den treuen Mitgliedern der Lissaer böhmischen Kirche zueignete. Die gehaltvolle, von Anfang bis Ende fesselnde Rede bespricht im ersten Theile das Geschenk des langen Lebens überhaupt und führt die hohen Lebensjahre der Patriarchen theils auf natürliche, theils auf übernatürliche Gründe zurück. Aber keiner von ihnen habe das tausendste Lebensjahr erreicht, weil diese Zahl eine vollkommene sei, und Gottes Gerechtigkeit dieses Bild der Ewigkeit einem Lebenden nicht zulassen könne. Im zweiten Theil antwortet der Redner auf die Frage, ob sich ein Frommer ein langes Leben wünschen könne, mit Ja und empfiehlt als Mittel zur Erreichung desselben: ernsten Vorsatz zur Frömmigkeit, die Einhaltung des Maßes und das Meiden von Gefahren. Der dritte Theil enthält die Gründe, mit denen man sich über die Kürze des Lebens zu trösten habe. Es wird hier darauf hingewiesen, daß es ein dreifaches Leben gebe und dieses Leben eine Vorbereitung für

das ewige Leben sei; man habe also dieses so auszufällen, daß
man mit Gott eins werde, was wohl auch in einem kurzen Leben
gelingen könne. Mehrere praktische Winke, wie man auch im
Kleinem Großes leiste, schließen die Rede. Der Verfasser veröffentlicht zum Schluße der Schrift eine kurze Lebensbeschreibung
des Verstorbenen, woraus dem bereits Erwähnten nur beizufügen
ist, daß Lochar 1644 an die Stelle des Seniors P. Fabricius
zum ersten ordentlichen Administrator der böhmischen Kirche gewählt
worden war.

Von Schaum aber kam keine Antwort, darum wendete sich
an ihn Comenius mit einem langen Schreiben, worin er auch
den Tod Lochars mittheilt, und nachdem er einen Bericht von Cometka
erhalten hatte, berichtet er ausführlich über den Ausgleich des
Schwedenkönigs mit dem Kurfürsten von Brandenburg, weiters
über andere, besonders englische Zustände, mahnt ihn zugleich, er
möge dem Hartlib die schuldige Antwort doch einmal einsenden.[52]
Es scheint nicht, daß Schaum die Verbindung von Neuem, wie
es ein Wunsch der Lissaer war, gepflegt hätte: so fand sich Comenius
genöthigt, sich an den Vertrauten des Fürsten, Jonas Mednyánßky
zu wenden, er möge beim Fürsten intervenieren, daß er sein Geld,
das er Schaum geliehen, bekomme, was Mednyánßky auch gethan.[53]

Unterdessen arbeitete Comenius wie bereits erwähnt worden,
auch an der Übersetzung der Drabik'schen Visionen und deren Vorbereitung zum Druck; aber mit der Veröffentlichung zögerte er
trotz der immer wiederkehrenden Aufforderung. Der Seher war
schon längst ungeduldig geworden und wollte Gottes Befehle und
Drohungen über ihn ergehen lassen, wenn er mit der Veröffentlichung sich nicht beeilen sollte. Die Zeit, die er durch den Aufschub
vergeudet, sei eine verlorene. Am 2. April offenbarte Gott Drabik,
er solle Comenius zu wissen geben, daß er es nicht mit Menschen,
sondern mit Gott zu thun habe. Ist es ein Wunder, wenn wir in
668 Rev. lesen: „Adiunctus dolore est plenus, angitur animo
varie".?[54]

Auch das was wir wissen, bietet uns ein Bild der vielseitigsten Thätigkeit und doch kennen wir nicht alles, was Comenius
noch mit in Spannung hielt, so z. B. worüber er Anfangs April

schreibt, dass er Hartlibs Brief mit innigstem Vergnügen erhalten und gleich den andern Tag einen Boten nach Ungarn senden werde, der zu Ostern bei Mednhánßkh eintreffe.[55]) Der Inhalt dieser Correspondenz wird gewiß politischer Natur gewesen sein. Cometka kam jüngst aus dem Lager des Schwedenkönigs von Jaroslau nach Lissa, mit wichtigem Briefe nach Warschau, Polen u. s. w. . . . und soll nach Dresden, Bremen. Es ward ihm aufgetragen, sich zu beeilen, und um Pfingsten zum König zurückzukehren. Er soll dem Comenius vom Könige einen Gruß bestellen und ihn bitten, er möge bei der Rückkehr Cometkas mit diesem in das königliche Lager kommen. Dies fanden seine Freunde sehr günstig und empfehlenswerth, Comenius hingegen machte die Reise von den kommenden Ereignissen abhängig. Über Cometka erwähnt er noch, dass ihn der König zum Præfectus Aulæ erheben wolle, und er selbst ihm die Annahme der Stellung anempfohlen habe.[56])

Die kommenden Ereignisse waren nur noch trüber. Am 17. April tauchte in der Umgebung der in der schwedischen Machtsphäre liegenden Stadt Lissa unverhofft ein Heer des polnischen Adels auf. Die Schlacht, die sie mit der schwedischen Besatzung ausfochten, stärkte das Selbstvertrauen und bewog die Schweden abzuziehen. Der Muth der Polen wuchs noch, als nach dem Abzug der Schweden ein großer Theil der Bürgerschaft die Stadt zu verlassen begann und sich in die Wälder, die Polen von Schlesien abgrenzen, flüchtete. Ein großer Theil aber, und dies soll Comenius bewirkt haben, blieb ruhig und sorglos zurück. Während die andern ihre Güter verbargen, thaten dies mehrere, unter ihnen auch Comenius, nicht. Das unbegrenzte Vertrauen zu Gott soll auch in einer Drabikschen Offenbarung begründet gewesen sein;[57]) wie es im ganzen Ideengange derselben wurzelte, bewiesen uns auch die zwei oben kurz skizzirten Predigten: die Sorglosigkeit wurde aber diesmal sehr bestraft. Nachdem die Schweden weggezogen, baten die Bürger von Opalinsky, und eine adelige Frau, Dlugoscha, vom Wojwoden Winowrakalsky, sie mögen nun die hilflose Stadt verschonen, allein vergebens. Die Krieger kamen in die Stadt, sie nahmen Alles, was ihnen werthvoll schien, mit sich, ermordeten die Hinterlassenen, giengen des Abends fort um am Morgen wiederzukommen. Als nichts mehr zu plündern war, zündeten sie die Stadt an. Die Feuersbrunst wüthete drei Tage lang, diejenigen, welche zum Löschen herbeieilten, wurden ermordet. In kurzer Zeit bezeichnete nur Asche und Trümmer den Ort, den Fleiß und Gottessegen zu besonderer Blüthe empor-gehoben hatte: und die von weiter Ferne dorthin angelangten Bürger, mit ihnen auch Comenius, sollten nun wiederum nach einer neuen Heimat in die Ferne ziehen. [59])

VII.

Neue Zuflucht (Amsterdam). Neue Erfolge und neue Enttäuschungen.

Comenius selbst rettete nur mit Mühe sein Leben und kam nach Schlesien zu dem Edelmann, der seinen Panegyricus mit drei Distichen versehen hatte, zum Freiherr von Budowa.[1]) Hier verweilte er eine Zeit lang voll Sorgen und rathlos, besonders den Verlust seiner Handschriften tief beklagend. Da erbarmte sich der Baron seiner, und als das polnische Heer von Lissa abgezogen war, sandte er Wagen, Reiter, Knechte und den Amanuensis des Comenius, der die Stelle, an der Comenius seine wichtigsten Schriften verborgen hatte, kannte, um das Vergrabene hervorzuholen. Sie fanden Manches von der Pansophie und den Visionen im Schlafzimmer und erheiterten Tags darauf mit diesen Überresten den Trauernden. Dies geschah den 8. Mai. Zwei Wochen darauf beklagte er in einem ausführlichen Briefe an Figulus die Verluste, die er an geistigen und materiellen Schätzen erlitten. Da der Brief höchst werthvoll ist, so sei daraus folgendes hervorgehoben: der Manualnik war schon bis Ezechiel unter der Presse; die Persekutionsgeschichte war durch den Druck fertiggestellt, die Exemplare derselben im Werthe von 500 Thalern seien mitverbrannt. Außer dem Hause, das auf 500 Thaler geschätzt war, verlor er an Schuldscheinen, die nicht mehr zu realisieren waren, 1000 Thaler. Die Bibliothek repräsentierte einen Werth von 500, das übrige Hausgeräth einen von 300 Thalern. An Manuskripten war der Verlust noch bedeutender. Man brachte ihm nur das Amphitheatrum Universitatis, Clypeus contra Antichristum und einiges zur Pansophie gehörige zurück. Dagegen waren Sylva Pansophica, eine Sammlung der Definitionen des Universums, sowie andere panſophiſiſche und metaphyſiſche Werke, der Thesaurus Linguæ Bohemicæ, ein Werk von 30 Jahren, 39 verſchiedene theologiſche Traktate, Meditationen und Ideen zu Predigten ſeit mehr als 40 Jahren geſammelt, die Harmonia Evangelistarum, an der er mehr als ein Jahr mit Hilfsarbeitern zugebracht, ein Raub der Flammen geworden. Alles ward vernichtet, außerdem die zwei reichhaltigen Bibliotheken der Unität, die Privilegien, Inſtrumente und Immunitates aller drei Kirchen und der geſammten Bürger. Nichts war übrig geblieben, nicht einmal der Zugang zur Stadt frei. Groß iſt ſeine Trauer auch über den Verluſt der „Widerlegung der Carteſianiſchen Philoſophie" und „Copernikſchen Aſtronomie," auf die er beſonders viel Fleiß angewandt hatte. Nun wiſſe er nicht, was beginnen. In Schleſien ſei er bereits an dem dritten Orte. Er erwarte den Windis [2]) aus Ungarn jeden Tag, bringe der etwas, dann werde er an Figulus ſchreiben. Unterdeſſen möge dieſer ſich der Vertriebenen annehmen, die Freunde und Patrone um Hilfe bitten. „Meinen Kindern und Euch Erben, für die ich die Handſchriften ſo eigentlich zubereitet habe, werde ich nun nichts hinterlaſſen, als die nackte Hülle der Sterblichkeit." [3])

Figulus befolgte die Aufforderung ſeines Schwiegervaters und in Danzig wurden 3000 Thaler geſammelt. „Allein was iſt dies für ſo Viele!" ruft er dem Hartlib zu. [4]) Comenius berieth ſich nun mit Anderen, was man nun beginnen ſollte und es wurde beſchloſſen, daß er entweder nach Croſſna, oder nach Frankfurt a. d. Oder gehen und verſuchen ſolle, daſelbſt unter dem Schutz des Kurfürſten von Brandenburg zu bleiben. [5]) Dies that er auch. Unter anderen traf auch bald aus Siebenbürgen durch Vermittlung Mednyánßkys Hilfe ein, die ihn aber wahrſcheinlich (Mitte Juni) bereits unterwegs fand. [6]) Allein aus Frankfurt mußte er ſich in Folge der daſelbſt wüthenden Peſt flüchten und lenkte jetzt ſeine Schritte nach Hamburg. Von Stettin gab er in einem rührenden Briefe ein Lebenszeichen dem Rulicius mit Grüßen an alle Bekannte. [7]) In Hamburg erkrankte er und hielt ſich längere Zeit auf, ohne ſich von den vielen Drangſalen erholen zu können. Beim Überblick derſelben ſchien es ihm kein Zufall zu ſein, daß Gott aus dem Verderben eben die apokalyptiſchen Schriften, und dieſe völlig gerettet habe, und hätte auch er dies aus den Augen lassen wollen, so sorgte der Seher, der in dem Falle Lissas eine große Genugthuung empfand, dafür, daß dieser Umstand dem Flüchtlinge alle Ruhe raube. Zu den übrigen Leiden gesellten sich nämlich Drabiks fortwährende Drohungen, der auf die Schreckenszeit als Gottes Strafe hinwies und dem feigen Mitarbeiter zurief, Gottes Werk werde auch ohne sein Zuthun vorwärts schreiten.[8]) Selbst am Krankenlager konnte sich Comenius der Härte dieser Worte nicht erwehren. Den 15. Juli schrieb er an seinen Schwiegersohn, er möge Nik. Arnold, Professor in Franeker schreiben, ob er bei den belgischen Ständen nicht eine Erlaubniß zum Druck für dies apokalyptische Werk zu vermitteln geneigt wäre, und sandte ihm zugleich einige von den Visionen zur Ansicht, damit er darüber sein Urtheil abgebe.[9]) Arnold antwortete abschlägig und erklärte die Visionen für falsch. Figulus dankte für die schnelle Antwort, stimmte der Ansicht Arnolds bei, und berichtete noch, daß Comenius noch immer die pansophischen Arbeiten in Hamburg ordne, damit dieselben nach seiner Ankunft in Amsterdam unter die Presse gelangen könnten.[10])

Selbstverständlich sandte er auch nach England ausführlichere Berichte. Einer vom 22. Mai[11]) gibt den Verlust — seine eigenen Schriften nicht gerechnet — an Büchern, Geld und Hausgeräthen mit 3000 Reichsthalern an. Unter den in demselben Briefe erwähnten „Visiones Lesnenses", die Hartlib von Comenius erhielt, befanden sich, wie ich annehme, auch die Visionen des Meliš, eines Lissaer Exulanten, der in den Jahren 1655 — 1665 im Traume allerlei Gesichte hatte, die wohl in Manchem, besonders was die Heiden anbelangt, den Drabikschen widersprachen, im Ganzen aber doch die Hoffnungen der Verbannten nährten.[12]) In wie weit Comenius dieselbe schon damals billigte, ist unbekannt; daß er aber mit Meliš im Briefwechsel stand, steht fest,[13]) wie auch, daß er späterhin Redinger, den Verbreiter derselben, unterstützte. Noch unterwegs entstand eine kleine Schrift über den Untergang der Stadt Lissa, gewiß darauf berechnet, Theilnahme zu erwecken. Die Schrift erzählt in knappem Umriß die Geschichte der Stadt, besonders von der Zeit an, als sie durch den Zuwachs der Exulanten einen Aufschwung nahm, der den Feinden ein Dorn im Auge blieb, wie auch die fortwährenden Feindseligkeiten der Katholischen gegen die Stadt und ihre Bewohner. Zum Schluß erwähnt der Verfasser folgende wunderbare Begebenheit: bei der Feuersbrunst flogen Blätter von Büchern, die in Brand gerathen waren, umher, darunter ein Blatt aus der heiligen Schrift, auf welchem die Neugierigen eben die Worte mit glaubensvollem Schauder lasen, die bald nachher an den Verwüstern erfüllt wurden: „Mit welcherlei Maß ihr messet, wird euch gemessen werden (Matth. 7, 2).“ Eine Apostrophe an Gott schließt die kleine Schrift, die Hartlib bereits im August erhalten hatte und bald dem Pell in die Schweiz zuzusenden versprach.[14])

Zu gleicher Zeit wurde auch das Haus de Geer von einem Unglücke betroffen, der treue Diener der Familie, Hotton, starb in Maastricht, wohin er sich zu einer Badecur begeben hatte. Aber nicht auf einen Augenblick hatte man Comenius aus den Augen verloren, eine wirksame Linderung der Schmerzen und der Noth war ihm die hilfreiche Hand seines edlen Gönners, der ihm in Hamburg 100 Reichsthaler aushändigen ließ und ihn zugleich nach Amsterdam lud. Es war die Nachricht zu Geers Ohren gekommen, daß Comenius mit Endter in Nürnberg einen Vertrag betreffs Herausgabe seiner Werke abgeschlossen, nun ließ er sich aus Nürnberg durch Rulicius berichten, welche Werke dies seien, wann und unter welchen Bedingungen dieselben gedruckt werden sollten, welche Anfrage auf Rulicius den Eindruck machte, als ob Geer sich über die Unbeständigkeit des Comenius etwas ärgerte.[15])

Willig gieng der zum zweitenmale Heimathlose in das Haus seines Gönners. Der Weg führte ihn über Gröningen, wo er von dem seiner Zeit berühmten Gelehrten Maresius herzlich aufgenommen wurde. Mit Maresius hatte Comenius vieles gemeinsam. So die Abneigung gegen Cartesius, die Polemik gegen Valerianus und die Stellungnahme gegen die Presbyterianer in Ungarn. Es ist eine erleichternde und zugleich erfrischende Unterhandlung gewesen, in die nur die Frage der Drabikschen Offenbarungen, in der Maresius eine entgegengesetzte Meinung vertrat, eine Dissonanz hatte bringen können, falls sie überhaupt berührt wurde.[16])

Das erste, was dem Ankömmling in Amsterdam, wo er von Laurentius Geer aufs freudigste begrüßt wurde, beschäftigte, waren die Bücher. Am 1. September bittet er Hessenthaler, er möge ihm die Werke Andreaes, der ihm so große Wonne bereitet, und zwar alles, was nur von ihm vorhanden, zusenden. Denselben Tag bittet er Harstorfius um dessen Werke für seine Bibliothek.[17] Seine Familie sei noch in der Mark. Er freue sich über die Veröffentlichung der in Ungarn verfaßten Bücher; zu diesen gehöre auch der Manualnik, der, wie auch der Orbis Pictus in Nürnberg bei Endter, den er grüßen läßt, erscheinen soll.

Klang aus dem ersten Berichte über den Fall Lissas besonders der Schmerz über den eigenen Verlust heraus, so lagen ihm, seitdem er der Gefahr enthoben, die armen Glaubensgenossen wieder warm am Herzen. Sowohl an Rulicius als an Hartlib schrieb er im Interesse derselben. Wir erfahren sogar, daß er in Hamburg, Emden, Gröningen die Herzen und die Geister durch die traurige Lage seiner Glaubensgenossen zur Wohlthätigkeit bewegen wollte. Mit Hinweis auf die drei, in England bereits verunglückten Sammlungen bittet er diesmal Hartlib, die englischen Glaubensgenossen mögen das Wohlwollen, das sie gegen die Pfälzer und Piemontesen bewiesen, auch ihnen nicht entziehen, obgleich sie sich scheuen, schon das viertemal zu bitten.[18]

Den Schmerz über den eigenen Verlust, und die Zerstreuung der Gemeinde konnten nur die Hoffnungen auf eine baldige günstige Wandlung lindern. Eigentlich hätte dieselbe bereits im Jahre 1656 stattfinden sollen, als aber dieses Jahr seinem Ende sich zuneigte und gar kein Zeichen dafür sprach, so nahm man es, wie eigentlich immer, mit der Jahreszahl nicht so genau. Die Lage war unerträglich, folglich muß Gott für eine Verbesserung derselben sorgen und aus fernem Osten gingen ihm Nachrichten zu, welche endlich die ersehnte Änderung der Lage der Exulanten in der erwarteten Weise ankündigten.

Seitdem der schwedische König einen Bundesgenossen nöthig hatte und diesen gerade in Rákóczy suchte, war das Auftreten dieses Fürsten nur eine Frage der Zeit. Anfangs September 1656 richtete der Fürst eine Frage an die Rathsherrn im Interesse des Bündnisses und diese erklärten sich zumeist für die schwedische

Allianz. In gleichem Sinne schrieb auch die Mutter des Fürsten, Susanne Lorántfy, indem sie glaubte, ihr Sohn beginge ein Verbrechen gegen Gott, wenn er sich mit den Polen verbündete. Es ist in dem Briefe auffallend, daß sie den Katholicismus, mit dem Ausdruck des Drabik „Babilon" nennt und daß sie dem Fürsten räth, daß er nur auf seine (nämlich Gottes) geoffenbarte Ehre sehen möge, welche Worte so klingen, als bezögen sich dieselben auf die früher verachteten Offenbarungen, obwohl dies nicht ganz deutlich ist und das im Briefe zum Ausdruck gelangende Bedauern über den Tod Bisterfelds eher dagegen spricht.[19]

Rasch entwickelten sich von nun an die Ereignisse. Die schwedischen Gesandten baten immer bringender, der Fürst möge das Bündniß unterzeichnen, laut welchem der schwedische König für die Hilfe gegen die Polen einen Theil der polnischen Provinzen ihm überlassen wollte. Der Fürst wartete nur noch darauf, daß die zu den Kosaken gesandten Vertrauensmänner, das mit denselben geschlossene Bündniß heimbrächten. Als sein Gesandter Ujlaky, mit demselben erschien, ließ er noch Mednyánßky[20] zu sich berufen, und entschloß sich zu dem schon längst vorbereiteten Schritte: am 16. December unterzeichnete er das Bündniß mit den Schweden.[21]

Comenius, dem die Gesinnung des Fürsten nicht fremd war, erwartete dessen Auftreten mit großer Spannung. Es war ihm kein Geheimniß, daß der schwedische König endlich doch um das erst zurückgewiesene Bündniß nachsuchen werde, und nachdem dies geschehen und der Fürst Anfangs 1657 mit einem starken und glänzenden Heere nach Polen gezogen war, schienen seine sanguinischesten Wünsche erfüllt. Was die liebste Prophezeiung aller neueren Propheten, darunter auch des von Bisterfeld anerkannten Kotters und der Poniatowska war, was Drabik fast in jeder zweiten seiner Prophezeiungen betonte, was das Herz der heimathlosen und verfolgten Evangelischen schon seit Jahren ahnte, daß im Interesse des Werkes Gottes der Norden mit dem Osten sich vereinigen werde: das wurde durch dies Auftreten zu einer vielheißenden Thatsache, ähnlich jener, welche dem verfolgten Israel seine Heimath zurückgab.[22] Und die nächsten Ereignisse konnten diese Hoffnungen nur nähren; die Schritte der vereinten Heere wurden mit Siegen gekrönt und bald war das ganze Land in ihrer Gewalt. Kaum freute sich jemand über diese Siege mehr, als die Verbannten, die nichts anderes erwarteten, als daß Rákóczy nach der Unterwerfung Polens sein Heer gegen Wien führen werde. Am 14. Februar prophezeite Drabik, daß die Arbeiter Gottes ihr Werk in Polen bald beendigen werden, um dann ihre Schritte anderswohin zu lenken; am 21. ergeht durch ihn ein Aufruf gegen das Kaiserreich; und am 21. März ruft er Rákóczy nach Wien.[23] Unterdessen hörte er nicht auf, Comenius zu bestürmen, er möge doch die Offenbarungen Gottes herausgeben; Gott habe ihm aus der Lissaer Gefahr herausgeholfen, daher habe er sich für dies Zeichen seiner Gnade jetzt dankbar zu erweisen. Comenius widersetzte sich lange dieser Aufforderung, hatte er doch für diese Ausgabe bereits in England und in Belgien vergeblich nach Freunden gesucht und es war ihm nicht verborgen, mit welcher Gefahr die Publikation verbunden sei. Als jedoch inmitten der evangelischen Waffensiege auch Ferdinand III., der Erzfeind des Protestantismus, starb, da schien dem um die Veröffentlichung bestürmten „Adjunctus" nun endgiltig eine neue glückliche Zeit anzubrechen, jenes von Gott erst kürzlich geweissagte Zeitalter, in welchem der evangelische Glaube, als die reine Erkenntniß Gottes, zur Alleinherrschaft gelangend, die ganze Welt zu einem Volke, zu einer Harmonie vereinen werde. In dieser Verblendung unterwarf er sich diesem angeblich göttlichen Befehle, und nachdem er zu den Offenbarungen Drabiks, nach einer Stelle, auch die des Kotter und der Poniatowska hinzugefügt hatte, gab er unter dem schon vor drei Jahren bestimmten Titel „Lux in tenebris" ein aus drei Theilen bestehendes Werk heraus, welches in vielen Kreisen eine außerordentliche Bewegung hervorrief.[24] Es sind darin die Visionen der erwähnten drei Seher ins Lateinische übersetzt worden. Vor der Kotterschen steht die Vorrede, die der Herausgeber vor 32 Jahren der böhmischen Übersetzung vorangesetzt hatte, jedoch mit einigen bemerkenswerthen Veränderungen, die der neuen Lage der Dinge Rechnung tragen. Den Poniatowskaschen ist die Abhandlung über wahre und falsche Propheten ohne Angabe des Autors beigefügt. Drabiks Visionen reichen bis zum 6. Oktober 1655; aus den späteren nahm der Herausgeber, weil eben noch Raum vorhanden war. nur die Stellen auf, die ihm die Herausgabe des Buches zur Pflicht machten. Als Prolog zu dem Buche steht eine allgemeine Widmung an die evangelische Kirche, die übrige Christenheit, wie auch an alle zum Christenthume sich bekehrenden Völker. Die Vorrede sucht die Möglichkeit neuerer Weissagungen, wie auch die durch dieselben der böhmischen Kirche von Gott ertheilte Auszeichnung zu rechtfertigen. Wohl gehöre Kotter, streng genommen, nicht zu derselben, er sei ihr aber aus manchen triftigen Gründen beizurechnen.[25] Der nun folgende Vergleich zwischen den drei Propheten bespricht ihre Zwecke, ihre Zeiten, Alter, Geschlecht und noch 14 andere Umstände. Die zwei ersteren haben ihre Herausgeber gehabt, der letzte tritt jetzt auf und hat sich erst nach längerem Zögern und nicht ohne Bewußtsein der Größe des Unternehmens an diese Arbeit begeben, doch in Anbetracht des göttlichen Befehles länger nicht widerstehen können. Dies mögen sich alle Leser, die auch einzeln nach ihren verschiedenen Nationen und Religionen ermahnt werden, vor Augen halten, besonders aber den Inhalt derselben, der in 15 Punkten zusammenzufassen sei,[26] wohl erwägen. Die letzten drei Seiten benützte der Verleger dazu, noch einige Bedenken zu zerstreuen.

Die Wirkung der Schrift, die, obgleich sie als Handschrift gedruckt worden, sich doch allgemein verbreitete, war eine durchgehends mächtige, aber für den Herausgeber meistens ungünstige, wie wir das später sehen werden. An geistiger Arbeit war dieses Jahr auch sonst, trotz aller Aufregungen, äußerst reich. Obwohl schon früher bearbeitet, wurde das Lexicon Atriale, ein lateinisch verfaßtes Werk, erst jetzt beendet.[27] Es lehrt die aus der Janua bereits bekannten, in einfachem und ursprünglichem Sinn gebrauchten Benennungen auf verschiedene Weise in elegante und gewählte zu verändern. Die Widmung ist an die Rathsherren der Stadt Essling gerichtet. Der Pastor und der Superintendent der Stadt, Adam Weinheimer, hatten durch Hessenthaler, Professor an der Universität Tübingen und Freund des Comenius, erfahren, daß dieser in Amsterdam lebe und wandten sich in tiefster Verehrung an den großen Schulreformator, er möge ihm und den

andern bei der vorzunehmenden Reformierung der Schulen behilflich sein.[28]) Daburch fühlte sich Comenius bewogen, diese Schrift
als Zeichen seiner Dankbarkeit ihnen zu widmen.[29]) Im Laufe
des Jahres starb auch der Gelehrte, Joachim Jung, und es scheint,
daß die Engländer dem Comenius vorwarfen, denselben nicht mehr
unterstützt, ihn insbesondere nicht Herrn von Geer nachdrücklicher
empfohlen zu haben. Comenius entschuldigt sich bei Entgegennahme
der Denkschrift „Memoria Jungiana“, er habe wohl das seinige
gethan, allein Jung habe nicht genug Selbstvertrauen gezeigt,
indem er sowohl eine Einladung nach Schweden, als auch die
ermuthigenden Anerbietungen des Schreibers ausgeschlagen, was
viele auf Morosität zurückzuführen geneigt waren. Ein größerer
Einfluß für das Gemeindewohl wäre von den philosophischen
Arbeiten Jungs, die alles nur theilweise und zerstückelt behandelt
hätten, ohnehin nicht zu erwarten gewesen.[30]) Dies Urtheil mag
vom Standpunkte der Pansophie, dem Streben nach Einheit in der
Forschung gerecht sein, verdunkelt aber den Ruhm, den sich Jung
auf dem Gebiete der Naturwissenschaften gesammelt, durchaus nicht.
Verwandt im Streben, waren doch er und Comenius in den
Wegen, die sie eingeschlagen, wesentlich verschieden, weshalb auch
sein Tod, dem schon vor drei Jahren jener des Tassius voran-
gegangen war, von Comenius nicht als großer Verlust empfunden
wurde.

Die meiste Arbeitskraft nahm in diesem Jahre neben den
im Frühjahre erschienenen Offenbarungen eine Sammlung der
didaktischen Schriften in Anspruch, wozu er von verschiedenen
Seiten und namentlich durch ein förmliches Dekret des Stadtsenats
in Amsterdam bewogen wurde, das dahin lautete, er möge alles,
was er über Jugenderziehung geschrieben, der Öffentlichkeit vorlegen.[31]) Diese Aufforderung hatte für ihn um so mehr Werth,
als man sowohl seine Schriften über die Lateinmethode, wie überhaupt seine Ankunft in Amsterdam in böswilliger Weise zu
bekritteln begann.[32]) Ursinus gab in demselben Jahre eine Schrift
heraus, welche, neben mancher Anerkennung, die grellen Incorrekt-
heiten in der Wortbildung des Januatextes rügte. Dies bewog
Comenius, in einer kleinen Schrift „Apologia“ deren Diktion zu

vertheidigen, theilweise aber auch auf die Fortschritte und Ver-
besserungen hinzuweisen, die sein Werk bereits erfahren hatte.[33])

Gegen die Verleumdung, als wäre er nach Amsterdam gekommen, um die Schule zu verwirren, wendet er sich in einer
besondern Eingabe an vier Stadtväter, zugleich Schulcuratoren,
in der er mit Würde und einleuchtend nachweist, er sei überhaupt
nicht freiwillig hergekommen. Da er aber einmal vom Sturm des
Lebens hieher verschlagen worden sei, konnte er nicht umhin auch
hier zu wirken. Die Einwendung, man solle nur bei den unge-
bildeten Völkern die Schulen reformieren, hier werde das nicht
gelingen, habe keinen Sinn, denn, sei in seinen Gedanken etwas
Gutes, warum sollten daraus nicht auch die Gebildeten Nutzen
ziehen? Deshalb bringe er diesen Streit vor das Tribunal der
befugten Richter und versichere sie, nie etwas gegen die Schulen,
immer nur für die Schulen geschrieben zu haben. Auch habe er
nicht die Privatschulen den öffentlichen vorgezogen, im Gegentheil.
Darum bitte er, man möge ihn, so lange er hier weilte, in Ruhe
lassen, damit er ungestört arbeiten könne.[34]) Bis zu Ende des
Jahres wurde denn auch die Sammlung vollendet und am
19. December der Stadt Amsterdam gewidmet. In der Widmung
selbst beruft sich Comenius auf den bereits erwähnten Senatsbeschluß
und führt die Gründe für die Gruppierung der Schriften in vier
Theile, nämlich die Zeiten und Gelegenheiten der Abfassung, ganz
kurz aus. Danach enthalte der erste Theil die Schriften, die bis
1640; der zweite, die von 1640—1648 in Elbing, der dritte diejenigen, die in Ungarn, der vierte Theil diejenigen, welche in
Amsterdam verfaßt worden sind. Die Letzteren seien die Krone
alles dessen, was er überhaupt geschrieben habe, und er empfiehlt
besonders die drei letzten didaktischen Abhandlungen der Aufmerksamkeit der Stadt. Eine besondere Vorrede wendet sich an
den frommen und klugen Leser und sucht allerlei wichtige und neben-
sächliche Einwendungen, thatsächliche Urtheile und mögliche Rügen
zu entkräften. Er bittet, man möge nicht übermäßig loben, aber
auch weder ihm vorwerfen, daß er von der gewöhnlichen Art
abweiche, noch daß er selber ein Fremdling sei. „Wir sind Cosmo-
politen derselben Welt und derselben Kirche angehörig." Die

25

überaus große Zahl der Schriften entschuldigt er damit, daß die Sammlung Entwürfe und Arbeiten von 30 Jahren enthalte, die er nicht zusammendrängen wollte, damit man, wie aus der Erzählung der Irrfahrten der Ilias, sich belehren und so zu dem besten Ziele hinführen lasse. Es könnte aber auch sein, daß die letzten nicht die besten wären. Gegen den Vorwurf des langen Zögerns mit der Ausgabe derselben führt er zum Schluß die Worte Catos an: „Früh, genug wenn gut genug." [35]

Die Veranlassung zu der ersten in Amsterdam verfaßten Schrift war die, daß ihm eine in England anonym erschienene Schrift: „Radices Linguæ Latinæ in contextum redactae" bekannt wurde, die sich dadurch, daß sie die Wörter des Vestibulum in zusammenhängende Sätze bringt, zur Ergänzung des Vestibulum und der Janua eignen sollte. Dieser Gedanke war dem Comenius wenn nicht neu, so doch willkommen, allein die Ausführung litt an Gewaltsamkeit. Nun machte sich Comenius an die Arbeit und in acht Tagen war das Schriftchen „Vestibuli Latinæ Linguæ Auctuarium," das entsprechender, als das englische, sein Ziel erreichen sollte, vollendet. [36] Die Schrift enthält kurze Sätze aus den Wörtern des Vestibulum und ist bestimmt, am Schluß des Vestibulum-Jahres theils die Wiederholung zu erleichtern, theils Material zu Stilübungen zu bieten und endlich auch zur Janua den Übergang zu bilden. Die Zahl der Sätze ist 700, die Anordnung alphabetisch.

Die übrigen in Amsterdam verfaßten pädagogischen Schriftchen dienen theils zur Vertheidigung, theils zur Wiederholung dessen, was er bisher geschaffen. So vor Allem die bereits erwähnte J. A. C. Pro Latinitate Januæ Linguarum suæ illiusque praxeos Comicæ Apologia. Der Verfasser der Janua vertheidigt die Latinität seiner Rede theils durch Argumente, theils durch Autoritäten, unter denen wieder Vossius die Hauptrolle spielt, aber Morhof sagt über dieselbe, sie bedürfe selbst einer Apologie. [37]

Eines der interessantesten Werke des Comenius ist das Ventilabrum Sapientiæ, eine Art Selbstkritik, der man, was Bescheidenheit, Ernst und Aufrichtigkeit betrifft, wenige an die Seite stellen kann. Die Kritik fängt mit der Didactica magna an. Die Anfangscapitel derselben bis 14 erwecken in dem Verfasser auch jetzt keinen Widerspruch. Man könnte denen von 14 bis 20, die bekanntlich die Natürlichkeit des Lehrverfahrens mit Beispielen aus dem Naturleben beweisen, das Sprichwort entgegen halten: similia illustrant, sed non probant; allein dieser Vorwurf ist ungerecht und Comenius hält so sehr an dem früheren Grundsatz (man habe beim Unterrichte den Vorgang in dem Schaffen der Natur nachzuahmen) fest, daß er einen Traktat „Sapientia bis et ter oculata" schrieb, um dafür den Beweis zu erbringen. Der Inhalt dieser Schrift, die in Lissa dem Brande zum Opfer fiel, finden wir in diesem Werke. Die größte Inconsequenz besteht in den weiteren Auseinandersetzungen darin, daß er das 25. Capitel der Didactica M., wo bekanntlich die heidnischen Autoren aus den Schulen verbannt werden, wieder aufrechthält: Wie dies mit dem Zweck der lateinischen Schule, auf die Autoren vorzubereiten, auszugleichen sei (oder sollen die Autoren blos christliche sein?) bleibt dahingestellt.

Aus der Didactica wird noch das Capitel 32 hervorgehoben, in welchem bei der Erörterung der Schulordnung das Lehrverfahren mit der Buchdruckerei verglichen wird; doch verdiene dieser Gedanke, wie treffend er auch sei, noch weiter ausgeführt zu werden. An dem Informatorium der Mutterschule sei nichts auszusetzen. Nun kommen die eigentlich sprachmethodischen Schriften an die Reihe. Die Eintheilung des Sprachunterrichtes, wie sie im Sermo ad Vratislavenses gegeben worden ist, sei zwar richtig, ein großer Fehler war es jedoch, daß man alles, was vier Altersperioden angehört, dem kindlichen Geist anbequemen wollte. An der Methodus Ling. N. ist zunächst der Titel unrichtig: nichts ist auf Erden novissimum, wie Philo sagt: „Scientiæ finis non obtingit mortalibus." Besonders wird das zehnte Capitel des Werkes hervorgehoben, über das er die kühnen Worte sagt: „Es erforscht die Gründe der Didaktik viel ernster, als dies je geschehen." — Die einzelnen Schulbücher werden folgendermaßen beurtheilt: Das (für Schweden verfaßte) Vestibulum begeht den Fehler, daß es die Muttersprache durch die lateinische erklärt, indem der lateinische Text vorangeht. Diesen Fehler hat das ungarische beseitigt. Die schwedische Janual = Grammatik begeht den bereits zugestandenen Fehler der Weitschweifigkeit, die durch jenen Eifer des Verfassers verursacht war, alle Forschungen des Vossius und Bangius aus= zunützen. Der Entwurf der pansophischen Schule wird aufrecht= erhalten. Der Beginn des griechischen Unterrichtes ist ganz richtig auf die vierte Classe festgestellt. Aus dem fünftheiligen Entwurf, der hier über den griechischen Unterricht geboten wird, ist ersichtlich, daß die für die lateinische Sprache befolgte Methode dabei nicht in Anwendung kommt, weshalb wir ihn, als ein didaktisches Bruchstück übergehen. Zur „Schola Triclassis“ wird bemerkt, daß dieselbe zuerst vom Palatin Chr. Opalinsky de Bnin ins Leben ge= rufen wurde.

Die drei zum Gebrauche für dieselben verfaßten Bücher sind zwar korrekt ausgearbeitet, umfassen aber, gegen des Plinius Regel, non multa, sed multum, ein zu großes Material.

Die drei Principien, die er ferner im bewußten Gegensatz zu den bisherigen Leistungen ausspricht, sind geeignet, fast alle bisherigen methodischen Versuche umzustürzen. Sie lauten, wie folgt: a) man soll das Kindesalter nicht zu sehr überbürden; b) man soll die Sprachen nur entsprechend der Stufe, auf der die Erkenntniß der Dinge steht, lernen und eben deshalb soll man c) die ganze Sprache nur den fortschreitenden Studien entsprechend, also durch den ganzen Verlauf der Schuljahre aneignen lassen. Diese Principien untergraben, wie er selbst erklärt, die Basis seiner Schulbücher. Letztere können in dieser Form ihrem Zwecke nicht entsprechen. Da aber keine besseren existieren und der Ver= fasser zu einer abermaligen Ausarbeitung keine Lust verspüre, so handle es sich um die Frage, in welcher Weise sie gebraucht werden sollen. Das Vestibulum wird brauchbar, wenn es in Dialogen ausgearbeitet wird; der Text in der Muttersprache wird vorangehen, den Materien füge man Bilder bei, die grammatischen Regeln seien in der Muttersprache abgefaßt und dem Lexikon füge man das unlängst verfaßte Auctuarium bei. Beim Gebrauch der Janua merke man: das Janual = Lexikon soll vor Allem die

Abstammungs- und Zusammensetzungs-Regeln enthalten, auch die bisher inconsequent weggelassenen Etymologien sollen angebracht werden; in der Janual-Grammatik kamen bisher ebenfalls inconsequenter Weise die Beispiele meistens nur nach der Regel, dies soll umgekehrt werden; im Janualtext sollen die Perioden in Einzelsätze zergliedert und auch so gedruckt werden, was wohl mehr Raum erfordert, aber desto mehr Licht in die Sache bringt. An dem Atrium wird nichts ausgesetzt, er wünscht nur, dasselbe durch eine Praxis Scenica auf die Art der janualen Praxis Scenica zu erweitern.[35])

Hiermit ist von Comenius eigentlich das letzte Wort über die Pädagogik ausgesprochen worden. Trotzdem ließ er sich durch Weinheimer bewegen, noch einmal die Feder zu ergreifen. Die Schriften, die er noch hinzu gab, sind allgemeineren, pädagogisch-principiellen Inhalts. Auf den Unterricht der lateinischen Sprache bezieht sich nur das Latium redivivum. Es wird darin die Idee des rubinschen coenobium entwickelt und zu ihrer Verwirklichung, wie früher der Fürst von Siebenbürgen, diesmal die Stadt Amsterdam aufgefordert: alles Wissenswerthe soll in diesem neuen Latium gleichsam spielend, natürlich in und mit der lateinischen Sprache erlernt werden. Mittel zu diesem Zwecke sind: Eine besondere Örtlichkeit, Auswahl von Menschen, die nur lateinisch sprechen, und eine Auswahl von Materialien, die behandelt werden sollen. Der Unterricht wird so erfolgen, daß bei der Eintheilung der Schüler in tribus und curiæ alles aus dem Beisammenwohnen und aus der praktischen Anordnung der öffentlichen Actionen folgen müsse.[33])

Die drei letzten didaktischen Arbeiten des Comenius sind: E Scholasticis Labyrinthis Exitus in Planum, Typographeum Vivum und Paradisus Juventati Christianæ Restitutus. Sie dienen als Zusammenfassung alles dessen, was Comenius über die Erziehung geschrieben hat. Um nicht zu wiederholen, was bereits gesagt worden, verweisen wir einfach auf diese sehr gehaltvollen Schriften. Die erste[40]) weist nach, daß die jetzt bestehenden Schulen Labyrinthe sind und wie man aus denselben herausgelangen soll. Die zweite[41]) führt einen Vergleich zwischen der

Buchdruckerei und seinem Erziehungsverfahren bis in die Details
aus, der wichtigen Erfindung der Buchdruckerkunst die verbesserte
Unterrichtsmethode an die Seite stellend. Die dritte[42]) hat den
Titel deshalb, weil das Auffinden einer richtigen Unterrichtsmethode für die Schüler ein wahres Paradies bereiten könnte.

In vollem Bewußtsein, daß auch nach den letzten Arbeiten
noch ein weites Feld für die Arbeit übrig bleibe, zieht er sich in
der Schlußabhandlung Traditio Lampadis[43]) von diesem Kreise
seiner Wirksamkeit zurück. Er fordert eine Anzahl von Gelehrten,
die seine Grundgedanken, Entwürfe und Bücher gebilligt hatten,
zur Fortsetzung des Werkes auf: sie mögen die Lücken ausfüllen,
die Irrthümer corrigieren, denn sie können und sie dürfen es. Es
sind die Männer den Lesern insgesammt nicht fremd: David
Bechner, Johann Ravius, Pet. Colbovius, Johann Tolnai, J.
H. Ursinus, Hessenthaler (er redet ihn „Magne" an), Ab. Weinheimer, Stephan Spleißius und Justus Docemius. Er hofft,
diese Männer werden können und werden wagen. Er ruft nun
geistliche und weltliche Behörden an und schließt mit einem frommen
Seufzer zu Gott. — Es sind noch zu erwähnen drei Seiten
„Parolipomena Didactica" (O. D. IV. p. 111—116) und „Didacticæ Idea Ex Arcanis Aeternis" (p. 121—124), die den
Schluß der wichtigen Sammlung ausmachen.

Da wir den Inhalt der einzelnen Schriften der Sammlung
in Laufe unserer Arbeit wiedergegeben, so erübrigt uns über das
ganze Buch das eine zu bemerken, daß der große Umfang desselben den Ideen des Verfassers nur hinderlich sein konnte. Es
ist dies umso nachdrücklicher zu betonen als, während die meisten
Schriften derselben in vielen Ausgaben und Auflagen verbreitet
waren, eben diejenige Schrift, die die principielle Begründung
aller anderen Schriften enthält, die Didactica Magna, bloß in
dieser Sammlung das Licht erblickte. Wohl war die andere theoretische Schrift, die Methodus L. N. auch besonders veröffentlicht
worden, allein 20 Jahre nach der Abfassung der ursprünglichen
Didactica erschienen, kann sie sich vom pädagogischen Standpunkt

aus mit jener weder dem Umfange, uoch dem Inhalt nach messen. Obleich die Schriften der Sammlung geeignet sind, die Entwickelung der Sprachenmethode des Comenius aufzuweisen, so stellte doch die große Menge derselben die Didactica in Schatten, aus dem sie erst in diesem Jahrhundert, u. zw. zum desto größeren Ruhm des Verfassers an's Licht gebracht wurde.

Aus demselben Jahre (1657) stammt auch die Veröffentlichung des Traktats „Faber fortunæ". Was inzwischen seine Thätigkeit trübte, seine Gemüthsstimmung drückte, das waren die Zustände des Fürsten vou Siebenbürgen, der, nachdem der König von Schweden durch den Angriff des dänischen Königs, Polen zu verlassen gezwungen worden war, sich nicht mehr in Polen hatte halten können, und nach einem gefahrvollen Rückzug sein Land wohl wiedersah, aber in Folge der Feindschaft der Pforte um seinen Thron und seine Stellung mühevolle Kämpfe auszufechten hatte,[14] die keine Aussicht auf Erfolg zeigten.

Lange Zeit bekam er keinen Bericht. Endlich gegen Jahresschluß schrieben ihm drei hervorragende Herren von den verzweifelten Zuständen ihres Landes, zugleich kam auch ein ausführlicher Bericht von Schaum. Über alles erstattet Comenius eine Meldung an Hartlib:[45] darnach sei Rákóczy entthront, allein Comenius kenne Rédey den neueingesetzten Fürsten als einen gutmüthigen, biedern Mann, halte ihn doch solchen Aufgaben nicht gewachsen. Mednyánßky schrieb auch[46] wie sehr sie geirrt hätten, als sie deu großen Löwen (nämlich die Türken) nicht befragten. Dann fügt Comenius zur Erklärung des Unglücks den Umstand bei, sie seien nur der polnischen Krone nachzujagen und diese sich anzueignen ins Feld gezogen. Schaums Brief,[46a] der ebenfalls mitgetheilt wird, ist eine wehmüthige Klage über das herbe Loos, ohne eigentlich viele Thatsachen aus dem Feldzuge mitzutheilen. Er und sein Fürst seien zerschmettert, wie so gute Vorsätze einem solchen Ende zugeführt werden konnten; nur bittet er den alten Freund, er möge sein Wohlwollen ihm und seinem Fürsten auch weiterhin bewahren.

Es scheint, daß die Collecte diesmal doch besser gelang. In dem Briefe vom 28. December sieht Comenius darin den Beweis dafür, daß ben Engländern das Gemeinwohl der Kirche am Herzen

liege.[47]) Es erhellt aus dem Briefe auch, dass für ihn und für die Verbannten die Lösung noch keineswegs herbeigeführt zu sein scheint. Die Schrift Syllogismus Orbis Terrarum etc.[47a]) die er bereits früher dem Fürsten von Siebenbürgen zugesandt hatte, übermittelte er nun auch dem Schwedenkönig. Der dänische Gesandte habe seinem König die Schrift ebenfalls eingesandt. Die Einwendungen gegen die Lux werden entkräftet, da die menschliche Vernunft zu deren Erklärung nicht genüge. Der Kurfürst von Brandenburg habe das Buch (Lux) im Ganzen gelobt, nur sei die Veröffentlichung vorzeitig gewesen. Der französische Gesandte, ein Hugenotte, wünsche auch über die Offenbarungen mit ihm zu sprechen. Nun wäre nur erwünscht, dass die Collecte gut gelänge.

Wir besitzen nur ein Exemplar des erwähnten Syllogismus aus dem Jahre 1665, und wissen auch nicht, ob diese Schrift, mit jener, die Comenius dem Schwedenkönig zugesendet hat, identisch ist. Soviel können wir dennoch anführen, dass die Schrift, das Schema eines Schlußes behaltend, eine Propositio Major, eine P. Minor aufstellt, und daraus Conclusionen zieht. Die Major ist die Clausel des Osnabrücker Friedens, dass der Störer desselben gemeinsam anzugreifen sei; die Minor ist der Protest des Papstes wider denselben; die Conclusion, für den König von Babel, König von Frankreich, und andere Völker gesondert, fordert Gottes Strafe für Rom und Österreich und der Strafende soll eben der König von Frankreich sein.

Bald kam aber ein neuer Brief von Schaum. Während gegen das Ende des vorigen Jahres aus Schlesien das Gerücht eintraf, der gut informierte Sultan werde dem Fürsten verzeihen, ja, Anfangs des neuen Jahres (1658) schon von einer Wiedereinsetzung desselben gesprochen wurde; kam ein Schreiben, in welchem Schaum die verzweifelte Lage des Fürsten mit den grellsten Farben schildert. Die Sendung war so eingerichtet, dass diese Schilderung mit geheimer Schrift einem Briefe beigefügt war, der mit allgemein verständlichen Buchstaben dieselbe Lage als eine recht günstige besprach. Nun sei das Hauptübel die Mißgunst der Pforte, die fortwährend neue Streitkräfte gegen den Fürsten entsende, deshalb bittet Comenius[48]) (11. Jän. 1658), indem er die Abschrift des

Schaum'schen Briefes mittheilt, Hartlib und seine Freunde mögen doch den Protektor bewegen, daß er seinem Residenten bei der Pforte den Auftrag gebe, dieselbe zu Gunsten des Fürsten umzustimmen. Außerdem sei es nöthig, daß England und Frankreich zusammenwirken: davon hänge nicht nur das Wohl dieses einen Hauses, sondern überhaupt der ganze in der Lux angekündigte Proceß ab. Wie Gott nicht umsonst den Rákóczy bedroht habe, so werde er auch weiter verfahren. Außerdem drückt noch Comenius seinen Schmerz über die großen Grausamkeiten aus, die ihm aus Brieg (8. November 1657) berichtet worden, während die Feinde jubeln, daß das calvinische Nest ausgehoben sei. Kleinere Notizen über das österreichische Militär in Polen, über die Aussichten Leopolds für den Kaiserthron zeigen, wie sich die Exulanten für jedes Detail der politischen Gruppierung lebhaft interessierten.

Eine Woche darauf kam derselbe Brief Schaums auf anderem Wege nach Amsterdam,[49]) was Comenius bewog, seine Bitte an Hartlib zu wiederholen und dabei eine kleine Schrift zu verfassen „De principis Transsylvaniæ...ruina." Der Zweck derselben war, nachzuweisen, wie der Fürst den durch göttliche Offenbarungen gestellten Anforderungen gar nicht entsprach, als er in den Krieg gieng. Es war dies eine Replik auf die Schaum'schen Briefe, die er auch Andern mittheilte. Den Eingeweihten gefiel diese Replik dermaßen, daß sie ihn zum Druck derselben bewogen. So sandte denn Comenius recht bald einige Exemplare davon nach England.[50]) Nun waren Hartlib und seine Freunde bemüht, den Protektor zu einer Intervention zu Gunsten Rákóczys zu bewegen, was nicht schwer war. Der Protektor sandte sogleich, wie Hartlib schreibt,[50a]) seine Leute zu den Königen Frankreichs und Schwedens. Sowohl er als auch der König von Frankreich intervenierten zweimal bei der Pforte durch ihre Gesandten; allein von einem bedeutenden Resultat der Intervention erfahren wir gar nichts, die Angelegenheiten des Fürsten giengen zurück und verschlimmerten sich zusehends.

Zum Schluß des Briefes, in dem Schaum von Amsterdam aus über die Bemühungen Frankreichs und Englands bei der

Pforte informiert wird, sagt Comenius, nachdem er ein Bild der verschiedenen Verwirrungen in den politischen Lagern entworfen hatte, Gott trübe die Lage der Völker zu einander, auf daß die Wiedergeburt der Welt sein Werk bleibe.[50b]) Diese ungeschwächte Hoffnung blieb auch fernerhin die Norm für die Handlungen der Brüder. Hartlib hatte an Comenius geschrieben, die zerstreuten Brüder mögen nach Irland kommen. Hierauf erhält er die Antwort, die Brüder hoffen noch immer auf eine Rückkehr ins Vaterland und ihr Bischof bekennt, auch er hege diese Hoffnung.[51])

Sonst hatte dieser bei Herrn von Geer eine glänzende, wie Rulicius sagt, fürstliche Aufnahme. Der Gönner lud auch Figulus wie auch Drabitius nach Amsterdam. Die Kosten der Ausgabe, die Comenius von seinen pädagogischen Schriften veranstaltete, trug wie es auch auf dem Titelblatt zu lesen ist, Laurentius de Geer, wobei er versprach, all' die Einnahmen von diesem Werke einem Druck der Bibel in polnischer Sprache zuzuwenden.

Comenius verlegte sich nun auf die Pansophie, um dies Lebenswerk endlich einmal zu vollenden. Wie Rulicius schreibt, wußten über seinen Aufenthalt außer Hartlib nur einige von den Mitarbeitern des Comenius.[52]) Dabei war er nicht müde, im Interesse seiner Glaubensgenossen auch fernerhin zu wirken. Ein neuer Delegat von ihm, um zu Gunsten der Hilfsbedürftigen eine Collecte zu veranlassen, rüttelte den kranken Hartlib von seinem Krankenlager auf.[53]) Durch den Briefwechsel zwischen Rulicius und Hartlib erfahren wir auch, daß die bidaktischen Gegner des Comenius eigentlich Geistliche waren, die sich gegen eine fremde Methode wehrten. Voll Lobes ist Rulicius auch über de Geer. Derselbe habe, um dem Comenius bei der Ausarbeitung seiner Pansophie ausgiebige Hilfe zu reichen, dessen Schwiegersohn mit seiner ganzen Familie hergerufen, bereit, sie zu ernähren, nur damit er seinem Schwiegervater helfe und sich über alles, was die Pansophie anbelangt, informiere, damit, wenn Comenius sterben sollte, seine Entwürfe und Absichten nicht verloren gehen.[54])

Die zweite Jahreswende des Schreckenstages von Lissa benützte Comenius, um seinen „Manualnik" mit einer Vorrede zu

verſehen und ſo dem Druck zu übergeben. Traurig iſt dieſer Gruß
an die zerſtreuten Glaubensgenoſſen, aber Hoffnung, Vertrauen
auf Gott und die Erfüllung ſeiner Gebote werden den Vaterlands-
loſen ans Herz gelegt. Der Vorrede iſt „ein Lied der böhmiſchen
Exulanten in Liſſa“, das lange Zeit vernachläſſigt, erſt in den
Drangſalen des Jahres 1655 von Neuem hervorgeholt wurde,
(verfaßt von Daniel Lewinſky), einverleibt worden. Den von Vielen
geäußerten Wunſch, ihnen auch eine Poſtille zu ſenden, könne er
nicht erfüllen, da ſeine Predigten, eine Arbeit von 40 Jahren,
vor zwei Jahren zu Grunde gegangen ſeien. Er ſende ihnen aber
die Wurzel und die Grundlage aller Poſtillen, den Kern der
heil. Schrift. Es folgt noch eine beſondere Vorrede an den Leſer
mehr ſächlich gehalten (p. 32). Daran ſchließt ſich das Werk ſelbſt,
der Inhalt der einzelnen Bücher der heil. Schrift in der gewöhnlichen Ordnung, und die Apokryphen des alten Teſtaments zu Ende
deſſelben. Zum Schluß wird die Befolgung der Gebote den Leſern
ans Herz gelegt. Es folgen noch 14 kurze Gebetformeln.[55])

Verwandt mit dieſer Arbeit iſt die Janua sive Introductorium in Biblia Sacra, die ebenfalls in Nürnberg bei Endter
mit dem Manualnik zugleich erſchien. Eine 14 Seiten lange Vorrede erörtert die Glaubhaftigkeit und den Werth der heil. Schrift,
über den Text ſelbſt ſagt er, er habe die Vulgata zum Grunde
genommen, wo dieſe irrt oder nicht reines Latein habe, da habe
er geändert, aber auch dies nicht nach eigenem Dünkel, ſondern
den Pagninus, Tremelinus und Arias Montanus zur Hilfe rufend,
die alle claſſiſche Interpreten der heil. Schrift waren. Als eine
beſondere Schrift erſchien der neuteſtamentliche Theil unter dem
Titel: „Novi Testamenti Epitome.“ Der Text iſt dem böhmiſchen
ſehr ähnlich, wie es die Natur der Sache mit ſich bringt, aber
ganz identiſch iſt er nicht. Wir möchten nur noch auf die faſt
wörtliche Anführung der Anfangscapitel Daniels und der Schlußcapitel der Apocalypſe hinweiſen.[55ᵃ])

Kaum daſs er mit dieſer Arbeit fertig wurde, meldeten ihm
die Buchhändler, ſein Werk gegen Valerianus ſei ſchon längſt
vergriffen und werde vielfach begehrt. So entſchloß er ſich zu einer

neuen Ausgabe „Judicium de Regula fidei." Die kurze Vorrede
(3. Mai) gibt als die Ursache der Anonymität der Schrift vor
14 Jahren, die Abneigung des Verfassers, wie auch seiner Glaubensgenossen gegen Glaubensstreitigkeiten an. Die Veröffentlichung
geschah nämlich damals auf Befehl und zu dieser neuen Ausgabe
ermuthigt den Verfasser nur der Umstand, daß die Schrift vielfach nicht polemisch, sondern freundschaftlich und sanft sei. Nun
wollte er einige der übrigen Schriften verwandten Inhalts miter-
scheinen lassen, besonders die Hypomnemata; allein auf Intervention
von anderen Freunden ließ er sich bewegen, blos die zwei Schriften
gegen Valerianus in Druck zu legen.[56])

Aber die meiste Aufregung verursachte ihm doch das Buch
Lux und die noch immer erscheinenden Offenbarungen Drabiks.
Am 11. März vernahm dieser die himmlische Stimme, Jan sei
der Reformator Europas.[57]) Den 27. April wird Comenius aufgefordert, der Fürstin Susanna Lorantfy von Neuem zu schreiben,
daß sie die türkische Bibelübersetzung endlich einmal besorgen
lasse.[58]) In den Briefen Hartlibs an Pell bildet dies Werk und
Urtheile über dasselbe ein beständiges Thema. Die Letzteren sind
abwechselnd günstig und ungünstig. Daß Rulicius und Hartlib
selbst den Glauben ihres Freundes theilen, wird nach den Vorgängen gewiß nicht überraschen.[59]) Einen eifrigen Verehrer fanden
die Offenbarungen an Mr. Beale. Schon den 18. März schrieb
dieser an Hartlib, er habe Drabiks Buch zweimal gelesen und
kann sich der Überzeugung, daß Gott darin walte, wenn dasselbe
auch in Folge einiger menschlichen Irrthümer falsch verstanden
und angewandt wurde, nicht verschließen.[60]) Die französischen
Urtheile lauteten ungünstig. Nun brachte es aber die Wendung
der Dinge mit sich, daß der Seher besonders anläßlich der
Kaiserwahl seine Aufmerksamkeit den Franzosen zuwandte. So
wurde ihm am 3. März und 1. April geoffenbart, der König
von Frankreich sei zum Werkzeuge Gottes auserkoren und Comenius
säumte nicht, auch diese Revelationen an Hartlib zu senden.[61])

Wie schon die Ausgabe der antivalerianischen Schriften zeigt,
blieben die irenischen Ideen ungeschwächt sein theures Lebensziel.

Dieser Anlaß brachte ihm manche Enttäuschungen und Anfechtung. Diesen Lieblingsgedanken des Comenius benützte auch Daniel Zwicker, ein Arzt, aus Danzig gebürtig, indem er sich für einen Anhänger desselben ausgab, um bei ihm Boden zu gewinnen. Thatsächlich war Zwicker ein Socinianer geworden, nicht nur seinen lutherischen Glauben, sondern auch seinen ärztlichen Beruf verlassend, um die socinianischen Lehren nachdrücklicher verbreiten zu können. Aus der Erzählung seines „Abtrittes" erfahren wir, daß er mit Mochinger, Calov, Botsack bekannt war und daß ihn eigentlich der Übereifer dieser Männer zum Unitarismus hintrieb.[67]) Als Verbannter kam er also, seinen Socinianismus verbergend ebenfalls in die Nähe des Comenius und hatte mit demselben einen Gedankenaustausch über die Vereinigung aller Christen, dem Comenius im Princip beistimmte. Dies veranlaßte Zwicker, seine Ansichten über diese Frage in einer Schrift „Irenicum irenicorum", zusammen zu fassen, deren Aufschrift schon auf Unfehlbarkeit und Erfolg die größten Ansprüche erhebt. Und hätte man alles dieses auch für leere Phrasen halten können, so zeigte die Vorrede an, daß es dem Verfasser mit solchem Gedanken Ernst sei. Er begründet das Lob über seine Schrift (daß nämlich die Resultate derselben seit der Apostelzeit unerhört seien) mit Berufung auf berühmte Theologen. Einige von ihnen haben nach der Lectüre der Schrift die Feindschaft gegen deren Ziel aufgegeben, angeblich deshalb, weil sie ein ähnliches Werk noch nie gesehen, Andere seien bald geneigt geworden, sich zu des Verfassers Ansicht zu bekennen, Andere bekennen, daß diese Schrift dem Gegner den Mund schließe, die Übrigen haben sich durch den Versuch, das Werk zu bekämpfen, vor der Öffentlichkeit lächerlich gemacht. Den großen Erfolg schreibt der Verfasser der Disputationsweise, der Forschungsmethode und der Überredungskunst, die er beständig anwendet, zu. Die drei Normen bei der Erforschung der Wahrheit sind der gesunde Verstand, die heilige Schrift und die Traditionen.[83]) Nun versucht der Verfasser in seiner Schrift hauptsächlich die Frage der Gottheit Christi, nach diesen drei Normen zu behandeln und gelangt zu dem eben nicht überraschenden Resultate, daß die Socinianische Lehre die wahre sei.

Man kann sich denken, wie viel Ärgerniß diese Schrift hervorgerufen hat. Sehr betroffen mußte sich besonders Comenius fühlen, da die Worte der Vorrede sich offenbar auf ihn beziehen sollten. Den 18. Mai habe er sich nämlich über den ersten Theil des Irenicum einer Äußerung bedient, die wohl an jene Worte der Vorrede anklingt. Comenius soll geäußert haben, daß er noch nie ein so scharfsinniges Buch gelesen habe, welches nicht widerlegt, einen Sieg, im entgegengesetzten Falle eine gänzliche Niederlage des Socinianismus bedeute. Eine Woche darauf (24. Mai) gab er vor, sein Urtheil über diese Schrift einstweilen aufzuschieben, erbat sich auch den zweiten Theil der Schrift aus und entrichtete dafür seinen höflichen Dank.[64])

Während dessen hatte Comenius manch' andere Aufgaben neben jener ständigen der Pansophie zu lösen. Der Buchhändler Petrus Van de Berge, ermuntert durch die vorjährige Ausgabe des Faber Fortunæ bat ihn, er möge seine Schriften sichten, er sei bereit, alles, was zur Veröffentlichung tauge, in Druck zu legen. So suchte Comenius die Handschrift des vor 20 Jahren geschriebenen Diogenes hervor, feilte hie und da daran und versah sie mit einer Widmung an zwei Patricier-Söhne Amsterdams Jakob Degraf und Nikolaus Wilson, deren Väter sich um ihn verdient gemacht, zur Belustigung und Belehrung.[65])

Der ungünstige Lauf der Ereignisse schaffte, der im vorigen Jahre erschienenen Lux, wie auch dem Propheten derselben immer mehr Feinde. Arnoldus, der im Vorjahre den Schwedenkönig lebhaft begrüßt hatte,[66]) äußerte seinen Unwillen über die Offenbarungen nur zu lebhaft. Aus einem Briefwechsel (August und Sept. 1658) zwischen Arnoldus und Figulus erfahren wir, daß Letzterer ein Gegner der Veröffentlichung der prophetischen Bücher gewesen war, es vielmehr zeitgemäß fand, die durch jenes Buch verursachte öffentliche Schmach von der reformierten Kirche öffentlich abzuwenden. Es erschien dies umso bringender, als die Jesuiten eine Widerlegung des Buches vorbereiteten. Er erwähnt, daß er seiner Zeit durch die Publication desselben überrascht und besonders durch die vielen Vorreden, Glossen und dazwischen laufende Bemerkungen peinlichst

berührt worden sei.[67]) Arnoldus hatte vor, ein öffentliches Miß-
billigungsvotum der reformierten theologischen Fakultäten zu veranlassen und suchte zu diesem Zwecke Maresius zu gewinnen, der aber
eine spontane Kundgebung für unopportun erklärte, hingegen, wenn
das Buch von einer Synode den Fakultäten zur Begutachtung
zugesandt würde, diesen Akt einer feierlichen Kritik für möglich
erklärte.[68])

Comenius selbst wurde in seinem Vertrauen wieder einmal wankend. Am 7. September sandte er einen von fremder
Hand, am 17. einen eigenhändig geschriebenen Brief an Drabik.
Reue und Angst wegen der Veröffentlichung erfüllen die Zeilen
desselben. Drabik antwortete auf die beiden Briefe gleichzeitig den
19. November. Gegen die Ängstlichkeit des Comenius ruft er ihm
Worte der heiligen Schrift ins Gedächtnis, auf die Worte der
Reue antwortet er mit Lob und Preis. Ein, durch die Ereignisse
ungeschwächtes Selbstvertrauen strahlt aus dem Brief hervor, den
Comenius von Drabik den 12. December erhielt und sogleich englischen Freunden mittheilte.[69])

Der Brief fand ihn schon in der Aufregung über die im
November erschienene Schrift Zwickers (deren Vorrede ihm so
nahe getreten war), die er sowohl zugesandt, als auch aus des
Verfassers Hand erhielt. Nun wurde ihm die Pflicht klar, in dieser
Frage entschieden Stellung zu nehmen und diese auch öffentlich
zu vertreten. Und so bereitete er allmälig mehrere Schriften zum
Druck vor, die nach einigen Monaten hinter einander erschienen.

Aber auch die didaktischen Arbeiten ruhten nicht. Nennenswerth
ist in diesem Jahre die Bekanntschaft mit einem Schweizer Namens
Jakob Redinger. Dieser kam von Frankenthal, wohin er als Direktor
der lateinischen Schule berufen ward, nach Amsterdam und studierte
bei Comenius die Comenische Lehrmethode.[70]) Sein Eifer, wie
seine Fähigkeiten waren so groß, daß er noch im selben Jahre eine
neue Ausgabe des Vestibulum besorgte.[71]) Seine Thätigkeit hat
er aber, wie wir bald sehen werden, damit nur eingeleitet, um sie
in Frankenthal desto eifriger fortzusetzen.

Der strenge Winter bot Comenius, der sich mit physikalischen Problemen sehr gerne beschäftigte, eine Veranlassung zu Forschungen über den Temperaturwechsel, über die Wärme und die Kälte. Angeregt hat ihn dazu schon ein Gespräch mit Arnoldus Sengverbius, akad. Professor in Amsterdam, der ihm im October (1658) bei einer Schifffahrt erklärte, daß ihn in dieser Frage kein einziger Philosoph befriedige. Zur Veröffentlichung dieser übrigens bereits längst verfaßten Schrift bewog ihn auch jene im verflossenen Winter an einer Nachbarakademie verfochtene und seiner Ansicht nach lächerliche Meinung, daß die Wärme die höchste Bewegung, die Kälte die absolute Ruhe sei.[72]) In der Schrift, die er dem eben erwähnten Professor widmet, gebe er die Beweise einer experimentalen Forschung. Die Abhandlung selbst beginnt mit einer Definition der Wärme und greift dabei in die weiteste Vergangenheit zurück. Aristoteles und die Stoiker werden der Reihe nach, besonders der erstere scharf beurtheilt (p. 8.). Es folgt die Untersuchung des Subjekts der beiden Erscheinungen: das Resultat lautet, Alle erleiden Wärme und Kälte. Nun folgen die Quellen der Wärme, über diejenigen der Kälte wird nur gesagt, sie seien unbekannt. (p. 13—15.) Die Wirkungen der Wärme merke man an dem Wasser: eine sich ausbreitende Bewegung; diejenige der Kälte bemerke man an demselben in entgegengesetzter Richtung (p. 23.). Hierauf werden die verschiedenen Grade (p. 24—26) der Kälte und der Wärme besprochen, ferner wird hervorgehoben, daß alles, was geschieht, durch Bewegung geschehe (p. 33), die Wärme sei auch sonst ein Freund des Lebens, welches der Verfasser für Feuer hält. Die eigene Definition der Kälte und Wärme lautet: eine gewaltsame Gährung der Stofftheile von ihrer mittleren Consistenz in einen weiteren Umfang...

Dies wird so begründet, daß der Materie ein Zustand zugeschrieben wird, den sie gerne behält. Mit der Wärme ist die Kälte in so weit verbunden, als durch die Ausbreitung der Stofftheile auf der einen Seite, auf der andern Seite die Zusammenhäufung derselben, welche mit der Kälte identisch ist, entstehen muß. So ist die Kälte und die Wärme eigentlich ein Werkzeug in Gottes Hand, wodurch die Gesammtheit der Dinge entstand, lebt, und in fortwährender Bewegung erhalten wird (p. 44). Bei der Frage über die Grade der beiden erlaubt sich der Verfasser eine Polemik gegen Baco (p. 46), (dem er fast durchgehends folgt), inwiefern dieser annimmt, daß es einen ebenso hohen Grad der Kälte gebe, wie der Wärme. In dem Titel dieser Schrift ist zu lesen, daß sie als die Vorläuferin einer neuen Ausgabe der Physik betrachtet werden will; dies einzige Zeichen deutet auf eine Beschäftigung mit der Pansophie.

―――――

So flossen die zwei ersten Jahre in Amsterdam in einem steten Wogen und Wechsel der Erlebnisse dahin. Auf dem nun ganz düsteren politischen Horizonte wollte wohl kein heller Punkt erscheinen, eine Enttäuschung folgte der anderen; dafür blieb, das Philo'sche, von Alsted citierte, und von Comenius vor zehn Jahren gegen Oxenstierna gebrauchte Motto: „Wo Menschenhilfe aufhört, da fängt die göttliche an" in den Erwartungen der Verbannten völlig bei Geltung. Als Ermuthigung kamen für Comenius noch literarische Erfolge. Hatte er auch dem Gebiete, wo er mit dem größten Ruhm gewirkt — dem didaktischen — Abschied gesagt, so frugen doch die Buchhändler eifrig nach älteren und neueren Arbeiten, Laurenz von Geer bewilligte, wie es scheint, einen unbegränzten Credit für den Druck und besorgte Comenius selbst fürstlich. Den Beiden lag noch die auch im zuletzt erwähnten Tractat angekündigte Pansophie über alles am Herzen; allein, wie bisher, lenkten auch jetzt, andere Ereignisse die Thätigkeit des Verbannten von dem philosophischen Gebiet ab, und dazu noch auf jenes, das ihm immer das fremdeste war: auf das polemische.

―――― ―

VIII.

Chiliaſtiſche und ſocinianiſche Polemien.

Dieſes, an geiſtiger Bewegung ſonſt ſo überaus reiche Jahr (1659) ſteht im Dienſte zweier Gedanken: der Abwehr gegen den Socinianismus und der Vertheidigung der chiliaſtiſchen Prophetien. Im Februar (59) bereitete er die oben ſchon ſkizzierte Schrift gegen Schlichting: „De Christianorum uno Deo etc." zum Druck mit einer kurzen Widmung an Jonas Schlichting, der aus dem Vater-lande verbannt, ſich auch im Exil nicht weit von dem Verfaſſer der gegen ihn gerichteten, nun von neuem herauszugebenden Schrift aufgehalten hatte. Hiezu bewegen den Verfaſſer drei Gründe: Erſtens, weil ein Freund des Verfaſſers (gewiß Schöllen)[1] bei-nahe in unitariſche Netze gerathen wäre, und eine Stärkung im Glauben bedürfe, ferner damit er einige von jenen, die infolge der ſocinianiſchen Proſelytenhaſcherei in ihrem Glauben gefährdet ſind, in demſelben kräftige. Schließlich, damit er Zeugniß ablege von dem Glauben, in dem er geboren und dem er ſtets treu geblieben ſei. Vom ſelben Tag (den 10. Febr.) iſt auch eine Vorrede an den Leſer datiert, die ſich im Allgemeinen mit dem Unterſchiede der Trinitarier und der Antitrinitarier beſchäftigt und die Vernunftmäßigkeit der Erſteren ſogar mit einem Citat aus Vives begründet.

Viel wichtiger iſt die im März erfolgte Ausgabe der polemiſchen Schrift gegen Scheffer. Ein hohes Intereſſe erreicht dieſe oben bereits ſkizzierte Schrift durch ihren Zuſammenhang mit der Zwickerſchen Angelegenheit. Der Freiherr Ludwig von Wolzogen, der ſchon längſt ein Anhänger Socins geworden, ließ Comenius durch Zwicker grüßen und ihm ſagen, daſs die Socinianer ſeine

Schrift gegen Scheffer nicht deshalb nicht widerlegen, weil sie's nicht vermöchten, sondern einestheils weil sie Comenius als einen Mann von Reputation schonen wollten, trotzdem er zu den „seichten" Gegnern gehöre, dann weil die bereits fertige Antwort infolge der Unbescheidenheit des Gegners auch etwas zu scharf zugespitzt war, schließlich lebte man auch der Hoffnung, Comenius werde das so helle Licht der Wahrheit sehen.[2]) Dieser Brief scheint eigentlich die neue lateinische Ausgabe der Schrift gegen Scheffer veranlaßt zu haben. In einer Widmung an Wolzogen berichtet der Heraus- geber kurz über die Umstände der vor 21 Jahren erfolgten Ab- fassung der Schrift und über die Gründe, die ihn nun zu der neuen Ausgabe drängen. Es ist dies nicht etwa ein Wohlgefallen des Autors am eigenen Werke, noch die Kampfeslust, noch das Streben, neuen Haß zu säen: es ist dies allein der feste und unerschütterliche Entschluß, der Wahrheit ein Zeugniß auszustellen, auf die Feindseligkeit der gegnerischen Vernunft völlig gefaßt. Nach der lateinischen Übersetzung der einst deutsch verfaßten Schrift folgen einige Citate und dann eine neue Ansprache (sermo) an den Freiherrn von Wolzogen (p. 45). Hier kommt zuerst der ursprüngliche Abdruck des oben erwähnten Briefes des Wolzogen an Zwicker, dann eine lateinische Übersetzung desselben und darauf hochinteressante biographische Reminiscenzen des Verfassers Ver- hältniß zu den Socinianern betreffend. Es wird hier zum Schluß ohne Namennennung Zwickers, als eines Seelenjägers in dieser Gegend gedacht. Da der Baron in seinem an ihn gerichteten Schreiben der Hoffnung Ausdruck gab, daß sich Comenius noch zu ihnen bekehren werde, so versichert ihm dieser, daß alle ihre Bemühungen vergeblich seien, und daß er in seinem Glauben treu auszuharren gedenke.[3])

Aber er konnte sich dieser Angelegenheit nicht ausschließlich widmen. Arnolds Erregung über die Lux brach sich in einer polemischen Schrift den Weg in die Öffentlichkeit, die er Anti- bidellus[4]) betitelt hat mit Anspielung darauf, daß sich Comenius als den Gehilfen (Adiunctus) des Pseudopropheten gebrauchen ließ. Die Begrüßung, die dem Verfasser aus diesem Anlaß sein Freund Maresius zu Theil werden ließ, ist vom 14. Februar datiert.[5]) Dieser Monat ist somit als der Erscheinungstermin dieser Schrift zu betrachten.

In tiefster Erregung schrieb Comenius, als er das Werk in die Hände bekam, den 20. Februar einen vorwurfsvollen Brief an Arnoldus. Er frägt, was ihn wohl bewogen habe, dass er zuerst und allein seine Stimme erhebe und dies öffentlich, wo doch viele andere auch ihr Urtheil privatim abgegeben haben. Er beruft sich auch auf Kritiker, die ihm günstig sind. Schonungslos rückt ihm hierauf sein ehemaliger Schüler zu Leibe. Alle die Thaten, die Comenius unvorsichtiger Weise in seinem Enthusiasmus über den Angriff der Schweden gegen Polen vollbracht, seine folgenschwere Intervention bei Radziwill und Rákóczy wird hier mehr grell als wahr beleuchtet. Auf die persönlichen Klagen desselben antwortet Arnoldus mit einem Hinweis auf das Wohl der Kirche, die sein Fanatismus bedrohe. Die Erwähnung günstiger Urtheile vernichtet er, indem er ebenso viele aburtheilende Stimmen verzeichnet.[6]) So blieb denn nichts anderes übrig, als die offene Fehde weiter zu führen und auf dem Wege der Öffentlichkeit auszutragen.

Es waren aber bereits andere Arbeiten fertig geworden. Zunächst hieß ihn die Sorge um seine Heerde einen schon längst gehegten Vorsatz ausführen; die Herausgabe eines Gesangbuches. Wir haben erwähnt, wie er bereits in früheren Jahren dafür Sorge trug, damit bei der eventuellen Rückkehr ins Vaterland nicht das alte im Neudruck erscheine, sondern ein verbessertes und sahen auch, dass er dazu keine eigentliche Muße hatte. Nun, nachdem er im vorigen Jahre den Manualnik veröffentlicht und dadurch seinem Volke Gottes Wort in die Hand gegeben, setzte er alles daran, um auch das Gesangbuch hinzufügen zu können, was denn auch geschehen ist.

Der neuen Ausgabe des Cancionals schickte er eine lehrreiche Vorrede voraus, die im Allgemeinen das Wesen des Gesanges, dann des heiligen Gesanges, besonders in der böhmischen Kirche schildert, und sodann Regeln giebt, welche die Ersprießlichkeit des Gesanges sichern sollten.

I. Nach einer Definition des Gesanges, schreibt er den Ursprung desselben den Engeln zu, nach denen auch noch die Vögel früher als der Mensch von Gott zum Singen geschaffen worden sind. Als ersten Sänger erwähnt Moses den Jubal, das erste Lied hat Moses selbst aufgezeichnet; seit der Zeit hat sich das Singen auf der ganzen Welt verbreitet. Es gehört aber zum Gesang: 1. ein besonderer Stoff oder Inhalt; 2. eine künstliche Zusammenstellung der Worte; 3. eine entsprechende Melodie. Das Geheimniß der Wirkung des Gesanges findet Comenius in der Harmonie, die den Menschen überall ergötzt, wo immer sie sein schon darnach geschaffener Geist vorfindet.

II. Aus der allgemeinen Geschichte des Kirchengesanges ist zu entnehmen, 1. daß die heiligen Gesänge wirklich einen Theil des Gottesdienstes bilden; folglich diejenigen, welche dieselben ausschließen, unrichtig handeln; 2. daß sie in der Muttersprache verfaßt werden sollen; 3. daß sie das reine Wort Gottes, oder einen auf dasselbe gegründeten Text haben sollen; 4. daß also die Psalmen Davids der werthvollste Liederschatz seien, somit diejenigen, die diese nicht gebrauchen wollen, vergeblich klügeln; 5. aber auch jene im Unrecht seien, die nur die Psalmen singen lassen wollen; 6. aus der Geschichte erhellt auch, daß in denselben Zeiten, wo der Gottesdienst blühte, zugleich auch der Kirchengesang gedieh, wie dies alle reformierten Gemeinden beweisen; 7. die Frage, ob man die Instrumentalmusik gebrauchen dürfe, beantwortet der 150. Psalm, nur müsse man mit dem Herzen und mit dem Munde dabei sein.

III. Insbesondere die Brüder seien stets wegen der Pflege des Kirchengesanges gepriesen worden. Die letzte Ausgabe ihres Gesangbuches sei 1616 in Folio mit der Concordanz, und 1618 in 4° gedruckt worden. Die Veröffentlichung sei durch den Mangel an Exemplaren und durch die von den Verhältnissen erforderten Veränderungen veranlaßt worden. Das kleinere Format wählte der Herausgeber deshalb, damit die Verbannten das Buch leichter bei sich führen können. Warum wurden jedoch viele alte Gesänge weggelassen? Dies geschah, damit der Umfang des Buches nicht zu sehr anwachse, da gegen 120 neue, besonders werthvolle Lieder aufgenommen wurden. Es wurde nichts übergangen, als was

entweder dem Inhalt nach überflüssig, oder der Form nach zu schwer=
fällig war und so enthält das neue Gesangbuch statt der 640 Nummern
der früheren Ausgabe in Summa nur 430. Die neue Eintheilung
des Gesangbuches gründete der Herausgeber auf den Unterschied des
Inhaltes der Lieder je nachdem sie wesentliche, gottesdienstliche und
accidentelle Theile des christlichen Glaubens behandeln; zum ersten
gehören Glaube, Liebe, Hoffnung; zum zweiten: Wort Gottes,
die Schlüsselgewalt, die Kirchenzucht und die Sacramente; die
accidentellen betreffen die Verschiedenheiten nach Lage, Ort und
Zeit, sowohl im Leben des Einzelnen, als auch in dem der Kirche.

IV. Im letzten Theile folgen Anweisungen über den Gebrauch
des Gesanges. Es sollen alle, ohne Standesunterschied singen;
überall und zu jeder Zeit, vom Herzen und mit entsprechendem
Ernste, voll Frömmigkeit und Vertrauen zu Gott. Nun mögen
alle Glaubensgenossen den gebotenen Schatz der Seele freudig
hinnehmen und den Trost reichlich gebrauchen, sowohl die zu Hause
Gebliebenen, als auch die Verbannten, alle, denen es zukommt.
Einige Bemerkungen beziehen sich noch auf die Sprache (ein Vocativ
wird erläutert), auf den Rhytmus, (eigentlich sollte es heißen auf
die Reime; die schlechten Reime hat nämlich der Verfasser durch
bessere ersetzt) und auf das Metrum. Hier erhebt er besonders
die böhmische Sprache über alle anderen Sprachen Europas, da
sie es ermögliche, auf die musikalisch lange Silbe eine sprachlich
lange zu setzen, ganz nach dem griechischen und lateinischen Muster.
Dies haben schon Blahoslav und Streyc beachtet, dasselbe hat
nun der Herausgeber an den älteren, so weit es angieng, auch an
den neueren bis zur größtmöglichen Vollkommenheit verwirklicht.
Aber weitere solche Bestrebungen muß er den Nachfolgern über=
lassen.[7] Nachdem er kaum die Pflicht gegen seine Kirche erfüllt
hatte, machte er sich an die Vertheidigung gegen Arnolds Anti=
bibellus, die denn auch bald darauf unter dem Titel Vindicatio
famæ etc. erschienen ist.

In dem ersten Theile dieser Vertheidigungsschrift tritt
Comenius in sieben Punkten für die herausgegebenen Prophezeiungen
ein; er wirft dem Arnold vor, derselbe habe eine ganz private
Sache in seinem Antibibellus auf eine, die protestantischen Inter-

essen verletzende Art ans Licht gezogen, worauf Arnold antwortete,[4] daß das Buch ohnehin weit verbreitet und ihm in zwei Exemplaren gesandt worden sei; in großer Menge sei es an den schwedischen Hof gesandt worden, auch die Jesuiten bekamen es. Warum hätte er seine Meinung nicht frei sagen sollen?[9] Arnold hatte die Klage erhoben, daß Comenius mit seinem Buche den Interessen des Atheismus diene, weil er menschliche Worte als von göttlicher Abstammung hinstelle, was Comenius nur damit widerlegt, daß er den menschlichen Ursprung der Offenbarungen bezweifelt. Arnold hatte ihm vorgeworfen, was Comenius in der Einleitung des Werkes selbst gesagt, daß er trotz des Urtheiles der Ostroroger Synode mit den Offenbarungen aufs Neue vor die Öffentlichkeit trete, worauf Comenius das Urtheil der fraglichen Synode als die Ansicht der dort gewesenen Väter und Senioren hinstellt, die aber kein bindender Beschluß sei.[10] Sehr wichtig und interessant ist die Anklage Arnolds, daß Comenius mit diesen Weissagungen Rákóczy und Radziwill zum Kampfe aufgestachelt habe, deren trauriges Ende das beste Mittel gegen die krankhafte Leichtgläubigkeit gewesen wäre.[11]

In dem zweiten Theile seiner Vertheidigung wehrt sich Comenius gegen Verleumdungen. Es ist seine Überzeugung, daß er nicht wegen der Weissagungen angegriffen werde, sondern weil er die alte kirchliche Disciplin erneuern will und er beruft sich auch auf eine dahin zielende Mahnung seines Werkes; er könne es nicht glauben, daß Arnold aus Gerechtigkeitsliebe schreibe.[12] Von den sieben ihm ins Gesicht geschleuderten Verleumdungen ist die erste, daß Comenius, der Herausgeber der Weissagungen zugleich deren Erfinder und ein leichtsinniger Mensch sei; diese Anklage weist Comenius zurück.[12a]

In der Antwort auf die zweite Verleumbung Arnolds wird das Urtheil der schon erwähnten Ostroroger Synode beleuchtet, indem Comenius sagt, daß er noch an einen Höheren hätte appellieren wollen, was die Anwesenden nicht zugelassen hätten, sonach habe er sich durch das Urtheil derselben nicht gebunden fühlen können. Sehr interessant ist die dritte und vierte über die Zerstörung Lissas. Arnold warf Comenius vor, daß er geblendet von Drabiks Weis-

sagungen, den schwedischen König, als er an der Spitze eines
Heeres nach Polen kam, in seinem Panegyricus willkommen hieß,
wodurch er sich den Polen so verhaßt machte, daß sie Lissa, seinen
und der Exilierten Aufenthaltsort angriffen und zerstörten.[13])
Comenius widerlegt ausführlich die zwei Verleumdungen. Er sagt,
er habe den Panegyricus nicht aus eigenem Willen, sondern auf
Aufforderung verfaßt, seinen Namen habe er nicht beigesetzt, und
man habe auch nicht gewußt, daß es seine Arbeit war, wie dies
aus der katholischen Beantwortungsschrift erhellt.[14]) Die fünfte und
sechste Verleumdung bezieht sich auf Drabik. Arnold sagt in seinem
Antibibellus: Wenn Drabik so sehr Gottes Auserwählter sei,
warum bessere er dann sein Leben nicht, denn der Glaube müsse
sich immer im Leben bewähren. Hierauf bezeugt Comenius, daß
die über Drabik verbreiteten Gerüchte der Wahrheit entbehren. Er
bekennt es und leugnet es nicht, daß Drabik kein makelloses Leben
führe, doch wer führe ein solches? Außerdem müsse man vieles
von den falschen Meinungen hierüber corrigieren: er sei nicht wegen
Trunkenheit seines Amtes enthoben worden; habe ferner seine
Lebensweise geändert, und abgesehen von seinen Fehlern, zieren
seinen Charakter auch Tugenden wie Unterthänigkeit, Gerechtigkeit,
Barmherzigkeit.[15])

Comenius versprach ferner, zur weiteren Erklärung der neueren
Offenbarungen und seines Verhältnisses zu ihnen, in Bälde ein
anderes Werk ans Licht zu geben, und das Versprechen erfüllte er, durch
die Veröffentlichung der Historia Revelationum. Laut der Vorrede
sollte das Werk eine objective Rechtfertigung der Herausgabe der
Lux bieten, zugleich den Wahrheitsbeweis für die darin enthaltenen
Offenbarungen historisch erbringen. Auf die Vorrede folgt eine
lange Geschichte der drei Seher, die wir hier nicht wiederholen,
weil wir das für uns interessante Material in der gegenwärtigen
Schrift verarbeitet haben. Die Ausarbeitung selbst hatte weniger
Mühe erfordert; war doch der größte Theil des Materials als
Anmerkungen zu den Offenbarungen selbst schon seit Jahren ge-
sammelt worden. Zum Schluß werden einige für die Offenbarungen
günstige Äußerungen namhafter Theologen mitgetheilt. Interessant

ift das Bekenntniß, daß ihn die vorzeitige Herausgabe des Werkes recht bald gereut habe.[16]) Auch auf Antibibellus nimmt die Schrift Rückficht.

Man fieht ferner aus dem Werke, daß fein Glaube zu dem Propheten durchaus nicht wankend geworden fei. Er begnügte fich nicht damit, auch die weiteren Offenbarungen forgfältig zu überfetzen, fondern er fandte diefelben auch an alle Intereffenten, darunter befonders an Hartlib, der fie wiederum den englifchen Freunden getreulich mittheilte. Zu diefer Zeit erfchienen auch von dem in Ungarn angeftellten Amtsbruder, Felinus myftifche Berechnungen, die die in Kotters Vifionen enthaltenen Anhaltspunkte zur Ergründung der Zeitverhältniffe der angekündigten fchöneren Zukunft mit größter Detaillierung benützten. Felinus, der aus feiner Feindfchaft gegen Drabik kein Hehl machte, wollte damit offenbar bekunden, daß ihm die Beftrebungen und Anfchauungen feines Bifchofs in Princip nicht fremd feien.[17])

In diefem Jahre taucht auch die Gründung einer geheimen Gefellfchaft auf. Ein am 4. April wahrfcheinlich an Duraeus und Hartlib gerichtetes Schreiben (im Concept erhalten) beruft fich auf die Beftrebungen vor 30 Jahren, die er hiemit erneuern möchte. Der Zweck wäre erftens dem feinen, zweitens dem nächften Nachbar, drittens dem ganzen Menfchengefchlecht nützlich. Die Mittel dazu biete er in Büchern, das nöthige Geld möchten die Gönner dazu beifchaffen. Das Verfahren müffe man natürlich den Umftänden anpaffen, eine geraume Zeit·hindurch aber folle das Ganze geheim bleiben. An Duraeus war ein befonderer Brief gerichtet, in welchem er diefem für das rege Intereffe an den Kirchenangelegenheiten der Heimathslofen, worüber er von feinem Schwiegerfohn erfahren, innigft dankt. „Es fei euch diefe Angelegenheit nicht als die meinige, fondern zugleich als die euere, (die Dein und Hartlibs und auch Gottes ift) empfohlen. Es fei dies der letzte Verfuch eines Wunfches von mir gegen Gott und gegen Euch. Wenn er vergeblich und eitel, möge man mich entfchuldigen."[18])

Wir wiffen nicht, ob diefer Entwurf auch ausführlich ausgearbeitet und an Duraeus thatfächlich abgefandt worden ift. Wir vermuthen das Gegentheil. Denn ohne denfelben im mindeften zu berücksichtigen, taucht im October dieses Jahres ein neuer Entwurf, mit ähnlichem Ziele in England auf. Ihr Begründer Hartlib gibt ihm den Namen Antilia und weiht in denselben einen gewissen Polemann, nicht aber Comenius selbst ein. Jener scheint ein Verehrer von Diesem gewesen zu sein. Er erwähnt auch gegen Hartlib, dass es ihm schwer falle, über die Frage gegen Comenius zu schweigen, und wenn der Plan einer glücklichen Verwirklichung entgegengehe, werde er auch das Schweigen brechen. Einige Wochen darauf empfiehlt er zwei Männer (der eine ist Justus Docemius) der Gesellschaft. Aber schon am selben Tage theilt er mit, dass er die Sache an Rulicius verrathen habe, durch den es nun de Geer, Comenius und Figulus erfahren haben, die alle Verehrer dieser Idee sind. Weitere Aufschlüsse über diese Angelegenheit fehlen. [19])

Unterdessen hatte sich die Zahl der Gegner des Comenius vermehrt. Im Sommer erschien eine dreitheilige Abhandlung (eigentlich Dissertation) von Maresius, die die Frage der vermeintlichen Offenbarungen ganz vom principiellen Standpunkte aus in einer für dieselben ungünstigen Weise behandelt. Der Verfasser erwähnt in der kurzen Vorrede (12. Juni), dass er im Laufe dieses Jahres (1659) drei Disputationen über die Erscheinungen und Offenbarungen gehalten habe (von den drei Disputierenden war der erste ein Siebenbürger), und auf Wunsch des Buchdruckers dieselben nun veröffentliche. Maresius wollte darin klarlegen, weshalb er mit den neuen Weissagungen nicht einverstanden sei. Das thue er nicht, nur um zu opponieren, sondern er wolle das Ansehen der hl. Schrift wahren, welches, wenn noch ein dritter Theil dazu käme, sehr sinken müßte. Ein solches Auftreten sei umso nöthiger, da das Jahrhundert nach neuen Dingen Verlangen trage. Dies könne auch der gelehrte Herausgeber der Weissagungen, den Maresius verehre, nicht übel aufnehmen, weil er selbst sage, dass er sie dem Urtheile der Kirche unterwerfe und solch' ein Urtheil getraue er sich wohlmeinend in der Abhandlung zu fällen. In diesem rücksichtsvollen Tone der Vorrede ist die ganze, in drei Theile getheilte Abhandlung gehalten. Die beiden ersten behandeln die Frage von allgemeinerem Standpunkte, der

dritte bringt die Kritik über die Lux in tenebris. Der Gedankengang ist beiläufig folgender: Wenn noch in neuerer Zeit ein
wahrer Prophet erstünde, so müßte man dies als ein wahres
Wunder ansehen, weil im neuen Testamente gar kein Anhaltspunkt
für das Erscheinen neuer Propheten enthalten sei, aber umsomehr
die Warnung vor den falschen Propheten. Wenn sie auch erschienen,
könnten sie nur partielle und nicht universelle sein. Denn was
von universellem Interesse ist, das finde man so ausreichend und
so klar in der Schrift, daß man neue Offenbarungen nicht mehr
erwarten könne, denn entweder genüge die Schrift oder es genüge
gar nichts und nehmen wir darnach die neuen an, dann könne
man nicht wissen, wo wir innehalten, welche Lehren wir fest halten
sollen. Die Bekehrung der Türken und der Sturz Babylons sei
auf keinen Fall eine Sache, die nur durch die Begeisterung außerordentlicher Propheten geschehen könne, ja ersteres sei in der heil.
Schrift gar nicht prophezeit, letzteres werde erst bei der Wiederkunft des Herrn geschehen. Ferner sei nicht gewiß, daß dies von
rechtgläubigen Fürsten müsse vollzogen werden oder daß diese durch
die Kraft dieser Weissagungen allein gegen die Worte der bürger-
lichen Klugheit zu einem solchen Auftreten verpflichtet wären. Gott
habe Mittel genug, sich heldenmüthige Werkzeuge zu erwecken. Und
wenn solche Weissagungen auch eine partielle Bedeutung hätten,
so können sie nur theilweise die Richtschnur des Glaubens und
des Lebens sein, wie auch an die Weissagungen der heiligen
Schriften nur so lange zu glauben sei, als die Erfüllung zu ihrer
Rechtfertigung dient. Die Visionen sind umso vorsichtiger zu betrachten, je größere Dinge sie verheißen, denn die Pfeife tönt so
lange schön, bis der Vogelfänger den Vogel gefangen hat, und
der Satan geht eben so vor. Den Werth der neuen Weissagungen
bedeutend herabdrückend, hebt er in einem gewandten Schlußwort
die alten umsomehr hervor, da sie eine Vorbereitung auf Christus
gewesen seien und empfiehlt das Lesen und das Studium derselben
mit großem Nachdruck.[20])

Eigentlich nur indirect stand mit dieser Frage jene einer
türkischen Bibelübersetzung im Zusammenhang. Die Kosten, die
die Fürstin von Siebenbürgen verweigert hatte, wollte de Geer

gern tragen. Ein geeigneter Übersetzer war auch gefunden worden und zwar in der Person Warners, eines Mannes, der im Türkischen sehr bewandert und für die Idee sehr begeistert gewesen sein soll; zum Revisor war der Orientalist Golius ausersehen worden, der sich dazu bereit erklärte. Das Interesse der englischen Gelehrten für diese Angelegenheit war ein sehr lebhaftes. Die Nachricht des Comenius 31. Oct. 1659 Warner habe versprochen, das Manuscript in einem halben Jahre druckfertig an Herrn de Geer einzusenden, beeilt sich Hartlib an Bohle und Worthington zu berichten und schließt sodann mit Worten des größten Lobes für den munificenten Gönner des Werkes.[21])

Demselben Jahre verdanken wir noch eine Schrift ohne ihr Datum genauer zu kennen; sie führt den Titel Cartesius eversus[22]). Eine kurze Vorrede an die Gallier und Belgier begründet die Widmung der Schrift damit, daß die Theorien, die ein Gallier in Belgien aufgestellt (des Cartes) ein Belgier wieder vernichtet habe. Aus der Schrift selbst erhellt, letzterer Belgier sei der Uhrmacher Stephanus Coës aus Amsterdam. Der Stand der Streitfrage ist folgender: Die großen Triumphe, die die Philosophie des Cartesius erlebt, trotzten mit Erfolg den sich mehrenden Angriffen durch Inscenierung neuer Feste. Eine solche Feste hatte die Philosophie in ihrer Physik, wie sie in der Prima philosophia ihren Gründzügen nach entworfen wird. „De Rarefactio" wird darin so erklärt, daß sie die Ausdehnung der Körper nicht verändere. Hieraus seien drei Schlüsse zu ziehen. 1. Dieselbe könne nur durch das Dazwischentreten anderer Dinge entstehen; 2. Die Verdichtung hingegen durch das Ausscheiden gewisser Elemente; 3. Raum oder Locus internus sei von der Ausdehnung der Dinge selbst nicht unterschieden. Mit diesen drei Sätzen stehe und falle die Physik des Cartesius. Nun haben selbe die belgischen Meister widerlegt. Die Maschinerie des Coës besteht aus zwei Erzröhren, in welchen die Luft derart verdichtet wird, daß sie auch eine bleierne Kugel herauswerfe. Die Maschine verzeichnete einen großen Erfolg. Harstorfius, ein Consul der Stadt Nürnberg hat sie auch beschrieben und sie Luftgeschoß genannt, Coës nennt sie Windrohr, Windstock oder Windstab. Die Maschine widerlegt zuerst den zweiten, dann den ersten, dann den dritten von jenen Sätzen, die wir oben als Consequenz der Theorien angeführt. Hier wird nämlich die Verdichtung durch Dazukommen eines neuen Stoffes hervorgebracht. Eine entgegengesetzte Construction widerlegt den ersten Satz, und hieraus folgt schon, dass der dritte falsch sei. Wenn dies nicht genügte, dann werden zahlreiche Mechaniker und Kinder kommen letztere mit ihren Hollunderpfeifen blasen. Dies weist der Verfasser verhältnißmäßig ausführlich nach, zu dem Zwecke, damit die Aufmerksamkeit diesen Principien zugewendet werde. Damit will der Verfasser durchaus nicht die Linien der Anti-cartesianer stören, vielmehr sollen dieselben die von Cartesius verschobenen Grenzen der Philosophie zurechtstellen, zu welchem Zwecke auch dieses Schriftlein die dazu Berufenen erwecken wollte.

Wie auch dieses Schriftlein zeigt, interessierte sich Comenius nicht nur für die Naturphilosophie, sondern auch für die experimentelle Naturforschung, Mechanik und dieses Interesse hatte er mit Hartlib gemeinsam. Letzterer stand mit dem Chemiker Bohle in regem Verkehr; und wir finden in diesem Briefwechsel öfter auch Comenius erwähnt. Einmal, als von einem Uhrmechanismus die Rede war, bemerkt Hartlib an Bohle, dass Comenius seine Idee über die fragliche Maschinerie an Dalgarno geschildert habe, allerdings nur sehr flüchtig.[22a] Wir werden es demnach nur natürlich finden, dass die 1660 gegründete königl. Gesellschaft in London, die vorzugsweise die Erforschung der Natur zu ihrem Zwecke setzte,[22b] insbesondere Hartlib, aber auch Comenius' Wünschen entgegenkam.

Einen eifrigen Förderer seiner Sprachmethode fand Comenius in dem bereits erwähnten Rektor der Schule in Frankenthal, der in demselben Jahre eine deutsche Übersetzung der Schola ludus in Frankfurt veröffentlichte. Die Widmung ist vom ersten Tage des Herbstmonats datiert. Zugleich veröffentlichte der Übersetzer auch eine Grammatica Comeniana für die erste Classe der Lateinschule in Frankenthal, ferner eine Nomenclatura Harmonica, das heißt einen Schatz aus mit einander verwandten deutschen und lateinischen Wörtern. Der Eifer für die Methode pflanzte dem Schüler eine lebhafte Begeisterung für die Person seines Lehrers ein, die ihn

wie wir sehen werden, auch zum Anhänger des Chiliasmus machte [23])
und bei seinem feurigen Temperament später in die mannigfaltigsten
Abenteuer stürzte.

In demselben Jahre verfaßt, wenn auch erst zu Anfang des
kommenden veröffentlicht, wurde die erste Abwehr gegen Zwicker
unter dem Titel: „De Irenico Irenicorum“. Gewidmet ist dieselbe
den Kirchengemeinden und Akademieen des vereinten Belgiens. Der
Widmung folgt eine Vorrede an die Frommen, an die die Gottheit
Christi glaubenden Leser und darauf eine an den anonymen Autor
gerichtete (Ir. Ir.-orum ist nämlich anonym erschienen), denselben
Schritt für Schritt folgende Widerlegung. Der Name des Gegners
wird nicht erwähnt, es wird aber gerügt, daß obwohl er keiner
Sekte anzugehören vorgebe, und alle diese zu vereinen wünsche, dabei
in seinen Ausführungen doch ganz offen und allein die Sache der
Socinianer verfechte. Es folgen nun Mahnungen und Thesen an
Zwicker, zuletzt ein Actuarium, welche aber wenig Interessantes
bieten.

Das neue Jahr (1660) begann wiederum mit Arbeiten, die
die Aufmerksamkeit der evangelischen Welt den Verbannten zuwenden
sollten. So besorgte er eine lateinische Ausgabe des oben bereits
erwähnten Lasitiusschen Werkes. Bald darauf förderte er eine Publication verwandten Inhalts ans Licht und zwar die Herausgabe
der brüderischen Kirchenordnung mit Ermahnungen an die englische
Kirche. Der Text der Kirchenordnung war jener des Jahres 1632.
Die Widmung lautete an den König von England in der Hoffnung,
das Wohlwollen des Monarchen für seine Glaubensgenossen zu
erwerben. Sie fordert den König auf, er solle nicht gestatten, daß
die Einigkeit der Kirche durch die Fragen über das Kirchenregiment,
die bereits soviel Unheil angestiftet, zerrüttet werde. Der Inhalt
der Paraenese selbst ist mit jenem der Independentia sehr verwandt. Weiterhin wird hier als Bedingung des Heiles der Kirche
Folgendes aufgestellt: I. Es habe sich das ganze christliche Volk
zu vereinigen; II. sich zu ordnen; III. sich durch die Fessel der
Zucht zu verbinden; IV. sich mit Lebensgeist zu erfüllen (p. 30).

Die Einheit bedinge ein Herz und eine Seele. Ohne dieselbe sei überall Verwirrung (p. 38). Die Ordnung erheische ferner, daß es einige gebe, die vorstehen, andere die untergeordnet sind und gehorchen, dabei aber — ohne ihre Stellung zu verlassen — in kein fremdes Gebiet übertreten. Der Cäsaropapismus richtet sich durch die darin zum Vorschein gelangende Verquickung des weltlichen und des kirchlichen Gebietes. Die Zucht (p. 40—45), von dem Herrn Salz genannt, weil sie der Fäulniß widersteht, und der Nahrung Geschmack und Gesundheit verleiht, von den Dienern des Herrn verwaltet, wache streng über Geist und Heil. Ihre Mittel sind aber nicht weltlich, vielmehr geistig und ihre Intention heilig, so zwar, daß sie von den übrigen in der Kirche gefürchtet wird (p. 47). Das letzte Mittel ist vom lebendigen Glauben an Christum bedingt, welcher Glauben sich in einer Nachfolge des Herrn im Tragen seines Kreuzes offenbart. Indem nun dies alles der englischen Kirche, als einer von Gottes Segen besonders bevorzugten ans Herz gelegt werden soll (p. 54—63), führt er einzeln die Übel an, die in ihrer Mitte fortwuchern und die im Gegensatz zu den vier Postulaten stehen (p. 63). Über den Hauptstreitpunkt verweist er auf seine Schrift gegen die Independenten (64), empfiehlt in der kirchlichen Verfassung eine Vereinigung der drei Regierungsformen Monarchie, Aristokratie und Demokratie (66) und alle die wunden Punkte der gegenwärtigen englischen Kirchenverfassung mögen aufmerksam geprüft und sorgsam geheilt werden; diese sind: I. die weltliche Macht; II. die irdische Gewalt der Kirchenfürsten; III. die äußere Pracht im Gottesdienste (67 und 68—77). Ein Schlußparagraph bittet den Segen und die Erfüllung dieser Wünsche von dem Herrn Jesu Christo.

Aus derselben Zeit stammt die Schrift: „Traurige Stimme die der von Gottes Zorn erschreckte Hirt an seine zu Grunde gehende Heerde richtet". Das Motto aus Jeremias Klagen 4—8: „Unser Ende ist nahe gekommen, unsere Tage sind aus, unser Ende ist bereits hier ꝛc." deutet schon zur Genüge die Stimmungen an, die das Ganze durchzieht. Aus den übrigen Schriften ist die Motivierung des Unglücks hinlänglich bekannt. An dem Trost der fortdauernden Verheißungen und Offenbarungen Gottes hin-

gegen hält der Verfasser, wenn auch mit großer Entsagung, fortwährend fest.

Wir haben bereits erwähnt, wie wenig wählerisch sein
Glaube an angeblich göttliche Offenbarungen und Verheißungen von
jeher gewesen ist. Seit 1656 kommen bei ihm neben den Drabik'schen
diejenigen des Melis, obwohl jenen ganz entgegengesetzt, oft zur
Geltung. So sendet er im Dezember die Offenbarungen des
Letzteren, die sich auf England beziehen, Hartlib zu. Am 14. Mai
des Jahres 1660 sendet er wiederum zwei Revelationen des Melis
nach England.[24] Welche Beachtung ihnen zu Theil wurde, ist
unbekannt. In Ungarn aber wuchs die Anzahl der Feinde Drabik's,
und einer der eifrigsten Gegner derselben war eben jener Felinus,
der im Vorjahre die Berechnungen zu den Kotter'schen Visionen
eingesandt hatte. Es kamen da wiederholt ernste und detaillierte
Untersuchungen über die Drabik'schen Offenbarungen vor, zu denen
die vielfachen logischen und ethischen Mängel derselben einen reichhaltigen Stoff boten. Die privaten Einwendungen des Felinus wies
Drabik mit den Worten zurück: „Schäme dich, Felinus". Weiterhin
erklärte er, er könne es nimmer glauben, daß Felinus zu einem
Urtheil über ihn berechtigt sei. Am 13. August 1660 sollte nun
eine Besprechung stattfinden, zu welcher aber Drabik, trotzdem er
zugesagt, nicht erschienen ist. Felinus verdächtigte ihn, daß er nur
seinen eigenen Ruhm suche, weshalb er ihn auch für viel zu un-
würdig halte, ihm seine Einwendungen zurückzusenden.[25] Comenius
wurde über den Vorfall verständigt und den 28. September schrieb
er einen vorwurfsvollen Brief an die ungarischen Brüder. Er
bittet dieselben, sie mögen jene Angelegenheit ganz Gott überlassen,
unter den vielen Doctoren und berühmten Theologen habe sich in
dem Lande nur ein Witzling gefunden, der gegen die Sache geeifert.
Andere glauben daran, oder überließen sie der Zukunft. Andere
bekehren sich beim Anblick der schrecklichen Strafe, die über die
Rákóczys verhängt (bekanntlich fiel Georg Rákóczy in diesem Jahre
in einer Schlacht, indem er sich auf seinem Thron gegen die
Türken schon seit drei Jahren heldenmüthig zu behaupten suchte)
und zaudern mit dem Urtheil. Es besagt wieder, das Urtheil in
Ostrorog sei übereilt gewesen. Schon die Thatsache, daß Drabik

noch am Leben, sei ein Wunder. Nicht Streitigkeiten entscheiden hier, sondern Buße und Gottergebung.[26])

Dies Schreiben hatte keine Wirkung, da inzwischen schon eine neue Zusammenkunft für den 7. Oktober anberaumt war. Dieselbe eröffnete Felinus mit einer kurzen Ansprache, worauf dann an den Seher 29 Fragen gerichtet wurden, worin besonders solchen Details, die seine Visionen zu begleiten pflegten, nachgeforscht und einige Widersprüche mit der christlichen Lehre erläutert werden sollten. Besonders scharf rückte man ihm wegen der Veränderlichkeit zu Leibe, die er Gott und seinen Verheißungen zuschreibt. Felinus sagte: „Ein ehrlicher Mann würde sich schämen seinem Worte untreu zu werden. Du aber legst Gott Hunderte von Verheißungen bei und keine wird erfüllt." Da verwickelte sich Drabik in einen unlösbaren Widerspruch, worauf das Gespräch beendet wurde. Die Streiter reichten sich in Liebe die Hände sich gegenseitig die Freiheit der Meinung belassend. Wenn diese sich nicht lange erhalten, so macht Felinus dafür den Drabik, namentlich dessen Frau verantwortlich.[27])

Zu den Feinden des Sehers gesellte sich schon in diesem Jahre Paul Vetterin mit einer Schrift: „Dreifache Probe für die Leute, die an vorgebliche Offenbarungen glauben." Er führt aus, der seiner Stelle enthobene Drabik habe gesagt, er werde nun mehr als ein Priester, er werde ein Prophet, dem auch Comenius gehorchen müsse. Wollte man nun das Maß eines Propheten auf ihn anwenden, so stellt sich heraus: 1.) daß seine Art jener der Propheten des alten Testaments nicht entspreche; 2.) daß die Beweise für seine Uneigennützigkeit nicht stichhaltig seien; 3.) daß der Seher weder der Wahrheit entspreche, noch Gottes Ruhm suche, noch Trost und Süßigkeit reiche.[28]) Zum Beginn des Jahres 1661 sandte derselbe Vetterin als ein Neujahrsgeschenk einen Traktat über die Schätze, die Drabik gesucht hat. Den Inhalt bilden die vergeblichen Versuche des Propheten in den Felsen bei Lednitz irgend etwas Werthvolles aufzufinden. Bekanntlich hat sowohl Rákóczy als Comenius und Klobusiczky von diesen Versuchen gewußt. Nun schildert Vetterin ausführlich die abenteuerlichsten Expeditionen, die abgesehen von einigen Kleinigkeiten, mit

27

einem Fiasko geendet. Vetterin begnügte sich damit nicht. In einem Appendix und in einem dritten Traktat sammelt er noch einige Kleinigkeiten, die alle die niedrige Gesinnung, nahezu Gemeinheit des Sehers beweisen sollen.[29])

Allein Comenius hatte nun Anderes zu thun. Er hatte Zwicker schon versprochen, dass er ihm zum Beweise, wie der orthodoxe christliche Glaube der menschlichen Vernunft entspreche, die Arbeit Raymond De Sabaudes „Theologia naturalis" zusenden werde. Er arbeitete daran, er wollte das schon zwei Jahrhunderte alte Werk den gegenwärtigen Verhältnissen und Bedürfnissen anpassen und so nahm er manche Text-Veränderungen vor. An demselben Tage, als diese seine Absicht von Hartlib an Worthington mitgetheilt wurde, erschien von Zwicker eine Erwiederung auf seine Schrift de Irenico unter dem Titel Irenico-Mastix...[30]) Diese Schrift, spitzfindig und streitsüchtig, strotzt von persönlichen Invektiven gegen Comenius. Ein Blick in den Index zeigt uns, wie reich die Schrift an Material dieser Art sei. Es möge hieraus Folgendes mitgetheilt werden: „Comenius ist verleumderisch, seine Ansicht unsicher, er ist unbeständig, verstellt sich, lügt, hat wohl bei der Widerlegung des Irenicum viel geschwitzt, aber vergebens; er ist ein falscher Prophet, unklug, trügerisch, er täuscht sich mit eitlen Einbildungen, bleibt gleich an der Schwelle der Widerlegung stecken; seine Beweise sind alle hinfällig, es ist überhaupt nichts Neues darin, er ist ein Sophist, er ist lächerlich, feig, sich selbst widersprechend, ungelehrt, kindisch, halsstarrig, prahlerisch, schließlich närrisch, aufgeblasen, gottlos, unverschämt. Wo er beweisen sollte, da frägt er nur. So entläßt ihn nun der Verfasser gänzlich besiegt und gebunden, da im Ganzen in seinem Buch nicht ein einziges gründliches Argument enthalten war." Erregt auch die übertreibende Zusammenstellung zunächst nur Heiterkeit, so war die Schrift so vielfach beleidigend, dass sie nicht ignoriert werden konnte. Es reute den Comenius, sich überhaupt in einen Streit eingelassen zu haben. Er beendigte in Eile die Schrift Raymunds; den 3. Februar schrieb er die Vorrede dazu. In derselben berichtet er, er habe den etwas derben Autor transcribiert, stellenweise zusammengezogen, damit er umso faßlicher sei.

Er sei als Arzt dem Arzte Zwicker aufs Beste empfohlen. Der Irenico-Mastix werde übrigens recht bald eine Abfertigung erhalten. Diese Vorrede ist an Zwicker gerichtet; es folgt darauf ein allegorisches Bild mit „Oculus fidei Jesus" und darauf eine in Distichen geschriebene Erläuterung des Emblems, demnach sowohl das Auge als auch das Herz bei der Lektüre der Schrift gegenwärtig sein müssen. Es folgt noch eine Vorrede an den Leser, welche die Atheisten, die Epikuräer und jene Theologen anführt, die entweder bloß das Herz oder bloß das Auge für den Sinn der Schrift offen haben. Besonders wendet sich dies gegen die Socinianer, namentlich gegen Zwicker, der übrigens nicht genannt wird. Als ihm dies Werk einst empfohlen wurde, antwortete derselbe, er kenne es nicht. Dies bewog den Comenius dazu, sich ohne zu ruhen, der Schrift zu widmen, ihre Latinität ein wenig zu säubern und sie nicht nur den Socinianern, sondern überhaupt allen Christen und Theologen wärmstens zu empfehlen. Einige Veränderungen hat er besonders an der Lehre über die Sakramente vorgenommen, damit sie allgemein giltig bleibe. Er wollte deshalb eine besondere Schrift nicht verfassen, weil er den Autor selbst dessen werth hielt, um ihm zu Liebe diese Ausgabe zu bewerkstelligen. Eine kurze Vorrede berichtet über die verschiedenen Ausgaben, die ihm vorgelegen haben und nun kommt das Werk selbst. Der Inhalt desselben kann hier nicht wiedergegeben werden. Die 330 Capitel werden durch eine philosophische Einleitung eröffnet, die im weiten aus metaphysischen Grundsätzen die einzelnen Wahrheiten der christlichen Lehre entwickelt. Dogmatik und Ethik werden da, wie dies aus dem Index wohl ersichtlich ist, reichhaltig behandelt.

Außerdem arbeitete er noch an einer konkreten Widerlegung des Irenico-Mastix, welche kurz darauf in Amsterdam erschien: „De iterato Irenico Irenicorum..." In der Vorrede, den Consuln der Stadt Amsterdam gewidmet, klagt er über die vielfache Zerstreuung, die ihm in der Ausarbeitung seines pansophischen Werkes so hinderlich sei. Während das Werk ein zusammenhängendes sein sollte, seien die Beschäftigungen für ihn fortwährend so verschiedenartig, auseinander gerissen. Eine zweite Vorrede, an alle Christen gerichtet, beschreibt die bereits bekannten Vorgänge der Polemik. Darauf

habe ihm Zwicker seinen Irenico-Mastix mit der Aufforderung
eingesendet, nun möge er die Waffen strecken: es bleibe ihm jetzt
nichts übrig, als sich in den Dienst des Socinianismus zu stellen.
Darauf charakterisiert Comenius kurz die Schreibweise des Gegners,
der da prahlt, alle Feinde der Socinianer geschlagen zu haben, unter
diesen zuletzt Hornbeck und Comenius. Comenius betete, als er das
las, schickte ihm dann die Arbeit des Raymundus in der Hoffnung,
dies werde genügen. Er täuschte sich aber. Zwicker ließ ihm seinen
Schmerz darüber andeuten, daß jedermann vor ihm zurückweiche.
Dies bewog Comenius, sich von neuem an die Arbeit zu begeben
und so wurde eine Gegenschrift zu Irenico-Mastix umso schneller
fertig, als diese thatsächlich nichts Neues enthielt und auch sonst
sehr schwach war. Nun wendet er sich an den Gegner selbst. Mehr
als 30 Seiten sind persönlicher Natur. Der Verfasser wehrt sich
gegen die Anklage der Unartigkeit im Kampfe, die ihm außer
Scheffer und Zwicker niemand vorgeworfen; er nimmt die Pansophie in Schutz und erläutert seine irenischen Versuche. Da Zwicker
leugnete, Socinianer zu sein, bringt ihm der Verfasser einen Fall
in Erinnerung, wo er seine Gesinnung gründlich verrathen habe.
Auf die Klage, die Socinianer hätten keine Druckerei, um die
Schrift gegen Scheffer zu beantworten, erklärte er sich bereit, den
Druck zu vermitteln, aber so, daß er sie von Neuem widerlegen
werde.

In der darauf folgenden sachlichen Widerlegung wird bemerkt,
daß der Gegner der Offenbarung die Vernunft voransetzte, was
doch der geringe Werth der Streitigkeiten unrichtig heißt. Im Allgemeinen sei folgende Ordnung richtig; das erste ist die hl. Schrift,
dann kommen die Sinne, schließlich die Vernunft. Dies gilt in
Glaubenssachen. Daß die Ordnung in der Pansophie eine andere
ist, erklärt sich durch die pädagogische Bestimmung derselben.
(p. 55—77) Die Unmittelbarkeit der Schrift beweist ein Ausruf,
ob nun dies nicht alles vergeblich, da Zwicker ihm sagen ließ: das
Buch des Raymundus schließe den Streit nicht ab, er möge den
Irenico-Mastix widerlegen. Deshalb will er in Folgendem: I.
die Wahrheit seiner Sache gegen den Irrthum des Gegners be-

haupten, II. gegen dessen Verleumdungen sich vertheidigen, III. den Gegner zur Besserung ermahnen.

Die zahlreichen Details dieser Beweisführung wollen wir nicht wiederholen. Der Streit widert den Verfasser selbst an. Er ruft jüngere Kräfte auf, sie mögen den Kampf übernehmen, er habe anderes zu thun. (p. 85) Nach der Antwort auf logische Argumente über die Unterscheidung der zwei Personen (des Vaters und des Sohnes) wird das Zeugniß der Kirchenväter, besonders das des Hermas, wie es Zwicker für sich ausnützt, beleuchtet. Eine große Waffe biete ihm die Fälschung, die die socinianischen Bibelübersetzer, besonders bei den Worten, die sich auf die Auferstehung Christi beziehen, zu Schulden kommen ließen (p. 139—145). Es kommen nun bunt nacheinander persönliche und sachliche Ausführungen. Die Aufregung des Verfassers geht so weit, daß er sich bewogen fühlt, sein früher von ihm selbst verfaßtes Credo zu veröffentlichen (p. 190—193). Er richtet zum Schluß an Zwicker die Mahnung, derselbe möge sich von den Socinianern trennen und wie sehr er auch wegen Verlust der Zeit, die er ihm verursacht, gezürnt, ist er bereit, wenn sich Zwicker bessere, alles zu verzeihen; im entgegengesetzten Falle werde er auch nicht zurückweichen (p. 206—207).

Gleichzeitig verschlimmerte sich die Lage Drabiks in Ungarn. Drabik klagt im Februar und im März, Mednyánßky sei durch feindliche, wahrscheinlich durch Betterins und Feltnus' Schriften in seinem Vertrauen zu ihm wankend geworden.[31]) Nichts destoweniger ließ Drabik in diesem Jahre eine Schrift unter dem Titel: „Einsicht in das schreckliche Urtheil..." in Amsterdam drucken und widmete dieselbe seinen beiden vornehmen Gönnern Laurenz de Geer und Jonas Mednyánßky. Die Schrift selbst bietet wenig Interessantes. In der Einleitung gibt der Verfasser als Zweck derselben die Verminderung der Streitigkeiten an, die über diesen Punkt so vielfach geführt werden. In der Vorrede an den Leser erklärt er sich im Gegensatz zu vielen andern, zu der Ansicht, daß es keine Zurückweisung Gottes gebe; untersucht dann die vier Fragen, wer eigentlich zurückgewiesen wird, was die Zurückweisung sei, wie die Leute dazu kommen und ob sie auf Befreiung Hoffnung hegen dürfen.[32])

Geet war thatsächlich mit allem, was Comenius, den er öfters besuchte, that, einverstanden, und so dürfte sich auch dessen Gunst für Drabik erklären. Rulicius klagt im April (1661), dass durch die vielfachen Störungen des Autors die Pansophia nur langsam vorwärtsschreite. Er fürchte, dass aus den Arbeiten kein gediegenes Werk hervorgehen werde. Diese anderseitigen Beschäftigungen sind durch den Streit mit Zwicker nicht erschöpft. Im Mai bereitete der unermüdliche Verfasser die Schrift: „A dextris et sinistris" zum Druck vor. Die Vorrede, vom 1. Juni datiert, ist Herrn Heinrich von Schöllen gewidmet. Der Verfasser hatte den Streit mit den Socinianern diesem zu Liebe übernommen, der sich jetzt ein Werk des Comenius gegen die Marchonisten, welches er bei seinen Freunden in Ungarn gesehen, zum Durchlesen erbeten habe. Als Comenius antwortete, die Schrift sei mit anderen zu Grunde gegangen, ruhte Schöllen nicht, bis er das Werk von Ungarn holen ließ, um damit gegen Felgenhawers bekannte schauerliche Meinungen über die menschliche Natur Christi das nöthige Gegengewicht zu besitzen. Indem nun Comenius diese Schrift veröffentlicht, macht er zugleich aufmerksam, dass man gegen Felgenhawer nicht so streng wie gegen Zwicker sein müsse, da jener nicht wie dieser die Grundwahrheiten des Christenthums leugnet. Nun erzählt er kurz die Geschichte des Buches, seiner Bekanntschaft mit Stolzius, die wir bereits kennen und dann folgt der Abdruck des vor 20 Jahren geführten Briefwechsels.[34])

Dazu kamen schon bereits seit Jahren die Sorgen und die Arbeiten, die mit der Vertheilung der verschiedenen Collecten zu Nutzen der armen Brüder verbunden waren. Diesmal hatte die englische Collecte einen segensreichen Erfolg[35]) 1658 kamen 5900, 1659, 3000 Pfund Sterling. $\frac{4}{5}$ der Summe wurde an die Exulanten, die in Polen lebten, versendet, der 5. Theil für jene, die sich von dort hatten flüchten müssen. Das Jahr 1661 trat mit größeren Ansprüchen an die Vertheiler heran, da neue Calamitäten in Ungarn und auch anderweitig die Zahl der Hilfsbedürftigen mehrten, während die Hilfsquellen für Polen aufhörten. Bei dieser Vertheilung fiel die Hauptaufgabe dem Bischof der Gemeinde zu, und zahlreiche Briefe theils unzufriedener, theils rathloser

Glaubensgenossen gaben zu steter Verbindung und Briefwechsel nach allen Seiten hin Anlaß, wo nur Glaubensgenossen lebten. Die Collecte dauerte aber in England noch immer fort, bis endlich der König von England nicht nur dieselbe einstellte, sondern auch verbot, das schon gesammelte Geld den Armen zu übergeben. Da hatte wieder der Bischof zu intervenieren und sandte den 10. September eine Bittschrift an den König von England (6. September 1616), daß er erlauben möge, ihnen das Almosen zukommen zu lassen.[36]) Er unterließ auch nicht, das Interesse und die Theilnahme der Wohlthäter fortwährend rege zu erhalten. Neben den Drabikschen Revelationen sandte er auch Schilderungen über die traurige Lage der Brüder, und Ende November klagt er dem Hartlib, über die mannigfaltigen Prüfungen, denen die Glaubensgenossen ausgesetzt seien mit einem Hinweis auf die bekannten Worte Christi: „Betet, daß eure Flucht nicht im Winter geschehe", welche Worte nun in dem Loos seiner Glaubensgenossen zur traurigen Wirklichkeit geworden seien.[37]) Hartlib, obwohl selbst materiellen Sorgen immer mehr entgegenblickend, wurde nicht müde diesen Bitten nachzugeben. Es waren neuerdings 900 Pfund in den Händen der Cassierer (Dec. 1661), allein die königliche Gewährung zur Auslieferung der Summe blieb noch immer aus, und so berichtet Comenius vom 2. December, daß er an den englischen König von Neuem ein Gesuch gerichtet habe; die günstige Erledigung ließ jedoch lange auf sich warten. Am 9. December schrieb er noch, daß er durch Vermittlung des Grafen eine günstige Erledigung der Angelegenheit für die Armen hoffe.[38]) Auf eine Einwendung Worthingtons, daß das Unglück eigentlich durch Comenius selbst, namentlich seinen Panegyricus, verursacht worden sei, antwortet Hartlib, die Leidenden seien vielmehr zu entschuldigen und zu bemitleiden, als zu beschuldigen.[39])

Dabei ward Comenius nicht müde auch stets neue Ausgaben seiner früheren Werke zu besorgen, je nachdem es die Bedürfnisse der Gemeinde oder die Erfahrungen der Buchhändler forderten. Anfangs des Jahres gab er die Praxis pietatis von Neuem heraus,[40]) dann einen Katechismus in deutscher und böhmischer Sprache zum Wohle der lernenden Jugend, wahrscheinlich für die Fulnecker bestimmt.[41])

Gegen Ende des Jahres kam eine neue durchgesehene und verbesserte Ausgabe des Faber fortunæ mit dem Regulæ vitæ ans Licht. Diese Ausgabe ist besonders deshalb werthvoll, weil am Ende derselben ein **Brief** des Autors an den Verleger van der Berge (Montanus) sich befindet, der einen systematischen Catalog der Werke des Autors enthalten soll. Schon seit zwei Jahren bat derselbe Verleger beständig um einen ähnlichen Bericht und es wurde ihm die Bitte stets ausgeschlagen, nun aber, da sich die Bitten immer wiederholten, will Comenius trotz der Schwäche seines Gedächtnisses dem Wunsche nachkommen, aber er gehorche damit nur dem Zwang, in den sie ihn versetzten.[12]

Das Verzeichniß führt bis in die früheste Jugend, in die Herborner Zeit zurück; unterscheidet zuerst Schriften in der Muttersprache, dann didaktische, polemische, philosophische. Zum Schluß führt er eine Entschuldigung wegen der Verspätung der Pansophie an, was ihm beinahe alle seine Gegner vorgeworfen, theils mit Hinweis auf die erlittenen Verluste, theils auf die Größe der Arbeit, und hebt noch den großen Werth der von ihm geplanten pansophischen Encyklopädie hervor.[45] Dieselbe wäre, wenn sie vollendet werden könnte, das Buch der Bücher, eine tragbare Bibliothek, ein Schlüssel des Unterrichtes, ein Breviarium der Weisheit, ein Kreis der menschlichen Allwissenheit, so dass man sagen könnte: „Alles, was mein ist, führe ich mit mir." Wenn er so das Labyrinth seiner Arbeiten übersehe, tröste ihn nur der Gedanke, dass der Faden daraus auf den Weg zu Christo gehe, auf welchen aus diesem irdischen Dasein zu gelangen ihm ein unendlicher Trost sei. — Über den Catalog selbst müssen wir bemerken, dass er mangelhaft und unzuverlässig ist. Nicht nur, dass die apokalyptischen Werke und ein Theil der polemischen darin fehlen; auch bei den anderen sind die Jahreszahlen oft unrichtig, was man wirklich nur durch Gedächtnißschwäche erklären kann. Dafür berichtet aber der Brief in willkommener Weise über einige seiner anonym erschienenen Werke und enthält auch den Titel einiger anderer, die verloren giengen, bietet somit manche werthvolle Daten zum Gesammtbilde seiner geistigen Thätigkeit. Erwähnt wird darin auch die zweite Ausgabe der Independentia, die in

demselben Jahre von Neuem gedruckt wurde, weil man auf sie
durch die im Vorjahre erschienene Paränese an die englische Kirche
aufmerksam gemacht worden war.[44])

Es wird ferner in dem Briefe der Übersetzung von Catos
Distichen, als bereits vollendet, Erwähnung gethan. Die Vorrede
der Übersetzung beruft sich auf Lobsprüche berühmter Männer über
diese kleine Sammlung von Epigrammen, sowie auf Scaligers
griechische und des Turnovius polnische Übersetzung derselben. Da
der Autor dieser Ansicht beipflichtet, fand er es für gut, sie in
das Böhmische zu übertragen; nur die Eintheilung hat er ein
wenig verändert, indem er statt der gewöhnlichen vier Theile die
Verse unter fünf Rubriken gebracht hat.[44a])

Schon im Jahre 1660 ließ Arnoldus eine Antwort auf die
Vindicatio unter dem Titel: „Discursus theologicus etc." erscheinen, von dem wir einige Details bei Betrachtung der Vindicatio des Comenius bereits mitgetheilt haben. Diese Antwort ist
historisch sehr wichtig. Briefe Arnolds von Figulus, an Figulus,
von Maresius, an Maresius sind hier ihrem Wortlaut nach mitgetheilt. Aus ihnen erhellt, wie alle drei die Veröffentlichung der
Lux mißbilligten. Es wird die Ursache der Ausplünderung Lissas
noch einmal untersucht und die Ansicht, daß sie Comenius mit
seinem Panegyricus verursacht habe, aufrecht erhalten und dahin
ergänzt, Comenius habe zwei ähnliche Werke verfaßt, das zweite
zur Zeit, als der Schwedenkönig Polen verließ. Arnold beschäftigt
sich auch mit der Pansophie, mit der Schrift gegen Des Cartes,
überhaupt mit der Bedeutung der Lux für das politische Leben,
ferner sehr eingehend auch mit der principiellen Grundfrage der
Offenbarungen.

Wir theilten den Inhalt dieses Werkes nur kurz mit, weil
mit demselben vielfach verwandt und weniger zugänglich die Arbeit
des bereits erwähnten Felinus ist, die unter dem Titel „Ignis
fatuus..." sich mit den Offenbarungen des Drabik beschäftigt. Die
Schrift unterscheidet sich von der Arnoldschen dadurch, daß sie
nicht gegen Comenius gerichtet ist, hingegen den Drabik mit der
größten Strenge, wie seine Visionen mit der größten Gründlichkeit

behandelt. Das Werk zerfällt in drei Theile. Der erste heißt: „Prolegomena“ und erörtert die principiellen Fragen, ob es noch heute Propheten geben könne, ob ein jeder, der sich für einen solchen ausgibt, ohne weiteres für einen solchen anzusehen sei, schließlich die Regeln, nach welchen man die wahren Propheten von den falschen unterscheiden könne.

Diesen Inhalt gibt der zu Anfang stehende Index an. Nun folgt eine vom Januar 1662 datierte Vorrede an den Leser, in welcher Drabik als der Vorgänger des Gog und Magog hingestellt wird, dessen Schriften die Frömmigkeit und Gottesfurcht vernichten. Von den drei Propheten der Lux müsse man über die zwei ersten das Urtheil sistieren, den dritten könne man jetzt schon verurtheilen. Derselbe ist ganz anderer Natur als die ersten. Der Verfasser kannte dessen Visionen schon früher, las sie, nachdem sie erschienen waren, noch einmal, nur um sie auch glauben zu können, aber umsonst. Nun brachte ihn das Schicksal in die Nähe des Propheten selbst und so hatte er Gelegenheit, sich von der Falschheit derselben zu überzeugen. Einige charakteristische Details über den Seher wurden schon hier erwähnt. Von dem ganzen Werke theilen wir zunächst nur dasjenige, das sich auf Lissas Fall bezieht, mit. Hier erzählt Felinus, er hätte eine Prophezeiung Drabiks gelesen, die allerdings in der Lux nicht erschienen sei, daß Gott Lissa verschonen werde. Manche, die daran glaubten, wären nur zu sicher gewesen, sie sorgten für ihre Sicherheit gar nicht, bis sie auf einmal das Unglück erdrückte. So hat nun der Unglaube an die Visionen Niemandem geschadet, der Glaube vielen. Als den Zweck des Sehers gibt der Verfasser zweierlei an: Ruhm und Gewinn. Die aus der Vetterinschen Schrift bekannte Geschichte vom Schatzgraben wiederholt er, wie auch jene über die Zusammenkunft, bei welcher Drabiks Offenbarungen in der obengeschilderten Weise geprüft wurden.[45] Drabik hat seinem Gegner als Strafe den Tod prophezeit.[46]

Daß sich Comenius durch all dies in seinem Glauben nicht beirren ließ, wird nach dem Gesagten Niemanden auffallen. In einem Briefe (2. Februar) an Hartlib klagt er über den traurigen

Zustand der Brüder. Die Feinde scheinen ihm eine gänzliche Ausrottung der Kirche zu planen. Ob das Gott zulassen werde, weiß
der Verfasser selbst nicht.[47]) Seine Aufmerksamkeit wurde übrigens
bald durch eine Schrift Zwickers angezogen. Den 19. März bekam
er die dritte Schrift Zwickers Irenico - Mastix etc. mit den
heftigsten Angriffen gegen sich. Nun hätte Comenius acht Gründe,
zu schweigen; allein er konnte nicht, und so verfaßte er eine dritte
Schrift gegen Zwicker: Admonitio tertia ad Zwickerum. Hatte
ja Zwicker gesagt, in einem Streite sei jener, der verstumme, der
Besiegte. Vor zwei Jahren habe Zwicker noch gebeten, Comenius
möge seinen Namen nicht verrathen, nun werfe er alle Scheu vor
Gott und Menschen rücksichtslos weg.[48]) Da habe Comenius auch
keinen Grund, die Flucht zu ergreifen. Zwicker antwortete auf das
Buch Raymond's gar nicht, (p. 24) verleugnete die Solidarität,
mit der socinianischen Bibelübersetzung, die er doch in seiner vorletzten Schrift noch behauptet hatte (p. 39—40). Deshalb fordert
er ihn auf, aufzuhören nicht nur ein Lügner, ein Heuchler, sondern
zugleich ein Dieb, Räuber, Prahler und öffentlicher Betrüger zu
sein (p. 45). Die Erregung, die in diesen Worten liegt, veranlaßt
ihn zu einer Beantwortung der Vorwürfe, daß er gegen Zwicker
nicht ruhig und versöhnlich genug sei. Er erklärt seinen Übereifer
mit einem Hinweis auf Polen, das vor 200 Jahren ganz evangelisch war und wo die verschiedenen Häresien das Evangelium zu
Grunde gerichtet haben (p. 51). Zum Schluß ermahnt er noch die
Socinianer, das Buch Raymonds und das Socinismi speculum
zu lesen (p. 62—65) und da ihm noch einige Blätter zur Verfügung stehen, berücksichtigt er auch die Schrift Zwickers „Heno-
ticon christianorum,“ in welcher der Verfasser als die zwei Mittel,
die zur Einheit der Christen führen, die absolute Toleranz und die
genaue Disputation aus Principien, die anderseits anerkannt
worden, aufstellt (p. 69).

Darauf erwiedert Comenius: das erstere öffne die Pforten
für jede Häresie, das zweite werde eben durch den gegenwärtigen Streit auf seinen wahren Werth zurückgeführt. Die
in der Schrift erwähnte Arbeit Socinismi speculum erschien
in demselben Jahre in Amsterdam. Die Vorrede

klagt über den schlechten Einfluß, den Socinus auf die Christenheit geübt. Um den besagten Einfluß zu dämmen, will Comenius ihre Lehren kurz zusammenfassen; er nimmt die Catechesis Racoviana zur Grundlage und will in seiner Darstellung (23 Cap.) nur die Lehrpunkte in Betracht ziehen, welche von den Glaubenssätzen der übrigen Christen abweichen.

Wir werden dem Verfasser in dieser Darstellung nicht folgen. Ein Ergebnis der Untersuchung ist der Satz: Christus sei für .die Socinianer Gott, aber nicht der Höchste. (p. 6—80) Das Schlußwort verurtheilt die beschriebenen Abweichungen. Der 12. Punkt würdigt es, dass auch nach Socinus dem alten Gesetze die Gebote Christi beigegeben worden sind und spricht auf Grund dessen die Hoffnung aus, dass dessen Nachfolger zu bekehren seien. (p. 81.) Gegen den 24. Punkt, über die Gesetze Gottes, die sich hauptsächlich auf uns beziehen, hat Comenius keine Einwendung. Im Ganzen nennt Comenius die Socinianer Ebioniten (p. 86), eine Beurtheilung, die übrigens die ganze Behandlung beherrscht.

Ist mit der dritten Schrift gegen Zwicker der Kampf, den er mit Sociniasmus seit mehr als einem Halbjahrhundert hatte, ausgefochten worden: währte die, durch die Veröffentlichung der vermeintlichen Offenbarungen, ihm erwachsene Aufregung, wie sich dies im Folgenden zeigen wird, bis zum Ende seines Lebens.

IX.

Neue apokalyptische Publikationen.

Dabei hatte Comenius schou seit einigen Jahren Sorgen um das Regiment der Unität. Schon vor Jahren (den 15. Januar 1658) hatte nämlich Bythner den Tod des Bischofscollegen Gertych gemeldet [1]) und nun lag es ihnen beiden am Herzen, daß die Reihe der Kirchenfürsten mit ihnen nicht abbreche. Zwei Jahre darauf am 28. September 1660 begrüßt Comenius mit Freude Bythners Vorschlag, eine Versammlung zu berufen und die erledigte Stelle neu zu besetzen; zu einer Ausführung desselben kam es aber troß der fortgesetzten Verhandlungen doch nicht. Im Jahre 1661 ergab eine Abstimmung für die erledigte Stelle in Polen 26 Stimmen für Figulus, 11 für Felinus, 5 für Betterin, die ungarischen Brüder überließen die Erledigung der Angelegenheit ganz und gar dem Comenius.[2]) Ein Brief vom 23. Mai berichtet über den Tod zweier Senioren. Im August und im Oktober desselben Jahres (1661) schrieb Comenius wiederholt an Gertych, derselbe möge durch Einberufung einer Synode diese Angelegenheit ordnen; und so kam die Synode den 5. November desselben Jahres zu Stande. Es wurde ein Brief des Comenius verlesen, in dem er Gottes Segen für die Gemeinde erfleht und die zu Erwählenden, als Collegen anzuerkennen erklärt. So wurden Gertychius, Prediger in Liegniß und Figulus zu Senioren gewählt.[3])

Unterdessen starb Felinus 6. April 1662 und Drabik verzeichnete dies Ereigniß als einen Triumph seiner Sache.[4]) Der Seher trat nun fortwährend mit der göttlichen Aufforderung an seinen Adjunktus, er möge aus den, in der Lux mitgetheilten Visionen einen Auszug herstellen und veröffentlichen. Auch den

Traktat des Sehers von den Auserwählten sollte er veröffentlichen ohne Rücksicht auf die feindlichen Stimmen.⁵) Und so unterwarf sich dieser der neuen Mühe, diese Wünsche zu erfüllen. Unter dem Titel Revol. div. epitome gab er den recht ausführlichen Inhalt der bereits vor fünf Jahren erschienenen Prophezeiungen, erweitert durch die folgenden bis zum Januar 1663. Eine kurze Vorrede weist die Einwendungen gegen jenes Werk zurück und besonders den häufigen Vorwurf, daß dieselben zum Kriege reizen, indem sie zeigt, wie es die alten Propheten nicht anders gethan hätten.

Sieht man auch dieser Publikation eine gewaltige Arbeitskraft an, so berichtet der Autor doch, daß er der Last unterliege, müde, alt und arbeitsunfähig werde.⁶) Und doch konnte er nicht ruhen. Unter anderem war sein Geist fortwährend mit der Pansophie beschäftigt. So forderte er den Professor in Eperies Johann Bayer, der sich zu seinen philosophischen Prinzipien bekannte, auf, er möge ein dialektisches System ausarbeiten, und sandte ihm dazu das Manuskript seiner Panaugia zur Benützung. Bayer kam dieser Aufforderung in einem Werke „Lux mentium" nach, das sich hauptsächlich auf Comenius und Baco stützt.⁷) Comenius selbst bereitete von mehreren seiner Werke neue Ausgaben vor und so erschienen von Neuem in diesem Jahre das Centrum Securitatis mit einer asketischen Beilage, der Weltentsagung,⁸) in der sich ein in den Verwirrungen ermüdeter Sohn der Welt von den von Gott abgewendeten Söhnen dieser Welt lossagt. Zum Schluß stehen diese zwei Zeilen: „Komm Herr Jesu, säume nur nicht, wache auf und richte die Welt." Ferner erschien das Labyrinth, am Schluß mit einem Lied, das P. J. Cassius aus Hohenmauth nach dem Durchlesen des Labyrinth verfaßt hatte. Als Vorläufer einer neuen Physik war, wie bereits erwähnt, die Abhandlung über die Wärme und die Kälte vor vier Jahren geschrieben worden, ohne daß das Werk über die Physik seinem Ende nahte. Nun wurde durch die rege Nachfrage eine Neuausgabe der Physik nöthig; der Verfasser legte die alte vor 30 Jahren erschienene Schrift von Neuem auf, doch so, daß er manches weiter ausführte und besonders die Einwendungen gegen die Schrift selbst beleuchtete und zu widerlegen suchte.⁹) Das Neue ist am Ende der Schrift unter dem Titel „Addenda" abgedruckt und bezieht sich auf die Capitel 2—5 der Physik. Hier finden wir die bemerkenswerthe Wahrnehmung, als Beweis für die Existenz des Spiritus gebraucht: „Es ist etwas noch größeres, daß wir aus Mineralien Pflanzen, aus Pflanzen Thiere entstehen sehen, ohne Dazwischenkommen irgend eines Samens. Was anderes ist dies, als ein Versuch des bildenden, überall ausgebreiteten und alle möglichen Arten der Dinge hervorzubringen trachtenden Geistes." [10] Andere polemischen Theile zeigen, daß er die neuesten Forschungen auf dem Gebiete der Physik mit Aufmerksamkeit verfolgt. [11] Wir erwähnen nur, daß er hier das dritte Princip der Welt bereits öfters Feuer, als Licht nennt, und die Des Cartes'sche Erklärung der Verdünnung (rarefactio) für sinnlos erklärt. [12]

Der Tod des Felinus, den Drabik zu seinem Vortheil ausbeuten wollte, brachte die Gegner Drabiks durchaus nicht zum Schweigen. An seine Stelle trat Vetterin in Puchó. Bald wurden wieder die kirchlichen Vorgesetzten um Entscheidung angerufen, besonders dadurch veranlaßt, daß Vetterin und Josef Securius die Herausgabe des Ignis Fatuus forderten. Es gieng zufällig einer der Brüder von Amsterdam nach Ungarn, dem man den Auftrag gab, diese Angelegenheit zu schlichten. Durch ihn sandte der Bischof seinen zerstreuten Gläubigen Instruktionen, wie sie die entstandene Verwirrung beilegen sollen. Vor allem verordnet er den Gläubigen Gebete und Fasten, dann eine Untersuchung. Um die Art der Untersuchung festzustellen, sagt er seine Meinung über den Stand der Angelegenheit der Weissagungen, wenn auch mit dem Bestreben, unparteiisch zu sein, doch so, daß sein Wunsch, die göttliche Abstammung derselben zu bezeugen, deutlich sichtbar wird. Die Untersuchung soll besonders darin bestehen, Drabik zu einem Eid zu veranlassen, daß er seine Weissagungen von Gott habe; die Formel des Schwures, welcher durch die darin enthaltenen fürchterlichen Ausdrücke in dem Leser allgemeinen Schauder weckte, sandte er mit. Wenn Drabik schwöre, so sollen sich die Gemüther beruhigen und die Strafe Gott überlassen, falls er falsch schwöre; wolle er aber nicht schwören, dann sollten sie es ihm anzeigen, damit er über die einzuleitenden Schritte Anstalten treffen könne. Auch dem

Junius übergab er Briefe für die Puchoer und Lednitzer Seelsorger, in welchen er diese bat, die Sache friedlich zum Austrag zu bringen.

Der Verlauf und das Resultat der Untersuchung war voraus zu sehen. Nach so vielen Bekräftigungen war nicht anzunehmen, daß Drabik von einem Eid zurückschrecken werde. Die Berichte, welche die Pfarrer von Puchó und Lednitz, ferner ein alter Herr Namens Bilsky und Junius an Comenius sandten, beschrieben den Verlauf, als einen solchen, der mit den ergreifendsten dramatischen Scenen wetteiferte. Auf der Pfarre versammelten sich den 10. Juli diejenigen, welche mit der Führung der Untersuchung betraut waren, mit zahlreichen Gläubigen. Drabik wurde von dem, was kommen sollte, unterrichtet, worauf er auf eine Zeit hinausgieng. Die Versammelten fielen auf die Knie und flehten zu Gott, daß er ihren Geist erleuchten möge. Dann, als Drabik wieder hereingekommen war, lasen sie die Weisungen des Comenius vor, die Eidesformel, bei deren Anhören sie schauderten und den Brief, welchen Comenius an den Kirchenvorstand geschickt hatte. Drabik erwiederte hierauf kein Wort: als sie ihn aber fragten, ob er sich den Vorgesetzten unterwerfe, bekräftigte er vor denselben, daß seine Weissagungen göttlich seien und erklärte sich bereit, dies zu beschwören. Den Schwur las Drabik laut und verständlich vor, ja um dem Ganzen Nachdruck zu verleihen, gab er sogar noch einiges dazu, so daß viele weinten und die Meisten vor Schauder zitterten, wie die Pfarrer berichteten. In der Mitte des Schwures hob er seine Hand zum Himmel gegen das geöffnete Fenster hin und fragte seine Genossen: „Sehet Ihr" und als diese nicht antworteten, fuhr er mit gerade so starker Stimme fort, bis er an das Ende des Schwures kam; wo von seinen Feinden die Rede war, dort wurde er bewegt und weinte. Nachdem er den Eid beendigt, setzte er sich nieder und legte unter Grabesstille die Eidesformel auf den Tisch; dann erhob er sich unter allgemeinem Schaudern und Schweigen und fieng den ergreifend schönen 123. Psalm zu singen an: „Ich hebe meine Augen auf zu Dir, der Du im Himmel sitzest." Unwillkührlich sangen die übrigen mit ihm, das vom Bischof verordnete Verfahren ergänzend. Die beiden Feinde Vetterin und Drabik reichten sich die Hände und so war der Kampf auf eine Zeit zu Ende. Dies währte jedoch nicht lange, wie Junius am Ende seines Berichtes selbst sagt. Ob Vetterin oder Drabik Grund zu neuen Streitigkeiten gab, oder ob Beide, das wissen wir nicht bestimmt, es ist aber auch nicht von Wichtigkeit. Gewiß ist, daß Drabik eine unverträgliche Natur hatte und so ist es möglich, daß er dem Vetterin Veranlassung bot, dem Zweifel an seinen Weissagungen abermals Ausdruck zu geben.[13])

Mit dem vorigen Jahre verstummen die Berichte über die Verbindungen mit Hartlib. Dieser war in eine materiell bedrängte Lage gekommen und wir wissen nur, daß er gezwungen war, sich an das Parlament mit einer Bitte um Hilfe zu wenden, wobei er sich auf seine vieljährige gemeinnützige Thätigkeit berief.[14]) Da taucht nun in diesem Jahre in einem Briefe Beales die Mittheilung auf, Comenius habe ihm seine didaktischen Werke zugesendet, ein Umstand, der schließen läßt, daß die Beziehungen mit England doch nicht abgebrochen waren.[15]) Wir verzeichnen noch eine anerkennende Zuschrift von einem H. Brekling, der im J. 1664 den Comenius zu einer Revidierung und Vollendung seiner lateinischen Ausgabe der Bibel aufforderte, da er „dazu einen herrlichen Anfang gemacht in seiner Janua oder introductione in Biblia."[15a])

Die selbstbewußte Vertheidigung der Drabikschen Visionen, besonders was den Punkt über Aufreizung zum Kriege anbelangt, findet eine erklärende Ergänzung auch in dem mannigfaltigen Verkehr mit Personen, die die großen Erwartungen für die Zukunft und den Glauben an außerordentliche Entzückungen theilten. Es scheint, daß Comenius schon sehr früh mit P. Serarius bekannt geworden, der die Wahrheit der jüdischen Messias-Idee mit der Wiederkunft Christi beweisen wollte und die Zeit hiefür in die nächste Zukunft versetzte.[15b]) Maresius erhob wohl sein Wort gegen diese Ansichten,[15c]) allein er nahm dem Serarius weder den Glauben, noch das Ansehen, das er auch bei Geer genoß, so daß Letzterer z. B. im Interesse der türkischen Bibelübersetzung mit ihm gemeinsam nach England an Oldenburg schrieb.[15d]) Dazu kam wohl später die Bekanntschaft mit Labadias, der bei der

Forderung eines reinen Lebens mit beredtem Munde und ergreifenden Worten die Erneuerung der Welt verkündete.[15e])

Wer wird sich wundern, wenn sich Comenius, soweit es möglich war, zur weiteren politischen Thätigkeit bewogen fühlte, bei der ihm der bereits erwähnte Redinger behilflich war. Redinger war Anfangs ungläubig, ließ sich nur schwer von dem göttlichen Ursprung der Offenbarungen überzeugen, dann war er aber mit Leib und Seele ein Apostel derselben geworden. Im Jahre 1663 verhandelte er mit den Kirchenräthen in der Kurpfalz wegen der Offenbarungen.[16]) Von dem Erfolg verlautet nichts. Im April 1664 sandte ihm Comenius Exemplare von neuen Offenbarungen, von wem diese stammten, sagt er nicht.

Es sind nämlich in diesem Jahre (März) die Kotterschen und die Poniatovskaschen Visionen von Neuem revidiert und in deutscher Übersetzung von Bahnsen herausgegeben worden.[17]) Es ist möglich, daß er Exemplare von dieser erhielt; er wurde ersucht, selbige hohen Obrigkeiten zur Nachricht, zum Trost und zur Warnung mitzutheilen. Redinger vertheilte sie nach allen Seiten und empfahl in einem besonderen Schreiben eine ernste Untersuchung derselben, die aber selten erfolgte. Einem innerlichen Drange folgend gieng er nach Frankreich und ließ in Fontainebleau dem König zwei Bücher überreichen, dabei das 11. und 95. Gesicht des Melis. Den guten Eindruck, den die Verheißung, daß der König Kaiser werden solle, gemacht hatte, verwischten die Worte, daß der Papst der Antichrist sei. Er gieng dann zum Erzbischof von Paris, der ihn wohlwollend und freundlich empfieng, kam aber schließlich unverrichteter Sache in die Kurpfalz zurück. Da faßte er den Entschluß, zu den Türken zu gehen. Diese abenteuerliche Reise ist so interessant, daß ich recht zu thun glaube, wenn ich die Beschreibung derselben hier dem ganzen Wortlaut nach wiedergebe.[18])

„... ich ging stracks durch Frankfurth, Leipzig, Prag, Wien auf Gomorra,[19]) und ließ nicht nach, bis ich heimlich über die Donau und Wag ins türkische Lager bei Neuheusel kam. Eine ganze Nacht hindurch mußte ich seitwärts das Tartarische Lager abgehn; so kam ich gegen Neutra von hinten zu der türkischen Vorhut bei Suffa.[20]) Als mich der Oberste gespeiset, schickte er mich gleich mit einem Hauptmann zu dem Großvezier; bey demselben waren die Feldoberste über die fünfzig in einem Eyrunden Gezelte versammelt. Ich bin aus der Christenheit verbannt, sagte ich, weil ich die Offenbarungen ausgebreitet; und damit übergab ich sie durch den Dollmetsch und erzählte den Inhalt derselben. Wie sie Gott schon lang als eine Ruthe gegen die Christenheit gebraucht habe und noch mehr brauchen werde; darüber werden die Christen endlich in sich gehn, sich in der Glaubenslehre vereinigen und auch die Türken sich zum wahren That-Christenthum bekehren. Voll Entrüstung ließ mich der Großvezier fragen: ob ich ein Muselmann werden oder sterben wollte? Ich sagte lächelnd: Es ist unmöglich, daß ich ein Türke werden könne, da ich gewiß sei, daß sie Christen werden müssen. Drey Tage hernach ließ er mich wieder beruffen und ihm und sechs der Geheimsten mußte ich alle Figuren (der ersteren Ausgabe von J. 1657)[21] erklären. Hierauf ließ er mir ihre Glaubenslehre, als die einfältigste und beste vorstellen. Ich antwortete, daß ihnen aus Mangel der h. Schrift nichts besseres bekannt sein könne; sie werden aber anders gesinnt werden, wenn sie die ganze Bibel in ihrer Sprache bekommen, die man zu ihrer Bekehrung in Niederland drucke.[22] Sie sagten, daß sie zu Konstantinopel davon gehört hätten, denn H. Warner wohnte zu Galeta, der sie auf Unkosten des Herrn von Geer ins Türkische übersezt habe. Ich bat den Großvezier durch den Dollmetsch, daß er mich mitnemme, damit ich die türkische Sprache erlernen könne, alsdann wolle ich dem Kaiser die Bibel erklären. Ich ward zu dem siebenbürgischen Gesandten Ladislaus Balo geführt, der für mich versprechen mußte, daß ich nicht entlauffen werde: Sechs Wochen hielt ich mich bey dem Heer auf; dann reisete ich mit bis nach Mohats und verkündigte während dem Marsch den Reutern und Fußknechten, daß sie bald Christen werden sollen; dieses Geschrei verdroß den Herrführer. Zu Mohats ließ mich der griechische Dollmetsch durch Herrn Balo warnen, daß mich der Großvezier zu Griechisch-Weissenburg[22a] heimlich hinrichten wolle und half mir mit Hülfe eines siebenbürgischen Edelmannes durch Betsch, Lipoa[23] einen Theil der Wallachei fort.

Bei dem Siebenbürgischen Fürsten Apaffi hielt ich mich zu Schesburg eine Woche lang auf und gab ihm die abgekürzten

Offenbarungen[24]) uud des Steffan Melis Gesichter, lateinisch, die ich ihm mündlich erklärte. Er schenckte mir ein tartarisches Pferd nebst einen ruhmlichen Paßbrief und befahl mich dem Hauptmann Tekely, der mir bis nach Zathmar freye Zehrung verschafte. Daselbst empfahl mich der Pfarrer Michael Toffeus Rätzischen Kauflenten; auf ihre Unkosten reisete ich so bis nach Eperies; allenthalben fand ich die freundlichsten lutherischen, hungarischen, deutschen, slavonischen Pfarrer, die mich bewirtheten und mir noch Geld auf den Weg gaben. Von da reisete ich fast allein durch die gefährlichen slavonischen Gebürge[25]) bis nach Lednitz, wo ich mich zween Tage lang bei dem Propheten Dabritzius aufhielt. Beym ersten Anblick sagte er mir, daß er vor zween Monaten eine Offenbarung von mir gehabt habe ꝛc. ꝛc. Er gab mir ein offenes Schreiben mit seiner Unterschrift auf vierzehn Bogen, welches ich von Ort zu Ort übersetzte und bei dem Herzog in Schlesien, Chur-Sachsen, Chur-Brandenburg, in Wolffenbüttel, Kassel, Franckfurth, Heidelberg, Meisenheim, Zürich selber ablegte und die übrigen nach Stuttgard, Nürnberg, Ulm, Bern, Basel, Schaffhausen versandte. An einigen Orten wurde ich darüber verlachet; Sachsen hat mich durch Räthe, Brandenburg persönlich verhört; die Landgräffin von Cassel ließ mich wegen Unpäßlichkeit ebenfalls durch Räthe, und besonders weitläufig durch den Pfarrer Sultan verhören und hie und da wurde ich mit sechs, acht, zehn Reichsthlr. beschenkt. Die Kürfürstin von Heidelberg gab mir sechs Reichsthaler und ihr überließ ich den Regenspurgischen Heerhold und den Warnungsbrief an Chur-Pfalz. Mit Dabritzeus Schreiben begleitete ich ein Erweckungs-Schreiben wegen künftiger Überfällen der Türken, wegen der verfolgerischen Anschlägen der Papisten, nebst einer Klage des Königreich Ungarn an den König von Frankreich. Mehrere spotteten meiner; Sachsen hingegen, Brandenburg, Schlesien, Hassen gingen meine Erinnerungen zu Herzen."

Unterdessen hatte Drabik weitere Streitigkeiten mit Vetterin, der nicht aufhörte an seinen Revelationen zu zweifeln.

Eine neuere Widerlegung der Visionen, die ihm Vetterin zugeschickt, warf Drabik ins Feuer, was Vetterin nicht abhielt, nochmals eine Neue zu schicken. Es entstanden wieder Mißhelligkeiten, von denen auch der friedliche Bischof in Amsterdam erfuhr und die er so gerne wieder geschlichtet hätte. Er wandte sich an Mednyánßky, an Zitkowsky, aber vergeblich, und so blieb sein Auge an dem, von Drabik öfters erwähnten lutherischen Superintendenten von Illava haften, den er auch zur Beilegung der Sache ersuchte. Wir wissen von der ganzen Angelegenheit nur so viel, daß Kalinka dem Vetterin gegen Drabik Recht gab, da Gott die Obrigkeit, die der Seher stets angreife, zu ehren gebiete. Von einem neueren Colloquium schweigen die Quellen.[25a]) Drabik ließ sich aber nicht entmuthigen, er schrieb den 30. Juni 1664 eine Confession und sandte dieselbe mit Berufung auf göttlichen Befehl an Comenius, daß sie bei einer neuen Ausgabe der Offenbarungen als Clausel hinzugefügt werde.[26]) Die Vertheidigung Drabiks ist darin recht selbstbewußt, bringt aber keine neuen Momente vor. Die neue Ausgabe war wirklich in Vorbereitung. Das Material der Lux und der Historia sollte hier combiniert zur Verarbeitung gelangen. Das Werk wurde auch bald gedruckt, allein eine Veröffentlichung ließ lange auf sich warten. Da kam Redinger nach seinen Wanderungen nach Amsterdam, eigentlich mit dem Vorsatz in Reuters Flottendienst zu treten. Nachdem es dazu zu spät war, glaubten Comenius, Geer und Rulitius, die Herren-Staaten würden gerne etliche hundert Eidgenossen gegen den Bischof von Münster in Sold nehmen und gaben ihm Anleitung, sich zu diesem Zwecke in Haag zu melden, was aber auch nicht gelang.[27]) Inzwischen wurde der dritte Druck der Offenbarungen fertig, nachdem schon Anfangs des Jahres auch die Engländer von der neuen zu veröffentlichenden Sammlung in Kenntniß gesetzt worden waren.[28]) Man wollte das Buch gern dem König von Frankreich, dem es eine so hohe Aufgabe zuschreibt, einsenden und war froh, als Redinger sich zu der Überbringung erbot. Anfangs des folgenden Jahres übergab er das eine Buch der Offenbarungen mit vielen anderen Büchern des Comenius dem Erzbischof von Paris in seinem Hause. „Hernach fuhr ich", so erzählt Redinger weiter, „nach St. Germain und übergab das andere dem König durch den Grafen von Comingis, der zuvor Gesandter in Engeland gewesen und den ersten Druck der Offenbarungen gesehn hatte.

Beyde Offenbarungsbücher ließ ich mit verguldtem Schnitt und den Wappen einhinden. Der König übergab dieselben der Sorbonne zur Untersuchung. Der Erzbischof ließ mir durch den Herrn de la Motte Geld anbieten, wenn ich deffen bedürftig wäre: ich schlug es ab, weil ich viel Geld bey mir hatte und Wechsel von Herrn von Serr".

„Anfangs Maymonats berichtete ich den ganzen Verlauf nach Amsterdam und begehrte zwanzig Bücher für die Eidgenoßschaft sammt einem Fürbittschreiben an den Antistes, daß man mich zu Zürich dulden möchte. Komenius schrieb diesem letztern zu meinem Vortheil. Ich reifete nach Zürich." [29]

Redingers Schickfale waren auch nachher recht abenteuerlich, aber ob er mit Comenius noch in Verbindung blieb oder ferner je noch in Berührung kam, geht aus den vorhandenen Daten nicht hervor.[30] Tief betrübt legte diefer schon im Jahre 1665 (3. Jan.) eine Sammlung „Clamores Eliæ" an, die er bis zu feinem Tode fortgesetzt. Die Summe, den Inhalt bietet das Dilemma des Elias I. Reg. 18 21. Nach einigen Schlagworten, die an die Spitze der Blätter geschrieben find, führte er theils eigene Gedanken, theils Citate aus anderen Autoren ein. Solche Titelworte find: ad Academicos, Schola Eliæ, Turris Babel, Labyrinthi, Carthesiani, ad Pacificatores Orbis, Novum Coelum et nova Terra sive Coelum in Terra, Nuptiæ Agni u. f. w. Schon mit 1664 war, wie oben erwähnt, die neue Ausgabe der Offenbarungen im Werke; ja die einzelnen Theile, befonders die Kotterschen und die Poniatowskafchen Offenbarungen wurden schon in jenem Jahre gedruckt, und erschienen, wohl nur unter Freunden, auch einzeln. Anfangs 1665 hatte Poleman bereits eine neue Ausgabe von Drabiks Visionen, die auch eine Erwiederung auf Spencers Animadversions erhalten follte; aber es wird erwähnt, daß dies faft das einzige Exemplar in England fei.[30*] Es kamen übrigens recht schwere Zeiten. Zuerst starb der Patron, dann Ruliclus, etwas früher feine Gemahlin (10. Nov. 13. Sept.). „Was aus mir wird, den die Freunde auf der Erde so verlaffen, das weiß Gott." Dabei hörten die Sorgen auch um feine Gemeinde nicht auf, dem Collegen Gertych schrieb er, er finde es für zu viel, daß die polnischen Brüder ¹/₅ der Kollekte für sich in Anspruch nehmen. Von der Summe, die nun zur Vertheilung gelangt, sende ⁷/₁₂ und behält für die Zerstreuten ⁵/₁₂. Seinen Theil 300 Imperialen sende er an Bythner, von dem er weiß, daß er Noth leide und bittet zugleich um rasche Antwort. Die Hoffnung verließ ihn aber nicht und er schließt auch diesen Brief „Das Ende der Verwirrungen ist nicht da, denn es nähert sich." ³¹)

Die von Redinger ebenfalls erwähnte türkische Bibelübersetzung kam endlich soweit vorwärts, daß die Sorge für den Druck herantrat. Nun schienen die englischen Freunde auch etwas Ähnliches vorbereitet zu haben. In einem am 15. Febr. (1667) an Oldenburg gerichteten Briefe erwähnt Comenius, er habe sich bereits vor acht Tagen an Polemann gewendet und wende sich nun an ihn selbst, um sich über folgende Details zu orientieren: 1. ob die Engländer (zu verstehen ist die königliche Gesellschaft) geneigt seien, sich mit den Amsterdamern zu vereinigen. (Es scheint, daß die königliche Gesellschaft insbesondere die Übersetzung des neuen Testamentes besorgen wollte); 2. wenn das Werk in Amsterdam zu drucken wäre, so möge sie die Zahl ihrer Exemplare mittheilen; 3. sie mögen ein Exemplar einsenden, damit man das Format sehe; 4. sie mögen den Preis berichten, der dem Buchdrucker für eine Seite zu zahlen ist; 5. wenn sie das ganze besorgen wollen, da mögen sie ihre Bedingungen mittheilen.³²) Er sandte zugleich den Entwurf seiner Vorrede zu dieser Übersetzung, gerichtet an den türkischen Kaiser, im Concept mit. Die Ansprache lautet: „Großer Monarche; aus Willen des großen Herrschers des Himmels und der Erde, unbesiegter Herrscher vieler Länder der Erde." ³³) Selbstverständlich wäre dies in die türkische Sprache zu übersetzen gewesen, doch die Ausgabe derselben, wie überhaupt der türkischen Bibelübersetzung, erlebte er nicht; — die Arbeit fand man für nicht correct genug.³⁴)

X.

Die letzten Arbeiten, der Tod, und der Nachlaſs des Comenius. Schlußwort.

Zu dieſer Zeit bereitete eine anonym erſchienene Schrift: „Philosophia Scripturæ Interpres" [1]) eine große Bewegung in der theologiſchen Welt Hollands, da ſie nachzuweiſen ſuchte, daſs die wahre Philoſophie eine untrügliche Norm für die Erklärung der heiligen Schrift ſei. Faſt alle namhafteren Theologen traten dagegen auf; wir begnügen uns die drei zu erwähnen: Maresius, Serarius und Arnoldus. Mareſius theilte die Widerlegung [2]) unter ſeine Hörer, mit denen er ſie in der Form von Disputationen Anfangs des Jahres 1667 auch zu Ende geführt. Die Arbeit des Serarius [3]) iſt von einer Vorrede eingeleitet, die die Gottloſigkeit der anonymen Schrift ſo groß findet, daſs ſie öffentlich zurückzuweiſen ſei, obwohl jetzt zweifellos bald die Zeiten folgen werden, wo gefragt werden wird, ob wir nach der heil. Schrift gelebt und auch die Menſchen ſo gelehrt haben. Zum Schluß ſeiner Schrift theilt er mit, er habe ſich über dieſelbe das Urtheil des Comenius erbeten, welcher dies recht ausführlich abgegeben habe. Es iſt vollinhaltlich bei-gefügt. [4]) Comenius ſagt darin, er ändere an der Schrift ſeines Freundes nichts, der Geiſt bleibe derſelbe. Er erzählt weiter, er ſelbſt habe die bekämpfte Schrift geleſen, glaubte aber, dieſelbe werde keinen großen Schaden ſtiften, da auch er ſelbſt es für nöthig erachte, daſs man die heil. Schrift nicht auf thörichte Weiſe erkläre, die Sinne, die Vernunft, die Offenbarung ſind dabei ſtufenweiſe und harmoniſch zu vernehmen. Von Serarius jedoch aufmerkſam gemacht, prüfte er die Sache beſſer und fand ſie nicht ſo unſchuldig. Mit Serarius ſtimme er auch darin überein, daſs die heil. Schrift dreifach: historisch, tropologisch und allegorisch-anagogisch zu erklären sei. Wie schön sei die Erklärung des Se-rarius über das goldene Kalb und deren Anwendung auf den gegenwärtigen Fall (jener verglich nämlich mit der Anbetung des Kalbes durch die Juden, die jetzige Anbetung der Vernunft). Man könnte sie noch weiter in die Zukunft bis zu Ende führen, wo Moses vom Berge herabkommend, die eitlen Idole zerstören und neue Gesetzestafeln mitbringen werde. Die Geschichte sei ein Kampf des Satans gegen das Wort Gottes und Anonymus stellt sich als Schlange und Eva in den Dienst desselben. Ist die heil. Schrift Norm des Glaubens, des Lebens und der Hoffnung, wie kann man etwas anderes an ihre Stelle setzen? Da Gott über-dies auch seinen Geist versprach, so ist die Philosophie zur Hilfe zu rufen nur so viel, als nicht einem gewöhnlichen, sondern einem goldenen Ochsen zu opfern. Da man darauf erwiedert, nicht eine jede, sondern die cartesianische Philosophie habe das Recht der Erklärung der heil. Schrift; so fühlt sich Comenius bewogen, die Theorien des Cartesius zu prüfen. Derselbe stellte wohl die Schrift in den Vordergrund, gebraucht sie aber nicht, auch dort nicht, wo er von Gottes Werken handelt, deshalb sei zu prüfen: I.) Ob auch jener nicht irre; II.) und zwar noch gröber als die Anderen und III.) ob man ihm auch dann, wenn er der vollkommenste wäre, das Mysterium des göttlichen Glaubens anvertrauen könnte.

Es werden vier Theile der Philosophie unterschieden: Ma-thematik, Metaphysik, Physik und Ethik. Die Mathematik des Cartes wird allgemein gelobt, deren Tüchtigkeit anerkannt, wenn sie auch nichts Phänomenales geboten. Die sieben Grundsätze seiner Metaphysik findet Comenius einfach, die man auch ohne große Klügelei er-reichen könne. Gegen den Grundsatz „Cogito ergo sum" beruft er sich auf den Schlaf. Am eingehendsten ist die Kritik der Physik. Es ist richtig, wenn dieselbe von Gott ausgehe, aber es sei eine übertriebene, zur Blindheit führende Bescheidenheit, die gött-lichen Zwecke der Dinge nicht erkennen zu wollen. Die Theilung der Seele in Vernunft und Willen sei unvollständig, es fehle die Kraft. Ein Irrthum sei auch, daß die meisten Fehler aus dem Willen entstehen. Die eingeborenen Ideen gebe er auch nicht ausführlich genug wieder; er anerkennt nur zwei Claſſen des Seienden: Körper und Seele, fügt aber ſelber bei, daß alles nicht auf dieſe zwei zurückgeführt werden könne. Carteſius nimmt eine Union der beiden, Comenius hingegen den Spiritus zur Erklärung, und weiſt die Widerſinnigkeit der Union bei der Bewegung der Thiere nach. Carteſius Anſicht über die Bewegung iſt unphiloſophiſch, die Erklärung, daß Alles von Gott bewegt wird, kindiſch. Comenius erinnert ſich auch, wie er einſt als zwölfjähriger Burſche die Ver-ſchiedenheit der Farben ſeinen Spielgenoſſen ſo erklärte, daß Gott eine gewiſſe Anzahl derſelben geſchaffen hat, die nun von einer Farbe auf die andere übergehen. Wie viel natürlicher iſt hier das Licht als Erklärer! Über die Verdünnung (rarefactio) verweiſt er auf ſeine früher erſchienene Schrift. Es folgt noch eine kurze Kritik über die Nummern in Quantitäten, Raum und Ort, die Kälte und überhaupt die Kräfte, ſie führt zur Verwunderung darüber, wie ſich Carteſius mit der Behandlung des Stoffes, der Form und der Bewegung zufrieden ſtellen könne. Man ſieht daraus, wie nachtheilig die carteſianiſchen Lehren ſchon bei der Erklärung der materiellen Welt ſeien. Vielmehr noch bei der Un-ſichtbaren. Carteſius befragt nie die Schrift, um die erſten Gründe kümmert er ſich gar nicht. So iſt es auch nicht Weisheit, was er gebe und die Folge davon iſt, daß die Philoſophie zum Herrn wird, was die Schrift ſein ſollte, und daß alles auf die Philoſophie übergeht: ſo kann dann der Satan einen Triumph feiern.

Dagegen ermahnt er die Chriſten, ſie mögen der hl. Schrift vertrauen, ſich an dieſelbe wenden und die drei Schulen „Schola infantiæ spiritualis,“ wo die Welt unterrichtet, „Juvenilis pro-fectus schola.“ wo die Vernunft des Menſchen, „Schola hic suprema,“ wo Gott lehrt, erkennen, ihrem Worte nach aus-einander halten und ſchätzen. Zum Schluß bittet er den Freund, er möge ſein Werk je eher herausgeben.[5])

Bald darauf erſchien auch eine dritte Widerlegung der anonymen Schrift von dem ehemaligen Gegner der Lux, Arnoldus. Dieſer faßt die Streitfrage als eine über das Princip, ob die Philoſophie über die Theologie herrſchen darf. Natürlich verneint er dieſe Frage und beſchäftigt ſich dann hauptſächlich mit der

Gottlofigkeit des Cartefius, befonders in der Frage über das
Dogma der Schöpfung: über die Schöpfung aus Nichts u. f. w.
Er behauptet ferner, aus der cartefifchen Philofophie drohe ein
größeres Schisma, als das arminianifche war. Das Intereffantefte
für uns find aber die folgenden Zeilen, die auf feine Widerlegung
folgen: „Unterdeffen empfehle ich dem Lefer zum lefen, das ge-
nauefte und gediegenfte Urtheil meines ehrwürdigen Lehrers, das
er für gut fand, zu der Widerlegung, die Petrus Serarius gegen
den Anonymus verfaßte, beizugeben. Er wird die feinften Einwendungen finden, die Cartefius tödten."*) Nun gibt er thatfächlich
manches aus dem von uns bereits fkizzierten Urtheil und als eine
Beigabe der Schrift folgt noch der anonyme Abdruck der kleinen
Invektive gegen die cartefianifche Phyfik (Cartesius eversus). Es
fcheint, daß zwifchen den ehemaligen Gegnern ein Waffenftillftand
eingetreten ift, ja es hat beinahe den Anfchein, als ob fie wieder
eine Verbindung angeknüpft hätten.⁷)

Diefes Jahr gehört überhaupt zu den fruchtbaren. Da wurde
der Anfang des panfophifchen Werkes, das bereits feit vielen Jahren
fertige Excitatorium als der erfte, die Panaugia als der zweite
Theil derfelben für die Preffe vorbereitet. Unter denen, die ein
Urtheil über das Werk abzugeben hatten, war auch der bereits
öfter genannte Profeffor von Gröningen, Samuel Marefius und
die ganze Fakultät. Diefer rieth zu der Ausgabe deffelben. Es
hat ihm der angenehme Traum, die Panfophie, fehr gefallen, er
hat „den finnreichen Aufbau des bildlichen durch manche Blendwerke
in der Luft errichteten Palaftes bewundert." Er hatte wahrgenommen,
daß dort fehr vieles fein und geiftreich gefagt worden fei. Überaus gefiel ihm die liebliche und weitläufige Vergleichung der Lichtes
und der Wahrheit. Aber, wenn auch fein antichiliaftifcher Standpunkt das Verhältniß zum Verfaffer der Panfophie nicht trübte,
fo fand er doch auch vieles, was ihm nicht gefiel, befonders in
der Panorthofia, und auch die ftolzen Titel Pampædia etc., die
ihn mit dem fchalkhaften Gotte Pan zufammen zu hängen fcheinen.⁸)

Die Veröffentlichung erfolgte aber erft, nachdem zuvor auch
die neue Sammlung der Revelationen erfchienen war.
Zwei Jahre lang hat Comenius mit der Veröffentlichung aus

Furcht vor den Menschen gezögert. Nun vor der letzten Zerstörung
Jerusalems möge die bereicherte Sammlung ans Licht treten und
jeder Leser möge sich überzeugen, wie überaus ähnlich die Rufe
der neueren Propheten jenen der alten seien.[9])

Eingeleitet ist die Ausgabe durch eine Dimissio, wo nach
einem kurzen Bericht folgende Widmungen enthalten sind: 1.) An
den römischen Kaiser Leopold, den er zur Buße und Reue in
seinem und seines Hauses Interesse auffordert. Es sei möglich,
daß ihm noch verziehen werde. 2.) Dem Papst, Alexander VII.,
den er auffordert, aufzuwachen, das Beispiel der Apostel nachzuahmen, denn der Inhalt der Offenbarungen sei für ihn, entweder
sich zu bekehren oder zu Grunde zu gehen. 3.) Den Königen,
Fürsten und Ländern, sie mögen selbst herrschen, das Wohl ihrer
Länder im Auge behalten und einig sein. Die ausführlichste ist
aber 4.) die Widmung an den französischen König, Ludwig XIV.,
den er direkt auffordert, er möge ein Concil der christlichen Welt
einberufen, dort die kirchlichen und politischen Zwistigkeiten, die
die Christenheit verderblich auseinanderziehen, ebnen, auf daß,
nachdem der Welt die Ruhe wiedergegeben sein wird, die Engel
von Neuem zu singen anfangen: Ehre sei Gott in der Höhe und
Friede auf Erden unter den Menschen.[10]) Eine neue 92 Seiten
lange[11]) Apologie für die neue Ausgabe des Buches folgt darauf,
bei deren Durchlesen man sich unmöglich des Eindruckes erwehren
kann, „qui se excusat, accusat.“ Eine große Anzahl von Einwendungen wird hier beantwortet. Beständig kehrt in den Antworten das Motiv wieder, der Herausgeber habe widerstehen
wollen, allein die Hand, die ihn zwang, war mächtiger als er.
Dies die Antwort auch darauf, daß sich der Bischof herabläßt,
von dem Presbyter als Adjunkt verwendet zu werden (p. 2) und
darauf, daß Drabik ein einfältiger und beschränkter Mensch sei.
Seine Heerde ermuthigt er: Gott werde nicht dulden, daß
sie wegen seines Wortes leide, welchen Gedanken wir dem
aufmerksamen Leser als die beste Erklärung und Entschuldigung
rastloser Arbeit zu besonderer Beachtung empfehlen. Außerdem
verstoße ja das Buch weder gegen die Theologie, noch gegen
die Politik, höchstens gegen Jene, die wider Gottes Willen an-

kämpfen (p. 3—4). Eine Paraphrase der voranstehenden Widmung folgt darauf. Besonders ausführlich ist jene an den Papst, die auf geschichtlicher Grundlage die falsche Entwicklung des Papstthums und daraus eine Nothwendigkeit der Reform darzulegen sucht (p. 69—70). Dann werden die Könige zu einer Reform der Welt durch alle Nationen aufgerufen; die Kriege, die Verfolgungen möge man einstellen und um dies und noch anderes zu erreichen, rufe man ein universales Concil zusammen (p. 80—90). Zum Schluß bittet der Herausgeber Gott, er möge bezeugen, wie der Herausgeber nichts, als seinen heiligen Willen bezwecke. Gott möge nun selbst sprechen mit Thaten, mit Erfüllung der Prophetie, damit die Welt einsehe, daß der Sprechende und Handelnde derselbe sei. So weit die Dimissio (p. 92).

Die Sammlung der Offenbarungen selbst beginnt mit einer kurzen Vorrede an den Leser und nun folgen neue Widmungen: Die erste an Jesum Christum (p. 5), er möge seine Versprechungen erfüllen und aus der Welt einen Hirten und eine Heerde machen; eine zweite an die Könige der christlichen Welt (p. 8), denen er sagt, seit der Apostelzeit habe die Welt nichts, was diesem Buche ähnlich wäre, gesehen. Den Inhalt desselben faßt er in zehn Punkte zusammen, schließlich fordert er sie auf, sie mögen aus ihrer Mitte Jemanden erwählen, dem sie das Schiff der Welt zur Führung in den großen herannahenden vorverkündigten Stürmen übergäben. Es folgt eine Ansprache an die Boten der Kirchen (angelis), die Bischöfe, die Pastoren und die Professoren, die er auffordert, sich bei Beurtheilung des Buches vor vier Vorurtheilen zu hüten. Das Dritte derselben ist, daß es im neuen Testamente keine Propheten gäbe (p. 19—20). Eine weitere Information an die Leser (p. 35—45) motiviert die neue Ausgabe mit Berufung auf Gottes Willen. Der Unterschied von der vorigen wird in drei Punkte zusammengefaßt. Die vorige Ausgabe war unvollständig, da bei Kotter einige Perioden fehlten, die hier nach den Manuscripten ergänzt wurden; ferner treten hier 270 neue Revelationen von Drabik hinzu, bis auf die allerletzte vom 9. Juli 1664. Der zweite Unterschied ist der, daß die erste Ausgabe noch nicht völlig verstandene, die zweite aber schon ganz enträthselte Geheimnisse

enthalte; daher jene Lux in tenebris, diese Lux e tenebris. Der
dritte Unterschied ist der, daß die vorige mit Furcht und Angst
nur der Kritik halber veröffentlicht wurde: diese hingegen frei
und vertrauensvoll, nicht zur Beurtheilung, sondern damit der
darin geoffenbarte göttliche Wille von den Menschen ausgeführt
werde (p. 38).

Nach einer kurzen Inhaltsangabe der drei Bücher wird zugegeben, daß das Buch eine Kriegsposaune sei, aber eine der Kriege
Gottes, wie auch die Apokalypse. Überhaupt ist das ganze Buch
ein Commentar oder Apokalypse der Apokalypse, wie dies aus
einigen Details erhellen mag. Erst hier, nach einem kurzen Auszug
aus der Vorrede zur ersten Ausgabe (p. 45—48) kommt die
Sammlung selbst. Vor den Kotter'schen Revelationen steht eine
Geschichte derselben, wie in der Historia Revelationum, am Schluße
ist der Felin'schen Commentar und Berechnungen über die Kotterschen Offenbarungen. Die Offenbarungen der Poniatovska enthalten
noch eine kurze Vorrede; dieselben beschließt der Traktat über die
wahren und falschen Propheten. Die Drabik'schen Revelationen
beginnen mit einer von Drabik geschriebenen Widmung an Christum,
in welcher er allen Nationen der Welt feierlich erklärt, daß die
folgenden Reden nicht seine, sondern Gottes Reden seien. Hochinteressant ist die Illustration zur Revelat. DCVIII, welche das
höchste Ziel der Offenbarungen, die Bekehrung aller Völker zur
Christenheit, in vier Gruppen nach den Welttheilen veranschaulicht.[12])
Reichhaltige Bemerkungen bieten eine Fülle biographischen und
überhaupt historischen Stoffes, der in dieser Schrift gewissenhaft
benützt worden. Es kommen noch fünf Appendices. Der erste
Anhang berichtet über das Examen 1663, der zweite über Drabiks
Confession und Gebet 1664, der dritte findet noch immer neue
Einwendungen zur Beantwortung. In dem vierten ist das günstige
Urtheil zweier englischen Theologen; der fünfte kehrt noch einmal
darauf zurück, wie diese Offenbarungen auszunützen seien. Ein
ausführlicher Index (55 Seiten) schließt das Buch, das, wie erwähnt, schon vor zwei Jahren fertig war. An den Kotter'schen und
Poniatovskaschen steht das Datum 1664 und die Drabik'schen
schließen auch mit diesem Jahr. Trotzdem aber die Visionen des

Letzteren bereits feierlich abgeschlossen worden, wiederholten sich solche noch in demselben Jahr und wurden bis 1667 November 29 fortgesetzt. Dieselben sind, mit der Sammlung in keinem organischen Zusammenhange, unter dem Titel Continuatio übersetzt und veröffentlicht worden.[13])

Demselben Zwecke, dem die vielen Widmungen, wollte auch eine besondere Schrift dienen, die sich „Angelus pacis" betitelt und die ebenfalls im Mai 1667 an die Vertreter Englands und Hollands, die in Breda zu Friedensverhandlungen zusammentraten, geschickt wurde, die genannten Bevollmächtigten zum Friedensschluß aufzufordern. Daselbst wird zweier Werke Erwähnung gethan, die der Verfasser zur Förderung jenes Zieles geschrieben habe. Das erste ist Christianismus reconciliabilis etc., das zweite Consultatio, welche beide er die doppelte Morgenröthe des neuen großen Lichts nennt. Dazu tritt nun die Stimme Gottes, gesammelt in dem prophetischen Bande Lux e tenebris. Dies Letztere komme deshalb früher ans Licht, weil es Gottes Wort ist, das menschlichen Worten als Norm diene. Mehrere Gründe bestimmten noch diese Ordnung. Werke werden von Menschen gewünscht, dieses von Gott anbefohlen. Jene, als menschliche Arbeiten brauchen Zeit und Rath, fordern langwierige Berathungen und Erwägungen, während dieses eine plötzliche Bekehrung verlangt.[14])

Bei einer Übersicht der riesigen Arbeit, die auf die Revelationen verwendet wurde, ferner der weitläufigen, oft sich wiederholenden Widmungen und Erläuterungen, muß man, wie stets, über die Arbeitskraft des Herausgebers staunen, aber man kann sich von dem Gedanken kaum befreien, daß sein inneres Auge durch unwiderstehliche Sehnsucht nach der erwarteten Wendung getrübt gewesen sei. Die Erwartung, die schon seit mehr als 50 Jahren seinem Geiste Kraft und Schwung verlieh, erzeugt hier, wie gelähmt, beinahe verdrießliche Unfähigkeit sich auszusprechen und die breiten Ergüsse knapper, oder doch mindestens auf einmal zu sagen.

Nun ist auch in den pansophischen Schriften, in der Consultatio, die bald darauf erschien, als auch in der Panaugia wenig Neues enthalten. Deshalb geben wir den Inhalt ganz kurz im Folgenden:

Die Schrift Consultatio wird von einer längeren Vorrede, die an die gelehrten, frommen ausgezeichneten Männer, die Lichter Europas gewidmet ist, eingeleitet. Gegenüber den particulären Versuchen der bisherigen Weltverbesserer will der Verfasser eine universelle in sieben Theilen bieten; diese sind: die Panegersia, Panaugia, Pantaxia (früher Pansophia genannt), Pampaedia, Panglottia, Panorthosia und allgemeine Mahnungen. Sieben Gründe sprechen dafür, dass man dies Werk bei und mit den Christen anzufangen habe. Sollten die Kräfte auch nicht ausreichen (was doch von Gott abhängig ist) nöthigt doch der Wille zu dieser Verbesserung; die Vorurtheile, die von dem Vorsatze abschrecken, müsse man beseitigen; so unter anderem auch jenes Vorurtheil, als ob diese Vorsätze vom Chiliasmus und vom Traume eines goldenen Zeitalters abhängig wären, was doch nicht der Fall ist, — denn was auch immer kommen möge, man habe auf die Verbesserung zu denken. Nachdem eine Tabelle (Synopsis Operis Consultatorii) die siebenfache Gliederung des Werkes gezeigt, kommt gleich der erste Theil, die Panegersia.

Eine synoptische Tabelle giebt faßlich Übersicht über den Inhalt, der nach dem im allgemeinen gezeigt worden (Cap. I.), wie groß angelegt und wie nöthig die Erweckung sei, in der Auslegung dieser Erweckung besteht. I. Man habe zuerst sich selbst zu erwecken, indem man Gott zum Zeugen ruft, dass die Intention rein ist, und ihn um Hilfe bittet (Cap. 2.); II. Zu den anderen Menschen übergehend, hat man diesen allen zu zeigen, was der Vorsatz, und wie groß derselbe sei. Alle Menschen werden da eingeladen, wenn dies anfangs auch schwer möglich erscheint; für den Gang der Berathungen folge man der Regel: was, durch was und auf welche Weise? Man wird also den Zweck, die Mittel und die Art des Verfahrens festzustellen haben (Cap. 3). Es wird ferner nöthig festzustellen, welche die menschlichen Dinge seien, um die es sich handle. Jedenfalls jene, die den Menschen von den übrigen Wesen unterscheiden; und da der Geist es ist, dessen Vorzüge den Menschen über die übrigen Geschöpfe erheben; weist dieser drei Richtungen der Thätigkeit: den Verstand, den Willen und die Kraft auf, aus denen dreien sich die Philosophie, die Religion und das Staatswesen entwickelt haben. Diese drei bilden das Lebenswerk der Menschen; und sie verhelfen dem Menschen dazu, daß er Gottesbild werden könne: die erste strebe nach Weisheit, die zweite nach der Gnade der Gottheit, die dritte nach Frieden (Cap. 4). Jedoch wie vorzüglich diese drei Gaben nach Gottes Bestimmung waren, ebenso haben sie sich von ihrer Bestimmung entfernt, die Verderbniß hat sich auf allen Gebieten festgesetzt (Cap. 5), was ebenso häßlich als schädlich ist (Cap. 6). Der natürliche Gedanke, eine Verbesserung dieser Dinge anzustreben ist gar nicht neu; sowohl auf dem Gebiete der Philosophie, wie auf jenem der Politik und Religion hat es bisher bereits vielfache Versuche gegeben, den Übeln abzuhelfen, aber so, daß sich Verwirrungen nicht vermindern, ja täglich mehren, wie dies der Zustand der Medicin, Jurisprudenz, Philosophie und Theologie auch einzeln beweisen (Cap. 7). Daß man sich mit der Verbesserung zu befassen habe, dafür sprechen zahlreiche Gründe, die theils die Möglichkeit, theils die Erhabenheit der Aufgabe beweisen, unter anderen auch der Umstand, daß sich alles zu einer großartigen Veränderung vorbereitet. Weg also mit den Vorurtheilen und Ängsten; man untersuche das Übel noch einmal und man versuche mit Heilmitteln, die noch nicht angewendet wurden (Cap. 8). Diese sind die Einheit, Einfachheit und Freiwilligkeit, alle drei haben wir von Gott bestimmt, aber von allen dreien haben wir uns weit entfernt. Und habe man auch vielleicht den Weg dieser drei Ideen versucht, so war der Versuch nicht universell, wie man ihn jetzt unternehmen müsse: Alle sollen in Allem auf alle Art und Weise verbessert werden (Cap. 9). Die Gesetze für dieses Verfahren entlehne man der Idee der Berathung, der Verfasser thut dies selbst und stellt 26 Principien auf, die zu diesen Berathungen zu befolgen seien (Cap. 10). Indem der Verfasser die größte Liberalität und die schönsten Erfolge in Aussicht stellt, ladet er alle Menschen zur Berathung und zu Gebeten um den günstigen Ausgang des Vorhabens ein (Cap. 11) und er selbst schließt mit einer Formel: gemeinsames Gebet des menschlichen Geschlechtes zu Gott (Cap. 12).[15]

Sehr bedeutend, ihrem Inhalt nach vielfach mit der Via

Lucis verwandt ist die Panaugia, der erste entwickelnde Theil der Pansophie. Die Panaugia will nach einem universellen Lichte forschen, in dem Alle, Alles auf eine allgemeine Art sehen können.

Eine allgemeine Betrachtung über das Licht und dessen Bedeutung leitet die Schrift ein. Ein Licht des Verstandes ist die Weisheit, die die Finsterniß vertreiben soll. Das Licht ist der Anfang der Werke Gottes und so auch der unseren; es schafft die Formen der Welt, so dass man glauben müsse, dass die Erhaltung der Dinge in ihrem Sein durch ununterbrochene Generationen und die Erhaltung der Welt selbst in ihrer Ordnung durch ununterbrochenen Fortschritt die eigentlichste Wirkung des Himmels und der Sterne (das ist des Lichts und der Wärme) sei und es auch in der That ist. Verfasser möchte ein ähnliches Licht der Vernunft finden (Cap. 1). Im Gegensatz zum Licht, dem sich überall ergießenden Glanze, ist die Finsterniß, eine „Caligo" die die Dinge einhülle und bedecke. Nicht nur dies, auch die Wirkungen der beiden sind entgegengesetzt. Beide sind aber dreifach: ewig, äußerlich, innerlich; in der Vernunft, in dem Willen und im Gewissen (II.). Ein volles Licht der Vernunft, wie sie der Verfasser wünscht, zeigt all das Gute (omne suum bonum) auf eine universelle Art. Dies allein wird die Panaugia sein. Man hat zuerst nach dieser zu forschen, da die Vernunft, die die größte Kraft innehabe, vor allem von der Finsterniß zu befreien ist; erst das volle Licht der Vernunft werde den Weg der Einheit, Freiheit, Freiwilligkeit zeigen können. Dasselbe wird den christlichen Glauben verbreiten, die Nebel des Aberglaubens vertreiben, die Finsterniß der Urtheile und der Vorurtheile zerstreuen und zur Beruhigung unserer häuslichen Verhältnisse dienen (II.). Ist es möglich ein solch' volles intellectuelles Licht anzuzünden? Die Wissenschaft erfordert dreierlei: Beispiele, Gesetze und Besserung. Die drei Lichter Gottes sind: die Welt, die Vernunft und das Wort Gottes. Man kann diese auch die drei Bücher Gottes, oder die drei Schauspielhäuser, drei Spiegel, ewige Gesetze, dreifache Pandecten, universelle Quellen des Lichtes nennen. Sie genügen zu Allem, für Alles auf alle Weise. Um dies zu ersehen, müssen wir sie einzeln betrachten (IV.). Nach einer kurzen Betrachtung der Natur (V.) folgt die der zweiten Quelle, unseres Geistes, nämlich des in uns leuchtenden göttlichen Bildes. Das Licht der Vernunft, an sich betrachtet, enthält angeborene Vorstellungen, angeborene Triebe und angeborene Fähigkeiten, welche drei von einander nicht losgerissen werden können. Dieses Licht lehrt uns über die Dinge untrüglich zu urtheilen, so daß dasjenige, was die gemeinsamen Vorstellungen allen Menschen dictieren, ohne Ausnahme wahr, dasjenige, was die gemeinsamen Triebe vorschreiben, ohne Ausnahme gut, was die gemeinsamen Fähigkeiten erfordern, ohne Ausnahme möglich ist. Es ist also unsere Pflicht, dies Licht zu erwecken, zu läutern und den Dingen anzupassen (VI.). Die dritte Quelle des Lichtes, Gottes Wort, das die Menschen in den nöthigen Dingen unterweist, ist überall aufzusuchen. Äußere Charaktere der Offenbarungen sind: Frömmigkeit, Einfalt, Mäßigkeit (sanitas), Wunder und das Zeugniß der Kirche. Innere Kennzeichen sind: die Würde in der Einfalt des Stils, die Heiligkeit der Gebote, die Größe der Verheißungen, die Steigerung des geoffenbarten Lichtes ins Größere, die süßeste Harmonie der Offenbarungen unter einander, der Prophezeiungen mit den Ereignissen und des geschriebenen Buches mit dem lebendigen Buche Gottes. Die innersten Kennzeichen sind die Erleuchtung der Vernunft, die Veränderung des Herzens, die Kraft des Geistes. Drei Völker haben Bücher, die sie heilig nennen; die der Hebräer sind es ohne Zweifel, die der Christen halten alle Kritik aus (p. 208—213). Die Mohamedaner erkennen es an, daß Moses und Christus große Propheten seien; nun mögen sie auch anerkennen, daß unsere heil. Schriften heilig sind.[19] Über den Al-Koran will der Verfasser nicht urtheilen, da er ihn nicht kenne, er stellt nur Fragen auf, und wenn diese darin gut beantwortet werden, ist er geneigt, denselben als Gottes Werk anzuerkennen, ja darnach auch die Schriften anderer (VII.). Dies dreifache Gottes-Licht zu schauen, hat der Mensch dreierlei Augen: Sinne, Vernunft, Glauben, wie auch das Licht dreifach ist: das directe, das reflexive und das refracte (VIII.). Dieses dreifache Licht habe dreifache Hilfe in den drei Methoden, in der analytischen, synthetischen, synkritischen, die bildlich dem Spiegel, dem Teleskop und dem Mikroskop entsprechen. Die analytische weist die Bestand-

theile der Dinge, die synthetische deren Zusammenhang, die syn-
kritische die Grundformen und die Wirkungsgesetze im vollsten
Maße auf. Dies wird die wahrhaft mathematische Methode; bestehen wird sie aus bloßen Definitionen, Postulaten, Theoremen
und Problemen (IX.). Die Leichtigkeit dieses universellen Lichtes
durch die erreichte Panharmonie der Prinzipieen beweist der Umstand,
daß die Menschen bisher diese Mittel entweder gar nicht, oder
nicht gut gebraucht, oder gar mißbraucht haben. Bei richtigem
Gebrauch entsteht eine dreifache Harmonie: 1. minor novena;
2. major novena; 3. die größte, die Panharmonie: Alles mit
Allem eine, aber eine volle (X.). Hundertdrei Punkte fassen nun die
Theoremata von dem Lichte, mit Anwendung auf die menschliche
Erkenntniß mit vieler Anmuth und erstaunlichen Reichthum in
Analogieen zusammen. Von dem Capitel XI. kann nur eine Übersetzung einen Begriff geben, es wird jenes sein, welches den
Maresius entzückt hat. Es enthält nichts Neues zum Gedanken-
gange, da es nur zur Bestätigung des bisher Gesagten dienen
will, wie auch das XII., das über die Art unterrichtet, wie man
die Wege des Lichtes anwenden und zu verbinden habe, um die
Finsterniß zu vertreiben. Beide entsprechen den dasselbe behandelnden
Capiteln der Via Lucis. Die Hindernisse, wegen welcher die Alten
dies universelle Licht nicht besitzen konnten, waren von verschiedenster
Art, sowohl von Gott, als von den Menschen, wie auch von den
Dingen ausgehend.. Der Fortschritt gieng durch die sieben Grade:
Autopsie, Sprache, Schule, Wissenschaft (literæ), Buchdruckerei,
Schifffahrt und die optischen Künste. Der achte Weg des Lichtes,
der universellste beginne bereits sich zu öffnen. „Der Baum
des menschlichen Geschlechtes hat sich bereits entwickelt, so weit
er konnte, es ist nöthig, daß er Frucht trage. Wir sind an
das Ende des Jahrhunderts gelangt, von wo wir in Kurzem in
die himmlische Akademie hinübergetragen werden, was also übrig
ist, hier erkannt zu werden, muß sich nothwendiger Weise bereits
eröffnen (XIII.). Die Hindernisse, die dem universellen Licht im
Wege stehen, sind: 1. die Vielheit der Dinge; 2. die Beschäftigungen
der Menschen; 3. die Verschiedenheiten der Sprachen; deshalb
werden die folgenden Arbeiten Folgendes bieten:

1.) Ein geordnetes Syſtem der Dinge (Pansophia); 2.) eine univerſelle Bildungsart des Geiſtes (Pampædia); 3.) wie man irgend eine Sprache in kurzer Zeit erlernen, oder wie eine Sprache leicht der ganzen Welt gemeinſam werden könne (Panglottia); 4.) durch all' dies iſt die allgemeine Verbeſſerung der menſchlichen Dinge (Panorthosia) anzuſtreben. Daſs dies möglich iſt, ruht auf der Sicherheit, daſs alles einander ähnlich iſt, daſs alles nach derſelben Idee erſchaffen worden ſei. Man wird ſagen können, die Pansophia iſt die Lux entium, Pampaedia Lux mentium. Panglottia Lux gentium, Panorthosia das Licht eines beſſeren Jahrhunderts oder das Licht der Kirche (XIV.). Dies univerſelle Licht erfordere reine Seelen, die von dem Glauben an die Vorurtheile frei ſind; zu dieſem Zwecke leſe man Gottes Bücher, ein jeder gebrauche ſeine Augen, und dieſe Prüfung der Dinge nehme man mit ſtillem Geiſte und nicht mit Disputationen vor (XV). Ein Gebet um dieſes Licht ſchließt das Werk (XVI.). [17])

Wahrſcheinlich zur ſelben Zeit wurde auch die Janua rerum zum Druck vorbereitet. Eine längere Vorrede an die Akademieen Europas gerichtet, bringt auch dieſe Schrift in Zuſammenhang mit dem Streben nach einer allgemeinen Verbeſſerung der menſchlichen Dinge. Dieſe Verbeſſerung wird am erfolgreichſten ſein, wenn ſie die Quelle aller menſchlichen Vorrichtungen, die Weisheit, reformiert. Alles was iſt und was geſchieht, hat ſeine Gründe, — warum ſollte auch die menſchliche Weisheit nicht desgleichen haben — das haben bereits die Alten eingeſehen, und ſo nannte denn Ariſtoteles ſeine, auf dieſe Quelle gerichteten Forſchungen, erſte Weisheit oder Metaphyſik. Über dieſe ſelbſt wurde ein langer Streit geführt.

Ariſtoteles und viele nach ihm, unter ihnen Campanella, Verulam anerkennen die Vortheile, die eine gründliche Metaphyſik gewähren kann; Streſo fordert ſogar aus dieſem Grunde, man ſollte die Wiſſenſchaft in der Mutterſprache ausarbeiten und dadurch allen zugänglich machen. Wenn dagegen andere, Ramus, Veranicus die Metaphyſik für Chimäre halten, ſo ſei dies unrichtig.

Wie die Vielheit der Dinge in der Wirklichkeit sich auf eine Einheit zurückführt, so soll es auch mit den Theilen der Gedankenwelt oder Philosophie sein. Ganz richtig behauptet Bisterfeld in seiner Metaphysik,[17] dass der Haß gegen die Metaphysik ungerecht sei; wenn sie eben nicht den Erfordernissen entspreche, so habe man sie zu verbessern, da die Erfahrung beweise, dass die darin unterrichtete Jugend in Allem besser fortschreite. Dies bewog nun den Verfasser, der bereits seit 40 Jahren an der Erleichterung der Studien der Weisheit arbeite,[18] auch hierüber seine Gedanken zu veröffentlichen. Die Metaphysik soll wie ein Schlüssel sein, mit dem alle Theile der Erkenntniß eröffnet werden können, da sie die Grundtheile derselben in ein Verhältniß zu einander und dennoch in eine Ordnung bringe, in welcher sie der darin Bewanderte leicht aufsuchen kann; sie muß aber die gemeinverständlichsten und einleuchtendsten Wahrheiten und nicht hochfliegende, erhabene, theologische oder philosophische Thesen zum Ausgangspunkte haben. Indem der Verfasser über diese Aufgabe nachgedacht, merkte er einige Mängel der bisherigen Metaphysik, die er künftig vermeiden wird. So verwirft er den Unterschied zwischen der trancendentalen und prädicamentalen Metaphysik; und so kam er auf den Gedanken, nicht die Dinge so zu schildern, wie sie sind, sondern wie sie möglich sind, eine Analyse der Welt zu bieten, nicht wie diese thatsächlich jetzt da ist, sondern wie sie war von der Ewigkeit, in ihren möglichen Ideen, als wenn wir bei der ewigen Weisheit stünden, die noch nicht schuf, sondern was ausgeführt werden könne und solle, durchschaute und die Ideen ordnete. Hiezu wurde der Verfasser dadurch, dass Gott den Menschen sein Ebenbild nannte, ermuthigt, was sich bei den vielen neuen Erfindungen, die alle die Schöpfung nachahmen, manifestiert. Dadurch bereite diese Wissenschaft dem Erkennenden eine besondere Wonne und Lust; sie biete eine höchste Sicherheit und würde überall zu benützen sein. Bei der Abfassung der Schrift, bei der Forschung, bediente er sich der analytischen, der synthetischen und der synkritischen Methode; und da er die volle menschliche Weisheit bieten wollte, konnte er sich mit dem Gebiet der Erkenntniß nicht begnügen, sondern mußte auch die einzelnen Triebe und Fähigkeiten mit verarbeiten. Die Benennung Janua rerum, das „Thor der Dinge,“ ist theils deshalb gebraucht, weil der Name „Metaphysik“ so vielfach verhaßt sei, theils in Anknüpfung an das Werk Janua linguarum. Die beiden unterscheiden sich nicht ihrem Inhalte, sondern nur ihrer Form nach: Beide beschreiben die Dinge und die Worte; jene hauptsächlich Worte, diese hauptsächlich Dinge, während jene der Weisung der Dinge folgend, nach dem richtigen Gebrauch der Dinge forscht, prüft diese an der Hand der bereits erforschten Worte das innerste Wesen der Dinge. Der Verfasser habe lange an dem Werke gearbeitet, damit es zur Norm der Pansophie werde. Nun werde es mit dem Triertium Catholicum veröffentlicht, in welchem nachgewiesen wird, wie die Logik, Grammatik und Pragmatik unter der Führung der Metaphysik neues Licht erhalten. Auf Autoritäten beruft sich der Verfasser nicht: Der erscheine nicht glaubwürdig, der Zeugen brauche. Jeder soll nach freier Wahl ermessen und beistimmen. Der Zweck der Veröffentlichung ist aber auch der, daß die Jugend diese Wissenschaft lerne, und wenn das Werk dem Zweck nicht entspreche, ein besseres verfaßt werden könne.

Die ersten drei Capitel erörtern die bereits genügend bekannten Grundfragen der Philosophie, nämlich die Quellen: Sinne, Verstand, Offenbarung, als auch deren Objecte: die Vorstellungen, die Triebe und Fähigkeiten, wie auch die Art, wie man die Forschungen zu veranstalten habe (alles in Ordnung, aufmerksam prüfen). Die erste Weisheit ist das Licht der Vernunft, ein angeborenes Licht, ein Abglanz des ewigen Lichtes, das uns zu erleuchten, zu ermuthigen und zu bewegen vermag. Der erste Theil dieser Weisheit prüft den äußeren Umfang, die innere Ordnung und den innigen Zusammenhang der intelligibilen Dinge. Der Umfang unseres Verstandes wird durch diese Grenzen eingeschlossen: woher, wohin, auf welchem Wege? (V.) Äußere Grenzen der intelligibilen Dinge sind: Alles, Etwas, Nichts. (VI.) Schon dies erinnert den Leser daran, daß wir es hier eigentlich mit einer Art Wörterklärung zu thun haben. Noch mehr zeigen dies die Capitel über Alles, was durch Grenzen so abgeschlossen wird, daß Nichts dem Blicke der Vernunft entgehen könne (VII) und über

Etwas. An Letzteres knüpft auch die Eintheilung in Substanz oder das Wesen, das Seiende und die Accidentien: Zeit, Ort, Zahl, Qualität u. s. w. an (VIII.). Überall mischt sich den Dingen aber das Nichts bei (IX).

Die innere Bildung (Structus) der Dinge bestehe aus Articulation, Schematismus und Parallelismus (X), was man bei einem jeden nachweisen könne. Das gesammte Denkbare läßt sich in Classen eintheilen, diese sind: das Seiende, Halbseiende und das Nichtseiende, (XI) sie werden in folgendem in dieser Ordnung betrachtet werden. Das Seiende wird in das thatsächliche, mentale (im Geiste seiende) und wörtliche eingetheilt (XII). Das Thatsächliche wird einzeln combiniert und angehäuft geprüft. (XIII) Die Principien der einzelnen Seienden sind das Eine, Wahre, Gute; es wird in das Erste, das Abstammende und das Vergehende (abortum) eingetheilt. (XIV) Das erste Seiende ist das, was von sich, durch sich und um seinetwillen ist. (XV) Das abstammende Seiende ist Substanz, Accidenz und Defect. (XVI) In diesem Capitel wird Aristoteles widerlegt und sogar Herbert gegen ihn angerufen, da Comenius die Zweiheit des Aristoteles, wie überall, bekämpfen muß. Die Substanzen sind natürliche, künstliche, sittliche u. s. w. (XVII) Die Accidentien, dreimal drei ihrer Zahl nach, sind das an einem anderen Seiende (XVIII) und bilden der Reihe nach den Gegenstand der nachfolgenden Capitel (XIX—XXVII), es sind dies: Zeit, Ort, Quantität, Qualität, Thätigkeiten, Leiden, Ordnung, Gebrauch (Usus) und Liebe (amor seu iucunditas.) Drei nun folgende Capitel (XXVIII—XXX) wenden den Maßstab des Zieles an die Dinge, und so werden die Vollkommenheit, die Mängel und die Abarten der Dinge betrachtet. Bisher wurden die einzelnen Dinge betrachtet: nun folgen (XXXI) die combinierten d. h. die aus zweien zusammengesetzten, deren Eigenschaften ausführlich die Schrift behandelt, und besonders in einem hochinteressanten Capitel (XXXII) die conglobierten Dinge. Hier wird der metaphysische Werth der Zahlen erörtert. Es gebe drei vollkommene Zahlen, 3, 7, 10, in Bezug auf die zwei ersteren führt er zahlreiche uns bereits aus seinen Werken bekannte Beispiele an; in Bezug auf die Zahl 10 werden erwähnt: die 10 Gebote, 10 Finger;

ja er versucht es, das Universum in 10 Theile zu zerlegen. Zwei worterklärende Capitel (XXXIII—XXXIV) behandeln das Nichtseiende und das Halbseiende und zwei kurze skizzenhafte Capitel (XXXV—XXXVI) bringen eine Übersicht der gemeinsamen Triebe (nach dem Schema der oben angeführten Accidentien Capitel XIX bis XXVIII) und der gemeinsamen Fähigkeiten, die von Kraft, Mittel und Freisein von Hindernissen abhängig sind. Das Schluß-Capitel (XXXVII Januæ Rerum clausula) betrachtet mit sichtlichem Behagen die Resultate der Forschung; diese sind: eine allgemeine Nomenclatur der höchsten Begriffe; eine Eintheilung derselben und der Normen der Wahrheiten: das Geheimniß der Geheimnisse eins in alles überführen zu können. Dies wird noch näher das Triertium catholicum zeigen. Die nachfolgenden Theile der Weisheit werden zeigen, wie man alles unter Eins zu bringen habe.[19])

Trotz der Last des Alters versah er gewissenhaft die Pflichten seines Amtes und aus seiner Correspondenz erfahren wir, wie viel er auch noch beim Antritt des neuen Jahres mit Anstellungen von Lehrern und Geistlichen, mit Abfassung von Büchern und mit Vertheilung des Almosens zu thun hatte. Jeder geringen Bewegung blickt er mit der bangen Hoffnung entgegen, daß daraus die große Wendung in der Welt entstehe.[20]) Als dies Alles nicht geschah, wollte er noch einmal seine Seele ausschütten und verfaßte Anfangs des Jahres 1668 eine Schrift, die unrichtiger Weise oft für seine letzte gehalten wird, das Unum necessarium. Dieselbe ist Herrn Ruprecht, dem Pfalzgrafen vom Rhein, gewidmet.[21]) Die Vorrede datiert vom 1. März 1668 und erwähnt, daß ihm ein unverhoffter Anlaß gegeben worden sei, über diese Frage nachzudenken. Das Werk nennt er selbst ein seniles. Am Schluß der Vorrede verspricht er zu beten, daß Gott durch die Mitwirkung des Ausgesprochenen eine Reformation der Welt beginnen möge. Das Werk selbst besteht aus zehn Capiteln; es wird darin gezeigt, wie sich die Welt mit unnützen Dingen belästige. Des Menschen Glück erheische, daß man die Dinge unterscheide, bleibende Werke vollbringe und dieselben genieße: wenn aber all' dies vernachlässigt wird, entsteht die Unglückseligkeit. Die Alten haben dies Schicksal der menschlichen Natur in die Fabeln vom Labyrinth, Sisyphus

und Tantalus eingekleidet. Dasselbe beweisen auch die Streitigkeiten in der Philosophie. Cartesius hat wohl ein gutes Ziel
für sich gestellt, aber alles in Zweifel zu ziehen, scheint doch gefährlich zu sein. Das wahre Band der Gemeinsamkeit zwischen dem
Erschaffenen und unerschaffenen Geiste ist die Religion (Cap. 1).
Die Ursache der Belästigung der Menschen ist die, dass man
zwischen Nöthigem und Unnöthigem nicht unterscheide, was Beispiele aus der biblischen Geschichte und dem alten Testamente
beweisen (Cap. 2).

Zu dieser Unterscheidung gehört auch, sich das stets vor
Augen zu halten, dass zur Verrichtung eines jeden Werkes ein
Endzweck, die Mittel und eine bestimmte Art des Gebrauches der
Mittel erforderlich sei. Bei den Mitteln komme der Werkmeister
mit Wissen, Wollen und Können, das Werk, insbesondere dessen
Materie und endlich das Werkzeug in Betracht. (III) Dies ist
die Regel Christi von dem einen Nothwendigen, dass man sich
hüte in unnütze Angelegenheiten sich zu mengen, sich nur auf das
Nöthige richte, und darauf sich möglichst concentrierend, sein Leben
einfach gestalte. (IV) Man wendet diese Regel an, indem man
sich selbst kennt, regiert, besitzt, geniesst. Die nähere Ausführung
dieses Gedankens berührt sich vielfach mit den Regulæ Vitæ. (V)
Der Mensch soll mit allen Dingen, mit anderen Menschen,
und Gott umgehen kennen; so entstehen nun die Philosophie,
Politik und Religion. Die Röhren der Weisheit seien: ein gesundes Gemüth (Verstand), die Welt und die heilige Schrift. Der
Zweck dieser Weisheit oder Philosophie soll „nach Gottes Absicht
nichts anderes, als eine gut eingerichtete Herrschaft über alle Dinge
und niedrigeren Geschöpfe sein, welche in der lieblichen Betrachtung der Dinge, in vernünftiger Regierung, und verständigem
Gebrauch derselben besteht." Alles was man anschaut, schaue man
gehörig an: die Welt durch das Licht der Sinne, das Gemüth durch
das Licht der Vernunft und Gott durch das Licht des Glaubens,
dass alles eine Übereinstimmung mit einander habe, damit kein
Widerspruch entstehe. Die Dinge theilt man nach zwei Gesichtspunkten ein, um sie zu ordnen; das Gemüth enthält: eine angeborene Wissenschaft, die dem Verstande vorleuchte; verborgene, gute

Triebe, und Kräfte, die ihm Stärke geben, das Gute zu thun und das Böse zu meiden... Die heilige Schrift lese man nicht um gelehrter, sondern um heiliger zu werden. Sinne und Vernunft bereiten uns zur Ewigkeit vor, um uns zugleich vor der äußeren Nothwendigkeit ds gegenwärtigen Lebens zu unterrichten. Wie sie geeignet seien uns zu jenem geheimen Grade der Weisheit zu erheben, das habe das Buch Raymonds v. Sab. gezeigt, den wollte auch seine von so Vielen angefeindete Pansophie bieten und werde es thun, wenn sie vollendet werden könne (VI). Nach der Regel Christi ist auch im Staate Ruhe zu schaffen: gegen die Rechts-gelehrten, die die Gesetze verdrehen, müsse man ankämpfen, das politische Princip —, die Ordnung, die man eben hat, zu erhalten — sei durchzuführen, und dazu eigne sich, daß einer regiere und dies nach Gesetzen, im Frieden; mit möglichster Vermeidung der Kriege (VII). Die Regel Christi führt auch zum religiösen Frieden, zum Wohle der ganzen Kirche und des Gewissens der Einzelnen. Da Gott das Centrum des All's und jedes Einzelnen ist, so erübrigt nichts, als daß ein jeder aus sich und aus den Dingen heraus-gehe und in Gott zurückkehre. Zu diesem Zwecke steht das Vorbild den Christen vor Augen, sie mögen demselben nachstreben, auf daß eine Einheit unter ihnen hervorgehe. Wer nicht mit Christo ist, ist gegen ihn, ist mit dem Antichrist (Cap. VIII). Aber nicht nur die Religion, die ganze Welt, könne zum Besseren geführt werden (IX).

Cap. IX. §. 6. „O! daß doch die menschliche Thorheit der göttlichen Weisheit beistimmen, und durch Absonderung des nichts-würdigen von dem kostbaren, alles böse, eitle und überflüssige abschaffen wollte! Wie würde man in Kurzem einen ganz anderen Zustand in allen Sachen, sowohl in der Philosophie als auch in der Polizei und Religion sehen. Denn die einfältigste, leichteste und sicherste Art der Reformation oder Verbesserung wäre diese, wenn wir das Unnöthige wegthäten und nur allein mit dem Noth-wendigen vergnügt sein wollten. Zum Exempel: In der Philosophie (Welt oder Naturweisheit) sollte nichts schlechterdings angenommen werden, als was ganz augenscheinlich wahr; nichts beständig be-gehret, als was offenbar gut; und nichts fest vorgenommen, als was ganz gewiß möglich, leicht und nützlich wäre: so würde es um unsere Herrschaft über die irdischen Dinge wohl stehen. Wohl würde es auch stehen in der Polizei, wenn Niemand unter uns etwas anderes wollte, beschlösse und thäte, als was auf die gemeine Glückseligkeit und daß es um die gesammte menschliche Gesellschaft wohl stünde, abzielete: Welches geschehe, wenn alle, ein jeder an seinem Ort, in der Ordnung bliebe, keiner sich dem Andern muthwillig vorzöge oder knechtisch unterwürfe; doch ein jeder sich in Alle schickte und aus Liebe zum Frieden dem Anderen freiwillig dienete. Desgleichen in der Religion, wenn wir alle nichts anbeten wollten, als den einzigen allein guten Gott, von welchem allein uns alles Gute herkommt; seine Gütigkeit über alles liebeten, daß er uns hinwieder väterlich zu lieben würdigte; und seine Macht ehrerbietig scheueten, damit er nicht dieselbe an uns muthwilligen Menschen gerechter Weise ausübete: so würde er uns allen so wenig seine Barmherzigkeit versagen, als er Niemandem seine Sonne am Himmel entzeucht."

Das letzte Capitel enthält Selbstbekenntnisse des Verfassers: deren einen Theil, ihres besonderen Werthes wegen, wir hier im ganzen Wortlaut nach folgen lassen:

Cap. 10. §. 1. „Die allgemeinen Labyrinthe des menschlichen Geschlechts habe ich berühret: Soll ich auch meine eigenen erzählen? Ich wollte alles mit Stillschweigen vorbei gehen, wenn ich nicht wüßte, daß auch ich Zuschauer meines Thuns und Leidens gehabt, und ich nicht einiges Ärgernis wegen nicht verbesserter Irrthümer zu befürchten hätte. Aber weil es meinem Gott gefallen hat, mir ein Herz, das zum gemeinen Nutzen zu dienen begierig ist, zu geben, mich in öffentliche Bedienungen zu setzen, und Gelegenheiten zu allerhand Vorkommen zu lassen; auch einige Dinge von mir geschehen sind, worüber allerlei Urtheile ergangen sind: so habe ich solches, zu dieser Zeit meiner letzten Wiedergeburt, anzuführen nöthig erachtet, zu dem Ende, daß, wenn einige mich für einen Spiegel des Fleißes oder Vorwitzes gehalten haben oder noch halten, da ich beobachtet habe, wie man auch bei guten Vorsätzen irren könnte, sie lernen mögen, entweder durch meine Erinnerungen es zu verhüten, oder nach meinem Exempel es zu verbessern. Denn was der Apostel gesagt: Thun wir zu viel, so thun wir's Gotte; sind wir mäßig, so sind wir euch mäßig (2 Cor. 5, 13). Das hat sich ein jeder treuer Knecht Gottes zuzueignen, dass, wo er etwa geirret hat, er Gott seinen Irrthum bekenne; und so er in Verbesserung des Irrthums etwas in Acht genommen, er es dem Nächsten zu nutz kommen lasse.

§. 2. Ich danke demnach meinem Gott, dass er mir durch mein ganzes Leben ein großes Verlangen gegeben hat; und ob er gleich dadurch mich in allerhand Labyrinthe hat verwickeln lassen, dennoch hat er entweder aus den meisten wieder zu kommen verliehen, oder er führet mich mit seiner Hand zum Anschauen der seligen Ruhe. Denn das Verlangen nach dem Guten, wie es auch nur jemals in eines Menschen Herzen entstehet, ist allezeit ein Bächlein, so aus dem Brunnen des Guten, Gott, herquillet und ist allezeit an sich selbsten gut und hat einen guten Zweck, wenn wir es zu gebrauchen wissen. Allein die Schuld ist an uns, dass wir durch das Zurückgehen der Bäche die Quelle zu finden, oder durch den Zusammenlauf der Ströme zum Meer zu kommen, wo die Fülle und Sättigung des Guten ist, nicht wissen. Doch sind wir der göttlichen Güte Dank schuldig, welche uns durch allerlei Irrwege unserer Labyrinthen und mit heimlichen Fäden seiner Weisheit endlich zu Ihm, als der Quelle und dem großen Meer alles Guten, führet. Und ich freue mich, dass mir dergleichen widerfähret und ich erfahre, dass ich nach unzähligen, bisher gehabten Begierden nach besseren Dingen, deren Zahl ich nicht weiß, endlich zu dem Ziel alles meines Verlangens geführt werde: indem ich erkenne, wie all mein Thun bishero entweder ein bloßes hin- und wiederlaufen der Martha, (doch um des Herrn und seiner Jünger willen aus Liebe) oder Abwechselungen des Laufens und der Ruhe gewesen sei; ich aber nunmehro durch festen Vorsatz zu den Füßen Christi mit Maria geführet werde, dass ich fröhlich mit David ausrufe: Das ist meine Freude, dass ich mich zu Gott halte (Ps. 73, 28).

§. 3. Ich habe gesagt, dass alle Bemühungen meines Lebens bis hieher der Martha ihren gleich gewesen und um des Herrn und seiner Jünger willen aus Liebe geschehen seien: denn ein anderes ist mir nicht bewußt; oder verflucht sei eine jede Stunde und aller Augenblick einer jeden Verrichtung, der anders ist angewendet worden und ich gebe denen Beifall, die eines Stolzes und Vermessenheit bei mir in einiger Sache gewahr worden sind. Solcherlei Bemühung ist gewesen die Arbeit zu lehren, welche ich aus Verlangen, die Schulen und Jugend aus den beschwerlichen Labyrinthen zu führen, über mich genommen, und viele Jahre fortgesetzet habe; so aber von etlichen vor eine einem Theologo unanständige Sache ist geachtet worden, als ob Christus diese zwei: Weide meine Schafe, und weide meine Lämmer, nicht zusammen gesetzet und beides seinem geliebten Petro befohlen hätte (Joh. 21, 15 pp.). Ich aber sage Christo, meiner ewigen Liebe, ewigen Dank, daß er solche Liebe zu seinen Lämmern in mein Herz geleget hat und die Sache dahin gedeihen lassen, wohin sie gelanget und aus dem IV. Theil meiner Didacticorum zu sehen ist; absonderlich in der V., VII. und VIII. Abhandlung, deren Überschrift ist: (V.) Der endliche Ausgang aus denen Schul-Labyrinthen auf die Ebene, oder ein künstlich zubereitetes Lehr-Instrument, dazu dienlich, daß man nicht länger hangen bleibe, sondern fortgehe (VII). Eine lebendige Buchdruckerei, d. i. eine Kunst, kürzlich und doch reichlich und schön die Weisheit nicht auf das Papier, sondern in das Gemüth zu drucken (VIII). Das wieder angelegte Paradies der Kirche, d. i. der beste Zustand der Schulen, nach dem Vorbild der ersten paradiesischen Schule entworfen. Denn ich hoffe und erwarte es zuversichtlich von meinem Gott, es werde noch geschehen, daß dieses seinen guten Nutzen haben werde, wenn der Winter der Kirche vergangen und der Regen weg und dahin sein, die Blumen im Lande hervorkommen und der Weinstock Augen gewonnen haben wird (Hohel. 2, 11, 12, 13). Wenn Gott seiner Heerde Hirten nach seinem Herzen, die sich nicht selbsten, sondern die Heerde des Herrn weiden, geben und der Neid, der sich bei den Lebendigen zu finden pfleget, nach dem Tode aufhören wird.

§. 4. Der andere langwierige und beschwerliche Labyrinth bei mir ist gewesen die Arbeit zum Frieden, das ist das Verlangen, die über dem Glauben auf unterschiedliche, schädliche und ganz verderbliche Weise streitenden Christen zu vereinigen, wenn es Gott gefiele, weswegen ich viele Mühe angewendet habe. Davon ist zwar bishero fast nichts herausgegeben, aber doch noch geschehen möchte. Nichts ist herausgegeben; wegen etlicher allzugroßer Unversöhnlichkeit, derer greulichen Haß auf mich zu laden einige vertraute Freunde widerrathen haben. Es wird aber noch geschehen, weil man endlich Gott mehr, als den Menschen gehorchen und Gott mehr, als die Menschen fürchten muß. Bis hieher war die Zeit so, wie sie Elias zu Oreb sahe, da er nicht aus der Höhle herauszugehen sich getraute, als er gewahr wurde, wie ein großer Sturmwind, der die Berge umzukehren und die Felsen zu zerbrechen mächtig war, vor dem Herrn hergieng und er auch das Erdbeben und das Feuer sahe, worinnen der Herr nicht war. Allein es wird die Zeit kommen, da Elias ein Sausen eines sanften Windes hören und herfürgehen, auch Gott reden hören und hinwieder mit Gott und seinem Volke reden wird (1. Kön. 19). Jetzt ist einem Jeden sein Babylon schön und er glaubet, es sei Jerusalem selber, welche niemanden, ihr aber alles weichen müßte.

§. 7. Außer diesem bin ich, nach dem Willen Gottes, in einen ungewöhnlichen Labyrinth geführet worden, indem ich die göttlichen Offenbarungen, die zu unser Zeit geschehen sind, unter dem Titul: Lux in tenebris oder e tenebris (das Licht in oder aus der Finsterniß) herausgegeben habe. Welche Sache, gleichwie sie viele Mühe und Arbeit, also auch viel Furcht, Neid und Gefahr verursacht hat; da sich theils Gespötte wegen der Leichtgläubigkeit, theils Bedrohungen wegen des Mißtrauens und Verzugs eingemischet haben. Ich habe gesehen, daß die solchen hartnäckig widersprachen, zu Grund gegangen; aber ich habe auch gesehen, daß, die es willig annahmen, weggerissen worden sind und also dem äußerlichen Ansehen nach es nicht leicht gewesen, oder noch jetzo ist, aus diesem Labyrinth zu kommen. Was soll ich thun? Ich weiß nichts anderes, als daß ich die ganze Sache Gott befehle. Mir wird mit dem Jeremia genug sein, daß ich die aufgezeichneten Plagen Babylons nach Babel zu lesen geschickt, sodann einen Stein daran gebunden und in den Euphrat geworfen habe (Jer. 51, 63). Wenn etliche Weissagungen nicht erfüllet sind, will ich mich hüten, darüber zornig zu werden, angesehen, daß solches dem Jona nicht wohl gelungen ist (Jona 4). Denn vielleicht hat Gott seine Ursachen, daß er bisweilen seine Urteile, oder wenigstens seine Offenbarungen derselben ändere. Und vielleicht hat Gott erstlich hier zeigen wollen, was die Menschen ohne ihn nicht können; welcher aber hernach zeigen wird, was er ohne die Menschen oder durch sie, wenn er sie endlich zu seinem Willen gebracht hat, thun könne. Es stehet denen frei, welche die alte Art, die Gott gebraucht, da er nichts thut, er offenbare denn sein Geheimniß den Propheten, seinen Knechten (Am. 3, 7), ihnen nicht ferner zulassen wollen, daß sie seinen Knechten und ihren Worten und Werken widersprechen; doch wird auch mir erlaubet sein, mit David zu schweigen und meinen Mund nicht aufzuthun, so oft ich sehe Gott etwas thun oder höre ihn etwas reden, das ich nicht verstehe (Ps. 39, 9).

§. 17. Eben diese Weisheit Christi, das einige Notwendige befehle ich dir auch an, mein Volk, ihr Mähren, nebst den benachbarten Böhmen, Schlesien, Polen und Ungarn, bei welchen ich, Zeit meiner Pilgrimschaft mich aufgehalten und viel Gutes genossen habe. Der Herr gebe euch zur Vergeltung dies einige Notwendige, klug sein, damit ihr die Einkünfte eurer gesegneten Länder wohl zu gebrauchen und nicht zu mißbrauchen wisset. Die Übermaß hat die Böhmen verderbet, hat ein weiser, mitternächtischer König, der ein Feind der Verschwendung ist, gesaget. Und eben dies wird man auch von dir, o! Polen, in Kurzem sagen, wo du nicht zeitlich zu den einigen Notwendigen, der Sparsamkeit, dich kehrest; denn der Anfang der Sünden Sodoms ist die Hoffart und Alles vollauf und guter Friede gewesen (1. Ezech. 16, 49).

§. 18. Mein letzter Aufenthalt ist bei die zwölf Jahre in der Hauptstadt in Holland und der größten Handelsstadt gewesen, allwo ich bessere Gelegenheit, als jemals in meinem Leben, zu betrachten, wie viel es sei, dessen wir entbehren können und auf diese Gedanken von dem einigen Notwendigen zu kommen, erlanget und hiermit unter tausend Labyrinthen denen Labyrinthen zu entgehen herzlich verlanget, auch durch Gottes Gnade gelernt habe, unter denen tausenderleien täglich von viel tausenden gewälzten Steinen, nicht weiter meine Steine zu wälzen, sondern fest zu setzen und unter dem Haufen so vieler unersättlich hungrigen und durstigen Tantalen nicht ebenso zu hungern und zu dursten. Dieses soll mir Zeit meines Lebens statt des größten Schatzes und aller Ergetzlichkeiten sein. Ich erinnere mich, daß ich, als ich Anfangs hieher gekommen, von den Vornehmsten mit Ehren empfangen worden, in Hoffnung, eine besondere Gelehrsamkeit bei mir anzutreffen, ich wünsche aber, daß ich nach dem Exempel meines Herrn, der auf der Hochzeit zu Cana den besten Wein bis auf die letzt behalten, handeln könne, so daß meine letzten Dinge besser sein, als die zuerst gehofften. Ich hoffe auch, daß es geschehen werde, wenn nur kluge Speismeister zugegen sind, welche von dem Wasser, das zu Wein worden, ein gesundes Urtheil zu fällen wissen. Welches ist es denn? Das Apostolische: Es ist ein großer Gewinn, wer gottseelig ist und lässet ihm genügen. Denn wir haben nichts in die Welt gebracht. Darum offenbar ist, wir werden auch nichts hinausbringen. Wenn wir aber Nahrung und Kleidung haben, so lasset uns begnügen. Denn die da reich werden wollen, die fallen in Versuchung und Stricke und viel thörichter und schädlicher Lüste, welche versenken die Menschen ins Verderben und Verdamniß (1. Tim. 6, 6—9). Und daher kommts vielleicht, daß die heil. Schrift die mystische Babylon, die sich in der ganzen Welt ausgebreitet hat, ebenso wie jene alte, die in Chaldäa gelegen ist, beschreibet, daß sie mit allen Dingen zu allem Überfluß angefüllet und solches aus der ganzen Welt zusammenzubringen, zu kaufen und zu verkaufen, stolziglich beschäftigt sei. Man lese nur das 18. Cap. vom 11. bis zum 20. Vers. Wie weit nämlich ein jeder Mensch oder eine jede menschliche Gesellschaft, Stadt und Land sich allzusehr in die irdischen Dinge gegeben und von der Liebe zu denselben trunken gemacht hat; so vergessen sie gar leicht der besseren, der himmlischen und ewigen Güter; ja des Ursprungs alles Guten, Gottes selbsten und versinken dadurch ins Verderben und gehen zu Grunde. Der Wein ist fast des Menschen Leben so man ihn mäßiglich trinkt; aber so man sein zu viel trinket, wird er Gift und Tod, wodurch mehr ersäufet werden, als durchs Wasser, sagt der weise Hebräer Sirach im 32. Cap."

Eine Clausel, zu der ihm eigentlich eine überflüssige Seite des Buches bewog, giebt als die höchste Regel über den Gebrauch des einzig Nothwendigen an: nicht mit einigen wenigen oder irgend einem, außer sich, zufrieden zu sein, sondern einzig und allein mit sich, und seinen inneren Gütern, die nicht weggenommen werden können. Dies letzte mag auch die innere Kraft erklären, mit der er noch in so hohem Alter fähig war, eine solche Perle erbaulicher Literatur, wie dies Werk ist, zu schaffen. Die Grundgedanken überraschen wohl nicht, denn die Verwandtschaft mit der Panegersia ist nur zu einleuchtend, aber der unmittelbare, ergreifende, klagende Ton, sowie die Größe des Vorhabens rühren durch den neuen Hinweis auf die Reinheit des Herzens und die rastlose sich vergessende, selbstverleugnende Hingebung zum Dienste der Menschheit.

Und lange genoß er der Ruhe nicht. Er ließ die vor 27 Jahren geschriebene Via Lucis drucken und einige Tage nachher sandte er sie mit einem Begleitschreiben an die königl. Gesellschaft der Wissenschaften in London. Er redet die Mitglieder derselben als erleuchtete Lichtträger des Jahrhunderts an und berichtet kurz über seine Zwecke, Versuche, Erfolge. Um bei der Pansophie stehen zu bleiben, macht er auf den Universalismus derselben als auf eine neue Errungenschaft, ferner auf die Lehre von gemeinsamen Instincten und Fähigkeiten aufmerksam, während bisher nur von gemeinsamen (angeborenen) Ideen Kenntniß genommen wurde. Der kön. Akademie gebühre ein Lob für das, was sie bei der Verbreitung des Lichtes geleistet, aber alles habe sie nicht gethan. „Es ist noch nicht erreicht, was man im Namen des menschlichen Geschlechtes zu ersehnen begann, und zur Vervollkommnung der Seligkeit des letzten Jahrhunderts erfordert wird. Man habe noch über das Gegenwärtige hinaus zu streben. Es gebe drei Schulen: die Physica, die Metaphysica, die Hyperphysica. Indem die Gesellschaft die Natur prüfe und erforsche, habe sie nur mit dem Alphabete der Wissenschaft zu thun, nun mögen sich deren berühmte Mitglieder auch zu jener höheren Stufe emporschwingen. Dies wiederholt und variiert er: „unus ex humilibus Viris desideriorum, Comenius senex, Cujus vita deserit in doloribus et anni in gemitibus".[22])

So lebte er von Tag zu Tag dahin. Die einzige Sorge blieb ihm noch die Pansophie. Sein Freund Hessenthaler kam im August zu ihm. Den ganzen Tag beriethen sie sich, konnten aber durchaus zu keinem Resultat gelangen. Hessenthaler will ihn in neue Labyrinthe führen, aus denen er sich mit Mühe herausgewickelt hat. Was nun? Es thut Noth ehrenhaft zu scheiden, er wolle ihm melden, daß er die Panhistorie für nöthig halte und dieselbe ihm überlasse. Sonst wissen wir über die hier enthaltenen Andeutungen Nichts mehr.[23] Anfangs des nächsten Jahres hören wir wieder von amtlichen Sorgen, die er wegen Almosen, der Besetzung geistlicher Stellen hatte. Bythner dankte ihm, daß sie durch seine Vermittlung das Geld erhalten haben, er bittet den Cassius, den Conrector von Lissa um deutsche Gesangbücher. Zugleich verzeichnet er das Gerücht, wie gerne er es für unwahr hielte, daß Comenius krank sei. Den 10. Februar antwortet Comenius darauf: Geer wünscht eine Quittung über die Gelder, die er durch andere zur Unterstützung verabreicht hatte. Den Cassius sende er, trotzdem er nicht zum Pfarrer ordiniert sei, Gesangbücher habe er nicht. Den Fulneckern habe er wohl einen Theil der Gedruckten zugedacht, wenn er überhaupt durch Gottes Erbarmen zurückkehrte; einen Theil habe er auch schon abgesandt.[24]

Außer den bereits oben genannten phantastisch beanlagten Geistern war auch Antoinette Bourignon nach Amsterdam gekommen, und durch die Reinheit ihres Lebenswandels und ihre Frömmigkeit veranlaßte sie trotz ihrer schwärmerischen Sonderlichkeiten vielfaches Aufsehen und Erregung. Unter ihren Verehrern finden wir auch Comenius, wie auch sie die Herzensgüte und die Demuth des Mannes besonders hoch gepriesen hat. Vielleicht wird auch der Titel eines Buches, das sie im Jahre 1669 herausgab: „La Lumière née en ténébres", das sonst auf die apokalyptische Sammlung des Comenius gar keine Rücksicht nimmt, auf diese Gesinnung dem alten Freunde gegenüber zurückzuführen sein.[24a] Dieser konnte übrigens trotz der Last seiner Jahre nicht ruhen, indem er zu einer neuen Streitschrift durch Maresius, der Anfangs des Jahres eine Schuldisputation über den Chiliasmus hielt, veranlaßt wurde. Maresius nahm Serarius, Labadias und den über die beiden hochstehenden Comenius in die Arbeit. Nun wurde dieselbe dem Comenius übermittelt und sie verursachte ihm viel Bitterkeit.[25]) Anfangs dachte er daran, in einem Privatbriefe sein Herz auszuschütten, da ihm Maresius immer noch hoch stand; allein da der Angriff ein öffentlicher war, fühlte er sich auch verpflichtet, eine öffentliche Antwort zu geben. Darum veröffentlichte er die Schrift „Admonitio etc." Diese Schrift sollte eine geschichtliche und dogmatische Begründung des Chiliasmus bieten, zu dem sich der Verfasser frei bekennt, indem er behauptet, er habe dies von seinen Lehrern Alsted und Piscator. An die Möglichkeit neuer Offenbarungen habe er anfangs, wie die Schrift von den Engeln beweist, selbst nicht geglaubt, bis es Gott gefiel, ihn eines Anderen überzeugen und ihm sogar die Herausgabe neuer Offenbarungen zu überlassen, trotzdem der Verfasser sich lange dagegen gesträubt hatte. Dafür könne er nicht. Er verwahrt sich dagegen, daß er durch die Herausgabe dieser Offenbarungen etwas gegen die Theologie oder gegen die Politik verschuldet hätte, oder daß er diese Offenbarungen den kanonischen Büchern der Bibel gleichstellte. Auch sei der Verdacht wegen Unlauterkeit seiner Absichten recht grundlos. Wenn nur der Gegner Gelegenheit hätte, bei ihm zu sein, er möchte ihm mit demselben Vertrauen Alles offenbaren, nicht nur seine Schriftsammlung, sondern auch das Innerste seines Herzens. Zum Schluß betheuert er nochmals, der wahre Chiliasmus sei das wahre Christenthum und der Anti-Chiliasmus, der Anti-Christianismus, und es sei zu beklagen, wenn die Anhänger des Letzteren die des Ersteren verfolgen.

Maresius wartete nicht lange mit der Antwort. Einen Monat darauf erschien sein Antirrheticus, besonders im ersten Capitel manche interessante hier bereits erwähnte Notiz über die Person des Gegners erwähnend. Er erwähnt auch die Panorthosia,[26]) er deutet auf den großen Antheil des Campanellas in den Comenianischen Schriften, sucht den Alstedschen und Piscatorschen Chiliasmus als einen von diesen selbst später überwundenen Standpunkt nachzuweisen, hält die Anklagen besonders gegen Drabik aufrecht, über den er sogar meint, daß er zu den Türken geflohen sei. Von einer Antwort auf den Antirrheticus wissen wir gar nichts, und so ist denn die Admonitio als das letzte Werk des Comenius· zu betrachten. Den scharfen Ton des Antirrheticus mag einigermaßen der Erfolg, den diese Visionen anderweit errungen haben, paralysiren. Montgomery hatte sich schon vor Jahren für einen Freund derselben erklärt.[27]) Fabricius schrieb vor zwei Jahren, dass er dieselben für göttlich, wenn auch nicht vielleicht für die Werke einer besonderen göttlichen Beeinflußung halte.[28]) In England bereitete man eine dritte englische Umarbeitung der Lux vor.[29])

Aus dem letzten Jahr, wo er in hohem Maße mit Antoinette Bourignon befreundet geworden zu sein scheint,[30]) haben wir nur einige Thatsachen zu erwähnen. Anfangs desselben starb sein Schwiegersohn Figulus,[31]) und bedenkt man die Liebe des Comenius zu ihm, wird man die Größe des Verlustes ermessen können. Der Gedanke der Sterblichkeit, ein ewiger Begleiter der Älteren, dictierte ihm auch die Erinnerung an den Tod seiner Eltern, die er auf die Urkunde des Friedhofs zu Ung.-Brod notierte.[32]) In fortwährender Arbeit an seiner Pansophie, und, wie es scheint, in hingebender Frömmigkeit, da er in Genossenschaft mehrerer auch schwärmerischer Personen lebte, vergiengen noch einige Monate. In der Clamores Elisæ finden sich noch Aufzeichnungen vom Juni und vom September 1670; den 15. November jenes Jahres ereilte ihn der Tod.[32a]) Über seinen Tod haben wir einen Bericht, der von ihm in Verbindung mit der Bourignon spricht.

Auf dem Sterbebett wünschte er sie noch einmal zu sehen. „O, die heilige Tochter," rief er aus, „wo ist sie? Möcht' ich sie vor meinem Hinscheiden noch sehen. Alle meine Kenntnisse und Einsichten waren blos die Frucht der natürlichen Vernunft und Wirkungen des menschlichen Nachdenkens; sie aber besitzt ein Licht, welches unmittelbar durch den heiligen Geist von Gott kommt." Als sie ihn nach seinem Verlangen besucht hatte, rief er bei ihrem Weggehen: „Ich habe einen Engel Gottes gesehen, heute·hat uns der Herr seinen Engel gesendet."[33])

Aber auch die pansophischen Arbeiten traten in ihrer unvollendeten Form vor das sich allmählig trübende Auge des Sterbenden und erschwerten ihm den Abschied. Eifrig soll er seinen

Schwiegersohn beschworen haben, das bereits fertige, und dem es noch an Correktur mangelt, für den Druck vorzubereiten und der Öffentlichkeit zu übergeben.[33ᵃ]

Die lange Zeit strittige Frage nach dem Sterbetage klärt sich, auch nach dem Epitaphium,*) dahin auf, daß Comenius den 15. November 1670 in Amsterdam starb und am 22. desselben Monats in der Kirche zu Naarden, einer nahe bei Amsterdam gelegenen Stadt, begraben wurde.[34] Da außer Figulus auch Gertych bereits gestorben waren, verschied mit ihm der letzte Bischof der böhmischen Brüder.[34ᵃ]

————

Comenius' Hinterlassenschaft ist mehrfacher Art. Über sein Familienleben haben wir nur spärliche Nachrichten, da aus seinem sonst reichen Briefwechsel, der zum größten Theile in Abschriften enthalten ist, hauptsächlich Stellen, die das öffentliche oder wissenschaftliche Leben betreffen, enthalten sind. Von seiner Witwe Johanna wissen wir, daß sie sich eine Zeit lang bei dem Hofprediger Schmettau aufgehalten hat. Von der ersten Tochter und ihrem Gemahl Molitor wissen wir sonst gar nichts, als daß Comenius aus Ungarn scheidend, ihnen einige Revenuen für die Erziehung der Kinder angewiesen hatte. Die Witwe des Figulus überlebte ihren Vater mit zwei Söhnen, deren jüngerer zu dem ursprünglichen Namen des Vaters zurückkehrend, als Daniel Ernst Jablonsky durch seine Kenntnisse und seine Thätigkeit (hiezu ist, als Verwirklichung einer großväterlichen Tradition, die Begründung der Akademie in Berlin zu rechnen) sich eine angesehene Stellung und vielfachen Ruhm erwarb.[35] Von seiner dritten Tochter Susanna (geb. in Elbing 1643) meldet Figulus 11. Nov. 1651 aus Lissa nach Ungarn, sie mache im Lesen und Schreiben Fortschritte.[36] Weiteres wissen wir von ihr nicht. Daniel wird in dem Briefe auch erwähnt; derselbe, wie es scheint, in der letzten Zeit des Elbinger Aufenthaltes daselbst geboren, wurde im Jahre 1666 von seinem Vater dem Predigerstand gewidmet; er überlebte seinen Vater; er berichtete unter anderen dem Spizelius über den Tod seines Vaters, starb 1694 auf dem Meere zwischen Amsterdam und Danzig. Noch eine Tochter wird erwähnt, aber weder die Geburtszeit, noch der

Geburtsort, noch der Taufname ist bekannt.[37]) Wie die Kinder nach dem Tode des Vaters ihr Leben weiter gefristet, ist mir nicht klar geworden; ich nehme an, daß das Haus Geer das ihrem Vater dargebrachte Wohlwollen auch auf die Kinder übertrug.

Hiezu bewegen mich die Berichte, die über das Interesse der Familie für den literarischen Nachlaß des Comenius vorliegen. Es handelte sich dabei hauptsächlich um die Pansophie. Ein gewisser Nigrinus wurde von den Geerschen mit der Herausgabe des Werkes betraut; es scheint aber, daß der nöthige Eifer auf beiden Seiten fehlte. Im März 1677 berichtet Nigrinus, er lege seine Hand bereits an das letzte Capitel der Pannuthesia; bis zum Ende jenes Monates wurde auch jene fertig, wir verstehen, druckfertig; am 19. October wirft er es den Geerschen vor, die Pansophie wäre schon erschienen, wenn sie nicht gezögert hätten. Im folgenden Jahre erbat er von Hessenthaler, von Vetter, von Bottenius die Metaphysik des Comenius, die 1650 erschienen sein soll, ob er sie erhalten hat, geht aus den Fragmenten der Correspondenz nicht hervor. Hessenthaler versprach ihm, was er hatte, mitzubringen. Aus einer Zuschrift des Letzteren an Nigrin erhellt auch, daß sie mit der fertigen türkischen Bibelübersetzung nicht zufrieden waren, und noch immer keinen guten Übersetzer finden konnten. Ein Concept vom 9. Mai 1680 gibt die Mittheilung, man hätte mit der Herausgabe der philosophischen Bücher des Comenius so lange gezögert, daß sich Nigrinus endlich entschloß, zuerst ein Specilegium Didacticum, allerdings nur zum privaten Zweck, in 100 Exemplaren, zu veröffentlichen, in dem er über die herauszugebenden pansophischen Schriften orientiert. Die Widmung an den Leser dieses Specilegium ist vom 5. Mai, Amsterdam, datiert, und empfiehlt dieses geringe Büchlein dem Wohlwollen des Lesers.[38]) Von weiteren Publikationen des Nigrinus wissen wir nichts, müssen aber erwähnen, daß 1681 die Metaphysik des Comenius in Leyden, bei den Erben J. Heenemanns erschienen ist, wobei wir die Frage, ist dies im Zusammenhange mit den übrigen in Vorbereitung und überhaupt von Nigrinus veranstaltet wurden, nicht unterdrücken, aber nicht beantworten können.

Dafür ist mir eine Skizze der Pansophie (III. Theil) und Panorthosia (VI. Theil des Systems), beide allerdings im Manuscript, bekannt geworden, die, da sie den ganzen Wortlaut nach veröffentlicht werden sollen, diesmal im folgenden kurzen Aus- zug hier stehen mögen.

Die universelle Pansophie soll aus 100 Dialogen bestehen. Die ersten (3) Dialoge erwecken die Hoffnung, daß die Welt, trotz vieler Hindernisse doch reformiert werden kann, und nachdem der vierte die Nothwendigkeit einer Panaugia gezeigt, weisen die folgenden (5—9) die Nothwendigkeit, Möglichkeit, Leichtigkeit einer Pansophie, „die allen Menschen für alle Dinge auf alle Art und Weise genüge." Dialog 10 gibt die Hindernisse, die den Alten zu diesem Werke im Wege standen, und auch jetzt noch stehen, aber num- mehr weichen müssen; gibt ferner eine Eintheilung des Werkes. Die Dialoge 11—40 geben eine Art Metaphysik: Ontologie, rationelle Theologie, Angelologie (mundus possibilis, archetypus, intellegibilis). 40—50 die rationelle Kosmologie (mundus materi- alis) darunter 46 von den lebenden Substanzen, 47 von Menschen. Die 50—60 geben eine Übersicht der künstlichen Welt: synopsis mundi artificialis. Die Principien der Kunst (Ars) seien der Nutzen, die Nachahmung und die Durchbildung (Dial. 52.); die- selben werden in künstlicher Behandlung der Elemente, Metallen und Mineralien, Pflanzen, Thiere, menschlichen Natur, und der Accidenzen der natürlichen Dinge nachgewiesen. Die Dialoge 60—70 behandeln die moralische Welt (m. moralis). Die Bau- meisterin dieser Welt ist die menschliche Klugheit (Prudentia). Die Klugheit sich selbst zu regieren, ist die Ethik; sich mit anderen zu regieren die Symbiotik (zugleich über die Freundschaft); Gesell- schaft und Haus zu regieren, Ökonomik, Schulen zu regieren heißt Scholastik; den Staat: Politik, ein Königreich: Basilika, zwei Dialogen handeln über die Vollkommenheit, die Abarten in der Beherrschung der menschlichen Natur, und über die Regierung der moralischen Welt. Die Dialoge 70—80 beschreiben die geistige Welt (mundus spiritualis), deren Baumeisterin die Religion ist; behandeln besonders die Wichtigkeit des Vermittlers, der die gelösten Bande zwischen Gott und Menschen herzustellen hat. Die

Dialoge 80—90 handeln von der ewigen Welt, (m. aeternus) deren Baumeisterin der letzte Ruhm Gottes ist; u. zw. von dem Ruhm der Weisheit, der Macht, der Barmherzigkeit und der Gerechtigkeit Gottes. Dialog 87 berichtet über die Bewohner der künftigen Welt und deren seligen Zustand, 89 über die Menschen des künftigen Jahrhunderts und deren ewiges Elend. Die letzten zehn Dialoge handeln von der Frucht dieser Pansophie, u. zw. zunächst im Allgemeinen (Pancarpia); dann folgen diese Früchte nach einander; es sind dies: Autognosia (die volle Kenntnis sich selber, Gottes und der Dinge) Autonomia, (wie der Mensch, sich selbst Gesetz, in ewiger Freiheit leben kann); Panautokrateia, universelle Verstärkung der Kräfte in sich selbst; Autarkeia, wie ein jeder Mensch mit sich zufrieden leben könne; Pampædia, nach der man die Geister der ganzen Welt und jeden Alters ausbilde; Panglottia, wie man die Sprachen aller Völker so vervollkomme, „daß sich alle Bewohner der Welt (und eines Landes) gegenseitig sprechen und verstehen, und einträchtig und süßlich beisammenwohnen können“; Panorthosia, wie man allgemeine Verbesserung finden könne; schließlich Panegyrus der Welt, d. h. ein ökumenisches Concil der Welt, behufs Schaffung der Panhenosia, daß nämlich die ganze Welt ein Haus Gottes, ein Staat, ein Reich werde und Gott Alles in Allem. Der letzte Dialog Jubilans Jubilaeorum handelt von dem Frieden der Welt, und von jenem großen Mahl der Völker, das für die letzten Zeiten versprochen worden ist. [39])

Aus einem Entwurf der Panorthosia ist zu sehen, daß diese einen theoretischen und einen praktischen Theil hat. Der theoretische Theil von der allgemeinen Verbesserung, handelt über die Hoffnung an dieselbe, ferner daß die Verbesserung ein Werk Christi und in dem Christenthum ihren Anfang nehmen wird; und über die Idee einer solchen Verbesserung. Die Praxis besteht in dreiem: in der Enthebung der Verderbnisse (Profanitas, Inhumanitas, temeraria rerum tractatio) in der Verbesserung des Verdorbenen durch allgemeine Philosophie, Religion, Politik und Sprache; und in der Stabilierung des Verbesserten durch ein Collegium des Lichts, ein Consistorium der Heiligkeit und ein

Gericht des Friedens. Der Nutzen zur Reformation wäre ein par-
ticulärer: 1.) eines jeden für sich selbst; 2.) der Familien; 3.)
der Schulen; 4.) der Staatswesen; 5.) der Kirchen; und ein universaler, durch das allgemeine Concil.[40]

Diese Skizzen vermögen die voll ausgearbeiteten Schriften
nicht zu ersetzen; folglich ist man auch nicht berechtigt, über die
Pansophie des Comenius, auf Grund bisher bekannter Schriften
endgiltig zu urtheilen, am allerwenigsten deren Verlust für belang-
los zu erklären: die erdrückende Größe des Unternehmens erklärt die
Langwierigkeit der darauf angewendeten Arbeiten. Es mußten dabei
auch stets neue und neue Lücken und Erfordernisse bemerkt werden:
dies erklärt das Zagen und Zögern mit der Veröffentlichung; nicht
nur von Seiten des Comenius, sondern auch des Nigrinus. Den
hauptsächlichen Inhalt der verlorenen metaphysischen Theile gibt
wohl die Janua Rerum, des physischen die Physik, den religions-
wissenschaftlichen zum Theil die Panaugia, sonach müssen wir den
Verlust des ethischen und des kunstgeschichtlichen (mundus artificialis) Theiles am meisten beklagen; umsomehr, als diese wahrhaft
reale Stoffe verarbeiten, und nach „Gentis felicitas" urtheilend,
viele neue wichtige Gedanken enthalten haben möchten.

Was die Idee einer Pansophie selbst anbelangt, so kann
Niemand die Erhabenheit des darin vorgesteckten Zielbegriffes bezweifeln: viel eher dürfte man an die Unmöglichkeit einer allgemeinen Verbesserung der menschlichen Dinge denken. Man erwäge
aber, daß Comenius auch nur den Anfang dazu dem menschlichen
Vermögen zuschrieb, das Übrige aber, wie es in dem Entwurf
der Panorthosia zu sehen ist, dem bald zu erscheinenden Christus
selbst überlassen hat. Durch die direkt ausgesprochene und auch
thatsächlich versuchte Verbindung des philosophischen Forschens mit
der allgemeinen Verbesserung der Gesammtheit der Dinge und der
Hebung des privaten Wohlstandes eines jeden, gewinnen seine
pansophischen Bestrebungen eine Sonderstellung in der Geschichte
der Reformbestrebungen der Menschheit: das zeitgeschichtliche
Moment in seinen Gedanken mag fallen, aber der Kern ist von un-
vergänglichem Werthe und wir wollen hoffen, nicht als eine abstracte
Idee, sondern als eine stete Gewissenspflicht für die leitenden

Geister der Menschheit. Und das Andenken der im Dienste der
Pansophie unternommenen Kämpfe und Thätigkeiten bildet eine
der theuersten Hinterlassenschaften des Comenius.

———

Damit soll allerdings das Übrige, was Comenius geschaffen
und der Nachwelt überliefert, nicht verringert werden, was umso
mehr zu betonen ist, als die Nachwelt über ihn lange Zeit entweder ungerecht geurtheilt oder gar geschwiegen hat. Dies verursachte hauptsächlich der chiliastische Glaube, der den Aufträgen
des Pseudopropheten Drabik Folge leistend nicht kühl und quietistisch
blieb, sondern auch zur Quelle von Handlungen und Vermittlungen
wurde, die, wenn man das Motiv aus den Augen ließ, verdammt
werden mußten. So die Verbreitung der Visionen, die Beeinflußung der evang. Herrscher in der von den Visionen angestrebten
Richtung, das Verhältniß zu Ludwig dem XIV., die Unterstützung
Redingers, die vielen apokalyptischen Publikationen, das Verhältniß
zu der Bourignon. War das alles schon im Leben des Comenius
Veranlassung zu vielen Fehden, und schmälerte es bereits damals
den Ruhm seiner anderen Arbeiten: wie sollte dies nicht noch
mehr geschehen, als acht Monate nach dem Tode des Comenius
der bis dahin wie wunderbar erhaltene Drabicius, zum Gericht
gefordert, des Hochverrathes verurtheilt, ja sogar zur Widerrufung
seiner Prophetien und zum Übertritt zum katholischen Glauben
bewogen wurde?[41]) Der Terrorismus war so groß, daß Hessenthaler dem Sohne des Verstorbenen, Daniel Comenius, rathen
mußte, ja nicht nach Ungarn zu reisen, wo man sogar Unschuldige
einer Gemeinsamkeit mit Drabik anklagte und schuldig erklärte.
Hessenthaler selbst wurde es wegen seiner Verbindung mit Comenius
bange; ein Pastor wurde seines Amtes wegen Parteinahme für
Drabik abgesetzt;[42]) und indem man hiefür größtentheils Comenius
verantwortlich machte, vergaß man später seine anderen Werke,
und man vergaß, wie er in seinen apokalyptischen Neigungen wohl
auch angefeindet, aber doch von vornehmen Geistern seiner Zeit
unterstützt wurde.[43])

Den großartigen Bau der Didaktik merkte man in dem
wegen seines großen Umfanges auch recht wenig beachteten Folio

der Opera Didactica fast 100 Jahre gar nicht; die pansophischen Programm-Schriften wurden bald sehr selten, die eigentlichen kamen gar nicht in Druck; durch die Zerstreuung der Unität gieng die eigentliche Lesewelt seiner böhmischen Schriften verloren, und so hielten seinen Namen eigentlich seine sprachmethodischen Schriften, Janua, Orbis P. und die Schulschauspiele, (die aber insgesammt eine spätere Zeit, ohne sie zu verstehen, wegen ihrer Latinität angegriffen und verfolgt hat), und so lange sie nicht unmöglich wurde, seine Physik auf; während seine chiliastisch-apokalyptische Thätigkeit auf Grund einseitiger Berichte übertrieben ausgeschmückt, seine große Persönlichkeit lange Zeit des Ernstes und der Achtung beraubte.

Wie ungerecht der letzte Vorwurf war, darüber spricht sich gegenwärtige Schrift zur Genüge aus. Die Macht der Jugendeindrücke, genährt durch kommende Ereignisse, entfachte in ihm die Hoffnung auf eine Rückkehr Christi zur Sicherheit, in der ihm eine Anzahl hochgebildeter Freunde und hochangestellter Gönner am Continent und im Inselreiche, gar in Amerika, beistimmte. Wenn aber andere die göttliche Strafe, die die neueren Seher verkündeten, mit Recht auch bezweifelten, wie konnte es der Bischof der Unität, der reinen Kirche, die Gott wohl bestraft, zerstreut, vernichtet habe, ebenso wie seiner Zeit das Volk Israel, die er aber, da er gerecht und gütig ist, unmöglich verlassen könne? Man erwäge nur noch, um über die Zeit wahrhaft zu urtheilen, dem vollen Sinne nach Bayles Worte, dass 1683, als Wien von den Türken belagert wurde, in Paris einem jeden des Propheten Drabiks, nicht aber der Heerführer Name an den Lippen schwebte![44])

Um so höher ist es anzuschlagen, dass dieser Glaube nicht zur Unthätigkeit oder zum leeren anschaulichen Leben führte. Im Leiden und Dulden der Verfolgungen ist er wohl ruhig — sonst heißt es aber für ihn mit aller Kraft zu arbeiten, auf dass der Herr bei seiner Ankunft schon die Anfänge einer großen Umwandlung vorfinde: dies das Grundmotiv seiner theologischen, pädagogischen, philosophischen, theilweise auch historischen Werke. Sie wurzeln alle ihrem Inhalte nach in ihrer Zeit und der Vergangenheit; wie dies vorliegende Arbeit wohl kürzer, als es wünschenswerth erscheinen könnte, gezeigt: aber sie blicken alle in die Zukunft, für die sie arbeiten, in eine schöne Zeit, das längst verkündigte, vielmal erwartete und stets zu erhoffende goldene Zeitalter.

Sie alle, wenn auch von ungleichem Werth, fordern Platz in der Geschichte der menschlichen Bildung, wenn ihnen auch ihr je nach ihrem Werthe verschiedene Aufmerksamkeit und Schätzung zu Theil werden mag.

Zunächst verdient es Comenius, auf dem Gebiete der Theologie, welches er als sein eigentliches Berufsfeld erkannt und erklärt hat. Zu einer positiven Bearbeitung einer Disciplin kam er, wenn wir von der Homiletik absehen, gar nicht und doch prägt sich in seinen Schriften eine markante theologische Individualität aus. Im Grunde weist er, wie seine Gemeinde, dem Klügeln und Disputieren in Glaubenssachen wenig Bedeutung zu, aber dem Bekenntnisse seiner Kirche ist er treu ergeben, und zu einer Vertheidigung desselben vielfach genöthigt, entwickelt er auf dem theologischen Gebiete ein reiches Wissen und eine Fertigkeit in dem Gebrauche der Mittel, was ihm besonders nöthig wurde, als er seinem Chiliasmus die apokalyptische, neue göttliche Offenbarungen zulassende Form gab.

Es ist hier nicht Platz, über die Bedeutung und Berechtigung des Chiliasmus zu reden. Seit den ersten Jahrhunderten des Christenthums, wo er vielfach zur Stärkung der Gläubigen beitrug, war er in der Kirche öfters verstummt und wiederholt hervorgetreten. Wie die Reformation bei der Erklärung der Apokalypsis und Daniels Prophetie den Chiliasmus förderte, darüber vergleiche man die zahlreichen Schriften über dies Thema.[44] Unter Antichrist verstand man aber schon seit vielen Jahren einmüthig den Papst. Comenius fand die chiliastische Lehre in der Schrift und in dem katholischen Zustande der Kirche begründet und konnte sich auf zahlreiche Autoritäten des Christenthums berufen. Der Gedanke ferner, daß die göttliche Offenbarung nicht als mit der Schrift nothwendiger Weise völlig abgeschlossen zu betrachten sei, hat nur den einen Mangel, daß bei den weiteren Offenbarungen der Maßstab der Wahrheit fehlt, denn das, was er dafür gebrauchen will, ist doch zu weit: und so gefährdet dieser sein Glaube eben die Autorität der von ihm über alles Andere erhobenen heil. Schrift. — Aber, wie friedliebend er war, hatte er

doch **Kämpfe** auch um die detailliertesten Glaubenssachen auszufechten. Gegen die katholische Kirche verficht er die heil. Schrift
als alleinige Norm des Glaubens, vertheidigt das Recht des
Einzelnen gegenüber der Kirche und weist die Wunder als
Beweise der Wahrheit des römisch-katholischen Glaubens zurück.

Gegen die Socinianer vertheidigt er den Dreifaltigkeitsglau-
ben u. zw. sowohl aus der Schrift, als aus der Tradition und
Kirchengeschichte, als schließlich auch aus Vernunftsgründen, denn
wie er letztere bei Begründung des Glaubens nicht gebrauchen will,
so sind sie zur Bestätigung desselben recht dienlich. Gegen die
Lutherischen vertheidigt er den Brüderischen Glauben sowohl durch
geschichtliche, als auch symbolische Berechtigung und verlangt nach-
drücklichst von dem Christenthum, daß es zum Alt-Christenthum
zurückkehrend eine Veranstaltung für das Leben sei, und gegen
jene, die nur dem Namen nach Christen sein wollen, die Zucht
anwende. Wer wird diesen Gedanken die ideelle Berechtigung absprechen? Wer es dennoch möchte, den verweisen wir auf die
asketischen Schriften und Predigten des Autors, daß er sich über-
zeuge, daß es Comenius sowie auch seiner Gemeinde ernst damit
war, und daß er sich durch die Forderung der Zucht ein Verdienst
um die Förderung der Reinheit des christl. Lebens erworben hat.
Dies wollte eigentlich auch seine Irenik fördern. Die christlichen
Confessionen alle im Besitze irgend eines werthvollen Theiles der
Wahrheit sollen sich in Liebe und Duldsamkeit behufs einer Vereinigung versammeln, die recht gut möglich ist, wenn die im
Menschen liegende Ursache der gehässigen Spaltungen entfernt
und Christus zum gemeinsamen Haupt und seine Worte zur Richtschnur anerkannt werden. Bei treuer Wahrung der specialsten
Individualität des Bekenntnisses die vorurtheilsfreie Beurtheilung
des Christenthums, ja sogar der Religion im Allgemeinen — und
die ernste Forderung, wie auch Bethätigen des reinen Lebens,
als etwas in der christl. Gemeinschaft Nothwendigen, verdient er
auch als Theologe umsomehr einen Platz in der Kirchengeschichte,
als in dem Aufleben der Unität der Herrnhuter der Geist des letzten
Bischofs der böhmischen Unität zu neuer Geltung gelangte.[43])

Wie ihn der trostlose Zustand der menschlichen Dinge zu
einem Versuche der Aufbesserung derselben führte, so wurde er

auf das Gebiet der Philosophie, das, wohl bearbeitet, jenem Zwecke
in erster Reihe dienlich sein könnte, gebracht, an der er übrigens schon
seit seinen Jugendjahren viel Vergnügen fand. Wir sahen, wie
er das Verhältniß zu der Philosophie und der Theologie als das
einer freundlichen, gegenseitigen Ergänzung auffaßte, und die beiden
im Gegensatze zu Baco als gleichberechtigte Wissenschaften des
Menschen aus der Einheit des erkennenden Geistes entwickelte und
forderte, gegen Des Cartes aber wegen der Unterordnung der
Theologie unter die Philosophie stark ankämpfte. Seine philosophischen
Ansichten selbst wurden in der gegenwärtigen Arbeit genügend
geschildert; seine Metaphysik, Ontologie und Physik haben alle
die Opposition gegen Aristoteles gemeinsam; sie suchen das
Wesentliche, wie Pythagoras, in Zahlen, und die Träger des
Werdens wie Plato in den Ideen und so, daß deren gemeinsame
Quelle, Gott, ohne daß deshalb das Seiende zu leugnen wäre, zugleich
der Grund für die Wechselwirkung alles untereinander ist. Speciell
seine Physik weist das Walten eines Weltgeistes auf, dessen Wirkung
durch ein Gesetz, wenn sich auch die Mechaniker die größte Mühe
geben, ein solches festzustellen, kaum bewacht werden kann, sich
aber in einer Lebendigkeit durch die ganze Welt der Natur
offenbart. Ein jedes Wesen hat seine Natur, sein Centrum, darin
es sich erhalten soll: so bleibt es auch für den Menschen das
sicherste, wenn er mit seinem Herzen bei Gott bleibt; allein für
sein Leben in der Welt giebt seine praktische Philosophie werthvolle
Kenntnisse, die wir leider nur ihrem Titel nach kennen, die Symbiotik,
Ökonomik, Scholastik, Politik, Monarchik, und für des Menschen
Thätigkeit liefern die Capitel über die menschlichen Künste unseres
Wissens zum ersten Male eine systematische Unterweisung, was
besonders hervorgehoben zu werden verdient.

Eigentlich unter den Künsten aufgezählt, aber als das erste
Mittel der Verbesserung der menschlichen Dinge von selbstständigem
Werth ist die Erziehung, deren Theorie und Prax ein halbes
Jahrhundert hindurch ein Gegenstand der fruchtbarsten Arbeit
gewesen ist. Und wenn es wahr ist, daß viele seiner Gedanken
mit seiner Zeit vergiengen, so tritt er als ein gottbegnadeter Erzieher der Menschheit, „ein Seher unter den Pädagogen,“ je mehr

er durchforscht und erkannt wird, mit umso größeren Licht aus
der langen Zeit der Vergessenheit hervor. In erster Linie wohl
sein pädagogisches System im Ganzen, wie es die große Didaktik
bietet, aber nicht minder auch die Detgilarbeiten. So wird das
Informatorium der Mutterschule als Meisterwerk ersten Ranges,
das unübertroffen ist, mit Recht gepriesen und seine Arbeiten für
den Lateinunterricht, die ihn auch zur Streifung des philologischen
Gebiets gebracht, wo er auch als ein Vorkämpfer der Sprach-
vergleichung Platz fordert, hat der Gebrauch von zwei Jahrhunderten
approbiert ohne dass man sagen könnte, dass ihr Werth bereits
verschwunden sei. Anschaulichkeit, Naturgemäßheit, Realien, Stufenfolge, die Muttersprache, beide Geschlechter im Unterrichte, sind die
Losungswörter, die ihm den Ruhm auf dem Gebiete der Erziehung
für alle Zeiten sichern.

Über seine historischen, poetischen Versuche ist das Nöthige
gesagt worden. Sein Stil ist stets lebhaft, gehaltvoll, von edler
Einfachheit, die Übereinstimmung zwischen dem Inhalt und der Form
stören nur zeitweise Wiederholungen, hauptsächlich in der Polemik
gegen Zwicker und in Lux e tenebris. Hingegen sind es
die Schriften im Böhmischen, die alle insgesammt eine schöne
Diktion anführen, wie es sich aus der tiefen Liebe und Sorgfalt,
die er seiner Muttersprache gewidmet, genügend erklären läßt.
Diese Liebe mit dem Stolz verbunden, die ihm doch Zeit für
Entwürfe für Weltsprache, Weltreligion, Weltakademie beließ,
verleiht seinen literarischen Werken denselben individuellen Zug, den
das Confessionelle gegenüber der allgemeinen Irenik aller Religionen
gekennzeichnet hatte: einen Menschen, der das seine sehr liebt und
dabei Herz genug hat, auch andere zu lieben. Und so zeigt uns seine
Lebensbahn ein Spiegelbild aller Culturbestrebungen seiner Zeit im
Rahmen einer, sein Volksthum und seinen Glauben treu und scharf
aufweisenden Individualität; wie aber seine Ideen und Erfolge seine
Irrthümer zum Wohl der lernenden Menschheit weit überflügeln,
so sichert ihm der Adel seiner fruchtbaren Gesinnung eine dankbare
Verehrung aller Jener, die Christenthum und Humanismus bei allen
und über alle andere Menschenziele hoch halten.

Belege und Erklärungen.

Da die Quellen anfangs ihrem ganzen Namen nach angegeben worden sind, scheint es mir unnöthig ein Verzeichniß der Abkürzungen zusammenzustellen. Die häufigsten sind CCM. = Böhmische Musealzeitschrift; Op. D. = Comenii Opera Didactica; Einbelh: Dekrety = D. Jednoty Bratrské Prag 1865. — Wenn ich von der Mittheilung des ganzen Titels aller citierten Werke absah, so geschah dies, der Kürze wegen, in der Hoffnung, daß dadurch die Verständlichkeit keinen Schaden erleiden werde.

Erster Theil.

I.

1) Ich kann nicht unternehmen, die Meinungen aller, die über Comenius schrieben, hier aufzuzählen, wohl aber die jener Autoren, welche auf Grund eigener Forschung zu ihrer Annahme gelangten und anderen Schriftstellern als Quelle dienten. So sind für Niwnitz hauptsächlich zu nennen: G. C. Rieger: Die Alte und Neue Böhmische Brüder 2c. Züllichau 1738. IV. 721. — Er giebt die Quelle nicht an, aber diese scheint das Lexicon Hist. Univ. gewesen zu sein, das er auf derselben Seite citiert. An Rieger's Datum hielt sich Palacky in seiner Abhandlung über Comenius: Cas. Mus. Cesk. (Böhm. Musealzeitschr.) 1829. III. 19, ohne besondere Gründe anzuführen. Andere neue Forscher beiseite lassend nennen wir nur noch Franz Zoubek, der sich in seinen deutschen Comeniusbiographien und mehreren Aufsätzen zu Niwnitz bekannte. Siehe Päd. Bibl. Richters, Band III. p. VII. Anmerkung.

2) Vgl. V. Kleych: Ewanjelicský Kancyonal etc. Zittau 1727. p. 36.; so auch Jungmann in seiner Böhm. Literaturgeschichte 1849. p. 582; u. s. w. In neuerer Zeit hat Fr. Koželuha in einer Abhandlung: O rodišti Jana Amosa Komenského (Über den Geburtsort des J. A. C.), Časop. Mus. Sp. Olomuckého (Zeitschr. des Olmützer Mus. Ver.) 1884. p. 10—15, diese Ansicht verfochten. In allerletzter Zeit scheint diese Ansicht zu schwinden.

3) Chr. Ad. Pescheď: Geschichte der Gegenreformation in Böhmen. Leipzig 1850. II. Ausg. 2. Bd. p. 565. Anm. 168. — Er giebt keine Quelle für seine Behauptung an; mir scheint sie auf einer Verwechslung mit dem Namen des Schwiegersohnes des Comenius (Figulus) zu beruhen.

4) Dubik: Reise nach Schweden. p. 234. Vgl. Zoubek a. a. O. p. VIII.

5) Matrikel der Schule Herborn,

6) Matrikel der Univers. Heidelberg; vgl. über beide Zoubek a. a. O. p. VIII, und v. Criegern: Joh. Amos Comenius als Theolog. Leipzig und Heidelberg 1881. p. 1.

7) Brevis metaphysicæ delineatio. Herbornæ 1611 — am Schluß, unter dem Verse, den er auf den Verfasser der Schrift gedichtet.

8) Koželuha a. a. O. p. 12.

9) Die Ansicht, daß Comenius in U.-Brod geboren sei, hat meines Wissens in neuerer Zeit zuerst A. Gindely ausgesprochen. — Die Unterschrift Hunnobrodensis (Comenii Opera Did. Omnia III. p. 72) hat aber bereits Palacky a. a. O. für eine, die hier nichts beweise, erklärt.

10) Dies geht aus einer eigenhändigen Aufzeichnung des Comenius hervor: Čas. Mus. Č. 1860. p. 510, 511, mitgetheilt von Gindely.

11) Dies will bewiesen haben Leonard Al. Hrazděra: O jméné a rodišti Jana Amosa Komenského. Zvláštni otisk z „Učitele“. V Brne 1890. p. 42. (Über den Namen und den Geburtsort des J. A. C. Separatabdr. aus dem „Učitel“ [Lehrer]. Brünn 1890. S. 44.)

12) „Natus die 28 Martii MDXCII Hunnobrodae Morav.“ Brit. Mus. Addit. MS. 4254. Interessante und lehrreiche Daten zur Geschichte und Topographie dieser Ortschaften hat A. Vrbka in seiner Schrift: Leben und Schicksale des Johann Amos Comenius ... Znaim 1892, gesammelt, S. 14—25. Daselbst sind auch Abbildungen der Mühle zu Niwnitz, von Ung.-Brod, Niwnitz, wie auch eine Karte der Gegend von Ung.-Brod und Niwnitz enthalten.

13) A. a. O.

14) Daselbst p. 38, 39.

15) Daß dieser Unterschied kein wesentlicher sei, ist dem Verfasser nicht unbekannt. Komniansky und Komensky verhalten sich wie Volkssprache und literarische Sprache; vgl. den Artikel des gelehrten Archivars V. Brandl „O jméné a rodišti J. A. Komenského“ im Hlas. 1890. Nr. 287, 288; einigermaßen die Kritik des Aufsatzes von Hrazděra.

16) Es wird öfters auf die Irrthümer des Comenius über die Jahreszahlen hingewiesen. Vgl. Müller's bibl. Verzeichn. Heft I. der Com.-Ges. Dennoch würden wir einen Irrthum in der Angabe des Sterbejahres seiner Eltern nur bei zwingenden Gegenbeweisen zugestehen.

17) A. a. O. p. 22, 23. Er meint daselbst, Comenius hätte sich entweder J. A. C., oder J. A. Nivanus, oder J. A. Brodensis unterschrieben, nie aber J. A. C. Nivanus oder J. A. C. Brodensis. Diese Unorientiertheit ist geradezu verblüffend, da das einzige Beispiel, wie oben erwähnt, des Hunnobrodensis (vgl. Anm. 9) so lautet: „a Joh. Amos Comenio, Hunnobrodensi Moravo“, also eben so, wie es nach Hr.'s Theorie nicht lauten dürfte. — Dies beweist, daß der Verfasser nur ein oberflächlicher Kenner der Schriften des Comenius sei. In der Annahme scheint übrigens der lobend erwähnte Archivar V. Brandl in seinem angeführten Artikel mit ihm übereinzustimmen.

18) Zusammengestellt auch bei Zoubek a. a. O. p. VII. Anm. Dazu kommt noch eine Unterschrift auf einer Disputation unter Alsted, bei welcher er Respondent war. Siehe Cap. II.

19) Ähnlich wie auch im Deutschen, allerdings bei adeligen Familien, die Prädicate Sitz und Abstammung der Ahnen bezeichnen. Allerdings ist die Analogie nicht völlig entsprechend.

20) Hrazděra a. a. O. 42.

21) Auch später kommt ein solcher Gebrauch des Wortes Amos vor. So in der Widmung der Schrift über die christliche Vollkommenheit J. A.; so nennt ihn Martinius in seiner Obrana etc. p. 25 auch zweimal nur Amos; so titulirt ihn der französische Gelehrte Mersennus J. Amoso Pansopho. Ein scheinbarer Anklang an diese Erklärung tritt in dem 1633 an Alstedt geschriebenen Briefe vor, wo es heißt: „amosum illum tuum eundem esse tui amantem.“ Ähnliche Latinisierungen kamen ja bei allen Völkern vor, daher es unnöthig ist, darauf weitere Beispiele anzuführen.

22) Brandl erklärt sich ganz entschieden gegen diese Ansicht; er meint, „amos" entspreche der „Liebe" nicht, und ist der Überzeugung, jenes Wort sei der bekannte prophetische Name. Siehe die Zeitschr. Hlas 265, 287, 289. Jahrgang 1890. Daselbst meint er (Nr. 265), die Brüder, besonders die Geistlichen derselben, pflegten sich aus dem Alten Testamente Namen beizulegen. Wenn aber v. Criegern (a. a. O. p. 8) sagt, Comenius hätte diesen Namen, als er Akoluth geworden, angenommen, so widerspricht er damit nicht nur der aus 1611 stammenden Unterschrift auf dem Lobgedicht an Litomil, sondern auch den von ihm selbst mitgetheilten (p. 1) Matrikeln aus Herborn und Heidelberg.*)

Das Monogramm, das Dr. Dvorský (s. dessen Artikel: Příspěvky k životopisu J. Amosa Komenského, Beiträge zur Biographie des J. A. C. Mus. Ztschr. des Olmütz. Ver. 1889.) Milice liest, ist gewiss ganz anders zu lesen. Das Monogramm kommt nicht nur in Lux e tenebris (gleich auf der 3. Seite) vor, sondern auch auf dem Titelblatte der Ausgabe der Ratio ordinis etc. 1660, und auch in der Schrift der Anna v. Medem: Geistiger Jüdischer Wundenbalsam . . . 1660, hier auch zweimal und außerdem öfters vor. Die meisten dieser Bücher sind in Amsterdam bei dem Buchdrucker Christoph Cunrad gedruckt worden und ein Zeichen (CC) deutet darauf hin, daß dieses Monogramm einigermaßen mit diesem Namen zusammenhänge, allein den vollen Sinn desselben wissen wir nicht. Daß Milice auch nicht Milič gelesen werden dürfte, hat Brandl mit Recht bezweifelt.

23) Gindely. Čas. M. Č. 1860. p. 521.

24) Veröffentl. in „Děje i paměti Brandejsa nad Orlicí von Ju Dr. Br. Kablčik, Prag 1885. p. 287, 288; auch zweimal wird er hier nur Jan K. genannt.

25) Brandl erinnert an die „Dekrety etc.", wo der Name auch ohne Amos geschrieben wird; darin ist wohl keine eigene Unterschrift von ihm. Solche ist z. B. das Memorial betreffs einer Schuld in S. Patak, daß so beginnt: Ja Ján Komenský (Ich J. C.) etc. MS. Mus. Boh. Comeniana 41.

26) Dieses Pseudonym scheint allerdings für Milič und für Nivnitz zu beweisen. Bekanntlich bediente er sich dessen in der polemischen Schrift gegen den Mönch Valerianus in den Jahren 1644, 1645; und in der Vorrede zu einer zweiten, 1658 erschienenen Ausgabe des Werkes sagt er, Huldricus Newfeld entspreche cabbalistisch dem seinigen. Die einleuchtendste Erklärung erscheint mir die Zoubek'sche (Olm. Mus. Ztschr. 1889), daß Huldrich dem Amosus und Newfeld dem Nivanus entspreche. Einen anderen Sinn des Namens konnte ich nicht finden.

27) Bestimmt wissen wir, daß sein Vater Martin hieß, seine Mutter Anna; daß diese wie auch seine zwei Schwestern, Ludmila und Zusanna, frühzeitig verstorben sind und in dem Friedhof zu Brod begraben liegen. Eine Tradition erwähnt, daß sein Vater Müller war; ich kenne sie nur aus einer gleichzeitigen Schrift des Matheides, der ein Gegner des Comenius war, die Schrift auch nur aus Klein's: Lebensumstände evangel. Prediger in Ungarn, I. 141; II. 159. — In einer neueren, sehr gründlichen Abhandlung hat J. Kučera (Nové zprávy životopisné o J. A. Komenském. Neue biographische Berichte über J. A. Com. Olmütz. Mus.-Ver.-Ztschr. 1891, Nr. 30) alle Daten über den Geburtsort und die Familie in alten Registern und Urkundenbüchern von neuem geprüft, Hrazběras Ergebnisse vielfach corri-

---

*) Wir halten den Beinamen Milič nicht für unmöglich — besonders mit Rücksicht auf das Pseudonym Huldricus Newfeld —, aber für erwiesen ist er nicht zu betrachten. Siehe Anm. 26.

giert und auch neue interessante Umstände ans Licht gefördert. — Alles kann man allerdings nicht für ganz erwiesen halten, doch verzeichne ich folgende Details. Aus einzelnen Stellen der erwähnten Bücher scheint es, daß der Beiname der Komensky'schen Schwach war (a. a. O. p. 65, 66). Ferner lassen es Berichte über Verkäufe und Ankäufe hervorscheinen, daß der Vater ein vermögender Bürger war (p. 67). Die letzte Erwähnung über ihn geschieht 1604; auch über die Mutter Anna geschieht in diesem Jahre noch eine Erwähnung. — Ich muß wiederholt betonen, daß dies, gegenüber der directen Angabe des Sohnes, daß sein Vater 1602 gestorben sei, kaum zu verstehen wäre. — Daß es aber leichter zu glauben ist, davon ist der Grund auch die Bemerkung Gindely's a. a. O. (ČČM. 1860. p. 591), daß die Zeilen der Notiz auch bei der Jahreszahl etwas beschädigt sind, so daß es nicht unmöglich ist, daß die Zahl anders zu lesen sei. — Aus einer Stelle (bei Kučera) geht noch hervor, daß er auch eine Schwester Margarethe hatte, die einen Paul Bojkowsky geheirathet, und daß eine andere Urban Strumensky geheirathet habe. — Beide Schwäger waren angesehene Männer, Strumensky war sogar Bürgermeister der Stadt (p. 70). — Ich erwähne noch, daß Kučera bemüht ist, auch das Haus in Ung.-Brod, in dem Comenius geboren ist, festzustellen. Allerdings ist dies nur so zu verstehen, daß er das Haus der Komensky's annähernd bestimmt (a. a. O. 71—74).

28) Vgl. hierüber Ohlášeni gegen Martinius p. 129 ff. — Der Verfasser der Schrift heißt Auerbeck.

29) Daselbst.

30) Jireček's Artikel über die Schulbücher der böhm. Brüder. Beseda Učit. 1878. Vgl. J. Müller: Die deutschen Katechismen der böhm. Brüder. Berlin 1887. p. 333 ff.

31) Lux e tenebris. III. p. 7. De antegressa Drabicii vita.

32) Drabik's Geburtsjahr ist verzeichnet in Lux e tenebris. III. bei seinem Porträt (1588). Die Stiftungsurkunde des Klosters erwähnt Dvorsky in seiner o. erw. Abhandlung. Sep.-Abdr. p. 3.

33) Vgl. Com. Op. Did. Omn. I. 442. „... ut demum aetatis anno decimo sexto Latina elementa gustare contigerit."

34) Judicium de exercitatione Serarii etc. Amstel. 1667. p. 73. „— Duodecim annorum cum essem" etc.

35) Com. „Labyrinth der Welt" 2c. Deutsche Übersetzung ohne den Namen des Übersetzers. Potsdam 1781. p. 67. — Von der Erziehung in der Unität vgl. Beseda Učit. 1883 einen Artikel von Zoubek.

36) Vgl. z. B. die Vorrede zur Janua ling. oder Meth. Ling. Novissima Cap. VII und VIII.

37) Von den vielen Stellen, die dies beweisen, seien nur jene aus dem Ohlášeni (Lissa 1635) gegen Martinius erwähnt: p. 40, 78, 82; über diese Schrift wird später noch mehr gesagt werden.

38) Wir meinen: Katechysmus. Obnowený Léta Páně 1604. Die Vorrede ist unterzeichnet: Starší a Kněži Jednoty Bratrské, swatého Evangelium Učitelé. — Da dies Buch in dem Jahre des erwähnten Aufenthaltes und zwar von der Kirchenbehörde herausgegeben wurde, so dürfte es auch ein Lehrbuch des jungen C. gewesen sein. Siehe S. 12—13.

39) Vgl. hierüber die Vorrede des Comenius zu seiner Ausgabe des Kancionals, Amsterdam 1659.

40) Vgl. hierüber Ohlášeni etc. p. 94 ff.

41) Katechysmus etc. p. 216, 217.

42) Daselbst p. 288, 289.

43) Daselbst p. 258—270.

44) An dem bereits citierten O. Op. Did. I. 442.

45) Daselbst.

46) Labyr. IX. Cap. (Ausgabe 1663. p. 37). In der bereits citierten deutschen Übersetzung ist diese Stelle (p. 50) fast ganz ausgelassen worden.

47) Gindely: Gesch. d. böhm. Brüder. II. p. 345.

48) Dies, wie auch die folgende Erzählung ist einem Briefe des Comenius an L. v. Wolzogen entnommen. Abgebr. in der polemischen Schrift des Comenius: De Quaestione etc. contra Schefferum Amst. 1659. p. 56, 57.

49) Hist. Reformationis Polonicae.... Authore Stanislao Lubieniecio... Freistadii 1685. p. 227.

50) Comen. de Quaestione... contra Schefferum. p. 57.

51) Christ. Sandius: Bibliotheca Antitrinitariorum... Freistadii 1684. p. 105.

52) Die deutschen Katechismen der böhm. Brüder, v. Jos. Müller 1887. p. 33.

53) Dies steht auf dem Titelblatt der erwähnten Catechesis Racoviensis.

54) Com. de Quaestione etc. p. 57.

55) Com. Op. Did. I. 442.

56) Naučení Mládencum k službě Kristu a Cyrkwi jeho se oddáwajícím w Jednote Bratrské (Instruction für Jünglinge, die sich dem Dienste Christi und seiner Kirche in der Bruderunität widmen). Ohne Datum, nach Jungmann bereits 1580 erschienen. Diese Zweitheilung ist ausgesprochen in der Einleitung zum II. Theil.

57) Daselbst p. 19—21.

58) Daselbst p. 73. „.. aby z sebe prišery neb nejakí potvory nedelal. p. 76.

59) Daselbst p. 82.

60) B. Kleinert: Amos Comenius. — Theol. Stud. und Krit. 1878. 1 H.

61) Siehe die Geschichte dieser Urkunde bei Gindely: Gesch. d. böhm. Br. II. 431—455.

62) Diese Vereinbarung findet man abgedruckt in Pescheck's o. e. S. I. p. 188 ff.

63) Comenius: Matusalem 1656. Personalia p. 2.

64) Daselbst.

65) Hierüber belehrt uns ein später zu behandelnder Streit des Comenius mit Martinius; vgl. die Cap. VIII und IX dieser Schrift.

II.

1) Über Polanus erwähnen wir nach Jireček Rukovet II. p. 391, daß er seine Professur in Basel der Protection Żerotíns verdankte. Seine sonstigen Lebensereignisse erzählt er selbst in der Vorrede zu einer Schrift: „Gemmula partitionum Theologicarum", die ins Böhmische übersetzt im MS. M. Boh. sich befindet. Vgl. darüber Brtátko's Artikel A. B. von Polausdorf CCM. 1861. 293 ff., 382 ff. Jireček erwähnt noch eine Schrift des Polanus, die die Brüder böhmisch herausgegeben haben. — Über Karl v. Zerotin, einen der vornehmsten Geister der Unität und einen der edelsten Gönner des Comenius, sei nur erwähnt, daß er 1564 in Brandeis a. A. geboren, im Ausland mehrfache Reisen unternommen (dabei z. B. auch die Bekanntschaft mit den beiden Baseler Theologen Grynaeus und Beza geschlossen), vom Jahre 1605 an an den Schicksalen seines Landes einen entscheidenden Antheil genommen hat. Sein Reichthum und seine Geistesgaben verliehen ihm ein Ansehen, das er immer zu den edelsten Zwecken gebrauchte. Eine ganze

kleine Literatur beschäftigt sich mit ihm. Wir erwähnen blos das Werk P. v. Chlumecky's: Carl von Zierotin und seine Zeit, 1564—1615. Brünn 1862. Im II. (Beilagen) Bande sind Briefe an Polanus und Beza veröffentlicht. Zerotins Schriften gab der gelehrte Archivar Mährens B. Brandl (1866) heraus; vgl. eine Rec. desselben CCM. 1867. 106—110.

2) Dies erwähnt Jireček in der Rukověť I. p. 369. Danach hätte er sich im December 1610 mit dem erwähnten Grafen auf den Weg gemacht.

3) Vgl. Zoubek a. a. O. p. X.

4) Vgl. die Progr. Abh. Dr. A. Nebe's: Vives, Alsted, Comenius in ihrem Verhältnis zu einander. Elberfeld 1891. Eine ausführliche Beschreibung des Lehrplans p. 6.

5) Über Alsted's Leben und Schriften vgl. Prof. A. Nebe: Zur Nassauischen Schriftstellergeschichte. p. 6 ff.; auch meine Abhandlung: J. H. Alsted, in Ung. Revue 1889.

6) Wir meinen jene in der großen Encyclopädie enthaltenen Schulpläne, die wir später betrachten werden.

7) Dies verräth ein späterer Schüler von ihm, J. Apáczay, in seiner ungarisch geschriebenen „Encyclopaedia“, Leyden 1656. Vorrede.

8) Ich nahm dies Werk: „Clavis artis Lullianae etc.“ nach Nicéron, der im 51. Bande seiner Mémoires, p. 298—311, Alsted's Werke zusammenstellt, für das erste an; nach Prof. Nebe, a. a. O. p. 10, jedoch hat er bereits in Basel ein solches unter dem Titel Flores theologici verfaßt. Über die „Ars Magna“ (große Kunst) sei erwähnt, daß dieselbe über die Kunst unterrichten soll, ein irgend beliebiges Thema philosophisch zu begreifen und zu behandeln: bietet also mehr Anweisungen zur Erreichung einer logischen Fertigkeit, als zum eigentlichen philosophischen Forschen.

9) Consiliarius Academicus et Scholasticus, id est Methodus formandorum studiorum. Accessit consilium de copia rerum et verborum id est Methodo disputandi de omni subtili 1610. Bei Nebe ist die Inschrift nicht vollständig wiedergegeben, p. 11.

10) Siehe die nähere Ausführung dieser Principien Nebe's Progr. Abh. p. 12. Über Keckermann vgl. auch Herzog's Realencycl. der theol. W. In den Schulen der Reformierten erfreute sich dieser großen Ansehens.

11) Eine ausführliche Analyse der didaktischen Ansichten Alsted's nach diesen Schriften giebt Nebe, Progr. 12 ff.

12) Die Oratoria erwähnt Nicéron nicht, wohl aber Prof. Nebe p. 11. Derselbe giebt auch a. a. O. p. 12, 13 eine große Anzahl Disputationen, die mir nicht zugekommen sind, aus den Jahren 1612, 1613 an. Indem ich nach dessen Verzeichniß p. 12 erwähne, daß ein Werk Alsted's aus dieser Zeit dem reform. Consistorium in Prag, ein anderes einem mährischen Baron dediciert worden ist, denke ich, daß auch die von mir mitgetheilten Disputationen von dem Geist und der Art dieses Mittels der höheren Bildung genügend unterrichten können.

13) Hexilogia p. 5. Eine nähere Beleuchtung dieses Wortes schien mir deshalb überflüssig, weil die angeführten 14 Worte den Kreis des hier zur Behandlung gelangenden Materials ohnehin angeben: „Das Verständnis, die Weisheit, das Wissen, das Aufbewahren, die Vorsicht, das organische Verständniß, das mechanische Verständnis, die Kunst, der göttliche Glaube, das Licht der Herrlichkeit, der Irrthum, die Meinung, der menschliche Glaube, Zweifel, Argwohn.“ Alle die Wörter bezeichnen Zustände und Eigenschaften des Erkennenden.

13a) Joh. Litomil. Diese Disputation ist in vielen Ausgaben vorhanden. Das Gedicht des Comenius lassen wir im Anhang folgen.

14) Com. sagt dies selbst im Labyrinth (ed. 1661) p. 65.

15) Vgl. Ep. Comenii ad Alstedium in Transsylvaniam (1633). Ep. Com. Mus. Boh. VIII. — Röwenstruck wird gepriesen, weil er die Tugend, den Geist, den Glauben und Gott liebe; Tornemann pflege Künste, Sprachen und das Heiligthum der Weisheit durch Sitten, Arbeit und Gebet.

16) Labyrinth. p. 66.

17) Herborn 1611. p. 22, 25. Die Redekunst: über Wortfülle, schmuckvolle und gewählte Rede.

18) Ep. ad Mont. 1661. p. 73. .

19) Daselbst p. 74.

20) Daselbst p. 75.

21) Daselbst p. 74; vgl. auch die Vorrede zur böhmischen Ausg. der Janua, 1633.

22) Com. Op. Did. I. Praef.

23) Vgl. über Ratich Stoerl's Progr. Abh.: Wolfgang Ratke rc. Leipzig 1875. p. 40. Über des Com. Verhältniß zu Ratich in Bes. Učit. 1879 eine kurze Notiz von Zoubek.

24) Dieses Memorial ist öfters abgedruckt worden; vgl. Stoerl a. a. O. p. 6; G. E. Guhrauer: Joachim Jungius und sein Zeitalter. Stuttgart u. Tübingen 1850. p. 28. Auf letzteres Werk, das sehr werthvolle Schilderungen aus dem geistigen Leben dieses Zeitalters bietet, möge auch betreffs Helvicus und Jungius im Allgemeinen hingewiesen werden.

25) Stoerl a. a. O. p. 11.

26) Es ist dies die berühmte Rosenkreutzer Genossenschaft, eine geheime Gesellschaft, die alles versprach, von der man alles erwartete, aber nichts merkte. Comenius legt das Erscheinen der Schrift in das Jahr im Labyrinth, p. 75.

27) Dieser war ein berühmter Lehrer an der Herborner Schule; Comenius erwähnt ihn später auch.

28) Com.: De zelo sine scientia etc. ad Maresium. 1669. p. 8.

29) Pisc. Comm. ad Apocalypsim, citiert bei Petersen: Nubes Testium Veritatis de Regno Christi glorioso etc. Francofurti 1696. III. 85.

30) Daselbst.

31) Siehe Anm. 28.

31 a) Die Zahl der in diesen 4 Jahren (1610—1614) veröffentlichten Schriften (darunter sind allerdings viele Disputationen) beläuft sich nach Rebe (a. a. O. p. 11—13) auf 39. — Über Piscators Com. vgl. Anm. 29. Über den Chiliasmus, besonders dessen Neuaufblühen durch die Reformation, vgl. den Artikel in Herzog's Realencyclopädie. Außerdem habe ich von älteren Schriften benutzt:

Heidegger: Dissertatio de chiliasmo. Tiguri 1674.

Fr. Ulrici Calixti: De chiliasmo.

Haendel: De visionibus. Wittbg. 1693.

J. W. Petersen: Nubes Testium Veritatis. Francofurti a. M. 1696. Letzterer fängt im III. Theile die neuere Geschichte des Chiliasmus mit den Waldensern und Hussiten an und führt aus dem XVI. Jahrhundert über 20 chiliastische Autoren an.

31 b) „Eine Auswahl strittiger Fragen, dem Gebiete der Philosophie entnommen". Vgl. Prof. Rebe a. a. O. p. 12; daß hier Niesnicenus (im Texte ist auch ein Druckfehler) steht, wird wahrscheinlich ein Druckfehler sein statt des Nivvnicenus, das wir unter dem Gedicht vom vorigen Jahre kennen.

32) Vgl. die Hist. Revel. Kotteri. Cap. I.

33) Von dieser Reise erfahren wir aus der Widmung der O. D. Vgl.

Gindely's Abh. über J. A. Com. Leben und Wirksamkeit in der Fremde. Sep.-Abdr. aus den Sitzungsber. d. k. Akad. d. Wiss. in Wien. 1855. p. 7. Die Annahme, daß er sich an's Meer begeben, gründe ich auf die lebhafte Schilderung der Meerfahrt im Labyrinth p. 45—48.

34) Zoubek a. a. O. p. XI.

35) Laut seiner eigenhändigen Bemerkung auf dem in der gr. Nostiz'schen Sammlung zu Prag, befindlichen Manuscript. Dies Werk: De revolutionibus orbium coelestium hat er von der Wittwe Christmann gekauft. Vgl. auch das Blatt Moravská Slovač. 1889. · Nr. 31.

36) Der volle Titel lautet: Irenicum sive de Unione et Synodo Evangelicorum Concilianda Liber Votivus Paci Ecclesiae et desideriis pacificorum dicatus s. l. s.- a. s. a. Es ist irrthümlich behauptet worden, daß Comenius den Namen des Pareus nie erwähnt, da in einem Briefe an Ern. Andreä der Name des Pareus als eines namhaften Theologen erwähnt wird. Ep. Com. Mus. Boh. IV. —

37) Alles dies führt Pareus aus in Irenicum etc. p. 193 ff. Luthers Worte (p. 28): „Ein Theolog des Ruhmes nennt das Schlechte gut und das Gute schlecht; ein Theolog des Kreuzes sagt, wie sich die Sache selbst verhält. — Die Worte aus Irenicum (p. 88): „Der Friede wird zurückkehren, das Papstthum stürzen, Christus herrschen, Antichrist wird zu Grunde gerichtet".

38) Der Geistliche hieß Andreas Jurgiewicius bilnensis. — Irenicum p. 191.

39) Siehe über Pareus den Artikel in Herzog's Realencyclopädie; einiges auch bei Criegern nach Dorner, Com. als Theol. p. 5. Wie man seine Bedeutung später nicht vergaß, zeigt vielleicht auch das folgende Anagramm, das dem Hartlib aus Zürich am 16. Dec. 1659 mitgetheilt worden:

> David Pareus,
> Ad pia Dureus
> Joannis Dureus
> Irenaeus ad Omnes etc.
>
> Ms. Mus. Brit. Sloane 649.

Gewiß bewegen sich die vielen irenischen Entwürfe des Dureus und auch der Comenius'sche hauptsächlich in der hier mitgetheilten Richtung.

40) Zoubek a. a. O. XI.

41) Dies will Zoubek a. a. O.

42) Dies wird später öfter ersichtlich werden.

43) Vgl. die Anm. 16.

44) Com. Op. Did. O. I. Praef. p. 3. Über die Reise nach Prag. Com. ad Nigrinum. 1663 apr. 7./17. Ep. Com. Mus. Boh. XIV.

III.

1) Prawda witezýcý etc. (s. Num. 4) p. 216.

2) Sam. Martinius: Obrana etc. 1637. p. 366. Schlid war ein vornehmer Böhme.

3) Sturm (1533—1601) war ein böhmischer Jesuit, der in den Jahren 1580—1590 mehrfache Polemien mit den Brüdern hatte. Vgl. über ihn Jireček: Rukovet. II. 273—278.

4) Der Titel der Schrift lautet: Prawda witezýcý. To jest Odpowěď přimá na Spis hanliwý proti Jednotě Bratrské . . . Léta od narozeni P. Krysta 1614.

5) Com ad Pal. Belzensem (wahrscheinlich 1630); . . „(Ratichii) . .

jam pridem ego avidissime lecta in usum mihi tum commissae (in Moravia) scholae accomodare adnixus sum". Ep. Com. M. Boh. 3.

6) Vgl. Op. Did. I. p. 3.

7) Über den Streit berichten spätere Streitschriften zwischen Comenius und Martinius. Vgl. (Comenius): Ohlášení etc. p. 74 ff.; Martinius: Obrana. p. 347. Die zweite Schrift Wrbenskys abgedruckt in letzterem Werke p. 348—362.

8) Comenius: De zelo sine scientia etc. Adm. ad Maresium, p. 40.

9) Krit. Gesch. des Chiliasmus. Dritter Theil. Frankfurt u. Leipzig 1783. III. 18—21.

10) Op. Did. I. Vorrede p. 3.

11) Vgl. die Vorrede der Ratio Ordinis Disciplinaeque Fr. Boh. etc.; auch von Comenius 1660 zu Amsterdam herausgegeben.

12) Comenius ad Effronium 1649 Febr. 11. Dieser Brief enthält die unten folgende Erzählung. Derselbe befindet sich Ep. Com. M. Boh. 3.

13) Dekrety Jednoty Bratrské, hrsg. von A. Gindely 1865. p. 274.

14) Ignis Fatuus etc. MS. Mus. Boh. Cap. XXXII.

15) Op. Did. I. 442.

16) Ep. ad Mont. p. 75.

17) Wenn Nebe (Progr. Abh. p. 4) dagegen die Originalität Alsted's in Schutz nimmt und diese compilatorische Schreibart desselben leugnet, so kann ich dieser Ansicht durchaus nicht beipflichten. Mindestens verzichtet Alsted selbst öfters auf den Anspruch der Originalität; da er fast überall nach Quellen schreibt, so ist dasjenige, was ihm dennoch bleibt, die Auswahl der Quellen. Was über ihn viele der Zeitgenossen glaubten, darüber vgl. Schloer's Urtheil im Cap. X. dieser Schrift.

18) Ich nehme dies nach des Comenius Ausspruch, daß J. V. A. seit 1616 Bücher zu veröffentlichen anfing, an, obwohl ich weiß, daß hieraus nur die Möglichkeit folgt, daß ihn Comenius bereits seit dieser Zeit gekannt hat.

19) Aus der reichen Literatur über Andreä benützte ich die Vita Ab Ipso Conscripta, ed. F. H. Rheinwald. Berlin 1843; die Herder'schen Artikel über ihn (Werke, Cotta-Ausg. 1862, Bd. XIII.); Brief über J. V. A., deutsche Gedichte. p. 378—390, und J. V. A. p. 406—424; Palmer's Artikel in den Schmid'schen und Herzog'schen Encyclopädien. Über dessen Verhältniß zu den Ratichianern handelt lehrreich Guhrauer a. a. O. p. 56—69; über sein Verhältniß zu Comenius, allerdings nicht ohne Vorurtheil, v. Criegern a. a. O. p. 335—365. — Schließlich Dr. Huelemann: J. V. Andreä als Pädadog (Programm der Thomasschule Leipzig 1884). Daß Andreä von großem Einfluß auf den mystisch-frommen Zug in der Gläubigkeit auf die didaktischen und pansophischen Arbeiten des Comenius war, bezeugt dieser selbst besonders im Briefe an Hessenthaler. 1656 Sept. 1. Ep. C. M. Boh. III.; diesen Einfluß darf man aber nicht isoliert betrachten, wenn man nach historischen Ergebnissen sucht. Nachdem übrigens Andreä mit Helvig bekannt war, so ist für die meisten seiner pädagogischen Ideen die Priorität Ratich's hervorzuheben. Huelemann's Abhandlung ist leider nicht vollendet, der erste Theil befaßt sich neben allgemeiner Charakteristik und dem Nachweis, wie Andreä für alles Sinn hatte, insbesondere mit dem mathematischen Lehrbuch desselben. Die allgemeinsten Principien für den Unterricht giebt Andreä im dritten Dialog des Theophilus, auf den sowohl Palmer (Schmid's Encycl.), als auch Criegern (a. a. O.) hinweisen. Letzterer giebt einen ausführlichen Auszug daraus. Wann aber Comenius diese Schrift kennen lernte, steht nicht fest, er erwähnt sie unseres Wissens nicht. Dagegen sind die Peregrini Errores und Civis Christiani Errores schon hier zu erwähnen. Wir

machen besonders auf Cap. XXVIII. (de Schola), wo der Pilger klagt, daß die Schulen blos Worte lehren, und auf Cap. XXXIX, über Antichristus, aufmerksam. Wir brauchen wohl nicht hinzuzufügen, daß darin, daß unter dem Antichristus der Apokalypse der Papst zu verstehen sei, die Evangelischen im XVI. und XVII. Jahrhundert fast ausnahmslos einig waren.

20) Turbo Sive Moleste et Frustra Per Cuncta Divagans Ingenium In Theatrum productum. Ich kenne die Ausgabe 1621. Das Schauspiel besteht aus 5 Acten. — Die Beschreibung der Philosophen (p. 170) erinnert an diejenige, die wir dann im Labyrinth finden.

21) Reipublicae Christianopolitane Descriptio. Psalm 83. 1619. Es möge aus diesem Werke nur noch ein kleines Citat hier stehen, das für des Comenius philosophische Richtung auch bezeichnend ist: „Imprudentes nos qui Aristotelem nobis praeferimus, homuncionem nobiscum, non Dei admiranda amplectimur, quae illum pudefaciant", p. 129.

22) T. B. Sive Judiciorum de Fraternitate Rosaceae Crucis Chaos. 1619.

23) Als Beispiele mögen hier einige der auftretenden stehen: curiosus, supinus, sollicitus, facilis, difficilis, tolerans, sciolus, barbarus, sanus, vagans, desiderans, exspectans, atheus, superstitiosus, christianus etc. etc.

24) Menippus Sive Dialogorum Satyricorum Centuria Vanitatum Nostratium Specilegium. — Cum quibusdam aliis liberioribus . . . 1617.

25) . . . Ac Oppositum ei Mundi Servitium. Item Theologiae Encomium Jesu Nazareno Sacrum atque Bonae Causae Fiducia. 1618.

26) Palacky a. a. O. p. 22. Anm.; Zoubek a. a. O. p. XIV.

27) Patera hat im Vorworte zu der von ihm veranstalteten Sammlung der Correspondenz des Comenius (herausg. von der Böhm. Akademie, Prag 1892) die Echtheit dieser und noch drei anderer Briefe für zweifelhaft hingestellt, da sie von den übrigen Briefen des Comenius sehr abweichen. Man muß aber den Zwischenraum zwischen diesen Briefen und den übrigen, sowie die Verschiedenheit der Lebensverhältnisse des Schreibers in Betracht ziehen, und man wird sie blos aus diesem inneren Grunde nicht verwerfen können. Von großer Wichtigkeit sind sie übrigens nicht. Abgedr. bei Patera p. 287—293.

28) Op. Did. I. 3.

29) Abgedr. in Martinius' XXXV Důvodů; der Inhalt kurz angegeben in Jireček's Abh. CCM. 1874. p. 197.

30) Vgl. hierüber Comenius: Ohlášení etc. p. 164.

IV.

1) Im August 1620. Vgl. Gindely: Geschichte des dreißigjährigen Krieges. Kl. Ausg. I. 202, 204.

2) Com. Ep. ad Montanum. p. 75.

3) Der Titel wird Retuňk sive Praemonitiones angegeben. Daselbst.

4) Daselbst p. 75, 76.

5) In dem handschriftlichen Catalog, den Georg Rybay, ein gelehrter ev. Geistlicher in Ungarn von seinen Büchern und Manuscripten 1805 zusammengestellt hat, findet sich ein gedrucktes und ein handschriftliches Exemplar dieses Werkes verzeichnet. Das gedruckte s. S. 66. Außerdem hat noch H. F. Menčík in Wien ein aus 1622 stammendes Exemplar (MS) in der Hofbibliothek aufgefunden, so daß wir jetzt über 4 Abschriften des Retuňk Kenntniß haben. Vgl. den Schriftencatalog.

6) Die in diesem Jahrhundert verfertigte Abschrift deutet als Ab-

faſſungsjahr des Originals 1626 an; alſo 6 Jahre ſpäter, als das Werk geſchrieben wurde.

7) Gindely a. a. O. p. 237, 243. Im allgemeinen urtheilt derſelbe Gelehrte: „Das Weh, unter dem das Land ſeufzte, kann an Umfang und Tiefe nur mit jenem verglichen werden, das zur Zeit der Völkerwanderung den Bewohnern Galliens und Oberitaliens durch die fränkiſchen und longobardiſchen Sieger zugefügt wurde". Bd. I. S. 257.

8) Ep. ad Mont. p. 76.

9) Com. Histor. Revelationum etc. I. Th. III. Cap. 6. Pct.

10) Historia persecutionum eccl. Boh. etc. CV. 1.

11) Geſch. des Chiliasmus (anonym). III. 45 ff.

12) Daſelbſt 50—65.

13) Daſelbſt I. 66 ff. Vgl. über Felgenhawer auch den Artikel in Herzog's Realencyclopädie der theol. Wiſſ.

14) Hist. pers. CVI. Cap.

15) Hist. rev. I. 1. p. 5, wo erſichtlich iſt, wie er dieſen Verſuchungen Widerſtand geleiſtet.

16) Es iſt wohl nicht ſicher feſtgeſtellt, ob Rudołerſky den Brüdern angehört hat.

17) Ep. ad Mont. p. 79, 80.

18) Dies Verdienſt gebührt dem großen Forſcher Safáři. Sein Bericht über die aufgefundene Überſetzung findet ſich in Cas. M. C. 1855. p. 535 ff. Eine neue Ausgabe der Überſetzung mit erklärender Einleitung beſorgte J. Jireček unter dem Titel: Časomérné překlady žalmů . . . Wien 1861, wo auch die 2 anderen Pſalmüberſetzungen aufgenommen ſind.

19) Blahoslav's Musica, eine Anleitung für die Sänger, Cantoren und Verfaſſer von Geſängen, iſt laut Jungmann (a. a. O. p. 131) zw. 1558 bis 1560 verfaßt und erſchienen.

20) Hierüber handelt ausführlich Jireček in der Einleitung ſeines Buches.

21) Eine Zuſammenſtellung der Eigenheiten der Comenianiſchen Dichtung bietet Jireček's oben erwähnte Einleitung. Ich kann mich in eine Detaillierung, die nur den des Böhmiſchen kundigen Leſern verſtändlich wäre, nicht einlaſſen; für die letzte Behauptung verweiſe ich auf die Einleitung p. XVIII. 6 u. 8.

22) Mir hat bei dem Vergleiche eine von Rath. Chytraeus beſorgte Ausgabe: Psalmorum Davidis, Paraphrasis Poëtica Georgii Buchananis Scoti. Argumentis ac melodiis explicata atque illustrata — Herbornae Nassauorum 1664 — vorgelegen.

23) Die Metra giebt Comenius in der Ep. ad Montan. p. 76, 77 an; wir beſitzen von der Überſetzung nur die erſten 58 Pſalmen.

24) Die einzige Ausnahme ſcheint hier Čelakovský zu ſein, deſſen ungerechtes Urtheil aber Zoubek (Komenský — li básníkem? Ob Com. ein Dichter ſei? — Böhmiſche Schulen in Smichov. 1884.) p. 1 ff. gründlich widerlegt. Čel. gefällt die fromme Weltanſchauung, beinahe Weltverachtung der Brüder nicht; ſeine Kritik iſt ſomit keine hiſtoriſche. — Eine einfache Schilderung der poetiſchen Thätigkeit giebt auch Koſina in Bes. Učit. 1877. Nr. 12, 13, 15.

25) Čas. M. Česk. 1855 p. 535.

26) Daſelbſt p. 537.

27) Im Franzensmuſeum zu Brünn. Vgl. hierüber die Artikel in der Zeitſchr. Komenský. Jahrgang 1889. Über daſſelbe Thema vgl. Beseda Uč. 1877. p. 306, 307.

28) Er ſagt dies in der Widmung ſeiner Arbeit.

29) Die Widmung an Ladislav v. Žerotín, abgedruckt in „Schriften der hist.-stat. Sektion der k. k. mähr.-schlef. Gesellschaft des Ackerbaues, der Natur- und Landeskunde, V. Heft, Brünn 1853. p. 83. — Die Widmung trägt kein Datum. Die angeführte Stelle verzeichnet noch Ausgaben aus den Jahren 1627, 1645, 1664, 1638, 1641, 1662, 1666, 1650, 1677, 1692, 1695 und andere aus dem folgenden Jahrhundert. Eine von vielen Gesichtspunkten sehr lehrreiche Würdigung des Comenius als Cartographen bietet das 5. Heft der Comenius-Studien, wo K. Bornemann eine Studie J. Šmaha's, die in Česká škola 1891 böhmisch erschienen war, verdeutscht, mit Ausführungen d'Elvert's über die älteren Karten Mährens ergänzt und mit eigenen Erfahrungen bereichert. Wir beschränken uns auf das eine Ergebniß der Abhandlung hinzuweisen, daß Comenius bereits 1633 so einen guten Namen als Cartograph hatte, daß mit demselben sogar Mißbrauch getrieben wurde, p. 36—37. Die verschiedenen Ausgaben der Karte sind a. a. O. p. 28—40 in 29 Nummern angegeben. — Wo die ursprüngliche Zeichnung des Comenius zu finden sei, und ob sie überhaupt noch vorhanden, kann man nicht sagen, p. 48.

30) Die Berichte über diese Werke verdanken wir dem Werke T. Pessina's: Mars Moravicus etc.; wir verzeichnen sie im bibliographischen Theil.

31) Eine Originalausgabe der Schrift (Premyslování o dokonalosti křestanské), gedruckt, nach Ep. ad Mont. 76, in Prag 1622, ist dem Verfasser nicht zu Händen gekommen; den übersetzten Brief findet man in der Ausgabe Kadavý's, Pest 1843. Sowohl der Inhalt des Briefes, als auch der Name Kadavý's bürgen für die Authenticität. Ich citiere auch im Weiteren dieselbe Ausgabe.

32) Dies Datum kenne ich nur aus Palacky's Verzeichniß a. a. O. p. 113; die Widmung aus Ep. ad Mont. 76, 77. Ich citiere die von Elsner veranstaltete Ausgabe, Halle 1765.

33) Lux e ten. I. 14. . . „ego eram (cui in Moraviam regredi ob personalem persequutionem et insidias, non tutum putabant Fratres). 1625 Mart.

34) Speculum Temporis durch Paulum Felgenhawern 1620. Schluß-seite: „Betrachtet die Finsterniß und erkennet es an, es wird bald Licht entstehen".

35) Vgl. über Felgenh. außer den bereits erwähnten Schriften Comenius: A dextris et sinistris. p. 21.

36) Gesch. des Chiliasmus. p. 22.

37) Gesch. des Thil. p. 51.

38) Com. ep. ad Mont. p. 77. — Über den Aufenthalt des Comenius in Brandeis vgl. Zoubek's Artikel in Beseda Učitelská. 1882. 285, 286. Darnach hat sich Comenius daselbst in einem klosterartig gebauten Hause gegenüber der alten Burg aufgehalten, wo 24 Geistliche Zuflucht hatten.

39) Vorrede zu der Schrift: O syrobě etc. Der unter 1. angegebenen Stelle ist zu entnehmen, daß das erstgeborene Kind früher gestorben sei.

40) In der Vorrede der 1634 gedruckten Ausgabe der Schrift steht wohl, daß diese 1624 aus Gottes Wort zusammengetragen sei; dies mag die Zeit der endgiltigen Abfassung sein; nach Ep. ad Mont. p. 77 knüpft die Abfassung der Schrift an das traurige Ereigniß an.

41) Ep. ad Mont. 77, 78.

42) Ein Exemplar davon (es ist dies die erste Übersetzung eines Werkes von Comenius) findet sich in der Bibliothek der Akademie der Wissenschaften in Budapest. Weder der Verfasser, noch der Übersetzer sind genannt. — Statt dem Gedankengange Schritt für Schritt nachzugehen,

gebe ich einen Theil aus der Schrift, aus dem besonders der Chiliasmus des Autors zu ersehen ist, im Anhang dem Wortlaut nach.

43) Vgl. die Widmung des Labyrinths an K. v. Žerotin.

44) Vgl. Val. Andreä: Veri Christianismi Solidaeque Philosophiae Libertas Ac Oppositum ei Mundi Servitium . . . Argentorati 1618. p. 123 bis 162. Die Welt ist also: „ein Sprosse des Satans, ein Knecht des Schicksals, ein Diener des Mammon, ruhmsüchtig, der Lust unterworfen, eitel, thöricht, anmaßend, ohne Gewissen, ohne Urtheil den Affecten übergeben, sich liebend, die Niedrigkeit liebend, der Leerheit vertrauend, über das Närrische Freude empfindend, unglücklicherweise glücklich, der Menge günstig, jähzornig, neidisch, gehässig, verleumberisch, ungerecht, sündig, sorglos, berauscht, leidenschaftlich, ruhmgierig, Affe, neugierig, geizig, herzlos, sich verstellend, listig, undankbar, lästig, gefährlich, ungelehrig“.

45) Vgl. Vorrede an den Leser, zur Ausgabe 1663.

45) Dieser Abschnitt des Labyrinth ist aus der bereits erwähnten Übersetzung des Labyrinth, p. 187—199. Diese Übersetzung ist wohl, aber nur in Unwesentlichem, verkürzt.

46) Regenvolscii Historia eccl. Slavonicae etc. p. 201. — (Com.) Histor. revelationum. p. 15.

47) (Com.) Historia persecutionum etc. Cap. LVIII.

48) Dies meint Zoubek in seiner Lebensskizze des Comenius p. XXI.

50) Über diese Eheschließung haben wir Kenntniß aus dem Heiratsvertrag, der sich im Archiv von Brandeis a. A. vorfindet; abgedruckt unter dem Titel: Smlouva swatební Komenského, in dem bereits erwähnten Werke Kablečik's: Dĕje i̇ pamĕti Brandejsa nad Orlicí. Prag 1885. p. 287 bis 289.

Über Cyrill vgl. Jireček's Rukowĕt. Bd. 1.

51) Über das MS erwähnt J. Durdik, dasselbe habe bei der vierten Centennarfeier die Thorner Jubiläumscommission von Prag ausgeliehen und zur Grundlage ihrer Ausgabe des Werkes benützt. Vgl. Osvĕta III. 123.

52) Historia persecutionum Cap. LVIII. Über die Begleitung nach Stalitz berichtet nur die böhmische Ausgabe (v. J. 1663) p. 167.

53) Vgl. die Vorrede zum Centrum Securitatis.

54) Commentarius super Kötteri Prophetias generalis; Lux e ten. I. p. 163. „Recordor, nos . . . putasse . . motus istos omnes intra quadrennium unum, nempe Anno 1621, 1622, 1623, 1624 finem habituros. Et cum annus 1624 elapsus esset, majoresque calamitates ingruerent, turbatos fuisse nos vehementer“.

55) Centrum securitatis To jest Hlubina Bezpečnosti. Amsterdam 1663. p. 100.

55 a) Centrum Sec. p. 92.

56) Ep. Ded. ad Com. Rafaelem. p. 6.

V.

1) Diese Erzählung folgt fast wortgetreu der Schilderung des Verhältnisses zwischen Comenius und Kotter, welche wir sowohl in der Historia Revelationum etc. I — Historia Kotteri p. 15 ff., als auch in Lux e tenebris. I, Historia Plenior de istis Christophori Kotteri Revelationibus, vorfinden — Im letzteren heißt es (Cap. I): „Quando, et quâ occasione, mihi Kotterianae Revelationes primum innotuerant“; daraus wäre zu schließen, daß Comenius früher von denselben keine Kenntniß hatte, im Gegensatze zu Felinus (s. o. IV. Anm. 54).

2) Vgl. über Gratian: A. Vengerscii Libri Quatuor Slavoniae Reformatae etc. Amstelodami 1679. p. 389. „Vir in domo Dei magnus" etc.

3) Lux e ten.: Hist. Plenior etc. II. Kotterianas Visiones in Bohemicum transferendi, quae occasio data fuerit.

4) Siehe: Lux in tenebris: Revelationum Christophoro Cottero, . . . factarum. Caput. X. p. 31. — Lux e ten. Revel. C. C. factarum Cap. X. p. 52.

5) Daselbst Cap. V. L. i. t. p. 10—13. L. e. t. p. 35—37.

6) In Lux in ten. sind diese nicht im Texte selbst, sondern auf kleinen Einlagen, mit Bezeichnung der Stelle des Textes, auf welche sie sich beziehen; in Lux e ten. sind sie im Texte selbst.

7) Lux in ten. I. Cap. IV. p. 8—9. Lux e ten. I.Cap. VI. p. 34. 35.

8) Die Erklärung dieser drei Namen: „Vir Sapientiae, — Leo de Tribu Juda, — Qui Stat Medius Inter Septem Ecclesias, Qui Tenet Septem Stellas Manu Sua" nimmt 8 Seiten in Anspruch; Lux in ten. I. Cap. XL. p. 148—156; Lux e ten. I. Cap. XL. p. 148—154. —

9) Lux in t. I. p. 148; L. e. t. p. 143. Daselbst steht die Anmerkung, daß dies der Curfürst von Brandenburg 1626 von dem Seher thatsächlich verlangt habe.

10) Schluß des Cap. XL a. a. O. —

11) Hist. Chr. Kotteri. II. Punkt 13.

12) Vgl. oben die Schrift von den Engeln.

13) Da in den lateinischen Übersetzungen dieser Vorrede manche Abweichungen von dem böhmischen Original vorkommen, so habe ich mich in den folgenden Zeilen an letzteres gehalten, obwohl dieses letztere nicht von Comenius selbst revidiert und zum Druck übergeben worden ist. Die mir vorliegende böhmische Ausgabe datiert aus dem Jahre 1627, unter dem Vorwort steht J. A. C. — In der böhmischen Ausgabe und in Lux in ten. ist dasselbe nicht paginiert und auch fortlaufend gedruckt; in Lux e ten. hingegen in 26 Puncte eingetheilt. —

14) Vgl. Unum necessarium. Cap. X.

15) Vgl. Historia rev. Chr. Cotteri. Cap. II. Puncte (12—15). (Sowohl in Hist. rev. als auch in Lux e ten. gleichlautend enthalten.)

17) Vgl. Hist. rev. Chr. Cotteri Cap. III und Prima in Bohemia de Kotteri Visionibus tumultuatio.

18) Vgl. Hist. Rev. C. Kotteri V. Secunda Kotterianarum Visionum oppugnatio, per M. Megandrum Bohemum, cum responso illi opposito. Über Megander wissen wir, daß er, ein exulierender Geistlicher, in Pirna eine Druckerei erwarb. Aus einem in der Budapester Universitäts-Bibl. befindlichen Werke (MS): Megandra Christophora: Traktat o wymalowani antykrysta . . . etc. erhellt, daß er im Princip dem Chiliasmus nicht abgeneigt war. Über die Polemik vgl. noch: S. Martinius: Obrana etc. p. 449 und J. Felin Rozebrání p. 214.

19) Hist. R. C. Cotteri. Cap. VII: Kotteri Visiones Friderico Regi oblatae, Anno 1626. Hier ist auch der Wortlaut der Ansprache, die Com. an den König gerichtet, enthalten.

20) Daselbst, Cap. VIII. De Cotterianis cum Jul. Poniatovio disceptatio.

21) Daselbst, Cap. IX. Kotteri in Bohemiam adventus.

22) Vgl. hierüber CCM. 1866. p. 203.

28) (Comenius): Historia Persecutionum eccl. Bohemicae etc. Anno Domini 1648. p. 304, 305.

24) Dieser Freiherr, der später mit Comenius die Verbannung theilte,

wird neben Žerotin als der flüchtigen Geistlichen Beschützer in erster Reihe erwähnt. Vgl. Hist. Pers. 296, 297.

25) Vgl. J. A. Comenii Opera Didactica Omnia. I. p. 3.

26) Francisci Bonnaei I VD Et Philosophiae in Academia Genevensi Professoris quondam eminentissimi Tractatus de Ratione Discendi Studiosis omnibus imprimis utilis necessarius, cum indice rerum praecipuarum, quae in hoc libro continentur. Studio et Opera Petri Paschalis Genevensis in lucem editus Argent in Al 1619.

27) Eine genaue Übersicht der ganzen Schrift und des darin enthaltenen Systems giebt eine Schlußtabelle. —

28) Er selbst theilt alles Wissenswerthe daselbst (p. 8) in 4 Theile; dies sind: a) die Philosophie, b) die Philologie, c) die Facultäten, die der Philosophie folgen, d) die artes illiberales, die unzählbar sind. Πανεπιστήμων = der alles versteht, πάνσοφος = der in allem weise ist; letzteres Wort verdient Beachtung, weil es auch bei Comenius zur Bezeichnung des Zieles des menschlichen Lernens dient.

29) Dies beweist die Schrift auch an zwei Stellen; vgl. p. 39 ff. und 98.

30) ἐκλογή = Auswahl, inventio = Auffindung. Vgl. p. 99. Er nennt hier Männer sowohl aus dem Alterthum, als auch aus der neueren Zeit, und beruft sich auf die Methodus Apodemica von Theodor Zwinger. Es sei nur noch kurz erwähnt, daß Bonnäus die überanstrengende Arbeit für schädlich hält (p. 58) und von einem gelehrten Manne, mit Berufung auf Plutarchus, verlangt, daß er κοινικός sei, d. h. für die Gesellschaft lebe (p. 100).

31) Über Alsted's pädagogische Wirksamkeit vgl. meine Abhandlung: Johann Heinrich Alstedt (Ung. Revue 1889. VIII—IX. Heft), zugleich auch über dessen encyclopädische Bestrebungen und chiliastischen Zug; ferner Dr. A. Nebe: Vives, Alsted, Comenius in ihrem Verhältniß zu einander. Progr. d. Gymn. zu Elberfeld, 1891. — Nebe schreibt Alsted eine größere Selbständigkeit zu, als dieser selbst beansprucht; und in Folge der Isolierung der Gegenstände seiner geschichtlichen Betrachtung sind auch die Erfolge der Untersuchung fraglich. Ich halte die Erforschung, in wie weit ein Vorgänger auf Comenius eingewirkt hatte, für unmöglich, wenn nicht zugleich auch die anderen Männer, die dieser gewissenhaft aufzählt, berücksichtigt werden. So ist zu erklären, daß auf einer Seite Baco (v. Raumer und Anderen), auf der anderen Andreä (v. Criegern), bei Lange Vives, bei Nebe Vives und Alsted als seine Vorgänger aufgestellt werden. Und doch nennt Com. Ratich den Koryphäen der Didaktiker und sagt, El. Bodinus' Didaktik habe ihm den ersten Impuls zur Abfassung der Didaktik gegeben! Nichtsdestoweniger ist Nebe's Arbeit besonders in ihrem Theile über Alsted, sowohl dem biographischen als auch dem pädagogisch-theoretischen Theile nach werthvoll. Daß aber Comenius mit Vives erst in dem Exil, also nach 1628 bekannt wurde, während er Alstedt schon früher kannte, weiß Nebe auch, denn er citiert die Stelle aus der Vorrede zur Physik (vgl. Nebe a. a. O. p. 25).

32) Encyclopaedia in quatuor Tomos divisa. Liber IV. Cap. I. — Wir citieren die in Leyden 1649 erschienene Ausgabe. —

33) Daselbst Cap. II. III.

34) Daselbst Cap. IV. V.

35) Es würde uns zu weit führen, wollten wir dieselbe ganz wiedergeben; wir erwähnen nur, daß dieselbe über die Zeit von 5 Uhr früh bis 9 Uhr Abends disponiert.

36) Encyclopaediae Liber XXIV (Scholastica) Cap. IV. —

37) Encycl. Liber XXIV. Cap. VI. De scholis vernaculis.

38) Encycl. L. XXIV. Cap. VII. De scholis classicis.

39) Encycl. L. XXIV. Cap. VIII. De scholis publicis.

40) Dies hat uns bewogen, bei Darstellung seiner pädagogischen Principien uns blos auf dieses Werk zu beschränken, obwohl uns die meisten seiner Werke vorgelegen haben.

41) Da er sagt, es seien ihm die Vorschläge zur Verbesserung der Wissenschaften bis zum Exil unbekannt geblieben (Phys. Synops. Praef.), so versetzen wir seine Bekanntschaft mit den übrigen, noch nicht erwähnten Schulmännern in die Zeit nach 1628. — Vgl. Anm. 31. — Bobin's Motto: „Alles erleichtert der Verstand, die Ordnung und das Maß".

42) 42. Diese Berufungszahl (S. 104 Abs. 2 nach dem zweiten Wort) ist aus Versehen aus dem Texte ausgeblieben. Der ganze Titel lautet: Bericht von der Natur und vernunfftmessigen Didactica oder Lehr Kunst. Nebenst hellen und Sonnenklaren Beweiß, wie heutiges Tages der studirenden Jugend die rechten Fundamente verrückt und entzogen werden. Gethan und gegeben von Elia Bobino, Conariensi Sax. — Omnia faciliora facit Ratio, Ordo et Modus. — Gedruckt mit Verlegung des Authoris Im Jahr 1621. — Ich weiß nicht ob Stoerl das Werk las, bevor er a. a. O. p. 36 Bobinus einen Charlatan nannte; er weist wohl eine Quelle für seine Behauptung auf, allein mag auch das Leben des Bobinus derartig gewesen sein, was ich nicht weiß, so kann das weder den Inhalt seiner Schrift ändern, noch deren historische Bedeutung, daß sie die Anregung zur Didactica Magna gab, verdunkeln oder gar vernichten.

43) Die nachfolgende Erzählung folgt dem II. Theil der Lux e tenebris: „Revelationes Christinae Poniatoviae Annis 1627, 1628, 1629 factae, Fideliter ex proprio Virginis manuscripto Bohemico in Latinum translatae; interspersaque rerum istarum historica narratione illustratae, et denuo recusae, Anno MDCLXIV. — Der Name Tremesna wird erwähnt p. 77.

44) Vgl. Lux e ten. I. Cap. X. Kotteri in Silesiam reversi captivatio, carceres, liberatio, exilium. Anno 1627.

45) Die Beiden erwähnt Comenius als Bindeglieder zwischen Kotter und Poniatovska in der Vorrede zum II. Theil der Lux e ten. p. 4.

46) Vgl. Anmerkung 20.

47) Lux e ten. II. p. 5; auch — Comenius Matuzálem — biograph. Anhang.

48) Lux e ten. II. Hist. rev. Chr. Poniatoviae, Caput I. Revelationum occasio et initium, primae, secundae, tertiae; p. 5—9.

49) Daselbst p. 17, 18, 30.

50) Daselbst Cap. X. Argumenta quibus ad credendum convincor, Revelationes Christinae Poniatoviae esse divinas, hoc est divinitùs patefactas.

51) Daselbst Revel. V. p. 10.

52) Daselbst.

53) Daselbst p. 69—76.

54) Daselbst Cap. XXIV. Acta Gitschinii, cum Visione trinâ eâdem die, 29 Januarii, p. 76. — Punct 7. Inter alia hìc ad eam Dominus: „Nolo Te hîc esse diutiùs, Lesnam Polonorum Te transferes. . . . . . Baro Sadovsky te deducet".

55) Daselbst Cap. XXV, XXVI. p. 77—79. Aus der Erzählung ist mir nicht ganz klar geworden, ob Comenius mit der Seherin nach Lissa zog, oder bereits früher daselbst angekommen war. — Wie schmerzlich das Scheiden vom Vaterlande war, wird man wohl leicht denken können.

VI.

1) Lux e ten. II. p. 100. „Comes Lesnensis venerat . . . hospites novos ē Bohemia pulsos, indultu suo jam ante receptos, ... excipiendi animo“.

1a) (Comenius): Lesnae Excidium p. 2 in asylum illis Lessnam, Wlodawam, Baranowiamque assignans. Laut Lux e ten. II. p. 79 war im Februar (1628) noch keine politische Persönlichkeit daselbst; dagegen 4 Geistliche: J. Cyrillus, J. Decanus, Georgius Boitus und Comenius.

2) Lux e ten. II. Cap. XXVI. p. 79.

3) Daselbst, Revel. XXII. p. 82.

4) Daselbst Caput XXVIII. p. 83.

5) Daselbst Cap. XXXVIII. p. 95.

6) Daselbst Cap. XXXVII. p. 95 und Cap. XLI. p. 99. (Prophezeyung und Erfüllung.)

7) Jonston ist der Jungfrau einmal auch, als sie in der Extase war, mit Comenius gefolgt; vgl. daselbst Cap. XLII. p. 99; sein Interesse für die Visionen war also sehr lebhaft.

8) Daselbst Cap. XLIII. Visio LXV Aprilis 19, itidem tacita: examenque horum à Collegio Medico susceptum. p. 100.

9) Comenius: De Quaestione Utrum Dominus Jesus Propriâ Virtute à mortuis Resurrexerit etc. Amstelod. 1659. p. 57—58.

10) Comen. Op. Didact. II. p. 83.

11) Daselbst p. 82.

12) Vorrede zur Via Lucis, 1668.

13) Lux e ten. II. Cap. XLV. Visio XLVII (3 Maji) in qua illi sanitas plane restituta, Medici autem confusi; p. 103.

14) Daselbst Cap. XLVI. p. 103. „. . . cum illa ad quaesitum de mille annis Apocalypticis gradibusque felicitatis Ecclesiae in his terris (quod eam in Libro legisse notaveramus) respondisset aliquid . . . .

15) Diatribe de Mille annis Apocalypticis, non illis Chiliistarum et Phantastarum sed B. B. Danielis et Johannis. per Johannem Henricum Alstedium. Francofurti Sumptibus Conradi Eiferdi. Anno 1627.

16) Vgl. Diatribe etc., die Vorrede an den Leser.

17) Dasselbe Werk: Tertia classis argumentorum. — Haec classis exhibet rationes quasdam et consensum doctorum quorundam virorum. — Die angeführten Argumente sind: Rationes fine consequentiae, p. 219, 220.

18) „Caeterum idem Johannes Piscator sententiam de mille annis tuetur in versione German Bb. et paulo ante obitum scripsit brevem tractatum de futura ecclesiae in hac vita felicitate; unde multa transtuli in hanc meam meditationem; quia nondum aspexit lucem iste tractatus“. Diatribe p. 229. Wir erwähnten, dass Piscator der Lehrer des Comenius war. Er starb (vgl. Wengerści a. a. O. p. 378) den 26. Juli 1625.

19) Lux e ten. II. Cap. LII. p. 110, 111, 112.

20) Daselbst Cap. LIII. De Revelationum Christinae Exemplari autographo. p. 112.

21) Comen.: De Quaestione etc. p. 58, 59.

22) Alsted: Diatribe etc. p. 220: „Wo die menschliche Hilfe aufhört, da beginnt die göttliche.

23) Lux e ten. II. p. 115.

24) Daselbst p. 116. Interessant ist, dass man bei der Kranken deutsche Kirchenlieder sang, weil, wie Comenius sagt, die meisten Anwesenden Deutsche waren.

25) Daselbst Cap. LVI. Virginis Mors et Resurrectio, Cap. LVII. De hac Virginis Morte ac Resurrectione, varia variorum judicia. 117 bis 120.

26) Daselbst p. 121.

27) Vgl. Comenius: Matuzalem, biogr. Anhang.

28) Lux e ten. II. p. 131. — De veris et falsis Prophetis Dedicatoria ad Wenc. Locharium, Conseniorem.

29) Die Schrift ist in ihrer ursprünglichen Form (Tractatum scribendi vernacule [L. e. t. II. p. 121]) unbekannt. Eine lateinische Übersetzung vom Autor selbst siehe in Lux e t. II. p. 132—164.

30) Lux e t. Cap. LIX. Visionum Christinae Examen solenissimum et quid ibi decretum. p. 121, 122.

31) L. e. t. I. p. 26. Es ist aus dieser Zeit noch der Tod der Frau Esther Sadovsky zu melden, bei deren Bestattung (1630, 23. Mai) Comenius eine kurze Trauerrede hielt; MS Mus. Boh. 27, mitgeth. von Patèra ČCM. 1891, 435—438; die Rede enthält eine lobende Schilderung der Eigenschaften der Verstorbenen. — Aus dem Register oder Testament (p. 438—439 daselbst) erhellt, daß sie der Unität von Herzen zugethan war, da sie fast alle exulierenden Geistlichen mit Legaten bedachte; unter ihnen den Comenius und seine Tochter Dorothea Christina mit 60, Christine Poniatovsky mit 50 Meißnern.

32) Daselbst p. 120.

33) Der Titel derselben lautete nach Comenius, Historia Revelationum etc. p. 31: Nobilis Virginis, Christinae Poniatoviae De Duchnik Hemerologium Revelationum. Quas Anno 1627 et 1628 partim in Bohemia, partim in Polonia habuit. Bona fide a quibusdam praesentibus et rerum optime gnaris, conscriptum. Es ist mir nicht gelungen, dies Exemplar aufzufinden; ein späterer Abdruck erschien mit den Kotterischen und anderen Visionen.

34) Lux in ten. I. 157, 159; Lux e ten. I. 155, 157.

35) Lux e ten. II. p. 124.

36) Comen. Opera Did. II. 282—284.

37) Epist. Comenianae Mus. Boh. VIII. Ohne Datum — Apograph.

38) Comenius Docemio. Ep. Com. Mus. Boh. VIII. Ebenfalls ohne Datum — Apogr.

39) Vgl. Com. Op. Did. II. 284.

40) Comenius ad Pal. Belzensem. Ep. Com. Mus. Boh. III. Apogr. Da Comenius Glaum und seinen Anhang nicht besonders hoch schätzt, so begnügen wir uns damit, dies zu constatieren.

41 u. 42) Vgl. Wengerscî a. a. O. p. 391.

43) Der Brief ist mitgetheilt in Op. Did. II. 284. — Wahrscheinlich zu dem Zwecke, solche Vereinigung in's Leben zu bringen, wollten die 2 Schriften des Andreä dienen: „Invitatio Fraternitatis Christi. Argentorati 1617“, wo der Verfasser in der leeren schlechten Welt (p. 74—81) Genossen sucht, und zwar zu dem schönsten, christlichen Leben (p. 52—53); und „Invitationis ad Fraternitatem Christi Pars altera. Paraenetica 1618“. — Hier führt er aus, er meine nicht jene fragliche, sondern eine wahre Brüderschaft, deren Eigenschaften er in 25 Punkten zusammenfaßt

44¹) Also im Jahre 1621, nicht 1619, wie v. Criegern übersetzt; vgl. dessen Werk: Comenius als Theolog. p. 362.

44²) v. Criegern meint (a. a. O. p. 338), dies Exil beziehe sich überhaupt auf jene, die sich in der Welt als Verbannte fühlen, während hier ein Bezug auf die verbannten böhmischen Exulanten ganz direct gefordert wird.

44³) Com. ad Seniorem Paliurum (Ep. Com. Mus. Boh. VIII. — ohne Dat.).

45) Com. ad Evenium 1630. (Ep. Com. Mus. Boh. III.)

46) Com.: Manualnik. — Praefatio p. 6.

47) (Com.) Ohlášeni (gegen Martinius) p. 137.

48) Martinius: Obrana etc. p. 66.

49) (Com.) Ohlášeni p. 96.

50) Martinius: Obrana p. 63.

51) Eilhard Lubinus, ein College des Jungius und ein Freund Bal. Andreä's. Comenius verdankt ihm manchen Gedanken, wie sich dies zeigen wird. Die N. Test.-Ausgabe erschien „mit einem vorbereitenden Briefe, in dem ein Rath, wie die lateinische Sprache von den Kindern kurz gelernt werden kann, ausgeführt wird". Comenius erwähnt im Vorwort zu seiner Didactica des Lubinus gleichnamige Schrift.

52) Der Titel seiner Schrift ist: Ephemerides totius linguae latinae unius anni spatio duābus singulōrum dierum profestorum horis juxta praemissam Didacticam ex verō fundamento facili methodo docendae et discendae. — ... Lipsiae Typis ac Impensis Grosianis. — Die im Titel erwähnte Didactica besteht aus XXXI Cap. mit einer Übersichtstafel. Den Gang derselben möge ihre Definition zeigen: „Didactica Latina peculiaris est compendiarius docendae linguae Latinae modus, quō ex cognitione primitivārum simplicium vocum ordine alphabetico cum interpretatione Germanica prius enumeratarum certis deinde sententiis cum facilioris tum tenacioris memoriae gratia per Ephemerides comprehensarum illarum simul derivatae compositae; obiter quidem sed diligenter, discipuli mediocris ingenii attenti, post aliquam Grammaticae perceptionem totam linguam Latinam unius anni spatio, duabus saltem singulorum dierum profestorum horis, facili methodo possunt edoceri". (p. 14.)

53) C. Frey empfiehlt die Coenobia (coenobium = gemeinsames Leben, Internat) in seiner Schrift p. 432, mit der Verheißung, man erlerne so in 5 Jahren mehr als sonst in 10 Jahren. P. 435 empfiehlt die Methode Barro's, der mit der Erlernung der Wörter die philosophische Erkenntniß der Dinge verband. Nach p. 437 sind in einem Jahre 3000 Wörter zu erlernen; daselbst werden noch die Mathematik, neuere Geschichte und Gymnastik empfohlen. — Seine Forderung bezweckt: „mit dem grammatischen Verständniß der Worte eine philosophische Eintheilung der Dinge". — Ein Brief an den Palatin von Belz erwähnt noch die Glaum. Holsten, St. Ritter; in einem an Evenius gerichteten Briefe urtheilt er über die Prahlerei der Glaumischen so abfällig, daß ich denselben keine weitere Aufmerksamkeit widmen zu müssen glaube. (M. Boh. C. E. III.)

54) Eine werthvolle Analyse des Informatoriums bietet Dr. Pet. Durdik in einem Artikel (Pädagogium. Prag 1884, Jahrg. VI. 11. bis 12. Heft), wo er dessen Lehren nicht nur erläutert, sondern auch mit Rousseau's Emil und Pestalozzi's Buch der Mutter vergleicht. Die Abhandlung ist einem größeren Werke desselben Autors entnommen. In den „Päd. Studien" H. Dittmer's, Leipzig, ist die erste Abhandlung: Darstellung des Gedankenganges in A. Com. Mutterschule. Im ersten Theile giebt der Verfasser den Inhalt des Informatoriums, im zweiten (von S. 22 an) würdigt er sowohl den grundlegenden als auch den praktischen Theil desselben. Ich erwähne noch den sehr lehrreichen Vortrag W. Bötticher's: Die Erziehung des Kindes in seinen ersten sechs Jahren nach Pestalozzi und Comenius, Comenius-Studien, Heft 3. Znaim 1892, der die Vorzüge der Comenius-schen Anschauungen gegenüber den Pestalozzi'schen recht populär nachweist.

2 *

55) Der einzige Bericht über diese Bücher befindet sich Op. Did. I. 248—249.

56) In der lateinischen Didaktik ist der Volksschule ein ausführliches Capitel gewidmet, die auch über die Lehrbücher das Nöthige recht klar sagt, während dies die böhmische nur ganz kurz thut.

57) Com. Opera Did. I. 249, 250: „Inter haec venit in mentem concinnare Libellum".

58) Vgl. Op. Did. II. 82.

59) Elias Bodinus a. a. O. p. 51.

60) Daselbst p. 55.

61) Com. Op. Did. I. 250.

62) Vgl. Anmerkung 45.

63) Vorrede zur Janua Lingu. 27. Punct.

64) Comen. ad Abr. Mencelium (Epist. Comen. Mus. Boh. III).

65) Comen. ad Pal. Belzensem (Ep. Com. Mus. Boh. III).

66) Mir ist diese Ausgabe nur aus dem Abbruck in Op. Did. I. 250 bis 302 bekannt; die Vorrede zu derselben daselbst p. 250—254. — Daß auch eine lateinische Grammatik bald danach erschien, erhellt aus einem Briefe an Docemius (M. Boh. E. Com. III). Dieselbe wurde bald in der Schule zu Goldberg eingeführt, hat aber dem Comenius selbst schon nach zwei Jahren sehr wenig gefallen, so daß er sie in die Sammlung seiner didactischen Werke gar nicht aufgenommen.

67) Die Geschichte dieser hispanischen Janua erzählt Comenius im VIII. Cap. seiner Methodus Ling. Novissima. Op. Did. II. 81, 82. Nach dieser Erzählung hat der preußische Ritter Joh. de Bodek mit einigen englischen Edelleuten eine Peregrinatio nach Spanien unternommen. Bei einer Gelegenheit, als sie den englischen Gesandten längere Zeit erwarten mußten, wurden sie mit einem spanischen Pater bekannt, der, als er den Wunsch nach einer leichten Methode zur Erlernung der spanischen Sprache vernommen, seine Lehrweise empfahl, die er auch zur leichten Erlernung der heiligen Sprache mit Erfolg angewendet hat. Er habe nämlich die lateinisch-spanischen Wörter in 1200 Sätze zusammengefaßt, die das Fundament der ganzen Sprache enthalten; was noch erübrigt, sei aus den Autoren zu erlernen. — Die Männer nahmen das Büchlein mit, und da sie es für werth gefunden, gaben sie es in England zuerst mit englischer und französischer Übersetzung unter dem Titel „Janua Linguarum etc. etc." heraus; in Deutschland wurde es, mit der deutschen Übersetzung vermehrt, von If. Habrecht herausgegeben; Gaspar Scioppius gab es unter dem Titel Mercurius Bilinguis 1627 in Mailand heraus. Das Werk kündigt schon im Titel das Princip an, daß daselbst jedes Wort (ausgenommen einige transcendentale: bin, in, aus, von usw.) nur einmal vorkomme; und als dessen Autor erwähnt der letztgenannte Herausgeber Wilh. Bateus, der 1614 in Madrid gestorben ist.

68) Diese Übersetzung habe ich, bei steter Berücksichtigung der ersten Ausgabe der von Karl Ignaz Tham besorgten sechsten Auflage der Janua Linguarum reserata aurea etc. 1805, p. 228—234 entnommen. Die bald darauf erschienene: Grammatica latina etc. concinnata, 1631, vgl. Anm. 66, die mit Rücksicht auf die polnische Sprache ausgearbeitet worden war, hat mir nicht vorgelegen.

69) Vgl. hierüber seine Apologia Latinitatis Jannae. Amst. 1657, auch Opera Did. IV. 28—42.

70) Op. Did. III. 831.

71) Die erste Ausgabe trägt die Inschrift: Labyrinth Swěta a Lusthauz Srdce to jest etc. Léta Krystova 1631.

72) Diese sind die folgenden: quaestio, examen cogitationum, electio, commemoratio, consideratio, resolutio, explicatio, discursus, judicium, confirmatio, illuminatio.

Colsinius' Verse über Pr. Piet. heißen: „Glaube mir, außer den heil. Glaubenssätzen und heiligen Büchern erzeugten seltene Zeiten ein diesem gleiches Buch".

Gehe voran, Com., mit Gott und Frömmigkeit verbündet, Gehe, es ist uns Vertriebenen genehm, unter deiner Führerschaft fromm zu sein.

Fahre fort fromme Bücher zu veröffentlichen und nützlich zu sein, Denn heutzutage sind viele Bücher wie Wasser kraftlos."

73) Comenius ad Mochingerum, Ep. Com. Mus. Boh. VIII.

VII.

1) „Otázky některé o Jednotě Bratří Českých", ein von Comenius durchgesehenes Apograph in MS. Comen. Mus. Boh. 55, herausgegeben von Jos. Jireček in Beseda Učitelská. 1878. Nr. 18, 19, 21. — Jireček versetzt die Abfassungszeit ungefähr in's Jahr 1631, nimmt an, die Schrift wäre auf Anordnung der Älteren herausgegeben worden; a. a. O. p. 205.

2) Das Manuscript dieser böhmischen Didaktik befindet sich im Mus. Boh. zu Prag. Bisher sind drei Ausgaben derselben erschienen, eine von Tomek 1848, ein zweiter unveränderter Abdruck derselben und eine Jubiläumsausgabe von Beranek 1871. Wir halten uns an diese letzte Ausgabe. Zoubek führt in einem Artikel ČČM. 1877. p. 35 ff. aus, die ersten 28 Cap. seien schon 1628 fertig geworden; die Vorrede sei später geschrieben, die Erwähnung Hartlib's (Cap. XXIX) deute auf's Jahr 1632. Im Jahre 1633 sei schon die Didaktik auch lateinisch druckfertig gewesen, wie dies aus dem deutschen Informatorium (1633) ersichtlich. — Dies ist allerdings möglich; bestimmt wissen wir die Zeit der Abfassung nicht: nur das steht fest, daß die Grundgedanken derselben 1628 bereits reif waren (O. D. I. an mehreren a. O.). Allerdings scheint mir das nur vorhandene MS. der böhm. Didaktik aus 1650 stammen, womit jenes Datum nicht umgestoßen werden soll.

3) Diese Meinung, so oberflächlich sie ist, ist eine allgemeine; ich verweise z. B. nur auf Beeger's Übersetzung in der Inhaltsangabe p. 268, allein auch die böhmischen Schriftsteller sind durchwegs dieser Ansicht. Diese stammt daher, daß zum Schluß des Artikels ein Citat von Andreä gesetzt worden ist, und man den Namen des Citat-Autors für den Autor des Ganzen gehalten hat. Nirgends fand ich eine andere Begründung, so daß ich eine Correctur dieser Ansicht genügend motivirt zu haben denke. — Es sei nur noch erwähnt, daß sich aus Criegern's Worten (a. a. O. 339) nicht schließen läßt, daß er für jene irrige Meinung wäre. Des Comenius Worte über die Didaktik: „Die aus dem Verborgenen der Natur ausgegrabenen Fundamente sind unser", auch „die gegliederte Anordnung aller Theile". „Andere waren nur mit Vorschriften einzelner Regeln und mit Mittheilung theilweiser Bemerkungen beschäftigt."

4) Über die Didactica Magna handelt ein großer Theil der Bücher und Abhandlungen, die über Comenius geschrieben worden; allerdings beziehen sich diese Schriften auf die lateinische Umarbeitung des Werkes. Wir möchten trotz der Verschiedenheit der Werke eine kurze Prüfung derselben hier anknüpfen, wo wir am ausführlichsten über die Schrift handeln. —

Allerdings hätte der Inhalt auch eine längere Besprechung verdient; diese Zeilen mögen zur Ergänzung des oben Gesagten dienen.

Während die anderen Werke des Comenius zu aller Zeit Verehrer hatten, blieb die Didactica sehr lange Zeit unberücksichtigt, gewiß, weil sie einzeln nicht erschienen war. Pierre Bayle urtheilt bekanntlich sehr abfällig über die Opera Didactica, er denke nicht, daß in dem großen Bande etwas Brauchbares enthalten wäre (vgl. in seinem Dictionnaire Hist. crit. den Artikel Comenius). In bewußten und ausgesprochenen Gegensatz zu Bayle setzt sich eine kleine Gelegenheitsschrift des Paul Eug. Layriz, Schulrector zu Nürnberg, die unter dem Titel: Manes Comenii Vindicatos Eiusque Docendi Discendique Methodum A Petri Baylii Iniuriis Liberatam Praemittit Actui Oratorio Classis Primae Discipulorum Scholae Neapolitanae .... 1742 habendo ...... Paulus Eugenius Layriz, Scholae Rector Norimbergae. Typis Felseckerianis. Layriz klagt, daß es ihm nicht gelungen sei, alle die Schriften des Comenius, die er gewünscht, zu erhalten: je mehr derselben jemand kenne, umso mehr werde er den Comenius loben. Seine Lehrmethode anempfehlen übrigens die drei Principien: αὐτοψία, αὐτοπραξία, αὐτοχρησία. Verfasser führt den Sinn dieser Principien näher aus, lobt den frommen Charakter der Comenianischen Erziehung, bedauert es, daß die Lehrbücher von vielen verbannt werden, deren Anwendung doch den Zustand der Schulen nur heben könnte. Wir erwähnen nur noch die Worte über Orbis Pictus: „Cui libro si lima adhiberetur ulterior, vix aliquem invenies, qui maiorem tironibus utilitatem afferre possit." — Aber diese Worte hatten nicht die Macht, für den vergessenen Schulmann und seine Hauptarbeit Interesse zu wecken; wie auch Herder's Anerkennung für den Humanisten Comenius nicht, welcher sich auch ein Lob für die Pädagogik des Comenius anschließt. Erst nach der neueren Würdigung v. Raumer's (Gesch. der Pädagogik II.) wendete man der Didaktik ein lebhaftes Interesse zu. Raumer meinte noch, die Didaktik sei ursprünglich lateinisch geschrieben, eine Meinung, deren Oberflächlichkeit wohl nicht näher beleuchtet zu werden braucht. — Im Jahre 1841 fand der Prof. Purkyně in Lissa das böhmische Manuscript der Didaktik auf, besonders durch Correcturen aus des Comenius Hand beglaubigt, und so sah denn dies Werk, in Zeiten der frohesten Hoffnungen verfaßt, erst nach manchen Kämpfen mit der Censur 1849 das Licht. (Vgl. Tomek's Vorrede zu der ersten Ausgabe. Aber erst neuere Arbeiten haben sich gründlich auf die Analyse der Didaktik eingelassen. Wohl ist Leutbecher's Werk: Die Lehrkunst des J. A. Comenius, Leipzig 1855, nichts als eine Übersetzung der Didaktik, ohne den Namen des Autors. — Aber W. Müllers: Comenius, ein Systematiker in der Pädagogik, prüft eingehend das System der Didaktik mit dem Maßstabe der ideellen, wissenschaftlichen Erfordernisse eines pädagogischen Systems, und das Ergebniß ist ein lautes Lob. H. Hoffmeister stellt einen Vergleich zwischen Comenius und Pestalozzi an und findet bei der wesentlichen Übereinstimmung in den Reformplänen den Unterschied darin: Comenius ist objectiv, Pestalozzi subjectiv in seinen Grundnaturen, Grundgedanken, Grundmethoden. Was speciell die Grundmethode anbelangt, so hat Comenius die synthetische, in Gefolge der encyclopädischen, dialogisirenden, Pestalozzi die analytische, in Gefolge der concentrischen, monologisirenden Specialmethode. Viel eingehender handelt noch über diese Frage H. Hähner: Natur und Naturgemäßheit bei Comenius und Pestalozzi. Chemnitz 1890, die, von einigen Fehlern abgesehen, zu den besten Arbeiten über des Comenius pädagogische Principien gehört. Ein Anhang (p. 78—87) faßt in 30 Punkten das Ergebniß der Untersuchung zusammen. Wir erwähnen davon blos, daß Comenius' System als eine „Erneuerung der universalen stoischen

Naturgrundlage für die Pädagogik betrachtet werden" kann; daß des Comenius' Naturbegriff ein Zweckbegriff ist; daß bei Comenius die Grundlage der Geistesbildung der Intellect ist, daß Comenius (wie auch Pestalozzi) nicht genügend zur Selbstthätigkeit der kindlichen Kräfte anregt. Wir möchten nur die allerletzte Behauptung bezweifeln. — Pappenheim giebt in 4 Capiteln seiner Schrift: Amos Comenius, der Begründer der neuen Pädagogik. Berlin 1871, den Inhalt der Didactica M. wieder und preist in dem V. Capitel besonders seine anschauliche Methode. — L. W. Seyffarth würdigt im II. Theile seiner Schrift: J. A. Comenius nach seinem Leben und seiner pädagogischen Bedeutung, das allgemeine Princip für den Unterricht (die ewige Seligkeit in Gott), die Organisation der Schulen, Auswahl und Bestimmung des Unterrichtsstoffes (möglichst alles, selbst Realien, und nicht Aristoteles) und specielle didaktische Regeln. — Eine ausführliche Charakteristik der Didactica gibt Jul. Beeger in der Charakteristik der großen Unterrichtslehre (als Einleitung zu seiner Übersetzung der Didactica M.). Er meint, die Volksschule des XIX. Jahrhunderts ist darin vollständig vorausgesehen und vorgezeichnet. Als die Rubriken des Materials der Didaktik stellt er auf

I. Auswahl (der Schüler, des Lehrstoffes, der Zeit).

II. Specielle Gestaltung der Schule (Vertheilung der Schüler, Vertheilung der Zeit, Vertheilung des Stoffes).

III. Behandlung (des Schülers, des Stoffes, des Lehrers).

H. Hoffmeister prüft in einer zweiten Schrift: „Comenii Didactica Magna in Rücksicht auf die Volksschule". Berlin 1874, zunächst die drei Grundprincipien: die entwickelnde Methode, den anschaulichen Unterricht, die Realien, und findet die Bedeutung des Comenius: I. er hat den Begriff der Volksschule zum heutigen Umfange entwickelt (in Betreff des Zieles, des Stoffes, der Methode); II. er will die Volksschule als gemeinsame Basis des gesammten Unterrichtswesens; er fordert von ihr eine relativ abgeschlossene Elementarbildung, einen proportionellen Unterricht in allen Wissenschaften, eine comparative Specialmethode. — H. Free hat in seiner Arbeit: „Die Pädagogik des Comenius", die Principien derselben auf die einzelnen Schuljahre anzuwenden versucht. — v. Criegern zeigt im V. Capitel seines o. a. Werkes (p. 226—297) den „theologischen Charakter seiner Unterrichtslehre", den wohl kaum Jemand bezweifeln könnte. — E. Robert nimmt in seiner lebhaft geschriebenen Abhandlung: Notice sur J. A. Comenius et ses idées humanitaires et pédagogiques. Paris 1882, auf die Didaktik weniger Rücksicht, nur auf die Naturgemäßheit der Methode hinweisend; hingegen gibt Laurie einen sehr ausführlichen Inhalt derselben. In seinem Werke: Johs Amos Comenius. Bishop Of The Moraviaus His Life And Educational Works. Cambridge 1887, S. 240, nimmt die Didactica (71—154) also mehr als 80 Seiten ein. Wir erheben gegen diese Partie des Werkes die einzige Einwendung, daß sie die Pansophie zum Ausgangspunkte der Didactica hinstellt. Dies ist auf gar keine Weise anzunehmen oder zu billigen. Die 4 Capitel dieses Abschnittes sind: First Section: Pansophy and the aim of education, Second Section: The Method of Education, Third Section: The Art of Educacation i. e. the application of method to practia, Fourth Section: of the general organisation of a school system. Während der historische und der bibliographische Theil des Werkes durchaus nicht auf der Höhe der Forschung steht, kann man die der Didaktik gewidmete Aufmerksamkeit und Sorgfältigkeit nur lobend hervorheben.

Wir berühren hier auch einige Abhandlungen, die dabei, daß sie auf die Didaktik, auch auf andere Schriften des Comenius Bezug nehmen. So führt Dr. P. Durdik in einer Abhandlung über die Mittelschule des Comenius aus, dieselbe habe die Realien nicht so selbstständig und nicht so ausführlich, wie die heutige, gelehrt, dafür war sie aber praktischer, sorgte mehr für die Erholung der Schüler, pflegte mehr die Sitten und Frömmigkeit und war einheitlich. (B. Pädagogium VII. p. 145—153.) In einer Abhandlung: „Comenius der Vorläufer der vernünftigen Emancipation des weiblichen Geschlechtes und der Arbeiterschaft" (České Skoly Smichovské. 1883) giebt Zoubek auf Grund der Cap. IX und X der Didaktik (und der XIV Cap. der Via Lucis) die humanitären Gedanken des Comenius, der die Wohlthat der Erziehung Niemanden entziehen, vielmehr jene Jedermann zugänglich machen wollte. Die Zeitschr. Komensky 1885 enthält eine Abhandlung über den geogr. Unterricht nach Comenius; 1888 von Frl. Pammer eine Parallele zwischen Com. und Rousseau. Zeitschr. Beseda Učit. 1885: Über die Geschichte als Schulgegenstand nach des Comenius Principien. Heft 3 der Comenius-Studien enthält Aussprüche des Comenius zu Gunsten des Handfertigkeits-Unterrichtes. — Znaim 1892.

Der geschichtliche Charakter der gegenwärtigen Schrift machte es uns zur Pflicht, auf den chiliastischen Zug und den national-patriotischen Stolz des Verfassers als persönliche Motive bei der Abfassung der Schrift hinzuweisen. Dies mag auch als eine Ergänzung der angeführten Erörterungen und Analysen der Didaktik dienen. Daß ich ferner dem Abschnitt über die Sprachenmethode mehr Raum als den übrigen gewidmet, wird dadurch, daß Comenius den Schwerpunkt seiner weiteren didaktischen Thätigkeit eben in die Ausbildung einer Sprachenmethode verlegte, wie ich hoffe, auch genügend motiviert erscheinen.

4 a) zu Seite 154. Abgedruckt findet sich diese Schrift in der ersten Ausg. der Böhm. Did. (1849) p. 190—197.

5) Mit dem Einfluß Vives' auf Comenius beschäftigen sich speciell zwei Schriften; die bereits erwähnte Schrift Nebe's und P. Hause: Die Pädagogik des Spaniers Johannes Ludwig Vives und sein Einfluß auf Joh. Amos Comenius. In.-Diss. Erlangen 1890. Auch R. Heine in der Ausgabe der ausg. päd. Schriften des Vives (Richter's P. Bibl. B. XVI. p. 57, 58). Während Nebe der Ansicht Lange's (Schmidt, Encycl. des Unterrichtswesens, Artikel Vives) beistimmt, nach der von Vives sämmtliche spätere Erziehungsmänner gelernt haben, meint Hause, Comenius hätte bei Vives wenig zu seinem Zwecke vorgefunden. — Nach dem geschichtlichen Gange urtheilend, stimmen wir letzterer Ansicht bei. Als Comenius mit Vives bekannt wurde (im Exil), da hatte er schon sein System in großen Zügen fertig; die Verwandtschaft rührte also theilweise durch Vermittlung Alsted's, der aber meiner Ansicht nach (ich meine die Encyclopädien) in seiner Pädagogik durchwegs von Bonnäus abhängig ist, theilweise durch die allgemein hervortretenden Neuerungen, wie sie auch bei Ratich (dies meint Heine a. a. O. p. 57) und Andreä hervortreten. Über Vives' Interpretation der Virgil'schen Ekloge vgl. Comen. Admonitio ad Mares. p. 11. Wir werden auch noch bei zwei anderen Fragen der Autorität des Vives begegnen, zum Beweis, daß Com. demselben große Verehrung zollte. Wir berufen uns auf die Ausgabe: De Disciplinis etc. Coloniae 1536.

6) Über Campanella vgl. Erdmann's Gesch. d. Phil. I., und Rixner und Sieber: Leben und Lehren berühmter Physiker 2c., wo ihm ein ganzer Band gewidmet ist; über seinen Einfluß auf die Physik des Comenius giebt manchen Aufschluß meine Inaug.-Diss.: Über J. A. Com. Philosophie, insbesondere dessen Physik. Leipzig 1886. Ein allgemeiner Vergleich zwischen ihm und Comenius, der sehr dankbar wäre, fehlt noch. Seinen Einfluß auf

Comenius hebt besonders Maresius hervor: Antirrheticus. 1668, p. 37. — Die Gleichheiten der beiden Männer werden mehr bei der Betrachtung der Pansophie auffallen. Maresius sagt a. a. O. „Quantum ad Campanellam, non miror Comenium ejus lectione delectari . . . . . . Fuit autem Campanella, ut plane monstrosi vultus, sic etiam portentosi ingenii et facile ostenderem nostrum Prometheum magnam partem suorum ignium fatuorum ex illius coelo suffuratum fuisse." Dies letzte bezieht sich auf Comenius.

7) Über Baco's Einfluß auf Comenius, der in allen Berichten über letzteren ein bedeutender genannt wird, habe ich unter dem Titel „Comenius und Baco" (Pädagogium. Leipzig 1888) eine Abhandlung geschrieben, in der ich nachzuweisen suchte, daß diese Annahme eine oberflächliche ist. Die Gründe, die beweisen wollen, daß Baco den Realismus des Comenius in der Didaktik nicht beeinflußt (a. a. O. p. 27), halte ich noch heute aufrecht: 1. in der Zeit, wo er mit Baco bekannt wurde, war schon die Didaktik in Hauptzügen fertig, das Informatorium gewiß; 2. in der Didactica wird Baco's Name nicht genannt; 3. die Hauptprincipien der Didaktik und des Organons sind grundverschieden; 4. hingegen finden wir die Naturanschauung, die zum Realismus und zur Autopsie im Unterrichte führt, in früheren Werken des Comenius auf; und zur Forderung der Naturgemäßheit gelangt Comenius eben auf deductivem Wege (vgl. oben). Für die weitere Ausführung des hier Gesagten muß ich jedoch auf die Abhandlung selbst hinweisen. — Damit will ich und kann ich nicht in Zweifel ziehen, daß Comenius zu den eifrigsten Bewunderern Baco's zählte.

8) Vgl. über Wengersci dessen o. a. W. p. 419, 420; und Ziegler, Programm des Gymnasiums zu Lissa 1855. p. VI, VIII.

9) Comenius ad Docemium. 3 Briefe in Apogr. Ep. Com. Mus. Boh. VIII.

10) Masson: The life of Milton, besonders der III. Band von S. 212 an. Alfr. Stern: Milton und seine Zeit, II. Heft, 282 ff. H. Althaus: Samuel Hartlib. Hist. Taschenbuch 1884. Letzterer gebrauchte die Arbeiten der früher genannten; allein wie unvollständig auch das von ihm verfaßte Charkterbild noch ist, wird wohl auch aus gegenwärtiger Arbeit erhellen.

11) Ob dieser Brief der erste sei, den Comenius an Hartlib geschrieben, halte ich nicht für erwiesen. Den Apogr. vgl. Ep. Com. Mus. Boh. VIII.

12) Gindely: Dekréty Jednoty Bratski 1864. p. 276, 277.

12a) Mit diesem Beamten der Grafen (Urbis et Comitatus Lesnensis Administrator) lebte Comenius im besten Verhältniß. Schlichting drückt seine Hochachtung für Comenius auch in einem Empfehlungsbriefe an Sig. Rákóczy (1650 Apr. 4. Ung. Landesarch.) in beredter Weise aus. Wie sich derselbe auch für die Schularbeiten interessierte, vgl. Com. ad Patronum (Ep. C. M. Boh. V.) Febr. 4. 1641.

13) Comenius: De Quaestione etc. p. 59—61.

14) Vorrede zur Physicae ad Lumen Divinum Reformatae Synopsis 1633. Über des Comenius Physik vgl. die Schrift C. Andreä's: Die Physik des J. A. C., Kaiserslautern 1879; ferner meine o. a. Dissertation, bei deren Abfassung mir Andreä's Arbeit unbekannt war. Bekannt war mir hingegen die Arbeit Květ's: „Ein Umriß der Naturphilosophie des J. A. C. im Allgemeinen und insbesondere seiner Anthropologie", ČČM. 1860; vgl. Vorrede meiner Dissertation, letztere erschien auch N. Jahrb. für Philol. und Päd. (1886).

15) Winkler's Briefe an Comenius siehe Opera Did. II. 282, 283. Comenius ad Winclerum, Ep. Com. Mus. Boh. VIII.

16) Comenius ad Decemium, Ep. Com. Mus. Boh. VIII.

17) Gindely: Dekréty J. B. p. 277.

17a) Die Notarswürde, die nur einem Senioren zu Theil werden konnte, war eine der wichtigsten. Er hatte die Synodalakten zu redigieren und die vergangenen am besten zu kennen; die etwa nothwendigen Polemien zu führen, wie auch andere Schriften zu veranlassen, schließlich zu achten, daß nichts aus privater Wagniß herausgegeben werde. (Vgl. Ratio ord. etc. ed. Buddei. p. 18.) Die Folge zeigt, wie gewissenhaft sich Comenius bei dieser Pflicht erwiesen hat.

18) Gindely; Dekréty J. B. p. 278.

19) Die Schrift war bisher nur aus Ep. ad Montanum p. 83 bekannt. In neuerer Zeit hat sie H. Jos. Müller, der verdienstreiche Historiograph der Ünität in der Stadtbibliothek zu Zittau aufgefunden. Die Schrift zerfällt in 27 Capitel. — Die Inhaltsangabe verdanke ich der Mittheilung des erwähnten Herrn.

19a) Derselben ist eine kleine Schrift über den Unterschied der katholischen und der evangelischen Religion von Comenius beigegeben worden.

20) Siehe die Vorrede des Typographen und auch die der Herausgeber, letztere ist Anno 1632 im Exil datiert, N. N. N. unterschrieben.

21) Daselbst.

22) Historia ref. Slavonicae 1660.

23) Lux e ten. II. p. 124, 125.

24) Über sein Leben giebt er selbst die ausführlichste Nachricht in seinen Streitschriften; vgl. über ihn auch J. Jireček's Rukovĕt 1878, II. Th. und dessen Artikel: Beiträge zur Exulanten-Literatur ČČM. 1874.

25) Vgl. Jireček's Artikel ČČM. 1874. p. 216 und Gindely: Gesch. d. 30jähr. Krieges, p. 258—260.

26) Martinius: Obrana etc. p. 421, 422.

27) (Com.) Ohlášeni etc. p. 162.

28) Daselbst.

29) Mir ist das Werk nur aus dem Abdruck in den Op. Did. I. 301 bis 315 bekannt. Die Vorrede daselbst umfaßt die S. 301—305.

30) Die ursprüngliche Ausgabe hat mir nicht vorgelegen. Die Vorrede ist aber abgedruckt auch in Thans obenerwähnter Janua-Ausgabe.

VIII.

1) Vgl. Martinius, Obrana, p. 408, 409.

2) Wengersci a. a. O. p. 391.

3) Lux e ten. II. p. 125, 126.

4) Wengersci a. a. O. p. 391, 392.

5) (Comen.): Ohlášeni etc. p. 189.

5a) Siehe das Vorwort, p. 158—161 dieser Schrift.

6) Die Übersicht über die Physik möge noch das folgende erleichtern. — Es kommt der Naturforschung besonders auf die 2 Fragen Beantwortung an: quale? und quare? Hiebei ist zu beachten, daß sich die Natur in den kleinsten Theilen offenbart (explicat), hingegen in den größten sich einhüllt (complicat). Der Inhalt der einzelnen Capitel ist der folgende:

Cap. I. Idea mundi creandi: Bei der Erklärung der Schöpfung hilft Moses, Genes. I. 6 u. 10. Aus den 3 Principien des Weltalls, Materie, Geist und Licht entstand stufenmäßig alles, was auf der Erde ist.

Cap. II. De visibilibus mundi principiis, giebt nähere Beschreibung dieser Principien.

Cap. III. De motibus: diese sind einfach und zusammengesetzt.

Cap. IV. De rerum qualitatibus. — Diese sind die consistentia (Sal), oleositas (Sulphur), aquositas (Mercurius).

Cap. V. De rerum mutationibus. Das Zusammenwirken der Principien und der aus ihnen entstandenen Qualitäten bringt Veränderungen hervor; aber auch beständige Producte. Diese werden in den nun folgenden Capiteln einzeln geschildert.

Cap. VI. De Elementis (die vier bekannten).

Cap. VII. De Vaporibus.

Cap. VIII. De substantiis concretis.

Cap. IX. De plantis. Das Leben haben diese vom spiritus vitalis.

Cap. X. De animalibus. — Diese unterscheidet von den Pflanzen die αὐτοκίνησις; sie haben noch den spiritus animalis. Die recht interessante Darstellung des psychischen Lebens der Thiere vgl. in meiner o. c. Abhandlung p. 26.

Cap. XI. De homine. Der Mensch hat 3 Theile: corpus, spiritus, anima. — Die „mens" hat drei „facultates": intellectus, voluntas, conscientia.

Cap. XII. De angelis.

7) Vgl. hierüber bei Erdmann Gesch. d. Phil. I. Bd.

8) Hierüber vgl. Rixner und Sieber: „Leben und Lehrmeinungen berühmter Physiker am Schluß des XVI. und Anfang des XVII. Jahrhunderts, 7 Hefte.

9) Ver. Baconis Opera. De augm. scient. p. 77, 78.

10) Vgl. das Werk: Criticus harmonicus de harmonia philosophiae Aristoteleae, Lullianae et Rameae. 1610. Vgl. auch die kurze Abhandlung: Discrimen Aristotelicorum et Rameorum in Bisterfeld's Seminarium primae philos. Leydae 1657, herausg. von Ad. Heereborb.

11) Alstedii Encycl. T. I. — Wie sich übrigens Comenius auch in der Ansicht, daß eine feste Gewißheit in Metaphysik, Physik (und Moral) erreichbar sei, mit Alsted in Übereinstimmung fühlte, darüber vgl. Pans. Diatyp. p. 170, 171. — Er beruft sich hier auf Alsted's Encyclopädie. I. 4, 12, und I. 13, 1. Triumphus bibl. p. 61—105.

12) Vgl. Rixner und Sieber a. a. O. I. 61.

13) Daselbst III. 19—20.

14) Daselbst 32.

15) Campan. Real. philos. epilog. p. 4, 6.

16) Daselbst 7—9.

17) Comenius: Phys. Syn. Punkt 5.

18) Alstedius: Triumphus bibl. p. 72.

19) Phys. synopsis. Amstelodami 1663. p. 212—215.

20) S. 1—47; auch bei Rixner u. Sieber V. Heft. 92, 93.

21) Alstedii Encyclop. p. 737.

22) De sensu rerum I. cap. XIII. „Mundum esse animal mortale et quid extra ipsum esse queat". p. 43—47.

23) V. Baconis Opera, Nov. Organum, p. 484.

24) Campanella: Realis philos. epilog. p. 177—180.

25) p. 62: „. . Quidquid ergo est in corpore, instrumentum est spiritus animalis in cerebro residentis, qui per nervos discurrens, totum quo vult corpus agitat."

26) Dies bemerkt auch Rich. Hiller in seiner Schrift: Die Lateinmethode des J. A. Com. 1884. S. 4 ganz richtig.

27) Die Experimente in Prag und Tübingen, auf deren Ergebniß er diese Behauptung stützt, erwähnt er wohl erst in der 2. Ausgabe (1663),

allein sie sollen auch die Grundanschauungen der ersten Anschauungen unterstützen, darum habe ich sie hier angeführt.

28) Die Physik gehörte in Comenius' Leben zu den populärsten Arbeiten des Autors; Nachdrücke und Lobsprüche beweisen dies gleichartig. Aber auch lange Zeit nach seinem Tode fand sie viele Beachtung und Anerkennung. Noch in demselben Jahrhundert widmet ihr Morhof in seinem Polyhistor eine ausführliche Besprechung, indem er sie als eine Vorkämpferin der mosaischen Philosophie analysiert. Dasselbe that später Brucker in seiner Hist. crit. Phil.*) Inwiefern diese Philosophie wirklich als mosaisch zu betrachten sei, darüber haben wir uns ausgesprochen. Joach. Lange gab aus derselben: Theses Physicae Comenianae. 1702 (vgl. Adelung p. 227, oder auch die Vorrede zur Übers. des Unum nec.) heraus, die ich nicht auffinden konnte. In der Vorrede zur deutschen Übersetzung des Unum Necessarium 1735 wird dieselbe fast über alle anderen Werke des Verfassers gelobt. Desgleichen von Fr. Budeus in dessen Introductio ad Hist. phil. Ebrauorum. XXXVI. 318. Nun gab es ja auch abfällige Urtheile (vgl. A. Carolus Memorabilia Eccl. Sec. XVII. Tubingae 1697); dafür erlebte das Werk aber eine Übersetzung in's Englische. Einen Anhänger in der philosophischen Richtung hatte Comenius später in Jo. Bayer, mit dem er in wissenschaftlicher Verbindung stand. In neuerer Zeit schrieb über die Naturphil. des Com. Květ ČČM. 1860, 489 ff. einen Auszug der Physik bietend, der auch nicht zu Ende geführt. Andreä hingegen nimmt wohl nur sporadisch auch auf Alsted's Anschauungen Rücksicht.

29) Vgl. Op. Did. I. 197.

30) Ziegler weiß nicht davon, vgl. o. c. Schrift p. X.

31) Com. ad Hartlibium, ad Palatinum, ad Niclassium (Apogr. Ep. Com. Mus. Boh. VIII).

32) Die Schrift faßt die Sprichwörter als contractae similitudines auf, die theils zum Schmuck, theils zur Klarheit des Sinnes der Rede gebraucht werden. Die Sammlung zerfällt in 4 Theile: Sprichwörter 1. aus dem Naturleben; 2. aus den menschlichen Verhältnissen; 3. aus der Geschichte; 4. aus der Poësie. — Die Originalhandschrift befindet sich in Lissa, vgl. Müllers Artikel in Sbornik historicky 1884; gedruckt erschien dasselbe als Anhang der I. Ausg. der böhm. Didaktik, Prag 1849. Πολύγλωττος ἥρως = vielsprachiger Held.

33) MS Comeniana Mus. Boh. 61. Veröffentlicht von Ab. Patěra in ČČM. 1891. p. 214—224.

34) Wengersci o. c. 419, 420.

35) Ep. Com. Mus. Boh. VIII.

36) Ep. ad Alstedium in Transsylvaniam daselbst.

37) Jablonsky: Historia consensus Sendomirensis etc. p. 124.

38) Daselbst p. 252 ff.

39) Die vom 18./28. Juli 1634 datierte Antwort siehe daselbst p. 257—259.

40) Daselbst p. 127.

41) Gindely: Dekrety etc. p. 296.

42) Com. Opera Did. I. 459.

43) Com. ad Niclassium; Ep. Com. M. Boh. VIII.

---

*) Dieser behauptet auch, sowohl der berühmte Christ. Thomasius als auch A. Rudiger hätten sich an die Ausführungen des Comenius über den Geist gehalten. Vgl. dessen Instit. Hist. Phil. Ed. 2. Lipsiae 1756, p. 656—7, 773, 775. Besonders die Ausführungen über Thomasius sind sehr lehrreich.

44) Com. Op. Did. I. 443, 444.

45) Gindely: Dekrety etc. 283, 284.

Unter dem Titel „Der Aufenthalt des Comenius in Thorn im Herbst 1634" gelangt im I. Heft der Com. Gesellschaft O. Rablach zu der Annahme, Comenius sei zu dieser Zeit in Thorn als Professor thätig gewesen. Diese Folgerung, auch an sich ganz willkürlich, widerlegt sich aus der Thatsache, daß er daselbst zu den beschriebenen kirchlichen Verhandlungen eingetroffen war.

46) Daselbst p. 286.

47) Daselbst p. 289.

48) Daselbst p. 290.

49) Daselbst p. 291.

50) Daselbst p. 294.

51) Daselbst p. 295, 296.

52) Abgedruckt bei Ziegler a. a. O. p. XXXI — XXXIV.

53) Martinius: Obrana. p. 409.

54) Martinius: XXXV důvodů. p. 34.

55) Martinius: Obrana. p. 410.

56) Martinius: Obrana. 4.

57) Diese Zusammenstellung stammt von Comenius — Ohlášeni. p. 3.

58) Gindely: Dekrety p. 298.

59) Dieser Bericht ist einem Briefe des Comenius an Niclassius entnommen; ob der Brief (ohne Datum) aus dieser Zeit stammt, ist allerdings nicht erwiesen.

60) Den 10./20. October 1635. Vgl. Martinius: Obrana p. 5.

61) Von demselben Tage. — Daselbst.

62) Com. Opera Did. IV. p. 10.

63) Comenius erwähnt die Schrift Ep. ad Mont. p. 84 als seine Arbeit; der Löwenantheil wird wohl ihm zugefallen sein. Der Stil ist der seine.

64) Vgl. die Vorrede zu Martinius' Obrana.

65) Comenius: A dextris et sinistris 1660. Praefatio.

66) Gindely: Dekrety p. 30.

67) Diese Arbeit ist abgedruckt in Op. Did. I. p. 318—346.

68) Vgl. Op. Did. I. 322, 323.

69) Daselbst 335—345.

70) Gindely: Dekrety p. 305.

71) Daselbst 310.

72) Daselbst 311.

73) Daselbst 312.

74) Die Reden wurden erst 1663 veröffentlicht. Vgl. den Schriften-Catalog.

IX.

1) Vgl. Op. Did. I. 454.

2) Abgedr. auch in Op. Did. I. 403—454. Ich citiere diesen Abbruck, da die ursprüngliche Oxforder Ausgabe sehr selten ist.

3) Martinius. Obrana p. 12, 13.

4) Vgl. Op. Did. I. 485.

4a) Vgl. O. D. I. Praef.

5) (Comen.) Cesta pokoje 1637. Siehe die Vorrede der Schrift.

6) Rozebráni etc. 1637 October datiert.

7) Es ist dies die bereits erwähnte Schrift: Cesta Pokoje.

7a) Der Schluß der Polemik erfolgte nach einer letzten Schrift des Martinius, „Induciae Martinianae", in der er sich als angegriffenen hinstellt und das Aufhören mit dem Streite motiviert. Pirna 1638. — Bald nachher (Januar 1639) starb Martinius. — Vgl. Jireček im ČČM. p. 228.

8) Vgl. Comenius: De Sermonis Latini Studio etc. Ded. a Wratislawiensis; Op. Did. I. 347—8. .. „ . . quorum . . . . cura his cudendis et in lucem edendis ausam dedit". Vgl. auch Op. D. IV. 49.

9) Com.: De Quaestione etc.; Praefatio ad Schlichtingium.

10) Als Vertrauensmänner, denen man die etwaigen Bemerkungen einzusenden habe, nennt der Verfasser Zacharias Schneider in Leipzig und Joh. Mochinger in Danzig, beide bereits als Übersetzer der Janua bekannt. — Vgl. O. D. I. p. 392.

11) Daselbst p. 348.

12) Com. De Quaestione etc. p. 61: .. „quinquennio post..." s. c. post 1632.

13) Vgl. über dasselbe Thema Comenius' spätere Schrift: De Iterato Irenico Irenicorum etc. p. 135—139. Wir erwähnen nur noch, daß dieselbe Schrift Scheffer's später auch Calovius widerlegt hat unter dem Titel: Gegenbericht auf die Frage; ob der Herr Iesus 2c. Regiom. 1674. 8⁰.

14) Com. De Quaestione etc. Dedic. ad Wolzogenium.

15) Com. Op. D. I. p. 461. Eine böhmische Übersetzung des Prodromus mit einer Fülle lehrreicher Anmerkungen gab Fr. Zoubek 1879, Prag, heraus.

16) Daselbst p. 462.

17) Abgedr. auch in O. D. I. 457—480.

18) Diese Erzählung finden wir in der Vindicatio famae et conscientiae von Comenius. p. 57 ff.

19) Einen Hinweis auf Alsted's Philosophie finden wir O. D. I. p. 466.

20) Vgl. O. D. I. p. 4.

21) In der zweiten Ausgabe der Conatuum Comenianorum Praeludia.

22) Vgl. die Vorrede zur Amsterdamer Ausgabe des Diogenes Cynicus Redivivus, wo auch Bechners Brief abgedruckt ist.

22a) Vgl. O. D. I. Praef.

23) Wir nehmen nach des Verfassers eigenen Worten (O. D. I. 4.) an, daß diese Übersetzung mit dem in O. D. I. veröffentlichten Abdruck identisch ist. — In seinem Memorandum an den Patron beruft er sich auf das XXIX. Capitel der Didactica, dies ist bereits die uns vorliegende lateinische Übersetzung. Hartlib veröffentlichte im Jahre 1639 (am Schluß der zweiten Ausgabe des Prodromus) die Lemmata Capitum Didacticae Magnae, die mit jenen der Op. Did. I. 16 übereinstimmt, nur ist im letzteren Verzeichniß ein Cap. (XXVI: De disciplina scholastica), O. D. I p. 160—163, das irrthümlich ausgeblieben, nachzutragen. Im Deutschen giebt es außer der bereits erwähnten Leutbecher'schen Arbeit noch 3 Übersetzungen: von Jul. Beeger 1871, von Lion 1871 und von Dr. Lindner 1876. Nach einer Recension Bötticher's: Des Joh. A. Com. Did. M. und deren neueste Übersetzungen 1884, ist Beeger's Übersetzung sehr mangelhaft. In's Böhmische wird die lat. Ausgabe von Jos. Smaha übersetzt.

24) In der oben erwähnten Ausgabe der Praeludia künigt er sie an: „ut diu desideratum, ita prorsus inexpectatum munus" (vgl. Vorrede zu derselben).

25) Com. A dextris et sinistris Dedicatio. Über die Schrift vgl. auch Zoubek in ČČM. 1885. 12, 23.

26) Daselbst.

27) Ep. Com. Mus. Boh. V.

28) Zwei an D. J. Baal, einer an J. Gorzinsky, daselbst.

29) Daselbst. Im Wesentlichen übersetzt in Gindely's Abhandlung: Über J. A. Com. Leben und Wirksamkeit in der Fremde. 1855. Sep.-Abdr. aus Sitzungsber. der k. Ges. in Wien. p. 9—11.

30) Comenius: De Quaestione etc. p. 61—63.

31) . . . „dolebam simul istud mihi, una cum reliqua Libraria supellectile periisse. Sed commodum accidit, ut extractum quoddam illius (amica tum manu factum) hic esset repertum. Quod avide percurrens, revidi, lacunas explevi, elimavi“ etc. Com.: De christianorum uno Deo. etc. 1659. Ad Lect. p. 10. Wir erwähnen noch, daß Jonas Schl. auch gegen eine Rede Georg Bechners, welche dieser über den Anfang des Evang. Johannis 1639 in Lissa gehalten, eine ansehnliche Schrift verfaßte, die er 1644 drucken ließ. Vgl. Nachr. v. Hall. Bibl. IV. 38, 39.

32) Vgl. hierüber auch Com. Janua Rerum. Cap. XV.

33) Vgl. das bereits erwähnte MS. Mus. Boh. 61, veröffentlicht von A. Patera CCM. 1891. p. 214—224.

34) Ep. Com. Mus. Boh. III.

35) Com. Patrono. Ep. Com. M. Boh. V.

36) Über den Übertritt des Boguslaus zum kathol. Glauben berichtet Com. in ganz milder Beleuchtung — Excid. Lesnae p. 3 ff. Als Lockspeise dienten hohe Landeswürden, die nur unter dieser Bedingung zugänglich waren.

37) Der eine Brief (vom 8. März 1638) schildert die Schwierigkeiten im Schulleben: „Academia nostra Viadrina tantum non animam agit“; — der zweite schildert die Bemühungen C. Bergs über die Kirchendisciplin. (Vgl. Sloane MS. 417. Brit. Mus.)

38) Com. De Quaestione etc. p. 63—64. Von Wolzogen wird öfters erwähnt, daß er ein österreichischer Freiherr gewesen sei, der wegen seiner reformierten Religion das Land verlassen und im Exil, in Polen, ein Socinianer geworden sei. Vgl. über ihn Zeltner: Hist. Crypto-Socinismi p. 177 u. II. Th. 123.

X.

1) Über die Verbreitung der Janua hat Smaha einige gründliche Artikel veröffentlicht: Janua linguarum in Deutschland — Škola a Život. 1887. Janua ling. in Frankreich, Holland, Schweden. Janua ling. in Böhmen. Beseda Učielska 1888. — Da wir die interessantesten Bearbeitungen oben erwähnt, so möge hier noch folgendes zur Ergänzung stehen. In Holland war Dhuez der Herausgeber, der 3 mehrsprachige Ausgaben besorgte, — diese erschienen in Leyden; es erschienen noch die Janua's in Amsterdam, bei Elzevir und Jansson und in Maastricht. — In Frankreich war ein Anhänger der Januamethode ein Peter Danet; andere, die sie kannten, würdigten sie nicht gehörig, so die Erzieher vom Port Royal; neuerer Zeit gewann sie wieder Freunde. In Schweden erschienen bis 1640 nur lateinische Januaausgaben; nach diesem Jahre aber die Bearbeitung Schroeders, die die Schneiderische deutsche zur Grundlage nimmt.

In Siebenbürgen war eine Janua linguarum bilinguis 1634 erschienen; die jungen Herzoge Rákoczý's lernten daraus; diese Ausgabe war anonym; seit 1638 kommen die Ausgaben unter des Comenius Namen vor. — Eine griechische Ausgabe der Janua besorgte Simon. Hierüber ausführlicher im Schriften-Catalog.

Über die Verbreitung in Ungarn vgl. meinen Artikel: Zur Biblio-
graphie der Schriften des Comenius. Zeitschr. für österr. Gymnas. 1889.

2) Ein Exemplar davon findet sich im Brit. Museum nicht, wohl aber
in der kgl. öff. Bibliothek in Dresden. — Trotzdem Comenius im ganzen
Buche gar nicht erwähnt wird, fand er sich bewogen auch an Anchoranus
einen Brief zu schreiben, u. zw. gleich 1632 Oct. 11., wo er ihn Excellen-
tissime Domine Anchorane nennt, ihm für die Bearbeitung der Janua
dankt und seine Schüler grüßen läßt. — Der Brief ist theilweise in den
späteren Aufgaben Anchorans enthalten. Anchoran erscheint in einem umso
schlechteren Lichte, als aus einem Briefe des Com. an Hartlib (Ep. C. M.
Boh. III) nicht nur Ambition, sondern auch Gewinnsucht als das Motiv
seiner That erscheint.

3) Der Brief befindet sich im Brit. Museum (London), Sloane MS.
649, u. zw. in zwei Abschriften, p. 208—211 u. 264, 265. Vielleicht ist
Comenius mit Hartlib oder Duraeus während seiner Reisen 1625 und 1626
bekannt geworden; denn Comenius ist nach 1628 weder von den Katholischen
verfolgt, noch von der Druckerei entfernt gewesen. Einen anderen, dem ich
den Brief zuschreiben könnte, weiß ich nicht.

4) Über Duraeus' Thätigkeit vgl. seine Schriften. J. D. Irenicorum
Tractatuum Prodromus . . Amstelod. 1662. J. D. Appellatio ad Tribunal
Supremi Judicis . . Amstelodami 1665. Apologetikon Pro Suo Tractatu
Genevae 1667; auch den Artikel in Herzogs Realencyclopädie. — Nichts-
destoweniger werden auch zu dessen Bilde hier manche Ergänzungen hinzu-
kommen. Über Haak vgl. Dictionary of National Biography. London 1890.
Vol. XXIII. p. 412 ff. Es erhellt daraus, daß er eine Art Vermittler
zwischen dem Inselreiche und dem Continente war.

5) Johannis Bruckii: Adumbratio brevis eorum, quae in linguarum
Studio hactenus desiderari videntur etc. p. 7. Sloane MS. 649. p. 285.

6) Daselbst. „Primum illud. s. l. rerum appellationes. — inventa
nuper Janua Linguarum ex parte praestitit."

7) Daselbst p. 256. — Über den Schreiber habe ich keinen Anhaltspunkt.

8) Daselbst gleich nach den Kinnerischen Briefen.

Ueber Poehmer erfahren wir noch Manches aus dem Briefwechsel des
Ruarus, wo ein Brief Poehmers an letzteren veröffentlicht ist. In dem
Briefe erwähnt Poehmer den Duraeus und Hartlibius als seine guten Be-
kannten. Besonders mit ersterem soll er viel verkehrt haben. Zeltner a. a. O.
II. 132. Daselbst wird er auch als ein Vermittler der Correspondenz zwischen
Ruarus und Hugo Grotius erwähnt. — Poehmers Brief an Ruarus abge-
druckt das. 690. 693.

9) Synopsis Didactica, mit anderer Schrift: Jonstoni quam Illustris
Lesnae Didacticis obtulit. Daselbst p. 90—104.

10) Eine Schrift (in demselben Bande) von engerem Kreise.

11) Diese Briefe sind enthalten in Sloane MS. 417 von p. 3 an. —
Nähere Hinweise auf Seitenzahlen erscheinen mir, da die Briefe alle von
einem an einen über dasselbe Thema handeln, unnöthig. Der Schreiber
nennt sich in einem kurzen Bericht über seinen Vater Christian Schloer, —
mehr weiß ich über ihn nicht. — Natürlich ist diese kurze Verarbeitung nicht
darnach, ein ausführliches Bild über den reichen Inhalt der etwas weit-
schweifigen Correspondenz zu bieten. Ich erwähne nur, daß am Schluß auch
Extracte aus zwei Briefen des Comenius, 1638 März, vorhanden sind; —
nach p. 199 hat Mns. Budaeus an Haak geschrieben: „H. Bilderbeck, Cardinal von Gen- (en oder in) Und andere loben Comenii Conatus gar sehr".

Dies wird wohl der Cardinal sein, von dem er im Briefe 11./21. Oct. 1642 an Wolzogen berichtet und den Gindely vergebens trachtete auszuforschen. Vgl. dessen Abhandlung p. 17. Auch Zoubek: Život J. A. K. 49. Trotz vielen Nachforschungen ist es mir auch nicht gelungen, über diese Persönlichkeit etwas Näheres zu erfahren; vielmehr theilte mir die Verwaltung der Univ.-Bibliothek Gent gütigst mit, dass dieser Name weder unter den Bischöfen Gents, noch überhaupt unter jenen der Cardinäle vorkomme. Wie dies zu verstehen sei, weiß ich nicht.

12) Rulicius gehört zu den interessantesten Gestalten dieser Zeit. Er ist der dienstbereite Vermittler literarischer und wissenschaftlicher Sendungen zwischen England und dem Continente; er hat Kenntniß von allen politischen und persönlichen Neuigkeiten, und den Reformen der Erziehung und der Wissenschaften gewinnt er auch bedeutendes Interesse ab. Er war bekannt fast mit allen den Männern, mit denen Comenius, und noch außerdem mit vielen, und als Geistlicher von Amsterdam lebte er später eine Zeit lang in bester Freundschaft mit dem dahin gezogenen Comenius. Nähere Daten über sein Leben besitze ich nicht, aber besonders iu der zweiten Hälfte des Lebens des Comenius werden wir ihm oft begegnen.

13) J. H. Bisterfeld, Schüler und Schwiegersohn, später College Alsteds an der Fürstenschule in Weißenburg in Siebenbürgen, war ein bedeutender Theologe; sein Werk gegen den Socinianer Crell: De Christianorum uno Deo patre etc. 1638, verursachte ihm großen Ruhm. Aber auch als Philosoph und Schulmann ist er von Bedeutung; über Alles aber als diplomatischer Rathgeber der Rákóczyer. Vgl. über ihn meine Abhandlung: Bisterfeld Henrik, János élete. Századok 1891.

14) Zu meinem großen Bedauern konnte ich dieses Werk nicht ausfindig machen. Im British Museum war es verlegt und ich erhielt es auch nach einer Woche nicht.

15) Rave, ein Professor an der Akademie zu Gera wird als ein Anhänger der Comenianischen Methode erwähnt. Com. sagt O. D. I. p. 364, dass derselbe eine Reposausgabe im Sinne der Comenianischen Forderungen ausgearbeitet habe. Vgl. über seine Thätigkeit: A. Ziel: Johann Raue's Schulverbesserung. Ein Beitrag zur Geschichte der Pädagogik des XVII. Jahrhdts. Dresden 1886. — Gymn.-Progr. Er wird uns auch noch öfters begegnen.

16) Bacos Urtheil über Lullus siehe De augmentis Scient. L. VI. Cap. II.

17) Vgl. p. 19. b. „Ich habe.... auch hier in Hollandt 500 Aphorismos Politicos."

18) Es war mir nicht mehr möglich, eine Abschrift derselben für dieses Werk zu gewinnen, ich werde es aber für meine Pflicht erachten, diese Verhandlungen zu veröffentlichen.

19) Vgl. Note 11.

20) Es gelang mir nicht, von Cyprian Kinner etwas Näheres aus dieser Zeit zu erfahren. Später werden wir auch ihm noch öfters begegnen.

21) Sloane MS. 427. 20. Daß es ein Brief Bisterfelds ist, erhellt aus folgenden Worten: „Praeludia Conatuum Comenianorum habe ich noch zu Weißenburg gesehen". Nun war in diesem Jahre nach Paris eben Bisterfeld gesandt worden. Ebenso stimmt auch, dass er den Plan erklärt, ein Werk „Phosphorus Cathol." zu schreiben, ein Plan, den Bisterfeld später wirklich ausgeführt hat.

22) Den Brief vgl. Sloane MS. 427. 19.

23) Der Briefwechsel zwischen Pell und Merſenne iſt in Additional
MS. 4279.

24) Es gereichte mir zur beſonderen Freude, eine Abſchrift dieſes Briefes,
den der gelehrte Herausgeber der Worthington'ſchen Correſpondenz, J. Croßley
(vgl. II. Band derſelben Sammlung p. 225) vergebens geſucht hatte, in
Sloane MS. 417/2. aufzufinden. Das Urtheil folgt in der Beilage.

25) Aus Laſſe's Brief findet ſich Manches mitgetheilt in Op. D. I.
455. 456.

25a) Merſenne's Brief an Comenius: Lut. Parisiorum 1640, nov. 22,
— Ep. Com. Mus. Boh. III; theilweiſe abgedr. in Comenius: De iterato
Irenico Irenicorum etc. p. 38, 39.

· 26) Über Ludw. Geer vgl. vor allem des Comenius Leichenrede
Animae Sanctae etc. 1653, in den Op. Did. III. 1051 ff. Ein kurzer Artikel
über ihn befindet ſich in G. Gezelii Biographiska Lexicon I. 224. Außerdem ſind mir über denſelben 3 Schriften vorgelegen: Pierre de Witt:
Un patricien au XVIIᵉ siècle. Louis de Geer. Paris 1885. Geer van
Intſaos: Lodewijk de Geer van Finspong en Lenfsta 1587—1652. Eene
bijdrage lot de handelgeschicdenis van Amsterdam in de 17de cenn, 3uitg.
Met portr. en plat. fol. Utrecht 1852. Louis de Geer. Notice Historique
(1587—1652) (Extrait de la Revue Belgique). Bruxelles 1847. — Beſonders werthvoll iſt die holländiſche Arbeit Geers, eine eingehende hiſtoriſche Arbeit. Wir erwähnen noch, daß eine ſeiner Töchter an den Profeſſor
Tobias Andreä verheirathet war, der ſpäter mit Comenius öfters Briefe
wechſelte und ſeinen Plänen, wenngleich ein eifriger Anhänger der carteſianiſchen Philoſophie, wohlwollend war. Vgl. Maresii Antirr. p. 9. — Der
erſte Brief des Comenius an T. Andreä, historiarum et Graecae linguae
professorem Groningae iſt vom 7./17. März 1644 datiert. (Ep. C. M.
Boh. III).

Ich kann nicht umhin, meine Bewunderung über die vielſeitige Bildung
und hingebende Arbeitsluſt zeigende Thätigkeit Hartlibs auszudrücken, auch
wenn ich ſeine eigenen Werke, über die Althaus berichtet, außer Acht laſſe. —
Er wird über hebräiſche Antiquitäten befragt (Sloane 649); er erhält Gutachten über die Belehrung der Juden, Hecht empfiehlt ihm dieſe Idee; Horn
wendet ſich an ihn behufs Colonien, die zur Erlernung der Sprachen dienen
ſollen; Mercator beſtürmt ihn mit aſtronomiſchen Fragen (4635 Addit.)
Frankenberg ſendet ihm apokalyptiſch-myſtiſche Erörterungen, um ſie Cromwell
mitzutheilen. Und dabei die vielſeitigen literariſchen und wiſſenſchaftlichen Verbindungen und Thätigkeit. Steter Briefwechſel mit Beale, Boyle, Comenius,
Figulus, Poehmer, von Zeit zu Zeit mit Duraeus, Milton, Pell, Oldenburg,
Rave, Kinner, Ritſchl, Biſterfeld, und wer könnte ſie alle vorzählen?
Daß unter den Männern, die er hochachtete, Comenius eine der erſten Stellen
einnahm, wird aus dem Folgenden noch recht deutlich erhellen.

Zweiter Theil.

I.

1) Vgl. Op. Did. II. De novis studia Didactica continuandi occasionibus.

2) Lux e ten. II. p. 126, 127.

3) Über die Familie des Comenius vgl. Zoubek: Život J. A. K. p. 72 und Gindelys Abhandlung 56.

4) Die Nachrichten über die ersten Tage des Londoner Aufenthaltes verdanken wir einem an die Freunde in Lissa von London 8./18. October 1641 gerichteten Briefe des Comenius; der Brief befindet sich gedruckt in der Univ.-Bibliothek Leipzig. Derselbe besteht aus 25 Punkten.

5) Vgl. Op. Did. II. De novis ... occasionibus.

6) Die Briefe an v. Geer befinden sich in den Ep. Com. Mus. Boh. IV. Es genügt sonach zur Verweisung auf dieselben das Datum. — Aus einem Briefe des Duraeus an Geer, 9. Dec. 1641 (Kön. Bibl. Stockholm), den ich aus gütiger Mittheilung des H. Patera in Prag kenne, erhellt, daß auch Duraeus den Comenius an Geer empfohlen hatte.

7) Das Werk ist erst 1668 gedruckt worden und ist äußerst selten (Mus. Boh., Prag und Biblioth. Bodleiana, Oxford), weshalb ich den Inhalt nach den Capiteln zusammenfasse und von einer Berufung auf die Seitenzahl absehe. Eine kurze Erwähnung von dem Werke thut Morhof p. 740 und Nachr. v. e. Hall. Bibl., — sonst blieb das Werk bis Květ (1859) unbeachtet. Wenn indeß dieser aus der angeführten Bemerkung über die laetitia etc. die Idee einer Ästhetik ableitet, so muß man diese Ansicht nicht für begründet genug erklären (vgl. Cap. VIII. p. 10). Mehr Anhaltspunkte dürften in dieser Richtung die Dialoge der Pansophie bieten, welche über die Kunst handeln (f. Schlußbetrachtungen).

9) Daß Fundanius mit Hübner identisch ist, behauptet v. Criegern a. a. O. p. 46. Allerdings giebt Criegern keinen Beweis für diese Behauptung. — Für dieselbe ist uns nur die eine Stelle aus dem Briefe des Comenius an Hotton, Febr. 2. 1642, bekannt: „(Fundanii scriptum), cujus titulum sic leges: Joachimi Huebneri Epistola ad Theodorum Haakium etc." Der Name Fundanius verschwindet übrigens später, während Hübner noch lange in Verbindung mit Comenius erwähnt wird.

10) Unter dem Titel: A Reformation of Schools etc. London 1642. Der Tag der Abfahrt bestimmt sich nach einem Abschiedsbriefe, den J. Smaha in Ceská Skola 1889 böhmisch mitgetheilt, p. 245—247. — Daselbst wird behauptet, die Engländer hätten die Via Lucis sogleich übersetzt (p. 215). — Von der Einladung nach Amerika erhalten wir Kenntniß aus dem Werke E. de Schweinitz: The history of the church known as the unitas fratrum, 1885, p. 580, Not. 18.

3 *

11) Ein Exemplar der ersten Ausgabe der Jer. Collier'schen Uber-
setzung: A pattern of Universal Knowledge ist mir zum Vergleich nicht vorgelegen. Das Exemplar des Brit. Museum ist ein Abdruck aus späterer
Zeit (1651), den der Typograph deshalb veranstaltet, weil das Werk sehr
selten wurde. Es ist aber bereits der aus späterer Zeit stammende Bericht über
die Scenographia Operis auch darin, so daß der Abdruck in seiner ganzen
Form keinesfalls auf 1642 zurückgeht.

12) Wann Comenius die Bekanntschaft mit Matthiä angeknüpft habe,
darüber vernehmen wir nichts; möglicherweise war Duraeus das Bindeglied
zwischen den beiden. Über J. Matthiä vgl. Geselii: B. Lexicon II. 161—163.
Dort werden als seine Werke angeführt: Ratio discendi Ling. Lat. Holmiae
1635; er hatte also auch für die Schulsachen ein lebhaftes Interesse; ferner
Summa ofver then rena saliggerande. Streng 1640; und Idea boni Ordinis in
Ecclesia Christi. Streng 1644, über die wir noch sprechen werden. Es hatte
ihn aber auch sein irenisches Streben dem Comenius nahe gebracht. Von
dem Streben giebt ein späterer Brief an König Karl Gustav und eine Abhandlung, die er an Duraeus gesendet, beredtes Zeugniß: Duraei Tract. Iren.
Prodromus, 1661, p. 322—379. Daß Comenius persönlich mit Matthiä zu
dieser Zeit nicht bekannt war, scheint aus einem Briefe desselben an Hotton
1642, April 8./18. hervorzugehen, wo er schreibt: „viro optimo (quantumque
scio amico nostro et causae).“

II.

1) Ep. Com. Mus. Boh. IV. — Matthiä's Name tauchte bereits im
vorhergehenden Capitel auf. Vgl. Anm. 12.

2) Op. Did. III. 831, 832.

2a) Op. Did. II. De novis ... occasionibus.

3) Abgedruckt in Dubik's Schrift: Forschungen in Schweden für Mährens
Geschichte. Brünn 1852, p. 445.

3a) Der Brief ist abgedruckt in Guhrauer's Joach. Jungius und sein
Zeitalter, p. 264.

3b) Dieser Skythe (eigentlich Schröder), von armen Eltern in Norköping
geboren, war G. Adolfs, Lehrer, dann Staatsminister, Kanzler in Upsala und
mehrfach Gesandter in wichtigen Angelegenheiten. Guhrauer a. a. O. p. 264.
Avé-Lalleyrant: Des Dr. Jungius Briefwechsel mit s. Freunden. Lübeck
1863, p. 436.

4) Com. ad Matthiae. Norcopiae sept. 10. 1642. Abgedr. Dubik
a. a. O. p. 445—447.

4a) Über Oxenstierna's Verhandlungen mit Ratich vgl. Stoe: Progr.
über Rat. p. 32—34.

4b) Com. ad Matthiae 20./30. Juni 1643. Abgedr. bei Dubik v. a. W.
p. 448—450.

5) Op. Did. II. De novis .. occasionibus. Die Zeit dieses Verhörs
bestimmt sich aus dem aus Stockholm an den Patron am 16. Sept. 1642
gerichteten Briefe (Kön. Bibl. Stockholm).

6) Briefe des Comenius an dieselben. Ep. Com. Mus. Boh. IV.

7) C. ad Patronum.

8) Com. ad Wolzogenium. Der Tag der Ankunft ist nach Töppen's
Mittheilung der 22. October. I. Heft der Com.-Ges. p. 66.

9) Vgl. Gindely's Abh. p. 17.

10) Com. de Quaestione. p. 64, 65.

10a) Beide Briefe (Ep. C. M. Boh. IV.) von Elbing datiert. Über Barth. Nigrin konnte ich nicht mehr Daten auffindig machen. Daß er es mit den irenischen Ideen Ernst hatte und auch der Anstifter des Thorner Colloquiums war, sagt auch Zeltner a. a. O. II. p. 223, der aber auch die Mangelhaftigkeit der Berichte beklagt. Zum ersten Mal erwähnt ihn Com. im Briefe an Wolzogen 1642, Oct. 11./21.

11) Com. Laurentio, und Hottono, 1642, dec. 10. Daselbst.

12) Com. Wolzogenio, jan. 7. 1643.

13) Eine lebhafte Schilderung der praktischen Thätigkeit des Valerianus in P. Aug. Maria Ilg's, Geist des hl. Franciscus Seraphicus... Augsburg 1876, unter dem Titel: Der lange Mönch, p. 199—225. Dessen Streit mit Botsac und Nigrin daselbst p. 212, 213. Vgl. auch: Valeriani Magni Mediolanensis Fr. Ord. Min. Seraphici P. S. Francisci nuncupatorum Capucinorum Judicium de Acatholicorum et Catholicorum Regula credendi. Viennae 1641, p. 191. Über die vielfachen Polemien gegen Valerian werden wir später berichten.

14) Krasinsky: Gesch. des Ursprungs, Fortschrittes und Verfalles der Reform. in Polen. Leipzig 1841, p. 264.

14a) Über diese Schrift handelt Zoubek in seinem Artikel: Comenius der Versöhner der Christen, Škola a Život 1889; d. h. er giebt den Inhalt derselben. Wir wissen wohl, daß die Schrift auch an Mathiä gesendet worden, aber daß sie, wie Zoubek meint, (daselbst p. 170), ihm gewidmet worden wäre, erscheint mir nach den Schlußworten ausgeschlossen. Ein Vergleich mit dem oben charakterisierten Irenicum des Pareus zeigt sehr viele verwandte Züge im Gedankengange.

15) Com. Wolzogenio apr. 21. Dantisci.

16) Danzig den 19. Juni (Com. Ep. Mus. Boh. IV).

16a) Comenius ad Jungium 5./15. 1643. Abgedr. in Guhrauer o. c. W. 264, 265.

17) Vorrede zur Diatyposis Pansophiae, — „Illecebra sal. ing." —: eine heilvolle Anlockung der Geister. Praesumptio = Anmaßung; Curiositas = Neugierde.

18) Nachwort desselben Werkes.

18a) Com. Wolzogenio (Ep. C. M. B. IV).

19) Lux e ten. III. p. 28. Der Überbringer derselben war ein alter Geistlicher, D. Rufus. Drabik war, wie bereits erwähnt worden, vier Jahre älter als Comenius, wurde ebenfalls auf der Synode zu Žeravice ordiniert; als er aber in Ungarn, wohin er sich, vom Vaterlande verbannt, geflüchtet, weniger anständig lebte, wurde er des Geistlichen-Amtes enthoben, und nährte sich mit Tuchhandel. Vgl. Lux e ten. III. De antegressa Drabicii vita p. 3.

20) Com. Hottono 1644. sept. 18. (Ep. C. M. Boh. IV.)

21) Com. Wolzogenio 1643. oct. 8. (Daselbst).

22) Com. Wolzogenio 1643. 18./28. sept. In diesem Briefe meldet Comenius auch die Geburt einer Tochter, die Susanna getauft wurde. Vgl. Gindely's Abh. p. 19. Überhaupt hat Gindely in der erwähnten Abhandlung diese Jahre im schwedischen Schutz auf Grund des Briefwechsels recht ausführlich geschildert.

23) Com. Wolzogenio, 8. oct. 43. (Mus. Boh. IV.)

24) Lux e ten. II. p. 128.

24a) p. 19. Eigentlich sind daselbst drei Werke erwähnt: 1. De catholicorum et acatholicorum credendi Regula; 2. De conscientia; 3. De controversiarum Judicio discretivo.

24 b) Com. Judicium de regula fidei duplex p. 86. Ich citiere die 1658er Ausgabe, da mir die 1644er wohl eine kurze Zeit vorgelegen, aber nicht zum Gebrauch zu verwenden war.

24 c) Ad Tobian Andreae. Diesen Brief, wie auch den folgenden siehe E. C. M. Boh. IV.

25) Krasinsky's o. a. W. p. 264.

26) Goll's Notizen aus dem Archiv Elbings. ČČM. 1874. p. 266. Laut Töppen's Mittheilung a. a. O. bekam er auch freie Wohnung und 2 Ruten Holz.

27) Praefatio zur Regulae vitae etc. in der Widmung: „in meo convictu."

28) Lux e ten. II. p. 128.

29) Krasinsky's o. a. W. p. 265.

30) Com. ad Hottonum und ad Patronum, sept. 18. (IV.)

30 a) Die Briefe des Com. an Zbygnäus de Gorai, Castellan von Chelm, den vornehmsten Mann der reformierten Protestanten in Polen, s. Ep. C. M. Boh. VI. Seit wann die Bekanntschaft bestand, ist daraus nicht recht ersichtlich. Zum ersten Mal erwähnt Comenius diesen vornehmen Mann als seinen Patron im Briefe an den Patron (Gr. von Lissa) 1641, Jan. 19. (Ep. C. M. Boh. V.)

31) Ad Patronum nov. 19., dec. 1. (IV.)

31 a) Daselbst. Diese oft citierte Stelle (Pereant sectae etc.): „Es mögen die Sekten, es mögen die Gründer der Sekten vergehen, ich habe mich allein Christo in Dienst gestellt."

32) Krasinsky a. o. c. Stelle.

33) Ad Patronum, ad Hottonum maj. 15./25. 1645.

34) Krasinsky's o. c. W. p. 266.

35) Daselbst p. 266, 267.

36) Com. Hottono, vgl. Anm. 33.

37) Com. Jud. duplex etc. p. 358.

38) Ad Hottonum jun. 4. 1645. (IV.)

39) Kinner scheint aus Ungarn doch vor einiger Zeit schon weggegangen zu sein, da er sich zu dieser Zeit in Brieg aufhielt. — Leider fehlen uns Berichte über das so vielbewegte Leben dieses Mannes, obwohl seiner später noch häufig Erwähnung gethan wird. Es scheint, daß derselbe als Schlesier mit Hartlib schon seit langem bekannt war. — In Elbing scheint er doch nur Anfangs des Jahres 1646 angekommen zu sein; vgl. Com ad Patronum 1646 17./27. Febr.

40) Com. ad Wolzogenium, 5. jun. 1645. (IV.)

41) Dasselbe wurde zum Privatgebrauch verfaßt und erst 1657 mit dem Faber Fortunae in einem Bändchen veröffentlicht. — Über diesen Privatunterricht erhellt aus einem Briefe des Com. an Tob. Andreä, daß sich Comenius nicht gerne und blos auf vieles Zureden des Stadtrathes dazu hergegeben hat (1644, Aug. 16.); dasselbe auch aus einem Briefe an Hotton 1644, Sept. 18./28. „rogatus, recusansque, a senatu tandem ipso compellatus, hebdomatim aliquot tribuo horas."

III.

1) Vgl. Goll's Abhandlung ČČM. 1874. p. 266.

2) Diese Ausgabe hat übrigens nur den Namen mit der Arbeit des Com. gemeinsam. Bechner erläutert die Grundsätze seiner Ausgabe in der Vorrede, nach der er dem Vestibulum eine viel weitere Aufgabe, als Com. dem seinigen, gesteckt hat.

2 a) Acta Conventus Thoruniensis, Celebrati Anno 1645, Mens. Septembr., Octobr., Novembr. . . . . . . Varsaviae 1646. D. 4. Über bie Polemit mit Valerian, das Verhältniß zu Nigrinus, unb das Colloquium zu Thorn handelt auch Zoubel CvM. 1885. 280 ff.

2 b) Vgl. Krasinsky's o. c. W. p. 268—272, ganz turz auch bei Criegern's c. c. W. p. 44, 45. Criegern's Meinnng, daß Comenius als Theolog unbedeutend war (p. 43), widerlegt sich, wie wir denken, aus den polemischen Schriften, die v. Criegern in seinem Werke gar nicht in Betracht zieht, obwohl sie die einzigen sind, die Comenius als Theolog geschrieben hat.

3) Da das Datum im Buche selbst nicht steht, tann ich hiefür teine anderen Gründe aufführen, als die Zwecmäßigteit des damaligen Zeitpunctes. Wenn Zoubel meint, dieselben (er meint eigentlich nur die Hypomnemata, ich weiss aber nicht, daß diese einzeln erschienen wären) seien erst 1661 gedrukt worden (Skola a Zivot 1889, p. 124), so finde ich dies ganz un- motiviert; es sei denn, daß damit eine zweite, mir unbetannte Ausgabe gemeint wäre. — Dudit erwähnt übrigens eine Ausgabe aus 1661; dies tönnte die einzige Grunblage für seine Bestimmung bieten. Vgl. Forschungen in Schweden x. p. 382.

4) Sept. 18. 1645. Ep. Com. M. Boh. IV.; baselbst auch der an Matthiä gerichtete Brief.

5) Com. Patrono, 12. Oct. 1645. Daselbst.

6) Dec. 14. 1645.

7) Ep. ad. Mont. p. 95. Capita libri erant octo: I. Quae sint tam atrocium inter Christianos dissidiorum verae causae. II. De abominabili eorum turpitudine ac noxa. III. Reconciliatio Christianorum cur optanda. IV. Atque si optanda et quaerenda, qualis optanda quaerenda (nempe universalis ac totalis, succisis omnium dissensionum radicibus). V. An illius tam perfectae spes esse possit et ex quibus fundamentis. VI. De Mediis ad talem Reconciliationem necessariis. VII. De Mediorum istorum legitimo usu; ut optatus successus non sequi non possit. VIII. De Triumpho Christi, Principis pacis, si Christiani sub leges Pacis redigi se paterentur. Man tönnte nach dem erfolglosen Auseinandergehen des Convents besonders auf das VII. Cap. des Werkes recht gespannt sein. Vgl. über das Werl auch Angelus Pacis etc. p. 47.

8) Com. Patrono, Febr. 17. 1646. (IV.)

8 a) Frankenberg Hartlibio. Ad. MS. British Mus. 4624. Figulus tam im Februar dieses Jahres von einer längeren Reise nach Elbing, um Comenius zu helfen. — Aus einzelnen Fragmenten seiner Berichte an Geer (1646) (K. Bibl. Stockholm, mir durch die Güte d. H. Patera betannt) erhellt, daß Comenius durch den Zustanb seiner Gemahlin gezwungen war, die Reise so lange aufzuschieben. Comenius hatte übrigens Figulus schon längst wie seinen eigenen Sohn liebgewonnen; und trug für sein ferneres Schicksal eifrige Sorge. Diese entschieb bei einer Wahl zwischen Englanb und Lissa für das erstere, unb so reiste Figulus im nächsten Jahre zu Duraeus.

8 b) Op. Did. II. De novis occasionibus.

9) Com. ad Zbygnaeum de Goras, 14. Dec. (VI.)

10) Wir müssen hier auf die bereits erwähnten Schriften von Althaus, im Hist. Taschenb. 1884 von p. 220 an, und Stern: „Milton und seine Zeit" verweisen. In letzterem vgl. II. 282—285.

11) Erschienen im Jahre 1644. Vgl. auch Althaus o. a. S. p. 222.

12) Ins Deutsche mehrfach übersetzt; neuerbings in den Neuen Jahrb. für Phil. und Päd. 1890. H. II.

13) Vgl. über Milton als Pädagogen die Programmabhandlung: H. Dabelsen: Milton als Pädagog, 1885. Vgl. darüber auch Masson: The life of Milton, III. 235 ff.

14) Wir geben hier nur kurz den Titel der Werke, von deren Analyse wir sehr ungerne absehen. — Über die Union: The necessity of som nearer conjunction and correspondency among Evangelical Protestants etc. 1644. — Althaus p. 222.

15) A brief description of the famous Kingdom of Macaria 1641. Althaus p. 212.

16) A short letter etc. 1644. Althaus p. 221.

17) Über den Brief siehe die Anmerkung 8 a.

18) A brief Information concerning Doctor Kinner and his Undertakings, beigefügt der englischen Übersetzung Kinner's später zu erwähnender Schrift.

19) Com. Wolzogenio nov. 19/29 (Ep. Com. Mus. Boh. VII).

20) Com. ad pastores Belgarum eccl. 1646, dec. 28. (Ep. C. M. Boh. III).

21) Über diesen Mitarbeiter des Com. weiß ich das Wenigste. Im Briefe vom 1. Dec. 1644 an Patron erwähnt Comenius, daß K. ein Schüler Rave's durch zwei Jahre gewesen sei; später hat ihn Comenius nach Schweden geschickt, und von dort ist er nach England, wo sich Hartlib seiner annahm. Nachdem ihn Comenius mit metaphysischen Arbeiten betraut hat, so hat er sich auch zur Unterstützung desselben verpflichtet. Die metaphysischen Arbeiten desselben haben doch nicht zugesagt.

22) Vgl. hierüber auch Gindely's Abhandlung p. 25.

23) 1647, Jan. 11/21. (M. Boh. E. C. III.) abgedr. Gindely's Abh. p. 67, 68.

24) Vgl. hierüber Hartlib's Werk: A brief discours etc. 1647. Althaus 226. — Der Zweck dieser Correspondenz-Canzley wäre gewesen, den Ärmeren Lebensstellen zu vermitteln, und den Arbeitern der Wissenschaft die Errungenschaften und Schriften der von einander entfernt lebenden Gelehrten überallwohin zuzuführen.

25) Com. ad Ritschlium dec. 28. 1646. (Ep. Com. M. B. III.)

26) Com. Wolzogenio 1647, 4/14 martii. (E. C. M. Boh. VII.)

27) Com. Hartlibio jun. 12. 47. Daselbst.

28) Vgl. Althaus a. a. O. p. 226—230.

29) Com. Wolzogenio nov. 8/18. 1647. (VII.)

30) Gindely. Gesch. d. dreißigj. Kr. III. p. 192.

31) Daselbst p. 193.

32) Ad Hartlib. 1646. dec. 28. (VII).

32 a) Vgl. Ep. ad Mont. 95, 96.

32 b) Dieser Brief befindet sich wohl auch in Sloane MS 459, aber ausführlicher in Sloane MS 427, 18 (Brit. Mus.). Comenius äußert sich über die Antwort an Herbert: „Ad quid enim jungamur hic, non continuaturi junctim studia haec?" (ad Hartl. jun. 5/15. 1647).

32 c) Diese Briefe Kinner's folgen aufeinander im Anfange des Sloane MS 459. Daß dieser Keppler nicht der berühmte Astronom ist, braucht nicht hervorgehoben werden. Letzterer war nämlich schon vor 18 Jahren gestorben.

33) Vgl. Kinner's Brief an Hartlib 1648, Aug. Daselbst. Abgedr. bei Goll. ČČM. 1874. p. 266. Der Tag der Abreise ist nach Töppen a. a. O. der 31. Juli.

33 a) Der Titel der Original-Schrift Kinner's lautet: D. Cypriani Kinneri Silesii Cogitationum Didacticarum Diatyposis summaria; modestae ac liberae Omnium pie Eruditorum Censurae exposita: quam brevi excipiet Horum omnium, et imprimis Paradoxorum et Obscurorum si quae subesse videbuntur Elucidarium; Cogitationesque istas feliciter in actum deducendi Consilium. Anno Christi 1648. Die englische Über-setzung stellt im Titel die Schrift als eine Fortsetzung der pädagogischen Bestrebungen des Comenius hin.

34) Kinnerus Hartlibio 1648, sept. 3. Sloane 659: Excerpta Kin-neriana De Reformatione Status Oeconomici. Der letzte Brief Kinner's daselbst. Comenius äußert sich über sein Verhältniß zu Kinner: „Ego satis felix mihi videor, quod mihi redditus sim" Oct. 1/11. 1648 ad Wolzogen.

35) Vgl. den Artikel Goll's, ČČM. 1874, p. 266.

IV.

1) Über den Abschluß dieses Friedens vgl. Gindely's Gesch. des dr. Kr. III. 195—197.

2) Vgl. z. B. Criegern's o. a. W. p. 47. „Man hatte die böhmischen Brüder gänzlich vergessen".

3) Com. ad Oxenstiernam 1/11. Oct. 1648. (Mus. Boh.) Abgedr. bei Gindely's Abhandlung p. 62, 63.

4) Comenius ad Matthiae Ende 1648, abgedr. Gindely's Abhandlung p. 63—65.

4 a) Über diese Arbeiten sagt er: „Parum mihi attulit voluptatis". Am Schluß der Dedication.

4 b) Recht lehrreich sind die ersten Capitel, eine Art Sprachen-philosophie. Vgl. über diese Frage v. Criegern o. c. W. p. 313—317, und Smaha's Artikel: Comenius der Physiologe der menschlichen Sprache, Česká Škola 1889. — Wie alle seine Vorgänger und viele auch nach ihm leitet, er alle Sprachen von der einen hebräischen, die die Sprache Adams war, her. Als nachher der Frevelmuth der Menschen Gott zwang, sie zu zügeln, sei die Ver-wirrung bei dem Thurm von Babel entstanden. Comenius führt nun mehrere Gründe auf, wieso in Folge dieser Verwirrung mehrere Sprachen entstehen mußten, aber für den wichtigsten erachten wir, daß eigentlich die Sprache auch im Paradiese nicht das Werk Gottes war, vielmehr dieser Adam befohlen habe, er solle sich die Dinge benennen, wodurch die Sprache erst entstand (p. 28—31). Zur Verschiedenheit der Sprachen trägt auch die große Volubilitas der menschlichen Zunge bei, wie auch die Mischungen und die Wanderungen der verschiedenen Völker (p. 32). Die große Anzahl der Sprachen erklären aber auch die vielen Transpositionen, die man mit den einzelnen Lauten vornehmen kann (34). Das IV. Capitel stellt einen Ver-gleich zwischen den Sprachen an: es vergleicht deren Wortschätze, Articulation, dann die grammatischen Gesetze (Genera, Numeri, Personae, Declin., Conj.). Eine jede Sprache hat aber ihre Vorzüge (p. 45, 48). Über die Verwandt-schaft der einzelnen europäischen Sprachen hat er auch im Allgemeinen Kenntniß und hat auch bemerkt, daß die ungarische mit den übrigen an-geführten europäischen nicht verwandt ist (p. 36). Wohl auf Grund dieser Bemerkung sagt Eckard: Comm. de rebus Franciae Orientalis etc. 1729, p. 487, 488. Comenius hätte die Verwandtschaft der ungarischen und der finnischen Sprache zuerst bemerkt, welche Wahrnehmung M. Fogel zu einer Abhandlung über die beiden Sprachen bewogen haben soll. Diese Abhandlung, die mir durch Güte der Verwaltung der K. Bibl. in Hannover

vorgelegen, beschreibt ausführlich die Verwandtschaft der beiden oben erwähnten Sprachen, bezieht sich aber auf Comenius gar nicht, obwohl sie noch in dessen Leben (1669) verfaßt worden. Vgl. darüber Században 1892, H. I. Vgl. über die Schrift Meth. L. N. einen anonymen Artikel in der Beseda Učitelská VI. Nr. 21, 22, 23; derselbe enthält aber weder eine wesentliche Bereicherung in Daten, noch neue Betrachtungen.

5) Com. ad Effronium, ad Saporem d. 11. Febr. 1649. (Mus. Boh. III.)

6) Com. ad Securium 1649. Febr. (Mus. Boh. III.) Abgedr. Gindely's Abh. p. 69, 70.

7) W. Criegern, der von der Schrift einen reichhaltigen Auszug giebt (o. c. W. p. 93—102), meint falsch, sie wäre den Schutzherren gewidmet.

8) Com. ad Wolzog. priedie Calendas Januares 1649. E. C. M. Boh. VII.

9) An denselben, den 29. Mai 1649. (VII.)

10) Ziegler o. a. W. p. XI.

11) Daselbst p. XXXV.

12) Com. De Quaestione etc. p. 65.

13) Nawráceni se k predošlé lasce. p. 20.

14) Praefatio 9.

15) Com. ad Oxenstiernam. (Dieser, wie auch die früher erwähnten Briefe Ep. Com. Mus. Boh. VIII.) Abgedr. Gindely's Abh. p. 65—67.

15a) Ziegler's Progr. XXXV, wo auch eine Auskunft über die weitere Lebensbahn dieses Mannes zu finden ist.

16) „Deprecor culpam, quam recens tunc admisit dolor, non designavit judicium". Gindely's Abh. p. 66.

17) Com. Op. Did. II. 458.

17a) Daselbst 458—460. Ein Theil aus dem Briefe des Colbovius ist daselbst mitgetheilt. Im Cataloge der Herzogl. Bibliothek zu Gotha steht auch der Brief des Com. verzeichnet, war aber nicht aufzufinden. Die Signaturen sind: Colbovi's Sendschreiben an Comenius. Ch. IV. 826. Comenii ad epistolicam Colbovii . . . . dissertationi responsio. Ch. 13. No. 826.

17b) Com. ad Wolzogen. 1650 jun. (Ep. C. M. Boh. VII.).

17c) Abgedruckt in Op. Did. II. 308—403. Merkenswerth ist übrigens der Bericht, den er in den oben erwähnten Cap. XV—XVII über diese seine Lehrbücher selbst giebt. Dort sagt er, daß er mit Cyprian Kinner 2 Jahre an der Janua zu thun hatte; und indem sie das ganze Werk (I. Ausgabe) von neuem umbilden mußten, haben sie sich von der Wahrheit der Worte Sturms überzeugt, daß es am schwersten sei, die Worte in ihrem ursprünglichen Sinne anzuwenden. Daselbst p. 187. Daß seine Janualgrammatik seiner eigenen Didaktik widerspricht, erhellt aus dem XLI. Axiom derselben (p. 163) „Exemplar semper praecedat, praeceptum semper sequatur, imitatio semper urgeatur".

17d) O. D. II. 432—454.

18) Vgl. Gindely's Gesch. d. br. Kr. III. 221.

18a) Die Originalausgabe ist mir nicht zugekommen. Ich citiere eine Berliner Ausgabe aus 1759.

19) Es ist dies die Clavis Apocalyptica, London 1651; auf dem Titelblatt ist die Jahreszahl handschriftlich auf 1650 corrigiert. Nicht zu verwechseln ist dieselbe mit der bekannten Schrift J. Medes, die bereits 1632 in zweiter Ausgabe, Cambridge (ap. Th. Buke), erschienen war.

20) Über Bisterfeld's chiliastische Erwartungen vgl. meine Abhandlung (Században 1891) p. 37. Es sind da einige Sätze aus Bisterfeld's Briefen

an Sigismund Rákóczy (u. zw. vom 22./XI., 31./XII. 1649; und 7./III. und 4./VI. 1650) zum Beweise mitgetheilt worden.

21) Derselbe ist theilweise abgedruckt in dem Werke p. 2—3.

V.

1) Über den Aufenthalt des Com. in Ungarn schreibt Ludw. Dezsö: „Comenius in Ungarn 1650—1654". Sárospataki Lapok 1882; deutsch in Päd. Blättern 1883. Im ganzen eine getreue Schilderung der pädagogischen Thätigkeit, die sich an die Op. Did. III. hält, aber die Gesammtwirksamkeit des Comenius, die dem Autor gut bekannt ist, mit berücksichtigt. Wie sie aber vom biographischen Standpunct unzulänglich ist, dürfte das gegenwärtige Capitel auch zeigen. Andere Abhandlungen werden später mit erwähnt werden.

2) Von Skalitz erließ er einen Aufruf und eine Bitte an die Reformierten in Danzig, für die Búchóer eine Sammlung zu veranstalten, damit sie sich eine Kirche erbauen können. Gindely's Abh. p. 36. — Mir ist dieser Aufruf unbekannt, wohl aber ein von Lissa den 26. Juni 1650 datierter (Ep. Com. Mus. Boh. III).

3) Diese Weissagung, vom 5. Nov. 1647 datiert, findet sich in Lux e ten. III. p. 46.

4) Diese Erzählung findet sich in Lux e ten. III. 40 ff.

5) Comen. Op. Did. III. 3—5.

6) Diese Briefe, wie die nun folgenden, befinden sich unter den Ep. Com. Mus. Boh. IX.

7) Joh. Tolnai, ein Mann von bewegter Vergangenheit, studierte eben zu jener Zeit in England, als des Comenius Prodromus von Hartlib zum ersten Male herausgegeben wurde; daher seine Verehrung für diesen, als auch für Baco. Im Ganzen ein Neuerer, war er auch für das presbyteriale Kirchenregiment lebhaft eingetreten, dies und einige Neuerungen in der Schule erweckten ihm mächtige Feinde, so dass er auf einige Zeit von der Schule scheiden mußte, wohin er aber 1649 von der Fürstin Susanna Loránfi wieder berufen wurde und wo er bis zum Jahre 1656 blieb. Vgl. Dezsö's Artikel Sep.-Abdr. 25—27.

8) Der eifrigste Verfechter des Presbyterianismus, in seinem Tractatus ecclesiastico-politicus etc. 1650, begründet er die Lehre vom presbyterialen Regimen aus der Schrift und mit Vernunftgründen. Bisterfeld war auch ein Anhänger dieser Partei, wie auch die Fürstin und der junge Herzog Sigismund, während die Siebenbürger Geistlichen der episcopalen Partei angehört haben.

9) Bisterfeld's Brief vom 30. Sept. 1650. Mitgeth. von Szilágyi S.: Die Correspondenz des Sig. Rákóczy. Történelmi Tár, 1890.

9 a) Vgl. J. Müller's Artikel in Hist. Sbornik 1885. p. 299—301.

10) Ziegler's Programm XXXV. Über den damaligen Zustand der Schule in Sáros-Patak vgl. Joh. Szombathi: Historia Scholae seu Collegii Ref. Sárospatakiensis 1860, ein Werk von hohem kirchengeschichtlichen Werth, das hierher gehörende Material ist allerdings zerstreut, da die Geschichte nicht chronologisch geführt, sondern nach einzelnen Gesichtspuncten getheilt ist. — Vgl. über die Schule auch Dezsö's Artikel p. 30—36. Dieser meint, die Schule wäre im Ganzen in 3 Classen eingetheilt gewesen: 1. eine der lateinisch-griechischen Sprache; 2. eine der Rhetorik, Poetik und Logik; 3. eine der Theologie und Philosophie. Sie bildete für die übrigen Schulen Ungarns Lehrer, für die Gemeinden Geistliche und reichte auch dem Adel eine höhere

Erziehung. Auf einer Höhe, wie die Schulen des Auslands stand sie aber nicht; p. 35.

11) Vgl. Op. Did. III. 5.

12) Daselbst p. 5—61.

13) Lux e ten. III. p. 51. 52.

14) Daselbst p. 53—57.

15) Beide abgedruckt in Op. Did. III. p. 71—114.

16) Lux e ten. III. p. 58—60.

17) Lux in ten. Praefatio.

18) Abgedr. in Op. Did. III. p. 114—134.

19) Medgyesi's Brief ist abgedruckt zu einem kleinen Artikel: „Eine unbekannte Schrift des Comenius" von Al. Szilágyi, Tört. Tár. 1890. I.

20) Lux e ten. III. p. 61.

21) Vgl. daselbst p. 445.

22) Daselbst p. 68.

23) Daselbst p. 66—67.

24) Daselbst p. 74.

25) Daselbst p. 75—76.

26) Figulus Comenio 1651 nov. Im ung. Landesarchiv Budapest. Abgedr. in ČCM. 1891. II.

27) Felinus Comenio 1651 nov. 13. Im Böhm. Mus. Prag. Abgedr. daselbst.

28) Op. Did. III. 734—735 u. 1045.

29) Lux in ten. III. p. 72.

30) Lux e ten. III. 80.

31a) Vgl. Szilágyi: Erdély ésaz Eszakk. Háború, I. p. . . . .

31) Lux in ten. 75. Lux e ten. 81.

32) O. D. III. p. 113; vgl. Dezső 27—29. Den Szőlősi nennt Dezső Herczegszőlősy, p. 27. Über Szilágyi sagt er, derselbe habe die Janua der ungarischen Sprache angepaßt. p. 29.

33) Susanna Lorántfi Klobusicio, 1652, 15. März. Ung. Landesarchiv.

34) Abgedr. in Op. Did. III. 736—757.

35) Ou. Did. IV. 57—59.

36) Das Vestibulum abgedr. Op. Did. III. 134—214. Am Ende desselben sind einige Mahnungen an den Lehrer.

37) Daselbst p. 213—592.

38) Die 2 Theile des Atriums abgedr. Op. Did. III. 451 — 718. — Dem fr. Leser wird es aufgefallen sein, daß hier auf die Seite 451 hingewiesen wird, während die Januas bis zur S. 592 angegeben wurden. Die Seiten 451—592 sind eben in O. D. III. zweimal enthalten. Das Atrium beginnt von neuem mit einer Seitenzahl, die man bereits in Janua angewendet hatte.

39) Das Buch ist den ungarischen Studenten, besonders den Adeligen gewidmet; die Vorrede vom 1. Juni 1652 datiert. Bekanntlich enthält die Arbeit des Fortius Rathschläge für den Unterricht, mehr in paraenetischem als theoretischem Tone gehalten; eine Anspornung zum Fleiß und Ausdauer scheint den Zweck derselben gebildet zu haben. Vgl. meinen Aufsatz im Pädagogium 1890. Dec.: Zur Gesch. der Wiedergeburt der Pädagogik; daselbst auch über Erasmus.

40) Abgedr. in Op. Did. III. 759—776.

41) Vgl. den Brief an Endter, abgedr. vor der Nürnberger Ausgabe des Atrium 1659.

42) Das Werk wurde in diesem Jahrhundert zuerst von L. Ziegler, Prag 1819, herausgegeben. Die Vorrede ist einfach aus dem Jahre 1651 datiert.

43) Lux in ten. p. 87—89.

44) Daselbst p. 101.

46) Als nämlich Drábik Gott befragte, warum er ihm den Tod Sigmunds nicht angezeigt habe, antwortete ihm Gott, daß Niemand seine Wege ausforschen könne; Sigmund sei aber deshalb bestraft worden, weil er seinen Bruder von der Hilfeleistung für die Kosaken abgehalten habe. Lux e ten. p. 99.

47) Vgl. Op. D. III. 736.

48) In der Sammlung Magy. Tört. Életrajzok. Ung. histor. Biographien, 1888. p. 118—142. Daselbst wird auch das Verhältniß zu Comenius, allerdings nur mit Bezug auf die didaktischen Studien behandelt. — In besonders regem Verkehr und inniger Vertrautheit stand aber der junge Herzog mit seinem gewesenen Lehrer, Bisterfeld. Vgl. auch meine Abhandlung über Bisterfeld bes. v. S. 34 an.

49) Lux in ten. III. p. 114, 115, 132.

50) Daselbst p. 129.

51) Hierüber geben die Abhandlungen Szilágyi's: Loránfi Zsuzsanna (Abhl. der ung. Akad., 1859 und eine kürzere in seinen Rajzok és Tanulmányok) ein beredtes Zeugniß. Die Fürstin war in jeder Hinsicht eine fürstliche Gestalt. Vgl. auch Dezsö p. 40 und Smaha's Abhandlung: Komensky a Susanna Loránfi — Škola a Život 1886. —

52) Lux in ten. III. p. 125.

53) Lux e ten. III. p. 126.

54) Daselbst p. 137.

55) Die Beschreibung dieser Reise siehe Lux in ten. III. 134—137; Lux e ten. III. 137—138. Wie man sieht, ahmte hierin Drábik Kotter, der zum Exkönig Friedrich, und die Poniatovska, die zum Wallenstein gesendet wurde, nach.

56) Com. Historia revelationum etc. p. 174 ff.

57) Lux in ten. III. 140. Wir erwähnen kurz, daß sich Drábik auch literarisch beschäftigte: er übersetzte den kleinen Tractat des Comenius: Regulae Vitae und verfaßte selbst einen: „de Electione", von der Auswahl Gottes. — (L. in ten. p. 152). Dieser Tractat wurde später (1679) gedruckt und befindet sich im MS. Mus. Boh. V. G. 30 I. Über eine zweite, spätere, kleine Arbeit siehe auch Jungmann und Jiriček a. a O.

58) Daselbst.

59) Lux in ten. III. p. 144.

60) Daselbst p. 170.

60 a) Vgl. Szabo's Werk: Regi Magyar Könyotár. Budapest 1885. 790 Nummern. Mir ist nur der Abdruck in Op. Did. III. 1051—1062 vorgelegen. In dem Werke wird ferner noch Hotton's Wirksamkeit besonders lobend hervorgehoben.

61) Daselbst III. — 1654. p. 2.

62) Den Bericht hierüber siehe in O. D. III. 802—830. Wir bemerken, daß an dieser Stelle auch eine unrichtige Paginierung vorhanden ist, da auf 803 gleich 829 folgt. Über die Veröffentlichung und die Ausgaben des Orbis Pictus siehe den Schriften-Catalog. Über die erste Ausgabe

schreibt Pappenheim im Heft I. der Monatshefte der Comeniusgesellschaft. Eine kurze, geschichtlich nicht völlig correcte Würdigung giebt Bidrascu in seiner Dissertation über Comenii Orb. P. Leipzig 1891. Wie auch die Verbreitung des Werkes lehrt, blieb es lange und weit verbreitet und erlebte, wie auch die Janua, bald mannigfaltige Anfeindungen. Sehr interessant ist die Sammlung älterer Urtheile über den O. P. in der Pädag. Zeitung 1892, Nr. 12, von R. Aron. Es sind dabei Urtheile Leibnizens, J. J. Becher's, Boecler's, Difenbach's, Gehema's, Kemmerich's, Weißen's, Schweizel's, J. M. Herbart's (1741), Biedermann's (1755), Krüger's (1760), Goethe's und Herder's. Die Einwendungen beziehen sich theils auf die Sprache, theils gründen sie sich auf die falsche Auffassung, als wollte Comenius den Kindern die Wirklichkeit und das Leben entziehen. Die hohe Bedeutung dieses Werkes, als des ersten Bilderbuches, mag die jetzt so ausgebreitete Bilderbuchliteratur auch zeigen.

63) Op. Did. III. Dedicatoria ad Scholam Ludum. p. 832—836. Über das Verhältniß der Schola Ludus zur Janua schrieb J. Letošnik im B. Pädagogium 1884, H. 4, wo erkannt wird, daß sich dieses Werk an die in Ungarn verfaßte Janua hält. Vgl. auch Fr. Lepár: Drei Schuldramen des Comenius in Osvěta 1879, hauptsächlich nur deren Inhalt mittheilend. In Beseda Uč. 1884 p. 201 wird aus dem Spiel II, Act III, Scene 2 nachgewiesen, daß Comenius der Urheber des sogenannten schreibenden Lesens ist.

64) Daselbst p. 834.

65) Daselbst p. 917, 918.

66) Daselbst p. 842.

67) Daselbst 915, 916. Dies wird wohl dadurch erklärt werden können, daß es thatsächlich Schulen, wie sie seine Didactica begehrt, gar nicht gegeben hat und auch heute noch kaum giebt. Und besonders in lateinischer Sprache wäre es nur schwer möglich gewesen, dieselben vorzuführen.

68) Sus. Lorántfi Klobusicio. Apr. 1654. Ung. Landesarchiv.

69) Lux in ten. III. 1654. p. 14.

70) Op. Did. III. p. 1040—1050.

71) Lux in ten. III. 1654. p. 14.

72) Com. Ep. ad Montanum p. 91 (G. fel.) Siehe darüber den Artikel Zouber's: „Comenius' nationalökonomische Gedanken. Vom Glücke der Nation". Sep.-Abdr. aus Škola a Život. 1884.

73) Lux e ten. III. 201.

74) MS. Mus. Boh. 41. Seitenbemerkung: Den 18. September schrieb Beresegyházi, er könne das Geld nicht zahlen, er werde aber die Bücher verkaufen und das Geld zuschicken. Er schickte 3 Dukaten; das übrige Geld ist noch dort.

75) Marczibányi Klobusicio. 1652, Mai 8. Púchó. Ungar. Landesarchiv.

76) Klein: Lebensumstände prot. Geistlicher in Ungarn. I. 141; II. 159.

VI.

1) Lux e ten. III. 201.

2) Vgl. hierüber außer den erwähnten Briefen des Figulus und Felinus (im vorigen Capitel) auch die Worte vor der Abschiedsrede in Sárospatak: O. D. III. 1041, 1042. „. . . abeundum mihi erat, quo revocabar, in Poloniam".

3) Vgl. die Sammlung: Thurloe-Papers Vol. II. p. 441; abgedr. auch bei Goll, ČCM. 1874. p. 271.

4) Jonas Mednyánszky, ein Adeliger aus Trencsiner Comitat, war ein

Vertrauensmann des Fürsten von Siebenbürgen. Comenius hat ihn wahrscheinlich bei seiner Rückreise nach Polen kennen gelernt und diesmal auch für die Sache der Offenbarungen, ja, wie wir sehen werden, zum Übersetzer derselben gewonnen. Von Balásbi weiß ich nicht mehr, als daß er von Drábik bereits längere Zeit als Gottes Werkzeug verkündet worden. Vgl. z. B. Lux in t. Rev. XLI. 10.

5) Dieser Amanuensis wird wohl niemand anderer als der Hartmann gewesen sein, der mit ihm und Figulus nach Ungarn gezogen ist. Vgl. Ziegler's Programm p. XXXV, wo gesagt wird: den 6. Oct. geht Fig. mit Hartmann und Com. nach Ungarn, den 3. Dec. kehrt Figulus zurück.

6) Über Reichardt vgl. die wahrscheinlich von Comenius stammende Vorrede zu Kotter's göttlichen Offenbarungen. Amst. 1664, ed. Bahnsen: „Georg Reichardt, ein Schulmeister zu Seehausen, dem über 1400 Englische Offenbahrungen widerfahren".

7) Sloane MS. 648 (Brit. Mus.).

8) Figulus Hartlibio (Dantzigk 1654. nov. 29. Additional MS. 4634). Wahrscheinlich beziehen sich darauf auch folgende Sätze Arnold's: „Quis ista in Angliam scripsit? De tractatu quem secum habebit sub titulo (felicitas gentium) consilium inibitis quum primum perlegi poterit a Te primum deinde ab illis, quibus (forte) mandabitur, ut describatur typis". — Literas illius Baronis W. S. ad Protectorem Angliae ad Parlamentum, S. H. Memoriale, Formulam Manifesti (quae fructus sunt genuini istarum revelationum, sed infernales) producam, si urgear. Jam. paroo: Novi horum et latorem et interpretem. Videret orbis nullum Polonorum eo dementiae et furoris prolapsum". Disc. theol. p. 90.

9) Vgl. Lux in ten. III. p. 69.

10) Abgedr. nach der Praef. der 2. Ausg. der Physicae Synopsis. Amsterdami 1663.

11) Lux e ten. III. p. 208.

12) Daselbst p. 209.

13) Princeps Transylv. Mednianio 1654. 24. Juli. Aus dem Archive der Mednyánszky'schen Familie Rakovia (Neutraer Com.) Es ist zu bemerken, daß in Lux in ten. III. 1654. 45 über diesen Brief verzeichnet wird, er zeuge davon, daß des Fürsten Herz von Gott umgewandelt worden sei.

14) Vgl. meine Abhandl. über Bisterfeld. p. 37.

15) Szilágyi: Erdélyi Országgyülési Emlékek. XI. 214. — Es scheint, daß sich Schaum und Comenius schon längst gekannt haben; die Anfänge des Verhältnisses vermag ich nicht nachzuweisen. Über die Verbindung zwischen ihm und Comenius gab meine Abhandlung „Comenius und die Rákóczyer" (Budapesti Szemle 1889. October) den ersten Bericht.

16) Szilágyi: Okmánytár II. Rákóczy György diplom. összekötteleseihez p. 186.

17) Schaumius Rakócio. Daselbst p. 159—161.

18) Vgl. Szilágyi: Erdelyi Orsz. Emlekek XI. p. 215.

19) Daselbst und folg. Seiten.

20) Ep. Com. Mus. Boh. 16.

21) Vgl. den Schuldschein in MS. Mus. Boh. p. 36.

22) Vgl. den Brief Mednyánszky's an Rákóczy 1656, den 29. März. (Ung. Landesarchiv).

23) Vgl. meine Abh. über Bisterfeld p. 59.

23a) Die Übersetzung aus der Ecloga IV. 4—17 knüpft an die Virgilübersetzung des polnischen Dichters Kochanovsky an; der polnischen Sprache ist die böhmische darin, daß sie zum Metrum einen gut brauchbaren

Stoff biete, ebenbürtig. Die böhmische Übersetzung entspricht dem Original nicht völlig; sie färbt die Darstellung vielfach christlich-chiliastisch. Die Verse sind mitgetheilt ČČM. 1842. p. 4545.

24) Szilágyi: Erd. Orsz. Eml. XI. p. 208—233.

25) Vgl. daselbst p. 210.

26) Szilágyi: Erdély is az Eszakkeleti Háború I. p. 388—390.

27) Vgl. Szilágyi: Okmánytár p. 178. Dort ist wohl der Brief anonym mitgetheilt; doch machten es mir innere Gründe klar, daß dieser Brief, wie auch einige folgende von Comenius stammen, was ich in der obenerwähnten Abhandlung Bud. Szemle 1889, okt. p. 139, auch ausgesprochen habe, und so fand der Herausgeber, ein verdienstvoller Forscher des Rákóczy-Hauses, auf den im ung. Landesarchiv befindlichen Briefen ein halb verstecktes Com., was die Annahme bestätigte.

28) Simonyi Ernö: Magy. tört. okmánytár londoni könyv es leveltárakból. 1859. p. 219, 221.

29) Szilágyi: Erdély is az ÉK. H. I. p. 132. Der interessante Brief (Ung. Landesarchiv) ist leider zur Hälfte unleserlich.

30) Vgl. Okmánytár p. 182, 183.

31) Beide Briefe Brit. Mus. MS. Additional 4364; erstere März 1655; die zweite im Briefe des Figulus an Hartlib von Danzig, 16. April 1655.

32) Szilágyi: Okmánytár p. 178, 179.

33) Vgl. Törteneti Tár. 1891. I. Heft. Klobusicky an Rákóczi.

34) P. Betterin: Traktat o Pokladě 1660. — MS. Comeniana Mus. Boh. 87.

35) Szilágyi: Erdély etc. I. p. 388—390.

36) In einem von Zürich den 28. April 1655 an Hartlib gerichteten Briefe Additional MS. Mus. Boh. 4634. Die Inschrift lautet: A Letter without any date or name, received by y last Post.

37) Szilágyi: Erdély etc. p. 392.

38) An Hartlib sandte ausführliche Berichte Figulus von Danzig aus, laut welchen er einen Anschluß des Protectors an den König von Schweden, diesen Hoffnungsanker der verbannten Protestanten, heiß ersehnte. Vgl. die Briefe vom 25. Mai, 4. August. Mus. Brit. MS. Additional 4635.

39) Szilágyi: Erdély etc. I. p. 392.

40) Com. Klobusicio 1655. Aug. 4. Szilágyi: Okmánytár p. 217, 218. Auch anonym mitgetheilt.

42) Com. Klobusicio sept. 6. 1655. Szilágyi: Erdély etc. p. 393, 394.

Der Brief an Endter ist, wie bereits erwähnt, in der Vorrede zum Erud. Schol. Atrium, Noribergae abgedruckt. Mir ist die Ed. Secunda 1659 vorgelegen. Com. fordert daselbst Endter auf, er möge zu dem Werke Bilder beigeben, damit es wirklich Schola Ludus werde, das zu ernsten Sachen führe.

43) Szilágyi: Okmánytár p. 250.

44) Lux in ten. p. 128.

45) Mitgetheilt in einem Briefe des Figulus an Hartlib. Mus. Brit. Addit. MS. 4635.

46) Die Schrift ist in der Originalausgabe nicht paginiert.

47) Siehe hierüber Comenius: Vindicatio famae et conscientiae 1659. Cal. III et IV. Den großen Beifall, den die Schrift fand, beweisen die vielen Nachdrucke. Com. erwähnt, die Schrift sei in Nürnberg, Frankfurt, Paris und London nachgedruckt worden. Das. Punct 70.

48) Figulus Hartlibio dec 15. 1655. Mus. Britt. Additional 4635.

49) Com. Figulo Lesna 1656, jan. 8. Mus. Brit. Additional MS. 4280.

50) Ebendaselbst.

51) Lux e ten. III. p. 139.

52) Vgl. Szilágyi: Okmánytár p. 301—303.

53) Über den Brief vgl. Note 22.

54) Lux e ten. III. p. 316, 317. „Der Abjunct ist des Schmerzes voll, er ist im Geiste verschiedenartig bedrängt."

55) Com. Figulo Lesna 1656, April 7. Brit. Mus. MS. Addit. 4635. Mednyánszky meldete gleich dem Fürsten, daß Comenius diese directe Verbindung mit dem Schwedenkönig habe, und daß er sich zur Vermittelung von Briefen an Schweden und auch über's Meer erbötig mache. Medn. an G. Rákóczy 1656, April 21. Vgl. Szilágyi: Erdély etc. II. 95. 96.

56) In demselben Briefe. Vgl. damit des Comenius Anzeige in Lux e ten. III. p. 331, 445.

57) Siehe Felinus: Ignis Fatuus etc. MS. Mus. Boh. 46. Partis Tertiae, Classis Prima. De civitate Lesnensi.

58) Wir kennen 2 kleine Schriften über die Ausplünderung Lissas, eine von Langner, 1657, Lamentabile Lesnae in Majori Polonia per Polonos Excidium . . Francofurti ad Oderam — und eine von Comenius selbst noch in demselben Jahre verfaßt. Die kurze Schilderung ist den beiden entnommen.

VII.

1) Diese Erzählung folgt der Historia rev. p. 182 ff. — Den Namen des Barons (Waclaw Theodor v. Budowa) hat Herr Ferd. Menčik aus gleichzeitigen Verzeichnissen der Besitzer in Schlesien herausgefunden und mir privatim mitgetheilt.

2) Wer dieser Windisch war, blieb mir unbekannt. Er wird auch sonst noch oft als Vermittler der Correspondenz zwischen Ungarn und Polen erwähnt.

3) Comenius Figulo (Letter of 22 of May Dated, nescio ubi), MS. Mus. Brit. Additional 4280. — Die Bibliotheken der Unität, deren in dem Briefe Erwähnung geschieht, waren, nachdem die Brüder das Vaterland verlassen, unter der Obhut des K. v. Zerotin in Breslau, der sie auf einem sicheren Platz untergebracht. Nach dessen Tode kamen sie erst nach Lissa; die näheren Umstände davon sind uns aber unbekannt. Vgl. über die Bibliothek Brandl's Mittheilung ČČM. 1866, p. 203, 204, wo Zerotin's Revers mitgetheilt wird.

4) Daselbst.

5) Hist. Rev. a. a. O.

6) Der Fürst G. Rákóczy meldet dies seiner Mutter; vgl. den Brief bei Szilágyi: A két Rákóczy fejedelem Családi Levelezése, p. 507 bis 508. — Die Mutter-Fürstin beklagt (daselbst) besonders den Verlust der Handschriften des Comenius.

7) Der Brief befindet sich abgedruckt in den Thurloe Papers V. p. 118.

8) Vgl. hierüber Hist. rev. a. a. O. und Lux in ten. III. 1654. Revelationum Appendix, p. 135, 136.

9) Nic. Arnoldus: Discursus theol. contra J. A. C. etc. p. 3—4.

10) Figulus Arnoldo Juli 31. 1656. — Daselbst p. 5.

11) Dieser in Vaughan's: The Protectorate of Cromwell etc. II. p. 430 kurz skizzierte Brief wird wohl mit dem unter Anm. 3 erwähnten identisch sein. Wir erwähnen noch, daß nach dem Original (M. Brit.) in dem a. a. O. mitgetheilten Briefe Hartlib's an Pell Lord Medninsky Mednyánszky zu lesen ist; und daß, wo H. schreibt, er hätte von Comenius Briefe bekommen, die Worte „as also

4

from Schaum" ausgelassen sind, wahrscheinlich weil sie schwer zu lesen waren. Vgl. die Briefe MS. Addit. Mus. Brit. 4279. 41—60.

12) Über Melis vgl. Gesch. des Chiliasmus III. p. 120.

13) Briefe an Melis befinden sich in Ep. Com. Mus. Boh. — Vgl. auch MS. Com. daselbst, 36.

14) Es ist dies die Schrift: Exidium Lesnae etc. Über das Weitere vgl. Laughan a. a. O. p. 432. Über Pell möge noch erwähnt werden, daß er 1643—1652 in Holland, u. zw. 1643—1646 in Amsterdam, dann in Breda angestellt war; im Jahre 1652 wurde er von Cromwell nach England berufen und nach der Schweiz als Gesandter und Resident geschickt, in welcher Eigenschaft er mit Hartlib correspondierte.

15) Ruticius wahrscheinlich an Duraeus 1656, 7. Juli. MS. Mus. Brit. 4279.

16) Über Maresius vgl. den Artikel in Herzog's Realenchclopädie oder in Bayle's Dictionnaire; über diesen Aufenthalt kurze Erwähnung in dem Briefe vom 24. Nov. 1656, siehe Anm. 18; eine längere im Antirrheticus von Marr. p. 19. „...Saltem cum huc transiret ante hos 13 annos sensit meum qualemcunque zelum, sui respectu non destitutum fuisse charitate, quam non verbalem duntaxat sed realem expertus est." — Da der Antirrheticus 1669 erschienen ist, so beziehen sich diese Zeilen auf 1656.

17) Beide Briefe Ep. Com. Mus. Boh. 3. Hessenthaler war ein Rechtsgelehrter in Tübingen, der schon im Jahre 1649 den Comenius in Lissa besucht haben soll. (Vgl. Nigrinus Hessenthalero Ep. Com. Mus. Boh.); die Geschichte ihrer Bekanntschaft ist mir ebenso unbekannt, wie jene mit Hastorf, einem Nürnberger Patricier. Vgl. über letzteren Comenius' Werk gegen Descartes' Physik. Aus dem Briefe an letzteren erwähnen wir, daß er über Orbis Pict., Schola Ludus und Lexicon Atr. sagt: „Philologica illa, quae apud Hungaros elaborata ibidemque relicta et post pro amissis fere habita, tandem reperta, cladi huic postremae erepta sint." Er erwähnt ferner, daß er in der Straße wohnt, wo auch der angesehene Bürger Jacob Beyer.

18) Den Brief an Ruticius siehe Anm. 7, der an Hartlib ist den 24. November 1656 datiert. MS. Additional 4635. Mus. Brit.

19) Die Vota der befragten Rathsherren siehe in dem öfters citierten Okmánytár von Szilághi; den Brief der Fürstin in Családi Levelezés p. 510.

20) Vgl. Lux e ten. III. 337.

21) Die Geschichte dieser Verhandlungen giebt Szilághi in einer Abhandlung „Erste Conföderation zur Theilung Polens" (ungarisch) in Budap. Szemle 1875; die Acta und die Briefe mit höchst werthvollen Einleitungen dazu, theils in dem bereits citierten Okmánytár, theils in seiner neueren Publication: Siebenbürgen und der nordöstliche Krieg. Budapest 1890. 91.

22) Vgl. Lux e ten. III. p. 342.

23) Daselbst p. 338 ff.

24) Vgl. Anm. 22.

25) Lux in ten. Praefatio. Punkte 6—10. Vgl. über die Lux in tenebris Zoubek's Artikel ČČM. 519, 540.

26) Siehe die Zusammenfassung daselbst p. XLVIII.

27) Com. Op. Did. III. 1049, 1050.

28) Siehe den Brief in Op. Did. IV. p. 6, 7.

29) Siehe die Widmung der Schrift.

30) Com. Hartlibio — MS. Additional Mus. Brit. 4635. Er sagt darin über Jung's Philosophie: „....frustillata erant omnia et partialia, universale lumen non inferentia." Über den Tod beider Gelehrten vgl. Guhrauer a. a. O. p. 133—134.

31) Op. Did. Epistola Dedicatoria, 2. „Sacri Senatûs decretô quid-quid cogitationum in rem Juventutis consignatum haberem, in publicum exponere jussus sum."

32) Op. Did. IV. p. 117—122.

33) Daſelbſt p. 27, 28. Die Schrift des Urſinus war banach betitelt: In Januam Comenianam Commentarius Locuples; mir iſt bie Schrift nicht vorgelegen. Unter ben Bielen, bie bie Latinität des Comenius getabelt haben, erwähnen wir nur: Morhof: Polyhiſt. p. 413, ber eben beshalb einen Autor ber Janua vorzieht, unb ben gelehrten Preßburger Profeſſor M. Bél, ber in ber Borrebe zu ſeiner lat. Grammatik (Leutſchau 1717) bie Sprache bes Comenius rügt.

35) Trotzbem ſämmtliche in ben brei erſten Theilen ber Op. Did. er-ſchienenen Schriften bereits erwähnt unb beſprochen worben, ſo möge hier ber Überſichtlichkeit halber eine Zuſammenſtellung berſelben folgen. Die Sammlung hat zwei Titelblätter: ein illuſtriertes, ben Verfaſſer unb ſeine Schule barſtellenb, babei auch anbere Erſcheinungen bes phyſiſchen unb menſchlichen Lebens; unb ein geſchriebenes, beſſen Wortlaut vgl. im Schriften-Catalog. Nach einer Wibmung an bie Stabt Amſterbam unb einer Bor-rebe an ben Leſer kommt ber I. Theil, ber enthält:

1. De primis occasionibus..relatio.
2. Didactica Magna.
3. Schola materni gremii.
4. Scholae Vernaculae Delineatio.
5. Janua Latinae Linguae primum edita.
6. Vestibulum.
7. Proplasma Templi Latinitatis, Davidis Vechneri.
8. De Sermonis Lat. Studio Dissertatio Did.
9. Prodromus Pansophiae.
10. Variorum de eo censurae.
11. Pansophicorum Conatuum Dilucidatio.

Der II. Theil:

1. De novis.. occasionibus.
2. Methodus Linguarum novissima.
3. L. L. Vestibulum.
4. L. L. Janua nova.
5. Lexicon Januale Latino-Germanicum.
6. Grammatica Latino-Vernacula.
7. De Atrio relatio.
8. Quaedam de his Doctorum judicia, novaeque disquisitiones.

Der III. Theil:

1. De Vocatione in Hungariam relatio.
2. Scholae Pansophicae..Delineatio.
3. De Pans. studii obicibus.
4. De Ingeniorum Cultura.
5. De Libris.
6. De Schola Triclassi.
7. Erudit. Schol. pars I. Vestibulum.
8. „ „ „ II. Janua.
9. Erudit. Schol. pars III. Atrium.
10. Fortius redivivus.
11. Praecepta Morum.
12. Leges bene ordinatae Scholae.
13. Schola Ludus.
14. Laborum Schol. Coronis.
Dabei: Animae Sanctae, Leichen-rebe auf L. v. Geer.

Der IV. Theil:

1. Vita gyrus.
2. Vestibuli Auctuarium.
3. Pro Latinitate Januae Apologia.
4. Ventilabrum Sapientiae.
5. E Labyrinthis Scholasticis exitus.
6. Latium redivivum.
7. Typographeum vivum.
8. Paradisus Ecclesiae reductus.
9. Traditio lampadis.
10. Paralipomena didactica.

Vor den einzelnen Theilen steht je ein Titelblatt mit einem illustrierten Motto: Omnia Sponte Fluant Absit Violentia Rebus.

36) Mir ist weder die englische, noch des Comenius Schrift vorgelegen; ich kenne letztere nur aus dem Abdruck in Op. Did. IV. 9—26. Über die Geschichte der Schrift vergleiche die an Kulicius, dem sie gewidmet, gerichtete Vorrede.

37) Abgedruckt in den O. D. IV. 27—42.

38) Das Ventilabrum ist abgedruckt daselbst p. 41—64. Da sich der Auszug an die Arbeit selbst hält, so schien ein besonderer Hinweis auf die Seitenzahl überflüssig zu sein.

39) Abgedr. mit einer Widmung an die Consuln und Väter Amsterdams. O. D. IV. p. 75—84.

40) Daselbst p. 63—76.

41) Daselbst p. 85—96. Ob auch einzeln erschienen, erhellt aus den Op. Did. nicht.

42) Daselbst p. 96—105.

43) Daselbst p. 105—110. Wir haben nur über Spleiß nachzutragen, daß derselbe Rector des Gymnasiums zu Schaffhausen war. Derselbe übersetzte auch die Janua in's Deutsche. Zollinger erwähnt (s. Anm. 47a) eine Ausgabe aus 1657.

44) Über Georg Rákóczy II. vgl. die gründliche Arbeit Szilágyi's: II. R. Gy. élete. Budapest 1891.

45) Com. Hartlibio den 28. Dec. 1657, MS. Mus. Brit. Additional 4635, auch 4280.

46) Mednyánszky's Brief an Comenius, ohne Datum, befindet sich MS. Additional Mus. Brit. 4280.

46a) Schaum's Briefe an Comenius vom 27. October und 30. Nov. 1657, letzterer mit einer geheimen Nachschrift, befinden sich MS. Additional 4635, Mus. Brit.

47) Com. Hartlibio (?) Der Brief befindet sich in Addit. MS. Mus. Brit. 4635 auch 4280.

47a) Daß diese Schrift ein Werk des Comenius ist, erscheint daraus, daß sie Comenius nach allen Seiten versendet, recht wahrscheinlich. Über dasselbe redet auch ein anonymer, wahrscheinlich von Comenius selbst stammender Brief in Thurloe-Papers VI. 656. Meine Vermuthung, daß dies eine Schrift des Comenius, bestätigt sich aus einer Mittheilung Fr. Zollinger's: Lit. Beilage zur Schweiz. Lehrerzeitung, Nr. 3. März 1892, laut welcher Mittheilung sich in der Stadtbibliothek Zürich eine deutsche Übersetzung der Schrift befindet, wo ausdrücklich steht: Authore Johanne Amoso Comenio. In der deutschen Übersetzung lautet der Schluß: „Daher die Menschlichen Geschlechte und Völker der leitung der Göttlichen Stimme und der vernunft nachfolgende in dem 1665. Jahr und folgenden Jahren den Schluß machen."

48) Com. Hartlibio (?) MS. Additional 4280. Mus. Brit.

49) Com. Hartlibio (?), Jan. 18. 1658. Daselbst.

50) Ich habe ein Exemplar der Schrift nicht auffinden können. Den Titel derselben siehe bei Vaughan a. a. O. in dem Briefe Hartlib's 28./I. 1658 an Pell in Zürich.

50a) Com. Schaumio 28. Januar 1658. Abgedr. bei Szilágyi: Okmánytár p. 616. Schaum verschwindet hernach aus dem Gesichtskreise der Forschung; und wir erfahren nur noch über seinen Tod, der 1682 den 26. November erfolgte. In seinem Todeskampfe versuchte er noch Comenius von Drábik abzubringen; vergebens: im Gegentheil erklärte Com. auch den balb barauf eingetretenen Tob Schaum's als Strafe für ben „inutilis zeli contra organa Dei." Com. ad Gertychium 1663. Febr. 20. ed. Patera p. 257.

50b) Daselbst.

51) Baughan a. a. O. p. 447.

52) Daselbst p 448, 449.

53) Daselbst p. 449.

54) Daselbst p. 452, 453.

55) Das Werk erschien in einer gewöhnlichen und in einer Pracht-ausgabe mit Goldschnitt.

55a) Daß dies letztere Werk nicht mit jener Epitome N. T., die Comenius in seinem Ventilabrum Sap. als Hilfe bei der Erlernung der griechischen Sprache in XII Capiteln entwirft, identisch ist, ist nach einem Blick klar.

56) Judicium de regula etc. Vorrede an den Leser p. 2.

57) Vgl. Lux e ten. III. p. 360. Die ganze Offenbarung handelt hierüber.

58) Daselbst p. 363.

59) Vgl. Baughan a. a. O. 453.

60) Daselbst p. 463.

61) Daselbst p. 470.

62) Eine „Geschichte seines Abtrittes", der diese Details entnommen, gab derselbe deutsch schon 1650 heraus. Aus mehreren Briefen, die er an Ruarus geschrieben erhellt übrigens, daß er der Secte der mährischen Brüder ernstlich zugethan war. Vgl. Zeltner a. a. O. p. 250 ff.

63) Siehe die Vorrede zu Irenicum Irenicorum.

64) Vgl. Zwicker: Irenico mastix p. 3—4. Die Geschichte ihrer Be-kanntschaft erzählt übrigens Comenius: De iterato ir. irenicorum p. 36. Wie ihm das Irenicum zugekommen ist, worüber später auch gestritten wurde, vgl. p. 42.

65) Vgl. die Vorrede zu demselben.

66) Figulus Hartlibio 17. März 1657. Diese That scheint mir derart ben vielen Vorwürfen Arnold's gegen Comenius zu widersprechen, daß ich die Stelle wörtlich citiere: „. . Dr. Arnold writes March 13 as followeth: Crastino die Rex Sueciae Racocio obviam iturus, Thorunium versus promovebit, quem et ego sequar, ut expleam desiderium Ecclesiae illius, quae non habet qui panem esurientibus frangat." MS. Additional Mus. Brit. 4635.

67) Figulus Arnoldo. Abgedr. in Arnold's Discursus theol contra J. A. C. etc. p. 56 ff.

68) Daselbst p. 57, 58.

69) Eine Übersetzung des Briefes unter dem Titel: Drabicianae epi-stolae, 19. Nov. 1658 datae et 12. Dec. redditae, apographum im Brit. Mus. MS. Sloane 648.

70) Meister: Über die Schwärmerey. Bern I. p. 80.

71) Erschienen holländisch und deutsch. Amsterdam 1658.

72) Vgl. die Widmung der Schrift.

VIII.

(Über die socinianischen und chiliastischen Polemien des Comenius giebt Zoubek in allen drei Heften d. ČČM. 1886 eine ausführliche Beschreibung, es war ihm aber die neue Ausgage der Schrift gegen Scheffer, wie auch jene gegen Schlichting unbekannt geblieben. Dafür giebt er einen sehr ausführlichen Auszug aus den Schriften des Comenius selbst.)

1) Über Schöllen lesen wir in der Ratio Collectarum Anglicanarum etc.: „Heinrich von Sch." (olim domi Orzechovii Ephoro ad egestatem redacto). Abgedr. Gindely's Abh. p. 60.

2) Wolzogen's Brief an Zwicker ist abgedruckt in dem Anhang an die Schrift gegen Scheffer p. 46—48 deutsch, p. 48—50 in lateinischer Übersetzung.

3) Com. De Quaestione p. 65, 69—71.

4) Es wollte mir bisher nicht gelingen, diese Schrift irgendwo aufzufinden. Der beleidigende Charakter derselben ist schon aus dem Titel ersichtlich; einzelne Partien finden wir in des Comenius Gegenschrift.

5) N. Arnoldus: Discursus theol. contra J. A. Com. Lucem praetensam etc. 1660. p. 58.

6) Vgl. den Briefwechsel. Daselbst p. 7—12.

7) Die Vorrede zum Cancional ist vom 28. März 1659 datiert und auch in Zoubek's o. e. Abhandlung: „Ob Com. Dichter ist" mit abgedruckt, p. 22—36. Über eine angebliche Verbindung des Com. mit dem Herausgeber der slavischen Gesänge der luth. Kirche, Georg Tranoscius, findet sich bei diesen Männern gar keine Spur. Vgl. Mocko's Biographie des Tranoscius: Život Jura Tranovského V Senici 1891. p. 88—£9.

8) Arnold gab auf die Vindicatio des Comenius in seiner, ebenfalls bereits erwähnten Schrift: Discursus theol. etc. eine Antwort. Wir stellen gleich die strittigen Punkte neben einander. Vgl. hierüber Zoubek's Artikel in ČČM. 1886/7: Über religiöse Polemien des Comenius, wo ein ausführlicher Auszug aus des Comenius Schriften gegeben ist. Auch meinen Artikel: Zur Gesch. d. Chil. im XVII. Jahrh. Prot. Szemle 1890, III. Heft.

9) Arnold: Disc. theol. p. 8.

10) Com.: Vindicatio etc. Praefatio Punkt 22.

11) Arnold: Discursus etc. p. 40.

12) und 12a) Quod praefationes, interloquutiones, glossas et commenta, quae dicis, attinet, illa mea sunt, fateor aliud nihil. Vindicatio p. 31. Comenius erwähnt ferner, ohne Namen zu nennen, viele namhafte Theologen, die die Publication gebilligt haben, (p. 1, 12), und wirft es dem Gegner ausdrücklich vor, dessen Haß gegen ihn sei wegen der Einführung der Kirchenzucht entstanden (p. 19). Arnold versichert hingegen, daß der Panegyricus auch Schuld an der Zerstörung Lissas trage. Ihm selbst haben sich zwei polnische Ritter über jene Schrift geklagt (Cap. XVIII).

13) Discursus p. 69.

14) Vindicatio Punkte 68—82.

15) Daselbst p. 83—87.

16) Comen: Historia revelationum etc. Cap. XXX. „Editionem Lucis in T. quomodo mox poenitudo insequuta" p. 184.

17) Siehe diese Berechnungen als Anhang zu Kotter's Visionen. Lux e ten. I. p. 160—168.

18) Ep. Com. Mus. Boh. 12.

19) Sloane MS. 648. Mus. Brit. unter dem Titel: „Antilia Or German Society." Über Polemann habe ich leider nichts mehr erfahren können. Der erste Brief ist den 10., die beiden letzteren vom 31. October datiert; es ist auch ein kleiner Bericht vom 17. Dec. noch dabei.

20) Maresius: De videntibus. Drei Schuldisputationen 1659. Ob Comenius auf diese Schrift reflectierte, ist mir unbekannt.

21) Vgl. The Works of the Honourable Robert Boyle. Vol. VI. London 1772. p. 130 und J. Crossley: The Diary and Correspondence of Dr. Worthington, p. 160.

22) Ich kenne die Schrift nur aus dem Abdruck in Nic. Arnoldi: Dissertatiuncula de Theologiae supra Philosophiam Dominio. Franekerae 1667 p. 59—73.

22a) Hartl. Boylio january 7. 1657/8. Abgedr. in The Works of the Honourable Robert Boyle. Volume The Sixth — neue Ausg. London 1772 p. 99.

22b) Vgl. hierüber Buckle's Gesch. der Civil. in England ꝛc., deutsch von A. Ruge. I. 1. p. 320, 321.

23) Meister: Über die Schwärmerei p. 80.

24) Mus. Brit. Sloane MS. 648. Es scheint, daß Melis dem Comenius nahe stand; er nennt sich seinen Gevatter. MS. Mus. Boh. Com. 36.

25) Vgl. Propositiones in Convocatione sive Conventu 13. Aug. 1660 exhibendae. MS. Com. Mus. Boh. 86.

26) Ep. Com. Mus. Boh. XII.

27) Diese Verhandlung findet man recht umständlich beschrieben in Gindely's Abhandlung p. 49 ff.

28) MS. Mus. Boh. Comen. 43.

29) Traktat aneb Spis o pokladu etc. MS. Comen. Mus. Boh. 87.

30) Den 15. Jan. 1661. Vgl. Crossley The Diary of Dr. Worthington, I. p. 272. Es mögen die Thesen des Comenius, die demnach im Jahre 1635 verfaßt waren, hier folgen:

1. Theologia sceptica theologia diabolica est.
2. Theologia rationi innixa stulta est.
3. Theologia aliquid quod unquam ab ore Dei prodiit reiiciens, impia est.
4. Theologia homini arrogans ut deroget Deo blasphema est.
5. Theologia ad πτηϱοφοϱίαν fidei non promovens vana est.
6. Theologia de fide mysteria tollens superficiaria et manca est.
7. Theologia Christianismi fundamenta subvertens, pagana est.
8. Theologia cui sermo crucis Christi stultitia est, damnationis est.

31) Lux e ten. III. p. 400.

32) Ich kenne nur die Abschrift in MS. der Universitätsbibl. Prag.

33) J. Crossley: Worthingtons Diary p. 292.

34) Com.: A dextris et sin. p. 9.

35) Vgl. über das Folgende: Rationes Collectaneorum Anglicanorum MS. Mus. Boh. 73. Abgedr. in Gindely's Abhandlung p. 58—61.

36) Abgedr. White Kennet: A Register and Chronicle Ecclesiasticae and Civil etc. London 1728. Vol. I, p. 530—531.

37) Crossley: Worthingtons Diary. II. p. 62, 78.

38) Daselbst p. 90—92. Aus einem Briefe an den Freiherrn von Lukawitz erhellt, daß wohl ein Königliches Decret erfolgte, das die Auslieferung des Geldes bestimmte, allein die Präfecte des Fiscus behaupteten, es wäre kein Geld da, und um Zeit zu gewinnen, verlangten sie eine Vollmacht von den Kirchen. Ep. Com. Mus. Boh. ed. Patera. p. 247.

39) Daselbst p. 87.

40) Siehe die Vorrede zu derselben. Comenius nennt diese Ausgabe die „nitidissima editio" in Ratio Coll. Angl.; bei Gindely's Abh. p. 59.

41) Daselbst: Pro dispersa juventute catechetici libelli.

42) Ep. ad Montanum p. 73. Die Paginierung in dieser Schrift ist nicht selbstständig, — die Seitenzahlen folgen jenen der zwei vorherstehenden Schriften.

43) Daselbst p. 99 ff.

44) Siehe die Vorrede zu der II. Ausgabe.

44a) Mir ist die Überseßung sammt ihrer Vorrede nur aus dem Abdruck in Doleschall's Grammatica Slavico-Bohemica. Posonii 1746. p. 302 bis 321 bekannt.

45) Die Schrift befindet sich in MS. Mus. Boh. 46.

46) Vgl. Lux e ten. III. p. 419.

47) Vgl. Crossley a. a. O. II. p. 106.

48) Com.: Admonitio tertia, p. 18, 19.

IX.

1) Vgl. Rieger: Gesch. der böhm. Brüder, III. p. 739.

2) Der Briefwechsel in dieser Angelegenheit befindet sich, allerdings nur fragmentarisch: Ep. Com. Mus. Boh. X. Die Synode, wo die Neu= gewählten consekriert wurden, wurde in Mielenczyn 1662 abgehalten. Der Gesandte und bevollmächtigte Vertreter des Comenius war dabei der Consenior Daniel Vetter. Nic. Gertych sollte für die polnische und Peter Figulus für die böhmische Kirche Nachfolger der lebenden Bischöfe werden. Vgl. D. Cranz Alte und Neue Brüder-Historie, 2. Aufl. Barby 1772, p. 89, 90.

3) Die Briefe sind theilweise abgedr. bei Rieger a. a. O. p. 743—749.

4) Vgl. Lux e ten. III. 478.

5) Daselbst III. 419.

6) Com. Schmettauo (den 19. Febr. 1662): „. . Succumbo oneribus, lassesco, senesco, segnesco". Ep. Com. Mus. Boh. XII.

7) Joh. Bayer: Lux mentium etc. Cassoviae 1663, p. 232.

8) Renuntiatio mundi; böhmisch geschrieben.

9) Physicae . . Synopsis. Amstelodami 1663, von S. 211 an.

10) Daselbst p. 232.

11) Vgl. meine Abhandlung über J. A. Com. Philos. ꝛc. p. 22—25, wo der Inhalt dieser Addenda ausführlich beschrieben ist.

12) Physicae synopsis p. 286.

13) Lux e ten. III. 478 ff.

14) Die Bitte befindet sich abgedr. in White Kennet: A Registre and Chronicle etc. Vol. I. p. 872.

15) 2. Oct. 1663. Siehe The Works of . . R. Boyle. VI. p. 171.

15a) In MS. zu Lissa. Mir aus der g. Mittheilung des Herrn J. Müller bekannt.

15 b) Aus den spärlichen Nachrichten über Serarius ersehe ich, dass er des Amtes enthoben worden, nicht jedoch mit Sicherheit, wann dies geschehen ist. Vgl. über ihn Jöcher's Gelehrten-Lexikon und Bayle's Artikel über Marets, wo auch seine Polemik mit demselben recht ausführlich beschrieben wird. Serarius gründete seine Annahme auch auf eine Verbindung der Planeten.

15 c) Maret's Antwort führt den Titel: Chiliasmus enervatus etc. 1664. Vgl. hierüber auch die Gesch. d. Chiliasmus p. 81 ff.

15 d) Oldenburg Boylio jan. 16. 1665/6. Abg. Op. Boylii VI. p. 213.

15 e) Vgl. über die Labadisten G. Arnold's U. Kirchen- und Keßer- historie. Frankfurt M. 1729, von p. 1186 ff. an.

16) Meister: Über die Schwärmerei. I. 71 ff.

17) Die Vorrede, von J. C. N. M. unterschrieben, scheint von Comenius zu stammen, die Buchstaben erkläre ich aber nicht Joh. Com. Natione Moravus (vgl. R. v. Hall. Bibl.), es wäre so das N völlig überflüssig; eine andere Erklärung als Niwnicenus weiß ich nicht.

18) Meister a. a. O. p. 86—90.

19) Es wird darunter gewiß Komorn gemeint.

20) Welcher Ort hiermit gemeint ist, weiß ich nicht.

21) Es ist dies die Lux in tenebris.

22) Es ist merkenswerth, daß man schon zu dieser Zeit von einem Drucke der türkischen Bibelübersetzung spricht, die eigentlich schon längst als im größten Theile bereits fertig erwähnt worden, und über die nach drei Jahren wieder als eine unter die Presse zu gebende verhandelt wurde. Vgl. als Erklärung dazu die noch spätere Äußerung Heffenthaler's an Nigrinus 1679, März 28., daß kein guter Übersetzer aufzutreiben sei. Ep. Com. M. Boh. XIV.

22 a) Soviel ich weiß, kann damit nur Belgrad gemeint worden sein.

23) Becse und Lippa, zwei Städte Südungarns.

24) Es ist dies die 1663 herausg. Revel. Divin. Epitome.

25) Gemeint sind die Karpathen.

26) Lux e ten. III. p. 491—498.

26 a) Hierüber giebt Veterin Auskunft in seiner Zeugenschaft vor dem Preßburger Judicium Delegatum. Vgl. das MS: Diarium Joach. Kalinkii etc. p. 33. — Bibliothek des Lyceums in Preßburg. Auch abgedruckt im CCM. 1891.

27) Meister: Über die Schwärmerei. I. p. 95.

28) 27. Januar 1665. Vgl. Opera Boylii. VI. p. 216.

29) Meister a. a. O. p. 97. Meister erzählt in seinem Werke nur das, worin sich Redinger als ein Schwärmer gezeigt hat; erwähnt aber auch, eine Handschrift Redinger's, die über seine Erlebnisse erzählt und die er als Quelle benützt, sei im Büchersaal Carolinum in Zürich. Auf eine Anfrage erhielt ich die Antwort, die Handschrift befinde sich dort nicht.

30) Vgl. über die Sammlung den Bericht J. Müller's über das Archiv der Unität in Lissa, im Sbornik Historický 1885.

30 a) Oldenburg Boylio jan. 27. 1665/6. Boyle's Werke. VI. p. 216.

31) Comen. Gertychio 16. Nov. 1666. Ep. Com. Mus. Boh. Abgedr. bei Gindely's Abh. p. 70, 71.

32) Sloane MS. 4635. Mus. Brit.

33) Daselbst. Ein Concept dieser Vorrede findet sich übrigens auch im Mus. Boh. Ep. Com. 15. Comenius sagt daselbst: von dem Grundsatze aus, Alles zu prüfen und das Gute zu behalten, sende er dem Sultan die Übersetzung. Nachdem er den Ursprung und den Werth der heiligen Schriften erörtert, giebt er der Überzeugung Ausdruck, daß nicht an Gott, sondern am Menschen die Schuld liege, wenn keine Einigkeit herrsche; er fordert schließlich den Sultan auf, die ihm zugeschickte Übersetzung prüfen zu wollen und zu ermessen, ob nicht die christliche heil. Schrift am würdigsten ist, Gottes Wort zu heißen und dafür zu gelten.

34) Dies erhellt aus des Com. Urtheil darüber. Ep. Com. Mus. Boh. XIV.

X.

1) Eleutheropolis 1666. Der Titel lautet: Philosophia Scripturae interpres: exercitatio paradoxa etc… (im Catal. der Univ.-B. Leyden steht: Auct. Lod. Meyer). Dieselbe hat noch 100 Jahre später der Begründer des neueren Rationalismus, Semler, herausgegeben — 1776.

2) Disputatio theol. refut. libelli: De philosophia interprete Scripturae, 1667. 5 Disputationen.

3) Responsio ad Exercitationem Paradoxam etc. 1667.

4) Von S. 61 bis zum Schluß. In 47 Punkte gefaßt.

5) Da der Auszug getreu den Gang der ohnehin sehr seltenen Schrift wiedergiebt, dachte ich von Hinweis auf Seitenzahl absehen zu sollen.

6) Nic. Arnoldi etc. Dissertatiuncula De Theologiae supra Philosophiam Dominio . . . etc. Franekerae 1667. Über das besagte Urtheil des Comenius handeln p. 40—56.

7) Die kleine Schrift Cartesius eversus abgedr., wie bereits erwähnt worden, p. 59—73.

8) Maresius: Antirrheticus etc. 1669. p. 14.

9) Die neue Sammlung erhielt den Titel Lux e tenebris. — Über das Gesagte vgl. das Werk p. 3.

10) Daselbst p. 3—28.

11) Die Seitenzahl beginnt wieder mit 1.

12) Lux e ten. III. zwischen den Seiten 290 und 291.

13) Drabicianarum Visionum Cont. 1664, 1665, 1666. p. 1—30 ist auch als Separatabdr. erschienen, z. B. auch der Sammlung Lux in ten., die nur bis 1655 geht, beigebunden worden.

14) Von dem Erscheinen des Christianismus reconciliabilis haben wir keine Kenntniß.

15) Dieses Werk fand eine vielseitige Würdigung und es wurde bereits auch im Deutschen vielfach skizziert. Vgl. außer Krause (in seiner Zeitschrift: Tageblatt des Menschheitlebens, wiedergegeben von Storch, s. unten) Leutbecher (Päd. Biblioth. Richter's. XI. p. 308—330), v. Criegern a. a. O. p. 320—330. Vgl. auch Seyffarth a. a. O. Anhang. Im Böhmischen giebt Storch, wohl nach Krause, aber mit Ergänzungen und Erweiterungen, einen Auszug der Schrift, ČČM. 1861. p. 217 ff. Es scheint, daß sie ursprünglich nur in wenigen Exemplaren vorhanden war, denn man hört von der ersten Ausgabe sehr wenig. Dafür wurde die zweite, von Buddaeus besorgte Ausgabe um so mehr populär! Die Abweichungen der Ausgabe des Buddaeus, trotzdem sie nach Manuscript erfolgte, von der 1667er sind unbedeutend. Es war aber besonders Herder, der in seinen Briefen zur Beförderung der Humanität die Grundprincipien der Panegersia eingehend würdigte (p. 29) und ihrem Verfasser in der Reihe der edelsten Humanisten einen ehrenvollen Platz angewiesen hat. Zur Grundlage einer geschichtlichen Untersuchung erhob sie Krause, indem er die Ansicht aussprach, die englischen Freimaurer hätten ihre Satzungen derselben entnommen. (Die drei ält. Kunsturkunden der Freimaurerbrüderschaft. Bd. II. Dresden 1821. 3—36.) Diese Behauptung veranlaßte eine literarische Fehde. B. Criegern kam bei seiner Untersuchung der Frage zu dem Resultate (p. 385—394), daß vielmehr Comenius den Engländern seine Panegersia zu verdanken habe, was Zoubek (ČČM. 1885, 526—550) in einem Artikel: Comenius' Akademie, die Kön. Gesellschaft, die Masonen zu widerlegen trachtet. Für den Streit liegen sehr wenig positive Daten vor; Thatsache ist, daß Comenius in England sehr verehrt, seine Werke auch englisch sehr verbreitet waren. Auf die Frage, ob Comenius oder den Freimaurern die Ursprünglichkeit der Principien der Panegersia gehören, antworten wir mit einem entschiedenen „ja" — für Comenius. Die Principien sind ja eigentlich nicht neu, Andreä und Campanella weisen sehr viel Ähnliches auf, wie es auch Comenius sagt, wie er aber dazukommt, von den Freimaurern abhängig zu werden, das ist aus seinem Leben und seiner Schrift sehr schwer zu ersehen. Hingegen macht es das Ansehen des Comenius in England leicht erklärlich, daß seine humanitären Ideen daselbst auf fruchtbaren Boden fielen. Eine englische Ausgabe der Panegersia ist mir nicht zugekommen, wohl hat aber das Mus. Brit. ein gut erhaltenes Manuscript derselben. Über die Frage sind als entscheidender

Punkt die vielen englischen Übersetzungen von Comenius' Werken zu vergleichen. Vgl. den Schriftencatalog. Einen, wenn auch nicht vollkommen ausreichenden, doch sehr lehrreichen Artikel „J. A. C. und K. Ch. Krause" von P. Hohlfeld finden wir im I. Hefte der Com.-Gesellschaft.

16) Diese Auffassung mag seine Bemühungen um die türkische Bibelübersetzung mit erklären.

17) Es ist, soviel ich weiß, nur ein einziges Exemplar der Panaugia bekannt. Univ.-Bibl. Prag, in einem Sammelbande Comenianischer Werke.

18) Diese Stelle deutet auf das Jahr 1667; allerdings beweist dies nur für die Vorrede. Das uns bekannte Exemplar der Janua Rerum stammt aus dem Jahre 1681; wer es herausgegeben hat, steht nicht darin. Über „den Kern der Metaphysik des Comenius" handelt Květ CCM. 1859 p. 465 ff., und in einer deutschen Abhandlung „Leibnitz und Comenius", Abh. d. k. Ges. in Prag. 1859. Nur dem Titel nach gehören diese Ausführungen im Ganzen hierher, da Květ, wie er CCM. 472 selbst erwähnt, keine Schrift von Comenius über die Metaphysik gekannt hat. Květ unterscheidet 3 Theile der Metaphysik: die theoretische, praktische und die ästhetische (nach der Via Lucis, Cap. V. 10); allein keine einzige von den vielen Entwürfen der Pansophie bestätigt diese Annahme. Květ's übrige Auseinandersetzungen lauten: Die Ideen, aus welchen — nach Comenius — die Welt entsteht, seien insofern logisch, als sie Gott entstammen, aber indem sie in die Welt treten, werden sie metaphysisch. Diese müsse man nun den Dingen abstrahieren; dadurch wurde — meint K. — Comenius der Nachfolger Baco's, und dadurch verband er Plato's und Aristoteles' Philosophie. — Wie man sieht, scheitern diese Ausführungen, was speciell die Metaphysik anbelangt, an dem direkt ausgesprochenen Vorsatz des Comenius, in der Metaphysik eine Welt, wie sie möglich war, zu bieten; diese Metaphysik ist ebenso deductiv, wie die Physik, und Verulam's Einfluß ist auch hier nicht zu merken.

19) Ob das Triertium Catholicum je erschienen ist, ist uns unbekannt.

20) Comen. Gertychio (?) den 31. Jan. 1668. (Ep. Com. M. Boh. 15.)

21) Derselbe war laut des unter Anm. 20 erwähnten Briefes als Vermittler bei Almosensammlung in Aussicht genommen. Er war übrigens der älteste Sohn des Exkönigs Friedrich (1619 in Prag geboren) und trat, nachdem er eine Zeit lang in Holland gelebt hatte, in englischen Dienst. Von Karl I. wurde er zum Herzog von Cumberland ernannt, 1673 wurde er Admiral der Flotte, die gegen Holland gesandt wurde. Vgl. über ihn Zoubek's Bemerkung CCM. 1883. 313, 314. — Das Unum necessarium erschien übrigens noch in demselben Jahre mit Noten des Ahasver Fritschius, vgl. über diesen Benham: The School of Infancy etc. p. 153; auch Jöchers Gelehrten-Lexicon. Eine eingehende Analyse des Unum necess. bietet A. Castens im 4. Heft der Comeniusstudien. Znaim 1892. — Das Unum nec. wird von allen Beurtheilern hochgepriesen.

22) Vorrede zur Via Lucis 1668; eigentlich ein Brief an die Kön. Gesellschaft in London.

23) Vgl. Com. eigenhändige Aufzeichnung 1668. Aug. 31. — Die Erwähnung der Panhistoria muß allerdings überraschen, da man für diese in dem Plane der Consultatio Catholica keinen Raum findet. — Die Aufzeichnung selbst befindet sich Ep. Com. Mus. Boh. 14.

24) Die beiden Briefe Ep. Com. M. Boh. 12.

25) Maresii Antirrheticus etc. p. 1—2. Diese Schrift: „Disputatio theologica prior contra haeresin Chiliastarum" ist mir nicht gelungen zu erhalten. — Über des Comenius Antwort an Maresius handelt Zoubek

ČČM. 1887. p. 39 ff., 241 ff., und giebt ausführliche Excerpte daraus; — F. Menčík in Svetozor, 1886, p. 620. Eine Stelle bedürfte noch näherer Aufklärung: p. 45 sagt C., Maresius beurtheile seine fernere Thätigkeit, so auch seinen Brief an den gewesenen Lehrer s. Angedenkens, Piscator. Was für ein Brief hiermit gedacht worden sei, kann ich nicht erklären.

25a) Vgl. hierüber Bayle's Artikel über Comenius, und Meister: Vorl. über die Schwermerey I. p. 69. Das Buch der Bourignon enthält Briefe über allgemeine Fragen des christlichen Lebens und Glaubens, und es ist dazu noch eine Erklärung des Cap. XXIV des Mathäus beigefügt.

26) Da er nicht sagt, daß sie gedruckt wäre, so wird sie ihm nur aus MS. bekannt gewesen sein, das man ihm wahrscheinlich vor 2 Jahren mit-getheilt hatte.

27) Ein Brief des Montgomery aus Wilton vom 15. Aug. 1664 befindet sich unter dem MS. Mus. Boh. 36. In dem Briefe meldet der Schreiber, er habe 100 Pfund Sterling für arme Glaubensgenossen und 50 für Comenius gesendet.

28) Der Brief des Fabricius vom 6. Nov. 1667 Ep. Com. Mus. Boh. XIV.

29) Man ging so weit, daß man sich mit einer einfachen Übersetzung nicht begnügte, sondern nach den Offenbarungen der „Lux e tenebr." ein künftiges Bild Europas construierte. A Table of Europe kam schon in diesem Jahre in Arbeit, wurde aber erst 1670 gedruckt.

30) Bei Bayle lesen wir, daß sich Com. in den letzten Zeiten mit Serarius verfeindet habe, weil dieser gegen die Bourignon Stellung genommen. Dies scheint auch Jöcher zu bestätigen, der ein Werk, das Serarius gegen Comenius verfaßt haben soll, erwähnt. Übrigens ist Serarius auch 1670 gestorben.

31) Vgl. Ziegler a. a. O. p. XXXV.

32) Vgl. ČČM. 1860. p. 511.

32a) Vgl. Müller's Artikel in Sbornik Historiký 1885. p. 300.

33) Vgl. hierüber Bayle's Artikel über Comenius, und Meister: über die Schwärmerey, I. p. 69, giebt aber die Quelle hierfür nicht an.

33a) Vgl. hierüber Daniel Com. Brief an Nigrinus. MS. Com. Mus. Boh. 36.

34) Dies hat übrigens schon Jar. Goll in seinem öfters erwähnten Aufsatz ČČM. 1874 festgestellt; nachdem das Epitaphium aber ganz klar den Tag feststellt, so scheint es uns nicht nöthig, auf die Momente des erwähnten Streites zurückzugreifen. — Der Brief des Daniel C., des Sohnes des Ver-storbenen über die Sterbezeit befindet sich in Spizelius: Infelix literator. 1680. p. 1028. Über die Ruhestätte des Comenius, die wallonische Kirche in Naarden vgl. Programma der plechtige Herderking van J. A. C. etc. Nijwegen 1892.

34a) Vgl. hierüber außer den o. c. Werken Riegers und Cranz — auch Criegern — Schlußworte des o. a. Werkes.

35) Wir verweisen auf den Artikel in Herzog; die Daten über ihn befinden sich auch bei Ziegler, Programm. Abhl. 2c.

36) Figulus Comenio 1651, Nov. 13., vgl. die Anm. II. V. 26.

37) Über die Familienverhältnisse vgl. Gindely's Abhandlung p. 56, und Zoubek a. a. O. p. C. Zu seinen sonstigen Verwandten zählte der Schwager J. Effron in Púchó, und Velius, Secretär des Fürsten zu Dietz, dessen Frau er seine Mume nennt. Com. Voitio 1661. sept. 1./11. Ep. Com. M. Boh. XII. Von einer auf den Sohn Daniel verwendeten väter-lichen Sorgfältigkeit zeugen mehrere Briefe, die er im Jahre 1664 an Rom-berg der Schule zu Leowarden, in die er Daniel gehen ließ, betreffs der Erziehung seines Sohnes gerichtet. ed. Patera 263 ff.

38) Vgl. die Briefe über das negotium Pansophicum. Ep. Com. Mus. Boh. XIV.

39) MS. Mus. Brit. 4254.

40) MS. Mus. Brit. daselbst.

41) Über Drábik vgl. Köhlers Abhandlung: De Nicolao Drabicio etc. Altorf 1725. Diese ist nach unserer Ansicht die gerechteste Schrift über Drábik, wenn auch lückenhaft. Jedenfalls zeigt die Beurtheilung mehr Sinn für Drábik's Zeit, als das oft vernehmbare Wundern, wie man Drábik hat so schätzen können, der doch ein Betrüger gewesen sei. Eingehend habe ich des Dr. Leben und Hinrichtung beschrieben im X. Heft der Századok 1889. Dazu ist hinzuzufügen, daß Drábik auch dem Gericht vorgab, die Offenbarungen seien nicht sein, sondern Gottes, und nur von den Jesuiten betrogen oder mindestens irregeführt, seine Weissagungen zurückgezogen hat. (Vgl. die Anklageschrift im Ung. Landesarchiv Budapest.)

42) Ep. Com. Mus. Boh. XIV.

43) Über Drábik's Bedeutung verweise ich auf meine o. c. Abhandlung. Es ist keineswegs richtig, daß dessen Tod seinem Rufe ein Ende bereitete.

44) Über Leibnitzens Verhältniß zu Comenius bringt Květ eine Abhandlung, die uns aber, was ihre philosophischen Ergebnisse anbelangt, von sehr zweifelhaftem Werthe erscheint. Sie stellt Comenius zwischen Plato und Leibnitz und verlangt für ihn auf dieser Grundlage einen Platz in der Geschichte der Philosophie. Wir meinen, ein Urtheil hierüber müsse sich auf genaue Durchforschung und Darlegung der Quellen des Autors stützen, was Květ gar nicht unternommen. W. Müller meint (Com. ein System ꝛc., p. 37), Comenius hätte das pansophische Vorhaben, das ihn gewissermaßen zum Vorläufer Leibnitzens mache, nicht zu Ende geführt, da er das System nicht ausgearbeitet: hiegegen mögen die angeführten Nachrichten über die Pansophia und Panorthosia verglichen werden. Daß Leibnitz viele Ansichten des Comenius billigte, hat bereits Květ (a. a. O.) bemerkt. Ein Gedicht, das er als junger Mann auf Hessenthaler's Aufforderung über den Tod des Comenius verfaßte, schließt mit den Worten:

> Tempus erit, quo te, Comeni, turba bonorum
> Factaque spesque tuas, vota quoque ipsa colet.

Leibn. ges. Werke, ed. Pertz, 1. Folge, IV. Band, p. 270. Citiert auch von Smaha „Komensky" XV. Jhrg. p. 361 und I. Heft der Com.-Ges.

45) Wenn Zoubek in der kleinen Abhandlung: „Welcher Religion war Comenius" (Komensky XVII. 161—163) beweisen will, daß Comenius der kathol. Religion nicht feindlich gegenüber stand, und im allgemeinen nur ein Christ war, so widersprechen der ersten Annahme die Schriften: Retuňk, Clypeus contra Antichristum, die zahlreichen chiliastischen Schriften, viele Briefe, überhaupt das ganze Leben des Comenius von 1628 an; der zweiten Annahme aber seine Polemiken, nach denen er ein eifriger Anhänger der Unität, der evangelischen Kirche war. Allerdings hatte er den tiefen Blick, um das Historische in den einzelnen christl. Confessionen zu erkennen und das über ihnen stehende allgemein christliche Ideal der h. Schrift über dieselbe zu stellen.

46) Eine sehr allgemein gehaltene Abhandlung von den pans. Bestrebungen des Com. giebt Storch ČČM. 1851. III. 85 ff.; IV. 3 ff.

Eine Zusammenstellung der Comeniusliteratur in der deutschen, böhmischen, englischen, französischen niederländischen, schwedischen und ungarischen Sprache findet sich im I. Hefte der Comeniusgesellschaft. — Eine Zusammenstellung der autobiographischen Partien aus den Werken des Com. soll von dem Verfasser in den nächsten Heften der Com.-Gesellschaft erscheinen.

Ueber Porträts des Comenius.

Wir besitzen folgende Bilder von Comenius:

Eines aus dem Jahre 1642; von dem Engländer Glout, vgl. auch Benham's Informatorium. — Dieses, den Comenius im Mannesalter zeigend, ist hier dem Werke vorangeschickt; die Abnahme ist nach dem im gr. Sándor'schen Original durch gütige Vermittlung des H. A. Szilágyi.

Eines aus dem Jahre 1652; von dem böhm. Exulanten-Künstler Wacsl. Hollar; dem vorigen ganz ähnlich, auch der englische Vers steht darunter. Vgl. ČČM. 1854. p. 553.

Eines auf dem Titelblatt der Opera Did. Omnia, das bekannteste Bild von Comenius.

Eines aus 1658, auf einer holländischen Ausgabe des Vestibulum in Amsterdam, auf dessen Titelblatt Comenius mit seiner Schule abgebildet ist. Crispyn de pas delin.

Eines aus 1665; mit folgender Unterschrift: Johan—Amos Comenius, Anno Christi MDCLXV, aetatis suae LXXIV. — Effigiem hanc delineavit, aerique incidi curavit et Viri Clariss. honori dicavit Crispinus de Pas. Crispinus Hagens delineavit et sculpsit.

Während die Bilder 1, 3 bekannt waren, hat die 2, 4, 5 Fr. Menčík aus der Sammlung der k. Hofbibl. in Wien von Neuem an's Licht gezogen und im Světozor 1891 veröffentlicht.

Anhang I.

Ich beschränke mich, aus dem reichen, hier zum ersten Male benützten Material diesmal nur Folgendes mitzutheilen:

1.47? Das I. Anm. 12 erwähnte Epitaphium lautet dem ganzen Wortlaute nach:

Concredidit DEO TRIUNJ Spiritum
Bonis Memoriam, Propinquae huic Tumbae Corpus
JOANNES AMOS COMENIUS.
Cujus virtutem nulla exhauriunt elogia.
Eccles. FF. Bohem. Episcopus et Senior Vigilantissimus
Pietate Doctrina Ingenio
Theologus, Didacticus, Philosophus
Undique Incomparabilis
Ecclesiam, Scholam, Orbem
Perpetuo habiturus meritis vectigalem.
Columbae Simplicitatem cum Serpentis Prudentia
Sic temperans ut illa praevaleret.
Potentibus, Religiosis, Sapientibus
Sermone, Consiliis, Calamo
Notus Acceptus Honoratus.
Malorum potius Emendator quam Hostis
In plerisque Europae totius Regnis et Provinciis
Civis, Exul, Hospes
Nuspiam sine desiderio sui degressus.
De Geeriana tandem Munificentia
Megalopolis Batavorum Inquilinus
Post calcatas dudum terrae vanitates
Animi viribus tanto in Senio sat valens
Inter veritatis, Pacis, Sapientiae Studia
Suis benedicens, Mundo valedicens
Mortalis esse desiit.
Natus die 28 Martii MDXCII. Hunnobrodae Morav.
Defunctus die 5/15 Novembr. MDCLXX. Amstelodami
Sepultus die 22 eiusdem Mensis in hoc templo
Resurrecturusque ad beatam aeternitatem.
Cui bene precatur F. D. et quicunque parant sequi. ?)

Ob es auch wirklich an der Kirche zu Naarden angebracht worden, darüber giebt das MS. selbst keine Auskunft. Ich brachte das Schriftstück in der Zeitschrift des Olmützer Muf.-Ver. 1891, Decemberheft, zum Abbruck. Dies Epitaphium hat, allerdings ohne Angabe der Quelle sammt mit einigen Druckfehlern, die im gegenwärtigen Texte verbessert worden, auch A. Brbka in seinem o. c. W. p. 140 veröffentlicht. Derselbe meint auch, wie ich in angeführtem Artikel schrieb, F. D. bedeute Filius Daniel. Dies würde ich nur behaupten, wenn man bestimmt wüßte, daß das Epitaphium thatsächlich an's Grab gestellt worden ist; geschah dies nicht, und ist es eine Grabschrift englischer Provenienz, so halte ich J. Duraeus für den Verfasser. — MS. Addit. M. Brit. 4255.

Das im Cap. II unter Anm. 13a erwähnte Gedicht (1612 verfaßt) **lautet:**

A l i u d.

Johannes Littomil, Boiemus.[2])
Hinc ἀναγραμματικῶς (m interposito) pullulat
I, milites; olim honos manebit.

Ut pugil, in bibula si crebro certet arena
Expertus pugnae fortius arma capit:
Sic decet, Aonii tendit qui ad culmina montis
Ad pugnam vires, saepe vocare suas.
Ergo dum Litomil telis prosternere monstrum
Desidiae pergis, nae facienda facis.
Dum quoque cum multis optas concurrere telis,
Telis non saevi Martis, at ingenii;
Digna profecto tibi nunc laudis adorea surgit,
Athletaeque tibi nomen habere datur.
Non etenim aggrederis pugnam, quae nulla videtur,
Sed quae vel magnis magna vocanda viris.
Dum quae magnorum Metaphysica docta sophorum
Continet, exponis pensiculanda viris.
Et si te doctum Metaphysica docta vocabit,
Ut faciet: Quis enim jam dubitare velit?
In reliquis studiis sic fortius arma capesses
Haec nam doctrinae clavis et ingenii.
Applaudente choro jam nunc pugnato sororum
Victorem et tandem. te remanebit honos.

Percharo suo amico gratulabundus adjecit

Johan. Amos e Marcomannis Nivvnicenus.

Dies Gedicht befindet sich zu Ende J. Litomil's: Metaphysicae brevissima delineatio 1612. Herbornae. Dies ist die erste Arbeit des Comenius, von der wir Kenntniß haben.

Zu Cap. IV., Anm. 42. Aus der ersten Übersetzung eines Werkes des Comenius (Truchliný) mögen, da wir den Inhalt des Werkes ganz kurz angegeben, die Stellen, die die Ursache und das Ziel der Verfolgungen schildern, hier folgen.

157—158. Also sind die strafen Gottes uns eine väterliche rute | weil wir gesündiget haben | damit wir in uns selbst gehen. Wir Böhmen und Mährer haben gesündiget mit übriger wollust unn üppigkeit. Darumm müssen wir mit einem stecken gestraft werden | wir hatten brots die fülle und einen guten frieden | dadurch waren wir zu hochmütig: das hat uns Gott benommen. Wir hatten güter und reichthumm genung | welches wir zum überfluß und wolluft gebrauchten: die hat er uns entzogen. Wir hatten volkommene freiheit | mit welchr wir unseren mutwillen trieben: derer hat er uns beraubet | und mit solchen linden züchtigungen (wie sie dan in warheit linde sind | wan man sie gegen die mänge unserer sünden hält) strafet er unsere sünden. Bei den Persianern war diß der gebrauch | dz wan ein abliche | oder sonst vorneme person | etwz verwirkt hate | man derselben den rock ausgezogen | unn denselben | an stat der person | mit prügeln geschlagen: dises thut auch unser himlischer vater uns seinen kindern | in dem | wann er uns strafet | nicht uns eigentlich | sondern nur die eusserlichen dinge | als kleider | gelb | acker | den leib (in maſſen der leib nichts anders iſt als ein kleid | damit wir uns bedecken | und daſſelbe mit der zeit wider ablegen müſſen) für uns leiden müſſen. O wie eine väterliche züchtigung iſt dieſes! welche er an ſtat eines zaums gebrauchet | uns mit demſelben | wann wir zun ſünden eilen | zurück zu halten. Denn | gleich wie die arzte einem die aber ſchlagen laſſen | nicht darumb | daſz derſelbe ſchon krank were | ſondern daſz man der krankheit zuvor kommen möge: alſo wil Gott | durch dieſe ſtrafen die urſach zu ſündigen benehmen | dieweil er als ein ſchöpfer alle ding am beſten unſere natur weiſz | wz | und zu welcher zeit einem nützlich unnd gut iſt. —

210—219. Lieber | was redeſtu? haſtu noch wenig verheiſſungen in heiliger ſchrift | das Gott nicht wölle ewig zorn halten (Pſ. 103. 9.): das Gott nicht laſſe verſuchen über vermögen (1. Cor. 10. B. 13.); daſz Gott in die helle führe und wieder heraus (1. Sam. 2. B. 6.) | dz Gott nicht leſſet bleiben der gottloſen ſcepter über dem häuflein der gerechten auf daſz die gerechten ihr hand nicht ausſtrecken zur ungerechtigkeit (Pſ. 125. 3.): bz Gott den erhören und heraus reiſſen wil | der ihn in der noth anrufet (Pſ. 91. 15.). Die heilige ſchrift iſt vol ſolcher verheiſſungen | welche alle du dir unnd allen gläubigen ihnen zu dieſen itzigen zeiten nicht allein frei möget ſondern ſollet geſagt ſein laſſen und hören | wollet ihr anderſt nicht Gottes warhaftiges unnd in ewig unwandelbahres wort lügen ſtraffen | oder einiger unnützer eitelkeit beſchuldigen. Fürnemlich | weil dieſe hohe und vorlängſt angedeutete verheiſſungen vom untergang des Antichriſts und erledigung der kirchen aus ſeinen banden auf dieſe itzige zeit gerichtet ſein: ſo kanſtu deſto lieber und williger leiden | unn der erlöſung mit gedult erwarten. Beengſtigter. Lieber | was ſageſtu mir allzeit vom untergang des Antichriſten? da doch die ſchrift ausdrücklich ſaget | daſz des Antichriſts untergang allererſt durch die herrliche erſcheinung des Herren geſchehen ſol. Was du aber aus dem buch der offenbahrung anzeigeſt | weiſz ich nicht ob ſelbiges Buch unter die canoniſchen gehöre | welche von Gott eingegeben ſind: unn | da es ſchon were | wer weiſz den verſtand und auslegung deſſelben? Dann die geſicht und reden | ſo darinnen | ſind figuren und profezeiungen. Wir wiſſen aber daſz biſz die eigenſchaft der prophezeiung iſt ehe man ſie recht verſtehet | werden ſie wol zuvor erfüllet? derowegen kan ich deiner ungewiſſen erklärung halben die klare zeugnüſz des Apoſtels Pauli nicht verwerffen | daſz ich des Antichriſts tyranney einen weg als den andern nicht befürchten ſoll. Glaub. Siehe das verurſacht deine unnötige furchtſamkeit. Sage mir aber gleichwol | ob du die warheit des buchs der offenbarung in zweifel ſetzeſt? Da den alſo | ſo muſtu der ſchrift nicht wol kündig unn erfahren ſein: anderſt würdeſtu klar unnd deutlich ſehen | daſz dieſes kein menſchentand | ſondern des heiligen Geiſtes ſelbſt eigene weiſſagungen | ſo viel ſchärfer als einig zweiſchneidig ſchwert | unn vol Göttlicher geheimnüſz ſind. Da fern du aber aus böſen gemüt oder affecten ſolch heiligbuch vernichteſt ſo wiſſe | daſz du eine ſtrafwürdige leichtfertigkeit begeheſt. Du möchteſt aber ſagen | wer weiſz den verſtand deſſelben? darauf gebe ich dir biſz zur antwort: Ob wol viel tunckele weiſſagungen darinnen begriffen | welche wir nicht verſtehen | es ſei dann nach dero erfüllung | oder aber un himmel: ſo iſt doch diſer article von ſtürzung des Antichriſts von ſeinem thron | in der offenbahrung | wie nicht weniger in Daniele unn andern propheten ſo klar unn deutlich der kirchen zu troſt aufgezeichnet | bz daran niemand zweifeln kan. So iſt der ſpruch Pauli dieſem ganz nicht zu wider. Dann | damit ich dir zu beſſen verſtand dienen möchte | ſo halten wir | nach der ſchrift | dreierlei fall des Antichriſts: Als nemblich den fall der offenbahrung | der ſtürzung und dann

5

des verderbens und endlichen unter ganges. Der erste fall hat schon mehr
als vor zweihundert jahren angefangen. Der ander geschicht | wann ihm
sein nest zerstöret | und ihm die macht und herrschaft über die völcker be-
nommen werden wird: der dritte geschicht | wann er endlich gantz unn gar
in den abgrund gestürzet werden wird. Dann | das auch | nach der zerstörung
Babylons | etwas aberglauben und götzendienstes unter vielen überbleiben
werden | ist wol gläublich und zuerachten. Derowegen so ist der spruch
Pauli (welcher also lautet | und alsdann wird der boszhafftige offenbahret
werden | welchen der Herr umbringen wird mit dem geiste seines mundes |
und wird sein ende machen durch die erscheinung seiner zukunft) von dem
ersten und dritten fall zuverstehen. Johannis offenbarung aber ist auf den
andern fall gerichtet. Auf welchen denn der spruch des Apostels auch kan
gezogen werden: dieweil er nicht den jüngsten tag nennet | sondern die
erscheinung der zukunft des Herren | welche sich auch in dem itzigen gericht
über den Antichrist klärlich und der gantzen Welt scheinbarlich genug zu
erkennen giebet | und | ob Gott wil | noch besser sich erzeigen wird. Warumb
schüttelstu den kopf? Beengstigter. Darumb | dasz du hievon so künlich
redest | alsz wann du dessen gewisz versichert werest | dasz es also | und nicht
anders zugehen werde | da es sich doch gantz da zu nicht schicket. Glaub. Ja!
glaub mir | es schicket sich darzu. Dann nicht allein aus der vorlängst
geschehenen prophetischen weissagungen | sondern auch gegenwertigen werden
kan ich leichtlich abnemen | ja sehe es mit meinen augen | dz Gott was
grosses unn sonderliches zu auferbauung und fortpflantzung seiner kirchen
vorhabe. Zu dem so sehe ich nicht wenig wunder und wunderzeichen | gleich
als vor zeiten in Egypten geschehen. Das wasser ist an theils orten in
blut verwandelt worden | so wol in brunnen als flüssen | dergleichen ist blut
vom himmel geregnet. Dessen exempel haben wir in unterschiedenen kreissen.
Wir haben vor zweien jahr wunderliche und ungewöhnliche käfer und heu-
schrecken gesehen | fürnemblich zweierlei art. Eine | fast wie ein gülbenen
pantzer mit menschlichen angesichtern | inwendig voller bluts. Die andere
wie schwartze raupen | so den zwar andern in gestalt gleich | doch ires laufs
unn thuns halben ungewönlich und ungleich. Denn sie haufen und millions-
weisz | nichts anders als ein heer in schlachtordnung gezogen sind | und mit
solcher eil und geschwindigkeit eine vor die andere gelaufen und sie nider
gestossen. Haben kein fruchtbar | oder nützlich kraut oder bäume gessen |
sondern allein disteln oder dornen unn hanf. Nun weisz ich | dasz in der
heiligen schrift durch disteln und dornen verstanden werden falsche lehren
und lehrer: durch die stricke aber so aus dem hanfe gemacht worden | wird
macht | gewalt und tyrannei bedeutet Zu deme werden unterschiedene
wunderzeichen an dem himmel gesehen | wie dann ungewöhnliche finsternüssen
der himlischen liechter. Auf erden aber erzeigen sich nicht weniger strafen
und plagen Gottes: es hat in Böhmen an etlichen orten so schrecklich
gehagelt | dasz auch stücke von eis vom himmel gefallen | so die schaf |
menschen und wilde thier auf dem Felde | Bergen und Wälden beschädiget und
erschlagen. Das getreid aber hat es theils orten gantz zerschlagen unnd
verderbet | ebener massen als vorzeiten in Egypten geschehen ist (Exod. 7. 9).
In gleichen ist eine schreckliche pest unn sterben unter menschen und viehe
gewesen ꝛc. Was ist derowegen mehr übrig | als dasz bz volk Gottes als
gleich wie vor zeiten von seiner dienstbarkeit erlöset werde? Warte nur |
du wirst sehen die mächtige hand des Herren | dadurch er sich vor seinen
feinden herrlich machen wird. Was dort vorlängst Moses dem volk Gottes
gesagt hat | dz sage ich jetz auch: fürchtet euch nicht stehet still und sehet die
erlösung | die der Herr euch thun wird (Exod. 14. 13.). Beengstigter.

Dieſes war da zu mahl den kindern Iſrael geſaget | wann uns unſer Herr Gott dergleichen troſt zuſendete | wolte ich gern damit zufrieden ſein | unnd auf Gottes werke harren. Wir aber haben keine ſolche verheiſſung | und geht uns die jenige nicht an. Glaub. Was zuvor geſchrieben iſt: das iſt uns zur lehre geſchrieben | auf daſz wir durch gebuld und troſt der ſchrift hofnung haben (Röm. 15. 4.). Ja | was dort mit ihnen geſchehen iſt | daſſelbe iſt uns zum fürbilde geſchehen | und iſt uns geſchrieben zur warnung | auf welche das end der welt kommen iſt.

Zu Cap. X Anm. 24. Des Cartes über des Comenius Panſophie.

Judicium de Opere Pansophico. Quemadmodum Deus est unus et creavit Naturam unam simplicem, continuam ubique sibi cohaerentem et respondentem, paucissimis constantem Principiis elementisque, ex quibus infinitis propemodum res, sed in tria regna Min., Veget. et Animale certo inter se ordine gradibusque distincta perduxit; ita et harum rerum cognitionem oportet ad similitudinem unius Creatoris et Unius Naturae universam, simplicem, continuam, non interruptam, paucis constantem principiis (imoo unico Principio principiali) unde caetera omnia ad specialissima usque individuo nexu et sapientissimo ordine deducta permanent, ut ita nostra de rebus universis et singulis contemplatio similis sit Picturae vel speculo, Universi et Singularum ejusdem Partium imaginem exactissime repraesentanti. De modo autem speculum eiusmodi conficiendi, naturae maxime consentaneus ille videtur (quem et Comenius hac de re libros mundi utriusque Majoris nimirum et Minoris cum libro Scripturae ut audio potissimum consulentem sibi eligere conjicio) qui Vestigia Creatoris in producendis rebus accuratissime observet, ita ut ex rationis lumine primo probetur; necessario concedendum esse rerum conditorem et Deum, deinde Creaturae eo pertractentur modo, quo Moses eas in Genesi sua procreatas luculenter descripsit: quarum gubernationem libri profani, praecipue vero sacri ad finem usque saeculorum continuandam explicant, denique ad Deum, tamquam ad Punctum vel Centrum unde progressa omnia educamus. Sic uti ex uno per et ad unum sunt omnia, ita et horum Ex, per et ad unum Contemplatio utilissima juxta atque jucundissima est futura". MS. Sloane Mus. Brit. 417.

Zu Cap. VI des zweiten Theiles, Anm. 18.

Zur Beleuchtung der diplomatiſchen Thätigkeit des Comenius mögen hier die Propoſitionen ſtehen, die er für den nach Schweden ziehenden Geſandten Rakóczy's, Conſt. Schaum, verfaßt hatte.

(Aus dem Berichte Schaum's an den Fürſten von Siebenbürgen; veröffentlicht von A. Szilágyi in Erd. Orsz. Emlékek XI. p. 214, 215.)

Et cum ex litteris suae celsitudinis viderem ad dn. Comenium scriptis, esse clementissimam voluntatem suae celsitudinis, ut me quoque instrueret dn. Comenius consilio, inivi consilia cum illo de his punctis, quae ille in hunc sensum proponenda suasit.

Puncta regiae matti Sueciae vigore instructionis et vi rerum circumstantiarum dicta.

Puncta regi dicta. 1. Cum non obscuris indiciis fama ad celmum Transylvaniae principem dominum meum clementissimum pervenerit de CONFOEDERATIONE Suecico-Angliae pro communi christiani populi libertate et tranquillitate, ideo his tantorum principum heroicis conatibus: quia nihil inde quam orbis salus sperari poterit, si in effectum ducantur, si res se habet, ut fama tulit, sua Celsitudo pro ea propensione, quam habet erga bonum publicum, multum gratulatur et simul desiderium suum, ut propositum hoc constans sit, significare in praesentiarum sustinet.

2. Et siquidem in tam fructuoso negotio omnium rerum felicitas speranda est, si coniuncto opere opus hoc suscipiatur, et orbis terrarum quantumvis inter se dissitus, quasi colligetur amicitiae mutuae et correspondentiae vinculo, cel^{mus} Transylvaniae princeps animi sui indicia mittit, quibus studia sua defert suae serenitati votis suis, quibus una servire desiderat bono publico, quantum in se quantumque circumstantiae status et principatus sui permittunt.

3. Et quia hoc constanter fieri nequit, nisi poenitius sciat sua cel^{do} intentionem christianorum principum: ideo si dignum videbitur serm^a regia maiestate, exoptat sua cel^{do}, ut in tam auspicato opere voluntatem et intentiónem eius sermae mattis liquido intelligere possit. Qua intellecta flectet eo sua cel^{do} consilia, ut tempestive sibi prospiciat in eo, quod non solum ad muniendum mature regnum suum, sed quoque ad bonum publicum promovendum una facere visum fuerit.

4. Etsi quidem porro hoc non in comissis habeo, quia vero rumor passim pervagatur diversas regiones, atque in hoc ipso regno in omnium ore est, quasi sumptuosa illa praeparamenta bellica, quae a serm^a V^{ra} Matte suscipiuntur contra Moschcorum hostilitatem, quae praesumitur, convertenda sint, in eo si fieri posset demisse expetere auderem certam aliquam informationem a serm^a V^{ra} Matte cel^{mo} principi meo domino meo referendam. Quae aperte intellecta fortassis utrinque proficua esse possit. Praesertim cum Cozaci coniuncti Moschcis amici clementiam suae cel^{nis} magno ambitu non solum affectent, sed implorent et exorent. Ne in illa illorum affectatione suscipienda aliquid praecipitanter fiat, quod utrinque detrimentosum esse possit. Multum intererit, si inde liquidam informationem suae celⁿⁱ afferam.

Quae omnia si sua cel^{do} intelligere possit, id maximopere sibi gratum fore testatur, et quibuslibet officiorum generibus demereri studebit.

Anhang II.

Verzeichniß der Werke des Comenius.

Bibliographie.

Für diesen Theil dient als Hauptquelle Comenius' bekannter Brief an den Buchhändler Montanus. — Es sind außerdem in dieser Zusammenstellung noch folgende Verzeichnisse berücksichtigt worden: Adelung a. a. O. p. 225—241; Palacky CCM. 1828, Zoubek's böhmische und deutsche Biographie des Comenius, Jireček's Rukovet I.; natürlich auch andere kleinere Abhandlungen. Ich nahm Adelung auf, weil er bei vielen Verstößen, betreffs einiger Werke richtige Angaben hat, die vor 100 Jahren geschrieben, doch einen so ausgezeichneten Forscher wie Zoubek corrigieren. — Wohl sehe ich, daß auch mein Verzeichniß noch nicht vollkommen ist, besonders empfinde ich dies bei den Janua- und O. Pict.-Ausgaben, aber daß es die Kenntniß über die Schriften des Comenius vermehre, wird kaum geleugnet werden können. Die Abkürzungen (Adelung — A.; Jireček — J.; Palacky — P.; Zoubek's böhmisches — Z. b.; Zoubek's deutsches Werk — Z. d.) sind leicht zu errathen. Trotzdem ich die Wichtigkeit der neuen Bearbeitungen des Vestibulum und der Janua anerkenne, so folge ich den Verzeichnissen nicht, um sie als besondere Werke anzugeben, da ich dies auch bei anderen Schriften des Verfassers nicht thue. Die Angabe der Bibliotheken will nur nützliche Winke geben, wo die selteneren Bücher zu finden sind, keineswegs eine erschöpfende Statistik der Comeniana. — Während des Druckes ist mir Jos. Müller's Artikel: Zur Bücherkunde des Comenius, I. Heft der Comeniusgef. p. 19—53, bekannt geworden; ich habe von der fortwährenden Berufung auf denselben absehen müssen, nichtsdestoweniger habe ich ihn berücksichtigt und stellenweise, wie dies angegeben wird, auch benützt. — Die zahlreichen neuen Erforschungen wird der kundige Leser leicht herausfinden.

I. 1612. Linguae Bohemicae Thesaurus, hoc est Lexicon plenissimum, Grammatica accurata, idiotismorum elegantiae emphases adagiaque. (Ep. ad Montanum p. 74). Im Briefe an Figulus Mai 22. 1656. — „Thesaurus Linguae Bohemicae et Latinae opus triginta annorum"; daraus wäre zu schließen, daß die Arbeit 1642, wahrscheinlich vor der englischen Reise zu Ende geführt worden sei. — Rosa erwähnt das Werk in der Einleitung zu seiner Čzechořečnost etc. Prag 1672. „Lexicon Boëmicum Comenii, ubi omnium Boëmicarum vocum originationes demonstrat. Zoubek b. 1; b. 1; Jireček 1.

II. 1612. Amphitheatrum Universitatis. Rerum. — libris 28 adornatum — Ep. ad Mont. 76. — Während des Verderbens Lißßas vergraben, dann aber — mit Verlust des II. Buches (über die Naturdinge) dem Verfasser zurückgebracht. (Com. Figulo 1656, Mai 22.) Ob gedruckt — unbekannt. — Jireček 2; Zoub. b. 2, b. 2; Adelung 1. meint, wie auch Andere, irrthümlich, das Werk wäre 1616 gedruckt worden, was offenbar eine Verwechselung mit einer gleichnamigen Arbeit M. Konečny's ist.

III. 1613. Sylloge quaestionum controversarum, philosophiae viridario depromptarum resp. Joh. Amos e Marcomannis Niesnicenus. Herbornae 1613. Erwähnt von Prof. Dr. A. Rebe: Zur Nassauer Schriftstellergeschichte. S. 12. (Nach einer Mittheilung des Herrn Dr. Rebe in der Seminarbibl. Herborn.)

IV. 1615. De angelis. — Com. Admonitio ad Maresium p. 40. (Wahrscheinlich in Lissa verbrannt).

V. 1615—1616. Grammaticae facilioris praecepta. — postea (1616) Pragae
excusa. Op. Did. I. 3. — Palacky 1; Zoubek (b) (b) 3.

VI. 1617. Listové do nebe etc. hoc est Pauperum oppressorum clamores
in coelum Excus. Olomutii 1617. — Palacky 2; Zoubek (b., b) 4;
Jireček 3; Jungmann (IV. 721) erwähnt ein Werk, dessen Titel lautet:
Listowé do nebe, w kterých chudí a bohatí před Kristem žaloby a
stížnosti na sebe wespolek wedau a rozeznání býti žádají 1619 w. 8
(bez mista a tisk). Es ist leicht möglich, daß dies Werk mit dem von
Comenius erwähnten identisch ist.

VII. 1620. Retuňk Duchowný Werným a mnohými pokušeními zem-
dleným krestanum ku posylnení podaný. — Leta 1626. MDL Oby
Utišteni Sąuzeni Uzkosti a upení plného; prepsano Leta 1825. J. Čz.
(MS. der Univ.-Bibliothek in Prag). Nach Rybay's Catalog p. 66 ist diese
Schrift 1696 gedruckt worden. — Jireček 8; Zoubek (b., b.) 8. — Verschiedene Exemplare davon: 1. Retunk Proti Antykrystu a Swodum
jeho, kterýž w Zarmucenich tiechto czasych mnohým kzahinutí neštastne
se rozmahají, a nejednech od Wyry odstuwowáni se deje. Tem kdožby
duše swe retowati a przed zahinutim wystrahnauti dati chtieli Podaný
od Jednoho z Milowniků Ježiše Krysta. — Luk. 8. w. 8. Kdo ma Ušy
KSlyšeni slyš. MS. der Hofbibl. in Wien. — 2. Retunk Duchownj t. j.
spis užitečný z Pisma S. w čas nynejšiho saužení potrebný. — Rybay's
Bemerkung: Diversum opus ab illo quod sub eodem titulo impressum
habeo (p. 93). — F. Menčik, der das Exemplar der Wiener Hofbibl. aufgefunden, setzt die Zeit desselben auf 1622; somit hätte jenes Werk die meiste
Wahrscheinlichkeit für sich, daß es ein Werk des Comenius ist.

VIII. De Antiquitatibus Moraviae. Pessina: Mars Moravicus p. 34 u. 280.
— Palacky 7; Jireček 6; Zoubek (b., b.) 6; Ablg. 92. Pessina p. 34 sub*):
„Joan. Amos Comenius Moravus de Antiqu. Morav. in lib. MS. Carolo
à Zerotin oblato. In cujus praefat. refert se haec omnia delibasse ex
variis MS. codicibus; ac imprimis ex libro quodam Ctiborii a Cymburg
et alio Matthiae Erytraei, viri ut ait, in Historiis patriae periti, quem
subinde patrio idiomate Čzerwenkam vocat, gente Bohemum, domo
Czelakovicensem. — Vgl. Chr. b'Elvert: Historische Literatur — Geschichte
von Mähren und Österreich-Schlesien. Brünn 1850. p. 67, 68.

IX. 1620—1630. Über die Žerotins. — Pessina erwähnt 3 Titel: De origine
Baronum à Zerotin — (oblatum Carolo à Zerotin an 1630) Mars Mor.
p. 230. — Familiae Zerotinianae vetustas et dignitas. Daselbst p. 233.
— MS. Amos Comen. de orig. et gest Familiae Zierotin. Daselbst p. 402.
— Es ist dennoch wahrscheinlich, daß diese Citate sich auf ein und dasselbe
Werk beziehen. Palacky 7; Jireček 7; Zoubek (b., b.) 7; Adelung 92.

X. Moraviae nova et post omnes priores accuratissima Delineatio auctore
J. A. Comenio. Gewidmet dem Frh. Ladislaw Welenius be Žerotin. —
Erwähnt werden im XVII. Jahrhundert die folgenden Ausgaben: 1627,
1630, 1635, 1636, 1643, 1649, 1658, 1658, 1663, 1681, 1645, 1664,
1638, 1641, 1662, 1666, 1650, 1677, 1692, 1695. — Die Vorrede abgedruckt bei b'Elvert: Schriften der hist. stat. Sektion ꝛc. p. 83. Daselbst
auch ein Bericht über die Ausgaben. Vollständiger Šmaha-Bornemann:
Comenius als Kartograph seines Vaterlandes. Com.-Stud. 5. 1892. Die
verschiedenen Ausgaben p. 28—40 in 29 Nummern. Daselbst ist auch ein
Abdruck der Karte. — Adelung 3; Palacky 6; Zoubek 5.

XI. 1622. Přemyšlowání o Dokonalosti Křesťanské, kterauž Bůh wyvoleným swým we slowu swém ukazuje, Duchem swým wniter wnuká, a jí w nich k newyprawitelnému jejich potěšení rozličnými libými i odpornými wěcmi rozněcuje a k plnosti přiwodí. Od Jána Amosa Komenského. — Palacky 89; Jireček 10; Zoubek 10. — Der Titel wird wohl jener der ursprünglichen Ausgabe gewesen sein. — Nach der Vorrede ist die Schrift Anfangs 1622 verfaßt worden. Gedruckt in Prag 1622. Zum zweiten Male in Halle 1765. Dritte Ausgabe, deren Titel hier angegeben worden. Pest 1843; besorgt von J. Kabavý.

XII. 1622. Nedobytedlný Hrad Iméno Hospodinowo k němuž kdo se koli v swých jakýchkoli Sauženích a Nebezpečenstvých utiká, prichránen azachowán býwa. — Palacky 3; Jireček 11; Zoubek 11. — Nach Palacky ist die Vorrede 1622 Oct. datiert, es wird wohl auch die Schrift recht bald gedruckt worden sein. — Vgl. Ep. ad Mont. 76, 77. — Zweite Ausg. von Elsner 1765, zusammen mit der vorigen Schrift.

XIII a. 1623. Truchlivý t. j. smutné a truchliwé a tekskliwé člowěka křesťanského nad žalostnými wlasti a cirkwe bidami naříkání, dwadíly. Gebr. in Prag. — Der dritte Theil kam 1651, der vierte 1660 hinzu. — Vgl. Ep. ad Mont. 77, 78.

XIII b. Trawren über Trawren und Trost über Trost, Sehr dienlich auff alle zeiten, Sonderlich bey jetziger noht der gantzen Christenheit, Durch einen liebhaber Göttliches trosts verdeutscht. . . . . Gedruckt zu Bresburg 1628. Übersetzung der vorigen Schrift. Erwähnt bei Petersen, Nubes Testium Veritatis III. — Szabó: R. M. K. p. 126. — Zoubek 13; Jireček 14, 15. (Bibl. der Akad. d. Wiss. Budapest.)

XIV. 1623. Labirynt Swěta a Lusthauz Srdce tojest SWetlé Wymalowání, kterak w tom Swětě, a wěcech jeho wšechnech, nic není než Matení a Motání, Kolotání a Lopotowání, Mámení a Salba, Bida a Tesknost, a naposledy Omrzení wšeho a Zaufání: ale kdož doma u Srdcy swém sedě, s jediným Pánem Bohem se uzawírá, ten sám k prawému a plnému mysli upokojení a radosti že pricházý. — Léta Krystowa 1631. (Mus. Boh., Landesarchiv Brünn). — Labirynt Swěta a Ráj Srdce atd. — Podruhé tlačer w Amsterdáme 1663. — Adelung 7; Palacky 4; Zoubek b. 12, b. 15; Jireček 12. Nach Ep. ad Montanum 1631 in Pirna gedruckt; von J. Gajus in's Belgische übersetzt (p. 79), aber nicht gedruckt. Jungmann erwähnt noch die Ausgaben: Berlin 1757, Prag 1782, Prag 1809, (p. 282); es sind noch zu erwähnen: Pr. 1848, Leitomischl 1862, 1871, 1886, Brünn 1891. — Deutsche Übersetzung: 1781 Potsdam, etwas verkürzt., Labyrinth der Welt nebst glücklichem Ausgang aus demselben. — Philosoph.-sat. Reisen durch alle Stände der menschl. Handlungen. Berlin 1787. von Rowotny. Spremberg 1872. Eine Übersetzung des letzten Theiles. Leipzig 1738. Vgl. J. Müller a. a. O. p. 22. — Ungar. A világ labyrinthusa von Rimányi. Preßburg 1805.

XV. 1623—1624. O Syrobě. To jest o Potracowani milých Prátel, Ochranců a Dobrodinců. Co a jak žalostná jest tá Příhoda? Odkud a proč pricházi? co w ní učiniti, a čim se těšiti? y jak se k smutnym a osyralým chovati náleží? Spisek. Pro potrebu prítomných žalostných času z Božiho Slova sebraný Léta Páne 1624, a Léta 1634 w čas rány Boži morowé w Lešne Polském vytištěný. — Jireček 13; Zoubek b. 14, b. 13. (Univ.-Bibl. Prag. Landesarchiv Brünn.)

XVI. 1625. Centrum Securitatis. To jest Hlubina Bezpečnosti aneb Swětlé wymalowání, jak w samém jediném Bohu, a pokorném se jemu na wšecku jeho wůli oddání a poddání, wšecka dokonalá přitomného

života Bezpečnost, Pokoj, a Blahoslawenství záleži. Wydáno nejpro w
Lešne 1633. A nyni znovu W Amsterodam MDCLXIII. — Abelung
12, erwähnt aber auch 90 Centr. Sec.; Palacky 5; Zoubek b. 15,
b. 11; Jireček 16. — Die Zeit der Abfaffung beftimmt fich nach der
24. Oct. 1633 datierten Borrede p. 5: De hac materia commentandi
aliquid occasio mihi antè octennium data fuit". Zweite Ausg. 1663,
mit dem Labyrinth. (Mus. Boh.; Lyc.-Bibl. Preßburg). Dritte Ausg.
1785 Kuttenberg, ein mangelh. Exemplar Mus. Boh. Bierte Ausg.
Prag 1864. Fünfte Ausg. Prag 1878. — Deutfch von Andreas Macher,
Pr. b. Berliner Gemeinde 1737.

XVII. 1625. Wideni a Zjeweni. Kristoffa Kottera, Sauseda a Birchare
Ssprotawskeho kteriž měl od Leta 1616 až do Leta 1624. — Z
Nemecke Reči do Czesstinj preložene, na tri zwlasstni dilj y Kapitoli
summowni sporadane a rozdelenc, y. Pro náležitu důwernost ke
wssem temto Anjelskim Proroctwim, skrz Concordanti Pisem Stareho
y Noweho zakona srownale a dostatečne wyswetlene Leta Páně.
NULLa TIranorUM VIs DIUtUrna. — Jireček 5; Zoubek b. 16, b. 16.
— Nach Hist. Revel. I. p. 23. „Pernae. — Cotterus . . . typis Bohe-
micis exscriptus . . . elogiis aliquam multorum doctorum Virorum,
marginalibusque Scripturae S al.egationibus, decoratus". — Dies wird
aber nicht die einzige Ausgabe gewesen fein. Die Ausgabe, deren Titel
hier veröffentlicht, scheint in Polen erschienen zu fein; ein Nachwort des
Herausgebers, das um Berzeihung wegen der vielen Druckfehler bittet, sagt: „Wir
in Polen". — Kotter's Handschrift war urspr. deutsch; hiervon giebt es mehrere
Ausgaben. Im MS. ist die Schrift in Berlin (K. Bibl.) und in Prag
(Univ.-Bibl.) enthalten. Die lateinifche Überfetzung Kotter's hat Comenius
in Ungarn vorgenommen. Bgl. die Borrede zur Lux in tenebr. (Lycealbibliothek Preßburg.)

XVIII. — 1626. Žalmy Davidovy. — Das einzige Original-Exemplar steht
im Catalog der Univerfitäts-Bibliothek Prag mit den Daten: in Králic
— 1620. — Der Ort mag richtig angegeben fein, doch das Jahr der
Beröffentlichung wird wahrscheinlich ein späteres gewesen fein, da Comenius
erst nach der Einnahme von Prag (1620 Nov.) über den Berlust der
Rudožerstychen Überfetzung erfuhr und zu der Überfetzung bewogen
worden ist. Nach einer von J. Müller mitgetheilten Stelle fagt Com.,
er hätte die Psalmen 1626 überfetzt; nur ist es fraglich, ob fich dies Datum
auf alle Pfalmen bezieht, oder nur den Schluß feiner Befchäftigung an-
giebt. — Ep. ad Montanum 79, 80. — Jireček 9; Zoubek (b., b.) 9. Neu
herausgegeben worden in Jireček's Časomerné Překlady Žalmi. Wien 1661.

XIX. 1628—1632. Jana Amosa Komenského Didaktika — to jest umění
umělého wyučowáni. Kterak by totiž člowěk, dřiw než na tèle wzroste
a staw swůj začne, wšemu tomu, cožka prtřebě a ozdobám přitomného
i budouciho žiwota přináleži, sťastně, snadně, plně wyučen a tak
potěšeně k žiwotu obojimu nástrojen býti mohl. Což se wše mocně,
základy z samého prirozeni wzatými prokazuje, ustavičně, priklady
jiných řemeslných ůmění wyswětluje, dokonale na lèta, mesice,
dny a hodiny rozměrue, a ke wšemu tomu, aby k cili přiwědeno
bylo, i pobuzeni čini i rada dáwá. — Abelung 4; Palacky 8; Jireček 18;
Zoubek 17. — Herausgeg. Prag 1849, 1855, 1871. — (MS. Mus. Boh.)

XIXa. Didactica Magna Universale Omnes Omnia docenti artificium ex-
hibens etc... p. 5 der O. D. I. Über die deutfchen Überfetzungen fiehe
I. Thl. Cap. VII Anm. 4; dazu kommt die neuefte von Pappenheim,
Langenfalza 1892.

XXa. Informatorium Školy mateřské. — Liſſa 1628 verfaßt.) — Aus dem Manuſcript (Liſſa) herausg. v. A. Gindely, Prag 1858.) Neue Ausg. von J. Korinek, Prag 1873, 1884. Polniſch: in Thorn. Engliſche Ausg. von D. Benham mit einer gründlichen Biographie. London 1858.

XXb. Schola Infantiae, Sive De provida Juventutis primo sexennio Educatione. — Deutſch in Liſſa 1633 von Comenius, und bald (1634) in Leipzig bei Groß. — Ung. 1653; ob gedruckt, weiß ich nicht. Vgl. Op. Did. I. 197, 198; vgl. vgl. Ep. ad Mont. p. 85. — Andere deutſche Ausgaben: Nürnberg 1636; neuere: Weißenfels 1864, Halle 1874, Leipzig (Päd. Bibl. XII). Slowakiſch 1892. — Adelung 5; Palacky 9; Jireček 20; Zoubek 18.

XXI. 1628. Vernaculae Scholae Classis sex Libelli. — I. Christianae Juventutis Violarium. — II. Christianae Juventutis Rosarium. — III. Literarum et Sapientiae studiosae Juventutis Viridarium. — IV. Literarum Studiosae Juventutis Sapientiae Labyrinthus. — V. Christianae Juventutis Spirituale Balsamentum. — VL Christianae Juventutis Paradisus Animae. — Adelung 6; Palacky 10; Jireček 21; Zoubek 18. — Op. Did. p. 248, 249.

XXII. 1628—1618. J. A. Comenii Janua Linguarum Reserata. Sive Seminarium Linguarum et Scientiarum Omnium. Hoc est Compendiosa Latinam (et quamlibet aliam) Linguam, una cum Scientiarum, Artiumque omnium fundamentis, perdiscendi Methodus; sub Titulis centum, Periodis autem mille, comprehensa. — Adelung 9, P. 11, J. 26, Z. b. 21, b. 20. — Zweite Ausgabe in Liſſa 1648. Dritte in S. Patak 1652. — Nach Op. Did. III. 831, 32, iſt dieſes Werk in 12 europäiſchen Sprachen erſchienen; dieſe ſind: lateiniſch, griechiſch, böhmiſch, polniſch, deutſch, ſchwediſch, belgiſch, engliſch, franzöſiſch, ſpaniſch, italieniſch und ungariſch; ferner in folgenden aſiatiſchen: arabiſch, türkiſch, perſiſch, mongoliſch. Es wird nunmehr kaum ſo bald möglich ſein, alle die Ausgaben feſtzuſtellen. Die Grundzüge mögen in Folgendem geboten werden. — Die deutſche Ausgabe beſorgten beſonders 3 Gelehrte. Mochinger gab eine noch in demſelben Jahre aus (Danzig) — IX. Ausg. bei Huneſelder, der 1633 Privil. auf die Janua in Polen erhielt. Danzig 1643 (K. B. Dresden). Danzig 1647. Zach. Schneider's (Leipziger) Ausg. (bei Groß) 1634 — 4 Aufl. 1652 — 10 Aufl. Decemius' Vorrede 1633, durch deſſen Tod verzögert ſich die Ausgabe 1638. — 11. Aufl. 1657. Lat.-deutſch: Amſterdam: 1642, 1658, 1673. — Franz.: Amſterdam: Janſſon 1662. Köln: 1692. — Die böhmiſche 1. Ausg. gab Com. 1633 ſelbſt heraus; dieſelbe iſt mit der erſten lat. Ausg. nicht ibentiſch. 2. Ausg. Prag 1669, 1694 (ital. deutſch), 1716 (ebenſo), 1718. Die 5. böhmiſche gaben die Jeſuiten 1728 heraus. Neuere Ausg. von J. Than: 1805, Prag, lat., b., b., 1807, Prag 1874. — Die engliſche Ausg. Vgl. I. 10., 1. Anm. Außer Anchoran überſetzte Tho. Horn, deſſen Überſetzung von Joh. Robothan verbeſſert wurde. Man gab zu der Schrift ſelbſt eine Foundation to the Janua. Ausg. von Anchoran London 1631: Porta Linguarum Trilinguis etc. (K. Bibl. Dresden). 3. Aufl. London 1637. 4. Aufl. London 1639 (Br. M.). Ausg. von Robothan London 1642: Lat.-engl. 1643, 1650, 1656, 1667, 1670. Gr.-lat. Oxford 1800. — Über franzöſiſche Überſetzungen vgl. dieſelbe Anm. Hartlib wird erwähnt als Überſetzer, dies iſt aber gewiß nicht die einzige Ueberſetzung. Lat.-deutſch-franz. Amſterd. Elzevir 1649, 1654; lat.-franz.-deutſch, Genf 1738. — Griechiſche Überſetzung von Curcellaeus, Schneider und Simon. Lat.-gr. London 1662. Lat.-gr.-franz. Amſterdam 1665. Lat.-gr.-engl. London 1670. — Belgische (holländische): Von Dhuez. Die Dhuez'sche: J. A. C. Janua Aurea Reserata Quatuor Linguarum Lugd. Bat. Elzevir 1640, 1644. Dieselbe mit griech. vermehrt von Simon. Frankfurt 1644. — Polnische ist mir nur von Wengersky bekannt. 1631. — Schwedische von 1640 an. Vgl. L., X. 1. Stockholm (lat.-deutsch-schw.) 1642. — Italienisch: Deutsch-franz.-italienisch: Frankfurt a. M. 1673. — Spanisch: Lat., franz.,spanisch, italienisch und deutsch. Elzevir, Amsterdam 1661. Unter dem Titel: Primae Indolis Elementa. Lat.-spanisch. Caracas 1840. — Ungarische Janua-Ausgaben kommen unter 2 Titeln vor: Janua linguae Lat. reserata aurea, zuerst 1643. Es werden 18 Ausg. aufgezählt. Eruditionis Schol. Pars II. Janua. Hiervon ist eigentlich nur die ursprüngliche SPatoker Ausgabe bekannt. Eine andere Ausg. von G. Frey. 1661. Zürich. Von G. Spleiß Schaffhausen. 1659. — Janua LL Reserata sive Seminarium etc. scribebat applaudente animo. s. l. s. a. G. V. ss. Th. D. (wird wohl Georg Bechner sein). K. Bibl. Dresden. Eine andere Ausg. s. l. 1654 (Brit. Mus.) — Lat., griechisch von Th. Simon. Amsterdam, Elzevir 1642. Lat., griech., franz. von Th. Simon, 1649. Lipsiae 1789. Lat., deutsch, franz., gr., ital. Frankfurt 1644.

XXIII. 1629. De veris el falsis prophetis. — In böhmischer Sprache verfaßt. In's Lat. übersetzt für die Ausg. der Lux in ten. wahrscheinlich 1654. — Deutsch: J. A. C. Wichtiger und Schriftmäßiger Tractat von denen Wahren und Falschen Propheten. Im Jahre 1711. — Auch in dem Buch: Höchst wundersame Offenbahrungen Christ. Poniatovia, 1711, p. 335—342. Beide haben einen kleinen Anhang aus Unum necessarium. (Letzterwähnte Ausg. in K. Bibl. Dresden.)

XXIV. 1630. Praxis Pietatis To jest O Cwičení se w Pobožnosti prawé Knižka milostná: Kterakby Krestanský člowek w prawé a spasitelné známosti jak Boha tak y Sebe samého, platně prospíwati a žiwot swůj w bázni Boži dobře spořádaje, potessene w swedomí pokojném stráwiti y naposledy jej po dokonání běhu blahoslaweně zawřiti mohl wyučujicý. — B. 12, J. 23, Z. b. 22, b. 22. — Der erste Theil des Werkes erschien 1630, der zweite 1631 in Lissa, zweite Ausg. 1640. — Laut Jungmann 328. — (Erste Ausg. Univ.-Bibl. Prag.) — Die dritte 1661: W Amsterodáme. U Jána Paskowského a Jána Theoffila Kopydlanského. Jungmann erwähnt noch die Ausg.: 1674, 1754 in Berlin, 1782, 1786; in Leutschau: 1674. Der zweite Theil hat ein besonderes Titelblatt, wonach er die Kunst der heiligen Betrachtung enthält. — Das Mus. Boh. besitzt noch die Ausg. 1783 Berlin und 1876 in Prag.

XXV. 1630. Leichenrede über die Frau Esther Sadowska. MS. Mus. Boh. 27. Mitgeth. in ČČM. 1891, IV von Ad. Patera.

XXVI. 1631. Grammatica latina legibus vernaculae concinnata. Über dieselbe sagt Com. 2 Jahre später an Decemius, sie gefalle ihm nicht mehr. Mir nicht zugekommen.

XXVII. 1631. Concordanz zur h. Schrift. Vgl. Dekrety 279. Ep. ad Mont. 83. Z. b. 21. Verbrannt in Lissa. Vgl. Comenius Figulo 22. Mai 1656.

XXVIII. 1631. Evangelistarum Harmonia. Ep. ad Mont. 83. Müller a. a. O. p. 26.

XXIX. Hist. fratrum Bohemorum. Z. b. 25. Zu einer solchen Arbeit wurde Comenius von der Synode 1632 6. Oct. aufgefordert. Vgl. Cap. VII. p. 161 dieser Schrift; es scheint aber, daß diese Arbeit uns nicht zugekommen ist. Vgl. Müller a. a. O. p. 28.

XXX. 1632—1656. Manualnik aneb Jadro celé Biblii swaté Summu wšeho co Bůh Lidem I. k Wěřeni vyjevil, II. k Činéni poručil, III. k Očekáwáni zaslibil Plne a jasne obsahujicý. Misto nowé swice sedicým ješte v temnostech zpušteni svého Cyrkwe České ostatkum podané. Leta MDCLVIII. — U. 65, B. 62, J. 38, S. b. 82, b. 24. — Zoubek ſetzt ben Anfang der Schrift in 1631, aber Com. ſagt, er habe ſie in Ungarn verfaßt. — Wir entnehmen Elsner's Beſchreibung folgende Zeilen: „Die Summarien der Bücher und der Capitel ſtehen allenthalben da, aber nur ſehr kurz. Die Verſe gehen in einem fort ohne Abſätze, und die Ziffern der Verſe ſtehen im Text gleich dabey. Es iſt alles ſo künſtlich in's kurze gebracht worden, daß der Sinn allezeit ganz herauskommt, obgleich unterweilen viele Verſe und viele Worte weggelaſſen ſind. Wo eine Hiſtorie oder Paſſage an verſchiebenen Stellen mehrmals vorkommt, wird ſie nur einmal angebracht und andersmo weggelaſſen." „Verſuch einer böhmiſchen Bibelgeſchichte", Halle 1765.

XXXI. 1631. Historie o umučeni a srmti, pohřbu i wzkrýšeni p. Ježiše Krista ze 4 evangelistů sebrána a wjistý pořádek uwědená w Lešne 1631. Z. b. 23. 2. Ausg. Amſterb. 1663. 3. Ausg. Berlin 1767. 4. Ausg. Prag 1832 unter dem Titel Srownáni etc.

XXXIIa. 1632. HISTORIA PERSECUTIONUM Ecclesiae Bohemicae Jam inde a primordiis conversionis suae ad Christianismum, hoc est, Anno 894. ad Annum usque 1632. Ferdinando secundo Austriaco regnante, In qua Inaudita hactenus Arcana Politica consilia, artes, praesentium bellorum verae causae et iudicia horrenda exhibentur. Nunc primum edita cum duplici Indice. Anno Domini 1648. — Adelung 27; Polach 16; Zoubek b. 25, b. 26. — Deutſche Überſetzungen: 1650, 1669, 1740 in der Schweiz; 1764, 1766 von Elsner in Berlin; 1769 Gütersloh; auch im MS. in der Lycealbibliothek in Preßburg. Eigentlich der erſte Druck: Synopsis hist pers. eccl. Boh. 1647. — (Mus. Boh.).

XXXIIb. Hystorya o težkých Protivenſtvich Cyrkve České Hned od počátku jejiho na viru Krestanskau obráceni v Letu Pane 894 až do leta 1632, za panováni Ferdinanda (II.) druhého. S připojenim Hystorie o Persecucy Waldenských cok. 1655 stalé. Tlačeno v Lešne 1655, A podruhe w Amsterdáme Jána Paskovského MDCLXIII. — Jungmann erwähnt noch die Ausg. 1756. Zittau. — Eine neuere Ausgabe hierbek 1844 enthält auch die Koruna neuwadlá und einen Bericht von Paleček. Letzte: 1870, Prag.

XXXIII. 1632. Haggaeus Redivivus. To jest křestianskych vrchnostj knežj Páně a wsseho pobožneho lydu z antikrystskeho Babjlonskeho zajeti a rozptyleni nawratjlych k žiwe a wrauczy pokanjm swatym horlywostj a k horliwemu wzdělání a znowu sporžadanj domu Bozjho (jenž jest Czyrkew) horlywe a wrauczy Gmenem Božjm: Napomenuti. — MS. der Stadtbibliothek in Zittau. — Einen Bericht über die Schrift verbanke ich dem H. D. und Hiſtoriograph J. Müller in Herrnhut. — (Haggeus redivivus: de non festinando primum ad Domos, Arcis, Praedia, Vineta etc. sed animo ad restituendum sanctum Dci cultum fervide apponendo. Ep. ad Mont. p. 83.) J. 25; Z. 27. Zoubek bedauerte (Osvěta I. p. 613) ſehr, daß dieſe Schrift verloren gegangen ſei.

XXXIV. 1632. Nawrženi krátké o obnoweni škol w králowstwí českém. — MS. Mus. Boh. — Abgebr. bei der Didaktika 1849. p. 190—198. Z. b. 28, J. 19.

XXXV. 1632. Oboji cirkwe, prawé i faleśne, základ a stasožitná trwanliwost, prawé na hlawu Krista hned w ráji založené, slowem božim

a swátostmi zřízenymí aš do skonáni swěta se wzdeláwající. Bei der
1632 Liſſaer Ausg. der Kirchenordnung der Unität.

XXXVI. 1632. Otázky nekteré o Jednotě Bratří českých. — (MS. Comeniana Mus. Boh. 55). Ein von Comenius durchgeſehener Apograph. Von
Neuem abgedr. von J. Jireček in Beseda Učit. 1878. Nr. 18, 19, 21. —
Z. b. 30; J. 22. Deutſch nach Müller (a. a. p. 29) im Brüderboten.
1878. S. 255 ff.

XXXVII. 1632—33. Physicae ad lumen divinum reformatae synopsis
philodidacticorum te theodidacticorum censurae exposita Lipsiae 1633.
Amsterdami 1643. Paris wann? — Comenius giebt noch die von 1645
an. Die Angabe 1634 (Com. ad Mont. p. 91) wird wohl auf Irrthum
beruhen. Ausg. 1643 u. 1645. Apud J. Janssonios. — Eine engliſche
Überſetzung unter dem Titel: Naturale Philosophie reformed by Divine
Light or etc. London 1651. 8°. (Erſte Ausg. Univ.-Bibl. Prag. II. u. III.
Nachdr. Mus. Brit. II. Ausg. 1663, Univ.-Bibl. Halle.)

XXXVIII. 1632. Astronomia ad lumen Physicum reformanda. — Com.
ad Mochingerum. Ep. ad Mont. p. 91. Praef Phys. Syn. — Nicht aufgefunden. Z. b. 104.

XXXIX. 1632—1633. Maudrost starých předků za zrcadlo wystawena
potomkům od J. A. Komenského. — Die Handſchrift in Liſſa. — Abgedr.
in der Didaktika 1849. S. 198 ff. — Z. b. 30, d. 33, J. 27.

XL. 1633. Januae Linguarum Reseratae Vestibulum, Quo Primus ad
Latinam Linguam aditus Tirunculis paratur. — Zweite Ausg. Lesna
1648/9. Dritte Sárospatak 1651/2. — A. 29, P. 15, Z. b. 28, b. 29.
— Engl. — nach der belg. Überſetzung H. Schoot's London 1657 von
J. Brookbank. — Deutſch: Leipzig 1335—1658. Kronſtadt 1649. 1677. —
Holländiſch: J. Redinger Portael der saecken etc. Amstelod. Gabr.
de Roy 1658. — Ungariſch: Bárab. 1643; Kaſchau 1676. Lat.-ung.
böhm.-b. 1660. Leutſchau 1687, 1697, 1699. Bartfeld 1698, 1702, 1703,
1722. Preßburg 1747. Neue Ausg. Klauſenburg 1867. — Böhmiſch:
lat.-b.-b. Trenchini 1649. — Schwediſch: Jan. Ling. Aur Res. Vestibulum — ſchwed.-deutſch Holmiae 1670 (K. Bibl. Dresden). — Polniſch:
lat.-deutſch-polniſch: 1776; lat.-griechiſch: Leutſchau 1648.

XLI. 1634. Rada k obnoweni kancyonálu. — Rathſchläge für eine neue
Ausgabe des Kancionals. — MS. Mus. Boh. 61; neu veröffentlicht von
Ab. Patera CCM. 1891. H. 2, 3.) — Z. b. 31.

XLII. 1634. Conatuum Comenianorum Praeludia ex Bibliotheca S. H. (Porta
Sapientiae reserata sive Pansophiae Christianae Seminarium. Hoc est nova
et solida omnesscientias et artes .. addiscendi methodus Autore J. A. C.)
— Oxoniae, Excudebat Guilelmus Turnerus ... 1637. — Zweite Ausg.:
Reverendi et Clarissimi Viri J. A. C. Pansophiae Prodromus etc.
Londoni 1639; vgl. N. Hall. Bibl. 418—420 über die 2. u. 3. Ausg. —
Dritte Ausg. unter dem Titel: Joannis Amos Comenii V. Cl. Pansophiae
Prodromus etc. Lugd. Bat 1644. — Pariſer Ausg. erwähnt in Ep.
ad Mont. 88. — Engliſche Ausg. von Hartlib unter dem Titel: A refor-
mation of Schooles designed in two treatises. London 1642. — Nach
Maſſon Life of Milton III. 220 ſei dies Buch eine Überſetzung der
Didaktik des Comenius; daß dies aber falſch, hat bereits Althaus (S. Hart-
lib. Hiſt. Taſch.) erkannt, indem er das Werk richtiger Weiſe für eine
Überſetzung des Prodromus und der Dilucidatio anſieht. — Die zwei
erſten Ausg. Mus. Brit. Die dritte kommt häufig vor. — A. 14. 15,
P. 17, Z. b. 31, d. 34.

XLIII. 1635. Leges Illustris Gymnasii Lesnensis. MS. in Liſſa. — Abgedr. bei Ziegler: Progr. p. XXXI—XXXIV; auch bei J. Müller: Brüderkatechiſmen p. 450—455. — Z. d. 35.

XLIV. 1635. Na Spis Proti Jednotě Bratrské od M. Samuele Martinia etc. sepsaný a na wywrácení k Rádu jejímu w Pobožných lidech dowěrnosti w Třidcýti pěti Příčinách (jakž je nazýwa) wůbec wydaný Potřebné, mírné, Kresťanské, Starssich Kněží též Jednoty Bratrské, na ten čas w Lessně Polském w erilium zustáwajících Ohlasséni. Léta MDCXXXV. — J. 29, Z. d. 32, d. 36. (Univ.-Bibl. Prag; Lyceal-Bibl. Preßburg.)

XLV. 1636. Kázaní XXI. O tajemstwich smrti, wzkrišení, a na nebe wstaupeni Krista, spasitele swěta, učiněná w Lešne Polskem 1636. — Amſterdam 1663. — Reue Ausg. 1757. — In's Deutſche überſetzt 1882, Herborn.

XLVI. 1636. Spiegel gutter Obrigkeit, darinnen aus den Propheten Eſaia und Exempl des frommen Eliakims einer rechtmäßigen löbl. Obrigkeit wahre eigenſchaften repraesentiret und allen recht liebenden Regenten zum Amts Muſter vorgeſtellt werden. In einer Predigt gehalten zu Liſſa in Groß Pohlen beim chriſtlichen Leichbegängniſſe und letzten Ehrendienſte des weyland Hoch und Wohlgebohrenen Herrn, Herrn RAPHAELIS, Graffens von und auf Liſſa, Wojewoben zu Bels, Hauptmann auf Hrnbeſchaw und Dubin ꝛc. ꝛc. durch Johann Amos Comenium der Brüderſchafft Confessionis Bohemicae Seniorem. Gedruckt zur Polniſchen Liſſa . . . . 1636. — Vgl. J. Müller: Sbornik Historicky 1885. p. 301. (Liſſa.)

XLVII. 1637. J. A. Comenii Faber Fortunae sive Ars consulendi ipsi. sibi Amsterodami 1657, 1661. Holländiſch: J. A. Kom. Handboeeken van den Werkeester der Fortuine . . dur F. o K. Rotterdam (1650) 24° (Brit. Muſ.). P. 21, Z. 37, 42.

XLVIII. 1637. Cesta Pokoje To jest, Prawý, neomylný, jediný prostředek, kterýmž Cyrkew Boží w pokoji, swornosti, a lásce, zachowáná býti můž: za pričinau nepokojných Spisů M. Samuele Martynia, z Písem Swatych wyhledaná, ukázaná, a wssechnem wěrným čechum podaná Od Starssich Kneži Jednoty Bratrské. W Lessné. Léta, 1637. J. 31, Z. 40. (Mus. Boh.; Lycealbibl. Preßburg.)

XLIX. 1637—1638. De Quaestione Utrum Dominus Jesus Propriá Virtute à mortuis Resurrexerit. Ad Melchiorem Schefferum Socinistam, breve ac solidum Joh. A. Comenii Responsum. Amstelodami Apud Joannem Janssonium cIↄIↄcLIX. Der deutſche Titel der 1638 erſchienenen Schrift iſt mir unbekannt. Es verdient aber erwähnt zu werden, daß nach Walch: Bibl. Theol. p. 947 dieſe Schrift Scheffer's auch Abr. Calov widerlegt hat. Regiom. 1674. A. 17, Z. d. 35, d. 39. (Univ.-Bibl. Jena. Herzogl. Bibl. Gotha. Bibl. Bodleyana Oxford.)

L. 1637. De Sermonis Latini Studio, Per Vestibulum, Januam, Palatium, et Thesauros Latinitatis, quadripartito gradu plene absolvendo, Didactica Dissertatio. ET De usu debito Vestibuli et Januae Informatorium. Cui accedit De iisdem perficiundis G. V. D. Consilium. Omnia usum Publicum. — Lesnae 1637. Vgl. Ep. ad Mont. 86. — Londini 1639. — Lugduni Batav. 1644. A. 16, P. 20, Z. 36, 41. (2 Ausg. Univ.-Bibl. Budapeſt.)

LI. 1638. Diogenes. Cynicus Redivivus Sive De compendiose Philosophando. Ad Scholae ludentis exercitia olim accommodatus, nunc autem luci datus. Authore J. A. Comenio. Amstelod. 1658. Editio Secunda Amstelaedami, Apud Petrum van den Berge, Anno 1662. — Erſte Ausg. Amſterdam 1658. Dritte Ausg. Halberſtadt 1673. Holländiſch:

Verrezen hondschen Diogenes v. F. van Hoogstraten Amsterd. 1710.
(Univ.-Bibl. Amsterd.) Böhmisch: Prag 1872. — Erste Ausg. K. Hofbibl.
Wien. — P. 22, Z. 38, 43.

LII. 1638—1641. Abrahamus Patriarcha. Scena repraesentatus Anno 1641
in Januario, sub examen Scholae publicum. Amstelodami, Ex Officina
Petri van den Berge, in vico de Weeregracht sub signo montis Parnassi, Anno 1661. (Kön. Bibl. Berlin.) — Z. 41, 46.

LIII. 1638. Conatuum Pansophicorum Dilucidatio. In gratiam Censorum
facta. (Op. d. 455, 456.) Lesnae in 4°. Ep. ad Mont. 88. Veröffentlicht mit Prodrom. Pans. London 1639, Lugduni Bat. 1644. A. 18,
P. 23, Z. 39, 44. 2 Ausg. Univ.-Bibl. Budapest.

LIV. 1639—1640. A Dextris et Sinistris, hoc est pro fide in Christum,
Deum-Hominem cum Marcioniticis deliriis (Humanitatem Christi abne-
gantibus) Lucta. Quae Johan Amos Comenio fuit. Amsterdami 1662.
— P. 24, Z. 40, 45. (Univ.-Bibl. Prag. Stadtbibl. Breslau.)

LV. 1640. De Christianorum Uno Deo, Patre, Filio, Spiritus So.
Fides antiqua, Contra Novatores. Auct. J. A. Comenio. Vivitur In-
genio. Amstelodami, Apud Joannem Janssonium, 1659. — Laut der
Vorrede 1640 verfaßt. Vgl. p. 16. Auch de Quaestione p. 61—63.
Es scheint nach der ersteren Stelle, daß dies Werk nur ein Auszug aus
einem längeren sei. (K. Hofbibl. Wien, Herzogl. Bibl. Gotha, Bibl.
Bodleyana Oxford.) — A. 67, P. 64, Z. 83.

LVI. 1640—41? Janua Rerum reserata hoc est Sapientia prima (quam vulgo
Metaphysicam vocant) ita Mentibus hominum adaptata ut per eam in
totum Rerum Ambitum Omnemque interiorem Rerum Ordinem Et in
omnes intimas rebus coaeternas Veritates Prospectus pateat Catholicus
Simulque ut eadem omnium humanarum Cogitationum, Sermonum,
Operum Fons et Scaturigo, Formaque ac Norma esse appareat.
Authore J. A. Comenio. Lugduni Batavorum. Apud Haeredes Jacobi
Heeneman. Anno 1681. — Z. 44, 49. — Daß dies nicht die einzige
und nicht die erste metaphysische Arbeit des Comenius sei, ist mir klar.
In einem Briefe erwähnt Nigrinus, er suche die 5 Blätter Metaphysik, die 1649 in Lissa erschienen seien (Ep. Com. Mus. Boh. XIV.).
Aber es muß auch eine andere Arbeit des Comenius erschienen sein, denn
der philos. Schriftsteller Pósaházy beruft sich in seinen Thesen (1661) auf
die S. 16 der Metaphysik des Comenius. Wir können es kaum denken,
daß hier ein MS gedacht worden sei. Andererseits ist uns nicht unbekannt,
daß der Brief an Mont. (1661) von der Janua Rerum, als einer, die
unter die Presse zu kommen habe, redet (p. 91, 92.) Auch in dem Briefe
an Tolnai (1650) wird davon gesprochen, daß Com. die Janua Rerum
dem Herzog Sigismund gesendet habe (Mus. Boh., Prag).

LVII. 1641. Via Lucis. Hoc est, Rationabilis disquisitio, quomodo
Intellectualis animorum Lux, Sapientia, tandem sub Mundi vesperam
per omnes mentes et gentes feliciter spargi possit. Libellus ante
annos viginti sex in Anglia scriptus, nunc demum typis exscriptus et
in Angliam remissus Anno salut. 1668. — Amsterodami Apud Christ.
Cunradum 1668. — P. 115, A. 85, Z. 42, 47. Die Zeit der Abfassung
giebt Op. Did. II. 1 an. Die Inschriften der 22 Capitel der Schrift
siehe in Nachr. v. Hall. Bibl. VIII. p. 67—69. (Mus. Boh., Prag. Bibl.
Bodleyana Oxford.)

LVIII. 1641—1643. J. A. Comenii Pansophiae Diotyposis Ichnographica
et Ortographica delineatione Totius futuri operis amplitudinem dimen-
sionem, usus, adumbrans. Amsterodami Apud Ludovicum Elzevirium

MDCXLV. — P. 26, Z. 43, 48. Erſte Ausg. Danzig 1643. Engliſch von Jerem. Collier: A Paterne of Universal Knowledge. (Brit. Mus. — Nur Nachdruck.) Die Schrift iſt wohl in England angefangen, ob aber auch daſelbſt beendet worden, kann ich nicht entſcheiden. — Jedenfalls deutet die engliſche Überſetzung, die mir vorgelegen, auf ſpäteren Urſprung. (Stadtbibl. Frankfurt a. M., Univ.-Bibl. Budapeſt, N. Muſ. Budapeſt.)

LIX. 1643. IRENICA quaedam scripta Pro pace Ecclesiae. J. A. Comenii (Pag. 1.) De Dissidentium in rebus fidei Christianorum Reconciliatione Hypomnemata quaedam amici ad amicum. — Z. b. 45, b. 50 falſch, P. 85. Bei Dudik findet ſich (Forſchungen ꝛc. p. 332) die Erwähnung der Hypomnemata mit dem Datum 1661. Dieſe iſt jedoch mit der von uns angeführten Ausgabe ſchon deshalb nicht identiſch, weil letztere das Datum nicht hat. Die Zeit der Abfaſſung vgl. des Com. Brief an Matthiä. — Daß die Schrift mit Christianismus Reconciliabilis nicht identiſch iſt, bedarf wohl keiner näheren Beweisführung. — (Univ.-Bibl. Göttingen.)

LX. 1643. Calendarium ecclesiasticum. — Von Comenius in's lateiniſche überſetzt. Com. ad Hott. 1643. Oct. Z. b. b. 105.

LXI. 1644. Judicium de Judicio Valeriani Magni Mediolanensis, Super Catholicorum et Acatholicorum Credendi Regula. Sive Absurditatum Echo. Authore Ulrico de Neufeld (Amsterodami Anno 1644) Bellorum finis Pax, Disputationum Veritatis Patefactio. — A. 21, P. 27, Z. 47, 51. Comenius ſagt (Ep. ad M. p. 92), die beiden (dieſe und die folgende) Schriften wären in Danzig erſchienen. Ob hier nicht ein Irrthum vorliegt, kann ich nicht entſcheiden. — Die zweite Ausg. Amſt. 1658 trägt den Titel: Johannis A. Comenii De Regula Fidei Judicium Duplex . . . . Iſt mit den Irenica Scripta (Nr. LVI) identiſch, nur daß die Hypomnemata hier ausgelaſſen worden ſind. Letzteres geſchah, weil man dieſelbe vielfach für zu mild gegen die Katholiſchen fand. (K. Hofbibl. Wien, Königl. Bibl. Kaſſel. II. Ausg. Lyc.-Bibl. Preßburg.)

LXII. 1644—46. Linguarum Methodus Novissima Fundamentis Didacticis solide superstructa Latinae L. exemplo realiter demonstrata Scholarum usibus jam tandem examussim occomodata; Sed et insuper aliis Studiorum generibus magnô usu accomodanda, Ante tamen Eruditorum judicio publico exposita, seriisque ac severis censuris submissa à Johanne Comenio Moravo. 1648. — Zum erſten Male erwähnt Com. ad Patronum. Elbingae 1644. 19/29. Nov. Die Mahnung an die Typographen, ſie ſollen das Werk nicht nachdrucken, wird mit der Ausſicht, das eine beſſere Ausgabe bald folgen werde, begründet. — Das Buch ſchließt ein Rerum memorabilium . . Index. Im zweiten Abbruck (Op. D. II. 1 bis 292) fehlen ſowohl die Mahnung als auch der Index. A. 28, P. 29, Z. 50, 54. (Univ.-Bibl. Jena.)

LXIII. 1645. Jo. Amos Comenii Eccl. TF. Boh. Episcopi De Rerum Humanarum Emendatione Consultatio Catholica, Ad Genus Humanum Ante alios vero Ad Eruditos, Religiosos, Potentes, Europae.
De Emendatione Rerum Humanarum, Consultationis Catholicae Panegersia, Excitatorium Universale. In quo Quid Res Humanae sint, et quam corruptae, quamque de Emendatione semper in coelo et terra consultatum sit, consultandumque novo modo restet, explicato, ad suspiciendum pro re tam communi communia consilia Omnium Hominum sit Imitatio. — 2 Ausg. von Buddens. Halle 1702. — Z. b. b. 52. — (Erſte Ausg. Univ.-Bibl. Prag. Ein gleichzeitiges MS. Mus. Brit.)

LXIV. 1645. Judicium Ulrici Neufeldii de Fidei Catholicae Regula Catholica, Ejusque Catholico Usu Ad Valerianum Magnum Omnesque Catholicos (1645). Zweiter Theil des unter LVIII erwähnten Werkes.

LXV. 1645. Regulae Vitae Sapientis, harmoniae, tranquillae, actuosae, negotiis obrutae, librealiter otiosae, peregrinantis denique. — P. 28, Z. 49, 53. Erschienen mit dem Faber Fortunae Amsterd. 1657. p. 48 bis 70. Als Abfassungszeit steht am Ende der Schrift (p. 69) 9 Junii Anno 1645. — Zum zweiten Male in der Atriumausg. Nürnberg 1659.

LXVI. 1645. Pansophiae dogmaticae, Latinis olim decretoriae, nunc systematicae vulgo dictae delineatio juxta diatyposin J. A. Comenii. — (Bibl. Bodleyana Oxford. — Es ist wie es scheint eine Arbeit Rave's, an den Stadtsenat Danzigs gewidmet, steht aber im Catalog der Bibliothek unter den Werken des Comenius. — Wie Ziel in seiner Abhandlung über Rave erwähnt, hatte er über dies Werk keinen Bericht.) (Bibl. Bodleyana Oxford.)

LXVII. 1646. Christianismus reconciliabilis reconciliatore Christo. Hoc est quam facile Christiani si vere ac serio Christiani esse velint, non discordare possint, tam clara ut Sol meridie est demonstratio: ad gloriosissimum Regem Wladislaum IV. — Ep. ad Mont. p. 95. Vgl. Nr. 50. Nicht aufgefunden.

LXVIIIa. 1648. Independentia aeternarum Confusionum Origo Spectamini Venerabilis Nationalis Synodi in Nomine Christi Londini in Anglia congregatae subjecta Anno 1648. In exemplum autem noxae a spretis Fraternis consiliis foras data Anno 1650. — Erste Ausg. Univ.-Bibl. Leipzig. Die zweite Ausgabe:

LXVIIIb. INDEPENDENTIA AEternarum Confusionum origo Nationali in Anglia Synodo anno 1648 congregandae spectamini oblata Et typis anno 1650 Lesnae descripta recusa vero AMSTERDAMI Anno MDCLXI. — Z. 54, 58. 2. Ausg. Lycealbibl. Preßburg 2 Exempl.

LXIX. 1649. O Wýmitání Němého, y jakéhokoli jiného Dábelství Kázáni Učiněné Shromaždění Českému, w Lessně Polském, v Neděli Oculi Leta 1649. — A. 25, P. 91, J. 48, Z. (b.) 105. (Lycealbibl. Preßburg.

LXX. 1649—1650. Index plenus vocum Germanicarum (cum perquam utili Germanis Homonymorum Paronymoramque sylvula) laut O. D. II. 457 im Jahre 1650 fertig.

LXXIa. 1649. Johannis Lasitii Nobilis Poloni Historiae De Origine Et Rebus gestis Fratrum Bohemicorum Liber Octavus qui est De Moribus et Institutis Eorum. Ob praesentem rerum statum seorsim editus. — (Cujus rei rationem praefatio sequens explicabit) Adduntur tamen reliquorum VII Librorum argumenta, et particularia quaedam Excerpta. Atque in gratiam Fratrum Polonorum de prima Ecclesiarum Fratrum in Polonia origine succincta narratio. Anno 1649. — Die zum Schluß erwähnte Schrift (p. 355—392) ist von M. Grattan im Jahre 1617 verfaßt worden. A. 31, P. 33, Z. 55, 59. (Lycealbibl. Preßburg.)

LXXIb. Pana Jana Lasytského Sslachtice Polského Hystorye o Půwodu a činech Bratří Českých Kniha Osmá, Jenž jest o Obyčejich a Rádjch kterýchž mezy seban užíwají. — Pro potřebu přitomných časů tak obzwláštně wydaná. — Vorrede battert 29. Oct. 1649, Lissa. Amsterdam 1660. 3. Ausg. v. G. Urban. Halle 1763. 1765. Als Vorrede dient eine Exhortation an die Unität zur Rückkehr zu der früheren Liebe. Diese Exhort. erschien auch besonders, auch deutsch unter dem J. A. Comenii Erste Liebe. Das ist Vermahnung ꝛc. Frankfurt und Leipzig 1743. (Lycealbibl. Preßburg.)

LXXII. 1649. Manuductio in viam pacis ecclesiaticae. — A. 33, B. 34, J. 56, 60. Erwähnt, nach Abelung, in Ungar's Zusätzen zu .Balbin's Bohemia docta, vgl. p. 232.

LXXIII. 1649. Kázáni pohřební nad mužem Paul. Fabriciem. 1649. (Erwähnt in Estreicher's Bibliographia Polska. Krakov 1882.)

LXXIV. 1650. Syntagme rerum conceptuum et verborum. Erwähnt im Briefe an Sigm. Ráłóczy 1650.

LXXV. 1650. Kssafft Umírajícj Matky Jednoty Bratrské, kterýmž (w Národu swém a Obzwlásstnosti swé dokonawajíc) swěřené sobě od Boha Poklady mezy Syny a Dědicc swé rozděluje. — A. 24, B. 35, J. 34, J. 57, 61. Lissa 1650. Berlin 1757. Prag 1879. Deutsch nach Müller (a. a. O. p. 38) in Leipzig Reclam.

LXXVI. 1650. Schola Pansophica. Hoc est, Universalis Sapientiae Officina, ab annis aliquot ubi ubi gentium erigi optata: Nunc autem Auspiciis Illustrissimi Domini D. Sigismundi Racoci de Felseovadas etc. etc. Saros-Pataki Hungarorum feliciter erigenda. Anno redditae Mundo Salutis 1651. A. 34, B. 37, J. 59, 63.

LXXVII. 1651. De reperta ad Authores Letinos promptè legendos et clarè intelligendos Facili, Brevi, Amolnaque Via, Schola Latina, Tribus Classibus divisa .... Reu Amsterdam 1657. Ep. ad Mont. p. 88. J. b. 65.

LXXVIII. 1651—52. Eruditionis Scholasticae Pars Tertia. Atrium. Rerum et Linguarum Ornamenta exhibens. In usum Scholae Patakinae editum. et in Chalcographia Celsiss. Prin. exscriptum. Anno 1652. A. 46, B. 32, J. 53, 57. Editio secunda recognita et a mendis purgata Noribergae 1659. 3. Ausg. (engl.) Londini ex offic. Rog. Danielis 1664. (Univ.- Bibl. Prag. Brit. Mus. London.)

LXXIX. 1651. Jana Amosa Komenského Uměni kazatelské (jež po stu a sedemdesáti dwau letech z rukopisu wybral a poprwé wydal Jozef Liboslaw Ziegler, W Praze, 1823) — 2. Ausg. Prag 1872. B. 36, J. 35, J. 58, 62.

LXXX. 1651. Primitiae laborum Scholasticorum. In Illustri Patakino Gymnasio, Auspiciis Illustrissimi ac Praecelsi Domini. Dni Sigismundi Rakoci Celsissimorum Transsylvaniae Principum Rakociorum Nepotis, Filii, Fratris, Ducatus Munkaciensis etc. etc. haereditarii Domini, In maius & melius transformari coepto. Annis 1650 et 1651. — A. 39, B. 38, J. 60, 64. In Ungarn 3 Exempl., R. Mus. in Budapest, auch Mus. Brit.

LXXXI. 1651—52. Laborum Scholasticorum In Illustri Patakino Gymnasio continuatio. — B. 40, J. 62, 66. (Mus. Brit.)

LXXXII. 1652. Joachimi Fortii Ringelbergii De Ratione Studii Liber Vere Aureus. Patakini Typis Illustr. Principis. Expressis Georgius Renius. 1—159. — Des. Erasmi Roterodami. De Ratione Studii. Tractatus. 170—225. Vorrede von Comenius, der diese Schriften herausgegeben. (Bibl. des Sarós-Pat. Colleg.)

LXXXIII. 1653. Fortius Redivivus sive De pellenda Scholis ignavia: Ad omnes omnium Scholarum cives Ante Alios vero ad solertissimos Illustris Patakinae Scholae Curatores. — A. 40, B. 41, J. 63, 67. Zum zweiten Mal fragmentisch in der 2. Ausgabe des Atrium. Nürnberg 1659.

LXXXIV. 1653. Praecepta Morum. In usum Juventutis collecta. Anno 1653. — A. 43, B. 42, J. 64, 68. Von S. Enyedi und von Fr. Tolvay-Menyöt giebt es noch 8 Ausg., sämmtlich in Ungarn erfolgt.

LXXXV. 1653. Leges Scholae bene ordinatae. — P 43, S. 65, 69. Nach Ep. ad Mont. 89 in Patak gedruckt.

LXXXVI. 1653—65. Orbis sensualium pictus Hoc est, Omnium fundamēntalium in Mundo rerum et in Vita actionum, Pictura et Nomenclatura. Die ſichtbare Welt, das iſt Aller vornehmſten Welt Dinge und Lebensverrichtungen Vorbildung und Benahmung. — A. 3, 9, P. 44, S. 60, 70. — Die erſte Ausgabe erſchien in Nürnberg 1658. (Stadtbibliothek Nürnberg.) Dann in den mannigfaltigſten Ausgaben: Böhmiſch: lat.-böhm. Wien 1779, Prag 1846, 1854; lat.-ung.-deutſch-böhm. Leutſchau 1685, 1728, Preßburg 1798, 1806, 1842, d.-l.-fr. Prag 1845, Königgr. 1883. — Ungariſch: lat. Kronſtadt 1675, deutſch-lat.-ung. Nürnberg 1669, 1707, Hermannſtadt 1684, 1738, Leutſchau 1685, Klauſenbg. 1698, Kronſtadt 1703. — Deutſch-lat. Nürnberg 1659, 1662, 1678, 1708, 1732, 1746, Kronſtadt 1675; deutſch-lat. Wien 1780; von Gailer (d.-lat.-fr.-engl.) Reutlingen: 3. 1835, 4. 1838, vermehrt mit ital. 5. 1842. — Franzöſiſch-deutſch-lat.-ital. Nürnberg 1708. — Engliſch: Die erſte engl. Ausgabe (von Charles Hoole, vgl. auch White Kennet a. a. O. p. 321) London 1659; lat. und engliſch London 1664, 1777, 1798, Syracuſe 1887. Von der 12. Ausgabe der Hoole'ſchen Überſetzung die erſte amerikaniſche New-York 1810. — Poln.-lat.-fr.-deutſch: Breslau 1718; mit böhm. Königgr. 1833. — Lat.-griech.: Wien 1820, Hafniae 1672. (Prima in Dania editio.) Hiemit iſt allerdings die Sammlung von Weitem nicht erſchöpft.

LXXXVII. 1653. Animae Sanctae Aeterna Regna cum Triumpho ingredientis Beatum Satellitium. Operum bonorum Exercitus Ad Nobilissimum D. Lavrentium de Geer Amsterdamensem, Chari Genitoris sui, Magnefici et Strenui Viri D. D. Ludovici de Geer senioris obitum, et ad beatos abitum, una cum prae Nobili Fratrum, Sororum, Affinium et Agnatorum turba, pie lugentem. Patakini Hungarorum Typis Celsiss. Principis Transsylvaniae excudit Georgius Renius. Anno 1653. A. 49, P. 48, S. 70, 74. — Rat.-Muſ. Budapeſt.

LXXXVIII. 1654. Schola Ludus seu Encyclopaedia viva h. e. Januae linguarum praxis. Comica. Res omnes Nomenclatura vestitas, et vestiendas, Sensibus ad vivum praesentandi. Artificium exhibens amoenum. Patakini, Typis Celss. Princ. expressit Georgius Renius. Anno 1656. — A. 42, P. 45, S. 67, 71. (Bibl. d. Saroſp. Coll.) — Comenius' Spielſchule v. J. Redinger. Frankfurt 1659. (Dresdner Kön. Bibl.) — Londini: Impensis Thomae Parkhurst. (Brit. Muſ.) Neuere Überſetzung von Bötticher 1889.

LXXXIX. 1654. J. A. Comenii Lexicon Atriale Latino Latinum Simplices et nativas rerum nomenclationes è Janua Linguae Latinae jam notas, in elegantes variè commutare docens. virtute ingenio. Amstelodami Apud Joannem Janssonium 1658. Amstelodami 1684. — A. 50, P. 46, S. 68, 72. — (Univ. Bibl. Jena. 2. Ausg. Hofbibl. Wien.)

XC. 1654. Laborum Scholasticorum Patakini obitorum Coronis, Sermone valedictorio, ad Scholam Patakinam, ejusque solertes D. D. Scholarchas et Visitatores, Generosorumque Reverendorum magnam panegyrin, habito imposita. Anno 1654 Jun. 2. — A. 47, P. 47, S. 69, 73.

XCI. 1654. Gentis felicitas Speculo exhibita iis, qui num felices sint, et quomodo fieri possint, cognoscere velint. Ad Serenissimum Transsylvaniae Principem Georgium Racoci. — Gebr. 1659. S. 71, 75. — In Ungarn 3 Exemplare. Rat.-Muſ. Budapeſt.

XCII. 1654—57. LUX IN TENEBRIS Hoc est PROPHETIAE DONUM quô DEUS Ecclesiam Evangelicam (in Regno Bohemiae et incorporatis Provinciis) sub tempus horrendae eius pro Evangelio persequutionis extremaeque dissipationis ornare, ac paternè solari dignatus est. Submissis de statu Ecclesiae in Terris, praesenti et mox futuro, per Christophorum Cotterum Silesium, Christinum Poniatoviam Bohemám, et Nicolaum Drabicium Moravum, Revelationibus vere divinis, ab anno 1616 usque ad annum 1656 continuatis. Quae nunc e Vernaculo in Latinum fideliter translatae in Dei gloriam, afflictorum solatia, aliorumque salutarem informationem ipsius Oraculi iussu in lucem dantur. Anno inchoandae liberationis M. D. C. LVII. — A. 62, B. 60, F. 79, 80. — Vgl. Cap. VI. des II. Theiles dieser Schrift. — (Lycealbibl. Preßburg, N.-Muſ. Budapeſt, Hofbibl. Wien und zahlreiche andere Bibl.)

XCIII. 1655. Boj s Bohem Modlitbámi Noposledy pak oddáni a poddáni se Bohu na všelikau vůli jeho k životu y smrti. Wysvetlený Kázáním 24 Záři učiněným, po přejiti dne minulého welikých strachů smrti a zahy nuti, od rozlicených proti Městu L. Nepřátel. Tlačeno Leta Páne, M. D. C. LV. A. 48, B. 49, J. 37, F. 72, 76. — Die in II. Ausgabe (Halle 1765) dem Titel beigegebenen Worte: „Utočiště n Sauženi y Nebespečenstwi neyjistši" finden sich in der ursprünglichen Ausgabe der Schrift nicht. Erste Ausg. mir nur Lycealbibl. Preßburg bekannt.

XCIV. 1655. Panegyricus Carolo Gustāvo Magnō Svecōrum Gothorum, Vandalōrumque Regi, incruentō Sarmatiae Victōri, et quaquâ vēnit Liberatōri, Piō, Felici, Augustō. Heroi Afflictis in solatia, Regibus in exemplum, nātō. MDCLV. (Annō MDCLVI.) Lugduni Batavorum. Apud Joh Georg. Nissel. & J. Z. Baron. 1657 mit Hartlib's Vorwort. — Z. d. 77. — Das Werk wurde in den Jahren 1655, 1656, 1657 vielfach nachgedruckt. Com. erwähnt Ausg. in Nürnberg, Parls, London. Die Ausgaben von 1655 haben 26 Bl., sind aber auch zweierlei; die von 1656 haben 16 Bl., am Schluß ist der Brief beigefügt, mit dem C. Guſt. den Reichstag nach Warschau einberufen hat, 20./X. 1655, beide s. l. In manchen Ausgaben ist der folgende Vers auf dem Titelbl., in anderen auf der 2. S. beigegeben: Ad Sacram Regiam Majestatem Sveciae. Ut nova Sarmatico LVX illucesceret Orbi, Splendens Arctoô prodis ab axe jubar! Diffugiunt tenebrae, radios nihil impedit, atq; Prona, perennanti lumine, Terra micat Regie Phoebe, procul diffundere lumina perge! Curia, Templa micent! splendeat Aula, Forum! W. T. L. B. de B. — Die Erwiderung auf dieſe Schrift ist betitelt: Apologeticus contra Panegyricum Carolo Gustavo Magno Succorum, Gotthorum, Vandalorumque Regi, etc. etc. Dedicatum Ad Religionis Regis Legisque Poloniae defensionem: productus. — (In zahlreichen Exemplaren Kön. Bibl. Dresden; ferner Herzogl. Bibl. Gotha, Stadtbibl. Breslau.)

XCV. 1655—56. Evigila Polonia. Erwähnt im Briefe des Comenius an Figulus 1656.

XCVI. 1656. Enoch To jest O stálém Lidí Bohu oddaných s Bohem Chozeni, a kterák Lidi takowé Pán Bůh k sobě bere. Wyswětlené Kázaním Leta 1656 w Nedeli I po Mudrcých učiněným, od K. J. A. K. Tlačeno Léta Páne M. D. C. LVI. Lycealbibl. Preßburg.

XCVII. 1656. Matuzalém. To jest O Daru Dlauhověkosti Wysvětlené pri Pohřbu Ctibodného Muže, Kneze WACSLAWA LOCHARA, Cýrkwe České w Lessne Polském Zpráwce předniho a Conseniora. Tlačeno Léta Páně M. D. C. LVI. 25. Ledna. Lycealbibl. Preßburg.

XCVIII. 1655. Nawrżeni, O Prawdiwém wšech wěłıcých s Krystem Sjednoceni a Společnosti, kterak se děje Skutkem, a Wěrau, a Poswátně. — Ku Pobožnému Přemyšlowání těm ktěrıż se k hodnému Wečeře Páne Užwáni stroji podané od K. J. A. K. Leta MDCLVI. Lycealbibl. Preßburg.

XCIX. 1656. Refutatio Astronomiae Copernicianac; erw. im Briefe des Com. an Figulus vom 22. Mai 1656.

C. 1656. Clypeus contra Antichristum. — Erwähnt in dem Briefe des Comenius an Figulus 1656 Mai, 22.

CI. 1656. Materiarum Pansophicarum Sylva, Definitionum scil. omnium rerum et Axiomatum, (supra 20 annos magnâ diligentiâ congestatus) thesaurus. — Erwähnt in Op. Did. IV. p. 6. — Verbrannt in Lißa.

CII. 1656. Sapientia Bis et Ter Oculata, Aliud in alio acutê videns, aliudque per aliud potenter demonstrans, Hoc Est, Syncriticae methodi ad res latentes evestigandum, obscuras illustrandum, dubias demonstrandam, confusasque ordinandum, potentissimo usu. — Vgl. Op. Did. IV. p. 46 in Ventilabr. Sap. — Verbrannt in Lißa.

CIII. 1656. Lesnae Excidium, Anno 1656 in Aprili factum, fide historiac narratum. — Kön. Bibl. Dresden. — S. 50, Z. 73, 78.

CIV. 1657. Parvulis parvulus, Omnibus Omnia. Hoc est Vestibuli Lat. Linguae Auctarium. Voces Latinas primitivas construi coeptas, et in Sententiolas breves redactas, exhibens. — In praeludium Sylvam Latinam ingressuris datum. — Amsterdami 1657. — A. 51, S. 52, Z. 78a, 79a.

CV. 1657. J. A. Comenii pro Latinitate Januae Linguarum suae, illiusque praxeos Comicae, Apologia. Amstelodami 1657. — A. 52, S. 53, Z. 79b, 79b. (Hofbibl. in Wien. Brit. Muf. London.)

CVI. 1657? Syllogismus Orbis Terrarum Practicus. — Comenius hat diese Schrift an den König v. Schweden und an den Fürsten Rakóczy gesandt; daß es seine Schrift ist, vermuthete ich auf Grund N. Arnold's Behauptung, daß Comenius zwei Schriften an Carl Gustav verfaßt habe. Diese Vermuthung hat sich seitdem als begründet erwiesen. Vgl. II. Thl. Cap. VII. Anm. 47a dieser Schrift. — Eine spätere holl. Ausgabe Univ.-Bibl. in Gent.

CVII. 1657. J. A. Comenii Opera Didactica Omnia. ab anno 1627 ad 1657 continuata. 2. Seite J A. C. O. D. O. Variis hucusque occasionibus scripta, diversisque locis edita: nunc autem non tandum in unum, ut simul sint, collecta, sed et ultimô conatu in Systema unum mechanice constructum, redacta. Amsterdami, Jmpensis D. Laurentii De Geer, Excuderunt Christophoros Cunradus & Gabriel a Roy. Anno 1657. — Vgl. Cap. VII des II. Th. d. Schrift. Anm. — A. p. 224 und Nr. 59, S. 51, Z. 78, 79. Viele Exemplare.

CVIII. 1657—58. De principis Transsylvaniae Ruina. Informatio Amici ad Amicum. — Erwähnt bei Baugham The protectorate of Cromwell II. Hartl. an Bell 28./1. 1658. Comenius berichtet darüber an Hartlib 1658 Jan. — Nach Zoubek ČČM. 1890 hat Comenius dieses 4 Bl. lange Schriftlein zwischen die Revelationen und den Index gelegt. In dem mir vorliegenden Exemplar ist das Schriftlein nicht zu finden.

CIX. 1658. Janua sive Introductorium in Biblia Sacra. Hoc est, Librorum, hominibus divinitus, in Credendorum, Faciendorum, Sperandorumque, Regulam traditorum Epitome. Autore J. Amoso Comenio. Additus est index locupletissimus. — Respice Finem. — Norimbergae, Typis et Sumtibus Michaëlis Endteri 1658. — A. 64, S. 61, Z. 80. 81. — N.-Museum Budapest. Lycealbibl. Preßburg.

CX. 1658. Novi Testamenti Epitome, Typorum Diversitate Res, Verba, Phrases, Atque Sententias Exhibens: Autore Joh. A. Comenio. Cum Indice in Capitum Contenta. Noribergae, Litteris Et Impensis Michaëlis Endteri1658. — $\mathfrak{Z}$. 81, 82. — Berſchieden von dieſem Werke iſt baſs allerdings nur im Entwurf mitgetheilte und wahrſcheinlich gar nicht ausgearbeitete Werk: Epitome Novi Testamenti. Continens Cum Doctrinae coelestis hîc revelatae summam, tum Dictionum Graecarum omnium, quae totô Novo Testamenti occurrunt, apparatum, Adeo ut Januae usum praebere possit iis, qui ad Divina novi Foederis oracula sine interprete legendum accingere se volent. — Vgl. Op. Did. IV. 53, 54, wo auch die XII Cap. des Werkes mitgetheilt werden. — Ich nehme an, baſs dies Werk gar nicht ausgearbeitet worden iſt. — „Speciminis loco, quomodo possit Janua Graecae Linguae condi", O. D. IV. 57. — (Wie bie vorige Schrift).

CXI. 1659. Disquisitiones de Caloris et frigoris natura, in prodromum novae editionis Physicae ad lumen divinum restituendae. A. J. A. Comenio antehac luci datae, Amstelodami, Ap. J. Janssonium, 1659. (Univ. Bibl. Halle). — Editio secunda. Jenae Apud Johannem Collnerum, Anno 1678. — A. 70, P. 68, $\mathfrak{Z}$. 87, 86. — (2. Ausg. Univ.-Bibl. Jena.)

CXIIa. 1659. Kancyonal, to jest kniha Žálmů a Pisní duchowních. k chwále Boži a spasitedlnému Wéricich wzdělani i dáwno prwé i w nowĕ teď jazykem českým složených a nyní spolu nydanýchw Amsterodáme u Kristofa Kunráda. Léta 1659. — P. 65, J. 40, $\mathfrak{Z}$. 84, 89. — (Mus. Boh. — Auch in des Verfaſſers Eigenthum).

CXIIb. 1661. Kirchen, Hans und Herzens-Muſica ober der Heiligen Gottes auff Erben Erluſtigungs-Kunſt, in Singen und Gott loben beſtehenb. Alt und New. In breh Theil getheilet: In Amſterdam Im Jahr 1661. — Die Borrede von J. A. C. unterſchrieben. — Frühere Ausgabe dieſes Geſangsbuches der böhm. Br. 1639. Liſſa. — Vgl. Müller a. a. O. p. 50.

CXIII. 1659. Vindicatio Famae et conscientiae Johannis Comenii à Calumniis Nicolai Arnoldi, Poloni, s. s. Theologiae Professori Franequerani Cum exhortatione ad meliora: et super editionem libri Lux iu Tenebris informatione. Lugduni Batavorum ex Officinâ Henrici Verbiest 1659. — A. 68, P. 66. $\mathfrak{Z}$. 85, 87. (Kön. Bibl. Berlin; Nat.-Muſ. Budapeſt.)

CXIV. 1659. Historia Revelationum Christophori Kotteri, Christinae Poniatoviae, Nicolai Drabicij et qvae circa illas variè acciderunt, usqve ad earundem Anno 1657 publicationem, et post publicationem. In conspectu Dei et Ecclesiae posita fideli testificatione ejus qvi (Deo ita disponente) omnium istorum autoptes, collector, conservator, editorqve fuit. Anno MDCLIX. — A. 62, $\mathfrak{Z}$. 79, 80 b. (N.-Muſ. Budapeſt. — Großherzogl. Bibl. Weimar. — Kön. Bibl. Berlin.)

CXV. 1659. Cartesius cum sua naturali Philosophia v Mechanicis eversus. Amsterdami 1659. — Ep. ad Mont. p. 91. A. 71, P. 73, $\mathfrak{Z}$. 92, 92. (Liſſa.)

CXVI. 1660. Smutný Hlas zaplašeného hnewem Božim Pastýrĕ k rözplašenemu hynaucýmu Stádu. Ostatní již rady dáním sewšechnemi se žehnajicy. . . . . V Amsterodáme Leta 1660. Nyni z nowu wydán w Berline Leta 1757. — P. 69, J. 41, $\mathfrak{Z}$. 88, 88. (Zweite Ausgabe Muſ. Budapeſt.)

CXVII. 1660. De bono Unitatis et ordinis discipliniaeque et obendientiae. In Ecclesia recte constituta vel constituenda Ecclesiae Bohemicae ad Anglicanam Paraenesis cum praemissa ordinis ac disciplinae in ecclesiis F. F. Boh. usitatae descriptione. Amst. 1660.

Dann: Ratio Disciplinae Ordinisque Ecclesiatici in Unitate Fratrum Bohemorum. Ad antiquum exemplar recusa, Notisque illustrata. Cum praemissa de Ecclesiae Bohemicae Ortu, progressu, mutationibusque historiola. Et subiuncta ad Ecclesias paraenesi. Amsterodami, Typis Christophori Cunradi. Prostant vero In Officina Johannis Ravesteinii. Anno 1660. Ecclesiae Slavonicae Ab ipsis Apostolis fundatae, ab Hieronymo, Cyrillo, Methodio, propagatae, Bohema in gente potissimum radicatae, et in Unitate Fratrum Bohemorum fastigiatae, brevis Historiola. Paraenesis ad Ecclesias nominatim Aglicanam, De Optima Ecclesiatici Regiminis forma pie solicitam. — A. 72, B. 70, 71, J. b. 89, 90, b. 89, 90. (R.-Muf. Budapeft. — Univ.-Bibl. Prag.) — Joshua Tymarchus: An Exhortation of the Churches of Bohemia. s. l. s. a. Laut Bh. Kennet I. p. 126 ift basselbe Werf Paraen. 1660 englifd erfdienen. Eine zweite Überfetzung: Primitive Church Governement in the Practice of the Reformad in Bohemia. With some Notes of J. A. Comenius. 1703. Ein Auszug baraus in Ratio Disciplinae or the Constitution of the Congregational Churches. Portland 1829. Deutfd Schwabad 1739.

CXVIII. 1660. De Irenico Irenicorum. Hoc est: Conditionibus Pacis a Socini Secta reliquo Christiano Orbi oblatis, Ad omnes Christianos facta Admonitio A Johan Amos Comenio. Amsterodami, Apud Henricum Betkium, Anno 1660. (Stadtbibl. Breslau. — R.-Muf. Budapeft.)

CXIX. 1661. (Oculus Fidei) Theologia Naturalis; sive Liber Creaturarum, specialiter De Homine et Natura ejus, in quantum Homo est, et de his quae illi necessaria sunt ad cognoscendum Deum et Seipsum, omniaque quibus Deo, Proximo, Sibi, obligatur ad salutem. A Raymundo de Sabunde ante duo secula conscriptus nunc autem Latiniore stylo in compendium redactus, et in subsidium incredulitati Atheorum, Epicureorum, Judeorum, Turcarum, aliorumque Infidelium, nominatim Socinianorum, et aliorum Christianorum mysteria Fidei suae non attendentium. à Johanne A. Comenio oblatus. Amsterodami apud Petrum van den Berge, sub signo montis Parnassi. Anno 1661. — B. 75, J. 94, 94. (Lycealbibl. Presburg.)

CXX. 1661. Epistola ad Montanum. — B. 78, J. 97, 97. (Kön. Bibl. Berlin. — Mus. Boh. Prag.)

CXXI. 1661? Sapientiae primae praxis, Triertium catholicum appellata hoc est, Humanarum Cogitationum, Sermonum, Operum, Scientiam, Artem usum aperiens, Clavis Triuna amabili Grammaticae, Logicae pragmaticaeque cum Metaphysicae osculo obsignata. Bgl. Ep. ad Mont. p. 92. (Ob mit Rr. LXX nidt ibentifd, mir nidt befannt.)

CXXII. 1661. Katechismus Pro Mládež Ceskán Jednoty Bratrské. Znowi tlačený. V Amsterdáme 1661. — B. 79, J. 98, 98. (Mus. Boh. Prag.) — Die Uralte Chriftliche Catholifde Religion In furte Frag und Antwort verfaßt. Vor allen Chriften Menfden Alt und Jung, feliglid zu gebrauchen. Gedrudt in Amfterbam, Jm Jahre 1661. Bgl. Jof. Müller a. a. O. p. 50. Dafelbft aud bie Radbrude 1756 und 1768. (Univ.-Bibl. Leipzig.)

CXXIII. 1661. J. A. Comenii De Iterato Sociniano Irenico Iterata ad Christianos Admonitio. Sive Pseudo Irenici vere autem Chritomastigis Danielis Zwickeri Superbus de Christo aeternitatis Throna dejecto Triumphus, Virtute Dei dissipatus et dissipandus. Amstelredami 1661. — A. 75, B. 76, J. 95, 95. (Hofbibl. Wien. — Univ.-Bibl. Prag. — Stadtbibl. Breslau.)

CXXIV. 1661. Socinismi Speculum uno intuitu quidquid ibi creditur aut non creditur, exhibens. Ex ipsorummet propria Confessione concinnatum a Johan Amos Comenio. Amstelredami Typis Joh. Paskovii et Joh. Theophili 1661. — A. 77, B. 77, S. 96, 96. (Univ.-Bibl. Prag. — Hofbibl. Wien.)

CXXV. 1662. Johan Amos Comenii Admonitio tertia I. Ad D. Zwickerum ut impios suos adversus Christum et Christianam fidem impetus temperet; II. ad Christianos ut tandem evigilent. Occasione tertii Zwickeriani de suis triumphis plausus, ipsis Passionis Domini diebus editi. Amsterdami 1662. A. 76, B. 80, S. 99, 100. (Univ.-Bibl. in Prag.)

CXXVI. 1662. CONFESSIO A neb Počet z Wíry a Učení, y Náboženstwí Jednoty Bratrí Českých. Cýsaři Ferdynandowi, toho Iména Prwnimu, od Pánů a Rytířstwa tež Jednoty, Leta Páně 1535. podany: a potom často a na rozdílných Mistech, w Jazyku Českém, Latinském, Nemeckém, Polském na Swetlo daný. — Amsterb. 1662. (Mus. Boh. Prag.)

CXXVII. 1662. De rerum humanarum Emendatione Consultationis Catholicae Pars Secunda Panaugia. Ubi de accendenda Mentibus ante omnia Luce quadam universali, in qua Omnes, Omnia, Omnino videri possint, consultatur. — B. 84. — Univ.-Bibl. Prag.

CXXVIII. 1662. J. A. Komenského. Maudrého Catona mrawná poučowáni w češtinu uwedená. W Amsterodáme 1662. — Abgedr. in Doleschall's Slav. Gramm. und Rosa's Czčchorečnost. — Neue Ausg. Prag 1853 in der Staročeská Bibliotheká Dil. I. — A. 81, B. 81, S. 101, 101. — (Original-Ausg. unbekannt.)

CXXIX. 1663. Renuntiatio Mundi to jest Wýhost swetu Kterymž jeden z utrápených, skrz práčatá swěta prohnaných, kolotáním rozličným zmatených, awšak do centrum milosrdenswi Božého již zase uwedených a Bohu na wšecku jeho wůti; celé oddaných nehodných Ježiše Krista služebníků odewšech nepobožných, zemstwím čenichajících, a w tělesných žádostech pohvižených swěta synů zjewně se oddelnje. — Bei dem Centrum Sec. Amsterb. 1663. — Lycealbibl. Preßburg. — 2. Ausg. Kuttenberg 1785 bei C. Sec. — 3. Ausg. in Hlasatel IV. v. p. 520. 1818. — 4. Ausg. Prag 1864 mit C. S. — Prag 1870.

CXXX. 1663. REVELATIONUM DIVINARUM. In usum Seculi nostri quibusdam nuper factarum, EPITOME. Ad citò, quid sibi praesens terribilis Mundi commotio velit pervidendum; indéque serio metum Dei concipiendum; et per poenitentiam veram ultimum interitum praeveniendum. (Historia rerum istarum brevi sequetur). ANNO MDCLXIII. — A. 62. — Eine kurze Notiz findet sich R. Hall. Bibl. VIII. 72, 73. — Lycealbibl. Preßburg.

CXXXI. 1664—67. Lux e tenebris. Tenebris, humanarum abominationum, Divinarumque plagarum. Lux Divinarum Consolationum, gloriosequ reflorescentis Ecclesiae. p. 2: — Lux e tenebris, novis radiis aucta. Hoc est: Solemnissimae Divinae Revelationes, in usum seculi nostri factae. Quibus I. De Populi Christiani extrema corruptione lamentabiles querelae instituuntur. II. Impaenitentibusque terribiles Dei plagae denuntiantur. III. Et quomodo tandem Deus (deletâ Pseudo-Christianorum, Judaeorum, Turcarum, Paganorum, & omnium sub Coelo Gentium Babylone) novam, vere Catholicam, donorum Dei luce plene coruscantem Ecclesiam instituet, et quis jam status ejus futurus sit ad finem usque, seculi, explicatur. Per immissas Visiones, et Angelica Divinaque alloquia, facta I. Christophoro Kottero Silesio, ab Anno 1616 ad 1624. II. Christinae Poniatoviae Bohemae, Annis 1627, 1628,

1629. III. Nicolao Drabicio Moravo ab Anno 1638 ad 1664. Cum privilegio Regis Regum, et sub favore omnium Regum Terrae, recudendi haec ubiubi gentium, donec omnia reddantur nota omnibus sub Coelo populis et linguis. 1665. — A. 62, B. 79, 80 c. — Eine ausführliche Beschreibung befindet sich in d. Nachr. von v. Hall. Bibl. VIII. 339—346, daselbst auch die Stellen, in denen Drábik prophezeiht, daß Schlesien an Brandenburg kommen werde. — (Hofbibl. Wien, Kön. Bibl. Berlin, Dresden 2c.) Von zwei engl. Übersetzungen haben wir Kenntniß. — Verwandt ist der Inhalt des Werkes: A Generale Table of Europe. — Außerdem giebt es noch englische Übersetzung: Prophecies of N. D., Christiana Poniatovia and Christophor Kotterus, three famous German prophets, foretelling forty yeards agoe this present invasion of the Turks into the empir of Germany etc. translated out of the Latine by B. Codrington q. v. (Bibl. Bodlejana — Oxford).

CXXXII. 1665—67. Clamores Eliae. — Handschriftliche Sammlung von Citaten und Bemerkungen in Lissa. — Vgl. Jos. Müller's Artikel in Sbornik Hist. 1885. S. 301.

CXXXIII. 1667. Petrus Serarius: Responsio ad Exercitationem Paradoxam Anonymi cujusdam Cartesianae Sectae Discipuli qua Philosophiam pro infallibili S. Literas interpretandi normâ Orbi Christiano obtrudit. etc. Amsterdami Typis Christophori Cunradi Anno 1667. p. 61 incipit: De hoc Viri doctissimi Scripto amice requisitum, sincereque datum Judicium. — In 47 Puncten — von Comenius. — P. 72, B. 91, 91. — (Mus. Brit.)

CXXXIV. 1667. Voluminis Prophetici, Judicia ultimi seculi Mundo nuntiantis, Et e tenebris in lucem prodeuntis, Ad Eminentissima Christiani Orbis Capita solemnis, jussu Dei dimissio. Anno 1667, mente Majo. — (In Lux e tenebris.)

CXXXV. 1667. Angelus Pacis ad Legatos Pacis Anglos et Belgas Bredam missus, indeque ad omnes Christianos per Europam, et mox ad omnes populos per orbem totum mittendus; ut se sistant; belligerare desistant, pacisque principi Christo pacem gentibus jam locunturo, locum faciant. Anno 1667 Mense Majo. — (Kön. Bibl. Berlin, Landesarchiv Brünn).

CXXXVI. 1668. Unum necessarium, Scire Quid Sibi Sit Necessarium. In Vitâ Et Morte, Et Post Mortem. Quod Non Necessariis Mundi Fatigatus et ad Unum Necessarium Sese Recipiens, Senex J. A. Comenius Anno aetatis suae 77. Mundo expendendum offert. Amsterdami 1668. Apud Christoph. Cunradum. (Mus. Boh. Prag, Kön. Hofbibl. Wien, Lyc.-Bibl. Preßburg.) — Cum Notis et Addit. quibusdam Ahasveri Fritschii Icti. Editio Nova. Francofurti et Lipsiae. Sumptibus Johann Jacobi Ehrts. (Lycealbibl. Preßburg.) — Deutsch: Lüneburg 1690. Vgl. die Schriften vom w. u. f. Propheten 1735. Leipzig b. S. B. Walther. Amst. 1682, Jena 1713 (Dresdner Hof), 1724. (Joubert.)

CXXXVII. 1669. De Zelo Sine scientia et charitate, Admonitio Fraterna J. A. Comenii ad D. Samuelem Maresium: Pro minuendis odiis et ampliandis favoribus. — Amstelodami, Apud Johannem Jansonium a Waesberge, Anno MDCLXIX. — A. 69, P. 67, B. 86, 85. — (Großherzogl. Bibl. Weimar. Hofbibl. Wien.)

CXXXVIII. 1670? Entwurf der Pansophia und Panorthosia. — (MS. Mus. Brit. 4254. Additional).

CXXXIX. Specilegium didacticum artium discendi ad docendi summam brevibus praeceptis exhibens. Amsterdami 1680. — A. p. 240. — Da der Titel übereinstimmt, so ist diese Schrift wahrscheinlich mit der

Auslese, die Thr. Nigrinus aus der Pansophie des Comenius veranstaltete und in 100 Exemplaren drucken ließ, identisch. Ich wurde darauf in letzter Zeit aufmerksam und zweifle nicht, daß die hochinteressante Schrift irgendwo zu finden sei.

Bei folgenden Büchern ist die Zeit der Abfassung nicht zu bestimmen:

CXL. Dwojí kázání. Prwní wánoční, druhí postní. — Berlin 1763. — Mus. Brit. London.

CXLI. Boj Michala a angelů s drakem a angely jeho. W Hoře Kutné v Korce. 1785. — Dies Werk schreibt dem Comenius Jungmann (V. 379. g) zu.

CXLII. Každodenní modlitby Křestanské z pisem swatých od J. A. Kom. vzdělané in spremyšlowáním rannim a wečernim. W Prešpurku u Jana Schauffer s. a. Eigentlich nicht von Com. stammend.

Es möge hier auch noch der Titel stehen:

Clavis Apocalyptica or, A Prophetical Key, By which The great Mysteries in the Revelation of St. John and the Prophet Daniel are opened; It being made apparent, That the Prophetical Numbers come to an end with the year of our Lord 1655. Writen by a German D. and now translated out of High-Dutch. In two Treatises. — London 1651. — Das Datum ist mit Handschrift auf 1650 corrigiert. — Da das Werk Comenius zum Druck vermittelt, so verdient es hier erwähnt zu werden. Mus. Brit. London.

Es werden noch dem Comenius zugeschrieben:

1. Erklärung der Offenbarung St. Johannis. Rieger a. a. O. p. 734.

2. Weinende Augen. — Estreicher, Bibliogr. Polska 1882. — a. d. Jahr 1670.

3. Nach White Kennet a. a. O. p. 531 erschien in London: A Discours of the Reformation of Schools. By J. A. Comenius. 1662. — Welche Schrift darunter gemeint worden, ist mir nicht ersichtlich; vielleicht die Hartlib'sche Übersetzung des Prodr. und Dilucid.

4. Die Schrift: A continuation of Mr. J. A. Com. Schol-Endeavours 1648, Danzig, von Hartlib herausgegeben und übersetzt, ist eine Arbeit Kinner's. (Brit. Mus.)